国家出版基金项目
NATIONAL PUBLICATION FOUNDATION

國家出版基金項目

教育部哲學社會科學研究重大課題攻關項目

「十一五」國家重點圖書出版規劃項目·重大工程出版規劃

國家社會科學基金重大項目

北京大學「九八五工程」重點項目

儒藏

精華編一〇七册
經部四書類

儒藏

精華編

北京大學《儒藏》編纂與研究中心

《儒藏》精華編第一〇七册

首席總編纂　季羡林

項目首席專家　湯一介

總　編　纂　湯一介　龐　樸　孫欽善　安平秋（按年齡排序）

本册主編　陳　静　李存山

《儒藏》精華編凡例

一、中國傳統文化以儒家思想爲中心。《儒藏》爲儒家經典和反映儒家思想、體現儒家經世做人原則的典籍的叢編。收書時限自先秦至清代結束。

二、《儒藏》精華編爲《儒藏》的一部分，選收《儒藏》中的精要書籍。

三、《儒藏》精華編所收書籍，包括傳世文獻和出土文獻。傳世文獻按《四庫全書總目》經史子集四部分類法分類，大類、小類基本參照《中國叢書綜録》和《中國古籍善本書目》，於個別處略作調整。凡單書已收入入選的個人叢書或全集者，僅存目録，並注明互見。出土文獻單列爲一個部類，原件以古文字書寫者一律收其釋文文本。韓國、日本、越南儒學者用漢文寫作的儒學著作，編爲海外文獻部類。

四、所收書籍的篇目卷次，一仍底本原貌，不選編，不改編，保持原書的完整性和獨立性。

五、對入選書籍進行簡要校勘。以對校爲主，確定内容完足、精確率高的版本爲底本，精選有校勘價值的版本爲校本。出校堅持少而精，以校正誤爲主，酌校異同。校記力求規範、精煉。

六、根據現行標點符號用法，結合古籍標點通例，進行規範化標點。專名號除書名號用角號（《》）外，其他一律省略。

七、對較長的篇章，根據文字内容，適當劃分段落。正文原已分段者，不作改動。千字以内的短文一般不分段。

八、各書卷端由整理者撰寫《校點説明》，簡要介紹作者生平、該書成書背景、主要内容及影響，以及整理時所確定的底本、校本（舉全稱後括注簡稱）及其他有關情況。重複出現的作者，其生平事蹟按出現順序前詳後略。

九、本書用繁體漢字豎排，小注一律排爲單行。

《儒藏》精華編第一〇七册

經部四書類

孟子之屬

孟子注疏

〔東漢〕趙岐注
〔題〕〔北宋〕孫奭疏
劉豐校點

目録

校點説明

《孟子注疏》，十四卷，東漢趙岐注，題宋孫奭疏。

趙岐（一〇八—二〇一）字邠卿，東漢末年京兆長陵人。初名嘉，字臺卿。後避難，自改名及字。曾遭黨錮十餘歲。中平元年（一八四），徵拜議郎，舉燉煌太守，後遷太僕，終太常。（《後漢書》本傳）趙岐自稱：「惟六籍之學，先覺之士釋而辯之者既已詳矣。儒家惟有《孟子》閎遠微妙，緼奥難見，宜在條理之科。於是乃述己所聞，證以經傳，爲之章句，具載本文，章别其旨，分爲上、下，凡十四卷。」（趙岐《孟子題辭》）漢代注釋《孟子》的學者有程曾、鄭玄、高誘、劉熙和趙岐，其中完全保存至今的惟有趙岐《孟子章句》十四卷。清代學者焦循指出：「趙氏於《孟子》，既分其章，又依句敷衍而發明之，所謂『章句』也。章有其恉，則總括於每章之末，是爲『章恉』也。疊詁訓於語句之中，繪本義於錯綜之内，於當時諸家，實爲精密而條暢。」（《孟子正義》卷一）《四庫全書總目》評價趙岐之學曰：「其説雖不及後來之精密，而開闢荒蕪，俾後來得循途而深造，其功要不可泯也。」清阮元也説：「趙岐之學以較馬、鄭、許、服諸儒稍爲固陋，然屬書、離辭、指事、類情，於詁訓無所戾。七篇之微言大義藉是可推，且章别爲指，令學者可分章尋求，於漢傳注别開一例，功亦勤矣。」（《孟子注疏校勘記序》）這些評價是公允恰當的。

《孟子注疏》亦稱《孟子正義》，相傳係北宋孫奭爲趙岐《孟子章句》所作的疏。這是見於著録的宋代第一部《孟子》疏，也是最早列於學官的《孟子》疏。

孫奭（九六二—一〇三三）字宗古，北宋初年博州博平（今山東省茌平）人。太宗端拱年間九經及第，爲莒縣主簿，遷大理評事，爲國子監直講。真宗時判太常禮院、國子監、司農寺，累遷工部郎中，擢龍圖閣待制。仁宗時召爲翰林侍講學士，知審官院，判國子監，修《真宗實録》。後兼判太常寺及禮院，三遷兵部侍郎、龍圖閣學士。以太子少傅致仕。卒後贈左僕射，謚曰宣。（《宋史·儒林傳一·孫奭傳》）

據《宋史》記載，孫奭曾撰《經典徽言》五十卷，又撰《崇祀録》、《樂記圖》、《五經節解》、《五服制度》。嘗奉詔與邢昺、杜鎬校定諸經正義及《莊子》《爾雅》釋文，考正《尚書》、《論語》、《孝經》、《爾雅》謬誤及律音義。此外，孫奭還奉宋真宗之命，仿陸德明《經典釋文》的形式，與他人合作《孟子音義》二卷。

前人指出，《孟子注疏》是假託孫奭之名的僞作。朱熹明確説：「《孟子疏》乃邵武士人假作。」蔡季通識其人。」（《朱子語類》卷十九）《四庫全書總目》也説：「今考《宋史·邢昺傳》稱『昺於咸平二年受詔，與杜鎬、舒雅、孫奭、李慕清、崔偓佺等校定《周禮》、《儀禮》、公羊、穀梁《春秋傳》、《孝經》、《論語》、《爾雅》義疏』，不云有《孟子正義》。《涑水紀聞》載奭所定著有《論語》、《孝經》、《爾雅》正義，亦不云有《孟子正義》。其不出奭手確然可信。」但是，朱熹和《四庫全書總目》並未提出進一步的論據和説明。因此，對於《孟子注疏》是假託孫奭之名的問題，由於史料不足，暫且存疑。

前人還指出，《孟子注疏》不僅是假託孫奭之名的一部僞作，而且内容俚鄙，不是上乘之作。《四庫全書總目》云：「其疏皆敷衍語氣，如鄉塾講章，故《朱子語録》謂其全不似疏體，不曾解出名物制度，只繞纏趙岐之説。至岐注好用古事爲比，疏多不得其根據。」《四庫全書總目》還舉出一些具體的例證：「如注謂『非禮之禮，若陳質娶妻而長拜之；非義之義，若藉交報讐』，此誠不得其出典。至於單豹養其内，而虎食其外，事出《莊子》，亦不能舉，則舛陋太甚。朱彝尊《經義考》摘其欲見西施者人輸金錢一文事詭稱《史記》，今考注以尾生爲不虞之譽、以陳不瞻爲求全之毁，疏亦並稱《史記》。尾生事實見《莊子》，陳不瞻事實見《説苑》，皆《史記》所無。如斯之類，益影撰無稽矣。」書中類似的引文錯誤還有一些。此外，此書在釋義方面也有一些錯誤。清馮登府《論孟子疏書》指出：「又如蕢稗則指爲禾中之莁草；莊嶽則失證齊國之街名；以杞妻爲姜女，時代相懸；以羊棗爲貳棘，物類未晰；二女之果爲實，不取《説文》；『四肢』之字通『技』，未申趙訓。此皆淺陋違理之甚者。」因此，無論從體例還是從内容來看，《孟子注疏》都不是質量上乘的注本。但是，由於此書在南宋時就已立於學官，在歷史上影響很大。有學者指出，雖然《孟子注疏》有一些缺陷，但也不像前輩學者批評的那樣淺陋不堪。「如果換個角度，把此書當作《孟子》的通俗講疏，還是有些可取之處的。至少此書對《孟子》文義做了較爲通俗的解説，儘管這些解説没有什麽精到見解，但大體上看還是較爲平正通達，清楚明白的。」（董洪利：《孟子研究》，江蘇古籍出版社，一九九七年，第二一六頁。）總之，此書在體例、内容和歷史影響等方面有其不可代替的價值。

最早的儒家經籍版本，經、注、疏各自單行，有所謂單經本、單注本、單疏本。至南宋始有經、注、疏合刻本。南宋紹興及紹熙、嘉泰間，兩浙東路茶鹽司先後刊刻《易》、《書》、《周禮》、《毛詩》、《禮記》以及《論語》、《孟子》等注疏合刻本。這些書行款版式一致，均爲半頁八行，世稱「八行本」。又因兩浙東路茶鹽司治所在紹興，古稱越州，又稱爲「越州本」。八行本是最早的注疏合刻本。今臺北故宫博物院所藏《孟子注疏解經》，著録爲宋嘉泰間兩浙東路茶鹽司刊元明遞修本，就是此八行本的元明遞修本。這是已知現存最早的《孟子注疏》全本。另外，國家圖書館、北京大學圖書館還各藏殘本四卷，南京博物館藏殘本十卷。

南宋福建建陽地區坊間還有一種將經、注、疏及陸德明《經典釋文》合刻的本子，因其行款爲半頁十行，世稱「十行本」。這就是後來通行《十三經注疏》本的源頭。元代曾加以翻刻，明代多次刊刻《十三經注疏》也是依據元代翻刻十行本，如嘉靖李元陽所刻「閩本」，萬曆北京國子監所刻「監本」，崇禎常熟汲古閣毛氏所刻「毛本」。清代阮元刊刻《十三經注疏》，號稱是「重刊宋本」，但實際上現在學界認爲，除少數幾經外，阮元所依據的底本就是元代翻刻十行本。

此次校點《孟子注疏》，以臺北故宫博物院影印宋刻元明遞修本《孟子注疏解經》爲底本，以嘉慶二十一年（一八一六）阮元於南昌府學重刊十三經注疏《孟子注疏》（簡稱「阮本」）爲校本，參校了《續古逸叢書》影印宋槧大字本《孟子》（簡稱「宋槧大字本」）及臺灣影印文淵閣《四庫全書》本《孟子注疏》（簡稱「四庫本」）。阮本的優點在於搜羅各種版本，並做了詳細的校勘。他所用的單經本有石經殘本，經注本有北宋蜀大字本、岳本、宋本、廖本、韓本、孔本、足利本和日本古本，注疏本有宋十行本、閩本、監本和毛本。但是底本整體上優於阮本，在校勘中阮校中有價值者依《儒藏》體例予以吸收。他校諸書，《史記》、《漢書》等「二十四史」皆採用中華書局校點本，《周禮》、《左傳》等經書採用中華書局影印世界書局縮印阮元校刻《十三經注疏》本，其他文獻則於校記首見處注明版本。

校點者　劉　豐

孟子正義序

朝散大夫尚書兵部郎中充龍圖閣待制知通進銀臺司兼門下封駁事兼判國子監上護軍賜紫金魚袋臣孫奭撰

夫總群聖之道者，莫大乎六經。紹六經之教者，莫尚乎《孟子》。自昔仲尼既没，戰國初興，至化陵遲，異端並作，儀、衍肆其詭辯，楊、墨飾其淫辭。遂致王公納其謀，以紛亂於上；學者循其踵，以蔽惑於下。猶洚水懷山，時盡昏墊，繁蕪塞路，孰可芟夷？惟孟子挺名世之才，秉先覺之志，拔邪樹正，高行厲辭，導王化之源，以救時弊；開聖人之道，以斷群疑。其言精而贍，其旨淵而通，致仲尼之教，獨尊於千古，非聖賢之倫，安能至於此乎？其書由炎漢之後，盛傳於世，爲之注者，則有趙岐、❶陸善經；爲之音者，則有張鎰、丁公著。自陸善經已降，其所訓説，雖小有異同，而共宗趙氏。今既奉勑校定，仍據趙注爲本。❷惟是音釋，宜在討論。臣今詳二家撰録，❸俱未精當，張氏則徒分章句，❹漏略頗多，丁氏則稍識指歸，譌謬時有。若非刊正，❺詎可通行？謹與尚書虞部員外郎同判國子監臣王旭、諸王府侍講太常博士國子監直講臣

❶「岐」，原作「歧」，據阮本改。
❷「今既」至「爲本」，阮本無此十二字。
❸「宜在討論臣今詳」，阮本無此七字。
❹「徒」，原作「從」，據阮本改。
❺「刊正」上，阮本有「再加」二字。

馬龜符、鎮寧軍節度推官國子學説書臣吴易直、前江陰軍江陰縣尉國子學説書臣馮元等，推究本文，參考舊注，采諸儒之善，削異説之煩，證以字書，質諸經訓，疏其疑滯，備其闕遺，集成《音義》二卷。❶ 雖仰測至言，莫窮於奥妙，而廣傳博識，更俟於發揮。謹上。

❶ 「謹與」至「二卷」，阮本作「臣奭前奉勑與同判國子監王旭、國子監直講馬龜符、國子學説書吴易直、馮元等作《音義》二卷，已經進呈。今輒罄淺聞，隨趙氏所説，仰効先儒釋經，爲之正義。凡理有所滯，事有所遺，質諸經訓，與之增明」。

孟子注疏題辭解

朝散大夫尚書兵部郎中充龍圖閣待制
知通進銀臺司兼門下封駁事兼判國子
監上護軍賜紫金魚袋臣孫奭撰進

題辭解

疏正義曰：案《史記》云：「孟軻受業子思門人，道既通，所干者不合，退與萬章之徒序《詩》、《書》，述仲尼之意，作《孟子》七篇。」至嬴秦焚書坑儒，孟子之徒黨自是盡矣。其七篇書號爲諸子，故篇籍得不泯絶。漢興，高皇未遑庠序之事，孝惠雖除挾書之律，然而公卿皆武力功臣，亦莫以爲意。及孝文皇帝廣遊學之路，天下衆書往往稍出，由是《論語》、《孟子》、《孝經》、《爾雅》皆置博士，當時乃有劉歆九種《孟子》，凡十一篇。炎漢之後，盛傳於世，爲之注者，西京趙岐出焉。至于李唐又有陸善經出焉。自陸善經已降，其所訓説雖小有異同，而咸歸宗於趙氏。《隋志》云：趙岐注《孟子》十四卷。又有鄭亢注《孟子》七卷。❶在梁時又有綦毋邃《孟子》九卷。《唐書·藝文志》又云：《孟子》注凡四家，有三十五卷。至于皇朝《崇文總目》，《孟子》獨存趙岐注十四卷、唐陸善經注《孟子》七卷，凡二家二十一卷。今校定仍據趙注爲本。今以爲主題辭者，趙岐謂此書孟子之所作，所以題號《孟子》之書，其題辭爲《孟子》而作，故曰《孟子題辭》。

《孟子題辭》者，所以題號《孟子》之書本末、指義、文辭之表也。疏「孟子」至「表也」。

正義曰：此敘《孟子題辭》爲《孟子》書之序也。張鎰釋云：《孟子題辭》即序也，趙注尚異，故不謂之序而謂之題辭。

孟，姓也。疏正義曰：此敘孟氏之所自也。案魯史桓公之後，桓公適子莊公爲君，庶子公子慶父、公子叔牙、公子季友。仲孫是慶父之後，叔孫是叔牙之後，季

❶「亢」，據《隋書·經籍志》，應作「玄」。

孫是季友之後。其後子孫皆以仲、叔、季爲氏。至仲孫氏後世，改仲曰孟。又云：孟，庶長之稱也。言己是庶，不敢與莊公爲伯、仲、叔、季之次，故取庶長爲始也。又定公六年有仲孫何忌如晉，《左傳》即曰「孟懿子往」。是孟氏爲仲孫氏之後改孟也。

子者，男子之通稱也。疏 正義曰：此敘凡稱子之例也。案經傳凡敵者相謂皆言吾子，或直言子，稱師亦曰子。是子者，男子有德之通稱也。《公羊傳》云「子沈子曰」，何休云：「沈子稱子，冠氏上者，著其爲師也。不但言子曰者，辟孔子也。」然則後人稱先師則以子冠氏上，所以明其爲師也。如子公羊子、子沈子之類是也。凡書傳直言「子曰」者，皆指孔子，以其師範來世，人盡知之，故不必言氏也。孟軻有德，亦足以師範來世，宜其以氏冠子，使後人知之，非獨云有孔子，又有孟子稱爲子焉。

此書孟子之所作也，故總謂之《孟子》。疏 正義曰：此敘孟子所作此書，故總名號爲《孟子》也。唐林慎思《續孟子書》二卷，以謂「《孟子》七篇，非軻自著，乃弟子共記其言」。韓愈亦云：「孟軻之書，非軻自著。軻既没，其徒萬章、公孫丑相與記軻所言焉。」今趙氏爲孟子之所作，故總謂之《孟子》者，蓋亦有由爾。

其篇目，則各自有名。疏 正義曰：此敘《孟子》七篇各有名目也。故《梁惠王》、《公孫丑》、《滕文公》、《離婁》、《萬章》、《告子》、《盡心》是也。

孟子，鄒人也，名軻，字則未聞也。鄒本春秋邾子之國，至孟子時改曰鄒矣。國近魯，後爲魯所并。又言邾爲楚所并，非魯也。今鄒縣是也。疏 正義曰：此敘孟子姓字及所居之國也。案《史記》列傳云：「孟軻，鄒人也。」不紀其字，故趙氏云「字則未聞焉」。後世或云字子輿。云「鄒本春秋邾子之國」至「是也」者，案《春秋》隱公元年書「公及邾儀父盟于蔑」，杜注云：「邾，今魯國鄒縣是也。」儀父事齊桓以奬王室，王命以爲邾子。《説文》云：「鄒，孔子鄉也。」一云：鄒，魯附庸之國。云「國近魯」者，案：《左傳》哀公七年「公伐邾，及范門，猶聞鍾聲」。又曰：「魯擊柝，聞於邾。」杜注云：「范門，邾郭門也。」是爲魯所并。云「爲楚所并」者，案《史記》云：「魯頃公二十四年，❶楚考烈王伐滅魯。」是又爲楚所并。或

❶「頃」，原作「傾」，據阮本改。下「魯頃公」同。

曰：孟子，魯公族孟孫之後。故孟子仕於齊，喪母而歸葬於魯也。三桓子孫既以衰微，分適他國。疏「或曰」至「他國」。　正義曰：此敍孟子爲魯公族孟孫之後也。其説在孟姓之段。云「仕於齊，葬於魯」者，《公孫丑》篇之文也。《春秋》定公六年，季孫斯、仲孫何忌如晉。十年，叔孫仇如齊。哀公二十七年，公患三桓之後，欲以諸侯去之。杜預云：欲求諸侯以逐三桓後。至魯頃公時，魯遂絶祀。由是三桓子孫衰微。

孟子生有淑質，夙喪其父，幼被慈母三遷之教，長師孔子之孫子思，治儒術之道，通五經，尤長於《詩》、《書》。疏「孟子」至「《詩》、《書》」。　正義曰：此敍孟子自幼至長之事也。案史《列女傳》云：「孟軻母，其舍近墓，孟子少嬉遊爲墓間之事，孟母曰：此非吾所以處子也。乃去舍市傍，其嬉戲乃賈人衒賣之事。又曰：此非吾所以處子也。復徙舍學宫之傍，其嬉戲乃設俎豆揖遜進退。孟母曰：此真可以居吾子矣。遂居焉。及孟子既學而歸，孟母問學所至，孟子自若也。孟母以刀斷機，曰：子廢學，若吾斷機。孟子懼，旦夕勤學不息，師子思，遂成名儒。」又案《史記》云：「孟軻受業於子思之門人，道既通，所干不合，退與萬章之徒序《詩》、《書》。」故趙氏云「尤長於《詩》、《書》」。

周衰之末，戰國縱横，用兵争强，以相侵奪。當世取士，務先權謀以爲上賢。先王大道陵遲隳廢，異端並起，若楊朱、墨翟放蕩之言，以干時惑衆者非一。孟子閔悼堯、舜、湯、文、周、孔之業將遂湮微，正塗壅底，仁義荒怠，佞僞馳騁，紅紫亂朱。疏「周衰之末」至「亂朱」。

正義曰：此敍周衰戰國縱横之時，大道陵遲也。案太史公曰：「秦紀至犬戎敗幽王，周東遷洛邑，秦襄公始封爲諸侯，作西畤，用事上帝，於是僭端見矣。自後陪臣執政，大夫世禄，六卿分晉，及田常弑簡公而相齊國，諸侯晏然不討，海内争於戰攻，於是六國盛焉。其務在强兵并敵，謀詐用而縱横長短之説起。」故秦用商君富國强兵，楚、魏用吴起戰勝弱敵，齊威宣王用孫子、田忌之徒而諸侯東面朝齊。天下於是方務於合縱連横，以攻伐爲賢，而楊朱、墨翟以兼愛自爲，以害仁義。孟軻乃述唐虞三代之德，退序《詩》、《書》，述孔子之意。當此之時，念非孟子有哀憫之心，則堯、舜、湯、文、周、孔子之業將遂沉小，而正道鬱塞，仁義荒怠，佞僞並行，紅紫亂朱矣。楊雄云：「古者楊、墨塞路，孟子辭而闢之。」云「湮微」者，湮，沉也；微，小也。云「壅底」者，言正道鬱塞而不明也。云「仁義荒蕪」者，《釋名》曰：「仁，忍也，好生惡殺，善惡含忍也。」「義，宜也，裁制事物使合宜也。」《莊子》云：「愛人利物之謂仁。」楊子云：「事得其宜謂之義。」《尚書》云「無怠無荒」，孔注云：「迷亂曰荒。怠，懈怠也。」云「佞僞馳騁」者，《論語》云「仁而不佞」，孔云：「佞，口辭捷給，爲人所憎惡者。」《説文》云：「僞，詐也。」馳騁，奔走。云「紅紫亂朱」者，《論語》云「惡紫之奪朱也」，孔注云：「朱，正色；紫，間色。」案皇氏云：「青、赤、黄、白、黑，五方正色也。不正謂五方間色，緑、紅、碧、紫、騮黄是也。」青是東方正，緑是東方間，東爲木本，色青。木尅土，❶土色黄，並以所尅爲間。故緑色，青、黄也。朱是南方正，紅是南方間，南爲火，火色赤，火尅金，金色白，故紅色，赤、白也。白是西方正，碧是西方間，西爲金，金色白，金尅木，故碧色，青、白也。黑是北方正，紫是北方間，北方水，水色黑，水尅火，火色赤，故紫色，赤、黑也。黄是中央正，騮黄是中央間，中央土，土色黄，土尅水，水色黑，故騮黄色，黄、黑也。是正間然。

於是則慕仲尼，周流憂世，遂以儒道遊於諸侯，❷思濟斯民。然由不肯枉尺直尋，時君咸謂之迂闊於事，終莫能聽納其説。

疏「於是」至「其説」。正義曰：此敘孟子周流聘世，時君不聽納其説也。言孟子心慕孔子，徧憂其世，遂以儒家仁義之道歷遊諸侯之國，思欲救濟天下之民。然而諸侯不能尊敬之者，孟子亦且不見也，雖召之而不往，以其不肯枉尺以直尋。十寸曰尺，八尺曰尋。《史記》云：「孟子道既通，遊事齊，齊宣王不能用。適梁，梁惠王不果所言。」是皆以爲迂遠而闊於事情，而莫有能聽納其説者。

孟子亦自知遭蒼姬之訖録，值炎劉之未奮。進不得佐興唐虞雍熙之和，退不能信三代之餘風，恥没世而無聞焉，是故垂憲言以詒後人。仲尼有云：「我欲託之空言，不如載之行事之深切著明也。」

疏「孟子」至「著明也」。正義曰：此敘孟子自知道不行於世，恥没世無名聞，故慕仲尼

❶「尅」，原作「刻」，據阮本改。

❷「儒」，原作「懦」，據阮本改。

託之空言而載之行事也。言孟子生於六國之時，當衰周之末，又遇漢之未興，上不得輔起唐虞二世之治，下不能伸夏商周三代之風化，自愧没一世而無名聞，所以垂法言以貺後人。故託慕仲尼，周流憂世，既不遇，乃退而與萬章之徒敘《詩》、《書》而作此七篇也。趙氏意其然，乃引孔子之言而明孟子載七篇之意也。云「蒼姬」者，周以木德王，故號爲蒼姬，姬，周姓也。云「炎劉」者，漢以火德王，故號爲炎劉，劉，高祖之姓氏也。

於是退而論集所與高弟弟子公孫丑、萬章之徒難疑答問，又自撰其法度之言，著書七篇，二百六十一章，三萬四千六百八十五字。包羅天地，揆敘萬類，仁義道德，性命禍福，粲然靡所不載。

疏「於是」至「不載」。正義曰：此敘孟子退而著述篇章之數也。《史記》云：「孟子所干者不合，退而與萬章之徒序《詩》、《書》，述仲尼之意，作《孟子》七篇。」云二百六十一章者，合七篇之章數言也。據趙氏分章，則《梁惠王》篇凡二十有三章，《公孫丑》篇凡二十有三章，《滕文公》篇凡十有五章，《離婁》篇凡六十一章，《萬章》篇凡十有八章，《告子》篇凡三十有六章，《盡心》篇凡八十有四章，總而計之，是二百六十一章也。云三萬四千六百八十五字者，合七篇而言也。今計《梁惠王》篇凡五千三百三十三字，《公孫丑》篇凡五千一百二十字，《滕文公》篇凡四千五百三十三字，《離婁》篇凡四千二百八十五字，《萬章》篇凡五千一百二十字，《告子》篇凡五千五百三十五字，《盡心》篇凡四千一百五十九字，總而計之，是三萬四千六百八十五字也。云「包羅天地」至「靡所不載」者，言此七篇之書，大而至於天地，微而至於昆蟲草木，又次而至於性命禍福，無有不載者也。然而篇所以七者，蓋天以七紀，璇璣運度，七政分離，聖以布曜，❶故法之也。章所以二百六十一者，三時之日數也，不敢比《易》當期之數，故取於三時。三時者，成歲之要時，故法之也。三萬四千六百八十五字者，可以行五常之道，施七政之紀，故法五七之數而不敢盈也已。

帝王公侯遵之，則可以致隆平，頌清廟。卿、大夫、士蹈之，則可以尊君父，立忠信。守志厲操者儀之，則可以崇高節，抗浮雲。

疏「帝王」至「浮雲」。正義曰：此

❶「曜」，原作「躍」，據阮本改。

敘《孟子》七篇之書爲要者也。言上而帝王遵循之，則可以興升平之治，次而公侯遵循之，則可以頌清廟。云「頌清廟」者，言公侯可以此助祭于天子之廟也。《詩》有《清廟》之篇以祀文王，注云：「天德清明，文王象焉，故祭而歌此詩也。」箋云：「諸侯有光明著見之德者，來助祭也。」卿、大夫、士蹈之，則可以尊欽君父，主其忠信。守志厲操者儀而法之，則可以此崇其高節而抗富貴如浮雲。云帝王、公侯、卿、大夫、士者，蓋帝以德言，王以業言，卿有諸侯之卿，有大夫之卿；士有中士，有下士。公侯是周之爵，所謂公、侯、伯、子、男，凡有五等是也。自帝王以下言之，則有公侯；自公侯以下，則有卿；自卿以下，則有大夫；自大夫以下，則止於有士也。

有風人之託物，二雅之正言，可謂直而不倨，曲而不屈，命世亞聖之大才者也。

疏「有風」至「者也」。 正義曰：此敘《孟子》七篇有風人、二雅之言，爲亞聖者也。如對惠王欲以與民同樂，故以文王靈臺、靈沼爲言；對宣王欲以好貨色與百姓同之，故以太王厥妃爲言。論仁則託以穀爲喻，論性則託以牛山之木爲喻。是皆有風人之託物言也。云「二雅之正言」者，如引「他人有心，予忖度之」，「乃積乃倉」，「古公亶父，來朝走馬」，「不失其馳，舍矢如破」，凡此之類，是皆有二雅之正言也。故可謂直其辭而且不失之倨傲，曲其辭而且不失之屈枉，而孟子誠爲間世亞聖之大才者也。言孟子之才比於上聖人之才，但相亞次而已，❶故謂亞聖大才。

孔子自衛反魯，然後樂正，雅、頌各得其所。乃刪《詩》、定《書》、繫《周易》、作《春秋》。

疏「孔子」至「春秋」。 正義曰：此敘引孔子退而著述之意也。案定公十四年，孔子去魯，應聘諸國。哀公十一年，自衛反魯，是時道衰樂廢，孔子來還乃正之。又哀公十一年《左傳》云：「冬，衛孔文子將攻太叔，訪於仲尼。仲尼曰：『胡簋之事則嘗學之，甲兵之事未之聞也。』退，命駕而行，曰：『鳥則擇木，木豈能擇鳥？』文子遽止之，曰：『圉豈敢度其私？訪衛國之難也。』將止，魯人以幣召之，乃歸。」杜預曰：「於是自衛反魯，然後樂正，雅、頌各得其所。」是也。云「乃刪《詩》、定《書》、繫《周易》、作《春秋》」者，案《世家》云：「魯定公五年，季氏僭公室，陪臣執國命，是以魯大夫以下皆潛離於

❶「亞次」，阮本作「王天」。

正道。故孔子不仕，退而修《詩》、《書》、《禮》、《樂》，弟子彌衆，至自遠方，莫不受業焉。至哀十一年自衛反魯，乃上采契、后稷，中述商、周之盛，至幽、厲之缺，凡三百五篇，孔子皆弦歌之，以求合《韶》、《武》、雅、頌之音，禮、樂自此可得而述，以備王道，成六藝。孔子晚喜《易》，序《彖》、《繫》、《象》、《説卦》。孔子以《詩》、《書》、《禮》、《樂》教，弟子蓋三千焉。哀十四年春狩大野，仲尼視之，曰『麟也』，取之。曰：『吾道窮矣。』乃因史記作《春秋》，上至隱公，下訖哀十四年，十二公。據魯，親周，故商，運之三代，約其文辭而指博。故曰：『後世知丘者其惟《春秋》，罪丘者亦惟《春秋》。』」孟子退自齊梁，述堯舜之道而著作焉，此大賢擬聖而作者也。疏「孟子」至「者也」。正義曰：此敍孟子退而擬孔子之聖而著述焉。案馬遷作《列傳》云：「孟子遊仕齊宣王，宣王不能用。適梁，梁惠王不果所言。是以退而序《詩》、《書》，述仲尼之意，而作《孟子》七篇也。」七十子之疇，會集夫子所言以爲《論語》。《論語》者，五經之錧鎋，六藝之喉衿也。疏「七十子」至「衿也」。正義曰：此敍引孔子弟子記諸善言而爲《論語》也。案《漢書·藝文志》云：「《論語》者，孔子應答弟子、時人，及弟子相與言而接聞於夫子之語也。當時弟子各有所記，夫子既卒，門人相與集而論纂，故謂之《論語》。」鄭注云：「仲弓、子游、子夏等撰述。論者，綸也，以此書可以經綸世務，故曰論也。」語者，鄭注《周禮》云：「答述曰語。」此書所載，皆仲尼答弟子及時人之辭，故曰「語」，而在「論」字下。錧鎋者，❶車軸頭鐵也。❷《説文》云：「車鍵也。」喉衿者，《説文》云：「喉，咽也。」「衿，衣領也。」言《論語》爲五經六藝之要，如此錧鎋與夫喉衿也。孟子之書則而象之。疏正義曰：此敍孟子作此七篇之書而儀象《論語》之書，是亦錧鎋喉衿。衛靈公問陳於孔子，孔子答以俎豆。梁惠王問利國，孟子對以仁義。宋桓魋欲害孔子，孔子稱「天生德於予」。魯臧倉毁鬲孟子，孟子曰「臧氏之子焉能使予不遇哉」。旨意合同，若此者衆。疏「衛靈公」

❶「錧」，原作「館」，據阮本改。下「錧鎋」同。
❷「鐵」，原作「錢」，據阮本改。

至「遇哉」。　正義曰：此敘孟子作七篇則象《論語》之旨意也。衛靈公問陳於孔子，孔子對曰俎豆之事，此《論語》之文也。案《左傳》哀公十一年云云，在孔子自衛反魯段。云俎豆者，案《明堂位》云：「俎，有虞氏以梡，夏后氏以嶡，商以椇，周以房俎。」鄭注云：「梡，斷木爲四足而已。嶡之言蹷也，謂中足爲橫距之象，《周禮》謂之距。椇之言根椇也，謂曲橈之也。謂足下跗也。上下兩間有似於堂房。《魯頌》曰『籩豆大房』。」又曰：「夏氏以楬豆，商以豆，❶周獻豆。」鄭注云：「楬，無異物之飾也。獻，疏刻之。齊人謂無髮爲禿楬。」其委曲制度，備在《禮圖》。梁惠王問利國，孟子對以仁義，説在《梁惠王》篇。宋桓魋欲害孔子，孔子稱「天生德於予」，是亦《論語》之文也。案《世家》：孔子適宋，與弟子習禮大樹下，宋司馬桓魋欲殺孔子，拔其樹，孔子去。弟子曰「可速矣」，故孔子發此語。言「天生德於予」者，言孔子謂天报我以德性，❷德合天地，吉無不利，桓魋必不能害我，故曰「其如予何」。云「魯臧倉毀鬲孟子，孟子曰：臧氏之子焉能使予不遇哉」者，説在《惠王》下篇。凡此者，是皆旨意合同，若此類者甚衆，故不特止此而已。

又有《外書》四篇，《性善》、《辯文》、《説孝經》、《爲正》，其文不能弘深，不與內篇相似，似非《孟子》本真，後世依放而託之者也。疏 正義曰：凡此《外書》四篇，趙岐不尚，以故非之。漢中劉歆九種《孟子》有十一卷，時合此四篇。

孟子既没之後，大道遂絀。逮至亡秦，焚滅經術，坑戮儒生，孟子徒黨盡矣。其書號爲諸子，故篇籍得不泯絶。疏「孟子」至「泯絶」。　正義曰：此敘《孟子》之書得其傳也。蓋孟子生於六國之時，憫道之不行，遂著述，作七篇之書。既没之後，先王之大道遂絀而不明于世。至嬴秦并六國，號爲秦始皇帝，因李斯之言，遂焚書坑儒，自是孟子徒黨盡矣。《秦紀》云：「秦皇三十四年，丞相李斯曰：五帝不相復，三代不相襲。今陛下創大業，是萬世之功，固非愚儒所知。且越言三代之事，臣請史官非秦紀皆燒之，非博士官所職，天下敢有藏《詩》、《書》、百家語者，悉詣守、尉雜燒之。所不去者，惟有醫、卜、種藝之書。」故《孟子》之書號爲諸子，以故篇籍

❶「以」，阮本作「玉」。
❷「报」，阮本作「授」。

不亡而得傳於世。漢興，除秦虐禁，開延道德，孝文皇帝欲廣遊學之路，《論語》、《孝經》、《孟子》、《爾雅》皆置博士。後罷傳記博士，獨立五經而已。訖今諸經通義得引《孟子》以明事，謂之博文。疏「漢興」至「博文」。

正義曰：此敘孟子之書自漢而行也。案《漢書》云：高皇帝誅項羽，引兵圍魯，魯中諸儒尚講習禮，弦歌之音不絕，豈非聖人遺化好學之國哉。於是喟然興於學。然尚有干戈，平定四海，亦未遑庠序之事。至孝惠乃除挾書之律，然公卿皆武力功臣，莫以爲意。至孝文始使掌故晁錯從伏生受《尚書》。❶《尚書》出于屋壁，《詩》始萌芽，天下衆書往往頗出，猶廣立於學官，爲置博士。由是《論語》、《孟子》、《孝經》、《爾雅》皆置博士。及後罷傳記博士，以至于後漢，惟有五經博士。博士，秦官，掌通古今，秩比六百石，員多至數十人。漢武建元五年初，置五經博士。宣帝黄龍九年，增員二十人。自是之後，五經獨有博士。訖于西京趙岐之際，凡諸經通義，皆得引《孟子》以明事，故謂之博文也。

孟子長於譬喻，辭不迫切而意以獨至，其言曰：「説《詩》者不以文害辭，不以辭害志，以意逆志，爲得之矣。」斯言殆欲使後人深求其意以解其文，不但施於説《詩》也。今諸解者往往摭取而説之，其説又多乖異不同。疏

正義曰：此敘孟子作七篇之書長於譬喻，其文辭不至迫切，❷而趙岐遂引孟子説《詩》之旨，亦欲使後人知之，但深求其意義，其旨不特止於説《詩》也。然今之解者摭取而説之，其説又多乖異而不同矣。

孟子以來五百餘載，傳之者亦已衆多。疏

正義曰：此言《孟子》七篇之書，自孟子既没之後，至西京趙岐已五百有餘年。傳七篇之書解者，亦甚衆多也。

余生西京，世尋丕祚，有自來矣。少蒙義方，訓涉典文。知命之際，嬰戚于天，遘屯離蹇，詭姓遁身，經營八紘之内，十有餘年，心勦形瘵，何勤如焉！嘗息肩弛擔於濟、岱之間，或有温故知新，雅德君子，矜我劬瘁，睠

❶「晁」，原作「是」，據阮本改。
❷「迫」，原作「迨」，據阮本改。

我皓首，訪論稽古，慰以大道。余困吝之中，精神遐漂，靡所濟集，聊欲係志於翰墨，得以亂思遺老也。惟六籍之學，先覺之士釋而辯之者既已詳矣。儒家惟有《孟子》閎遠微妙，緼奥難見，宜在條理之科。於是乃述己所聞，證以經傳，爲之章句，具載本文，章别其旨，分爲上、下，凡十四卷。究而言之，不敢以當達者，施於新學，可以寤疑辯惑。愚亦未能審於是非，後之明者見其違闕，儻改而正諸，不亦宜乎！

疏「余生」至「不亦宜乎」。　正義曰：此是趙岐自敘己意而爲《孟子》解也。言我生自西漢之京，若以世代根尋其祚，其先與秦共祖，皆顓帝之裔孫也。其後子孫造父，爲穆王攻徐偃王，大破之，以功封趙城，後因氏焉。故其來端有自矣。在幼少蒙義方，教訓之以先王典籍。及五十之歲間，乃零丁嬰戚于天，是其時遇迍邅之險難，遂詭詐其姓氏，逃遁其身，經營治身於八紘之内，至十餘年，心神形色莫不焦瘁疲瘵，謂何勤如此之甚。曾因息肩弛負擔於濟岱之地，❶或有温故君子有雅德者，憐我勤苦焦瘁，見我頭白，遂訪我談論，以稽考古人，仍慰我以大道。然於困吝之中，其精神亦且遐漂，未有歸定，聊欲係志於筆墨，以亂思遺我老也。思其六經皆得先覺之賢士釋而辯論之，亦已甚詳，於儒家獨有《孟子》七篇之書，其理藴奥，深妙難造，宜在於聖智條理之科。於是乃申述己之聞見，驗以六經之傳，斷爲章句，具載本文，章章别爲意旨，分七篇作上、下篇，爲十四卷。究極而言，雖不敢當於達士，然於初學者資之，亦可以曉晤其疑惑。其有是非得失，愚亦未敢審實，後之有明哲者，如見其違理疑闕者，改而正之，是其宜也。云「爲之章句，分爲上下，凡十四卷」者，各於卷下有説，此更不言。　丁公著案《漢書·趙岐本傳》云：「趙岐字邠卿，京兆長陵人也。嘗遇疾甚，誡其子曰：吾死之後，置一圓石安墓前，刻曰：漢有逸人，姓趙名岐，有志無時。後疾瘳。仕至太僕卿。嘗仕州郡，以廉直疾惡見憚焉。」

孟子注疏題辭解終

❶「擔」，原作「檐」，據阮本改。

孟子注疏解經卷第一上

孫奭疏

梁惠王章句上凡有七章

趙氏注梁惠王者，魏惠王也。魏，國名。惠，謚也。王，號也。時天下有七王，皆僭號者，猶春秋之時，吴、楚之君稱王也。魏惠王居於大梁，故號曰梁王。聖人及大賢有道德者，王公侯伯及卿大夫咸願以爲師。孔子時，諸侯問疑質禮，若弟子之問師也。魯、衛之君，皆專事焉，❶故《論語》或以弟子名篇，而有《衛靈公》、《季氏》之篇。孟子亦以大儒爲諸侯師，是以《梁惠》、《滕文公》題篇，與《公孫丑》等而爲之，一例者也。

疏「梁惠王章句上」。正義曰：自此至《盡心》，是《孟子》七篇之目及次第也。總而言之，則《孟子》爲此書之大名，「梁惠」以下爲當篇之小目。其次第蓋以聖王之盛，唯有堯舜，堯舜之道，仁義爲首，故以梁惠王問利國，對以仁義爲七篇之首也。此篇凡二十三章，趙氏分爲上下卷。此上卷只有七章。一章言治國以仁義爲名。二章言聖王之德，與民共樂，恩及鳥獸。三章言王化之本，在於使民養生喪死之用足備。四章言王者爲政之道，生民爲首。五章言百里行仁，天下歸之。六章言定天下者一道而已，不貪殺人，人則歸之。七章言典籍攸載，帝王之道，無傳霸之事。其餘十六章分在下卷，各有言説，大抵皆是君國之要務，故述爲篇章之先。凡此二十三章，既以梁惠王問利國爲章首，遂以《梁惠王》爲篇名。《公孫丑》以下諸篇所以次，當篇之下各有所説。云「章句」者，章，文之成也；句者，辭之絶也。又言章者，明也，總義包體，所以明情者也。句必聯字而言，句者，局也，聯字分

❶「專」，按阮校：「宋本、孔本、韓本、《考文》古本作『尊』。按『尊』是也。」

疆，所以局言者也。　注云「梁惠」至「例者也」。　正義曰：案《史記》世家云：「魏之先，畢公高之後也。武王伐紂，而高封於畢，是爲畢姓。其後絶封，爲庶人，或在夷狄，其裔曰畢萬，事晉獻公。獻公十六年，以魏封畢萬，爲大夫。卜偃曰：『畢萬之後必大矣。萬，滿數也。魏，大名也。』畢萬封十一年，獻公卒。畢萬之世彌大，從其國名爲魏氏。生武子，武子生悼，悼生嬴，嬴生魏獻子，子生侈，侈之孫曰魏桓子，桓子孫曰文侯。文侯卒，子擊立，爲武侯。武侯卒，子罃立，爲惠王。惠王二十一年，❶齊、趙共伐我邑，於是徙都大梁。」然則梁惠王是武侯之子，名罃，謚曰惠。《謚法》云：「愛人好與曰惠。」《汲冢紀年》云：「梁惠成王九年四月甲寅，徙都大梁。」《字林》云：「王者，天地人一貫三爲王，天下所法也。」時天下有七王者，❷魏、趙、韓、秦、齊、楚、燕七雄之王也。云「《論語》或以弟子名篇，而有《衛靈》、《季氏》之篇」者，如《顔淵》、《子路》、《子張》，是弟子名篇也，趙岐所以引而爲例。

孟子見梁惠王。孟子適梁，魏惠王禮請孟子見之。**王曰：「叟，不遠千里而來，亦將有以利吾國乎？」**曰，辭也。叟，長老之稱也，猶父也。孟子去齊，老而之魏，故王尊禮之曰：父，不遠千里之路而來此，❸亦將有以爲寡人興利除害者乎？　**孟子對曰：「王何必曰利，亦有仁義而已矣。**孟子知王欲以富國强兵爲利，故曰：王何以利爲名乎？❹亦有仁義之道可以爲名。以利爲名，則有不利之患矣。因爲王陳之。**王曰：『何以利吾國？』大夫曰：『何以利吾家？』士、庶人曰：『何以利吾身？』上下交征利，而國危矣。**征，取也。從王至庶人，故言上下交争，各欲利其身，必至於篡弑，則國危亡矣。《論語》曰：「放於利而行，多怨。」故不欲使王以利爲名也。又言交爲俱也。**萬乘之國，弑其君者必千乘之家。**萬乘，兵車萬乘，謂天子也。千乘，謂諸侯也。夷羿

❶「二十一年」，據《史記·魏世家》，當爲「三十一年」。
❷「時」上，原空一格，阮本作「是」字。
❸「此」上，按阮校：「宋本、孔本、韓本、《考文》古本有『至』字。」
❹「何」下，按阮校：「孔本、韓本、《考文》古本有『必』字。」

之弑夏后，是以千乘取其萬乘也。**千乘之國，弑其君者必百乘之家。**天子建國，諸侯立家。百乘之家，謂大國之卿，食菜邑有兵車百乘之賦者也，若齊崔、衛甯、晉六卿等，是以其終亦皆弑君，此以百乘取千乘也。上下乘當言國而言家者，❶諸侯以國爲家，亦以避萬乘稱，故稱家。君臣上下之辭。**萬取千焉，千取百焉，不爲不多矣。**周制：君十卿禄。君食萬鍾，臣食千鍾，亦多矣，❷不爲不多矣。**苟爲後義而先利，不奪不饜。**苟，誠也。誠令大臣皆後仁義而先自利，則不篡奪君位，不足自饜飽其欲矣。**未有仁而遺其親者也，未有義而後其君者也。**仁者親親，義者尊尊。人無行仁而遺棄其親，行義而忽後其君者。❸**王亦曰仁義而已矣，何必曰利！」**孟子復申此者，重歎其禍也。❹

疏「孟子見梁惠王」至「何必曰利」。

正義曰：此章言治國之道，當以仁義爲名也。「孟子見梁惠王」者，是孟子自齊至梁見惠王也。「王曰：叟，不遠千里而來，亦將有以利吾國乎」者，王，號也，以業爲言也。曰，發語詞也。叟，尊老之稱也，言惠王尊老孟子也。惠王尊孟子，曰：叟，不遠千里之路而至此，相將亦有以利益我國乎？云「亦」與「乎」者，凡外物不可必，❺又非可止於一事耳，故云「亦」「乎」，與《論語》云「不亦説乎」、「不亦樂乎」同。「孟子對曰：王何必曰利，亦有仁義而已矣」者，是孟子答惠王也。言王何必特止曰財利，我亦有仁義之道，以利益而已。上利以財利爲言，下利以利益爲言。「王曰：何以利吾國？大夫曰：何以利吾家？士、庶人曰：何以利吾身？上下交征利，而國危矣」者，是孟子託言也。言惠王今問我曰何以利益我國，則爲王之大夫必問我曰何以利益我家，爲大夫既欲利益其家，則爲王之士、庶人亦必問我曰何以利益我身。假使上自下至於士、

---

❶「下」，按阮校：「孔本、韓本、《考文》古本作『千』，是也。」

❷「矣」，阮本作「故」，屬下讀。

❸「行」上，阮本有「無」字。「者」，閩、監、毛、阮本作「長」。

❹「重歎其禍」，按阮校：「宋本、孔本、韓本、《考文》古本作『重嗟歎其禍』。《音義》出『重嗟』，則亦有『嗟』字。」

❺「凡」，阮本作「況」。

庶人，皆且取其利益，而國必危亂喪亡矣。王以國爲問，大夫以家爲問，❶士、庶人以身爲問者，王稱國，故以國問；大夫稱家，故以家問；士、庶人無稱，故以身問而已。「萬乘之國，減其君者必千乘之家。❷千乘之國，弑其君者必百乘之家」者，孟子言上下交取其利而國喪亡者，是萬乘之國，弑其君者必千乘之家。所弑也無他焉，則千乘之家欲以萬乘之利爲多也。千乘之國，弑其君者必百乘之家。所弑也亦無他焉，是百乘之家欲以千乘之利爲多也。云弑者，自下殺上謂之弑。「萬取千焉，千取百焉，不爲不多」者，孟子言：凡欲天子之萬乘者，且於其内取千乘，而爲天子之諸侯；欲諸侯之千乘者，且於其内但取百乘而爲之大夫，是亦不爲少矣，何必交相征奪，慕多爲勝邪？「苟爲後義而先利，不奪不饜」者，孟子言：且令臣庶皆後去其仁義，而先且以自利，則不交相殺奪，故不足自飽饜。言必殺奪，如千乘奪取萬乘，百乘奪取千乘，然後爲飽足也。「未有仁而遺其親者也，未有義而後其君者也」者，孟子言：未有心存乎仁而遺棄其親者，亦未有存義而後去其君者。「王亦曰仁義而已矣，何必曰利」者，孟子重嗟歎其禍，故曰：王今亦當曰亦有仁義而已矣，何必特止言其利。一説云：是惠王悟孟子之言爲是，而以己言爲非，故亦應之曰：仁義而已矣，何必言利。注云「孟子」至「見之」。正義曰：案《魏世家》云「惠王三十五年，惠王以厚幣招賢者，鄒衍、淳于髡、孟子皆至梁」是也。注「曰，辭也」至「之魏」。正義曰：詞也，從口乙聲，亦象口氣出也。劉熙曰：「叟，長老之稱，依皓首之言。」父，矩也，家長率教者。云「去齊之魏」者，案《史記》列傳云「孟子事齊宣王，宣王不能用，乃適梁」是也。注「征，取也」至「俱也」。正義曰：征，正也。蓋言君子至於利也，非釋之而弗取也，特不可交征而正取之爾，猶季氏聚斂以弱魯，趙孟資之傾晉之類故也。引「《論語》曰：放於利而行，多怨」者，證其上下交征利而國危亡之意也。孔曰：「放，依也。每事依利而行，取怨之道也。」云「交，俱也」，蓋云俱，皆也。注「萬乘」至「萬乘也」。正義曰：案《司馬法》云：「六尺爲步，步百爲畝，畝百爲夫，夫三爲屋，屋三爲井，井十爲通，通十爲成，成方十里，成十爲終，終十爲同，同方百里，同十爲封，封十爲畿，畿方千里。有税有賦，税以足食，賦以足兵。一同百里，提封萬井，定出賦六

❶「問」，原作「聞」，據阮本改。
❷「減」，疑爲「滅」字之訛。阮本作「弑」。

千四百井，戎馬四百匹，兵車百乘，此卿大夫采地之大者也，是謂百乘之家。一封三百一十六里，提封十萬井，定出賦六萬四千井，戎馬四千匹，兵車千乘，此諸侯之大者也，是謂千乘之國。天子畿方千里，提封百萬井，定出賦六十四萬井，戎馬四萬匹，兵車萬乘，故稱萬乘之主。」云「夷羿弒夏后」者，引之以證千乘取萬乘也。案魯襄四年《左傳》曰：「昔有夏之方衰也，后羿自鉏遷於窮石，因夏民以代夏政。」杜預曰：「禹孫太康淫放失國，夏人立其弟仲康，仲康亦微弱。仲康卒，子相立。羿遂代相，號曰有窮，後爲少康所滅。」注云夷羿者，《左傳》襄四年杜注云「夷，氏也」，故云夷羿。　注云「齊崔、衛甯、晉六卿等」。　正義曰：此引之以證百乘取千乘也。齊崔，崔杼也，爲齊大夫，注云「崔子弒齊君」，❶襄公二十五年《左傳》云「崔杼作亂」是也。衛甯，甯喜也，爲衛大夫。《史記》世家：「衛獻公十八年，甯惠子與孫文子逐獻公，獻公奔齊，齊置獻公於聚邑，孫、甯共立定公弟秋爲衛君，是爲殤公。殤公十二年，爲晉平公所執，獻公復入衛。後元年誅甯喜。」又襄二十六年書「甯喜弒其君剽」是也。六卿，魏獻子與韓宣子、趙簡子、知文子、中行文子、范獻子六人是也。《史記》世表云「昭公二十八年，六卿誅公族，分其邑，各使其子爲大夫」故也。　注「周制」至「不多矣」。　正義曰：周制蓋言周之所制也，《王制》云「君十卿禄」是也。云「鍾」，量名也，晏子曰「齊舊四量：豆、區、釜、鍾，四升爲豆，四豆爲區，四區爲釜，釜十爲鍾」是也。　注「句，誠也」至「飽欲」。　正義曰：《語》云「苟子之不欲」「苟能正其身」之「苟」同。云「饜」者，《説文》云「饜，飽也」，字從厭從食，如飽則厭食矣。此一章遂爲七篇之首章。

孟子見梁惠王。王立於沼上，顧鴻鴈麋鹿，曰：「賢者亦樂此乎？」沼，池也。王好廣苑囿，大池沼，與孟子遊觀，顧視禽獸之衆多，心以爲娛樂，誇咤孟子曰：賢者亦樂此乎？　孟子對曰：「賢者而後樂此。不賢者雖有此，不樂也。惟有賢者然後乃得樂此耳。謂修堯舜之道，國家安寧，故得有此以爲樂也。不賢之人，亡國破家，雖有此，亦爲人所奪，故不得以爲樂也。《詩》云：『經始靈臺，經之營之，庶民攻之，不日成之。《詩》《大雅·靈臺》之

❶「注」，阮本作「語」，當是。下文「崔子弒齊君」見《論語》。

篇也。言文王始經營規度此臺，❶衆民並來治作之，不與期日，❷自來成之也。**經始勿亟，庶民子來。**言文王不督促使之。亟，疾也。衆民自來趨之，❸若子來爲父使之也。**王在靈囿，麀鹿攸伏，麀鹿濯濯，白鳥鶴鶴。**麀鹿，牝鹿也。言文王在囿中，麀鹿懷妊，安其所而伏，不驚動也。獸肥飽則濯濯，鳥肥飽則鶴鶴而澤好而已。**王在靈沼，於牣魚躍。』**文王在池沼，魚乃跳躍喜樂，言其德及鳥獸魚鼈也。**文王以民力爲臺爲沼，而民歡樂之，謂其臺曰靈臺，謂其沼曰靈沼，樂其有麋鹿魚鼈。**孟子爲王誦此詩，因曰：文王雖以民力築臺鑿池，民由歡樂之，謂其臺、沼若神靈之所爲，欲使其多禽獸以養文王者也。**古之人與民偕樂，故能樂也。**偕，俱也。言古賢之君，❹與民同樂，故能得其樂。**《湯誓》曰：『時日害喪，予及女皆亡！』**《湯誓》，《尚書》篇名也。時，是也。日，乙卯日也。害，大也。言桀爲無道，百姓皆欲與湯共伐之，湯臨士衆誓，言是日桀當大喪亡，我與女俱往亡之。**民欲與之皆亡，雖有臺池鳥獸，豈能獨樂哉？」**孟子説《詩》、《書》之義，以感喻王，言民欲與湯共亡桀，雖有臺池禽獸，何能獨樂之哉。復申明上言「不賢者雖有此，不樂也」。

疏「孟子見梁惠王」至「豈能獨樂哉」。正義曰：此章言聖王之德，與民共樂，恩及鳥獸也。「孟子見梁惠王。王立於沼上，顧鴻鴈麋鹿」者，是孟子在梁時，見惠王立於沼之上，而顧眄鴻鴈麋鹿之狀也。❺「曰賢者亦樂此乎」者，是惠王稱譽孟子爲賢者，問孟子亦樂此池沼之上而顧眄鴻鴈麋鹿乎？云「乎」，意恐孟子樂與不樂，所以云「乎」而作疑之之辭也。「孟子對曰：賢者而後樂此。不賢者雖有此，不樂也」者，是孟子答惠王。言唯有德之賢者爲君，然後得樂於此。如君之不賢，雖有此鴻鴈麋鹿之顧，亦不得其樂也。《詩》云：經始

❶「始」下，阮本有「初」字。
❷「不與期日」，阮本作「而不與之相期日限」。
❸「趨之」，阮本作「赴」。
❹「賢之」，按阮校：「廖本、孔本、韓本、足利本作『之賢』」。
❺「眄」，阮本作「盼」。下一「眄」字同。

靈臺，經之營之，庶民攻之，不日成之。經始勿亟，庶民子來」者至「魚躍」，是孟子爲王誦此《靈臺》之詩，以證賢者而後樂此也。言文王規度，始於靈臺，而經營之際，衆民皆作治之，故臺不期日而有成。言其成之速也。既成之速，文王未嘗亟疾使民成之用如此之速也，是衆民自然若子來如爲父之使耳，故如此之速也。「王在靈囿，麀鹿攸伏，麀鹿濯濯，白鳥鶴鶴」者，言文王在靈囿之時，麀鹿皆安其所而伏卧以懷其妊，又且不驚動，非特不驚動，又且濯濯然而肥飽，非特麀鹿之肥飽，其於白鳥，又且鶴鶴然而肥澤也。麀鹿，牝鹿也。「王在靈沼，於牣魚躍」者，言文王在靈沼之時，則魚盈滿乎沼中，又且跳躍喜樂如也。言其魚之微物，亦且得其所也。「文王以民力爲臺爲沼，而民歡樂之，謂其臺曰靈臺，謂其沼曰靈沼，樂其有麋鹿魚鼈」者，是孟子至此又自言文王作臺、沼之意，而感喻于惠王也。文王雖以民力爲其臺、沼，然而民皆喜樂而爲之，如謂其臺、沼，則曰靈臺、靈沼也。以靈臺、靈沼云者，謂其文王之德化，亦樂其有之行如神靈之所至，故謂其臺、沼必曰爲靈臺、靈沼。凡此者無他焉，是衆民感文王之德化，亦樂其有魚鼈禽獸之多以奉養文王也。云「古之人與民偕樂，故能樂也」者，言古之賢君如此，文王與民同其樂，故能得此臺池之樂也。「《湯誓》曰：時日害喪，予及女皆亡」者，是孟子引《商書》。謂桀於是時無道，暴虐百姓，故百姓皆欲與湯王共伐之。湯於是往伐，臨於衆中，誥誓之曰：是日桀當大滅，我與女衆共往滅之。一云「時日害喪，予及女皆亡」者，是桀云，故《湯誓》引而言之也。謂桀云天有是日，猶吾之有民，日曷有亡哉？日亡則吾與民亦俱亡矣。「民欲與之皆亡，雖有臺池鳥獸，豈能獨樂哉」者，是孟子首對惠王曰「不賢者雖有此，不樂也」，故引此桀而證其言也。言桀爲不賢之君，民亦欲與湯共伐之，雖有臺池、鳥獸，豈能得獨享其此樂哉！言不能得樂也。　注云「詩大雅」至「成之也」。　正義曰：《周詩·大雅》篇名，曰《靈臺》，注云：「天子有靈臺者，所以觀祲象，察氣之妖祥也。神之精明者稱曰靈，四方而高曰臺。文王受命于周，作邑于豐，立靈臺。」又案《春秋傳》曰：「公既視朔，遂登觀臺以望，而書雲物爲備。」　注「言文王」至「使也」。　正義曰：案《靈臺》之詩，箋云：「亟，急也。度始靈臺之基，衆民各以子成父事而來攻之。」　注云「麀鹿」至「澤好」。　正義曰：毛氏注云：「麀鹿，牝鹿也。囿，所以域養禽獸也。天子百里，諸侯四十里。」箋云：「攸，所也，言所遊伏。」毛注云：「濯濯，娱遊也。鶴鶴，肥澤也。」注「文王」至「魚鼈」。正義曰：《詩》注云：「沼，池也。牣，滿也。」箋云：「靈沼之魚，盈滿其中，皆跳躍，亦言得其所。」注云「湯誓」至「亡之」。正義曰：《湯誓》，《商書》之篇名也。案《史記》云「是日何時喪？予與女皆亡」，駰注曰：「《尚書大傳》云：桀云天之有日，猶吾之有民，日有亡哉？日亡則吾亦亡矣。」《尚書》孔安國注云「比桀於日，曰是日何時喪，我與女皆亡，欲殺身以喪桀」是也。《檀弓》云「子卯不樂」，鄭注云：「紂以甲子死，桀以乙卯亡也。」

梁惠王曰：「寡人之於國也，盡心焉耳矣。王侯自稱孤寡，言寡人於治國之政，盡心欲利百姓。焉耳者，懇至之辭。河内凶，則移其民於河東，移其粟於河内。河東凶亦然。言凶年以此救民也。魏舊在河東，後爲强國，兼得河内也。察鄰國之政，無如寡人之用心者。言鄰國之君用心憂民，無如己也。鄰國之民不加少，寡人之民不加多，何也？」王自怪爲政有此惠，而民人不增多於鄰國者，何也？孟子對曰：「王好戰，請以戰喻。因王好戰，故以戰事喻解王意。填然鼓之，兵刃既接，棄甲曳兵而走，或百步而後止，或五十步而後止。以五十步笑百步，則何如？」填，鼓音也。兵以鼓進，以金退。孟子問王曰：今有戰者，兵刃已交，其負者棄甲曳兵而走，五十步而止，足以笑百步者否？曰：「不可，直不百步耳，是亦走也。」王曰：不足以相笑也。是人俱走，直争不百步耳。曰：「王如知此，則無望民之多於鄰國也。孟子曰：王如知此不足以相笑，王之政猶此也，王雖有移民轉粟之善政，其好戰殘民與鄰國同，而獨望民之多，何異於五十步笑百步者乎？不違農時，穀不可勝食也。從此已下，爲王陳王道也。使民得三時務農，不違奪其要時，則五穀饒穰，不可勝食。數罟不入洿池，魚鼈不可勝食也。數罟，密網也。密細之網，所以捕小魚鼈也，故禁之不得用。魚不滿尺不得食。斧斤以時入山林，材木不可勝用也。時，謂草木零落之時，使材木茂暢，故有餘。穀與魚鼈不可勝食，材木不可勝用，是使民養生喪死無憾也。憾，恨也。民所用者足，故無恨。養生喪死無憾，王道之始也。王道先得民心，民心無恨，故言王道之始。五畝之宅，樹之以桑，五十者可以衣帛矣。廬井、邑居各二畝半以爲宅，各入保城二畝半，❶故爲五畝也。樹桑墻下，古者年五十乃衣帛矣。雞豚狗彘之畜，無失其時，七十者可以食肉矣。言孕字不失時也。七十不食肉不飽。百畝之田，勿奪其時，數口之家，可以無饑矣。❷一夫一婦，耕耨百畝。百畝之田，不可以徭役奪其時功，則家給人足。農夫上中下所食多少各有差，故總言數口之家也。謹庠序之教，申之以孝悌之義，頒白者不負戴於道路矣。庠序者，教化之宫也。殷曰序，周曰庠。謹脩教化，申重孝悌之義。頒者，班也，頭半白班班者也。❸壯者代老，心各安之，故頒白者不負戴也。❹七十者衣帛食肉，黎民不饑不寒，然而不王者，未之有也。言百姓老稚温飽，禮義脩行，積之可以致王也。孟子欲以風王何不行此，可以王天下，有率土之民，何但望民多於鄰國？狗彘食人食而不知檢，塗有餓莩而不知發。言人君但養犬彘，使食人食，不知以法度檢斂也。塗，道也。餓死者曰莩。《詩》曰：「莩有梅。」莩，零落也。道路之旁有餓死者，不知發倉廩以用

❶「各」，按阮校：「宋本、孔本、韓本作『冬』，是。按據《公羊傳》宣十四年注及《漢・地理志》，則作『冬』是也。」

❷「饑」，按阮校：「宋本、岳本、咸淳衢州本、孔本、韓本、閩本作『飢』。按『飢餓』之字，當作『飢』。『饑』乃『饑饉』字。此經當以『飢』爲正。」後文飢、饑混用者多見，不再出校。

❸「頭半白班班者也」，按阮校：「宋本『白』下有『曰』字。岳本、廖本、韓本『者』上並有『然』字。孔本作『頭半白曰頒斑斑然者也』。按以『班』爲『斑』，古字假借，毛本、孔本、韓本『班』作『斑』，非也。足利本作『頭半白日頒班班者也』，山井鼎云『日』當作『曰』，是。」

❹「故頒白者不負戴也」，按阮校：「孔本、足利本『故』下有『曰』字，『戴』下有『於道路』三字。韓本與孔本同，無『曰』字。」

賑救之也。❶人死，則曰：『非我也，歲也。』是何異於刺人而殺之，曰：『非我也，兵也。』人死，謂餓疫死者也。王政使然，而曰非我殺之，歲殺之也，此何以異於用兵殺人，而曰非我也，兵自殺之也。王無罪歲，斯天下之民至焉。」戒王無歸罪於歲，責己而改行，則天下之民皆可致也。疏「梁惠王曰」至「民至焉」。正義曰：此章言王化之本，在於使民養生喪死之用足備也。王侯自稱曰寡人。惠王與孟子曰：寡人之於國，盡其心而爲民耳矣。「耳矣」者，言至極也。言河内凶荒，我則移徙民於河東之地，河東粟多，我則移之於河内；河東之地凶荒，我則又如此而移民，故曰「亦然」也。「察鄰國之政，無如寡人之用心」者，察，詳視也，言詳視鄰國之君，無有似寡人如此之用心者，然而鄰國之人民不加益其損，寡人之人民不加益其多，是如之何？故曰：「鄰國之民不加少，寡人之民不加多，何也？」遂以此而問孟子。「孟子對曰：王好戰，請以戰喻」，是孟子答惠王。言惠王心好征戰，故孟子請以戰事比喻而解王意。「填然鼓之，兵刃既接，棄甲曳兵而走，或百步而後止，或五十步而後止，以五十步笑百步，則何如」者，是孟子言戰事之語也。填，塞也，又滿也。趙氏云「鼓音」，蓋言鼓音之充塞洋洋而盈滿也。言鼓音既充塞盈滿於戰陣之際，則兵刃刀鎗既以交接，兵刃既交接，乃棄去其甲，曳散其兵而反走者，或百步之間而止，或五十步之間而止。以五十步之間而止者，則笑走至百步之間而止者，則王以爲如何？「曰：不可，直不百步耳，是亦走也」，惠王答孟子，言凡征戰之際，鼓音既填然，則不可棄去其甲、曳散其兵而相笑走也。雖有走，或只止於五十步，或有止於百步，言其但自棄甲曳兵而反走者，是雖止於五十步，不至於百步，然皆是走也，豈可以五十步笑百步哉？故曰「直不百步耳，是亦走也」。「曰：王如知此，則無望民之多於鄰國」者，是孟子答惠王。言惠王如能知此不可以五十步笑百步，則王無更望其國民加多於鄰國也。意謂王既好征戰而殘民，而以轉粟移民爲盡心，欲望民加多於鄰國，是亦五十步笑百步之走者也。「不違農時，穀不可勝食」至「不王未之有也」者，是皆孟子又爲王陳其王道也。言使民無違奪其春耕、夏耘、秋收三時之要，則五穀豐盛饒穰，雖勝食之多，亦不

❶「賑」，按阮校：「宋本、孔本、韓本作『振』。按『振』即古之『賑』字，作『賑』者非。」

可盡也。密細之網不入於洿池，則魚鼈不可勝食。斧斤以草木零落之時入山林，不以草木生長之時入之，則材木不可勝用也。穀與魚鼈既不可勝食，材木既不可勝用，是使民得以養生喪死無怨恨於不足也。五畝之宅，栽墻下以桑，則年至五十之老，可以着其絹帛。雞豚狗彘不失其養字之時，則年至七十之老，可以食其肉。百畝之田，不奪其耕耨之時，則七八口之家，可以無飢。凡云「可」者，但得過而已，未至於富足有餘也。謹庠序教化之宫，以申舉孝悌之義，而富以教之，則頭班班然而半白者不自負戴於道塗之閒矣。無他，人皆知孝悌之義，爲之壯者必代之爾，故曰「班白者不負戴於道路矣」。是則五十之老足以衣帛，七十之老足以食肉，而黎庶之民故不飢不寒，然而君上能如此而民不歸往而王之者，必無也。故曰「未之有也」。「狗彘食人食而不知檢，塗有餓莩而不知發，人死，則曰非我也，歲也，是何異於刺人而殺之，曰非我也，兵也」者，是孟子以此風惠王也。❶言人君但養其狗彘，而食人之所食，而王不知檢斂。道塗之間有餓死者，而王不知發倉廩以救賑之，見其人死，則推之曰非我之罪，是歲之罪也。言是歲之凶荒而疫死之也，是何異於執其兵器而刺殺人，而曰非我殺也，是兵器自殺之類也。「王無罪於歲，則天下之民至焉」者，是孟子諷之，而又誡之也。言王儻人餓死不歸罪於歲，但責己而改行，則天下之民莫不歸往而至焉耳。爲惠王好征戰以糜爛其民，故以此諷之。

注云「王侯自稱孤寡」。正義曰：《禮》云：「諸侯與民言，自稱曰寡人，在凶服曰孤。」老聃云：「王侯自稱孤寡不穀。」是也。注云「魏舊在河東」至「河内」。正義曰：案《地里》云：「魏地，觜觿、參之分野。其界自高陵以東，盡河東、河内。」「河東本殷之舊都，周既滅殷，分其地，畿内爲三國，《詩·風》邶、鄘、衛是也。」注云「戰事」。正義曰：莊公十一年《左傳》曰：「皆陣曰戰。」❷杜預云：「堅而有備，各得其所，成敗決於志力者也。」注「填，鼓音，兵以鼓進，以金退」。正義曰：賈逵云：「填，塞也，滿也。」《禮》云：「色容填填。」史云：「車馬駢填。」云「兵以鼓進，以金退」者，案《周官·大司馬》「辨鼓、鐸、鐲、鐃之用，以教坐作、進退、疾徐、疏數之節」，云「鼓人三鼓，司馬振鐸，群吏作旗，車、徒鼓行，鳴鐲，車、徒皆行，鳴鐃且卻」

❶「風」，阮本作「諷」。

❷「皆」，原作「背」，阮本及《春秋左傳正義》作「皆」。按阮校：「閩本作『背』，監、毛本作『皆』。」今據改。

是也。　注「使民得三時務農，不違奪其要時」。　正義曰：《王制》云：「用民之力，歲不過三日。」《周禮・内人》職云：❶「凡均力政，以歲上下，豐年則公旬用三日焉，中年則公旬用二日焉，無年則公旬用一日焉。」《語》云：「使民以時。」包注曰：「作使民必以其時，不妨奪農務。」荀卿曰：「春耕夏耘，秋收冬藏，四者不失時，故五穀不絕而百姓有餘食。」是五穀不可勝食也。　注「數罟」至「不得食」。　正義曰：釋云：數，密也。罟，網也。《荀子》曰：「網罟毒藥不入澤，洿池淵沼謹其時禁，故魚鼈優多而百姓有餘用。」注云：「食足之外，可貨易也。」　注「時謂」至「有餘」。　正義曰：《周官・山虞》「掌山林之政令」，云「仲冬斬陽木，仲夏斬陰木」，鄭注云：「陽木春夏生，陰木秋冬生者，若松栢之屬。」一云陽木生山陽在南者，陰木生山陰在北者。　荀卿曰：「斬伐養長，不失其時，故山林不童，而百姓有餘材也。」　注「廬井」至「衣帛矣」。❷　正義曰：案《周禮》云：「乃經土地，而井牧其田野。九夫爲井，四井爲邑。」《遂人》：「掌邦之野，辨其野之土地。上地，夫一廛，田百畝，❸萊五十畝，餘夫亦如之。中地，夫一廛，田百畝，萊百畝，餘夫亦如之。下地，夫一廛，田百畝，萊二百畝，餘夫亦如之。」鄭司農云：「户計一夫一婦而賦之田，其一户有數口者，餘夫亦受此田也。」廛，居也。萊謂休不耕者。鄭玄云：「廛，城邑之居。」《漢志》云：「六尺爲步，步百爲畝，畝百爲夫，夫三爲井，井方一里，是爲九夫。八家共之，各受私田百畝，公田十畝，是爲八百八十畝，餘爲廬舍。里有序，而鄉有庠。序以明教，庠以行禮，而視化焉。其有秀異者，移鄉，學于庠序；庠序之異者，移國，學于小學；小學之異者，移於大學，命曰造士。行同能偶，則別之以射，然後爵命焉。此先王制土處居、❹富而教之之大略也。」《王制》云：「五十異粻始衰，六十非肉不飽，七十非帛不煖，八十非人不煖，九十雖得人不煖。」是古者五十乃衣帛矣。　注「言人君」至「救之也」。　正義曰：「餓死者曰莩。《詩》曰：『莩有梅。』莩，零落也」者，案《毛詩》而言也。《毛詩》云「莩，落也」，箋云「梅實尚餘而未落」，是其解也。

❶「内人」，《周禮》作「均人」。
❷「廬井」，原誤倒，據上注文及阮本改。
❸「畝」，原作「里」，據阮本改。
❹「土」，阮本作「士」。

梁惠王曰：「寡人願安承教。」願安意承受孟子之教令。孟子對曰：「殺人以梃與刃，有以異乎？」梃，杖也。曰：「無以異也。」王曰：梃刃殺人，無以異也。「以刃與政，有以異乎？」孟子欲以政喻王。曰：「無以異也。」王復曰：梃刃殺人與政殺人無異也。曰：「庖有肥肉，廄有肥馬，民有飢色，野有餓莩，此率獸而食人也。孟子言人君如此，爲率獸而食人也。獸相食，且人惡之，爲民父母，行政不免於率獸而食人，惡在其爲民父母也？虎狼食禽獸，人猶尚惡視之。牧民爲政，乃率禽獸食人，安在其爲民父母之道也。仲尼曰：『始作俑者，其無後乎？』爲其象人而用之也。如之何其使斯民飢而死也。」俑，偶人也，用之送死。仲尼重人類，謂秦穆公時以三良殉葬，本由有作俑者也，惡其始造，故曰：此人其無後嗣乎？如之何其使斯民飢而死也。孟子陳此以教王愛其民也。

疏「梁惠王曰」至「死也」。正義曰：此一段宜與前段合爲一章，趙氏分別之。蓋言王者爲政之道，在生民爲首也。「梁惠王曰：寡人願安承教」者，是惠王願安意承受孟子之教令也。「孟子對曰：殺人以梃與刃，有以異乎」者，是孟子答惠王，故託此而問惠王，言殺人以杖與刃，有以各異乎？云「乎」者，是又孟子未知惠王以爲如何，故疑之也。「曰：無以異」者，是惠王答孟子之問，言以杖殺人與刃殺人無以各異，是皆能殺人也。「以刃與政，有以異乎」者，孟子復問以刃與政殺人，有以異。「曰：無以異也」者，惠王復曰政之殺人與刃之殺人，亦無以異也，言致人死則一也。「曰：庖有肥肉，廄有肥馬，民有飢色，野有餓莩，此率獸而食人也」者，是孟子之諷惠王也。言庖廚之間有肥肉，棧廄之中有肥馬，而民皆有飢餓之顔色，郊野之間又有餓而死者，此乃是王率獸而食人也。「獸相食，且人惡之。爲民父母，行政不免於率獸而食人，惡在其爲民之父母也」者，孟子言：獸畜自相食，如虎狼食牛羊，且人猶尚惡見之，況爲民之父母，其於行政以治民，尚不免驅率獸而食人，安在其爲民之父母也？言行政如此，不足爲民之父母也。「仲尼曰：始作俑者，其無後乎」，是孟子引仲尼之言也。言仲尼有云：始初作俑偶人者，其無後嗣乎？無他焉，是爲其象人而用之也，故後有秦穆公以生人從葬，故曰其無後嗣也。　注「梃，杖也」。　正義曰：《釋文》云：「梃，木片也。」　注「俑，偶人也」。　正義曰：《記》云：「孔子謂爲俑者不仁。」《埤蒼》云：「木人送葬，設關而能踊跳，故名之曰俑。」魯文公六年，秦穆公卒，以子車氏之三子奄息、仲行、鍼虎爲殉。杜預曰：「以人從葬曰殉。」《詩》有《黄鳥》之篇以哀三良是也。孟子諷之，故曰：如之何使斯民飢餓而死。

梁惠王曰：「晉國，天下莫强焉，叟之所知也。韓、魏、趙本晉六卿，當此時，號三晉，故惠王言晉國天下之强焉。　及寡人之身，東敗於齊，長子死焉，西喪地於秦七百里，南辱於楚。寡人恥之，願比死者壹洒之，如之何則可？」王念有此三恥，求策謀於孟子。　孟子對曰：「地方百里而可以王。言古聖人以百里之地以致王天下，謂文王也。　王如施仁政於民，省刑罰，薄税斂，深耕易耨，壯者以暇日修其孝悌忠信，入以事其父兄，出以事其長上，可使制梃以撻秦、楚之堅甲利兵矣。易耨，芸苗令簡易也。制，作也。王如行此政，可使國人作杖以捶敵國堅甲利兵，何患恥之不雪也。　彼奪其民時，使不得耕耨以養其父母。父母凍餓，兄弟妻子離散。彼陷溺其民，王往而征之，夫誰與王敵？彼，謂齊、秦、楚也。彼困其民，願王往征之也。彼失民心，民不爲用，夫誰與共禦王之師而爲王之敵乎？　故曰：仁者無敵，王請勿疑。」鄰國暴虐，己修仁政，則無敵矣。王請行之，勿有疑也。

疏「梁惠王」至「勿疑」。　正義曰：此章言百里行仁，則天下歸之也。「梁惠王曰：晉國，天下莫强焉，叟之所知也」者，是梁惠王欲問孟子之謀策也。言晉國爲天下之最强，叟必知之。「及寡人之身，東敗於齊，長子死焉，西喪地於秦七百里，南辱於楚。寡人恥之，願比死者壹洒之，如之何則可」者，是惠王言晉國逮及寡人之身，東則見敗於齊而殺死其長子，西又喪去其地於秦七百里，南又常受辱於楚。寡人心甚愧恥之，今願近死不惜命者一洗除之，當如之何謀則可以洗除此恥？「孟子對曰：地方百里而可以王」者，是孟子答惠王。言古之聖君，其地但止於百里，❶尚可以王天下也。「王如施仁政於民，省刑罰，薄稅斂，深耕易耨，壯者以暇日修其孝悌忠信，入以事其父兄，出以事其長上，可使制梃以撻秦、楚之堅甲利兵矣」者，是孟子言王自今能施仁政以及民，又省去其刑罰，輕其稅斂，使民皆得深耕易耨，壯者以閑暇日修孝悌忠信，入閨門之內以奉事其父兄，出鄉黨之間以奉事其長上。凡能如此，雖作一捶梃，亦可以鞭撻秦、楚之堅甲利兵矣。然以秦、楚有堅甲利兵，而以一梃可鞭撻者，蓋秦、楚常違奪其農時，使民不得耕耨也，故云「彼奪其民時，使不得耕耨以養父母」。又云「父母凍餓，兄弟妻子離散，彼陷溺其民，王往而征之，夫誰與王敵」者，言民既不得耕耨以奉養父母，則爲父母者被寒凍飢餓，兄弟者與妻子者皆離背散亡。彼秦、楚陷溺其人民如此，而王往彼正其罪，夫更誰敢禦王之師而爲王之敵者。「故曰：仁者無敵，王請勿疑」者，是孟子請惠王行此仁政，而往正其罪而無敵，如所謂仁者無敵是也，遂請之行而無更遲疑也。前所謂閑暇日者，蓋言民於耕耨田地之外，有休息閑暇之日也。

注「韓、趙、魏」至「强也」。正義曰：案《史記·年表》云：「定王十六年，魏桓子與韓康子、趙襄子三人敗知伯于晉陽，乃三分其地，故號爲三晉，是爲强國。」云「東敗於齊而喪長子」者，案《史記·世家》「惠王三十年，魏伐趙，趙告急於齊。齊宣王用孫子計救趙，魏遂大興師，太子申自將攻齊，遂與齊人戰，敗於馬陵」是也。云「西喪地於秦」者，案《史記·年表》云：「周顯王十五年，秦與魏戰元里，斬首七千，取少梁。」南則常辱於楚。馬陵者，案徐廣云：「地在於元城。」

孟子注疏解經卷第一上

❶「地」，原作「他」，據阮本改。

孟子注疏解經卷第一下

趙氏注　孫奭疏

梁惠王章句上

孟子見梁襄王。出，語人曰：「望之不似人君，襄，謚也。魏之嗣王也，❶望之無儼然之威儀也。就之而不見所畏焉。就與之言，無人君操秉之威，知其不足畏。卒然問曰：『天下惡乎定？』卒暴問事，不由其次也。問天下安所定？言誰能定之。吾對曰：『定于一。』孟子謂仁政爲一也。『孰能一之？』言孰能一之者。對曰：『不嗜殺人者能一之。』嗜猶甘也。言今諸侯有不甘樂殺人者則能一之。『孰能與之？』王言誰能與不嗜殺人者乎。對曰：『天下莫不與也。孟子曰：時人皆苦虐政，如有行仁，天下莫不與之。王知夫苗乎？七、八月之間旱，則苗槁矣。天油然作雲，沛然下雨，則苗浡然興之矣。其如是，孰能禦之？以苗生喻人歸也。周七、八月，夏之五、六月也。油然，興雲之貌。沛然下雨，以潤槁苗，則浡然已盛，孰能止之？今夫天下之人牧，未有不嗜殺人者也。如有不嗜殺人者，則天下之民皆引領而望之矣。誠如是也，民歸之，由水之就下，沛然誰能禦之？』」今天下牧民之君，誠能行此仁政，民皆延頸望，欲歸之，如水就下，沛然而來，誰能止之？

疏「孟子見梁襄王」至「誰能禦之」。正義曰：此章言定天下者一道而已，❷不貪殺人，人則歸之也。「孟子見梁襄王，出，語人曰：望之不似人君，就之而不見所畏

❶「魏」，按阮校：「廖本、孔本、韓本、足利本作『梁』。」

❷「一道」，按阮校：「韓本、足利本作『仁政』，孔本作『一道仁政而已』。」

焉」者，是孟子在梁見襄王，而語於人曰：遠望之襄王而不似人君，言無人君之威儀也。就而近之而不見所畏焉，言無人君操柄之威也。「卒然問曰：天下惡乎定」者，是孟子語於人，言襄王卒暴而問我，曰天下誰能定？「吾對曰：定于一」者，言我對之曰：定天下者，在乎仁政爲一者也。「孰能一之」，是孟子言襄王又問誰能仁政爲一。「對曰：不嗜殺人者能一之」者，是孟子言我復答之，唯不好殺人者能以仁政爲一也。「孰能與之」者，言襄王又問誰能與之不好殺人者。「對曰：天下莫不與也」，言我對曰，天下之人無有不與之也。「王知夫苗乎？七八月之間旱，則苗槁矣。天油然作雲，沛然下雨，則苗浡然興之矣。❶其如是，孰能禦之」者，是孟子比喻而解王之意也。故問襄王曾知夫苗乎？言夫苗自七、八月之時，則乾旱而無水，苗於是枯槁。上天油然而起雲，沛然而降雨，則枯槁之苗又浡然興起而茂。其不嗜殺人者能一之，有如此苗而興茂，誰能止之也。又言如有行仁，而天下莫不與之，誰能止之而不與也。「今夫天下之人牧，未有不嗜殺人者也」至「誰能禦之」者，是孟子因比喻苗而解王之意，又以此復詳明之，欲使襄王即曉之也。言今天下爲牧養人民之君，未有不好殺人者也。言皆好殺人。若有不好殺人者，則天下之人民皆延頸而望王以歸之矣。誠如此上言之者，則民皆歸之，亦若水之流，自上而下，其勢沛然而來，誰能止之？言無人能止之也。注「襄，謚也」至「儀」。❷正義曰：案《世家》云：「惠王在位三十六年卒，子赫立，是爲襄王。襄王在位六年卒，❸謚曰襄。」《謚法》云：「因事有功曰襄。」又曰：「辟土有德曰襄。」注『周七、八月，夏之五、六月』。正義曰：周之時，蓋以子之月爲正。夏之時，建寅之月爲正。是知周之七、八月，即夏之五、六月也。

齊宣王問曰：「齊桓、晉文之事，可得聞乎？」宣，謚也。宣王問孟子，欲庶幾齊桓公小白、晉文公重耳。孟子冀得行道，故仕於齊。齊不用，乃適梁。建篇先梁者，欲以仁義爲首篇，因言魏事，章次相從，然後道齊之事。**孟子對曰：「仲尼之徒，無道桓、文**

❶「興」，原作「與」，據阮本改。

❷「儀」上，按阮校：「監、毛本有『威』字。」據全書體例，當有「威」字。

❸「六年」，據《史記・魏世家》，襄王在位十六年。

之事者，是以後世無傳焉。臣未之聞也。孔子之門徒，頌述宓羲以來至文、武、周公之法制耳，雖及五霸，必賤薄之，❶是以儒家後世無欲傳道之者，故曰「臣未之聞也」。無以，則王乎？」既不論三皇、五帝，殊無所問，則尚當問王道耳，不欲使王問霸者之事。曰：「德何如，則可以王矣？」王曰：德行當何如而可得以王乎？曰：「保民而王，莫之能禦也。」保，安也。禦，止也。言安民則惠，而黎民懷之，若此以王，無能止也。曰：「若寡人者，可以保民乎哉？」王自恐德不足以安民，故問之。曰：「可。」孟子以爲如王之性，可以安民也。曰：「何由知吾可也？」王問孟子何以知吾可以保民。曰：「臣聞之胡齕曰：王坐於堂上，有牽牛而過堂下者，王見之，曰：『牛何之？』對曰：『將以釁鍾。』王曰：『舍之，吾不忍其觳觫，若無罪而就死地。』對曰：『然則廢釁鍾與？』曰：『何可廢也，以羊易之。』不識有諸？」胡齕，王左右近臣也。觳觫，牛當到死地處恐貌。新鑄鍾，殺牲以血塗其釁郄，因以祭之，曰釁。《周禮·大祝》曰：「墮釁，逆牲逆尸，令鍾鼓。」《天府》：「上春，釁寶鍾及寶器。」孟子曰：臣受胡齕言王嘗有此仁，不知誠有之否？曰：「有之。」王曰「有之」。曰：「是心足以王矣。百姓皆以王爲愛也，臣固知王之不忍也。」愛，嗇也。孟子曰：王推是仁心，足以至於王道。然百姓皆謂王嗇愛其財，臣知王見牛恐懼不欲趨死，不忍，故易之也。王曰：「然，誠有百姓者。齊國雖褊小，吾何愛一牛？即不忍其觳觫，若無罪而就死地，故以羊易之也。」王曰：亦誠有百姓所言者矣。吾國雖小，豈愛惜一牛之財費哉。即見其牛哀之，釁鍾又不可廢，故易之以羊耳。曰：「王無異於百姓之以王爲愛也，以小易大，彼惡知之？王若隱其無罪而就死地，則牛、羊何擇焉？」異，怪也。隱，痛也。孟子言無怪百姓謂王愛財也，見王以小

❶「必」，阮本作「心」。

易大故也。王如痛其無罪，羊亦無罪，何爲獨釋牛而取羊。王笑曰：「是誠何心哉？我非愛其財而易之以羊也，宜乎百姓之謂我愛也。」王自笑心不然，而不能自免爲百姓所非，乃責己之以小易大，故曰宜乎其罪我也。曰：「無傷也，是乃仁術也，見牛未見羊也。君子之於禽獸也，見其生，不忍見其死；聞其聲，不忍食其肉。是以君子遠庖廚也。」孟子解王自責之心，曰無傷於仁，是乃王爲仁之道也。時未見羊，羊之爲牲次於牛，故用之耳。是以君子遠庖廚，不欲見其生食其肉也。王說，曰：「《詩》云：『他人有心，予忖度之。』夫子之謂也。夫我乃行之，反而求之，不得吾心。夫子言之，於我心有戚戚焉。此心之所以合於王者，何也？」《詩》，《小雅·巧言》之篇也。王喜悦，因稱是《詩》以嗟歎孟子忖度知己心，戚戚然心有動也。寡人雖有是心，何能足以合於王也？曰：「有復於王者，曰：『吾力足以舉百鈞，而不足以舉一羽；明足以察秋毫之末，而不見輿薪。』則王許之乎？」復，白也。許，信也。人有白王如此，王信之乎？百鈞，三千斤也。曰：「否。」王曰：我不信也。「今恩足以及禽獸，而功不至於百姓者，獨何與？然則一羽之不舉，爲不用力焉；輿薪之不見，爲不用明焉；百姓之不見保，爲不用恩焉。故王之不王，不爲也，非不能也。」孟子言王恩及禽獸，而不安百姓，若不用力、不用明者也。不爲耳，非不能也。曰：「不爲者與不能者之形何以異？」王問其狀何以異也。曰：「挾太山以超北海，語人曰『我不能』，是誠不能也。爲長者折枝，語人曰『我不能』，是不爲也，非不能也。故王之不王，非挾太山以超北海之類也；王之不王，是折枝之類也。孟子爲王陳爲與不爲之形若是，王則不折枝之類也。折枝，按摩折手節解罷枝也。少者恥見役，故不爲耳，非不能也。太山、北海皆近齊，故以爲喻也。老吾老，以及人之老；幼吾幼，以及人之幼，天下可運於掌。老，猶敬也。幼，猶愛也。敬我之老，亦敬人之老；愛我之幼，亦愛人之幼。推此心以惠民，天下可轉之掌上。言其易也。《詩》云：『刑于寡妻，至于兄弟，以御于家邦。』言舉斯心加諸彼而已。《詩》，《大雅·思齊》之篇也。刑，正也。寡，少也。言文王正己適妻，則八妾從，以及兄弟。御，享也。享天下國家之福，但舉己心加於人而已。故推恩足以保四海，不推恩無以保妻子。古之人所以大過人者，無他焉，善推其所爲而已矣。大過人者，大有爲之君也。善推其心所好惡，以安四海也。今恩足以及禽獸，而功不至於百姓者，獨何與？復申此，言非王不能，不爲之耳。權，然後知輕重；度，然後知長短。物皆然，心爲甚，王請度之。權，銓衡也，可以稱輕重。度，丈尺也，可以量長短。凡物皆當稱度乃可知，心當行之乃爲仁。心比於物，尤當爲之甚者也。欲使王度心如度物也。抑王興甲兵，危士臣，構怨於諸侯，然後快於心與？」抑，辭也。孟子問王抑亦如是乃快邪？王曰：「否。吾何快於是？將以求吾所大欲也。」王言：不然，我不快是也，將欲以求吾心所大欲者耳。曰：「王之所大欲，可得聞與？」孟子雖心知王意而故問者，欲令王自道，遂因而陳之。❶王笑而不言。王意大，而不敢正言。曰：「爲肥甘不足於口與？輕煖不足於體與？抑爲采色不足視於目與？聲音不足聽於耳與？便嬖不足使令於前與？王之諸臣，皆足以供之，而王豈爲是哉？」孟子復問此五者，欲以致王所欲也，故發異端以問之也。曰：「否，吾不爲是也。」王言我不爲是也。曰：「然則王之所大欲可知已。欲辟土地，朝秦、楚，莅中國而撫四夷

❶「因而」，按阮校：「宋本、廖本、孔本、韓本、《考文》古本作『緣以』。」

也。莅，臨也。言王意欲庶幾王者，臨莅中國而安四夷者也。以若所爲，求若所欲，猶緣木而求魚也。」若，順也。順嚮者所爲，謂構兵諸侯之事，求順今之所欲莅中國之願，其不可得，如緣喬木而求生魚也。王曰：「若是其甚與？」王謂比之緣木求魚爲大甚。曰：「殆有甚焉。緣木求魚，雖不得魚，無後災。以若所爲，求若所欲，盡心力而爲之，後必有災。」孟子言盡心戰鬭，必有殘民破國之災，故曰：殆有甚於緣木求魚者也。曰：「可得聞與？」王欲知其害也。曰：「鄒人與楚人戰，則王以爲孰勝？」言鄒小楚大也。曰：「楚人勝。」王曰楚人勝也。曰：「然則小固不可以敵大，寡固不可以敵衆，弱固不可以敵强。海内之地，方千里者九，齊集有其一。以一服八，何以異於鄒敵楚哉？固，辭也。言小弱固不可以敵强大。❶ 集會齊地，可方千里，譬一州耳，今欲以一州服八州，猶鄒欲敵楚也。蓋亦反其本矣。王欲服之之道，蓋當反王道之本耳。今王發政施仁，使天下仕者皆欲立於王之朝，耕者皆欲耕於王之野，商賈皆欲藏於王之市，行旅皆欲出於王之塗，天下之欲疾其君者皆欲赴愬於王。其若是，孰能禦之？」反本道，行仁政，若此則天下歸之，誰能止之也。王曰：「吾惛，不能進於是矣。願夫子輔吾志，明以教我。我雖不敏，請嘗試之。」王言我情思惛亂，不能進行此仁政，不知所當施行也。欲使孟子明言其道，以教訓之。我雖不敏，願嘗使少行之也。曰：「無恒産而有恒心者，惟士爲能。若民則無恒産，因無恒心。孟子爲王陳其法也。恒，常也。産，生也。恒産，則民常可以生之業也。恒心，人常有善心也。惟有學士之心者，雖窮不失道，不求苟得耳。凡民迫於飢寒，則不能守其常善之心也。苟無恒心，放辟邪侈，無不爲已。及陷

❶「固不可以敵强大」，按阮校：「宋本、孔本、韓本、《考文》古本、足利本作『固不如强大』。」

於罪，然後從而刑之，是罔民也。民誠無恒心，放溢辟邪，侈於姦利，犯罪觸刑，無所不爲，乃就刑之，是由張羅罔以罔民者也。焉有仁人在位，罔民而可爲也？安有仁人爲君，罔陷其民，是政何可爲也？是故明君制民之産，必使仰足以事父母，俯足以畜妻子，樂歲終身飽，凶年免於死亡。然後驅而之善，故民之從之也輕。言衣食足，知榮辱，故民從之，教化輕易也。今也制民之産，仰不足以事父母，俯不足以畜妻子，樂歲終身苦，凶年不免於死亡，此惟救死而恐不贍，奚暇治禮義哉？言今民困窮，救死恐凍餓而不給，何暇修禮行義乎？王欲行之，則盍反其本矣。五畝之宅，樹之以桑，五十者可以衣帛矣。雞豚狗彘之畜，無失其時，七十者可以食肉矣。百畝之田，勿奪其時，八口之家可以無飢矣。謹庠序之教，申之以孝悌之義，頒白者不負戴於道路矣。老者衣帛食肉，黎民不飢不寒，然而不王者，未之有也。」其説與上同。八口之家，次上農夫也。孟子所以重言此者，乃王政之本、常生之道，❶故爲齊、梁之君各具陳之。當章究義，不嫌其重也。疏「齊宣王」至「未之有也」。正義曰：此章言典籍攸載帝王之道，無傳霸者之事也。「齊宣王問曰：齊桓、晉文之事，可得聞乎」者，齊宣是齊威王之子辟彊是也，謚爲宣。言齊宣王問孟子曰：齊桓公小白、❷晉文公重耳二霸之事，可得而聞之乎？「孟子對曰：仲尼之徒，無道桓、文之事者，是以後世無傳焉，臣未之聞也」者，是孟子答齊宣王之言也。言自孔子之門徒，無有道及桓、文二霸者事，是以後世無傳焉，故臣于今未之曾聞知也。云「臣」者，是孟子對王而言，故自稱己爲臣也。「無以，則王乎」者，孟子言：無以問及宓犧以來至文、武、周公之法，尚當以王者之道爲問耳。「曰：德何如，則可以王矣」者，齊宣又問孟子，言德當何如則可以爲王。「曰：保民而王，

❶「常」，原作「當」，據阮本改。
❷「桓」，原作「威」，避宋欽宗趙桓諱，今回改。下同，不再出校。

莫之能禦也」者，孟子言：當安民而爲之王，則天下之民莫之能止禦之也。「曰：若寡人者，可以保民乎哉」者，宣王又自問只如寡人之德，可以安民乎？王恐德不足以安民，故問之也。「曰可」者，孟子言如王之德，可以安民也。「曰：何由知吾可也」者，宣王又問孟子何緣而知吾之德可以安民。「曰：臣聞之胡齕曰：王坐於堂上，有牽牛而過堂下，王見之曰：牛何之」至「以羊易之」者，是孟子因胡齕之言而答宣王之問也。胡齕，王之左右近臣。言嘗聞胡齕曰：王坐於廟堂之上，有牽牛自堂下而過者，王見之，而問牽牛者曰：其牛牽去何所？牽牛者對之曰：相將以爲釁鍾也。王對牽牛者曰：舍去之，我不忍其牛之恐慄，若無罪之人而就於所死之地者也。牽牛者又對曰：如若王之所不忍，則廢去釁鍾之禮與？王復與牽牛者曰：塗釁祭鍾之禮，何可得而廢？以羊更易之而已。「不識有諸」者，是孟子又未知齊宣王還是有此言，故問宣王曰「不識有諸」。「曰有之」者，宣王答孟子，以爲是有此言也。「曰：是心足以王矣」者，是孟子於此言知王有此不忍之心，故足以爲王矣。「百姓皆以王爲愛也，臣固知王之不忍也」者，孟子言然，百姓盡以王爲愛財也，臣素知王有不忍之心，故如此也。「王曰然」者，宣王復亦自謂百姓是有此疑也。「誠有百姓者，齊國雖褊小，吾何愛一牛？即不忍其觳觫，若無罪而就死地，故以羊易之也」者，宣王言誠有百姓以我爲愛財者，齊國雖曰褊小狹隘，我亦何獨止愛其一牛？即是不忍見其牛之恐慄，如無罪而就於所死之地，又爲釁鍾不可廢，故以羊更之也。宣王必以羊易牛者，以其羊之爲牲，次於牛也，故以羊易之。「曰：王無異於百姓之以王爲愛也，以小易大，彼惡知之？王若隱其無罪而就死地，則牛、羊何擇焉」者，孟子對宣王，言王無怪百姓皆謂我爲愛財也，以羊之小而易牛之大，彼百姓之人安知王以爲不忍見其恐慄，又爲釁鍾不可廢，故以羊易之之意也。彼必曰王若隱痛，不忍見牛若無罪而就所死之地，則牛與羊何擇焉？言羊之與牛，是皆若無罪而就死也，何獨擇取其牛而以羊就死也。「王笑曰：是誠何心哉！我非愛其財而易之以羊也，宜乎百姓之謂我愛也」者，是宣王自笑以其己之心不如是，故笑之也。笑而言曰：儻如此者，是何心哉！然我非愛其財，故以羊易牛也。云此者，宣王又疑孟子亦以爲然，故以此言復答之也，宜乎百姓不知我之意，而謂我愛財也。「曰：無傷也，是乃仁術也，見牛未見羊也。君子之於禽獸也，見其生，不忍見其死，聞其聲，不忍食其肉。是以君子遠庖廚也」

者，孟子復解王之自責之意也。言如此亦無傷害於爲王也，此亦爲仁之一術耳。無他，是見其牛之觳觫，未見其羊之觳觫也。凡君子之於禽獸，見其生貌，則不忍見其就死；聞其鳴聲，則不忍食其肉。是以君子之人，凡於庖廚烹炙之事所以遠去之也。「王悦，曰：《詩》云：『他人有心，予忖度之。』夫子之謂也」者，是宣王見孟子解其己意，故喜悦之，而引《詩》之文而言也。「他人有心，予忖度之」二句，是《小雅·巧言》之詩也，宣王引之，而爲如夫子之所謂也。云「夫子」者，宣王尊孟子爲夫子也。「夫我乃行之，反而求之，不得吾心。夫子言之，於我心有戚戚焉」者，宣王言我既行之事，尚且反而求之於己而不得其心之所之，自今夫子言之於我，心中戚戚然有動也。「此心之所以合於王者，何也」者，宣王言雖有是心，其所以得契合於王者，是如之何也？「曰：有復於王者，曰吾力足以舉百鈞，而不足以舉一羽；明足以察秋毫之末，而不見輿薪，則王許之乎」者，是孟子欲以此比喻而解王也。言今有人復白於王曰：我力能舉得三千斤之重，而不能舉一羽毛之輕；目之明能觀視其秋毫之末鋭，而不能見一大車之薪木，則王信乎否乎？「曰否」者，是宣王答之，曰凡如此云者，我不信也。「今恩足以及禽獸，而功不至於百姓者，獨何與」者，孟子復以此諷之也。言今王有恩德足以及其禽獸，而其功績不至於百姓者，王獨以爲何如？「然則一羽之不舉，爲不用力焉；輿薪之不見，爲不用明焉；百姓之不見保，爲不用恩焉。故王之不王，不爲也，非不能也」者，孟子又言，苟如是，一羽之輕所以不能舉者，爲其不用力也；一車薪之大所以不見之者，爲其不用明也；今百姓所以不見安者，爲其不用恩也。故王之所以不爲王，是王之不爲也，非不能也。「曰：不爲者與不能者之形何以異」者，是宣王問孟子。言不爲與不能二狀，何以爲異也？「曰：挾太山以超北海，語人曰我不能，是誠不能也。爲長者折枝，語人曰我不能，是不爲也，非不能也。故王之不王，非挾太山以超北海之類也，是折枝之類也」者，是孟子又以此比喻而解王問不爲與不能之異狀也。言今有人云挾太山而超北海，而語人曰我不能挾太山超北海，此真不能也。如爲長者按摩手節，而語人曰我不能爲長者按摩手節，是恥見役使，但不爲之耳，非不能也。今王之所以不王，非是挾太山超北海之類也，是不爲長者折枝之類也，以其不爲之耳。「老吾老，以及人之老，幼吾幼，以及人之幼。天下可運於掌」者，是孟子欲以此教宣王也。言敬吾之所敬，以及他人之所敬者；愛吾之所愛，以及他人之所愛者，凡能推此而惠民，則治天下之大，止如運轉於掌上之易也。「《詩》云：刑于寡妻，至于兄弟，以御于家邦」者，是孟子引《大雅·思齊》之詩文也。言文王自正于寡妻，以至正于兄弟，自正于兄弟以至臨御于家邦。言凡此是能舉此心而加諸彼耳。「故推恩足以保四海，不推恩無以保妻子。古之人所以大過人者，無他焉，善推其所爲而已矣」者，孟子言：爲君者但能推其恩惠，故足以安四海，苟不推恩惠，雖妻子亦不能安之。古之人君所以大過强於人者，無他事焉，獨能推其所爲恩惠耳。蓋所謂老吾老以及人之老，幼吾幼以及人之幼。又如《詩》云文王「刑于寡妻，至于兄弟，以御于家邦」，是其善推其所爲之意旨故也。「今恩足以及禽獸，而功不至於百姓者，獨何與」者，孟子復言非王不能，但不爲耳。故復云然。「權，然後知輕重；度，然後知長短。物皆然，心爲甚，王請度之」者，孟子又託物而諷王也。言爲之權與度，然尚能知其輕重長短，其權度之爲物也然尚皆然，而人心又甚於權度，故請王自忖度之耳。「抑王興甲兵，危士臣，構怨於諸侯，然後快於心與」者，抑，辭也，與《語》曰「抑爲之不厭」之「抑」同。孟子又以此數事而測王之意也。言抑是王欲興起甲兵以伐人，危士臣以即戎，不以爲危事，外結怨於諸侯，如此且然後快樂其心與？「王曰否」者，宣王答之，以爲不如是也，言我何肯快心於此數事，我但將以求吾所大欲耳。「曰：王之所大欲，可得聞與」者，是孟子欲知王之所大欲，故問之，曰：王大欲可得而聞之乎？「王笑而不言」，宣王知己之所欲甚大，但笑而不言也。「曰：爲肥甘不足於口與，輕煖不足於體與」至「不足使令於前與」者，是孟子又以此四事而測王所大欲也。言王之所大欲，是爲其肥甘之味不足以供於口與？抑是其聲音之樂不足供聽於王之耳與？便嬖之幸不足使令於王之前與？采色之飾不足供視於王之目與？然此數事，而爲王之諸臣者皆足以供奉王矣，而王豈用爲此者與？故繼之曰：「王之諸臣，皆足以供之，而王豈爲是哉？」又曰「否，吾不爲是」者，宣王答之曰：我不爲是四者之事也。「曰：然則王之所大欲可知已」者，孟子言：如是則王之大欲，我今可得知已。「欲辟土地，朝秦、楚，莅中國而撫四夷也」者，孟子知王以此爲所大欲也。「以若所爲，求若所欲，猶緣木而求魚也」者，孟子言：王如若以此欲開闢其土地而求其廣，又欲朝秦、楚之諸侯，以臨莅其中國而撫安四夷，爲所大欲，是若緣喬木之上而求其魚也。「王曰：若是其甚與」者，宣王亦謂己之大欲若此求魚之甚與？「曰：殆有甚焉。緣木求魚，雖不得魚，無後災。以若所爲，求若所欲，盡心力而爲之，後必有災」者，孟子言：王如此大欲，殆有甚於緣木求魚也。緣喬木而求魚，雖不得魚，又且無後災難所及，而王如若以所欲，假使盡心力而爲之，後亦必有大災難所及也。「曰：可得聞與」者，是宣王又問孟子，欲求知其大災難也。「曰：鄒人與楚人戰，則王以爲孰勝」者，孟子以此比喻而解王也。言鄒之小國，與楚之大國戰鬬，則王以爲誰國勝之？「曰：楚人勝」者，宣王答孟子，以爲楚之大國人勝之也。「曰：然則小固不可以敵大，寡固不可以敵衆，弱固不可以敵强」者，孟子言：如是則小國固不可敵大國，人之寡少固不可以敵人之衆多，劣弱固不可以敵强悍也。「海内之地，方千里者九，齊集有其一，以一服八，何以異於鄒敵楚哉」者，孟子又言：今海内之地，方千里者有九，而齊國但集而有一，且以一而服八，是何以異於鄒國之小而敵楚國之大哉？言與此無異也。王如欲服之，蓋當反行王道之本耳，故云「蓋亦反其本矣」。「今王發政施仁」至「孰能禦之」者，孟子於此教宣王王道之本也。言今王發政而施仁，使天下爲之仕者皆欲立於王之朝廷，耕者皆欲耕作於王之郊野，商賈皆欲藏於王之市，行旅皆欲出於王之道塗，凡天下欲疾惡其君者又皆欲奔赴王而告愬之，其如此，天下皆歸之，誰能止禦之也。商賈，《漢書》云：「通財鬻貨曰商。」《白虎通》云：「賣曰賈。」❶行旅者，師旅也。《説文》云：「軍，五百人也。」「王曰：吾惛，不能進於是矣。願夫子輔吾志，明以教我。我雖不敏，請嘗試之」者，宣王欲孟子明其王道而教之也，故曰我之惛亂，不能進於此仁政，願夫子輔我志，以明白教我也。我雖不能敏疾而行之，但請嘗試教之如何耳。

「曰：無恒産而有恒心者，惟士爲能。若民則無恒産，因無恒心。苟無恒心，放辟邪侈，無不爲已」至「未之有也」者，是孟子爲宣王陳王道之本而教之者也。言無常生之業而有常善之心者，惟士人爲能有之。言士窮則獨善其身，不求苟得，故能有常心也。若民則迫於窮困，不能守其常善。苟無常生之業，遂因之而無常善之心。苟無常善之心，則放辟邪侈之事，無有不爲。及其陷溺於罪，然後又從而誅戮之，是若張羅網而罔民也。安有仁人之君在位，而以罔民而可爲之也？故明哲之君制别民之生産，必使其民仰而上之則足以奉事父母，俯而下之則足以畜養妻

❶「賣」，《四部叢刊》影印元覆宋監本《白虎通義》作「止」。

子，豐樂之歲終身飽足，凶荒之年又免其死亡，然後驅率而從善教，故其民從其善教亦輕易也。自今之君制民之産，仰則不足以奉養父母，俯則不足以畜養妻子，雖豐樂之歲終身又且勞苦，而凶荒之年又不得免其死亡。如此，則民惟獨於救死尚恐其不足，何有閒暇而修治禮義哉。言無及修其禮義也。「王欲行之，則盍反其本矣」者，言王欲行之，則何不反其王道之本。「五畝之宅」至「未之有也」，是又孟子爲宣王陳王道之本，其説已在前，此更不解。注「宣，謚也」至「齊也」。正義曰：周顯王二十七年，《史記》云：「齊威王卒，子辟彊立，是爲齊宣王。在位十九年，卒，謚曰宣。」《謚法》云：「善問周達曰宣。」云「齊桓公小白」者，莊公八年《左傳》云：齊僖公母弟曰夷仲年，生公孫無知，有寵於僖公，弒君自立。九年春，弒無知，莊公納子糾。桓公小白自莒入，於是立，爲桓公元年。《史記》云：「桓公小白元年春，齊殺無知。五年，與魯人會柯。七年始霸，會諸侯於鄄。」云「晉文公重耳」者，《史記》云：「周襄王十六年，晉文公重耳立，是爲元年。」又云：「晉獻公五年，伐驪戎，得驪姬，歸，生奚齊。其娣生卓子，驪姬嬖，欲立其子。重耳者，乃獻公娶於戎，得二女，大戎狐姬之所生也。❶十二年，居重耳於蒲城。二十六年，獻公卒，立奚齊，里克殺之及卓子，又立小戎所生夷吾者，爲晉惠公。七年，重耳聞管仲死，自狄之齊。十四年，惠公夷吾卒，遂立重耳爲晉文公。九年，在位卒。」云「孟子不得行道，故仕於齊。齊不用，乃適梁」者，案《史記》列傳已説在梁王段。注云「宓羲」至「聞也」。正義曰：宓羲，古帝王氏也，即伏犧氏也。五霸者，即齊桓、晉文、秦繆、宋襄、楚莊是也。崔李云：夏昆吾、殷大彭、豕韋、周齊桓、晉文是也。謂之霸者，把也，把持諸侯之權也。案《國語》亦然。《荀子》云：「仲尼之門人，五尺之豎子，言羞稱乎五霸。」是「仲尼之徒無道桓文之事者」之證也。注云「觳觫，牛於倒死地處恐貌」。正義曰：案《廣雅》有云「觳觫，死貌」，是也。云「《周禮·大祝》墮釁逆牲逆尸，令鍾鼓」者，鄭司農云「墮釁謂薦血也。凡血祭曰釁，既墮釁後，言逆牲容逆鼎」是也。蓋古者器成而釁以血，所以厭變怪、禦妖釁。釁鍾之釁謂之釁，亦治亂謂之亂之類也。云「《天府》云上春，釁寶鍾及寶器」者，寶鍾、寶器，玉瑞、玉器之美。上春，孟春也。又言釁，謂以殺牲以血血之也。蓋釁之法，其來有自矣，周之所釁，又非止此而已。

❶「大」，原作「犬」，據阮本改。

如大司馬於軍器，小子於邦器，小人於龜器，雞人於雞，大祝逆牲，小祝祈號，皆在所釁也。　注「愛，嗇也」。　正義曰：《釋文》云：「嗇，愛澀也。」字法從「來」、「㐭」。來，麥也。❶來者㐭而藏之，故田夫謂之嗇夫。㐭音廩。《書》云「嗇夫馳」是也。　注「百鈞，三千斤也」。　正義曰：《律曆志》云：「銖、兩、斤、鈞、石，本起於黄鍾之重，一龠容千二百黍，重十二銖。二十四銖爲兩，十六兩爲斤，三十斤爲鈞，重一千五百二十銖，四鈞爲石，重百二十斤。」以此推之，則百鈞是三十斤也。❷　注「太山、北海近齊」。　正義曰：案《地理志》云「齊地南有太山，城陽，北有千乘、清河」是也。　注「權，銓衡」至「度物也」。　正義曰：權重衡平，衡所以任權而均物，平輕重也。《釋文》云：「銓，平木器。」又曰：「銓，衡也。」「權，秤錘也。」「度者，分、寸、尺、丈、引也，所以度長短也。本起於黄鍾之長，以子穀秬黍中者。子穀，穀子；在地，即黑黍。❸中者，不大不小，言黑黍穀子大小中者，率爲分寸。一黍之廣，度之九十分。黄鍾之長爲十分，十分爲寸，十寸爲尺，十尺爲丈，十丈爲引。❹法用銅，高一寸，廣二寸，長一丈，而分、寸、尺、丈存焉。」　注「八口之家次上農夫」。　正義曰：《王制》：「制：農田百畝，百畝之分，上農夫食九人，其次食八人。」《孟子》云「一夫百畝，百畝之糞，上農夫食九人，上次食八人」是也。此云八口之家，所以特指次上農夫者而已，斯亦舉其次而見上下之意耳。

孟子注疏解經卷第一下

❶「麥」，原作「麦」，據《四部叢刊》影印宋本《重修廣韻》改。

❷「三十」，依文意，當作「三千」。

❸「在地即黑黍」，不辭。《漢書・律曆志》顔師古注作「秬即黑黍」。

❹「爲引」，原作「引爲」，據阮本及《漢書・律曆志》改。

孟子注疏解經卷第二上

趙氏注　孫奭疏

梁惠王章句下凡十六章

疏 正義曰：此卷趙氏分别爲第二卷也，故云《梁惠王章句》下。今據此卷「章指」，凡十六章。一章言人君田獵以時，鍾鼓有節，與民同樂。二章譏王廣囿專利，以嚴刑陷民。三章言聖人樂天事小，❶以勇安天下。四章言與天下同憂樂者，不爲慢遊恣溢之行。五章言齊王好色好貨，孟子推以公劉、太王好貨色與民同之。六章言君臣上下，各勤其任，無墮其職。七章言人君進賢退惡。八章言孟子云紂以崇惡，失其尊名。九章言任賢使能，不遺其學。十章言征伐之道，在順民心。十一章言伐惡養善，無貪其富，以小王大。十二章言上恤其下，下赴其難，惡出於己，害及其身。十三章言事無禮之國，不若得民心，與之守死善道。十四章言君子之道，正己在天，强暴之來，非己所召，獨善其身而已。十五章言太王居邠，權也；效死弗去，義也。十六章言讒邪構賢，賢者歸於天，不尤人也。凡十六章，合上卷七章，是《梁惠王》篇有二十三章矣。故各於卷首總列其章目，而分别其指焉。

莊暴見孟子，曰：「暴見於王，王語暴以好樂，暴未有以對也。」曰：「好樂何如？」莊暴，齊臣也。不能決知之，故無以對。而問曰：王好樂何如。孟子曰：「王之好樂甚，則齊國其庶幾乎！」王誠能大好古之樂，齊國其庶幾治乎。他日，見於王，曰：「王嘗語莊子以好樂，有諸？」孟子問王有是語否。王變乎色，曰：「寡人非能好先王之樂也，直好世俗之樂耳。」變乎色，愠恚莊子道其好樂也。王言我不能好先聖王之樂，直好世俗之樂，謂鄭聲也。曰：「王之好樂甚，則齊

❶「天」，阮本作「大」。

其庶幾乎！今之樂，猶古之樂也。」甚，大也。謂大要與民同樂，古今何異也。曰：「可得聞與？」王問古今同樂之意，寧可得聞邪？曰：「獨樂樂，與人樂樂，孰樂？」孟子復問王獨自作樂樂邪？與人共聽其樂爲樂邪？曰：「不若與人。」王曰：獨聽樂，不如與衆共聽之爲樂也。曰：「與少樂樂，與衆樂樂，孰樂？」孟子復問王與少人共聽樂樂邪？衆人共聽樂樂也？曰：「不若與衆。」王言不若與衆人共聽樂爲樂。「臣請爲王言樂。孟子欲爲王陳獨樂與衆人樂樂狀。今王鼓樂於此，百姓聞王鍾鼓之聲、管籥之音，舉疾首蹙頞而相告曰：『吾王之好鼓樂，夫何使我至於此極也？父子不相見，兄弟妻子離散。』鼓樂者，樂以鼓爲節也。管，笙。籥，簫。或曰：籥若笛短而有三孔。《詩》云「左手執籥」，以節衆也。疾首，頭痛也。蹙頞，愁貌。言王擊鼓作樂，發賦徭役皆出於民，而德不加之，故使民愁也。今王田獵於此，百姓聞王車馬之音，見羽旄之美，舉疾首蹙頞而相告曰：『吾王之好田獵，夫何使我至於此極也？父子不相見，兄弟妻子離散。』此無他，不與民同樂也。田獵無節，以非時取牲也。羽旄之美，但飾羽旄，使之美好也。發民驅獸，供給役使，不得休息，故民窮極而離散奔走也。今王鼓樂於此，百姓聞王鍾鼓之聲、管籥之音，舉欣欣然有喜色而相告曰：『吾王庶幾無疾病與？何以能鼓樂也？』百姓欲令王康强而鼓樂也。今無賦斂於民，而有惠益，故欣欣然而喜也。今王田獵於此，百姓聞王車馬之音，見羽旄之美，舉欣欣然有喜色而相告曰：『吾王庶幾無疾病與？何以能田獵也？』此無他，與民同樂也。王以農隙而田，不妨民時，有憫民之心。因田獵而加撫恤之，是以民悦之也。今王與百姓同樂，則王矣。」孟子言：王何故不大好樂，効古賢君？與民同樂，則可以王天下也，何惡莊子之言王之好樂也？

疏「莊暴見孟子」至「則王

矣」。　正義曰：此章言人君田獵以時，鍾鼓有節，與民同樂也。「莊暴見孟子，曰：暴見於王，王語暴以好樂，暴未有以對也」者，莊暴，齊臣也。莊，姓也；暴，名也。言莊暴見孟子，謂暴朝見於齊王，王語暴以好樂之事，暴是時未有言以對答之。「曰：好樂何如」者，故莊暴問孟子，以謂王之所以好樂，是如之何？「孟子曰：王之好樂甚，則齊國其庶幾乎」者，孟子答莊暴之問也。言齊王之好樂至甚，則齊國庶幾其治安乎。「他日，見於王，曰：王嘗語莊子以好樂，有諸」者，是孟子自見莊暴言好樂之後，他一日見之齊王而問之，曰：王曾與莊子語以好樂之事，還有此言否乎？孟子稱莊子，不稱曰暴者，是孟子尊王之臣，故不欲稱其名也。「王變乎色，曰：寡人非能好先王之樂也，直好世俗之樂耳」者，是齊王自孟子問之後，變其常容而有憤怒之色，蓋憤莊暴言己之好樂於孟子也，故答孟子曰：寡人不能好古聖王之樂。古聖王之樂，如黄帝之《咸池》，堯之《大章》，舜禹之《韶》，夏商周之《濩》、《武》是也。但能直好世俗樂耳，如鄭、衛之聲是也。「曰：王之好樂甚，則齊其庶幾乎」者，孟子復對王而言也，言王之好樂至甚，則齊幾乎治安。孟子言「齊國其庶幾乎」以對莊子，對之齊王則止曰「齊其庶幾乎」者，蓋對莊子則稱其國，及對齊王故不必稱國焉耳。「今之樂猶古之樂」者，是孟子見齊王言不能好先王之樂，直好世俗之樂，故以此言今之樂亦若古之聖王樂也，但其要在能與民同聽樂爲樂耳，遂以此問之。「曰：可得聞與」者，是齊王問孟子，言古今之樂一同，寧可得而聞知之與？「曰：獨樂樂，與人樂樂，孰樂」者，是孟子欲以此問王，使王知與民同樂樂爲樂也，故問之曰：王獨作樂爲樂邪？與人同樂爲樂邪？「曰：不若與人」者，是齊王答孟子，亦以爲獨樂樂不若與人同樂爲樂也。「曰：與少樂樂，與衆樂樂，孰樂」者，是孟子復問王與少人同樂爲樂，與衆人同樂爲樂，孰樂邪？「曰不若與衆」者，齊王亦復答孟子，以爲不若與衆人同樂爲樂也。「臣請爲王言樂」，孟子於此知齊王亦識與衆同樂之意，乃爲王陳其獨樂與衆同樂之効，故不待王問而自請言之也。「今王鼓樂於此」至「與民同樂也」者，皆孟子陳獨樂與衆樂樂之文也。言今王鼓作其樂於此國也，百姓之人聞王鍾鼓之聲與管籥之音，舉皆疾痛其頭，又蹙頞愁悶，而交相告曰：我王之好作樂爲樂，發賦徭役，使我至於此之極也，父子不得以相見，兄弟妻子又皆離散之。以其如此，故百姓所以頭痛蹙頞愁悶也。又言今王田獵於此國，百姓之人聞王車馬之音，見羽旄之美好，舉皆蹙頞愁悶，疾痛其首，而交相告曰：我王之好田獵禽獸，如何使我供給役使，不得休息，而至於如此之極，父子不得以相見，兄弟妻子皆離散之。然則王之鼓樂田獵，而百姓皆如此者，無他事焉，是王之不與民同其樂也。言今王鼓樂於此國，百姓聞王鍾鼓之聲、管籥之音，舉皆欣欣然有喜色，而交相告曰：我王庶幾無疾病也，何以能鼓樂於此？言百姓皆欲之康强，不特止於庶幾無疾病也。苟即庶幾近於無疾病，則王亦何以能鼓樂也。又言今王田獵禽獸於此國，百姓之人聞王車馬之音，見羽旄之美好，舉皆欣欣然有喜色，而交相告曰：我王即庶幾近於無疾病，又何以能田獵也？此言又欲王之康强，不特止於庶幾無疾病也。然則王之鼓樂田獵，百姓皆如此欲王之康强者，無他事焉，是王能與民同其樂也。言今之王能與民同樂爲樂，則爲之王者矣。云「鼓樂」者，蓋鍾以止爲體，鼓以作爲用，故凡作樂所以謂之鼓樂也。云「音」與「聲」者，蓋鍾鼓言聲，以其聲之單出，故云聲也；管籥車馬言音，以其音之雜比，故云音也。然車馬亦謂之音者，蓋升車則馬動，馬動則鸞鳴，鸞鳴則和應故也。聲之與音，合而言之，則聲、音則一也；別而言之，則單出爲聲，雜比爲音。《詩》云「嘒嘒管聲」，此言管籥之音，是聲音之通論也。齊王悦南郭先生吹竽，廩食以數百人；喜鄒忌鼓琴，卒授之國政。是安知與衆樂樂邪？此孟子所以陳其與民同樂之意也。

注「鄭聲也」。正義曰：《論語》云「鄭聲淫」，以其能惑人心也。孔傳云：「鄭聲惑人心，不與雅樂同也。」

注「鼓樂」至「百姓愁」。正義曰：《周禮・鼓人》：「掌教六鼓，以節聲樂。」《鍾師》「掌金奏」，注云：「以鍾鼓奏者，先擊鍾，次擊鼓，以奏《九夏》。夏，大也。樂之大歌有九。」《王夏》、《肆夏》、《昭夏》、《納夏》、《章夏》、《齊夏》、《族夏》、《祴夏》、《驚夏》，凡《九夏》是也，故附于此。云「管，笙。籥，簫。或曰：籥若笛而有三孔」者，案《禮圖》云：「笙長四尺，諸管參差，亦如鳥翼。」《爾雅》曰：「大笙謂之巢，小者謂之和。」郭璞《爾雅》云：「二十三管爲簫。」《風俗通》云：「舜作竹簫，以象鳳翼。」《周禮・笙師》「掌教吹籥」，後鄭云「籥如笛，有三孔」是也。《詩》云「左手執籥」，蓋《邶詩・簡兮》之篇文也，注云：「籥六孔，言碩人多才藝，又能籥舞，言文武備也。」釋云：首，頭也；頞，鼻莖也。言齊王擊鼓作樂，其使民徭役苦楚，皆蹙其鼻莖而愁悶也。

注「田獵」至「奔走也」。正義曰：釋云：獵，田也，蒐、狩、苗、獮是也。案魯隱公五年《左傳》云：「春蒐、夏苗、秋獮、冬狩，皆於農隙講武事也。」杜預曰：「蒐，索，擇取不孕者。

苗，爲苗除害也。獮，殺也，以殺爲名，順秋氣也。狩，圍守也，冬物畢成，獲則取之，無所擇也。」羽旄者，案《左傳》魯襄公十四年，范宣子假羽旄於齊。定公四年，晉人假羽旄於鄭。杜預曰：「以析羽爲旌，爲王者斿車之所建也。」又案《司常》九旗之數，又有全羽、析羽。釋云：「全羽、析羽，直有羽而無帛也。」❶云「天時不如地利，地利不如人和」，蓋《公孫丑》篇文也。

齊宣王問曰：「文王之囿方七十里，有諸？」王言聞文王苑囿方七十里，寧有之？ 孟子對曰：「於傳有之。」於傳文有是言。 曰：「若是其大乎？」王怪其大。 曰：「民猶以爲小也。」言文王之民尚以爲小也。 曰：「寡人之囿方四十里，民猶以爲大，何也？」王以爲文王在岐山之時，❷雖爲西伯，土地尚狹，而囿已大矣。今我地方千里而囿小之，民以寡人之囿爲大，何故也？ 曰：「文王之囿方七十里，芻蕘者往焉，雉兔者往焉，與民同之。民以爲小，不亦宜乎？芻蕘者，取芻薪之賤人也。雉兔，獵人取雉兔者。言文王聽民往取禽獸，刈其芻薪，民苦其小，是其宜也。 臣始至於境，問國之大禁，然後敢入。言王之政嚴，刑重也。 臣聞郊關之内，有囿方四十里，殺其麋鹿者如殺人之罪，郊關，齊四境之郊皆有關。 則是方四十里爲阱於國中。民以爲大，不亦宜乎？」設陷阱者不過丈尺之間耳。今王陷阱乃方四十里，民言其大，❸不亦宜乎？

疏「齊宣王」至「不亦宜乎」。 正義曰：此章譏王廣囿專利，嚴刑陷民也。「齊宣王問曰：文王之囿方七十里，有諸」者，是宣王嘗聞文王有囿方闊七十里，❹故見孟子，問之還是有之否？「孟子對曰：於傳有之」者，孟子答之，以爲書傳之文有言也。「曰：若是其大乎」者，

---

❶「帛」，原漫漶，據阮本補。

❷「岐山之時」，按阮校：「廖本、《考文》古本『山』作『豐』，宋本、孔本、韓本作『岐豐時』。」

❸「言」，按阮校：「宋本、廖本、孔本、韓本、《考文》古本作『苦』。」

❹「七」，原作「四」，據阮本改。

宣王怪之，以爲文王囿如此之大，❶民猶尚以爲小也。「曰：寡人之囿方四十里，民猶以爲大，何也」者，宣王又問孟子，言寡人之囿但方闊四十里，而民猶尚以爲大，是如之何其差也。「曰：文王之囿方七十里，芻蕘者往焉，雉兔者往焉，與民同之。民以爲小，不亦宜乎」者，孟子言：文王之囿方闊七十里，而採芻草薪木之賤人與獵雉鳥兔獸者皆得往其中而有所取之，是其與民同共之，故民以爲小，不亦宜乎也。「臣始至於境，問國之大禁，然後敢入」者，孟子對王稱臣，言自臣始初至於王之郊境，問其王國禁令，然後乃敢入其國中也。「臣聞郊關之内，有囿方四十里，殺其麋鹿者如殺人之罪，則是方四十里爲阱於國中。民以爲大，不亦宜乎」者，孟子言：自臣入王郊關之内，乃聞王有苑囿方四十里之廣，其有於中殺其麋鹿者，如殺其人之罪，而科之如此，則是王爲阱陷方四十里之廣於國中，以陷其民也。故民以爲大，不亦宜乎。凡此是皆孟子譏王之專利而不與民同也。傳云：「天子之囿方百里，大國四十里，次國三十里，小國二十里。」文王之國，百里之國，或者以謂有七十之里爲苑囿，是如之何其差殊？不知文王百里之國是其始封之時制也，七十里之囿乃文王作西伯之時有也。周制：上公封四百里，其食者三之一，豈七十里之囿特止山川不可食之地與？彼有子虛者以謂楚地方千里，而囿居其九，是可食之地亦鞠爲遊畋之地耶，是安知周制之法與？注云「文王在岐山之時，雖爲西伯，土地尚狹，而囿以大」者。正義曰：案鄭玄《詩譜》云：「周之先公曰太王者，避狄難，自豳始遷焉。商王帝乙之初，命其子王季爲西伯。至紂，又命文王典治南國江漢汝墳之諸侯。」是文王繼父之素爲西伯於岐邑也。❷商之州長曰伯，謂爲雍州伯也。子夏云：王季以九命作伯於西，文王因之，亦爲西伯焉。《論語》云：「三分天下有其二，以服事殷。」是時宜七十里之囿而民猶以爲小也。

注「郊關，齊四境之郊皆有關」者。正義曰：《周官·閭師》：「掌國中及四郊之人民。」《司馬法》曰：「王國百里爲郊，二百里爲州，三百里爲野，四百里爲縣，五百里爲都。」《載師》：「掌任土之法，以宅田、土田、❸賈田任近郊之地。以官田、牛田、賞田、牧田任遠郊之地。」杜子春云：「五十里爲近郊，百里爲遠郊。」云「四境郊皆有關」者，蓋四郊之

❶「大」上，阮本有「闊」字。
❷「素」，阮本作「業」。
❸「土田」，《周禮》作「士田」。

門也。

齊宣王問曰：「交鄰國有道乎？」問與鄰國交接之道。孟子對曰：「有。欲爲王陳古聖王之比也。惟仁者爲能以大事小，是故湯事葛，文王事昆夷。❶葛伯放而不祀，湯先助之祀。《詩》云：「昆夷兑矣，惟其喙矣。」謂文王也。是則聖人行仁政，能以大事小者也。惟智者爲能以小事大，故大王事獯鬻，勾踐事吴。獯鬻，北狄强者，今匈奴也。大王去邠，避獯鬻。越王勾踐退於會稽，身自臣事吴王夫差。是則智者用智，是故以小事大而全其國也。以大事小者，樂天者也。以小事大者，畏天者也。樂天者保天下，畏天者保其國。《詩》云：『畏天之威，于時保之。』」聖人樂天行道，如天無不蓋也，故保天下，湯、文是也。智者量時畏天，故保其國，大王、勾踐是也。《詩》，《周頌·我將》之篇。言成王尚畏天之威，於是時故能安其太平之道也。王曰：「大哉言矣！寡人有疾，寡人好勇。」王謂孟子之言大，不合於其意。答之云寡人有疾，在於好勇，不能行聖賢之所履也。對曰：「王請無好小勇。夫撫劍疾視，曰：『彼惡敢當我哉！』此匹夫之勇，敵一人者也。疾視，惡視也。撫劍瞋目曰：人安敢當我哉！此一匹夫之勇，❷足以當一人之敵者也。王請大之。《詩》云：『王赫斯怒，爰整其旅，以遏徂莒，以篤周祜，以對于天下。』此文王之勇也。文王一怒而安天下之民。《詩》，《大雅·皇矣》之篇也。言文王赫然斯怒，於是整其師旅，以遏止往伐莒者，以篤周家之福，以揚名於天下。文王一怒而安民，願王慕其大勇，無論匹夫之小勇而

---

❶「昆夷」，按阮校：「《音義》、石經、廖本、孔本、韓本作『混夷』。按《詩·緜》『混夷兑矣』，《皇矣》箋『患夷即混夷』，與此經正合。作『昆』非也。」

❷「匹」，按阮校：「宋本、廖本、孔本、韓本、《考文》古本無『匹』字。按以『一夫』釋匹夫，不得云『一匹』。」

已。❶《書》曰：『天降下民，作之君，作之師。惟曰其助上帝寵之。四方有罪無罪惟我在，天下曷敢有越厥志？』《書》，《尚書》逸篇也。言天生下民，爲作君，爲作師，以助天光寵之也。四方善惡皆在己，所謂在予一人，天下何敢有越其志者也。一人衡行於天下，武王恥之。此武王之勇也。衡，横也。武王恥天下一人有横行不順天道者，故伐紂也。而武王亦一怒而安天下之民。今王亦一怒而安天下之民，民惟恐王之不好勇也。」孟子言武王好勇，亦則文王一怒而安天下之民也。今王好勇，亦則武王一怒而安天下之民。民恐王之不好勇耳，王何爲欲小勇而自謂有疾也。疏 自「齊宣王」至「惟恐王之不好勇也」。　正義曰：此章言聖人樂天，賢者知時，仁者必有勇也。「齊宣王問曰：交鄰國有道乎」者，是宣王問孟子，以交接鄰國其有道乎？「孟子對曰有」者，孟子欲陳古之聖王而比之，故答之曰：有道也。「惟仁者爲能以大事小，是故湯事葛，文王事昆夷」至「于時保之」者，是皆孟子陳古之聖王而比之之文也。❷言惟有仁者之君乃能以大而奉事其小，是故葛國之伯不祭祀，而湯且遺之牛羊而助之，是湯事葛也。文王西有昆夷之患，而以采薇薄伐，肆不殄厥愠，是文王事昆夷也。昆夷，西戎之國也。惟智者乃能以小奉事其大，是故太王去邠避狄，始事之以皮幣、珠玉、犬馬而不免，❸是太王事獯鬻也。勾踐退會稽，身自官事吴王夫差，❹是勾踐事吴也。勾踐，越王也。以大奉事其小，是樂行天道，如天無不覆者也；以小奉事其大，以其量時畏天者也。故樂天者如湯、文，遂能安天下；畏天者如太王、勾踐，遂能安其國。故《詩》之《周頌·我將》之篇有云「畏天之威，于時保之」，蓋言成王能欽畏上天之威，故能安持盈守，成太平之道也。此孟子所以引之而證其言。「王曰：大哉言矣，寡人有疾，寡人好勇」者，宣王謂孟子之言大，不合己意，故答之曰

❶「而已」，按阮校：「宋本、廖本、孔本、韓本、《考文》古本無此二字。無者是。」
❷下「之」字，按阮校：「閩、監、毛三本『之文』作『湯文』，是也。」
❸「珠」，原作「殊」，據阮本改。
❹「官」，四庫本作「臣」。下「身自官事吴王夫差」同。

「大哉言矣」，以言其寡人有疾，而疾在於好勇也。「對曰：王請無好小勇。夫撫劍疾視，曰：彼惡敢當我哉，此匹夫之勇，敵一人者也」者，是孟子又答宣王，言宣王也今請之無好其小勇也。夫按劍瞋目，疾視而號於衆，曰彼安敢當敵我哉，此則一匹夫之小勇，只可以抵敵於一人者也。故曰「王請大之」也。「《詩》云：王赫斯怒，爰整其旅，以遏徂莒，以篤周祜，以對于天下」者，此《詩·大雅·皇矣》之篇文也。孟子所以引此者，蓋欲言文王之勇而陳于王也，故曰「此文王之勇也」。其《詩》蓋言文王赫然大怒，以整其師旅，以止往伐莒，以篤厚周家之福，以揚天下之名也。言「文王亦一怒而安天下之民」者，謂文王亦以此一怒而安天下之民也。「《書》曰：天降下民，作之君，作之師。惟曰其助上帝，寵之四方。有罪無罪惟我在，天下曷敢有越厥志」者，此《周書》之文也。孟子所以又引此《書》云者，蓋又欲言武王之勇而陳于王也。言天生下民，而立之君師以治、以教之，惟曰其在助相上帝，寵安四方，有善有惡皆在我，天下安有敢違越其志者也。「一人衡行於天下，武王恥之，此武王之勇也」者，一人指紂而言之也。言紂一人縱横逆行其道而不順其天，故武王心愧恥之，於是伐紂也。凡此是武王之大勇也。而武王於是亦一怒而安天下之民，故曰「武王亦一怒而安天下之民」。「今王亦一怒而安天下之民，民惟恐王之不好勇也」者，孟子言：今王若能如文王、武王一怒而安天下之民，則天下之民惟恐王之不好勇也。

注「葛伯不祀」至「小者也」。　正義曰：《書》云：「葛伯不祀，湯始征之。」孔安國云：「葛，國也。伯，爵也。湯居亳，與葛爲鄰。葛伯不祀，湯使人遺之牛羊，又不祀，湯又使人往爲之耕。」是其助之也。「《詩》云：昆夷兑矣，惟其喙矣。謂文王也」者，蓋引《大雅·緜》之篇文也。箋云：「昆夷，夷狄國也。見文王之使者將士衆，過己國，則惶怖驚走奔突，入柞棫之中而逃，甚困劇也。」又云：「駾，突也。喙，困也。」趙注引此而證，以解作文王事昆夷，大與《詩》注不合。又云：「太王避狄，文王伐昆夷，成道興國，其志一也。」是文王未嘗事之也。今孟子乃曰文王事昆夷者，昆夷，西戎之國也，《詩》之《采薇》云「文王之時，西有昆夷之患」，注云「昆夷，西戎也」是也。今據《詩》之箋云乃曰伐昆夷，與孟子不合者，蓋文王始初事之，卒不免，故伐之也。始初之時，乃服事殷之時也。趙注引「昆夷兑矣，惟其喙矣」，蓋失之矣。

注「獯鬻」至「其國也」。　正義曰：案《匈奴傳》云：「唐虞以上有山戎、獫狁、獯戎居于北邊。夏道衰，公劉變于西戎，邑于豳。其後三百餘，❶戎狄攻太王亶父，亶父走于岐山。後至六國，遂爲匈奴。」是也。云「越王勾踐退會稽，而身自官事吴王夫差」者，案《史記》世家云：「吴王闔廬十五年伐越，至吴王夫差元年，悉以精兵伐越，敗之。越王勾踐乃以甲兵五千人棲於會稽，請委國爲臣妾。」是也。賈逵曰：「會稽，山名也。」　注「《周頌・我將》之篇」至「太平之道」。　正義曰：箋云：「于時，於是也。」言成王畏天之威，於是得安文王之道，是其解也。　注「疾視」至「敵也」。　正義曰：莊書云：「蓬頭突鬢，瞋目而語，此庶人之劍，無異於鬬雞，一旦命已絶矣。」是與此同意。　注「大雅」至「小勇」。　正義曰：案《大雅・皇矣》之篇，其文乃曰「以遏徂旅」，今孟子乃曰「以遏徂莒」者。又案《春秋》魯隱公二年書「莒子盟于密」，則莒者，密之近地。《詩》言「密之衆」，孟子言「密之地」，其旨同也。　注「《尚書》逸篇」。　正義曰：案《周書・泰誓》篇，今有云「天佑下民，作之君，作之師，惟其克相上帝，寵綏四方，有罪無罪，予曷敢有越厥志」，孔安國云：「寵綏四方，言當能助寵安天下。越，遠也。言己志欲爲民除惡，是與否不敢遠其志。」趙注乃以「其助上帝寵之」而斷其句，以「四方」爲下文，則其意俱通，故二解皆録焉。　注「衡，横也」至「伐紂也」。　正義曰：《周書・泰誓》篇云「惟十有一年，武王伐紂」是也。《釋文》云：「衡，横也。」

齊宣王見孟子於雪宫。王曰：「賢者亦有此樂乎？」雪宫，離宫之名也。宫中有苑囿臺池之飾，禽獸之饒，王自多有此樂，故問曰：賢者亦有此之樂乎？　**孟子對曰：「有人不得則非其上矣。不得而非其上者，非也。爲民上而不與民同樂者，亦非也。**有人不得，人有不得其志也。不責己仁義不自修，而責上之不用己，此非君子之道。人君適情從欲，獨樂其身，而不與民同樂，亦非在上不驕之義也。**樂民之樂者，民亦樂其樂。憂民之憂者，民亦憂其憂。**言民之所樂，君與之同，故民亦樂使其君有樂也。民之所憂者，君亦助之憂，故民亦能憂君之憂，爲之赴難也。**樂以天下，憂以天下，然而不王者，未之有也。**言古賢君樂則以己之樂與天下同之，憂則以天下之憂與己共之，如是未有不王者。孟子以是

❶「百餘」，按阮校：「毛本作『百有餘歲』。」

答王者，言雖有此樂，未能與人共之。昔者齊景公問於晏子曰：『吾欲觀於轉附、朝儛，遵海而南，放於琅邪，吾何脩而可以比於先王觀也？』孟子言往者齊景公嘗問其相晏子若此也。轉附、朝儛，皆山名也。又言朝，水名也。遵，循也。放，至也。循海而南，至於琅邪。琅邪，齊東境上邑也。❶當何修治，可以比先王之觀遊乎？❷先王，先聖之王也。晏子對曰：『善哉問也！天子適諸侯曰巡狩。巡狩者，巡所守也。諸侯朝於天子曰述職。述職者，述所職也。無非事者，春省耕而補不足，秋省斂而助不給。言天子、諸侯出，必因王事，有所補助於民，無非事而空行者也。春省耕，補耒耜之不足。秋省斂，助其力不給也。夏諺曰：吾王不遊，吾何以休？吾王不豫，吾何以助？一遊一豫，爲諸侯度。晏子道夏禹之世民之諺語也。言王者巡狩觀民，其行從容，若遊若豫。豫亦遊也，《春秋傳》曰：「魯季氏有嘉樹，晉范宣子豫焉。」吾王不遊，吾何以得見勞苦蒙休息也？吾王不豫，我何以得見賑贍助不足也？王者一遊一豫，行恩布德，應法而出，可以爲諸侯之法度也。今也不然，師行而糧食，飢者弗食，勞者弗息。睊睊胥讒，民乃作慝。今也者，晏子言今時天下之民，人君興師行軍，❸皆遠轉糧食而食之，有飢不得飽食者，勞者致重，亦不得休息；在位在職者又睊睊側目相視，更相讒惡，民由是化之而作其慝惡也。方命虐民，飲食若流。流連荒亡，爲諸侯憂。方，猶逆也。❹逆先王之命，❺但爲虐民之政，恣意飲食，若水流之無窮極也。謂沈湎于酒，熊蹯不熟，怒

❶「東」下，按阮校：「廖本、孔本、韓本有『南』字。按疏引『境』作『南』字，朱子注同，是此注有脱也。」

❷「觀遊」，按阮校：「廖本、孔本、韓本作『遊觀』。」

❸「興師行軍」，閩、監、毛、阮本作「行師興軍」。

❹「逆」，按阮校：「廖本、孔本、韓本、《考文》古本作『放』。」

❺「逆先王之命」，按阮校：「宋本『先王』上有『不用』二字，廖本『逆』作『放棄』，孔本、韓本、《考文》古本作『放棄不用先王之命』。」

而殺人之類也。流連荒亡，皆驕君之溢行也。言王道虧，諸侯行霸，由當相匡正，故爲諸侯憂也。**從流下而忘反謂之流，從流上而忘反謂之連，從獸無厭謂之荒，樂酒無厭謂之亡。先王無流連之樂、荒亡之行，惟君所行也。』**言驕君放遊，無所不爲。或浮水而下，樂而忘反謂之流，若齊桓與蔡姬乘舟於囿之類也。連，引也。使人徒引舟船，上行而忘反以爲樂，故謂之連。《書》曰「罔水行舟」，丹朱慢遊，是好無水而行舟，豈不引舟於水上而行乎？此其類也。從獸無厭，若羿之好田獵，無有厭極，以亡其身，故謂之荒亂也。樂酒無厭，若殷紂以酒喪國也，故謂之亡。言聖人之行無此四者，惟君所欲行也。晏子之意，不欲使景公空遊於琅邪而無益於民也。**景公説，大戒於國，出舍於郊。於是始興發，補不足。**景公説晏子之言也。戒，備也。大修戒備於國。出舍於郊，示憂民困。始興惠政，發倉廩以振貧困不足者也。**召大師，曰：『爲我作君臣相説之樂。』蓋《徵招》、《角招》是也。**大師，樂師也。《徵招》、《角招》，其所作樂章名也。**其《詩》曰：『畜君何尤？』畜君者，好君也。」**其《詩》，樂詩也。言臣説君，謂之好。❶何尤者，無過也。孟子所以導晏子、景公之事者，欲以感喻宣王，非其矜夸雪宮而欲以若賢者。❷

疏「齊宣王」至「好君也」。正義曰：此章言與天下同憂者，不爲慢遊之樂，不循四溢之行也。「齊宣王見孟子於雪宮」者，雪宮，離宮之名也，中間有池囿。言宣王在雪宮之中，而見孟子來至也。「王曰：賢者亦樂此乎」者，是宣王稱孟子爲賢者，問之孟子亦嘗有此雪宮之樂也？云「乎」者，亦未知孟子可否若何，所以云「乎」而疑之之辭也，亦梁惠王在沼上而問孟子「賢者亦樂此乎」同意。「孟子對曰：有人不得則非其上矣」至「然而不王者，未之有也」者，孟子答宣王之言，而欲宣王有此雪宮之樂在與民同其樂也。故言有爲人下者，不得此樂則必非謗其上矣。爲人下者，既不得此樂，而以非謗其上，非也，以其不可也。無他，是不知命與分定故也。爲民之上者，既有此樂，而不與下民同其樂，亦非也，以其

❶「好」下，按阮校：「宋本、岳本、孔本、韓本有『君』字。」
❷「若」，閩、監、毛、韓、阮本作「苦」。

亦不可也。無他，是不知義而失之於驕也。蓋爲之君，在民之上，凡有所樂，皆出於民之賦役而成之也，豈可驕之哉！故曰亦非也。苟爲君能以民之所樂而爲己之樂，則在下之民，見君之所樂亦樂之，而不敢非謗也。以民之所憂而己亦爲憂之，則在己有所憂，而在下之民亦分憂之矣。凡此皆君、民憂樂施報之効也，故曰在上爲君者，凡有所樂，與天下之民同其樂；凡有所憂，天下之民同其憂。❶然而天下不歸往而爲之王者，未之有也。言其無也。「昔者齊景公問於晏子曰：吾欲觀於轉附、朝儛，遵海而南，放於琅邪，吾何脩而可比於先王觀也」至「好君也」者，是皆孟子引景公問晏子、晏子告景公之言而誨齊宣王也。昔，往也。齊景公，齊莊公之後，景公杵臼是也。魯襄公二十六年立，在位五十八年薨。轉附、朝儛，皆山名也。又云：朝，水也。言往者齊景公嘗問於晏子曰：我欲遊觀於轉附、朝儛，循海而南，至於琅邪，我何以修治而可以比効於先聖王之遊觀也？晏子，齊景公之相，齊大夫也，姓晏名嬰者。晏子荅曰善哉王之問也，乃言天子往於諸侯謂之巡狩，巡狩者，謂巡諸侯爲天子所守土也，如歲二月東巡狩，五月南巡狩，八月西巡狩，十一月北巡狩是也。諸侯朝覲於天子謂之述職，述職者，謂述己之所守職，如春朝以圖天下之事，夏宗以陳天下之謨，秋覲以比邦國之功，冬遇以協諸侯之慮是也。然此皆無非事而已，春則省察民之耕，而食不足者則補之，如《周禮·旅師》春頒其粟是也；秋則省察民之收，而有力不足者則助之，如《遂師》巡其稼穡而移用其民，以救時事是也。凡如此，是皆下之所以有望於上而巡也。故夏禹之世，民俗諺有曰：我王不遊，我何以得其休息；我王不豫，我何以得助其力。此先聖王所以一遊一豫而爲諸侯之法度也。統而言之，則遊與豫皆巡行也；別而言之，則遊者有所縱至於適也，豫者有所適而至於樂也。故於遊則未至於豫，豫則不止於遊也。今也景公則不如此，其興師行軍，皆遠轉糧食而食之，有飢之民而不得飽食，有勞乏之民則不得休息。在位者皆睊睊然側目相視而非其上，而下民又皆作爲邪慝也，故「方命虐民，飲食若流，流連荒亡，爲諸侯憂」。方，逆也。凡物圓則行，方則止，行則順，止則逆。所謂「方命虐民」者，是逆先王之命，而下則暴虐民人也。凡遊豫補助，皆先王之命也。今則方命而虐民，又飲食無窮極而若水之流。蓋流、連、荒、亡四行，皆爲諸侯之所憂也，以其

❶「天」上，按阮校：「閩、監、毛三本有『與』字，是也。」

皆能喪亡其身而已。故流者是從流下而忘反之謂也，如齊桓與蔡姬乘舟於囿是也；連者從流上而忘反之謂也，如《書》曰「罔水行舟」，若丹朱是也；荒者從獸無厭之謂也，如羿之好田獵無有厭極，以亡其身是也；亡者樂酒無厭之謂也，如殷紂以酒喪國是也。故曰「從流下而忘反謂之流，從流上而忘反謂之連，從獸無厭謂之荒，樂酒無厭謂之亡」，以其晏子自解之耳。言「先王無流連之樂，荒亡之行。惟君所行也」者，謂古之先王無此流連之極樂、荒亡之溢行，惟獨有君所行也。君者指景公而言也。景公自知己小有流連之樂，大有荒亡之行，遂一聞晏子之言而喜悦之。景公所以説者，以其能悟而改過也。乃大戒勑於國，而不敢慢其事；出舍於郊，而不敢寧其居，於是能興發倉廩而補贍其不足者。又召樂師之官曰：爲我作君臣相説之樂。以作《徵招》、《角招》是也。必作其《徵招》、《角招》之者，蓋徵以爲事，角以爲民，皆以「招」名之，曰亦舜作歌以康庶事，鼓琴歌南風以阜民財之意也，此所以謂之《徵招》、《角招》矣。又引樂詩曰「畜君何尤」，畜君者，好君也。言説君所以好君，何有其過也，故又曰畜君者是好君也。凡此皆晏子所言，是其畜君者也。孟子引此誨宣王，亦欲宣王如景公説晏子之言而悟之也。注「轉附、朝儛」至「邑也」。正義曰：云「轉附、朝儛皆山名」，今案諸經並未詳，據梁時顧野王釋云：「㴒，水名，出南陽。」恐誤㴒爲儛，他並未詳。云「琅邪爲齊東南上邑」者，案《地理志》云：「齊地東有琅邪。」《南越志》云「琅邪，邑名」是也。注「沈湎于酒，熊蹯不熟，怒而殺人」者。正義曰：《書》云：「羲和湎淫，胤往征之。」孔安國云：「羲和氏世掌天地四時之官，自唐虞至三代，世職不絶承。太康之後，沈湎于酒，過差非度。」又曰：「紂沈湎冒亂，敢行暴虐。」孔安國傳云：「沈湎嗜酒。」《春秋》魯宣公二年：「晉靈公不君，厚斂以彫墻，從臺上彈人，而觀其避丸也。宰夫胹熊蹯不熟，殺之，寘諸畚，使婦人載以過朝。」釋云：「胹，煑也。畚，草器也。」注「齊桓與蔡姬乘舟於囿」。正義曰：案魯僖公三年《左傳》云：「齊侯與蔡姬乘舟于囿，蕩公，公怒。」杜預曰：「蔡姬，齊侯夫人。蕩，摇也。囿，苑也。蓋魚池在苑中耳。」注「《書》云罔水行舟，若丹朱慢遊」者。正義曰：案《書·益稷》篇云：「無若丹朱傲，惟慢遊是好，傲虐是作。罔晝夜頟頟，罔水行舟，朋淫于家，用殄厥世。」孔安國云：「丹朱，堯之子。傲戲而爲虐，無晝夜，常頟頟，肆惡無休息，習於無水陸地行舟，言無度，群淫於家，妻妾亂用，是絶其世不得似。」注「羿之好田獵無有厭極，以亡其身」。　正義曰：案《書》云：「太康尸位，以逸豫滅厥德，黎民咸貳，乃盤遊無度，畋于有洛之表。十旬弗反，有窮后羿因民弗忍，距于河。」孔注曰：「有窮，國名。羿，諸侯名。距太康於河，不得入，遂廢之。」魯襄公四年《左傳》云，事録在《梁惠王》首章。賈逵曰：「羿之先祖，世爲射官，故帝嚳賜羿弓矢，使司射。」《淮南子》云：「堯十日並出，堯使羿射九日而落之。」《歸藏易》云：「羿彈十日。」凡此其説羿爲諸侯名，皆難取信。欲言帝嚳時有羿，堯時亦有羿，則羿是善射之號，非爲人名。信如是，則不知言以羿爲窮國君號、爲諸侯者何也。　注「殷紂以酒喪國」。　正義曰：案《史記》云：「殷王紂樂戲於沙丘，以酒爲池，以肉爲林，使男女裸，相逐其間，爲長夜之飲。百姓怨望，而諸侯有畔。於是有炮烙之法，❶後爲武王所伐。」是也。　注「《徵招》、《角招》，樂章也」。　正義曰：凡宮、商、角、徵、羽，蓋樂之五聲也。《晉志》云：「宮，土音，數有八十一，爲聲之始，屬土者，以其最清者也，❷君之象也。宮亂則荒，其君驕。商，金音，三分徵益一以生，其數七十二，屬金者，以其濁次宮，臣之象也。商亂則詖，其官壞也。角，木音，三分羽益一以生，其數六十四，屬木者，以其清濁中，人之象也。亂則憂，❸其人怨也。徵，火音，三分宮去一以生，其數五十四，屬火者，以其徵清，事之象也。亂則哀，❹其事則也。❺羽，水音，三分商去一以生，其數四十八，屬水者，以其最清，物之象也。亂則危，❻其財匱也。」凡此乃爲樂章之名也。然則景公所以作角、徵樂，以其爲民、爲事也。　注「文王不敢盤于遊畋也」。　正義曰：注云此者，蓋引《周書·無逸》之篇文也。孔注云文王不敢盤于遊畋者，是不敢樂於遊逸、田獵者也，故録此焉。

齊宣王問曰：「人皆謂我毀明堂，毀諸？已乎？」謂泰山下明堂，本周天子東巡狩朝諸侯之處也，齊侵地而得有之。人勸齊宣王，諸侯不用明堂，可毀壞，故疑而問於孟子當毀之乎？已，止也。　孟

❶「烙」，原作「格」，據阮本改。
❷「清」，《晉書·律曆志》作「濁」。
❸「亂」上，《晉書·律曆志》有「角」字。
❹「亂」上，《晉書·律曆志》有「徵」字。
❺「則」，閩、監、毛、阮本作「隳」，《晉書·律曆志》作「勤」。
❻「亂」上，《晉書·律曆志》有「羽」字。

子對曰：「夫明堂者，王者之堂也。王欲行王政，則勿毁之矣。」言王能行王道者，則可無毁也。王曰：「王政可得聞與？」王言王政當何施，其法寧可得聞。對曰：「昔者文王之治岐也，耕者九一，仕者世禄，關市譏而不征，澤梁無禁，罪人不孥。言往者文王爲西伯時，始行王政，使岐民修井田，八家耕八百畝，其百畝者以爲公田及廬井，故曰九一也。紂時税重，文王復行古法也。仕者世禄，賢者子孫必有土地。關以譏難非常，不征税也。陂池魚梁不設禁，與民共之也。孥，妻子也。《詩》云：「樂爾妻孥。」罪人不孥，惡惡止其身，不及妻子也。老而無妻曰鰥，老而無夫曰寡，老而無子曰獨，幼而無父曰孤。此四者，天下之窮民而無告者。文王發政施仁，必先斯四者。言此四者皆天下之窮民，而文王常恤鰥寡、存孤獨也。《詩》云：『哿矣富人，哀此煢獨。』」《詩》，《小雅·正月》之篇。哿，可也。詩人言居今之世，可矣富人，但憐憫此煢獨羸弱者耳。文王行政如此也。王曰：「善哉言乎！」善此王政之言。曰：「王如善之，則何爲不行？」孟子言王如善此王政，則何爲不行也？王曰：「寡人有疾，寡人好貨。」王言我有疾，疾於好貨，故不能行。對曰：「昔者公劉好貨，《詩》云：『乃積乃倉，乃裹餱糧，于橐于囊，思戢用光。弓矢斯張，干戈戚揚，爰方啓行。』故居者有積倉，行者有裹囊也，然後可以爰方啓行。王如好貨，與百姓同之，於王何有？」《詩》，《大雅·公劉》之篇也。乃積穀於倉，乃裹盛乾食之糧於橐囊也。思安民，故用有寵光也。戚，斧。揚，鉞也。又以武備之，曰方啓行道路。孟子言公劉好貨若此，王若則之，於王何有不可也。王曰：「寡人有疾，寡人好色。」王言我有疾，疾於好色，不能行也。對曰：「昔者大王好色，愛厥妃。《詩》云：『古公亶父，來朝走馬。率西水滸，至于岐下。爰及姜女，聿來胥宇。』當是時也，内無怨女，外無曠夫。王如好色，與百姓同之，於王何有？」《詩》，《大雅·緜》之篇也。亶父，大王名也，號稱古公。來朝走馬，遠避狄難，去惡疾也。率，循也。滸，水涯也。循西方水滸，來至岐山下也。姜女，大王妃也。於是與姜女俱來相土居也。言大王亦好色，非但與姜女俱行而已，普使一國男女無有怨曠。王如則之，與百姓同欲，皆使無過時之思，則於王之政何有不可乎。疏「齊宣王問」至「於王何有」。正義曰：此章言齊王好貨色，孟子推以公劉、大王好貨色，責難於君也。「齊宣問曰：❶人皆謂我毀明堂，毀諸？已乎」者，是齊王問孟子，以爲在國之人皆謂勸我毀壞其明堂。今毀壞之已？而勿毀壞乎？魯太山下有明堂，後爲齊侵其地，故齊有明堂。齊宣王尚疑之，所以問也。「孟子對曰：夫明堂者，王之堂也。王欲行王政，則勿毀之矣」者，孟子欲使宣王行王政，所以勸之勿毀耳。「王曰：王政可得聞與」者，是宣王問孟子，以謂王政之法寧可得而聞知之歟？「對曰：昔者文王之治岐也，耕者九一，仕者世祿，關市譏而不征，澤梁無禁，罪人不孥」至「必先斯四者」，是孟子對答宣王爲王政之法也。言往者文王爲西伯行政，自岐邑耕者，皆以井田之法制之，一夫受私田百畝，八夫家計受私田八百畝，井田中百畝是爲公田，以其九分抽一分爲公，以抵其賦稅也。仕者不特身受其祿，而至子孫之世亦與土地祿焉。❷關市，司關、司市之所，但譏問之，不令姦人出入，而不征取其稅。川澤魚梁之所，但與民共之，而不設禁止之法。罪人但誅辱，止其一身，而不誅辱其妻子。孥，妻子也。老而無妻曰鰥，老而無夫曰寡，老而無子曰獨，幼而無父曰孤。凡此鰥、寡、孤、獨四者，❸是皆天下之民窮而無告者也。文王發政施仁，必先及此四者焉。無告者，以其鰥、寡、孤、獨，單隻上下，無所告者之人也。是皆孟子言文王在岐邑之時，爲王政之法，如此而已。「《詩》云：哿矣富人，哀此煢獨」者，哿，可也，蓋《詩》之《小雅·正月》之篇文也。其意蓋言當今之世，可矣富人，但先哀憫此煢獨羸弱者耳。孟子所以引之，謂其文王行政是如此也，故援之以答宣王。「王曰：善哉言乎」者，是宣王問，孟子答之以文王行王政之法，而善其言也，故曰「善哉言乎」。「曰：

❶「宣」下，按阮校：「閩、監、毛三本有『王』字，是也。」

❷「焉」，原作「爲」，據阮本改。

❸「孤」，原作「狐」，據阮本改。下「孤」字同。

王如善之，則何爲不行」者，孟子言：王如能善此王政之言，則何爲不行此也。「王曰：寡人有疾，寡人好貨」者，宣王言我有疾，疾在於好貨財也。「昔者公劉好貨，《詩》云」至「於王何有」者，孟子引公劉好貨，故《詩》有《大雅·公劉》之篇文，而答于宣王也。言往者公劉好其貨財，其《詩》蓋謂乃積穀于倉，乃裹乾食之糧於橐囊之中，其思在於輯和其民以光顯于時。張其弓矢，執其干戈斧鉞，告其士卒曰：爲女方開道路而行。如此，故居者有穀積于倉，行者有糧裹于囊，然後可以曰方開道路而行。王如能好貨，與民人同之，亦若公劉之如此，則於王也何有不可。云「橐囊」者，大曰囊，小曰橐也。爰，曰也。「王曰：寡人有疾，寡人好色」者，是宣王又言我有疾，疾在於好色也。「對曰：昔者大王好色，愛厥妃，❶《詩》云」至於「何有」者，❷是孟子又引大王好色，故《詩·大雅·緜》之篇文也，答宣王也。亶父，大王名也。古公，號也。言往者大王好色，愛厥妃，其《詩》蓋謂古公亶父，來朝走馬，而避惡且早又疾急，循西水涯而至于岐山之下，曰與姜女自來相土居如此。故當是之時，內無怨女，外無曠夫。皆男女嫁娶過時者，謂之怨女、曠夫也。女生向內，故云內。男生向外，故云外。王如能好色，與百姓同之，亦若大王之如此，則於王也，又何有不可。姜女，大姜也，是大王之妃也。

注「謂太山下明堂」至「已，止也」。　正義曰：案《地理志》云：「齊南有太山。」《史記·封禪書》云：「舜二月東巡狩，至于岱宗。岱宗，太山也。遂覲東后。」又云：「此山黄帝之所常遊，自古受命帝王，未有睹符瑞見而不臻乎太山也。」云「太山下明堂，本周天子東巡狩朝諸侯之地」，案《禮記·明堂位》云：「明堂者，明諸侯之尊卑。昔殷紂亂天下，脯鬼侯以享諸侯，是以周公相武伐紂。武王崩，成王幼弱，周公踐天子之位。六年，朝諸侯於明堂。七年，執政於成王。❸成王封周公於曲阜，令魯世世祀周公以天子之禮樂。」然則太山下明堂即周公朝諸侯之處。蓋魯封內有太山，後嘗爲齊所伐，故齊南有太山。《文中子》云云：「如有用我者，當處於太山矣。」注云：「太山，黄帝有合宮在其下，可以立明堂之制焉。」《禮器》云：「魯人

❶「愛」，原作「爰」，據上經文及阮本改。
❷「者」，原作「曰」，據毛本、阮本改。
❸「執」，四庫本及《禮記》作「致」。

將有事於上帝，必先有事於郊宮。❶ 齊人將有事於太山，必先有事於配林。」則太山在齊明矣。　案周制明堂云：「周人明堂，度九尺之筵，東西九筵，南北七筵，堂崇一筵，五室，凡室二筵。」賈釋云：「明堂者，明政教之堂。」又夏度以步，殷度以尋，周度以筵，是王者明政也。　周堂高九尺，殷三尺，以一相參之數而卑宮室，則夏堂高一尺矣。　又上注云堂上爲五室，象五行，以宗廟制如明堂，明堂中有五天帝、五人神之座，皆法五行，以五行先起於東方，故東北之堂爲木，其實兼水矣；東南火室矣，兼木；西南金室，兼火；西北水室，兼金。　以中央太室有四堂，四角之室亦皆有堂，乃知義然也。　賈釋《太史》「閏月」下義云「明堂、路寢及宗廟皆有五室十二堂門」是也。　四角之堂，皆於太室外接四角爲之，則五室南北止有二筵，東西各二筵有六尺，乃得其度。　若聽朔皆於時之堂，不於木火等室居。　若閏月則闔門左扉，立其中而聽朔焉。　注「往者文王爲西伯」至「妻子也」。　正義曰：《史記》云：「古公亶父爲獯鬻、戎、狄所攻，遂去邠，踰梁山，止於岐下。　古公少子季歷生昌，有聖瑞，立季歷以傳昌。　昌立，是爲西伯。　西伯陰行善，諸侯皆來。」徐廣曰：「文王九十七乃崩。」云修井田八家八百畝以爲公田者，亦依孟子云「方里而井，井九百畝」是也。　小司徒佐大司徒，當都鄙三等之采地而爲井田，經云「九夫爲井，四井爲邑，四邑爲丘，四丘爲甸，四甸爲縣，四縣爲都」，以任役萬民，使營地事而貢軍賦，出車徒。　又采地之中，每一井之田，出一夫之税以入於官也，故曰九一也。　云「紂時税重」者，《史記》云：「紂爲人資辨捷疾，聞見甚敏，材力過人，手格猛獸。　智足以拒諫，言足以飾非。　好酒淫樂，嬖於婦人。　愛妲己，於是厚賦税以實鹿臺之錢，盈距橋之粟。」是紂時税重也。「關譏不征税，魚梁不設禁」者，《周禮·司關》「國凶札，則無關門之征，猶譏」，《司市》「國凶荒，則市無征而作布」，《澤虞》「掌國澤之政令，爲之厲禁」，《川衡》「以時舍其守，犯禁者，執而罰之」，《司厲》「男子入于罪隸，女子入于舂槀」。　此而推之，則關市非無征也，澤梁非無禁也，罪人非不孥也，而文王必皆無者，蓋亦見文王權一時之宜，不得不然耳。　故孟子於宣王之一時，亦以此引之以救弊矣。　注「《詩》」，《小雅·正月》之篇」者。　正義曰：注云：「哿，可也。　獨，單也。」箋云：「此言王政如是，富人已可，惸獨將困也。」　注

❶「郊」，按盧宣旬補阮校：「明監、毛本並從《禮記》作『頖』。」

「《詩》，《大雅・公劉》之篇也」至「不可也」。　正義曰：注云：「公劉居於邰而遭夏人亂，迫逐公劉，公劉乃辟中國之難，遂平西戎，而遷其民，邑於豳焉。『乃積乃倉』，言民事時和，國有積倉也。小曰橐，大曰囊。『思輯用光』，言民相與和睦，以顯於時也。」箋云：「公劉乃有積倉，積委及倉也。安安而能遷，積而能散，爲夏人迫逐己之故，不忍鬬其民，乃裹糧食於橐囊之中，棄其餘而去，思在和其人民，用光其道，爲今子孫之基。」又毛注云：「戚，斧也。揚，鉞也。張其弓矢，秉其干戈戚揚，以方開道路去之。蓋諸侯之從者，十有八國焉。」箋云：「干，盾也。戈，句孑戟也。爰，曰也。公劉之去邰，整其師，設其兵器，告其士卒曰：爲女方開道而行。明己之遷非爲迫逐之故，乃欲全民也。」　注「《詩》《大雅・緜》之篇也」至「不可乎」。　正義曰：《緜》詩，興也，緜緜，不絕貌也。毛注云：「古公，豳公也。古，言久也。亶父，字。或因以名言，質也。古公處豳，狄人侵之，事之以皮幣，不得免焉；事之以犬馬，不得免焉；事之以珠玉，不得免焉。乃屬其耆老而告之曰：狄之所欲者吾土地，吾聞君子不以所養人者害人。於是踰梁山，邑于岐山之下居焉。率，循也。滸，水涯也。姜女，大姜也。胥，相也。宇，居也。」箋云：「來朝走馬，言其辟惡早且疾也。循西水涯，沮、漆水側也。爰，於也。及，與也。聿，自也。於是與其妃大姜自來相可居者。著大姜之賢知也。」

孟子注疏解經卷第二上

孟子注疏解經卷第二下

趙氏注　孫奭疏

梁惠王章句下

孟子謂齊宣王曰：「王之臣有託其妻子於其友而之楚遊者，假此言以爲喻。比其反也，則凍餒其妻子，則如之何？」言無友道，當如之何。王曰：「棄之。」言當棄之，絶友道也。曰：「士師不能治士，則如之何？」士師，獄官吏也。不能治獄，當如之何。王曰：「已之。」已之者，去之也。曰：「四境之内不治，則如之何？」境内之事，王所當理，不勝其任，當如之何。孟子以此動王心，令戒懼也。王顧左右而言他。王慙而左右顧視，道他事，無以答此言也。

疏「孟子」至「言他」。

正義曰：此章言君臣上下，各勤其任，無墮厥職，乃安其身也。「孟子謂齊宣王曰：王之臣有託其妻子於其友而之楚遊」者，是孟子欲以此比喻而諷之也。言王之臣下有寄託妻子於交友，而往楚國遊戲者。「比其反也，則凍餒其妻子，則如之何」者，言寄妻子於交友而往楚國，在近則反歸，而妻子在交友之所，皆寒凍其膚，飢餒其腹，則爲交友之道，當如之何。凍者，寒之過之謂也。餒者，飢之過之謂也。「王曰：棄之」者，是宣王答孟子，以爲交友之道既如此，當棄去之，而不必與爲友也。「曰：士師不能治士，則爲如之何」者，孟子因循又問宣王，言爲之獄吏者，而不能主治其士，則爲士師者當如之何處之。「王曰：已之」者，言當止之，而不可與爲士師也。「曰：四境之内不治，則如之何」者，孟子因循問至於此，乃欲諷諫之，故問之曰：自一國四境之内，皆亂而不治，則爲之君，當如之何處之。「王顧左右而言他」者，宣王知罪在諸己，乃自慙羞之，而顧視左右，道其他事，無以答此言也。　注「士師，獄吏也」。　正義曰：士師即周司寇之屬，有士師、鄉士，❶皆以士爲官。鄭玄云：「士，察也。主察獄訟之事。」

❶「鄉」，原作「卿」，據阮本改。

是士師爲獄官之吏者也。

孟子見齊宣王曰：「所謂故國者，非謂有喬木之謂也，有世臣之謂也。故者，舊也。喬，高也。人所謂是舊國也者，非但見其有高大樹木也，當有累世修德之臣，常能輔其君以道，乃爲舊國，可法則也。王無親臣矣。今王無可親任之臣。昔者所進，今日不知其亡也。」言王取臣不詳審，往日之所知，今日爲惡當誅亡，王無以知也。王曰：「吾何以識其不才而舍之？」王言：我當何以先知其不才而舍之不用也。曰：「國君進賢，如不得已，將使卑踰尊，疏踰戚，可不慎與！言國君欲進用人，當留意考擇，如使忽然不精心意而詳審之，❶如不得已而取備官，則將使尊卑疏戚相踰，❷豈可不慎歟！左右皆曰賢，未可也；諸大夫皆曰賢，未可也；國人皆曰賢，然後察之。見賢焉，然後用之。謂選大臣，防比周之譽，核其鄉原之徒，《論》曰：「衆好之，必察焉。」左右皆曰不可，勿聽；諸大夫皆曰不可，勿聽；國人皆曰不可，然後察之。見不可焉，然後去之。衆惡之，必察焉。惡直醜正，寔繁有徒，防其朋黨以毀忠正也。左右皆曰可殺，勿聽；諸大夫皆曰可殺，勿聽；國人皆曰可殺，然後察之。見可殺焉，然後殺之，故曰國人殺之也。言當慎行大辟之罪，五聽三宥。古者刑人於市，與衆棄之。如此，然後可以爲民父母。」行此三慎之聽，乃可以子畜百姓也。疏「孟子見」至「爲民父母」。正義曰：此章言人君進賢退惡，翔而後集，有世賢臣，乃爲舊可法則也。「孟子見齊宣王曰：所謂故國者，非謂有喬木之謂也」者，是孟子見齊宣王而問之，言人所謂舊國者，非謂有高大木而謂之舊國也，以其有世世修德之舊臣也，故謂之舊國，故曰有世臣之謂也。故，

❶「而詳審之」，按阮校：「廖本、孔本、韓本、《考文》古本無此四字。」

❷「疏戚」，按阮校：「廖本、孔本、韓本、《考文》古本、足利本作『親疏』。」

舊也。喬，高也。世臣，累世修德之舊臣也。「王無親臣矣，昔者所進，今日不知其亡也」者，孟子言：今王無有親任用之臣矣，往日所進者，今日爲惡，而王又不知誅亡之。「王曰：吾何以識其不才而舍之」者，宣王言我何以知其臣之不才，而舍去之而不用也。「曰：國君進賢，如不得已，將使卑踰尊，疏踰戚，可不慎歟」者，孟子言：國君進用賢人，當留意揀擇，如使混然，不能精心揀擇，但如不得已而取備官職，則將使其卑踰尊，疏踰戚，而殽亂之矣。其如是，豈可不重慎之歟。「左右皆曰賢，未可也；諸大夫皆曰賢，未可也；國人皆曰賢，然後察之。見賢焉，然後用之」至「如此，然後可以爲民父母」者，此皆孟子教宣王進退賢不肖之言也。言於進用賢人之際，雖自王之左右臣者，皆曰此人賢當進用之，則王未可進而用之也。以至諸大夫皆曰此人之賢當進用之，則王又未可進而用之也。逮至一國之人，皆曰此人之賢當進而用之，則王然後詳察，亦見其真足爲賢人，故然後進而用之矣。如左右皆曰此人不賢，不可進用，則王莫聽之。以至諸大夫皆曰此人不賢，不可進用，當去之，則王亦當莫聽。迨至一國之人皆曰此人不賢，不可進用，當去之，則王然後審察之，見其真實不賢，不可進用，然後去之乃不進用也。如左右皆曰此人之罪可以殺之，則王又當莫聽。以至諸大夫皆曰此人之罪當殺之，則王又當勿聽。迨至一國之人皆曰此人之罪可以殺之，則王然後詳察，亦見其人實有可殺之罪，故然後方可殺之也。無他，以其一國之人皆曰可殺而殺之也。夫如此，則王然後可以爲民父母，而子畜百姓矣。

注「故，舊也」至「可法則也」。正義曰：釋云：故，舊也。文從古，故也。《詩·伐木》之篇云：「出自幽谷，遷于喬木」，注云「喬，高也」。故知喬木爲高大之木。郭璞云：「喬，樹枝曲卷似鳥羽也。」《書》云：「圖任舊人共政。」又周任有言曰「人惟求舊」，是故臣之謂也。注「鄉原之徒」。

正義曰：《語》云：「鄉原，德之賊也。」周氏注曰：「所至之鄉，輒原其人情而爲意以待之，是賊亂其德也。」何晏云：「一曰鄉，向也，古字同。謂人不能剛毅，而見人輒原其趣向，容媚而合之，言此所以賊德也。」故有三說焉。

注「大辟之罪，五聽三宥」。正義曰：孔安國傳云：「大辟，死刑也。」《周禮·大司寇》：❶「以五聲聽獄訟，求民

❶「大司寇」，據《周禮》當爲「小司寇」。

情，一曰辭聽，二曰色聽，三曰氣聽，四曰耳聽，五曰目聽。」鄭注云：「辭聽者，觀其出言不直則煩也。色聽者，觀其顔色不直則赧然也。氣聽者，觀其氣息不直則喘也。耳聽者，觀其聽聆不直則惑也。目聽者，觀其眸子視不直則眊然也。」凡此五聽是也。三宥者，「司刺掌三宥，一宥曰不識，再宥曰過失，三宥曰遺忘」。鄭司農云：「不識，謂愚民無所識則宥之；過失，若今律過失殺人，不坐死。」鄭玄云：「遺亡，若閒帷薄忘有在焉，而以兵矢投射之。」凡此三宥也。注云「行此三慎之聽」也，蓋指孟子言自「左右皆曰賢」至「國人殺之也」者，是爲之解也。

齊宣王問曰：「湯放桀，武王伐紂，有諸？」有之否乎？孟子對曰：「於傳有之。」於傳文有之矣。曰：「臣弑其君，可乎？」王問臣何以得弑其君，豈可行乎？曰：「賊仁者謂之賊，賊義者謂之殘，殘賊之人，謂之一夫。聞誅一夫紂矣，未聞弑君也。」言殘賊仁義之道者，雖位在王公，將必降爲匹夫，故謂之一夫也。但聞武王誅一夫紂耳，不聞弑君也，《書》云「獨夫紂」，此之謂也。疏「齊宣王問」至「未聞弑君也」。正義曰：此章言孟子云紂崇惡，失其尊名，不得以君臣論之，欲以深寤宣王，垂戒于後也。「齊宣王問曰：湯放桀，武王伐紂，有諸」者，是宣王問孟子，言商之湯王放其夏王桀於南巢之地，周武王伐商王紂於鹿臺之中，還是有此言也否乎。「孟子對曰：於傳有之」者，孟子答宣王，以爲傳文有是言也。故《書》云：「湯放桀於南巢，惟十有一年，武王伐紂。」又《史記》「武王伐紂，紂走，入登鹿臺，蒙衣其珠玉，自燔于火而死。武王以黄鉞斬紂頭，縣大白之旗」是也。「曰：臣弑其君可乎」者，宣王問孟子，如是則爲臣下者得以弑其君上，豈可乎？「曰：賊仁者謂之賊，賊義者謂之殘，殘賊之人，謂之一夫。聞誅一夫紂矣，未聞弑君也」者，孟子答宣王，以謂賊害其仁者，名謂之賊；賊害其義者，名謂之殘。名謂殘賊者，皆謂之一匹夫也。我但聞誅亡其一匹夫紂矣，未嘗聞知有弑君者也，故《尚書》有云「獨夫紂」，是其證也。

孟子謂齊宣王曰：「爲巨室則必使工師求大木。工師得大木則王喜，以爲能勝其任也。匠人斲而小之，則王怒，以爲不勝其任矣。巨室，大宫也。《爾雅》曰：「宫謂之室。」工師，主工匠之吏。匠人，工匠之人也。將以比喻之也。❶夫人幼而學之，壯而欲行之。王曰『姑舍女所學而從我』，則何如？姑，且也。謂人少學先王之道，壯大而仕，欲施行其道，而王止之曰：且舍置汝所學，而從我之教命，此何如也。今有璞玉於此，雖萬鎰，必使玉人彫琢之。至於治國家，則曰『姑舍女所學而從我』，則何以異於教玉人彫琢玉哉？」二十兩爲鎰。❷彫琢，治飾玉也，《詩》云「追琢其章」。雖有萬鎰在此，言衆多也，必須玉人能治之耳。至於治國家而令從我，是爲教玉人治玉也。教人治玉，不得其道，則玉不得美好。教人治國，不以其道，則何由能治乎？

疏「孟子謂齊宣王」至「玉人彫琢玉哉」。

正義曰：此章言任賢使能，不遺其學，則功成而不墮也。「孟子謂齊宣王曰：爲巨室則必使工師求大木，工師得大木，則王喜，以爲能勝其任也。匠人斲而小之，則王怒，以爲不勝其任矣」者，是孟子謂齊宣王，言爲大宮，則王必遣使工匠之吏求其大木，工匠之吏求得其大木則王喜，以爲工匠之吏能勝其所任用矣。則至匠人斲削而小之，則王怒，以爲匠人不勝其任矣。凡此皆孟子將以比喻而言也，以其欲使宣王易曉其意也。巨室，大宮也。工師，主工匠之吏也。又言「夫人幼而學之，壯而欲行之。王曰姑舍女所學而從我，則何如」者，是孟子又言：夫人既以幼少而學先王之道，及壯大仕而欲施行其幼之所學之道，而王乃曰且舍去汝所學之道而從我教命，則如之何也。「今有璞玉於此，雖萬鎰必使玉人彫琢之。至於治國家，則曰姑舍女所學而從我，則何以異於教玉人彫琢玉哉」者，是孟子又復以此而比喻于宣王也。言今假有素璞之玉於此，雖有萬鎰之多，然必使治玉之人彫琢而治飾之耳。至於治國家，則固當以先王之道治之，而曰且舍去女所學，而令從我教命，則何以有異於教玉人治飾玉哉！言其無以異也。以其治國家當取學先王之道者，乃能治之。今乃至於治國家，而曰且舍汝所學而從我教命，❸是何以異於此

---

❶「比」，按阮校：「廖本、孔本、韓本、《考文》古本作『此』。」

❷「二」，原作「三」，據阮本改。

❸上「而」字，阮本作「以」。按阮校：「毛本作『則』。毛本是也。」

哉！蓋巨室則國家比也，用人猶制木，木則君子之道比也，工師則君子比也，匠人則人君比也。意言治國家必用君子之道，施而後治，人君反小而用之，未有能治國家者也。不特若此，又有以喻焉。璞玉則亦國家比也，玉人則亦君子比也，意謂璞玉，人之所寶也，然不敢自治飾之，必用使治玉人，然後得成美器也。若國家則人君之所寶也，然人君不能自治，必用君子治之，然後安也。今也君子不得施所學之道以治國家，反使從己所教以治之，此亦教玉人彫琢玉同也，固不足以成美器，適所以殘害之也，故孟子所以有此譬之。　注「巨室，大宮也」至「喻之也」。

正義曰：《字林》云：「巨，大也。」《白虎通》曰：「黄帝始作宫室。」是知巨室則大宮也。《周禮・考工記》云：「審曲面埶，以飭五材，以辨民器，謂之工。凡攻木之工七，攻金之工六，攻皮之工五，設色之工五，刮摩之工五，摶埴之工二。」❶輪、輿、弓、廬、匠、車、梓，凡此者，是攻木之工也。餘工不敢煩述。所謂工師者，師，範也，教也，即掌教百工者，如《漢書》云「將作少府，秦官，掌理宮室」者是也。匠人即斲削之人也，《風俗通》云：「凡是於事，❷巫卜陶匠是也。」然則此言匠人者，即攻木之匠也。　注云「二十兩爲鎰」。　正義曰：《國語》云二十四兩爲鎰，《禮》云「朝一鎰米」，注亦謂「二十四兩」，今注誤爲二十兩。

齊人伐燕，勝之。宣王問曰：「或謂寡人勿取，或謂寡人取之。以萬乘之國伐萬乘之國，五旬而舉之，人力不至於此。不取必有天殃，取之何如？」萬乘，非諸侯之號，時燕國皆侵地廣大，僭號稱王，故曰萬乘。五旬，五十日也。《書》曰：「朞三百有六旬。」言五旬未久而取之，非人力，乃天也。天與不取，懼有殃咎，取之何如？　孟子對曰：「取之而燕民悦，則取之。古之人有行之者，武王是也。武王伐紂而殷民喜悦，篚厥玄黄而來迎之，是以取之也。　取之而燕民不悦，則勿取。古之人有行之者，文王是也。文王以三仁尚在，樂師未奔，取之懼殷民不悦，故未取之也。　以萬乘之國，伐萬乘之國，簞食壺漿以迎王師，豈有

❶「二」，原作「五」，據阮本及《周禮》改。

❷「是」，影印文淵閣《四庫全書》本《玉海》引《風俗通》作「氏」。

他哉？避水火也。如水益深，如火益熱，亦運而已矣。」燕人所以持簞食壺漿來迎王師者，欲避水火難耳。如其所患益甚，則亦運行奔走而去矣。今王誠能使燕民免於水火，亦若武王伐紂，殷民喜悦之時，則可取之而已。疏「齊人伐燕勝之」至「亦運而已矣」。

正義曰：此章言征伐之道，當順民心也。「齊人伐燕，勝之。宣王問曰：或謂寡人勿取，或謂寡人取之」至「何如」者，言齊國之人伐燕之人，必强勝之。齊宣乃問孟子，以謂或有人教我勿取此燕國，或有人又教我取之。今以萬乘之國伐萬乘之國，但五十日足以興舉之，非人力所能至，此乃天也。天與之而勿取，必有天殃而禍之。今則取之，何如？故以此問孟子。「孟子對曰：取之而燕民悦，則取之。古之人有行之者，武王是也」者，是孟子答齊宣，以爲今伐取燕國，而燕國之民悦樂，則可以伐取之也。古之人有行征伐之道如此國者，若武王伐紂是也。《書》曰：「肆予東征，綏厥士女，惟其士女，篚厥玄黄，昭我周王。」是其武王伐紂之事耳。孟子所以引此答齊宣，蓋欲齊宣征伐順民心，亦若武王也。「取之而燕民不悦，則勿取。古之人有行之者，文王是也」者，孟子又以此答齊宣，言今欲取燕國，❶苟燕國之民愁怨而不悦，則當勿取之。故古之人有欲行征伐之道若此者，如文王於紂是也。孔子有云「文王三分天下有其二，猶服事殷」，是文王於紂之事耳。孟子所以又引此答齊宣者，復欲齊宣如文王順民心而未取之耳。「以萬乘之國，伐萬乘之國，簞食壺漿，以迎王師」至「亦運而已矣」者，孟子言：今且托以萬乘之國伐取萬乘之國，其有以簞食壺漿而來迎王兵師者，豈有他事哉，蓋欲避去水火之患難耳。如若水彌深，火彌熱，則民亦運行而奔走矣，豈來迎王之兵師哉？意謂今齊誠能使燕民得免水火之難，亦若武王伐紂，殷民皆悦樂之，則可以取燕也。如不然，則若文王之於紂，故未取之耳。云「萬乘」者，蓋六國之時爲諸侯者，皆僭王號，故皆曰「萬乘」。云「簞笥」者，案《曲禮》曰：「圓曰簞，方曰笥，飯器也。」《書》云：「衣裳在笥。」則笥亦盛衣。云「壺漿」者，《禮圖》云：「酒壺，受一斛，口徑尺，足高二寸，徑尺。」又《公羊傳》云：「齊侯唁公于野井，國子執壺漿。」何休云：「壺，禮器，腹方口圓曰壺。」《釋名》曰：「漿，水也，飲也，或云漿，酒也。」　注「篚厥玄黄」。　正義曰：孔安國傳云：「以筐

❶「答」下、「取」下，阮本皆有「之」字。

篚盛其絲帛也。」《禮圖》云：「篚以竹爲之，長三尺，廣一尺，深六寸，足高三寸。上有蓋也。」　注「萬乘非諸侯之號」至「如何」。　正義曰：云萬乘非諸侯之號，時燕國皆侵地僭號稱王者，説在上卷首章。「《書》曰朞三百有六旬」者，案孔安國傳云：「匝四時曰朞，一歲十二月，月三十日，正三百六十日，除小月六日爲六日，是爲一歲有餘十二日，未盈三歲，足得一月，則置閏焉。」是其解也。　注「武王伐紂」至「取之也」。　正義曰：《書》云：「惟十一年，武王伐紂。」《史記》云：「武王伐紂，紂發兵七十萬人距武王。紂師倒兵以戰，以開武王，武王馳之，紂兵崩叛。紂走，反入鹿臺，蒙衣其珠玉，自燔于火而死。武王以黄鉞斬紂，縣其頭於大白之旗。」是也。　注「文王以三仁尚在，樂師未奔」者。　正義曰：《語》云「殷有三仁焉」，蓋微子、箕子、比干是也。《吕氏春秋·仲冬紀》云：「紂之母生微子啓與仲衍，其時猶尚爲妾，改而爲妻，後生紂，紂之父欲立微子啓爲太子。太史曰：妻之有子，不可立妾之子。故立紂爲後。」微子名啓，世家曰開，孔安國曰：「微，圻内國名。子，爵。爲紂卿士。」箕子者，《莊子》云：「箕子名胥。」鄭玄云：「箕亦在圻内。」比干者，《家語》曰：「比干是紂之親，則諸父。」知比干乃紂之諸父也。《宋世家》云：「箕子乃紂之親戚也。」言爲親戚，又莫知其爲父爲兄也。鄭玄、王肅皆以箕子爲紂之諸父，杜預以爲紂之庶兄，皆以意言之耳。趙云「三仁尚在」者，蓋文王爲西伯之時，三仁尚未之亡去。及西伯卒，武王東伐，至盟津，諸侯會者八百，皆曰紂可伐，武王猶曰：「爾未知天命。」紂愈淫亂不止，微子諫不聽，乃與大師謀，遂去。比干曰「爲人臣者不得不以死諫」，迺强諫紂。紂怒曰：「吾聞聖人心有七竅。」剖比干，❶觀其心。箕子懼，乃佯狂爲奴，紂又因之，後因武王乃釋之耳。

齊人伐燕，取之。諸侯將謀救燕。宣王曰：「諸侯多謀伐寡人者，何以待之？」宣王貪燕而取之。諸侯不義其事，將謀救燕伐齊，❷宣王懼而問之。孟子對曰：「臣聞七十里爲政於天下者，湯是也。未聞以千里畏人者也。成湯

❶「剖」，阮本作「司」。按阮校：「閩、監、毛三本『司』作『刳』。按『刳』字是。」

❷「救燕伐齊」，按阮校：「廖本、孔本、韓本、《考文》古本、足利本作『伐齊救燕』」。

修德，以七十里而得天下。今齊地方千里，何畏懼哉。《書》曰：『湯一征，自葛始。』天下信之，東面而征，西夷怨；南面而征，北狄怨。曰：『奚爲後我？』民望之，若大旱之望雲霓也。歸市者不止，耕者不變，誅其君而弔其民，若時雨降，民大悦。《書》曰：『徯我后，后來其蘇。』此二篇皆《尚書》逸篇之文也。言湯初征自葛始，誅其君，恤其民，天下信湯之德。面者，向也。東向征，西夷怨者，去王城四千里，夷服之國也，故謂之四夷。言遠國思望聖化之甚也，故曰何爲後我。霓，虹也。雨則虹見，故大旱而思見之。徯，待也。后，君也。待我君來，則我蘇息也。今燕虐其民，王往而征之，民以爲將拯己於水火之中也，簞食壺漿，以迎王師。若殺其父兄，係累其子弟，毁其宗廟，遷其重器，如之何其可也？拯，濟也。係累，猶縛結也。燕民所以悦喜迎王師者，謂濟救於水火之中耳，今又殘之若此，安可哉！天下固畏齊之彊也，今又倍地而不行仁政，是動天下之兵也。言天下諸侯素畏齊彊，今復并燕一倍之地。以是行暴，則多所危，是動天下之兵共謀齊也。王速出令，反其旄倪，止其重器，謀於燕衆，置君而後去之，則猶可及止也。」速，疾也。旄，老耄也。倪，弱小倪倪者也。❶孟子勸王急出令，先還其老小，止勿徙其寶重之器，與燕民謀置所欲立君而去之歸齊，天下之兵，猶可及其未發而止之也。

疏「齊人伐燕取之」至「猶可及止也」。

正義曰：此章言伐惡養善，無貪其富，以小王大，將何懼也。「齊人伐燕，取之，諸侯將謀救燕」者，齊國伐其燕國，而取其地，天下諸侯皆將謀度救燕國也。「宣王曰：諸侯多謀伐寡人者，何以待之」者，是齊宣見諸侯將謀度救燕國，而共伐我，乃曰：天下多有謀度與燕共伐我者，則我當如之何以待他。故以此問孟子。「孟子對曰：臣聞七十里爲政於天下者，湯是也。未聞以千里畏人也」者，孟子答

❶「倪倪」，按阮校：「孔本、韓本作『繄倪』。案《音義》出『繄』字，『旄倪』下云『詳注意倪謂繄倪，小兒也』，與今孔、韓本合。按依《説文》、《釋名》作『繄婗』，《禮記・雜記》注作『鷖彌』，此本作『倪倪』者誤也。」

齊宣，以爲臣嘗聞有地但方闊七十里，而能爲王政於天下者，如商湯王是也。未嘗聞有地方闊千里，❶而猶畏人者也。蓋湯爲夏方伯之時，但有七十里而後爲天下商王。今天下方千里者有九，而得其一，是齊之有千里地也，所以云然。「《書》曰：湯一征，自葛始，天下信之，東面而征，西夷怨」至「民大悦」者，此皆《尚書》遺亡篇文也。今據《商書·仲虺之誥》篇，則云「乃葛伯仇餉，初征自葛，東征，西夷怨；南征，北狄怨，曰：奚爲後予」。大抵孟子引此者，蓋恐齊王爲己之臆説，故引此而證之，欲使齊宣信之也。故言《書》云湯一征，自葛國爲始，天下皆信湯王之德。後湯東向而征伐，則西夷之人思望，而怨不先自此而正君之罪，南向而征伐，則北狄之人又皆思望，而怨以爲不先自此而正君之罪，乃曰：何爲後去其我，而先向他國而征之。故其民望湯之來，皆若於大旱而望雲霓如也。不特此也，又使歸市者皆不止，以其皆得貿易有無也。耕于郊野者又不變只其事，❷以言其常得耕作也。雖誅亡其君，又弔問而存恤其民，其如是時之旱而雨降，民皆悦樂之也。「《書》曰徯我后，后來其蘇」者，注云：自上文與此，皆逸篇之文也。今據《仲虺之篇》有云，大抵孟子引此而言者，又欲齊王知民如此之慕湯而則法湯也，蓋謂民皆喜曰：徯待我君來而蘇息我也。「今燕虐其民，王往而征之，民以爲將拯己於水火之中也」至「如之何其可也」者，是孟子又言：今燕國之暴虐其民，而王以兵往征伐之，民皆以爲王兵之來，將拯救己於水火之中如也，故以簞食壺漿迎其王師之來。今乃若以殺其民之父兄，繫縛其民之子弟，又毁壞其國中之宗廟，使民不得其祀，復遷徙其國中之寶器，如之何可也。「天下固畏齊之彊也，今又倍地而不行王政」至「可及止也」者，孟子又言天下之諸侯，素畏齊國之彊也，今王又并燕國一倍之地，而且復不行其王政，是所以興動天下諸侯之兵而共伐之也。王今即速疾出其命令，還其老耄幼小，勿遷移其寶器，復謀度於燕國之衆，爲置立其君而後去之而歸齊，則天下諸侯之兵，尚可得及止之也。注云「去王城四千里夷服之國」至「蘇也」。❸正義曰：《周禮》九服，又案《禮圖》云自王畿千里至夷服，凡四千里是也。云「霓，虹也」，《爾雅》云：「雲

❶「闊」，原作「間」，據阮本改。

❷「只」，阮本作「易」。

❸「也」上，據上注文，當有「息」字。按阮校：「監、毛本『也』改『息』。」

出天之正氣，霓出地之正氣，雄謂之虹，雌謂之霓。」則雲，陽物也，陰陽和而既雨，則雲散而霓見矣。　注「旄，老耄。倪，弱小倪倪者」。　正義曰：釋云：耄，齯。案《爾雅》云：「黄髪、倪齒，壽也。」然則趙注云「倪，弱小」，非止幼童之弱小，亦老之有弱小爾。

鄒與魯鬨，穆公問曰：「吾有司死者三十三人，而民莫之死也。誅之，則不可勝誅；不誅，則疾視其長上之死而不救，如之何則可也？」鬨，鬭聲也，猶構兵而鬭也。長上，軍帥也。鄒穆公忿其民不赴難，而問其罰當謂何則可也。❶孟子對曰：「凶年饑歲，君之民，老弱轉乎溝壑，壯者散而之四方者，幾千人矣，而君之倉廪實，府庫充，有司莫以告，是上慢而殘下也。言往者遭凶年之阨，民困如是。有司諸臣無告白於君有以賑救之，是上驕漫以殘賊其下也。　曾子曰：『戒之戒之，出乎爾者，反乎爾者也。』曾子有言，上所出善惡之命，下終反之，不可不戒也。　夫民今而後得反之也，君無尤焉。尤，過也。　孟子言百姓乃今得反報諸臣不哀矜耳，君無過責之也。❷　君行仁政，斯民親其上，死其長矣。」君行仁恩，憂民困窮，則民化而親其上，死其長矣。　疏「鄒與魯鬨」至「死其長矣」。　正義曰：此章言上恤其下，則下赴其難；惡出於己，❸則害及其身，如影響也。「鄒與魯鬨」者，言鄒國與魯國相鬭也。「穆公問曰：吾有司死者三十三人，而民莫之死也，誅之，則不可勝誅；不誅，則疾視其長上之死而不救，如之何則可也」者，是鄒穆公問孟子，言我國與魯國相鬭戰，而有司死者有三十三人，而民皆莫之死。我今欲誅亡其民，不可勝誅。不可勝誅者，是民衆之多，難以誅亡也。不誅其民，則我惡疾視其長上有司之死而不救之，故問孟子當何則可以誅亡也。「孟子對曰：凶年饑歲，君之民老弱轉乎溝壑」至「是上慢而殘下也」者，孟子答穆公，以爲凶荒之年而民皆饑餓，君之民人老羸者轉落死於

❶「何則可也」，按阮校：「宋本、孔本、韓本、《考文》古本無『則可』二字。足利本無『則也』二字。」

❷「責」，原作「賁」，據阮本改。

❸「惡」，原作「衆」，據阮本改。

溝壑之中，强壯者又離散之於四方者，幾近千人矣。而君之倉廩盈實，府庫充塞，爲君之有司者，皆莫以告白其上，發倉廩以濟其食之不給，開府庫以佐其用之不足，如此則有司在民之上，而以驕慢殘害其下也。「曾子曰：戒之戒之，❶出乎爾者，反乎爾者」，孟子言：曾子有云在戒慎之，戒慎之，❷以其凡有善惡之命，苟善之出乎爾，則終亦以善反歸乎爾也；苟出乎爾以惡，則其終反歸爾亦以惡也。「夫民今而後得反之也，君無尤焉」者，孟子言：夫民今所以不救長上之死者，以其在凶荒饑饉之歲，君之有司不以告白其君發倉廩，開府庫，以救賑之，所以於今視其死而不救，以報之也。然非君之過也，是有司自取之爾，故曰「君無尤焉」。「君行仁政，斯民親其上，死其長矣」者，孟子言：君能行仁爲政，則在下之民皆親其上，樂其君，而輕其死以爲其長上矣。　注「鬩，鬭聲」。釋云：鬩，鬬也，故曰「猶構兵而鬬也」。

滕文公問曰：「滕，小國也，間於齊楚，事齊乎？事楚乎？」文公言我居齊楚二國之間，非其所事，不能自保也。孟子對曰：「是謀非吾所能及也。無已，則有一焉。鑿斯池也，築斯城也，與民守之，効死而民弗去，則是可爲也。」孟子以二大國之君皆不由禮義，我不能知誰可事者也。不得已則有一謀焉，惟施德義以養民，與之堅守城池至死，使民不畔去，則是可以爲也。疏「滕文公」至「可爲也」。　正義曰：此章言事無禮義國，不若得民心，與之守死善道也。「滕文公問曰：滕，小國也，間於齊楚，事齊乎，事楚乎」者，是滕文公問孟子，言我之滕國則小國也，今間厠在齊楚二國之間，而我今當奉事齊國乎？楚國乎？故以此問孟子。「孟子對曰：是謀非吾所能及也。無已，則有一焉，鑿斯池」至「是可爲也」者，是孟子答文公，以謂若此之謀，而指誰國可事，非我所能及知也。以其齊楚二國，皆是無禮義之國，孟子所以答曰是謀非吾所能及也。言不得已，則有一謀計焉，言但鑿此滕國之池，築此滕國之城，與人民堅守此滕國至死，使民不畔去，則是一謀可以爲也，其他非吾所及。

滕文公問曰：「齊人將築薛，吾甚恐。

❶ 下「戒」字，原作「慎」，據上經文及阮本改。
❷ 「慎」，原作「戒」，據上文「戒慎」及阮本改。

如之何則可？」齊人并得薛，築其城以偪於滕，故文公恐也。孟子對曰：「昔者大王居邠，狄人侵之，去，之岐山之下居焉，非擇而取之，不得已也。大王非好岐山之下，擇而居之焉，迫不得已，困於强暴，故避之。苟爲善，後世子孫必有王者矣。誠能爲善，雖失其地，後世乃有王者，若周家也。君子創業垂統，爲可繼也。若夫成功，則天也。君如彼何哉，强爲善而已矣。」君子創業垂統，貴令後世可繼續而行耳，又何能必有成功，成功乃天助之也。君豈如彼齊何乎，但當自强爲善法，以遺後世而已矣。疏「滕文公」至「强爲善而已矣」。正義曰：此章言君子之道正己在天，强暴之來，非己所招，謂窮則獨善其身也。「滕文公問曰：齊人將築薛，吾甚恐，如之何則可」者，言齊人并得薛地，將欲築其城於此，故滕文公恐其偪，乃問孟子，當如何則可免爲不見迫。「孟子對曰：昔者大王居邠，狄人侵之，去，之岐山之下居焉，非擇而取之，❶不得已也」者，孟子答滕文公，以謂往者大王居邠國，後爲戎狄之國所侵伐，遂去，之岐山下爲居焉。當此之時，非大王擇此岐山之下爲居焉，不得已而避狄所侵患，故之岐山下爲居耳。「苟爲善，後世子孫必有王者矣」者，孟子言：滕文公誠能爲善修德而布政於民，今雖失其薛地，至後世子孫必有王者興作矣。「君子創業垂統，爲可繼也。若夫成功，則天也。君如彼何哉，强爲善而已矣」者，孟子又言：君子在上，基創其業，垂統法於後世，蓋令後世可以繼續而承之耳。若夫其有成功，乃天助之也，於人又不可必其成功。君今豈奈彼齊之大國何？但勉强自爲善以遺法於後世也。

滕文公問曰：「滕，小國也，竭力以事大國，則不得免焉，如之何則可？」問免難全國於孟子。孟子對曰：「昔者大王居邠，狄人侵之。事之以皮幣，不得免焉；事之以犬馬，不得免焉；事之以珠玉，不得免焉。皮，狐貉之裘。幣，繒帛之貨也。乃屬其耆老而告之曰：『狄人之所欲者，吾土地也。吾聞之也，君

❶「取」，原作「處」，據上經文及阮本改。

子不以其所以養人者害人，二三子何患乎無君，我將去之。』去邠，踰梁山，邑于岐山之下居焉。屬，會也。土地生五穀，所以養人也。會長老告之如此，而去之矣。邠人曰：『仁人也，不可失也。』從之者如歸市。言樂隨大王，如歸趨於市，若將有得也。或曰：『世守也，非身之所能爲也。效死勿去。』君請擇於斯二者。」或曰：土地乃先人之所受也，世世守之，非己身所能專爲，至死不可去也。欲令文公擇此二者，惟所行也。疏「滕文公問曰」至「擇於斯二者」。正義曰：此章言大王去邠，權也；效死守業，義也。「滕文公問曰：滕，小國也，竭力以事大國，則不得免焉。如之何則可」者，是滕文公問孟子，言我之滕國，小國也，今竭盡其力以奉事大國，則不得免其侵伐，當如何則可以免焉？「孟子對曰：昔者大王居邠，狄人侵之」至「事之以珠玉，不得免焉」者，孟子答文公，以謂往大王所居邠國，後爲戎狄所侵伐。是時也，大王事之以皮幣，且尚不免其侵伐，又事之以犬馬，又不得免其侵伐，復事以珠玉，又且猶不免其侵伐焉。「乃屬耆老而告之曰」至「邑于岐山居焉，邠人曰：仁人也，不可失也，從之者如歸市」者，孟子言：大王以皮幣、犬馬、珠玉奉事戎狄，猶不免其侵伐，乃會耆老而告之曰：狄人所欲者在我之土地也，我聞君子不以所養人之土地而殘賊其民，汝二三子何憂患乎無君，我將去之，以讓狄也。遂去邠國，踰梁山，而邑于岐山下居焉。邠國之人遂聞大王此言，乃曰：仁人之君，不可失去也。故從之者如歸趨於市，若將有所得耳。「或曰：世守也，非身之所能爲也，效死勿去」者，孟子又言：或人有云土地者，乃先人之所受也，非己身所能爲專也，乃世世守之也，當效死而不可去也。故請文公擇斯二者而處之。二者，其一如大王去邠，其二如或云效死勿去是也。注「皮，狐貉之裘。幣，繒帛之貨」。正義曰：蓋狐貉之皮爲裘也。釋云：狐貉，妖獸也，後人以其狐貉性多疑，故以皮爲之裘也。孔子曰「黄衣狐裘」，又曰「狐貉之厚以居」是也。《周禮·行人》職云：「合六幣：圭以馬，璋以皮，璧以帛，琮以錦，琥以繡，璜以黼。此六物以和諸侯之好。」鄭注云：「合，同也。六幣所以享也。」是幣即繒帛之貨也。云「屬，會也」，《釋文》云：「會也，又曰付也。」

魯平公將出，嬖人臧倉者請曰：「他日

君出，則必命有司所之。今乘輿已駕矣，有司未知所之，敢請。」平，謚也。嬖人，愛幸小人也。公曰：「將見孟子。」平公敬孟子有德，不敢請召，將往就見之。曰：「何哉，君所爲輕身以先於匹夫者，以爲賢乎？禮義由賢者出，而孟子之後喪踰前喪，君無見焉。」匹夫，一夫也。臧倉言君何爲輕千乘而先匹夫乎？以爲孟子賢故也，賢者當行禮義，而孟子前喪父約，後喪母奢。君無見也。公曰：「諾。」諾，止不出。樂正子入見，曰：「君奚爲不見孟軻也？」樂正，姓也。子，通稱。孟子弟子也，爲魯臣，問公何爲不便見孟軻也。曰：「或告寡人曰：『孟子之後喪踰前喪。』是以不往見也。」公言以此故也。曰：「何哉？君所謂踰者，前以士，後以大夫。前以三鼎，而後以五鼎與？」樂正子曰：君所謂踰者，前以士禮，後以大夫禮。士祭三鼎，大夫祭五鼎故也。曰：「否。謂棺椁衣衾之美也。」公曰：不謂鼎數也，以其棺椁衣衾之美惡也。曰：「非所謂踰也，貧富不同也。」樂正子曰：此非薄父厚母，令母喪踰父也。喪父時爲士，喪母時爲大夫。大夫禄重於士，故使然，貧富不同也。

樂正子見孟子，曰：「克告於君，君爲來見也。嬖人有臧倉者沮君，君是以不果來也。」克，樂正子名也。果，能也。曰：克告君以孟子之賢，君將欲來，臧倉者沮君，故君不能來也。曰：「行或使之，止或尼之，行止非人所能也。吾之不遇魯侯，天也。臧氏之子焉能使予不遇哉？」尼，止也。孟子之意，以爲魯侯欲行，天使之矣，及其欲止，天令嬖人止之耳。行止天意，非人所能爲也。如使吾見魯侯，冀得行道，天欲使濟斯民也，故曰吾之不遭遇魯侯，乃天所爲也。臧氏小子何能使我不遇哉？

疏「魯平公將出」至「焉能使予不遇哉」。正義曰：此章言讒邪構賢，賢者歸天，不尤人也。「魯平公將出，嬖人臧倉者請曰：他日君出，則必命有司所之，今乘輿已駕矣，有司未知所之，敢請」者，魯平公，魯國之君也，謚曰平。嬖人，平公愛幸之人也。臧，嬖人姓也；倉，名也。言魯平公將欲出見孟子，有司皆未知，惟臧倉爲平公愛幸之人，乃請問之，曰：所往，他日君之所出，則必揮命有司同所往，今君乘車已駕行矣，有司之人皆未知君之所往，敢請問之，君何所往？　駕，行也。之，往也。「公曰：將見孟子」者，魯平公答臧倉，言將欲出見孟子也。「曰：何哉，君所爲輕身以先於匹夫者，以爲賢乎？　禮義由賢者出，而孟子之後喪踰前喪，君無見焉」者，臧倉者言：君今欲見孟子，以其爲何往哉？　君今所爲，自輕薄其身，以先往見於一匹之夫夫，❶以謂之爲賢乎？　臧倉言此，謂孟子則一匹之賤夫，不足謂之爲賢也，故曰：禮義之道，皆由賢者所出，而孟子乃以後喪其母之喪事，奢過於前喪其父之喪事，請君無更往而見焉。　倉謂孟子母喪用事豐備，父喪用事儉約。　父母皆己之所親也，其喪用事有厚薄者，此孟子所以不知禮義也。　故云禮義由賢者出，而孟子之後喪踰前喪，君無見焉。「公曰諾」者，平公許允，止而不出也。「樂正子入見，曰：君奚爲不見孟軻也」者，是日，樂正子見平公乘輿既行而止之，遂入見平公，而問之曰：君何爲不往見於孟子也？　樂正子爲平公之臣，亦是孟子之弟子也。　姓樂正，名克。　稱子者，蓋男子之通稱也。「曰：或告寡人曰：孟子之後喪踰前喪，是以不往見也」者，平公答樂正子，以謂或有臧倉者告我曰：孟子後有母喪，用事豐備，過於前父之喪用事，我是以見其如此，遂止其駕而不往見也。「曰：何哉？　君所謂踰者，前以士，後以大夫。　前以三鼎，而後以五鼎與」者，樂正子見平公爲此而不往見孟子，乃曰：君不往見，是爲其何哉？　君今所謂孟子以後喪過前喪者，蓋孟子前喪父之時，孟子止爲之士，故以士禮用之；後喪母之時，孟子以爲之大夫，故得以大夫禮用之。爲其前爲士，即得以三鼎之禮祭之；其後爲大夫，遂得以五鼎之禮祭之故也。「曰：否，謂棺椁衣衾之美也」者，平公以謂否，不爲鼎數之有不同也，是爲棺椁衣衾被服之美好有前後之不同也。「曰：非所謂踰也，貧富不同也」者，樂正子謂非所謂孟子有過於前也，爲其前後貧富之不同也，非薄其父厚其母也。「樂正子見孟子曰：克告於君，君爲來見也。　嬖人有臧倉者沮君，君是以不果來也」者，蓋平公先欲見孟子者，以其樂正子告之也。　故樂正自入見平公，所問君之不往意已畢，乃出而見於孟子，遂曰：克前告其君，嘗言孟子，君是以欲往來見之。　平公愛幸之人有

❶「夫夫」，按阮校：「下云『則一匹之賤夫』，此二『夫』字，上『夫』字當爲『賤』之譌。」

一姓臧名倉者，沮止其君，所以不能來也。「曰：行或使之，止或尼之，行止非人所能也。吾之不遇魯侯，天也，臧氏之子焉能使予不遇哉」者，孟子見樂正子告之以此意，遂曰：君所欲行，天使之行也；君所欲止，天使之止也。臧氏之子安能使我不遇魯侯哉！　注「平，謚也。嬖人，愛幸小人也」。　正義曰：《謚法》云：「法治而清省曰平。」《春秋左傳》「魯隱公」有云「嬖人之子」，杜預曰：「嬖，親幸也。」釋云：「賤而得幸曰嬖。」　注「樂正，姓也，爲魯臣，孟子弟子也」。　正義曰：自微子之後，宋戴公四世孫樂莒爲大司寇，又《左傳》，宋上卿正考甫之後。是樂、正皆姓也。趙注樂正者爲姓，案《禮記》有樂正子春，是樂正之姓有自矣。云「孟子弟子」者，蓋嘗受教於孟子者，無非弟子也。爲魯臣者，蓋非魯平公之臣，何以克告於君？是以知爲魯臣明矣。趙注詳其意，故云爲魯臣，如於他經書則未詳。　注「士祭三鼎，大夫祭五鼎」。　正義曰：如子路有列鼎之奉，主父在漢有五鼎之食，是其爵有差也。蓋士則爵卑而賤，大夫則爵尊而貴，孟子前以士，後以大夫，是其爵命貴賤之不同耳。經云「衣衾」者，蓋衾，今之被也。案《喪大記》：「小斂，君錦衾，大夫縞，士緇。凡衾皆五幅。」鄭注云：「衾，單被也。」

孟子注疏解經卷第二下

孟子注疏解經卷第三上

孫奭疏

公孫丑章句上凡九章

趙氏注公孫丑者，公孫，姓；丑，名。孟子弟子也。丑有政事之才，問管晏之功，猶《論語》子路問政，故以題篇。

疏正義曰：前篇章首論梁惠王問以利國，孟子答以仁義之事，故目「梁惠王」爲篇題，蓋謂君國當以仁義爲首也。既以仁義爲首，然後其政可得行之。是以此篇公孫丑有政事之才，而問管晏之功。如《論語》子路問政，遂以目爲篇題，不亦宜乎？故次《梁惠王》之篇，所以揭「公孫丑」爲此篇之題也。此篇凡二十有三章，自趙氏分之，遂爲上下卷。據此上卷有九章而已。一章言德流速於置郵，君子得時，大行其道，管晏爲曾西之所羞。二章言義以行勇，則不動心，養氣順道，無効揠苗，聖人量時，賢者道偏，孟子究言情理而歸學孔子。三章言王者任德，霸者兼力。四章言國必修政，君必行仁，禍福由己，不專在天，當防患於未亂。五章言修古之道，鄰國之民以爲父母，命曰天吏。六章言人之行，當内求諸己，以演大四端，充擴其道，上以正君，下以榮身。七章言各治其術，術有善惡，禍福之來，隨行而作，恥爲人役，不若居仁，治術之忌，勿爲矢人。八章言大聖之君，猶取善於人。九章言伯夷、柳下惠，古之大賢，猶有所闕。其餘十四章，趙氏分在下卷，各有分説。注「公孫，姓；丑，名。孟子弟子也」至「題篇」。正義曰：自魯桓公之子慶父之後，有孟孫氏、叔孫氏、季孫氏同出三桓子孫。衛國有王孫賈出自周頃王之後，王孫賈之子自以去王室久，改爲賈孫氏，故孫氏多焉，又非特止於一族也。自封公後，其子孫皆以公孫爲氏。《春秋》隱公八年：「無駭卒，羽父請謚與族。公問族於衆仲，衆仲對曰：『天子建德，因生以賜姓。』公命以字爲展氏。」杜預曰：「諸侯之子稱公子，公子之子稱公孫，公孫之子以王父字爲氏。」然則公孫氏皆自公子之後爲氏也。今公孫丑，其氏有自來矣。案《史記・孟子列傳》云：「孟子退而與萬章、公孫丑之徒著述，作七篇。」則公孫丑爲孟子弟子明矣，經曰「弟子之惑滋甚」是也。《論語》第十三篇：「子路問政，子曰：先之勞之。請益，曰：無倦。」集《論語》者因其問政，故以題篇。若此公孫丑有政事之才，而問管晏之功，亦以因其人而題其篇，而次之《梁惠王》也。

公孫丑問曰：「夫子當路於齊，管仲、晏子之功，可復許乎？」夫子，謂孟子。許，猶興也。如使夫子得當仕路於齊，而可以行道，管夷吾、晏嬰之功，寧可復興乎？ 孟子曰：「子誠齊人也，知管仲、晏子而已矣。誠，實也。子實齊人也，但知二子而已，豈復知王者之佐乎？ 或問乎曾西曰：『吾子與子路孰賢？』曾西蹵然曰：『吾先子之所畏也。』曾西，曾子之孫。蹵然，猶蹵踖也。先子，曾子也。子路在四友，故曾子畏敬之，曾西不敢比。 曰：『然則吾子與管仲孰賢？』曾西艴然不悅曰：『爾何曾比予於管仲？艴然，慍怒色也。何曾，猶何乃也。 管仲得君如彼其專也，行乎國政如彼其久也，功烈如彼其卑也，爾何曾比予於是？』」曾西答或人，言管仲得遇桓公，使之專國政如彼，行政於國其久如彼，功烈卑陋如彼，謂不帥齊桓公行王道而行霸道，故言卑也。重言何曾比我，恥見比之甚也。 曰：「管仲，曾西之所不爲也，而子爲我願之乎？」孟子心狹曾西，曾西尚不欲爲管仲，而子爲我願之乎？非丑之言小也。 曰：「管仲以其君霸，晏子以其君顯。管仲、晏子猶不足爲與？」丑曰：管仲輔桓公以霸道，晏子相景公以顯名，二子如此，尚不可爲邪？ 曰：「以齊王，由反手也。」孟子言以齊國之大而行王道，其易若反手耳，故譏管、晏不勉其君以王業也。 曰：「若是則弟子之惑滋甚。且以文王之德，百年而後崩，猶未洽於天下。武王、周公繼之，然後大行。今言王若易然，則文王不足法與？」丑曰：如是言，則弟子惑益甚也，文王尚不能及身而王，何謂若易然也。若是，則文王不足以爲法邪？ 曰：「文王何可當也？由湯至於武丁，賢聖之君六七作，天下歸殷久矣，久則難變也。武丁朝諸侯，有天下，猶運之掌也。武丁，高宗也。孟子言文王之時難爲功，故言何可當也。從湯以下，賢聖之君六七興，謂太甲、太戊、盤庚等也。運之掌，言其易也。紂之去武丁未久也，其故家遺俗，流風善政，猶有存者。又有微子、微仲、王子比干、箕子、膠鬲，皆賢人也，相與輔相之，故久而後失之也。尺地莫非其有也，一民莫非其臣也，然而文王猶方百里起，是以難也。紂得高宗餘化，又多良臣，故久乃亡也。微仲、膠鬲，皆良臣也，但不在三仁中耳。文王當此時，故難也。齊人有言曰：『雖有智慧，不如乘勢。雖有鎡基，不如待時。』今時則易然也。齊人諺言也。乘勢，居富貴之勢。鎡基，田器，耒耜之屬。待時，三農時也。今時易以行王化者也。夏后殷周之盛，地未有過千里者也，而齊有其地矣。雞鳴狗吠相聞，而達乎四境，而齊有其民矣。地不改辟矣，民不改聚矣，行仁政而王，莫之能禦也。三代之盛，封畿千里耳。今齊地土民人以足矣，不更辟土聚民也。雞鳴狗犬相聞，❶言民室屋相望而衆多也。以此行仁而王，誰能止之也。且王者之不作，未有疏於此時者也。民之憔悴於虐政，未有甚於此時者也。飢者易爲食，渴者易爲飲，孔子曰：『德之流行，速於置郵而傳命。』言王政不興久矣，民患虐政甚矣。若飢者食易爲美，渴者飲易爲甘。德之流行，疾於置郵傳書命也。當今之時，萬乘之國行仁政，民之悦之，猶解倒懸也，故事半古之人，功必倍之，惟此時爲然。」倒懸，喻困苦也。當今所施恩惠之事，半於古人，而功倍之矣。言今行之易也。

疏「公孫丑問曰」至「惟此時爲然」。正義曰：此章言德流之速，過於置郵，君子得時，大行其道，管、晏雖勤，猶爲曾西所羞也。「公孫丑問曰：夫子當路於齊，管仲、晏子

❶「犬」，阮本作「吠」。

之功，可復許乎」者，公孫丑問孟子，言夫子得當仕路於齊國，則管仲、晏子佐桓、景二霸之功，寧可復興之乎？ 管仲，管夷吾也。 晏子，晏嬰也。 夷吾佐桓公者也，晏嬰佐景公者也。「孟子曰：子誠齊人也，知管仲、晏子而已矣」者，孟子答公孫丑，以謂子實齊國之人也，然但能知此二子而止矣。 孟子答之以此者，其意蓋謂丑豈能復知有王者之佐乎？「或問乎曾西曰：吾子與子路孰賢？ 曾西蹵然曰：吾先子之所畏也」至「爾何曾比予於是」者，孟子又謂嘗有或人問乎曾西，曾西，曾子之孫也，而曰：吾子與子路孰賢？ 曾西乃蹙踖而言曰：我先子曾子所敬畏者也。「曰：然則吾子與管仲孰賢？ 曾西艴然不悦曰：爾何曾比予於管仲」者，言或人又曰：如是則吾子與管仲孰爲賢？ 曾西乃艴然慍怒而不悦，曰：爾何如乃比我於管仲爲也。「管仲得君如彼其專也，行乎國政如彼其久也，功烈如彼其卑也，爾何曾比予於是」者，曾西言管仲得齊桓立爲仲父，貴戚不敢爲之妬，與高國之位，大臣不敢爲之惡，内外政皆盡委之斷焉，言如此其專也。 自立位相職至終四十餘年，執齊國之政，言其行政又如此其久也。 其終也不過致君爲霸者而已，而其功烈只如此之卑也，爾故何如乃比我於是之甚焉？ 功烈者，蓋致力以爲功，成業以爲烈，言管仲以力致齊桓，則止於爲霸功，以業成就齊桓，則亦止爲霸烈，故曰功烈如彼之卑也。 孟子所以引此或人與曾西之言者，意在於王佐爲貴也，不以霸者之佐爲貴也。 故曰「管仲，曾西之所不爲也，而子爲我願之乎」者，孟子言：管仲，曾西之所不願爲也，而子以爲我願比之乎？ 云「子」者，指孫丑而云也。「曰：管仲以其君霸，晏子以其君顯，管仲、晏子猶不足爲與？ 曰：以齊王，猶反手也」者，孟子言：管仲以佐其君爲霸，晏子以佐其君爲顯名，管仲、晏子猶若不足爲耳，言我能佐齊國之大而行王道，爲王其易則若反覆手掌也，故曰「以齊王，由反手也」。 孟子言此，蓋譏管、晏二子不能致君行王道耳。「曰若是則弟子之惑滋甚」者，公孫丑不曉孟子意在譏管、晏二子但爲霸者之久，❶故於孟子曰：如此之言，則弟子之蔽惑益甚也。 弟子者，蓋公孫丑自稱爲孟子弟子也。「且以文王之德，百年而後崩，猶未洽於天下。 武王、周公繼之，然後大行。 今言王若易然，則文王不足法與」者，公孫丑言今且以文王之德化觀之，起自百里之微，加之百年之久而後崩喪，其尚不能及身而王，天下浹洽其德，及武王、周公

❶「久」，阮本作「佐」。

繼續之，然後德化大行，爲王於天下。今言以齊王若反手之易，是則文王不足以爲之法與？「曰：文王何可當也？由湯至於武丁，賢聖之君六七作，天下歸殷久矣，久則難變也。武丁朝諸侯，有天下，猶運之掌也」至「是以難也」者，孟子又言：文王安可當也，言自湯至於武丁，其間賢聖之君六七作，故天下德化被民也久，恩澤漸人也深，而天下之民歸心於殷，固以久而難變也，是以武丁朝諸侯而有天下，若反運手掌之易也。武丁，高宗也。云「六七作」，若太甲、太戊、祖乙、盤庚等是也。「紂之去武丁未久也，其故家遺俗，流風善政，猶有存者」至「是以難也」者，孟子又言：自殷紂去武丁之時尚未久，故其世嗣續之，故家其民習尚之遺俗，上之化下，其流風之所被，善政之所行，尚有存者。不特此也，又有微子、微仲、王子比干、箕子、膠鬲數者，皆是賢人，相與同輔相其紂，故紂之失亡亦至久而後失也。雖一尺之地，莫非紂之所有，一民莫非爲紂之臣，然而如此，尚能自百里之地而興起爲王，是以難，而不若武丁之易也。「齊人有言曰：雖有智慧，不如乘勢，雖有鎡基，不如待時」者，孟子又言：齊國之人有言，云人雖有智慧之才，亦不如乘其富貴之勢。雖有田器，如耒耜之屬，亦不如乘三時農務之際也。蓋大而知之之謂智，小而察之之謂慧。鎡基，田器之利也。言人雖有智慧之才，然非乘富貴之勢，則智慧之才有所不運。比之齊國，則今時易以行王道者也。故曰「今時則易然也」。「夏后殷周之盛，地未有過千里者也，而齊有其地矣」至「莫之能禦也」者，孟子言：自夏后殷周三代之盛，治其封畿，皆方千里，未有過千里之地者也，而齊國今有其地亦得其千里，雞鳴狗吠相聞而廣達乎四境，是其齊國不特有千里之地而已，其間雞犬相聞而又有其民相望而衆多也。如此，土地亦以足矣，故不待更廣辟其土地矣。民人亦以足矣，又不待聚集其民人矣。即行仁爲政而王之，人莫能禦止之也。「其王者不作，❶未有疏於此時者也。飢者易爲食，渴者易爲飲，孔子曰：德之流行，速於置郵而傳命」者，孟子又言：且王者之不興作，未有如疏於此時者也，而民人憔悴困苦於暴虐之政，又未有如極甚於此時者也。似若飢餓者食易爲美，渴者飲易爲甘矣，故孔子有云：其德化之流行，其速疾又過於置郵而傳書命也。郵，《釋名》云「境上舍也」，又云官名，「督郵，主諸縣罰負」。《說文》曰：「境上

---

❶「其」，據上經文當作「且」。按阮校：「『其』當作『且』，閩、監、毛三本不誤。」

行書舍也。」「當今之時，萬乘之國行仁政，民之悦之，猶解倒懸也」者，孟子又言：當今齊國之時，爲萬乘之國，行仁政而及民，則民皆喜悦之，如得解其倒懸之索也。云「倒懸」者，喻其困苦之如此也。「故事半古之人，功必倍之，惟此時爲然」者，孟子又言：故於當此之時，其施恩惠之事，但半於古人，其成治功，亦必倍過於古人矣。故曰惟此當今齊國之時爲能如是也。　「管夷吾、晏嬰」。　正義曰：管仲，齊之相也。案《左傳》魯莊公八年，❶桓公殺公子糾，召忽死之，管仲不死，請囚。鮑叔受之，及堂阜而税之，歸而以告曰：「管夷吾治於高傒，使相可也。」杜注云：「堂阜，齊地，西北有夷吾亭。或曰：鮑叔解夷吾縛於此。」又云：「高傒，齊卿高敬仲也。」言管仲治理政事，才多於高敬仲，遂使相之。晏嬰姓晏名嬰，齊大夫也。《語》云：「晏平仲善與人交。」周注云：「謚爲平。」《謚法》曰：「法治清省曰平。」案《左傳》文知之，是晏桓子之子也，相齊景公。　注「曾西，曾子之孫」及「子路」。　正義曰：曾西爲曾子之孫者，經云：「曾西曰：吾先子之所畏也。」先子是曾子也，以祖稱之也，即知曾西乃曾子之孫也。其他經傳未詳。子路，孔子弟子，姓仲名由，字子路，卞國人也。案《史記·弟子傳》云：「少孔子九歲，性鄙好勇力，抗直，冠雄雞，佩豭豚，陵暴孔子。孔子設禮誘子路，子路後儒服委質，因門人請爲弟子。」云「蹵然，猶蹵踖」者，《語》云：「踧踖如也。」馬注云：「踧踖，恭敬之貌。」　注「艴然，愠怒色」。　正義曰：釋云：艴，不悦也。字從弗色，是知即愠怒之色也。　注「武丁，高宗也」至「易也」。　正義曰：孔安國傳云：「盤庚弟小乙子，名武丁。德高可尊，始號爲高宗。」云「從湯以下，賢聖之君六七作，謂太甲、太戊、盤庚等是也」者，案《史記》世表云：自湯之後，湯太子早卒，故立次弟外丙。外丙即位三年，卒，立外丙弟仲壬。仲壬即位四年，卒，伊尹乃立太丁子太甲。太甲，成湯適長孫也。太甲立三年，不明，伊尹放之桐。三年悔過自責，反善，伊尹乃迎帝太甲，授之政。太甲修德，諸侯咸歸，百姓以寧，稱爲太宗。太宗崩，子沃丁立。丁崩，弟太庚立。庚崩，子小甲立。甲崩，弟雍己立。殷道衰，諸侯或不至。己崩，弟太戊立，殷道復興，諸侯歸之，故稱中宗。中宗崩，子仲丁立，丁遷于囂。❷丁崩，弟外壬立。

❶ 「八」，四庫本作「九」，是。下文史事載《左傳》莊公九年。

❷ 「囂」，原作「嚻」，據阮本改。

壬崩，弟河亶甲立，殷道復衰。甲崩，子帝祖乙立。乙立，殷道復興。乙崩，子祖辛立。辛崩，弟沃甲立。甲崩，兄祖辛之子祖丁立。丁崩，弟沃甲之子南庚立。庚崩，祖丁之子陽甲立。殷道復衰，甲崩，弟盤庚立。殷道復興，諸侯來朝。庚崩，弟小辛立，殷道復衰。辛崩，弟小乙立。乙崩，子武丁立。殷道復興，故號爲高宗是也。注云「鎡基，田器，耒耜之屬」。正義曰：《釋名》云：「鎡基，大鋤也。」云「農時」者，《左傳》莊公二十九年云「凡土功，龍見而畢務」，注云：「今九月，周十一月，龍星角、亢，晨見東方，三務始畢。」「火見而致用」，注云：「大火，心星，次角、亢。見者，致築作之物。」「水昏正而栽」，注云：「謂今十月，定星昏而中，於是樹板幹而興作。」「日至而畢」，注云：「日南至，微陽始動，故土功畢。」若其門户道橋城郭墻塹有所損壞，則隨時修之，僖公二十年云「凡啓塞從時」是也。又案《七月》之詩云：「三之日于耜，四之日舉趾，同我婦子，饁彼南畝。」❶注云：「三之日，夏之正月也。四之日，周之四月。民無不舉足耕矣。」

公孫丑問曰：「夫子加齊之卿相，得行道焉，雖由此霸王，不異矣。如此，則動心否乎？」加，猶居也。丑問孟子：如使夫子得居齊卿相之位，行其道德，雖用此臣位，而輔君行之，亦不異於古霸王之君矣。如是，寧動心畏難，自恐不能行否邪？丑以此爲大道不易，人當畏懼之，不敢欲行也。孟子曰：「否。我四十不動心。」孟子言：禮，四十强而仕。我志氣已定，不妄動心有所畏也。曰：「若是，則夫子過孟賁遠矣。」丑曰：若此，夫子志意堅勇過孟賁。賁，勇士也。❷孟子勇於德。曰：「是不難，告子先我不動心。」孟子言是不難也，告子之勇，未四十而不動心矣。曰：「不動心有道乎？」丑問：不動心之道云何？曰：「有。孟子欲爲言之。北宮黝之養勇也，不膚橈，不目逃，思以一豪挫於人，若撻之於市朝，不受於褐寬博，亦不受於萬乘之君。視刺萬乘之君若刺褐夫，無嚴諸侯，

❶「饁」，原作「饐」，據阮本及《毛詩》改。
❷「勇」，原作「男」，據阮本改。

惡聲至，必反之。北宮，姓。黝，名也。人刺其肌膚，不爲橈却，刺其目，目不轉精逃避之矣。❶人拔一毛，若見捶撻於市朝之中矣。褐寬博，獨夫被褐者。嚴，尊也。無有尊嚴諸侯可敬者也。以惡聲加己，己必惡聲報之。言所養育勇氣如是也。孟施舍之所養勇也，曰：『視不勝，猶勝也。量敵而後進，慮勝而後會，是畏三軍者也。舍豈能爲必勝哉？能無懼而已矣。』孟，姓。舍，名。施，發音也。施舍自言其名，則但曰舍。舍豈能爲必勝哉？要不恐懼而已也。以爲量敵少而進，慮勝者足勝乃會。若此，畏三軍之衆者耳，非勇者也。孟施舍似曾子，北宮黝似子夏。夫二子之勇，未知其孰賢，然而孟施舍守約也。孟子以爲曾子長於孝。孝，百行之本。子夏知道雖衆，不如曾子孝之大也。故以舍譬曾子，黝譬子夏，以施舍要之以不懼爲約要也。昔者曾子謂子襄曰：『子好勇乎？吾嘗聞大勇於夫子矣。自反而不縮，雖褐寬博，吾不惴焉；自反而縮，雖千萬人，吾往矣。』孟施舍之守氣，又不如曾子之守約也。」子襄，曾子弟子也。夫子，謂孔子也。縮，義也。惴，懼也。《詩》云：「惴惴其慄。」❷曾子謂子襄，言孔子告我大勇之道，人加惡於己，己內自省，有不義不直之心，雖敵人被褐寬博，一夫不當輕，驚懼之也。自省有義，雖敵家千萬人，我直往突之，言義之强也。施舍雖守勇氣，不如曾子守義之爲約也。曰：「敢問夫子之不動心，與告子之不動心，可得聞與？」丑曰：不動心之勇，其意豈可得聞與？「告子曰：『不得於言，勿求於心；不得於心，勿求於氣。』不得於心，勿求於氣，可。不得於言，勿求於心，不可。不得者，不得人之善心善言也。求者，取也。告子爲人勇而無慮，不原其情，人有不善之言加於己，不復取其心有善也，直怒之矣。孟子以爲不可也。告子知人之有惡心，雖以善辭氣來加己，亦直怒之矣，孟子以爲是則可，言人當以心爲正也。告子非純

❶「精」，阮本作「睛」。

❷「慄」，按阮校：「孔本、韓本、《考文》古本作『栗』。按《説文》無『慄』字，作『栗』是也。」

賢，其不動心之事，一可用，一不可用也。夫志，氣之帥也。氣，體之充也。志，心所念慮也。氣，所以充滿形體爲喜怒也。志帥氣而行之，度其可否也。夫志至焉，氣次焉。志爲至要之本，氣爲其次焉。故曰持其志，無暴其氣。」暴，亂也。言志所嚮，氣隨之。當正持其志，無亂其氣，妄以喜怒加人也。「既曰志至焉，氣次焉，又曰持其志，無暴其氣者，何也？」丑問暴亂其氣云何。曰：「志壹則動氣，氣壹則動志也。今夫蹶者趨者，是氣也，而反動其心。」孟子言壹者，志氣閉而爲壹也。志閉塞則氣不行，氣閉塞則志不通。蹶者相動，今夫行而蹶者，氣閉不能自持，故志氣顛倒。顛倒之間，無不動心而恐矣，則志氣之相動也。「敢問夫子惡乎長？」丑問孟子才志所長何等。曰：「我知言，我善養吾浩然之氣。」孟子云：我聞人言，能知其情所趨，我能自養育我之所有浩然之大氣也。「敢問何謂浩然之氣？」丑問浩然之氣狀何如。曰：「難言也。其爲氣也，至大至剛，以直養而無害，則塞于天地之間。言此至大至剛正直之氣也。然而貫洞纖微，洽於神明，故言之難也。養之以義，不以邪事干害之，則可使滋蔓，塞滿天地之間，布施德教，無窮極也。其爲氣也，配義與道。無是，餒也。重説是氣。言此氣與道義相配偶俱行。義謂仁義，可以立德之本也。道謂陰陽大道，無形而生有形，❶舒之彌六合，卷之不盈握，包落天地，稟授群生者也。言能養道氣而行義理，常以充滿五藏。若其無此，則腹腸飢虚，若人之餒餓也。是集義所生者，非義襲而取之也。集，雜也。密聲取敵曰襲。❷言此浩然之氣與義雜生，從内而出。人生受氣所自有者。行有不慊於心，則餒矣。慊，快也。自省所行，仁義不備，干害浩氣，則心腹飢餒矣。我故曰：告子未嘗知義，以其外之也。孟子曰：仁義皆出於内，而告子嘗以爲仁内義外，故言其未嘗知義

❶ 下「形」字，原作「刑」，據閩、監、毛、阮本改。

❷ 「密」，原空一格，據阮本及下注之出文補。

也。**必有事焉而勿正，心勿忘，勿助長也。**言人行仁義之事，必有福在其中，而勿正，但以爲福。故爲仁義也，但心勿忘其爲福，而亦勿汲汲助長其福也。汲汲則似宋人也。**無若宋人然。宋人有閔其苗之不長而揠之者，芒芒然歸，謂其人曰：『今日病矣。予助苗長矣。』其子趨而往視之，苗則槁矣。**揠，挺拔之，欲亟長也。病，罷也。芒芒然，罷倦之貌。其人，家人也。其子，揠苗者之子也。趨，走也。槁，乾枯也。以喻人之情，邀福者必有害。若欲急長苗，而反使之枯死也。**天下之不助苗長者寡矣。以爲無益而舍之者，不耘苗者也；助之長者，揠苗者也，非徒無益，而又害之。」**天下人行善者，皆欲速得其福，恬然者少也。以爲福禄在天，求之無益，舍置仁義，不求爲善，是由農夫任天，不復耘治其苗也。其邀福欲急得之者，❶由此揠苗人也，非徒無益於苗，乃反害之。言告子外義，常恐其行義欲急得其福，故爲丑言，人之行當内治善，不當急欲求其福。❷**「何謂知言？」**丑問知言之意何謂。**曰：「詖辭知其所蔽，淫辭知其所陷，邪辭知其所離，遁辭知其所窮。**孟子曰：人有險詖之言，引事以褒人，若賓孟言雄雞自斷其尾之事，能知其欲以譽子朝蔽子猛也。有淫美不信之辭，若驪姬勸晉獻公與申生之事，能知其欲以陷害之也。有邪辟不正之辭，若豎牛勸仲壬賜環之事，能知其欲行譖毁，以離之於叔孫也。有隱遁之辭，若秦客之廋辭於朝，能知其欲以窮晉諸大夫也。若此四者之類，我聞能知其所趨也。**生於其心，害於其政；發於其政，害於其事。聖人復起，必從吾言矣。**生於其心，譬若人君有好殘賊嚴酷心，必妨害仁政不得行之也。發於其政者，若出令欲以非時田獵，築作宫室，必妨害民之農事，使百姓有飢寒之患也。吾見其端，欲防而止之。如使聖人復興，必從我言也。**宰我、子貢善爲説辭，冉牛、閔子、顔淵善言德行，孔子兼之，曰：『我於辭命，則不能也。』」**言

❶「邀」，閩、監、毛、阮本作「遲」。
❷「福」下，閩、監、毛、阮本有「亦若此揠苗者矣」七字。

人各有能，我於辭言命教，❶則不能如二子。「然則夫子既聖矣乎？」丑見孟子但言不能辭命，不言不能德行，謂孟子欲自比孔子，故曰夫子既已聖矣乎。曰：「惡，是何言也！昔者子貢問於孔子曰：『夫子聖矣乎！』孔子曰：『聖則吾不能，我學不厭而教不倦也。』子貢曰：『學不厭，智也。教不倦，仁也。仁且智，夫子既聖矣。』夫聖，孔子不居，是何言也？」惡者，不安事之歎辭也。孟子答丑，言往者子貢、孔子相答如此，孔子尚不敢安居於聖，我何敢自謂爲聖，故再言「是何言也」。「昔者竊聞之：子夏、子游、子張皆有聖人之一體，冉牛、閔子、顔淵則具體而微。體者，四肢股肱也。孟子言昔日竊聞師言也，丑方問欲知孟子之德，故謙辭言竊聞也。一體者，得一肢也。具體者，四肢皆具。微，小也，比聖人之體微小耳。體以喻德也。敢問所安？」丑問孟子所安比也。曰：「姑舍是。」姑，且也。孟子曰：且置是，我不願比也。曰：「伯夷、伊尹何如？」丑曰：伯夷之行何如？孟子心可願比伯夷否？曰：「不同道。言伯夷之行，不與孔子、伊尹同道也。非其君不事，非其民不使，治則進，亂則退，伯夷也。非其君，非己所好之君也。非其民，不以正道而得民，伯夷不願使之，故謂之非其民也。何事非君，何使非民，治亦進，亂亦進，伊尹也。伊尹曰：事非其君者，何傷也？使非其民者，何傷也？要欲爲天理物，冀得行道而已矣。可以仕則仕，可以止則止，可以久則久，可以速則速，孔子也。止，處也。久，留也。速，疾去也。皆古聖人也，吾未能有行焉。乃所願，則學孔子也。」此皆古之聖人，我未能有所行若此。乃言我心之所庶幾，則願欲學孔子所履，進退無常，量時爲宜也。「伯夷、伊尹於孔子，若是班乎？」班，齊等之貌也。丑嫌伯夷、伊尹與孔子相比，問此三人之德班然而等乎。

❶「命教」，閩、監、毛、阮本作「教命」。

曰：「否。自有生民以來，未有孔子也。」孟子曰：不等也。從有生民以來，非純聖人，則未有與孔子齊德也。「然則有同與？」丑曰：然則此三人有同者邪？曰：「有。得百里之地而君之，皆能以朝諸侯、有天下；行一不義，殺一不辜而得天下，皆不爲也。是則同。」孟子曰：此二人君國，❶皆能使鄰國諸侯尊敬其德而朝之，不以其義得之，皆不爲也，是則孔子同之矣。曰：「敢問其所以異。」丑問孔子與二人異謂何。曰：「宰我、子貢、有若，智足以知聖人，汙不至阿其所好。孟子曰：宰我等三人之智，足以識聖人。汙，下也。言三人雖小汙不平，亦不至阿其所好以非其事，阿私所愛而空譽之，其言有可用者。欲爲丑陳三子之道孔子也。❷宰我曰：『以予觀於夫子，賢於堯舜遠矣。』予，宰我名也。以爲孔子賢於堯舜，以孔子但爲聖，不王天下，而能制作素王之道，故美之。如使當堯舜之處，❸賢之遠矣。子貢曰：『見其禮而知其政，聞其樂而知其德，由百世之後，等百世之王，莫之能違也。自生民以來，未有夫子也。』見其制作之禮，知其政之可以致太平也。聽聞其《雅》、《頌》之樂，而知其德之可與文、武同也。《春秋外傳》曰「五聲昭德」，言五音之樂聲可以明德也。從孔子後百世，上推等其德於前百世之聖王，無能違離孔子道者。自從生民以來，未有能備若孔子也。有若曰：『豈惟民哉！麒麟之於走獸，鳳凰之於飛鳥，泰山之於丘垤，河海之於行潦，類也。聖人之於民，亦類也。出於其類，拔乎其萃，自生民以來，未有盛於孔子也。』」垤，蟻封也。行潦，道傍流潦也。萃，聚也。有若以爲萬類之中，各有殊異。至於人類，卓絕未有盛美過於孔子者也。若三子之言孔子，則所以異於伯夷、伊尹也。夫聖人之道，同符合契，前聖後聖，其揆一也，不得相踰。云生民以來無有者，此三人皆孔子弟子，緣孔子

❶「二」，阮本作「三」。

❷「三」，原作「二」，據阮本改。

❸「處」，閩、監、毛、足利本、阮本作「世」，下有「觀於制度」四字。

聖德高美，而盛稱之也。孟子知其言大過，故貶，謂之汙下，但不以無爲有耳。因事則褒，辭在其中矣，亦以明師徒之義得相褒揚也。

疏「公孫丑問曰：夫子加齊之卿相」至「未有盛於孔子也」。正義曰：此章言義以行勇，則不動心，養氣順道，無効宋人，聖人量時，賢者道偏。孟子究言情理歸學於孔子也。「公孫丑問曰：夫子加齊之卿相，得行道焉，雖由此霸王，不異矣。如此，則動心否乎」者，是公孫丑問孟子，言以夫子之才，加之以齊國卿相之位，以得行其道，雖曰用此卿相之位而輔相其君而行之，亦不異於古之霸王矣。如此，則夫子寧動心畏懼其不能行乎否？不動心畏懼其不能行乎？「孟子曰：否，我四十不動心」者，孟子答公孫丑，以謂我年至四十之時，內有所定，故未嘗動心，有所畏懼也。「曰：若是則夫子過孟賁遠矣」者，公孫丑見孟子以謂四十之時已不動心，言如此，則夫子是有勇過於孟賁之勇士也。「曰：是不難，告子先我不動心」者，孟子言：我之有勇，過於孟賁，此不難也。孟子之意，蓋謂己之勇勇於德，孟賁之勇但勇於力，必能過之也，所以謂不難也，以言其易過之也。言告子之勇已先我，於未四十之時而不動心矣。「曰不動心有道乎」者，丑問孟子，謂不動心寧有道乎？「曰有」，孟子欲爲公孫丑言其不動心之道，故答之曰有也。「北宮黝之養勇也，不膚橈，不目逃」至「孟施舍之養勇也，曰：視不勝，猶勝也」，以至「又不如曾子之守約也」者，此皆孟子答公孫丑而言養勇者也。北宮黝，北宮，姓，名黝。孟施舍，孟，姓，名舍。施，發言之音也。曾子，姓曾，名參，字子輿。子夏，姓卜，名商，字子夏。並爲孔門之徒弟也。言北宮黝之養勇，人刺其肌膚，不爲撓却；人刺其目，不以目轉精而逃避。思以一毫之毛而拔於人，若見捶撻於市朝之中矣。不受物於被褐者之獨夫，亦不受賜於萬乘之君。視刺萬乘之君，但若刺被褐者之獨夫。無嚴畏諸侯，有惡聲加己，己亦以惡聲反報之。此北宮黝養勇之如是也。孟施舍之養勇，嘗謂視敵之不勝猶勝之也，若以量度其敵可以敵，然後進而敵之；謀慮其必能勝敵，然後方會其兵，此是畏三軍之士也，非勇者也，故自稱名曰舍，豈能爲必勝其敵哉？但能無所畏懼而已矣。此孟施舍養勇之如是也。孟施舍養勇，其迹近似於曾子，北宮黝養勇，其迹近似於子夏。以其孟施舍養勇，見於言而要約，如曾子以孝悌事親喻爲守身之本，聞夫子之道則喻爲一貫之要，故以此比之也。北宮黝養勇，見於行而多方，如子夏悅在於紛華爲己，有雜於小人之儒，教人以事於洒掃之末，故以此比之也。雖然，以二子之實，固不足比於曾子、子夏，但以粗迹比之耳。是二子之養勇，皆止於一偏，未如君子所養，得其大全而已。孟子所以言夫二子黝與舍之養勇，又未知誰以爲猶賢，然而能無懼而已者，近能知其本也，故曰「孟施舍守約也」。「昔者曾子謂子襄曰：子好勇乎？吾嘗聞大勇於夫子矣」至「守約也」，孟子言往者曾子謂子襄曰：子能好勇乎，言我嘗聞夫子有大勇之義告於我，以謂自反己之勇爲非義，則在人者有可陵之辱，故雖一褐寬博之獨夫，我且不以小恐惴之，而且亦大恐焉。自反己之勇爲義，則在人無可憚之威，故雖千萬人之衆，我且直往其中，而不懼矣。如此，則孟施舍養勇在於守其氣勇，又不如曾子以義爲守而要也。言此，則黝不如子夏可知矣。以其養勇有本末之異，則言北宮黝之多方不若孟施舍之守約；以其守約有氣義之别，則又言孟施舍之守其氣勇，不如曾子以義爲守而要也。然論其不動心則同根，其德則大不相侔矣。「曰：敢問夫子之不動心，與告子之不動心，可得聞與」者，公孫丑又問孟子之不動心與告子之不動心，其道可得而聞知之與？「告子曰：不得於言，勿求於心，不得於心，勿求於氣」至「勿求於心，不可」者，孟子荅孫丑，以謂告子言人有不善之言者，是其不得於言者也，故不復求其有善心。告子意以謂人既言之不善，則心中亦必不善也，故云「不得於言，勿求於心」。人有不善之心者，是其不得於心者也，故不復求其有善辭氣。告子意以謂人心既惡，則所出辭氣亦必不善也，故云「不得於心，勿求於氣」。孟子言之，以謂人有不善之心，故勿復求其有善辭氣，則如告子之言可也。如人但有不善之言，便更不復求其心之有善，則告子之言以爲不可也。無他，蓋以人之言雖有不善，而其心未必不善也；其心之不善，則所出辭氣必不善故也。以其告子非得其大全之道，故其言此一可行，一不可行也。「夫志，氣之帥也。氣，體之充也」者，孟子言人之志，心之所之之謂志，所以帥氣而行之者也，氣但能充滿形體者也，故曰「志，氣之帥也。氣，體之充也」。以其人之辭氣有不善者，皆心志所帥而行之矣，氣者但惟志是從也，所以又言「志至焉，氣次焉」。蓋以氣由志之所發，志得氣而運之也。然則氣爲所適善惡之馬，豈非志至焉、氣次焉之意乎？至，言無以過之，以其足以制於氣，不爲氣之所制；次，言有以先之，以其從於志，而又有以持於志也。故曰「持其志，無暴其氣」者，孟子言：氣惟志之是從，但持揭其志，則無暴亂其氣矣。「既曰志至焉，氣次焉，又曰持其志，無暴其氣者，何也」者，孫丑未曉孟子之言志、氣，故問之曰：夫子既已言志至焉，氣次焉，而又再言持其志，無暴其氣，是如之何也？「曰：志壹則動氣，氣壹則動志也。今夫蹶者趨者，是氣也，而反動其心」者，孟子答孫丑，言志鬱壹而不通矣，是謂志壹則動氣，氣鬱壹而不通矣，是謂氣壹則動志也。今夫志、氣皆鬱壹而不通，以之顛倒趨蹶者，是乃反動其心焉，故曰「今夫蹶者趨者，是氣也，而反動其心」。蓋志則將帥譬也，氣則衆卒譬也，心則君譬也。君任將帥，將帥御衆，然則志壹則動氣，如將帥悖則動衆卒矣；氣壹則動志，如衆卒悖則動將帥，其上又有以動其君矣。由此論之，則既持其志，又不可不知無暴其氣矣。「敢問夫子惡乎長」者，公孫丑問孟子，曰：夫子之才志所長以何等，敢請問之。「曰：我知言，我善養吾浩然之氣」者，孟子答孫丑之問，以謂我之所長，是我能知人之言而識其人情之所嚮，我又善養我所有浩然之氣也。「敢問何謂浩然之大氣」者，公孫丑之言，敢問如何謂之浩然大氣。「曰：難言也，其爲氣也，至大至剛，以直養而無害，則塞乎天地之間」者，孟子答公孫丑，以爲浩然之大氣，難以言形也，蓋其爲氣至大而無所不在，至剛而無所不勝，養之在以直道，不以邪道干害之，則充塞于天地之間，無有窮極也。「其爲氣也，配義與道。無是，餒也」者，孟子又重言爲氣也與道義相配偶，常以充滿於人之五藏，若無此氣與道義配偶，則餒矣，若人之飢餓也。能合道義以養其氣，即至大至剛之氣也。蓋列敵度宜之謂義，❶故義之用則剛。萬物莫不由之謂道，故道之用則大。氣至充塞盈滿乎天地之間，是其剛足以配義，大足以配道矣。此浩然大氣之意也。「是集義所生者，非義襲而取之也」者，孟子又言是氣也，是與義雜生所自有者也，從內而出矣，非義之所密取，而在外入者也。「行有不慊於心，則餒矣」者，孟子又言：人之所行，如有道義不足於心者，則飢餓者矣，以其有邪干害其浩然之氣者爲，孟子所以云：「我故曰：告子未嘗知義，以其外之也。」蓋以告子以仁內義外爲言，此孟子乃曰告子未嘗知義，是又不知是集義所生者，非義襲而取之之意也。「必有事焉而勿正，心勿忘，勿助長也」者，孟子又言：人之所行仁義之事，必有福在其中矣，而不可但正心於爲福，然後乃行仁義也，止在其不忘於爲福，不汲汲於助長其福矣。以其人生之初，善性固有，不但爲之然後有也，惟在常存行之耳，斯亦

❶「列敵」，阮本作「裁制」。

集義所生，非義襲而取之之意也，故曰「必有事焉而勿正，心勿忘，勿助長也」。又一説云：言人之所行，不可必待有事而後乃正其心而應之也，惟在其常存而不忘，又不在汲汲求助益之而已。斯則先事而慮謂之豫，豫則事優成，後事而慮謂之猶，猶則不立之意也。以其在常存正心於事未然之前耳矣，故曰必有事焉而勿正心，其言勿忘、勿助長則同意。「無若宋人然。宋人有閔其苗之不長而揠之者」至「而又害之」者，此孟子引宋人揠苗而比喻之，以解其助長之意也。言人苟欲速得其福而助長之者，則宋人揠苗者也，故言「無若宋人然」。宋人，宋國之人也。宋國之人，有憐閔苗之不長茂而以揠拔欲亟其長者，芒芒然罷倦而回歸，謂其家中之人曰：今日我罷倦成病矣，我其爲助長其苗矣。其宋人之子見父云助苗長而罷倦成病，乃趨走而往視其苗還助得其長否。及往至田所視之，其苗則皆枯槁而死矣。孟子又言：今天下之人，不若助苗長者少矣，言當時人皆欲速其福而助長之者也。以其爲善無所益，而舍去之者，是忘其善也，是若不耘其苗者也。助長者，是若揠苗者也，非特無益其善，而又適所以殘害其善也。善者即仁義是也，仁義即善也。苗是種之義者，以譬則人之美質也，固非可以增減之耳。孟子之意，蓋欲人之所行當内治，不當急欲求其福也。此亦脩其天爵，而人爵從之之意也。孟子所以云「我善養吾浩然之氣」。「何謂知言」者，公孫丑既得孟子言浩然之氣，又問孟子知言之意謂何。「曰：詖辭知其所蔽，淫辭知其所陷，邪辭知其所離，遁辭知其所窮」者，此孟子又答孫丑問知言之意也。詖辭，其言有偏詖不平也。孟子言人有偏詖不平之言，我則知其蔽於一曲而已，若告子言仁内義外是也，趙云「若賓孟言雄雞自斷其尾之事」也。淫辭，言過而不中也。孟子言人有過而不中之言，我則知其所陷而陷又無所不蔽而已，如人墜於陷阱之陷，以其無所不蔽也，若楊墨無父無君之言是也。趙云「若驪姬勸晉獻公與申生之事」也。邪辭，悖正道者也。孟子言人有悖正道之言，我則知其言易以離畔矣，若陳賈謂周公未盡仁智而況於齊王之言是也，趙云「若豎牛勸仲壬賜環之事」也。遁辭，屈其理也。孟子言人有屈理之言，我則知其言易以窮也，若夷子與孟子相勝以辨，卒以受教是也，趙云「若秦客之廋辭」也。「生於其心，害於其政，發於其政，害於其事」者，孟子又言：此上四事，皆非出於其心者，即皆出於異端之學者也。人君苟生此四者於心中，必妨害其仁政，既妨害其仁政，則又妨害其事。政則本，上之所施而正人者也；事則末，下之所行以治職者也。故事爲政之末，政爲事之本，如孔子問冉子之退朝何晏也，則謂之事，不謂之政，是知政、事有别矣。「聖人復起，必從吾言矣」者，孟子言：後之聖人有能復興起者，必從事吾此言而行之矣。「宰我、子貢善爲説辭，冉牛、閔子、顔淵善言德行，孔子兼之，曰：我於辭命則不能也」者，孟子既言其詖、淫、邪、遁之辭爲非，故於此言其善爲説辭、善言德行爲是者也。蓋言宰我、子貢二人皆善能爲説辭。説辭者，以辭説人者也。宰我、子貢皆得聖人所以言者也，故云善爲説辭。《論語》四科，二人所以列於言語之科也。冉牛、閔子、顔淵三人皆善言德行。「善言德行」者，言之必可行，是善言也；行之必可言，是德行也。冉牛、閔子、顔淵皆得聖人所以行者也，故云「善言德行」。《論語》四科，三人所以列於德行科也。「孔子兼之」者，孔子天縱之將聖，故多能鄙事，則於説辭、德行兼而能焉。而曰「我於辭命則不能也」，孟子蓋以儒道遊於諸侯，而諸侯賓之，不敢臣，又爲國人所矜式，故於辭命又安用之哉。此所以曰「我於辭命則不能也」。然孟子於辭命，非誠不能也，但不爲之耳。以辭命人者，故謂之辭命，以其末也，非本也。不言不能德行，❶以其本也，非末也。孟子之意，蓋欲當時之人務本不務末耳。「然則夫子既聖矣乎」者，公孫丑見孟子但言不能辭命之末，不言不能德行之本，故謂孟子如是則夫子既已爲聖矣。以其宰我、子貢雖善爲説辭，然尚未得聖人所以言，冉牛、閔子、顔淵雖善言德行，然尚未得聖人所以行，故數子者俱爲孔子之高弟，惟顔淵三子於聖，但具體而微者，而亦未得其爲聖矣。公孫丑見孟子言之辭命則不能者，以知孟子之意蓋有在於此矣，所以於辭命則言不能也，故問之曰：然則夫子既聖矣乎？「曰：惡是何言也」者，孟子答公孫丑，爲不敢安居其聖，故曰「惡是何言也」。惡，歎辭，以其不敢居聖，故歎而言之也。又言「昔者子貢問於孔子曰：夫子聖矣乎」至「是何言也」者，孟子言：昔日子貢嘗問於孔子，❷而謂夫子聖矣乎，孔子答之曰：於聖則我不能爲也，我且學不厭飽，❸教人不倦怠也。子貢曰：夫學道能不厭飽，是有智也，以其智足以有知，故能學道不厭也。教人能不倦怠，是有仁也，以其仁足以及物，故能教人不倦也。仁而且智，是夫子既以聖矣。孟子遂言夫聖於孔子尚不敢居，

❶「不言」上，阮本有「故」字。
❷「子貢」下，原衍「曰」字，據阮本删。
❸「且」，阮本作「但」。

而今丑言我既聖矣，是何所言也，故再言「是何言也」。「昔者竊聞之子夏、子游、子張皆有聖人之一體，冉牛、閔子、顔淵則具體而微」者，孟子常自謙，故言我往日竊聞之，有子夏、子游、子張三人，皆有聖人之一體，亦未得其全才。冉牛、閔子、顔淵則具體而微小者也。孟子言此是宜孫丑於前有「夫子既聖矣乎」而問之也。「敢問所安」者，丑見孟子又言此子夏、子游、子張、冉牛、閔子、顔淵數者，意欲知孟子於此數者之中，何者爲比也。「曰：姑舍是」者，孟子言且置去，是我不願比者也。❶「曰：伯夷、伊尹何如」者，丑見孟子不比數者，又問之以伯夷、伊尹二者可比之何如。「曰：不同道」者，孟子答之，以爲伯夷之行，不與伊尹、孔子同道也。「非其君不事，非其民不使，治則進，亂則退，伯夷也」者，孟子言非己所好之君則不奉事之，非以正道得民者不命使之，天下有治道之時則進而仕之，天下無道則退藏其身，是伯夷之所行也。「何事非君，何使非民。治亦進，亂亦進，伊尹也」者，孟子言伊尹曰何所事之君爲非君，蓋所事者，即皆君也；何所使之民爲非民，蓋以所使皆是民也。天下治亦進而行其道，天下亂亦進而行其道，是伊尹之所行也。「可以仕則仕，可以止則止，可以久則久，可以速則速，孔子也」者，孟子言：可以進而爲仕則進而仕之，可以止而不仕則止之而不仕，可以久則久，雖終身不仕，亦不爲之久，可以速則速，雖接淅而行亦不爲之速，是孔子之所行也。「皆古聖人也，吾未能有行焉，乃所願，則學孔子也」，孟子言此數者皆是古之聖人也，我但未有所行若此而已，❷乃言我之所願學，則孔子是學也。孟子之意，蓋謂孔子所行，於伯夷、伊尹二子皆兼而有之也。故可仕則仕，而不爲伯夷之必於退；可止則止，而不爲伊尹之必於進，無可無不可矣。故於終所必歸之，但願學孔子也。「伯夷、伊尹於孔子，若是班乎」者，公孫丑見孟子言之伯夷、伊尹，又言之以孔子，乃曰「皆古聖人也」，故問之，以伯夷、伊尹、孔子如是，則齊等之乎？班，齊等也。「曰：否，自生民以來，未有孔子也」者，孟子答之以爲否，不齊等也，自其有生民以來，至今未有與孔子齊其等者也。「然則有同歟」者，公孫丑又問孟子，以謂如是則伯夷、伊尹、孔子三人有同者邪？「曰：有，得百里之地而君之」至「是則同」者，孟子答之，以謂此三人有所同也，蓋得百里之土地而爲君，三人皆能以朝諸侯有天下

❶「是」，阮本作「非」。「不」，阮本作「之」。
❷「但」，阮本作「俱」。

也。然行一事之不義，殺一人之無罪而得天下，則三人亦皆不爲之，如是則同。若其他事則所行又有不同焉，故曰「是則同」。「曰：敢問其所以異」者，公孫丑又問孟子曰：丑敢請問三人其所以有異者。「曰：宰我、子貢、有若，智足以知聖人，汙不至阿其所好」至「未有盛於孔子也」者，此皆孟子爲丑言此三人其所以異者也。言宰我與子貢、有若三者，其有智皆足以知其聖人，然雖有小卑汚不平處，蓋亦不至於阿私所好而空譽之，其言皆有可用者也。遂引宰我知聖人之事爲公孫丑言之，故言宰我有曰：以予觀於孔子，其賢過於堯舜遠矣。予，宰我名也。宰我之意，蓋謂堯舜有位之聖人，故其行道易；孔子無位之聖人，故其行道難，故以難易爲言也。又謂堯舜治天下，但見効於當時，即一時之功也，孔子著述五經，載道於萬世，以其有萬世之功，故以功爲言也。孟子又引子貢有曰：見其孔子制作之禮，而知孔子有政可以致天下之太平；聞孔子《雅》、《頌》之樂音，而知孔子有德，與文、武同也。從孔子之後，推而等之百世之聖王者，無有能違逆其孔子之道者，是其自生民而來至于今，未有如夫子者也。凡此是子貢之知聖人有如此也。孟子又引有若有曰：豈獨其民有類乎哉？言麒麟之於走獸，鳳凰之於飛鳥，太山之於丘垤，河海之於行潦，亦類也，聖人之於民亦類也。然而走獸之中以麒麟爲之長，飛鳥之中以鳳凰爲之王，丘垤之中以太山爲之尊，行潦之間以河海爲之大，人民之間以聖人爲人倫之至也。聖人之於民，類也，物亦類也，以其出乎民人之類，而超拔乎衆萃之中，自生民以來至于今，未有盛美過於孔子者也。然則孔子於此三子言之，是所以異於伯夷、伊尹者也。故孟子所以願學，則學孔子也。　注「四十强而仕」。　正義曰：《曲禮》云：「人生十年曰幼，學；二十曰弱，冠；三十曰壯，有室；四十曰强，而仕；五十曰艾，服官政；六十曰耆，指使；七十曰老，而傳；八十、九十曰耄。」凡此是其文也。　注「孟賁，勇士也」。正義曰：案《帝王世説》云：❶「秦武王好多力之人，齊孟賁之徒並歸焉，孟賁生拔牛角。」是爲之勇士也。　注云：「北宮黝，北宮，姓；黝，名也。」又云：「褐寬博，獨夫被褐者。」釋云：褐，編枲襪也。一曰短衣。北宮黝，其人未詳，於他經傳亦未之聞焉。孟施舍，亦未詳。云「縮，義也。惴，懼也」，蓋《記》云「古之冠也縮縫，今之冠也衡縫」，則

❶「説」，按阮校：「案『説』當是『紀』之誤。」

縮者理之直也，❶是知縮訓義也。《詩》云：「惴惴其慄。」注云：「恐也。」《傳》曰「小恐惴惴，大恐縵縵」是也。　注「密聲取敵曰襲」。　正義曰：《左傳》云：「凡有鍾鼓曰伐，無鍾鼓曰襲。」杜預注云：「密聲取敵曰襲。」是其文也。

注云「賓孟言雄雞自斷其尾」至「諸大夫也」。　正義曰：案魯昭公二十二年《左傳》云：「王子朝、賓起有寵於景王，王與賓孟説之，欲立子朝。劉獻公之庶子伯蚠事單穆公，惡賓孟。賓孟適郊，見雄雞自斷其尾。問之，侍者曰：『自憚其犧也。』遽歸告王，且曰：『雞其憚爲人用乎，人異於是。犧者實用人，人犧實難，己犧何害？』王弗應。」凡此是也。云「驪姬勸晉獻公與申生」者，案魯莊公二十八年云：「晉獻公娶于賈，無子。烝於齊姜，生秦穆夫人及太子申生。又娶二女於戎，大戎狐姬生重耳，小戎子生夷吾。晉伐驪戎，驪戎男女以驪姬歸，生奚齊，其娣生卓子。驪姬欲立其子，賂外嬖梁五與東關嬖五，使言於公曰：『曲沃，君之宗也；蒲與二屈，君之疆也，不可以無主。宗邑無主，則民不威；疆埸無主，則啓戎心。若使太子主曲沃而重耳主蒲，夷吾主屈，則可以威民而懼戎，且旌君伐。』使俱曰：『狄之廣莫，於晉爲都。晉之啓土，不亦宜乎？』晉侯悦之。夏，使太子申生主曲沃，重耳居蒲，夷吾居屈。惟二姬之子在絳。二五卒與驪姬譖群公子而立奚齊，晉人謂之二五耦。」凡此是也。云「豎牛勸仲壬賜環之事」，案《左傳》昭公四年云：「初，穆子去叔孫氏，及庚宗，適齊，娶於國氏，生孟丙、仲壬。夢天壓己，弗勝，顧而見人，黑而上僂，深目而豭喙，號之曰：『牛，助余！』乃勝之。旦，召其徒，無之。及後，婦人獻雉。婦人是穆子及庚宗之地常遇而宿者也。因問其有子，曰：『余子長矣，能奉雉以從我矣。』召而見之，則所夢也。問其名，曰『牛』。遂使爲豎臣，有寵，長使爲政。豎牛欲亂其室。仲壬與公御萊書觀於公，公與之環，使牛入示之。入，不示。出，命佩之。牛謂叔孫：『見仲壬而何？』叔孫曰：『何爲？』曰：『不見，既自見矣，公與之環而佩之矣。』遂逐之，奔齊。叔孫疾急，命召仲壬，牛許而不召。有進食，則止之而弗進。叔孫不食，乃卒，立其子而相之。」昭公五年又曰：「昭子即位，朝其家衆，曰：『豎牛禍叔孫氏，使亂大從，殺適立庶。又披其邑，將以赦罪，罪莫大焉，必速殺之。』豎牛懼，奔齊。孟、仲之子殺諸塞外，投其首於寧風之棘上。」凡此是也。云「秦客廋辭」者，案《國語》：「晉文公時，范文子暮退

❶「直」，原作「車」，據阮本改。

於朝，武子曰：『何暮也？』對曰：『有秦客廋辭於朝，大夫莫之能對，吾知三焉。』武子怒曰：『大夫非不能也，讓父兄也。爾童子而三掩人於朝，吾不在，晉國無日矣。』擊之以杖，折委笄。」凡此者是也。大抵「廋辭」云者，如今呼筆爲管城子，紙爲楮先生，錢爲白水真人，又爲阿堵物之類是也。　注「予，宰我名也」。　正義曰：案《史記・弟子傳》云：「宰予字子我。」鄭玄曰：「魯人也。」　注「垤，蟻封。行潦，道傍流潦也。萃，聚也」。　正義曰：釋云：垤，蟻冢也。潦，雨水盛也。經云行潦，是爲道傍流潦也；萃，亦云集也。

孟子注疏解經卷第三上

孟子注疏解經卷第三下

趙氏注　孫奭疏

公孫丑章句上

孟子曰：「以力假仁者霸，霸必有大國。以德行仁者王，王不待大。湯以七十里，文王以百里。言霸者以大國之力，假仁義之道，然後能霸，若齊桓、晉文等是也。以己之德，行仁政於民，小國則可以致王，若湯、文王是也。以力服人者，非心服也，力不贍也。以德服人者，中心悦而誠服也，如七十子之服孔子也。贍，足也。以己力不足而往服從於人，非心服者也。以己德不如彼而往服從之，誠心服者也。如顏淵、子貢等之服於仲尼，心服者也。《詩》云：『自西自東，自南自北，無思不服。』此之謂也。」《詩》，《大雅·文王有聲》之篇。言從四方來者，無思不服武王之德，此亦心服之謂也。

疏「孟子曰」至「此之謂也」。正義曰：此章言王者任德，霸者兼力，力服心服，優劣不同也。「孟子曰：以力假仁者霸」至「文王百里」者，孟子言：以大國之力，而假以仁義之道行之者，乃能爲霸，以把握諸侯之權也，故必有其大國。以德澤而行仁政者，乃能爲之王，使天下皆歸往者也，故不待有大國而爲之也。湯但以七十里起而爲商之湯王，文王但以百里而天下歸，是其以德澤行仁政於天下，故不待有大國而爲之王，此湯、文二者是也。「以力服人者」至「服孔子也」者，孟子言：但以力而服人，人雖面從而服之，然亦非是心服之也。以德服人，人則中心悦樂而誠心服也，如七十子之服仲尼者也，是其以誠心服之也，非面從而服之者也。「《詩》云：自西自東，自南自北，無思不服，此之謂也」者，此蓋《詩·大雅·文王有聲》之篇文也。蓋孟子引此而證其誠服之意，故援之，曰自南而自北，自西而自東，而四方皆歸之，無有所思而不服，是亦此之謂與。注「《大雅·文王有聲》之詩」。正義曰：此篇蓋言文王繼伐，武王能廣文王之聲，卒其伐功也。箋云：自，由也，言武王於鎬京行辟雍之禮，自四方來觀者皆感化其德，而心無不服者。

孟子曰：「仁則榮，不仁則辱。今惡辱而居不仁，是猶惡濕而居下也。行仁政則國昌而民安，得其榮樂。行不仁則國破民殘，蒙其恥辱。惡辱而不行仁，譬猶惡濕而居埤下近水泉之地也。如惡之，莫如貴德而尊士，賢者在位，能者在職，諸侯如惡辱之來，則當貴德以治身，尊士以敬人，使賢者居位，官得其人，能者居職，人任其事也。國家閒暇，及是時，明其政刑，雖大國必畏之矣。及無鄰國之虞，以是閒暇之時，明修其政教，審其刑罰，雖天下大國，必來畏服。《詩》云：『迨天之未陰雨，徹彼桑土，綢繆牖户。今此下民，或敢侮予。』孔子曰：『爲此詩者，其知道乎？能治其國家，誰敢侮之？』《詩》，邠國《鴟鴞》之篇。迨，及。徹，取也。桑土，桑根也。言此鴟鴞小鳥，猶尚知及天未陰雨而取桑根之皮，以纏綿牖户。人君能治其國家，誰敢侮之？刺邠君曾不如此鳥。孔子善之，故謂此詩知道也。今國家閒暇，及是時，般樂怠敖，是自求禍也。禍福無不自己求之者。般，大也。孟子傷今時之君，國家適有閒暇，且以大作樂，怠惰敖遊，不脩政刑，是以見侵而不能距，皆自求禍者也。《詩》云：『永言配命，自求多福。』《詩》，《大雅·文王》之篇。永，長。言，我也。長我周家之命，配當善道，皆内自求責，故有多福也。《太甲》曰：『天作孽，猶可違。自作孽，不可活。』此之謂也。」殷王太甲言天之妖孽，尚可違避，譬若高宗雊雉，宋景守心之變，皆可以德消去也。自己作孽者，若帝乙慢神震死，是爲不可活也。

疏「孟子曰」至「此之謂也」。正義曰：此章言國必修政，君必行仁，禍福由己，不專在天，當防患於未亂也。「孟子曰：仁則榮，不仁則辱。今惡辱而居不仁，是猶惡濕而居下也」者，孟子言：國君行仁，則國昌民安，享其榮樂。行不仁，則國破民殘，故己蒙其恥辱。今之國君，既能疾惡其有恥辱於己，而以居處於不仁之道，是若疾惡其濕污，而以居其埤下近水泉之地也。「如惡之，莫如貴德而尊士，賢者在位，能者在職」者，言今之國君，如能疾惡其恥辱，莫若尚其有德之賢，而尊敬其有道之士也。既能貴德尊士，則賢者居其官位，能者任其官職也。所貴德者，爲其有德也；所以尊士者，爲其事道也。能爲人所不能爲，賢長於德行者也。能爲人之所能爲，能長於道藝者也。得賢能在位在職，則國無不治也。所以謂「仁則榮」之意也。「今國家閒暇，及是時，明其政刑，雖大國必畏之矣」者，言今國家閒暇無事，以及此時，若能修明政教刑罰，雖强大之國，亦必畏服矣。「《詩》云：迨天之未陰雨，徹彼桑土」至「誰敢侮之」者，自「迨天」至「或敢侮予」，蓋《詩》邠國《鴟鴞》之篇文也。言此鴟鴞小鳥，尚知天未陰雨之前，取彼桑根之皮土以纏綿牖户。喻人君能於閒暇之時，治其國家，以明其刑政，則今此下民，誰敢侮慢我也。詩人蓋以天之未陰雨，國家閒暇之譬也。「徹彼桑土，綢繆牖户」，明其政刑之譬也。今此下民，或敢侮予，大國必畏之譬也。鴟鴞所以徹彼桑土於天未陰雨之前，以纏綿牖户，則風雨莫得以漂摇，人君所以明政刑於閒暇之時，以維持國家，則鄰國莫得以侵侮。此孔子所以曰作爲此詩者，是能知其治道者也。以其能治其國家，則誰敢侮之矣。是宜孔子善之，以謂爲此詩者，其知道乎？「今國家閒暇，及是時，般樂怠敖，是自求禍也。禍福無不自己求」者，孟子傷今之人君，於國家閒暇以及於此時乃大作樂，怠惰敖遊，而不修明刑政，是自求其禍也。以其禍福無有不自於己求之矣，如所謂夫人必自畏然後人畏之，夫人必自侮然後人侮之，是其禍福無不自己求之意也。「《詩》云：永言配命，自求多福」者，蓋《詩·大雅·文王》之篇文也。永，長也。言，我也。蓋謂我長配天命而行，以自求多福也。「《太甲》曰：天作孽，猶可違。自作孽，不可活。此之謂也」者，太甲，殷王之名也，言太甲嘗謂上天作其災孽，尚可違避。如己自作其災孽，不可得而生活也。如高宗、宋景二者，修德以消去者，是天作孽，猶可違也。帝乙慢神震死，是自作孽，不可活也。凡此孟子所以引之者，是亦證其禍福無不自己求之之意也。注「《詩》，邠國之篇」。正義曰：《鴟鴞》之詩，蓋言周公救亂也。成王未知周公之志，公乃爲詩以遺王，名之曰《鴟鴞》焉。毛云：「鴟鴞，鸋鴂也。迨，及也。徹，剥也。桑土，桑根也。綢繆，猶纏綿也。」箋云：「鴟鴞自説作巢至苦矣，如是以喻諸臣之先臣，亦及文、武未定天下，積日累功，以固定此官位與土地。今女我巢下之民，寧有敢侮慢欲毁之者乎？意欲恚怒之，以喻諸臣之先臣固定此官位土地，亦不欲見其絶奪矣。」　注「《詩》，《大雅·文王》之篇」。　正義曰：此詩蓋言文王受命作周之詩也。箋云：「長，猶常也。王既述修祖德，常言當配天命而行，則福禄自來也。」　注「殷王太甲」至「不可活也」。　正義曰：案本紀云：「太甲，成湯適長孫也，太丁之子也。太甲既立三年，不明，暴虐，不遵湯法，亂德。於是伊尹放之於桐宮。三年，悔過自責，反善，伊尹迺迎太甲而授之政。太甲修德，諸侯咸歸，百姓以寧。伊尹嘉之，作《太甲訓》以褒太甲，號稱太宗。」云「高宗雊雉」者，案《史記》，云武丁也，「武丁祭成湯，明日，有飛雉登鼎耳而雊。武丁懼，祖己曰：『王勿憂，先修政事。』武丁乃修政行德，天下咸驩。武丁崩，祖己嘉武丁之以祥雉爲德，立其廟爲高宗，遂作《高宗彤日》及《訓》」是也。云「宋景守心之變」者，案《史記》，云「頭曼立二十七年，熒惑守心。心，宋之分野也。景公憂之，司星子韋曰：『可移於相。』景公曰：『相，吾之股肱。』曰：『可移於民。』景公曰：『君者待民。』曰：『可移於歲。』景公曰：『歲飢民困，吾誰爲君？』子韋曰：『天高聽卑。君有君人之言三，熒惑宜有動。』於是候之，果徙三度。六十四年，景公卒」是也。云「帝乙慢神震死」者，案《史記》云「庚丁之子也。武乙立爲帝，無道，爲偶人，謂之天神。與之博，令人爲行。天神不勝，乃僇辱之。爲革囊，盛血，仰而射之，命曰射天。武乙獵於河渭之間，暴雷，武乙震死」是也。

孟子曰：「尊賢使能，俊傑在位，則天下之士皆悦，而願立於其朝矣。俊，美才出衆者也。萬人者稱傑。❶ 市廛而不征，法而不廛，則天下之商皆悦而願藏於其市矣。廛，市宅也。古者無征，衰世征之。《王制》曰：「市廛而不税。」《周禮·載師》曰：「國宅無征。」法而不廛者，當以什一之法征其地耳，不當征其廛宅也。　關譏而不征，則天下之旅皆悦而願出於其路矣。言古之設關，但譏禁異言、識異服耳，不征税出入者也，故《王制》曰「古者關譏而不征」。《周禮·太宰》曰「九賦，七曰關市之賦」，《司關》曰「國凶扎，則無關門之征，猶譏」。《王制》謂文王以前也，文王治岐，關譏而不征。《周禮》有征者，謂周公以來。孟子欲令復古去征，使天下行旅悦之也。　耕者助而不

❶「萬」上，按阮校：「韓本、《考文》古本有『勝』字。」

税，則天下之農皆悦而願耕於其野矣。助者，井田什一，助佐公家治公田，不横税賦，若履畝之類。廛無夫里之布，則天下之民皆悦而願爲之氓矣。里，居也。布，錢也。夫，一夫也。《周禮·載師》曰：「宅不毛者有里布，田不耕者有屋粟。凡民無職事者，出夫家之征。」孟子欲使寬獨夫去里布，則人皆樂爲之民矣。❶氓，民也。❷信能行此五者，則鄰國之民，仰之若父母矣。率其子弟，攻其父母，自有生民以來，未有能濟者也。今諸侯誠能行此五事，四鄰之民，仰望而愛之如父母矣。鄰國之君，欲將其民來伐之，譬若率勉人子弟，使自攻其父母。自生民以來，何能以此濟成其欲也。如此，則無敵於天下。無敵於天下者，天吏也，然而不王者，未之有也。」言諸侯所行能如此者，何敵之有，是爲天吏。天吏者，天使也。爲政當爲天所使，誅伐無道，故謂之天吏也。

疏「孟子曰」至「未之有也」。正義曰：此章言修古之道，鄰國之民以爲父母。行今之政，自己之民不得而子。是故衆夫擾擾，非所常有，命曰天吏，明天所使者也。「孟子曰：尊賢使能，俊傑在位，則天下之士，皆悦而願立於其朝矣」者，孟子言：今之國君，能尊敬賢者，任使能者，俊傑大才在官位，則天下爲之上者皆悦樂，願立其朝廷矣。「市廛而不征，法而不廛，則天下之商皆悦而願藏於其市矣」者，言市廛宅而不征，取其税以什一之法，征其地而不征其廛宅，則天下爲商賈者，皆喜悦而願藏貯於其市矣。「關譏而不征，則天下之旅皆悦而願出其路矣」者，言關門之所，但譏察其異言、異服之人，而不税出入者，則天下行旅之衆，皆悦樂而願出於其道路矣。「耕者助而不税，則天下之農皆悦而願耕於其野矣」者，言耕田者但以井田制之，使助佐公家治公田，不以横税取之，則天下爲之農者，皆悦而願耕作其郊野矣。「廛無夫里之布，則天下之民皆悦而願爲之氓矣」者，言一夫所受之宅，而不出夫家之征，一廛所居之地，而不取其里布，則天下之民，皆悦樂而願爲之氓矣。信能行此五者於天下，則鄰國之民仰之若父母矣。「率其子弟，攻其父母，自有

❶「民」，閩、監、毛、阮本作「氓」。

❷「民」上，閩、監、毛、阮本有「者謂其」三字。

生民以來，未有能濟者也」者，言今之國君，誠能信行此上五者之事，則四鄰之國民，仰望之如父母而親之矣。鄰國雖欲勉率其民，如子弟攻其父母，言自有生民以來而至於今，未有能濟成其欲者也。言其民皆仰望之而親敬之，不肯爲其所惡而賊其所好也。「如此，則無敵於天下，無敵於天下者，天吏也。然而不王者，未之有也」者，言國君行此五者之事，而民仰望之，如此則是無敵於天下也。言天下之人，無與敢爲敵者也。既無敵於天下者，是名爲天吏者也。天所使者，是謂天吏也。然而爲天吏而不王者，必無也，故曰「未之有也」。廛者，一夫所受之宅也。里者，一廛所居之地也。野者氓者，案《周官》制地之法，六鄉以教爲主，其主民有郊於内，故其地爲郊，而民則謂之民，以其近主而有知者也。六遂以耕爲主，而其民有遂於外，故其地爲野，而民故謂之氓，以其遠主而無知者也。此孟子云「野」云「氓」之意也。蓋孟子或云貴德而尊士，賢者在位，能者在職；或曰尊賢使能，俊傑在位者，以其貴士之有德，尊士之有道者，爲其賢也，爲其能也。即其賢而授之位，所以尊其賢；即其能而授之職，所以使其能。若夫俊傑則行而敏速，立而絶衆，賢之豪者，非可使以職也，故曰「在位」而已。注「廛，市宅」至「廛宅也」。正義曰：《王制》云「市廛而不税」者，案鄭注云：「廛，市物邸舍，税其舍，不税其物也。」注云「《周禮・載師》云宅無征」者，載師者，掌任土之法，以物地事授地職而待其政令者也。宅無征，所以言宅無税也。注「言古之設關」至「旅悦之也」。正義曰：云「《王制》曰古者關譏而不征」者，《禮記・王制》之篇有此文。案鄭注云：譏異服，識異言也。云「《周禮・太宰》曰九賦，七曰關市之賦」者，太宰以九賦斂財賄：❶一曰邦中之賦，二曰四郊之賦，三曰郊甸之賦，四曰家削之賦，五曰邦縣之賦，六曰邦都之賦，七曰關市之賦，八曰山澤之賦，九曰幣餘之賦。鄭司農云：「幣餘，百工之餘。」《司關》曰：「國凶札，則無關門之征，猶譏。」鄭司農云：「凶謂凶年飢荒也。札謂疾疫死亡也。越人謂死爲札。《春秋傳》曰『札瘥夭昏』。無關門之征者，出入關門，無租税，猶苛察不得令姦人出入也。」注「《周禮・載師》曰：宅不毛者有里布，田不耕者有屋粟，凡民無職事者，出夫家之征」，鄭司農云：「宅不毛者，謂不樹桑麻也。里布者，布參印書，廣二寸，長二尺，以爲幣，貿易物。《詩》云『抱布貿絲』，抱此布也。或曰：布，泉也。《春秋

❶「者太宰以九賦斂財賄」，閩本、阮本無此九字。

傳》曰『貿之百兩一布』，又《廛人》職『掌斂市之次布、儳布、質布、罰布、廛布』。不知言『布參印書』者何，見舊時説也。」鄭玄謂：「宅不毛者罰以一里二十五家之泉，空田者罰以三家之税粟，以共吉凶二服及喪器也。民雖有閒無職事者，猶出夫税、家税也。夫税者，百畝之税。家税者，出士徒車輦，給繇役。」

孟子曰：「人皆有不忍人之心。言人人皆有不忍加惡於人之心也。先王有不忍人之心，斯有不忍人之政矣。以不忍人之心，行不忍人之政，治天下可運之掌上。先聖王推不忍害人之心，以行不忍傷民之政，以是治天下，易於轉丸於掌上也。所以謂人皆有不忍人之心者，今人乍見孺子將入於井，皆有怵惕惻隱之心，非所以内交於孺子之父母也，非所以要譽於鄉黨朋友也，非惡其聲而然也。乍，暫也。孺子，未有知之小子。所以言人皆有是心，凡人暫見小小孺子將入井，❶賢愚皆有驚駭之情，情發於中，非爲其人也，非惡有不仁之聲名，故怵惕也。由是觀之，無惻隱之心，非人也；無羞惡之心，非人也；無辭讓之心，非人也；無是非之心，非人也。言無此四者，當若禽獸，非人心耳。爲人則有之矣。凡人但不能演用爲行耳。惻隱之心，仁之端也；羞惡之心，義之端也；辭讓之心，禮之端也；是非之心，智之端也。端者，首也。人皆有仁義禮智之首，可引用之。人之有是四端也，猶其有四體也。有是四端，而自謂不能者，自賊者也。自謂不能爲善，自賊害其性，使不爲善也。謂其君不能者，賊其君者也。謂君不能爲善而不匡正者，賊其君使陷惡也。凡有四端於我者，知皆擴而充之矣。若火之始燃，泉之始達。苟能充之，足以保四海；苟不充之，不足以事父母。」擴，廓也。凡有四端在於我者，知皆廓而充大之，若火、泉之始微小，廣大之則無所不至。以喻人之四端也，人誠能

❶「小小」，閩、監、毛、阮本不重文。

充大之，可保安四海之民，誠不充大之，內不足以事父母，言無仁義禮智，何以事父母也。疏「孟子曰」至「不足以事父母」。　正義曰：此章言人之行當內求諸己也。「孟子曰：人皆有不忍人之心」者，孟子言：人之爲人，皆有不忍加惡於人之心也。「先王有不忍人之心，斯有不忍人之政」至「掌上」者，又言古先聖王有不忍加惡於人之心，斯有不忍傷民之政。既以不忍加惡於人之心，以行其不忍傷民之政，其治天下之易，但若轉運走丸於掌上之易者也。「所以謂人皆有不忍人之心者，今人乍見孺子將入井」至「然也」者，孟子又言：所以謂人之爲人皆有不忍加惡於人之心者，且以今人乍見孺子言之。孺子，無知之小子也。今人乍見無知之小子，相將匍匐，欲墜於井，但見之者皆有怵惕、恐懼、惻隱、痛忍之心，所以然者，非是內嘗結交於孺子之父母然後如此也，又非所以欲要求美譽於鄉黨朋友也，又非所以惡有不仁之聲而然也。「由是觀之，無惻隱之心，非人也」至「無是非之心，❶非人也」者，孟子言：由此見孺子將入於井，人皆有怵惕、惻隱之心，觀察之，是無惻隱、羞惡、辭讓、是非四者之心，皆非是人也，乃若禽獸之類也。禽獸所以無惻隱不忍之心，又無羞惡慙恥之心，又無辭讓揖遜之心，又無是非好惡之心者也。言苟無此四者，所以謂之非人也，乃禽獸之類也。「惻隱之心」至「智之端也」者，孟子言：人有惻隱之心者，是仁之端本起於此也。有羞惡之心者，是義之端本起於此也。有辭讓、是非之心者，是禮、智之端本起於此也。以其仁者不過有不忍惻隱也，此孟子所以言惻隱、羞惡、辭讓，是非四者，是爲仁、義、禮、智四者之端本也。「人之有是四端也，猶其有四體也」至「賊其君者也」者，孟子又言：人有是惻隱、羞惡、辭讓、是非爲仁、義、禮、智之四端，若其人之有四肢也。既有此四端，而自謂己之不能爲善者，是自賊害其善，而不爲善也。以之事君，如謂其君不能爲善，不匡正之者，是亦賊害其君，使陷於惡也。無他，以其人之爲人，皆有此四端也，但不推用而行之耳。如能推此四端行之，是爲仁、義、禮、智者矣。所謂仁、義、禮、智者，即善也。然則人人皆有善矣，故孟子所以言之以此。「凡有四端於我者，知皆廓而充之」至「不足以事父母」者，孟子又言：凡人所以有四端在於我己者，能皆廓而

❶「無」，原作「於」，據上經文及阮本改。

充大之，❶是若火之初燃，泉之始達，而終極乎燎原之熾，襄陵之蕩也。苟能充大之，雖四海之大，亦足保安之也。苟不能充大之，雖己之父母，亦不足以奉事之。故曰：「苟能充之，足以保四海；苟不充之，不足以事父母。」是亦推恩足以保四海，不推恩無以保妻子之意也。

孟子曰：「矢人豈不仁於函人哉？矢人惟恐不傷人，函人惟恐傷人。巫匠亦然。故術不可不慎也。矢，箭也。函，鎧也。《周禮》曰：「函人爲甲。」作箭之人，其性非獨不仁於作鎧之人也，術使之然。巫欲祝活人。匠，梓匠，作棺欲其蚤售，利在於人死也。故治術當慎，修其善者也。孔子曰：『里仁爲美。擇不處仁，焉得智？』里，居也。仁，最其美者也。夫簡擇不處仁，爲不智。夫仁，天之尊爵也，人之安宅也，莫之禦而不仁，是不智也。爲仁則可以長天下，故曰天所以假人尊爵也。居之則安，無止之者，而人不能知入是仁道者，何得爲智乎？❷不仁不智，無禮無義，人役也。若此，爲人所役者也。人役而恥爲役，由弓人而恥爲弓，矢人而恥爲矢也。治其事而恥其業者，惑也。如恥之，莫如爲仁。如其恥爲人役而爲仁，仁則不爲役也。仁者如射，射者正己而後發，發而不中，不怨勝己者，反求諸己而已矣。」以射喻人爲仁，不得其報，當反責己仁恩之未至。❸

疏「孟子曰」至「反求諸己而已矣」。正義曰：此章言各治其術，術有善惡，禍福之來，隨行而作。恥爲人役，不若居仁，治術之忌，勿爲矢人也。「孟子曰：矢人豈不仁於函人哉」至「故術不可不慎也」者，孟子言：作矢之人，其性豈不仁過於函人哉？其所以不仁於函人者，以其術使之然也。作矢之人，其心於所作箭之時，惟恐不利，不能傷害人也。作函之人，其心於作函之時，惟恐不堅厚而有傷害於人也。不特此二者如此，雖作巫祝、梓匠之人亦如是也。以其巫人祝，在於活人。梓匠作棺，欲其速售，利在於人死也。此孟子所以故云其治術人亦不可不慎擇也。矢，箭也。函，鎧也，

❶「廓」，原作「廊」，據阮本改。
❷「何得爲智乎」，閩、監、毛、阮本作「又安得爲之智乎」。
❸「至」下，閩、監、毛、阮本有「也不怨勝己者」六字。

甲是也。「孔子曰：里仁爲美。擇不處仁，焉得智」者，孟子言：孔子有曰所居以仁，最爲美也。然而人所揀擇，不處於仁里，又安得謂之智也？以其智足以有知故也，不知擇處於仁，豈謂之智哉？「夫仁，天之尊爵也，人之安宅也，莫之禦而不仁，是不智也」者，言夫仁之爲道，是天之尊爵也，人之安宅也。謂之尊爵者，蓋受之於人而彼得以賤之者，非尊爵也。仁則得之於天，而萬物莫能使之賤，是尊爵也。安宅者，蓋營於外而彼得以危之者，非安宅也。仁則立之自內，而萬物莫能使之危，是安宅也。今夫天下之事有形格勢禁而不得有爲者，爲其有以禦之也。仁之爲道，乃天之尊爵，而得之自天者。人之安宅，而立之自我者，但欲仁則仁矣，誰其禦之而不爲哉？今仁之爲道，人莫禦之使不爲，而自不爲仁者，是亦不智者也。「不仁不智，無禮無義，人役也」至「莫如爲仁」者，言人之不仁、不智者，是無禮、無義，爲人所役者也。既爲人所役，而恥辱爲人所役，是若非弓矢之人不知擇術而恥爲弓矢也。如恥爲人所役，莫若擇術而爲仁也。以其爲仁，則禮義隨而有之矣，雖欲役之，不可得已。然則仁則榮，不仁則辱，亦此之謂也。「仁者如射」至「反求諸己而已矣」者，孟子比之於仁者如射也，以其射者必待先正其身已，然後而發矢射之也。既發矢而射之，不中其的，則又不怨恨其射勝於己者，但反責求諸己而已矣。蓋君子以仁存心，其愛人則人常愛之，猶之正己而後發也。有人於此待我以横逆，猶之發而不中也，自反而不以責諸人，猶之不怨勝己者，反求諸己而已矣。此孟子所以比仁者如射，發而不中，不怨勝己者，反求諸己而已矣。

孟子曰：「子路，人告之以有過，則喜。禹聞善言，則拜。子路樂聞其過，過而能改也。《尚書》曰：「禹拜讜言。」大舜有大焉，善與人同，舍己從人，樂取於人以爲善，大舜，虞帝也。❶孔子稱曰「巍巍」，故言大舜有大焉，能舍己從人，故爲大也，於子路與禹同者也。自耕稼、陶、漁以至爲帝，無非取於人者。取諸人以爲善，是與人爲善者也。故君子莫大乎與人爲善。」舜從耕於歷山及其陶漁，皆取人之善謀而從之，故曰莫大乎與人爲

❶「虞帝」，阮本作「虞舜」。按阮校，閩、監、毛三本、孔本、韓本同阮本。廖本、《考文》古本作「虞也」。

善。疏「孟子曰」至「與人爲善」。　正義曰：此章言大聖之君，猶采善於人也。「孟子曰：子路，人告之以有過，則喜。禹聞善言，則拜」者，孟子言：子路之爲人，人有告之以過事則喜，樂從人之言而改其過。大禹之爲人，聞有善言則拜而受之也。「大舜有大焉，善與人同，舍己從人，樂取於人以爲善」者，孟子又言：大舜之爲帝，有大巍巍之功焉，無他，以其善能與人同之也。己之善，亦猶人之善，人之善，亦猶己之善，是與人同善也。所以能如此者，亦以能舍己之所見，而從人之見，又樂取諸人以爲善也。自「耕稼」至「與人爲善」者，此孟子自引舜之事迹，而自解舜取人以爲善之言也。言舜自耕稼於歷山、陶於河濱、漁於雷澤之時以至爲帝，無非取人之善謀而從之也，取諸人以爲善，是亦與人爲其善者也。所謂「舜耕歷山，歷山之人皆讓畔。漁雷澤，雷澤之人皆讓居。陶河濱，河濱器皆不苦窳」，是亦與人爲善之事也。「故君子莫大乎與人爲善」者，此孟子所以復言凡爲善之君子，莫大乎與人爲善也。

注「大舜，虞帝」至「同者也」。　正義曰：虞，舜之國號也。云「孔子稱曰巍巍」者，案《論語》有云：「巍巍乎其有成功。」孔注云：「功成化隆，高大巍巍也。」　注「舜從歷山及其陶漁」者。❶　正義曰：此皆案《史記·帝紀》有云然也。

孟子曰：「伯夷，非其君不事，非其友不友，不立於惡人之朝，不與惡人言。立於惡人之朝，與惡人言，如以朝衣朝冠坐於塗炭。推惡惡之心，思與鄉人立，其冠不正，望望然去之，若將浼焉。伯夷，孤竹君之長子，讓國而隱居者也。塗，泥。炭，墨也。浼，污也。思，念也。與鄉人立，見其冠不正。望望然，慙愧之貌也。去之，恐其污己也。是故諸侯雖有善其辭命而至者，不受也。不受也者，是亦不屑就已。屑，絜也。《詩》云：「不我屑已。」伯夷不絜諸侯之行，故不忍就見也。殷之末世，諸侯多不義，故不就之，後乃歸於西伯也。柳下惠，不羞污君，不卑小官，進不隱賢，必以其道。遺佚而不怨，阨窮而不憫。

❶「從」下，閩、監、毛本有「耕」字。按上注文有「耕於」二字。

故曰：『爾爲爾，我爲我，雖袒裼裸裎於我側，爾焉能浼我哉？』柳下惠，魯公族大夫也。姓展，名禽，字季，柳下是其號也。進不隱己之賢才，必欲行其道也。憫，懣也。云善己而已，惡人何能污於我耶。故由由然與之偕而不自失焉，援而止之而止。援而止之而止者，是亦不屑去已。」由由，浩浩之貌。不憚與惡人同朝並立。偕，俱也。與之儷行於朝何傷？但不失己之正心而已耳。援而止之，謂三黜不輙去也。❶是柳下惠不以去爲絜也。孟子曰：「伯夷隘，柳下惠不恭。隘與不恭，君子不由也。」伯夷隘，懼人之污來及己，故無所含容，言其大隘狹也。柳下惠輕忽時人，禽獸畜之，無欲彈正之心，言其大不恭敬也。聖人之道，不取於此，故曰君子不由也。先言二人之行，孟子乃評之耳。

疏「孟子曰：伯夷」至「君子不由也」。正義曰：此章言伯夷古之大賢，猶有所闕也。「孟子曰：伯夷非其君不事」至「是亦不屑就已」者，孟子言：伯夷非己所好之君則不奉事之，非與己同志之友則不與爲交友。不立於惡人之朝，是不事非其君也；不與惡人言，是不友其非友也。謂立於惡人之朝，與惡人言語，如以服其朝衣朝冠而坐於塗泥炭墨之中矣，以其有污於己也。推己惡惡之心，乃至於與鄉人立，其冠有不正，且望望然慙恥而遠去之，若相將有污於己也。如此，故諸侯雖有善辭命而至者，亦不受也。以其不受之者，是亦不絜而不忍就見也。故以不就爲絜也。屑，絜也。「柳下惠不羞污君，不卑小官」至「是亦不屑去已」者，孟子又言：柳下惠不羞恥事其污君。污君，濫惡之君也。雖居小官之位，而不卑辱，進而仕，則不隱己之賢才，必以欲行其道。雖遺佚於野，而不怨恨，雖阨之使窮困，而不哀憫，故曰爾爲之爾，我爲之我，雖袒裼裸裎，襲其身體於我身側，爾又安能浼瀆於我哉。以其不殊於俗，一於和而已。如此，故由由然與人偕儷而行，❷但不失己之正心焉。牽援而止之而則止之，以其援而止之而止，是亦不潔而去已，故以不去爲潔也。「孟子曰：伯夷隘，柳下惠不恭。隘與不恭，君子不由也」者，此孟子所以復言伯夷之行失之太清而不

---

❶ 「黜」，按阮校：「廖本、孔本、韓本作『絀』，是。《音義》出『絀』字。」

❷ 「然」下，阮本有「浩浩」二字。

能含容，故爲狹隘；柳下惠失之太和而輕忽時人，故爲不恭敬。然狹隘與不恭敬，是非先王所行之道，故君子不由用而行之也。　注「伯夷，孤竹君之長子，讓國而隱居者也」。　正義曰：案《春秋少陽篇》云：「伯夷姓墨名允，字公信，謚爲夷。」太史公云「伯夷、叔齊，孤竹君之二子。父欲立叔齊，及父卒，叔齊讓伯夷。伯夷曰：『父命也。』遂逃去。叔齊不肯立，亦逃之。國人立其中子。於是伯夷、叔齊聞西伯昌善養老，盍往歸焉。及西伯卒，武王東伐紂。伯夷、叔齊叩馬而諫曰：『父死不葬，爰及干戈，可謂孝乎？以臣弑君，可謂仁乎？』左右欲兵之。太公曰：『此義人也。』扶而去之。武王平殷，天下宗周。伯夷、叔齊恥之，義不食周粟，隱於首陽山，采薇而食之，及餓死」者，是矣。孤竹，北方之遠國也，號爲孤竹。案《地理志》云：「遼西有孤竹城。」應劭曰「故伯夷國」是也。　注「柳下惠，魯公族大夫，姓展，名禽，字季，柳下是其號也」。　正義曰：案《史記》傳云：柳下惠姓展，名禽，魯人也，爲魯典獄之官，任以直道。故孔子云：「柳下惠爲士師，三黜。人曰：子未可去乎？曰：直道而事人，焉往而不三黜？枉道而事人，何必去父母之邦？」孔注云：「士師，典獄之官。」鄭玄亦云然。

孟子注疏解經卷第三下

孟子注疏解經卷第四上

趙氏注　孫奭疏

公孫丑章句下凡十四章

疏正義曰：此卷趙氏分上篇爲此卷也。此卷凡十四章。一章言民和爲貴。二章言人君以尊德樂義爲賢，君子以守道不回爲志。三章言取與之道必得其禮。於其可，雖少不辭；義之無處，兼金不顧。四章言人臣以道事君，否則奉身以退。五章言執職者劣，藉道者優。六章言道不合者，不相與言。七章言孝必盡心，匪禮之踰。八章言誅不義者，必須聖賢。九章言聖人親親，不文其過，小人順非，以諂其上。十章言君子正身行道，道之不行，命也，不爲利回。十一章言惟賢能安賢，智能知微。十二章言大德洋洋，介士察察，賢者志其大者，不賢者志其小者。十三章言聖賢興作，與天消息，天非人不因，人非天不成。十四章言禄以食功，志以率事，無事而食其禄，君子不由也。此十四章合上篇卷，是《公孫丑》有二十三章矣。

孟子曰：「天時不如地利，地利不如人和。三里之城，七里之郭，環而攻之而不勝。夫環而攻之，必有得天時者矣，然而不勝者，是天時不如地利也。天時，謂時日、支干、五行、旺相、孤虛之屬也。地利，險阻、城池之固也。人和，得民心之所和樂也。環城圍之，必有得天時之善處者，然而城有不下，是不如地利。城非不高也，池非不深也，兵革非不堅利也，米粟非不多也，委而去之，是地利不如人和也。有堅强如此，而破之走者，不得民心，民不爲守。衛懿公之民曰「君其使鶴戰」，若是之類也。❶故曰：域民不以封疆之界，固國不以山谿之險，威天下不以兵革之利。域民，居民也。不以封疆之界禁之，使民懷德也。

❶「若是之類也」，閩、監、毛、阮本作「余焉能戰是也」。

不依險阻之固，恃仁惠也。不馮兵革之威，❶仗其道德而已矣。得道者多助，失道者寡助。寡助之至，親戚畔之。多助之至，天下順之。以天下之所順，攻親戚之所畔，故君子有不戰，戰必勝矣。」得道之君，何鄉不平。君子之道，貴不戰耳。如其當戰，戰則勝矣。疏「孟子曰：天時」至「戰必勝矣」。正義曰：此章言民和爲貴也。「孟子曰：天時不如地利，地利不如人和」至「是地利不如人和也」者，孟子言其用兵之要也，謂古之用兵者，莫不布策挾龜，迎日計月，望雲占風，觀星候氣，以察吉凶，以明利害，必有得天時者矣。然而内有三里之城，外有七里之郭，以爲之禦，雖環轉而攻之，則莫能勝焉。是天時不如地利也。鑿池深之使其不可踰，築城高之使其不可攻，又以甲兵之堅利，米粟之多積，是地利亦有得矣。然而上下異政，君民異心，不能効死以守，至皆委却而去之，是地利又不如人和也。孟子於前言天時不如地利，地利不如人和，乃設此文於後而解其旨也，❷故曰「三里之城，七里之郭，環而攻之而不勝。夫環而攻之，必有得天時者矣，然而不勝者，是天時不如地利也」至「是地利不如人和」而已矣。「故曰：域民不以封疆之界」至「戰必勝矣」者，此又孟子復言而詳説之也，故曰所居之民，不在以封疆之爲界；欲牢固其國，又不在以山谿之爲險；威震天下，又不在以兵甲之爲堅利。以其得道之君，則人多助之，失道之君，則人寡助之而已。孟子所以言此者，蓋謂但在得其道，不在於封疆、山谿、兵甲之爲矣，故復言人有寡助之至極者，則親戚離畔之。親戚離畔者，戰必不勝而敗績。有多助之至者，則天下皆順從之。以天下之所順從而攻伐其親戚所離畔者，故君子在有不戰而已，如戰則必勝。注「天時，謂時日、支干、五行、旺相、孤虚之屬」。正義曰：時日支干者，子、丑、寅、卯、辰、巳、午、未、申、酉、戌、亥，是爲支。甲、乙、丙、丁、戊、己、庚、辛、壬、癸，是爲干。干支所以配時日而用之也。云「五行、旺相、孤虚之屬」者，五行：金、木、水、火、土是也。金旺在巳、午、未、申、酉，木旺在亥、子、丑、寅、卯，水旺在申、酉、戌、亥、子，火旺在寅、卯、辰、巳、午，土旺在申、酉、戌、亥。孤虚者，蓋孤虚之法，以一畫爲孤，無畫爲虚，二畫爲實，以六十甲子日定東西南北

❶「馮」，阮本作「爲」。
❷「旨」，阮本作「言」。

四方，然後占其孤虛實，而向背之，即知吉凶矣。又如周武王犯歲星以伐商，魏太祖以甲子日破慕容。凡用師之道，有太史以抱天時、太師之執同律之類是也。注「衛懿公之民曰：君其使鶴戰」。正義曰：案《左傳》魯閔公二年云：「狄人伐衛，衛懿公好鶴，鶴有乘軒者。將戰，國人受甲者皆曰：『使鶴，鶴實有祿位，余焉能戰？』」是其文也。注「得乎丘民而爲天子」。正義曰：此蓋經之文。

孟子將朝王，王使人來曰：「寡人如就見者也，有寒疾，不可以風，朝將視朝，不識可使寡人得見乎？」孟子雖仕齊，處師賓之位，以道見敬，或稱以病，未嘗趨朝而拜也。王欲見之，先朝使人往謂孟子云：寡人如就見者，若言就孟子之館相見也，有惡寒之疾，不可見風，儻可來朝，欲力疾臨視朝，因得見孟子也，不知可使寡人得相見否？對曰：「不幸而有疾，不能造朝。」孟子不悅王之欲使朝，故稱有疾。❶明日，出弔於東郭氏。公孫丑曰：「昔者辭以病，今日弔，或者不可乎？」東郭氏，齊大夫家也。昔者，昨日也。丑以爲不可。曰：「昔者疾，今日愈，如之何不弔？」孟子言我昨日病，今日愈，我何爲不可以弔。王使人問疾，醫來。王以孟子實病，遣人將醫來，且問疾也。孟仲子對曰：「昔者有王命，有采薪之憂，不能造朝。今病小愈，趨造於朝，我不識能至否乎？」孟仲子，孟子之從昆弟，學於孟子者也。❷權辭以對如此。憂，病也。《曲禮》云：「有負薪之憂。」使數人要於路曰：「請必無歸而造於朝。」仲子使數人要告孟子，君命宜敬，當必造朝也。不得已而之景丑氏，宿焉。孟子迫於仲子之言，不得已，而心不欲至朝，因之其所知齊大夫景丑之家而宿焉，具以語景子耳。❸景子曰：「內則父子，外則君臣，人之大倫也。父子

❶「有疾」，閩、監、毛、阮本作「其有疾而拒之也」。

❷「學」上，閩、監、毛、阮本有「從」字。

❸「具以語景子耳」，阮本作「具以語景丑氏耳」。按阮校，閩、監、毛三本同阮本。孔本、韓本作「且以語景子」，足利本作「且以語景子耳」。

主恩，君臣主敬。丑見王之敬子也，未見所以敬王也。」景丑責孟子不敬，何義也。曰：「惡！是何言也！齊人無以仁義與王言者，豈以仁義爲不美也？其心曰『是何足與言仁義也』云爾，則不敬莫大乎是。曰惡者，深嗟歎。云景子之責我何言乎？今人皆謂王無知，不足與言仁義。云爾，絶語之辭也。人之不敬，無大於是者也。我非堯舜之道不敢以陳於王前，故齊人莫如我敬王也。」孟子言我每見王，常陳堯舜之道以勸勉王。齊人豈有如我敬王者也。❶景子曰：「否，非此之謂也。《禮》曰：『父召，無諾。』『君命召，不俟駕。』固將朝也，聞王命而遂不果，宜與夫《禮》若不相似然。」景子曰：非謂不陳堯舜之道，謂爲臣固自當朝也。今有王命而不果行。果，能也。《禮》「父召，無諾」，無諾而不至也。君命召，輦車就牧，不坐待駕。而夫子若是，事宜與夫《禮》若不相似然乎？愚竊惑焉。曰：「豈謂是與？曾子曰：『晉楚之富，不可及也。彼以其富，我以吾仁；彼以其爵，我以吾義。吾何慊乎哉？』夫豈不義而曾子言之？是或一道也。孟子答景丑云：我豈謂是君臣召呼之間乎？謂王不禮賢下士，故道曾子之言，自以不慊晉楚之君。慊，少也。曾子豈嘗言不義之事邪？是或者自得道之一義，欲以喻王猶晉楚、我猶曾子，我豈輕於上乎？❷天下有達尊三：爵一，齒一，德一。朝廷莫如爵，鄉黨莫如齒，輔世長民莫如德。惡得有其一以慢其二哉？三者，天下之所通尊也。孟子謂賢者、長者有德有齒，人君無德但有爵耳，故云何得以一慢二乎？故將大有爲之君，必有所不召之臣，欲有謀焉，則就之，其尊德樂道，不如是不足與有爲也。言古之大聖大賢有所興爲之君，必就大賢臣而謀事，不敢召也。王者師

❶「豈」，阮本作「無」。

❷「豈」，原作「臣」，按阮校：「閩、監、毛三本、孔本、韓本、足利本作『豈』，按『豈』是也。」據改。

臣，霸者友臣也。故湯之於伊尹，學焉而後臣之，故不勞而王。桓公之於管仲，學焉而後臣之，故不勞而霸。言師臣者王。桓公能師臣，而管仲不勉之於王，故孟子於上章陳其義，譏其烈之卑也。❶今天下地醜德齊，莫能相尚，無他，好臣其所教，而不好臣其所受教。醜，類也。言今天下之人君，土地相類，德教齊等，不能相絶者，無他，但好臣其所教敕役使之才可驕者耳，不能好臣大賢可從而受教者也。湯之於伊尹，桓公之於管仲，則不敢召。管仲且猶不可召，而況不爲管仲者乎？」孟子自謂不爲管仲，故非齊王之召己也，是以不往而朝見於齊王也。❷

疏「孟子將朝王」至「而況不爲管仲者乎」。正義曰：此章言人君以尊德樂義爲賢，君子以守道不回爲志者也。「孟子將朝王，王使人來曰：寡人如就見者也」至「得見乎」者，言孟子自將欲朝見王，未及行而齊王欲見之，乃先使人來曰：寡人如往而就孟子所館處相見，以其有惡寒之疾，不可見風，儻可以來朝見，而我將視其來朝，不知可使寡人因此而得見孟子否乎？此皆齊王使人而言也。「對曰：不幸而有疾，不能造朝」者，王之使人既以見孟子而導王之言，孟子乃答王之使人，亦曰：我之不幸而有其疾，不能趨造而朝見王。以其孟子不喜王欲使來朝，故云有疾，以拒之也。「明日出弔於東郭氏，公孫丑曰：昔者辭以病，今日弔，或者不可乎」者，言孟子自辭王以爲疾，不能造朝之，明日乃出弔問於齊大夫東郭氏之家，其弟子公孫丑問孟子曰：昨日辭王之使以爲疾，不能造朝，而今日以出弔問於東郭氏，或者以爲不可出弔。「曰：昔者疾，今日愈，如之何不弔」者，孟子答公孫丑，以謂昨日有疾，❸今日已差愈，如之何爲不可弔。孟子於是往弔之。「王使人問疾，醫來」者，王見使人回報，以謂孟子有疾，乃謂實有疾，遂遣人問疾，醫者來問其疾。「孟仲子對曰：昔者有王命，有采薪之憂，不能造朝。今疾

❶「烈」上，按阮校：「廖本、孔本、韓本、《考文》古本有『功』字。」

❷「故非」至「齊王也」，按阮校：「廖本、孔本、韓本、《考文》古本上『也』字作『已』，無『而朝見於齊王』六字。足利本與古本同，無上『也』字。」

❸「謂」，阮本作「爲」。

小愈，趨造於朝，我不識能至否乎」者，孟仲子，孟子從昆弟，學於孟子者也。孟仲子時見王使人問疾，醫來至，而孟子已往弔於東郭氏，乃權其言而答問疾醫者。曰：昨日有王命來使孟子朝，孟子辭之，以其有采薪之憂，小疾，不能趨造而朝王。今日病以小愈，已趨造於王朝，我不知于今能至於王朝否乎，以爲未曾至乎。「使數人要於路曰：請必無歸而造於朝」者，孟仲子恐孟子歸，以爲失言，乃使數人而求告孟子於路，❶曰：請必無歸，而趨造於王朝。「不得已而之景丑氏宿焉」者，孟子見孟仲子使數人要於路，乃見迫於仲子之言，遂不得已而往齊大夫景丑氏之家，宿焉。以其心不欲朝王，故往景丑氏家宿而已。「景子曰：內則父子，外則君臣，人之大倫也。父子主恩，君臣主敬，丑見王之敬子也，未見所以敬王也」者，景丑見孟子不造朝，而乃止其家宿焉，於是曰：在閨門之內，則有父子之親，出而邦國之外，則有君臣之義，此人之大倫，而不可汩也。父子則存乎慈孝之恩，君臣則存乎恭敬之義。今丑每見王之敬重其子也，而未嘗見子之所以能尊敬於王也。「曰：惡是何言也」至「莫大乎是」者，孟子答景丑言，乃歎惜言是何言，而責我也。齊人皆無以仁義之道與王言者，豈以仁義之道爲不嘉美也，其齊人心已謂是王何足與言仁義之道也。言爾之不尊敬於王，莫大乎此者也。「我非堯舜之道，不敢以陳於王前，故齊人莫如我敬王也」者，孟子言：我非是堯舜二帝之道，則不敢鋪陳於王之前，故齊人未有如我如此之敬王也。所謂堯舜之道，即仁義之道也。「景子曰：否，非此之謂也，《禮》曰：父召無諾」至「若不相似然」者，景丑言：否，我不謂不陳堯舜之道也，以其《禮》云父召而子無諾而不至，君有命召，不坐待駕。今子固將欲自朝於王，而聞王命以遂不果行，是宜與夫《禮》若不相似然。以其有逆此禮也。「曰：豈謂是歟？曾子曰：晉楚之富」至「是或一道也」者，孟子又言於景丑曰：我豈謂是君臣呼召之間乎？以其曾子言，晉楚二君之富，人不可及也，然彼既以其富，我但存吾之仁；彼既有其爵，而我但存吾之義，我何慊不足於彼乎哉。夫晉楚之富，豈爲不義？然於曾子言，是止於一道而言之也。一於道而言之，則曾子所以但言吾仁吾義，而不慊於晉楚之富與其爵也。蓋謂晉楚於富者，以其不過有所施而已，然我之仁固足以有施矣；晉楚貴於爵者，以其足以有制而已，然我之義固足以有制矣，然則富之與爵，而仁義得以

❶「求」，阮本作「來」。

并而有焉耳。此曾子所以一於仁義之道，而晉楚富貴不足爲富貴也。孟子所以執此而語景子者，意欲以比齊王之有富貴，亦晉楚之富貴不足爲富貴也，而我猶曾子，但以仁義敵之，何有不足於齊王哉。此所以不欲朝王之意也。「天下有達尊三」至「惡得有其一而慢其二哉」者，達，通也，孟子又言：天下有達尊者有三，爵一、齒一、德一是也。自朝廷之間莫如以爵爲之尊，自鄉黨之間莫如以齒爲之尊，自輔治其世、長養其民莫如以德爲之尊。以其朝廷貴貴在爵，故以爵爲朝廷之所尊；鄉黨長長在齒，故以齒爲鄉黨之所尊；賢者有德，故以之輔世而佐佑之，則天下待之而後治，以之長民，則天下之民待之而後安，故以德爲輔世長民之所尊。今齊王但有其爵，而安可止以一而慢去其齒、德二者哉？此孟子所以言齊王不能尊有德之士，故於景子而云然也。「故將大有爲之君」至「而況不爲管仲者乎」者，孟子又言：故將有大興爲之君，必有所不可命召之臣，凡欲有所謀計，則就而謀，以其不敢召也。其尊德樂道，不如此有謀則就而不召，是不足有大興爲也。故湯王之於伊尹，乃就而師之，然後方敢得而爲臣，故湯王自七十里而爲天下，但不待勞而爲之王者。齊桓公之於管仲，乃就而師之，然後方敢得而爲臣，故桓公亦不勞而爲諸侯之霸者。今天下於齊國，其地亦有類於湯、桓，其德又與湯、桓齊等，其未能有相加尚者，無他事焉，但湯、桓好受臣其所教，而齊王不好臣其所受教也。但以湯王之於伊尹，齊桓之於管仲，則不敢召而見之。管仲，霸者之佐，且猶尚不可召見之，而況我不爲管仲者乎？此孟子所以見齊王之召己，是以不往而見也。注云「東郭氏，齊大夫家也」。正義曰：東郭者，齊國之東地，號爲東郭也。經云「卒之東郭墦間之祭」者，則東郭是齊國之東地也。氏者，未詳其人。注云「齊大夫家也」，以理測之，孟子之所以弔問者，必齊之賢大夫也。如非大夫之等，孟子亦何由而弔之。注「孟仲子，孟子之從昆弟，而學於孟子者也」。正義曰：未詳，以理推之，則與孟子同姓，必孟子從昆弟而學於孟子者也。注「景丑氏，齊大夫」，亦未詳其人也。

陳臻問曰：「前日於齊，王餽兼金一百而不受；於宋，餽七十鎰而受；於薛，餽五十鎰而受。前日之不受是，則今日之受非也。今日之受是，則前日之不受非也。夫子必居一於此矣。」陳臻，孟子弟子。兼金，好金也，其價兼倍於常者，故謂之兼金。一百，百鎰也。古者以一鎰爲一金，一鎰是爲二十四兩也，故云兼金一百，百鎰也。❶ 孟子曰：「皆是也。當在宋也，予將有遠行，行者必以賮，辭曰『餽賮』，予何爲不受？賮，送行者贈賄之禮也，時人謂之賮。當在薛也，予有戒心，辭曰『聞戒』，故爲兵餽之，予何爲不受？戒，有戒備不虞之心也。時有惡人欲害孟子，孟子戒備。薛君曰聞有戒，此金可鬻以作兵備，故餽之。我何爲不受也？若於齊，則未有處也。無處而餽之，是貨之也。焉有君子而可以貨取乎？」我在齊時無事，於義未有所處也。義無所處而餽之，是以貨財取我，欲使我懷惠也。安有君子而可以貨財見取之乎？是其禮當其可也。疏「陳臻問曰」至「可以貨取乎」。正義曰：此章言取與之道必得其禮：於其可也，雖少不辭；義之無處，兼金不顧也。「陳臻問曰：前日於齊王餽兼金一百而不受」至「必居一於此矣」者，陳臻，孟子弟子也，問孟子：前日於齊王之所，而齊王餽賜兼金百鎰而不受，於宋國但餽以七十鎰而受之，於薛國餽以五十鎰而受。如爲前日在齊不受百鎰爲是，則今日之受宋七十鎰爲非也。如今日之受宋七十鎰爲是，則前日在薛不受五十鎰爲非也。❷ 夫子於此三者之間，必居一於此矣。「孟子曰：皆是也」至「而可以貨取乎」者，孟子答弟子陳臻，以爲此三者之間，受與不受之所皆是也，無有非也。言我在宋之時，以其我將有遠行，行者必以有賮，故餽之者乃爲之辭曰「餽賮」，我何爲不受？是所以受之也，而不爲非也。賮，送行者之賄也。我當在薛之時，我有戒不虞之心，以其時人欲害孟子也，餽之者乃爲之辭曰：聞孟子有戒，欲以此金餽之，可爲兵備之用也。如此，我何爲不受？是所以受之也。若於齊之時，其以無事於我，未有所處於我，未有所處而餽我以金，是以貨財見取於我也，安有君子而可以貨取之乎？是所以於齊

❶ 「一鎰是爲二十四兩」至「百鎰也」，按阮校：「廖本、《考文》古本此十八字作『鎰二十兩』四字，孔本、韓本作『鎰二十兩也』，足利本作『鎰二十四兩』。按，作『二十兩』乃與『爲巨室章』合。」

❷ 「則前日在薛不受五十鎰爲非也」，阮本「薛」作「齊」，「五十」作「一百」。

不受百鎰，亦爲是也。云有處、未有處者，如宋以遠行乃以贐爲餽，於薛有戒乃以兵爲餽，是皆若有處以餽之也。於齊亦無遠行，亦無戒備，餽之者亦無以辭處之而餽，於我亦無有辭處而受之故也。注云「陳臻，孟子弟子」至「二十四兩」。正義曰：云弟子者，蓋時有所問於孟子者，即知爲弟子也。如非弟子，又安得有問於孟子？云二十四兩爲鎰，案《國語》有云「二十四兩爲鎰」，又鄭注之文亦然。

孟子之平陸，謂其大夫曰：「子之持戟之士，一日而三失伍，則去之否乎？」平陸，齊之邑也。❶大夫，治邑大夫也。❷持戟，戰士也。一日三失其行伍，則去之否乎？去之，殺之也。以昭果毅。❸曰：「不待三。」大夫曰：一失之則行罰，不及待三失伍也。「然則子之失伍也亦多矣。凶年饑歲，子之民老羸轉於溝壑，壯者散而之四方者，幾千人矣。」轉，轉尸於溝壑也。此則子之失伍也。曰：「此非距心之所得爲也。」距心，大夫名。曰：此乃齊王之大政，不肯賑窮，非我所得專爲也。曰：「今有受人之牛羊而爲之牧之者，則必爲之求牧與芻矣。求牧與芻而不得，則反諸其人乎？抑亦立而視其死與？」牧，牧地。以此喻距心不得自專，何不致爲臣而去乎？何爲立視民之死也？曰：「此則距心之罪也。」距心自知以不去位爲罪者也。他日，見於王曰：「王之爲都者，臣知五人焉。知其罪者惟孔距心。」爲王誦之。王曰：「此則寡人之罪也。」孔，姓也。爲都，治都也。邑有先君之宗廟曰都。誦，言也。爲王言孔距心語者也，❹王知本之在己，故受其罪也。疏「孟子之平陸」至「寡人之罪也」。正義曰：此章言人臣

❶「之」，按阮校：「廖本、孔本、韓本、《考文》古本作『下』。」
❷「治」，阮本作「居」。
❸「以」，按阮校：「岳本、孔本、韓本作『戎』，與《左傳》合。」
❹「言」下，按阮校：「廖本、孔本、韓本、《考文》古本有『所與』二字。」

以道事君，否則奉身以退也。「孟子之平陸，謂其大夫曰：子之持戟之士，一日而三失伍，則去之否乎」者，孟子往齊平陸之邑，謂其邑之大夫曰：子之持戟之戰士，一日三次失其行伍，則殺之否乎？「曰：不待三」者，邑大夫答孟子，以爲不待三次失行伍也，言一次失行伍則殺之也。「然則子之失伍也亦多矣，凶年饑歲，子之民老羸轉於溝壑，壯者散而之四方者，幾千人矣」者，凶年饑歲，子之邑民老羸弱者皆轉乎溝壑，壯健者皆散而奔往於四方者，幾近於一千人矣。此孟子首以持戟之士失伍比之，數終以此諷之故也。❶蓋軍法以五人爲伍，而以下士一人爲之長，則持戟之士，伍長之士也，所以保衛其伍者也。不能保衛其伍，故一日三失伍，此不稱其職也。如齊之平陸大夫，所以保衛其邑之民。不能保衛其邑之民，故老弱轉溝壑，壯者散四方，其亦不稱職也。孟子故以此喻而終歸諷之。「曰：此非距心之所得爲也」者，距心，齊大夫之名也。距心言是其齊王行政，故不肯發倉廩而賑救其民，非我所得而專爲者也。「曰：今有受人之牛羊而爲之牧之者，則必爲之求牧與芻矣，求牧與芻而不得，則反諸其人乎？抑亦立而視其死與」者，孟子又以此比喻而歸諷之也，言今有受人之牛羊而爲牧養者，則必於牛羊之主求其牧養之芻草矣。求牧養與芻草而不得，則歸反還於其主乎？抑亦但立視牛羊之死，而不爲求牧與芻草歟？故以比喻而諷問之。「曰：此則距心之罪也」者，距心因孟子以此比喻，乃自知以不去位爲罪也。「他日，見於王曰：王之爲都臣者，臣知五人焉」至「此則寡人之罪也」者，言他日距心自見於王，曰：王之治都之臣者，臣知五人焉，然於此五人之中，能知其有罪者，惟孔距心。故爲王言誦之。孔，距心之姓也。王亦自知治都之臣有其罪者，以其本皆自於己，故云「此則寡人之罪也」。注「邑有先君之宗廟曰都」至「不素餐兮」。❷正義曰：《周禮》云「都鄙」，鄭注云：「都之所居曰鄙。都鄙，公卿大夫之采邑，王弟子所食邑，周、召、毛、聃、畢、原之屬在畿内者，祭祀其先君社稷者也。」云「彼君子兮，不素餐兮」者，《詩·國風·伐檀》之篇文也。箋云：「彼君子者，斥伐檀之人，仕有功者，乃肯

❶「數」，阮本作「欲」。

❷「至不素餐兮」，按阮校：「監、毛本刪『至不素餐兮』五字。按『不素餐兮』，章指文也。僞疏連解之，故出此文。」下疏文或有解趙岐章指文者，不一一指出。

受禄。」毛氏云：「熟食曰餐。」箋云：「如魚餐之餐。」❶

孟子謂蚳鼃曰：「子之辭靈丘而請士師，似也，爲其可以言也。今既數月矣，未可以言與？」蚳鼃，齊大夫。靈丘，齊下邑。士師，治獄官也。《周禮·士師》曰：「以五戒先後刑罰，無使罪麗於民。」❷孟子見蚳鼃辭外邑大夫，請爲士師，知其欲近王，以諫正刑罰之不中者。數月而不言，故曰「未可以言與」，以感責之也。蚳鼃諫於王而不用，致爲臣而去。三諫不用，致仕而去。齊人曰：「所以爲蚳鼃則善矣，所以自爲則吾不知也。」齊人論者譏孟子爲蚳鼃謀，使之諫，不用而去，則善矣。不知自諫，不用而不去，故曰我不見其自爲謀者。公都子以告。公都子，孟子弟子。以齊人語告孟子也。曰：「吾聞之也，有官守者，不得其職則去，有言責者，不得其言則去。我無官守，❸我無言責也，則吾進退豈不綽綽然有餘裕哉！」官守，居官守職者。言責，獻言之責，諫諍之官也。孟子言人臣居官不得守其職，諫正君不見納者，皆當致仕而去。今我居師賓之位，進退自由，豈不綽綽然舒緩有餘裕乎？綽、裕，皆寬也。疏「孟子謂蚳鼃曰」至「綽綽然有餘裕哉」。正義曰：此章言執職者劣，藉道者優也。「孟子謂蚳鼃曰：子之辭靈丘而請士師，似也」至「未可以言與」者，孟子謂齊大夫蚳鼃曰：子之辭去其靈丘之邑，而請爲王治獄之官，似近王，得諫其刑罰不中者。今既以數月矣而不言，是其未可以言與否？故以此責而感之也。「蚳鼃諫於王而不用，致爲臣而去」者，於是蚳鼃諫於王，而王不用其諫，乃致其臣而去之。「齊人曰：所以爲蚳鼃則善矣，所以自爲則吾不知也」者，齊國之人見孟子謂蚳鼃，乃言曰：孟子所以爲蚳鼃，使之諫，不納用而去之，則善矣、美矣；其所以自爲，其己之諫不見納用而不去，❹則我不知也。

---

❶「云彼君子兮」至「之餐」五十二字，按阮校：「監、毛本删去。」

❷「無」，按阮校：「岳本、廖本、孔本、韓本作『毋』，《音義》出『毋使』。按作『無』非也。」

❸「官」，原作「守」，據阮本改。

❹「諫」，原作「去」，據阮本改。

以言其爲蚳鼃謀，使之去，❶而不知自去之故也。「公都子以告」者，公都子，孟子弟子也。公都子見齊國之人有此言，乃以此言告於孟子。「曰：吾聞之也，有官守者，不得其職則去；有言責者，不得其言則去。我無官守，❷我無言責，則吾進退豈不綽綽然有餘裕哉」者，孟子答公都子，以爲我嘗聞之，有居官守職者，不得其職而守之，則去之而致仕。有言責諫諍之任，不得其言而諫正其君，則亦去而致仕。今我無官職之所守，又無言責而諫諍，則我進退自由，豈不綽綽然舒緩有餘裕哉。綽、裕，皆寬裕也。

注「蚳鼃，齊大夫。靈丘，齊下邑」至「罪麗於民」。正義曰：蚳鼃，於他經傳未詳其人。靈丘者，案《地理志》曰「代郡有靈丘縣」是也。云「《周禮·士師》曰：以五戒先後刑罰，毋使罪麗於民」者，今案其文，云：「一曰誓，用之于軍旅；二曰誥，用之于會同；三曰禁，用諸田役；四曰糾，用諸國中；五曰憲，用諸都鄙。」鄭注云：「先後，猶左右也，誓、誥於《書》，則《甘誓》、《大誥》之屬，禁則軍禮曰『無干車』『無自後射』，此其類也。糾、憲，未有聞焉。」注「臧武仲」、「段干木」。正義曰：案魯襄公二十二年《左傳》云：「臧武仲如晉，雨，過御叔。御叔在其邑，將飲酒，曰：『焉用聖人？我將飲酒，而已雨行，何以聖爲？』穆叔聞之曰：『不可使也。』」杜預云：「御叔，魯御邑大夫。又武仲多知，時人謂之聖。」云「段干木偃寢而軾閭」。案《史記·魏世家》云：「魏文侯受子貢經藝，客段干木，過其閭，未嘗不軾也。」是矣。❸

孟子爲卿於齊，出弔於滕，王使蓋大夫王驩爲輔行。王驩朝暮見，反齊滕之路，未嘗與之言行事也。孟子嘗爲齊卿，出弔於滕君。蓋，齊下邑也。王以治蓋之大夫王驩爲輔行。輔，副使也。王驩，齊之諂人，有寵於王，後爲右師。孟子不悦其爲人，雖與同使而行，未嘗與之言行事，不願與之相比也。

公孫丑曰：「齊卿之位，不爲小矣。齊滕之路，不爲近矣。反之而未嘗與言行事，何也？」丑怪孟子不與驩議行事也。曰：「夫既或治之，予何言哉？」既，已也。或，有也。孟子曰：夫人

❶「去」，原作「諫」，據阮本改。
❷「官」，原作「守」，據阮本改。
❸「注臧武仲」至「是矣」一百二十二字，按阮校：「此僞疏釋章指文也。閩本同，監、毛本删去。」

既自謂有治行事，我將復何言哉？ 言其專知自善，不知諮於人也。 疏「孟子爲卿於齊」至「予何言哉」。 正義曰：此章言道不合者不相與言也。「孟子爲卿於齊，出弔於滕」至「未嘗與言行事也」者，言孟子嘗爲卿相於齊，時自齊國出弔於滕國之君，齊王使齊之下邑大夫名曰王驩者爲之輔行。輔行，言其爲副使也。 王驩旦夕見孟子，及反歸自齊滕之道路，而孟子未嘗與之言行事也。「公孫丑問曰：齊卿之位不爲小矣，齊滕之路不爲近矣，反之而未嘗與言行事，何也」者，公孫丑問孟子，言齊王卿相之位不爲卑小矣，自齊至滕，其相去之路又不爲近矣，然而自滕反歸齊，其於道路之中，未嘗與王驩言行治之事，是如之何也？ 以其公孫丑有怪孟子不與王驩言，故問之以此耳。「曰：夫既或治之，予何言哉」者，孟子答公孫丑，以謂夫王驩既以嘗自謂有治行事，我將復何言哉。 以其王驩自專爲善，不諮訪人，故孟子所以未嘗與之言也。 注「王驩後爲右師」。 正義曰：此蓋推經於《離婁》篇有云孟子不與右師言，右師不悦，是知王驩後爲右師也。 王驩，姓王名驩，字子敖。 又云「至於公行之喪，以其禮解之」者，蓋亦經之文也。

孟子注疏解經卷第四上

一一二

孟子注疏解經卷第四下

趙氏注　孫奭疏

公孫丑章句下

孟子自齊葬於魯，反於齊，止於嬴。充虞請曰：「前日不知虞之不肖，使虞敦匠，事嚴，虞不敢請。今願竊有請也：木若以美然。」孟子仕於齊，喪母，而歸葬於魯也。嬴，齊南邑。充虞，孟子弟子。敦匠，厚作棺也。事嚴，喪事急。木若以泰美然也。曰：「古者棺槨無度。中古，棺七寸，槨稱之。自天子達於庶人，非直爲觀美也，然後盡於人心。孟子言古者棺槨薄厚無尺寸之度。中古，謂周公制禮以來，棺厚七寸，槨薄於棺，厚薄相稱相得也。從天子至於庶人，厚薄皆然，但重累之數，墻翣之飾有異，非直爲人觀視之美好也。厚者難腐朽，然後盡於人心所不忍也。謂一世之後，孝子更去辟世，是爲人盡心也。過是以往，變化自其理也。不得，不可以爲悦；無財，不可以爲悦。得之爲有財，古之人皆用之，吾何爲獨不然？悦者，孝子之欲厚送親，得之則悦也。王制所禁，不得用之，不可以悦心也。無財以供，則度而用之。禮：喪事不外求，不可稱貸而爲悦也。禮得用之，財足備之，古人皆用之，我何爲獨不然？然，如是也。❶且比化者，無使土親膚，於人心獨無恔乎？恔，快也。棺槨敦厚，比親體之變化，且無令土親肌膚，於人子之心，獨不快然無所恨也。吾聞之，君子不以天下儉其親。」我聞君子之道，不以天下人所得用之物儉約於其親，言事親竭其力者也。《論語》曰：「生，事之以禮；死，葬之以禮，

❶「然如是也」，閩、監、毛、阮本作「不然者言其不如是也」。

可謂孝矣。」❶疏「孟子自齊葬於魯」至「不以天下儉其親」。　正義曰：此章言孝必盡心，匪禮之踰也。「孟子自齊葬於魯，反於齊，止於嬴」者，言孟子仕於齊國，喪其母，乃歸葬於魯國。既葬，又反於齊下嬴邑而止焉。「充虞請曰：前日不知虞之不肖，使虞敦匠，事嚴，虞不敢請。今願竊有請也：木若以美然」者，充虞，❷孟子弟子也。言孟子止於嬴邑，弟子充虞請見於孟子曰：前日孟子喪母之時，孟子不知虞之不肖，乃使虞敦匠厚作其棺，以其是時喪事嚴急，故虞不敢請問孟子。今孟子既葬而反，願竊得而請問也：木若以美然。此充虞請問以此也。其問孟子爲棺椁之木若以泰美然也。「曰：古者棺椁無度，中古棺七寸，椁稱之。自天子達於庶人，非直爲觀美也，然後盡於人心」至「吾聞之君子，不以天下儉其親」者，此皆孟子答充虞而言也。言上古之人，棺椁薄厚無尺寸之度。自中古以來，棺厚七寸，以椁相稱之，自天子通於庶人皆然，非謂直爲人觀美好也，然後乃爲盡於人心也。以其不得其厚用之，則不可以爲悅於心也。既得以此厚用之，而財物無以供贍其度，亦不可以爲悅於心。如得之以此厚用，又有財物以供其度，古之人皆用之以厚葬其親也，我何爲而獨不如是也。且棺椁敦厚，比親體之變化，無使其土壤親其肌膚，於人子之心獨無快乎？恔，快也。以其人子之心如此得厚葬其親，乃快然而弗恨也。我聞之，君子者，不以天下所得用者而儉薄其親也。　注「嬴，齊南邑」。　正義曰：案魯桓公三年《左傳》杜預注云「嬴，齊邑，今泰山嬴縣」是也。　注「重累之數、牆翣之飾」。　正義曰：案《禮記·檀弓》云：「周人牆置翣。」鄭注云：「牆，柳衣也。凡此皆後王之制。」又案阮氏《圖》云：「柳，柳車也。四輪一轅。車長丈二尺，高五尺。」案《喪大記》云：「君飾棺，黼翣二，黻翣二，畫翣二，龍翣二。」《禮器》云：「天子八翣，大夫四翣。」又鄭注《喪大記》引《漢禮》：「翣以木爲筐，廣三尺，高二尺四寸，方兩角高，衣以白布。畫者畫雲氣，其餘各如其象。柄長五尺，車行，使人持之而從以障車。既窆，樹於壙中，障柩也。」　注「《論語》曰：生，事之以禮；死，葬之以禮。」　正義曰：經於《滕文》之篇亦引爲曾子言也，已説在前。

❶「論語曰」至「孝矣」，阮本「孝」下有「也」字。按阮校：「孔本、韓本、《考文》古本無十八字。案此章指文也。」

❷「充」，原作「也」，據阮本改。

沈同以其私問曰：「燕可伐與？」孟子曰：「可。子噲不得與人燕，子之不得受燕於子噲。沈同，齊大臣。自以其私情問，非王命也，故曰私。子噲，燕王也。子之，燕相也。孟子曰可者，以子噲不以天子之命而擅以國與子之，子之亦不受天子之命而私受國於子噲，故曰其罪可伐。有仕於此，而子悅之，不告於王而私與之吾子之祿爵，夫士也，亦無王命而私受之於子，則可乎？何以異於是！」子謂沈同也。孟子設此，以譬燕王之罪。齊人伐燕。沈同以孟子言可，因歸勸其王伐燕。或問曰：「勸齊伐燕，有諸？」有人問孟子勸齊王伐燕，有之？曰：「未也。沈同問燕可伐與？吾應之曰：『可。』彼然而伐之也。孟子曰：我未勸王也，同問可伐乎，吾曰可，彼然而伐之也。彼如曰：『孰可以伐之？』則將應之曰：『爲天吏，則可以伐之。』彼如將問我曰：誰可以伐之？我將曰：爲天吏則可以伐之。天吏，天所使，謂王者得天意者也。彼不復問孰可，便自往伐之矣。今有殺人者，或問之曰：『人可殺與？』則將應之曰：『可。』彼如曰：『孰可以殺之？』則將應之曰：『爲士師則可以殺之。』今以燕伐燕，何爲勸之哉？」今有殺人者，問此人可殺否，將應之曰：可，爲士官主獄則可以殺之矣。言燕雖有罪，猶當王者誅之耳。譬如殺人者雖當死，士師乃得殺之耳。今齊國之政猶燕政也，不能相踰，又非天吏也，我何爲勸齊國伐燕國乎？

疏「沈同以其私問曰」至「何爲勸之哉」。正義曰：此章言誅不義者必須聖賢，禮樂征伐自天子出，王道之正者也。沈同，齊之大臣。「沈同以其私問曰：燕可伐與？孟子曰：可。子噲不得與人燕，子之不得受燕於子噲」者，子噲，燕王名也。子之，燕相之名也。言沈同非王命，以其私情自問孟子曰：燕王可伐之與？孟子荅之，以爲可伐之也，蓋以燕王不得天子之命而擅與其國於子之，子之亦不得天子之命而私受燕國於子噲，故其專擅如此，可以伐之也。「有仕於此，而子悅之，不告於王而私與之吾子之祿爵，夫士也，亦無王命而私受之於子，則可乎？

何以異於是」者，此皆孟子設此譬喻王之罪而可伐者也。吾子，謂沈同也，言今有爲之仕於此齊國，而子喜悦其爲人，乃不告於王而私自與之吾子之禄爵。夫爲之士者，又無王之所命，而私自受爵禄於子，則可乎？否乎？今燕王所以爲可伐之罪，何以有異於此？「齊人伐燕」者，以其沈同問以孟子之言爲燕可伐，❶於是歸勸齊王而伐之。「或問：勸齊伐燕，有諸」者，言有人或問於孟子，以爲孟子勸齊伐燕，是有勸之之言否？「曰：未也，沈同問燕可伐與？吾應之曰『可』，彼然而伐之也」者，孟子答或人，以謂我未嘗勸王也，以其沈同問我謂「燕可伐之與」，我應之曰「可」，彼以爲是而伐之也。「彼如曰：孰可以伐之？則將應之曰：爲天吏則可以伐之」者，孟子又答之或人，言彼如問我曰「誰可以伐之」，我將應之曰「爲天吏」，天所使者，則可以伐之矣。「今有殺人者，或問之曰：人可殺與」至「何爲勸之哉」者，孟子又以此言而比喻齊之伐燕也，言今有殺人者，或問我曰：「人可以殺之與？」我將應之曰：「可以殺之。」彼如復問「誰可以殺之」，我則將應之曰「爲士師」，主獄之官則可以殺之矣。今以齊國之政亦若燕之政，是皆有燕之罪，以燕伐燕，我何爲勸齊王以伐燕乎？以其燕之雖有其罪，亦當王者則可以誅之耳。注「子噲，燕王也。子之，燕相也」。正義曰：案《史記》世家云：「易王立十二年，子燕噲立。噲立，齊人殺蘇秦。蘇秦之在燕，與其相子之爲婚。燕噲三年，與楚、三晉攻秦，不勝而還。子之相燕，貴重主斷，蘇代爲齊使於燕，燕王問曰：『齊王奚如？』對曰：『必不霸。』燕王曰：『何也？』對曰：『不信其臣。』於是燕王大信子之。子之遺蘇代百金，乃謂燕王不如以國讓子之：人之謂堯賢者，以其讓天下於許由，由不受，有讓天下之名而實不失天下；今王以燕國讓子之，子之亦必不敢受，是王與堯同行也。燕王因屬國於子之，子之大重，於是南面行王事，而噲老不聽政，國事皆決於子之。三年，國大亂，百姓恫恐。孟軻謂齊王曰：『今伐燕，此文、武之時，不可失也。』齊王因令章子將五都之兵以伐燕，燕噲死，齊大勝。燕子之亡。」凡此是其事也。注云「禮樂征伐自天子出」。正義曰：此蓋《論語·季氏》孔子之言也。言王者功成制禮，治定作樂，立司馬之官，掌九伐之法，諸侯不得制禮作樂，賜弓矢，然後專征伐。是禮樂征伐自天子出也。

燕人畔，王曰：「吾甚慙於孟子。」燕人

❶ 下「以」字，阮本作「於」。

畔，不肯歸齊。齊王聞孟子與沈同言爲未勸王，今竟不能有燕，故慙之。陳賈曰：「王無患焉。王自以爲與周公孰仁且智？」陳賈，齊大夫也。問王曰：自視何如周公仁智乎？欲爲王解孟子意，故曰「王無患焉」。王曰：「惡，是何言也？」王歎曰「是何言」，言周公何可及也。曰：「周公使管叔監殷，管叔以殷畔。知而使之，是不仁也；不知而使之，是不智也。仁、智，周公未之盡也，而況於王乎？賈請見而解之。」賈欲以此說孟子也。見孟子，問曰：「周公何人也？」賈問之也。曰：「古聖人也。」孟子曰：周公，古之聖人也。曰：「使管叔監殷，管叔以殷畔也，有諸？」賈問：有之否乎？曰：「然。」孟子曰：如是也。曰：「周公知其將畔而使之與？」賈問之也。曰：「不知也。」孟子曰：周公不知其將畔也。「然則聖人且有過與！」過，謬也。賈曰：聖人且猶有謬誤。曰：「周公弟也，管叔兄也，周公之過，不亦宜乎？孟子以爲周公雖知管叔不賢，亦不必非其將畔，❶周公惟管叔弟也，故愛之；管叔念周公兄也，故望之。親親之恩也，周公之此過謬，不亦宜乎？且古之君子，過則改之；今之君子，過則順之。古之君子，其過也如日月之食，民皆見之，及其更也，民皆仰之；今之君子，豈徒順之，又從爲之辭。」古之所謂君子，真聖人、賢人，君子也。周公雖有此過，乃誅三監，作《大誥》，明勑庶國，是周公改之也。今之所謂君子非真君子也，順過飾非，就爲之辭。❷孟子言此，以譏賈不能匡君，而欲以辭解之。

疏「燕人畔」至「又從爲之辭」。正義曰：此章言聖人親親，不文其過，小人順非，以諂其上者也。「燕人畔，王曰：吾甚慙於孟子」者，言燕人皆離畔，不肯歸齊王，齊王聞孟子與沈同言未嘗勸王伐燕，今果不能得燕，乃曰：我甚慙恥而見於孟子。「陳賈曰：王無患焉，王自以爲與周

❶「不必非」，閩、監、毛、阮本作「必不知」。
❷「就」，阮本作「或」。

公孰仁且智」者，陳賈，齊國之大夫也，言於齊王，以爲無用憂患，慙於孟子也，且王自以爲與周公孰仁且智乎？賈欲以此解王，故問之以此。「王曰：惡，是何言也」者，齊王乃歎曰：此是何言也？周公，大聖人，安可得而及之？「曰：周公使管叔監殷，管叔以殷畔，知而使之，是不仁也；不知而使之，是不智也。仁、智，周公未之盡也，而況於王乎？賈請見而解之」者，言陳賈謂周公使管叔爲三監於殷，管叔乃背畔於殷。周公知管叔有背畔之心，而復使爲監，是周公不仁也；周公不知管叔將有背畔之心，而使之爲監，是周公之不智也。仁與智，而周公大聖人也，尚未之能盡，而況於齊王乎？賈今請以此見孟子，爲王解之。「見孟子，問曰：周公何人也」，賈遂見孟子，果以此説問於孟子，以謂周公是何等人也？「曰：古之大聖人也」，孟子答之，以爲周公是古之大聖人也。「曰：使管叔監殷，管叔以殷畔也，有諸」，賈又問孟子，以謂周公使管叔爲監於殷，管叔以殷而背畔之，有之否乎？「曰然」，孟子答之，以是有之也。「曰：周公知其將畔而使之與」，賈又問之，以謂周公知管叔將欲背畔，故使之爲監與？「曰：不知也」，孟子答之，以爲周公不知管叔將背畔。「然則聖人且有過與」，賈又問之，如是則周公爲古之大聖人，尚且有過謬乎？「曰：周公弟也，管叔兄也，周公之過，不亦宜乎」，孟子以爲周公雖知管叔不賢，亦不能知其將有畔之心，周公惟管叔弟也，故愛之而使爲監；管叔念是周公兄也，故亦望之。是則周公有是之過謬，不亦宜之也。以親親之故，不得不然耳。「且古之君子，過則改之」至「今之君子，又從爲之辭」者，孟子又言古之君子，如周公雖有此過，然而乃能誅三監，作《大誥》，以明勑庶國，則周公故能改之也。今之君子，非真君子，有過則順而不改。古之君子，其有過也，如日月之蝕焉，民皆得知而見之，及其更也，民皆得而仰望之。今之君子，豈徒順其過而不改，又且從其有過，復作言辭以文飾其過耳。孟子所以言此者，以其欲譏陳賈不能匡正齊王之過，又從爲此周公管叔之辭，順其王之過而文之也。注「燕人畔，王聞孟子與沈同言」。正義曰：此蓋前段，案《史記》世家言之詳矣。注「誅三監，作《大誥》，明勑庶國」。正義曰：案《尚書·大誥》篇云：「武王崩，三監及淮夷叛，周公相成王，將黜殷，作《大誥》。」孔安國云：「三監：管、蔡、商是也。言作《大誥》，以誥天下。」又案《史記》云：「周公奉成王命，興師東伐，作《大誥》，遂誅管叔，殺武庚，放蔡叔，收殷餘民。」

孟子致爲臣而歸。辭齊卿而歸其室也。**王**

就見孟子曰：「前日願見而不可得，謂未來仕齊也。遥聞孟子之賢，而不能得見之。得侍同朝，甚喜。來就爲卿，君臣同朝，得相見，故喜之也。今又棄寡人而歸，今致爲臣，棄寡人而歸也。不識可以繼此而得見乎？」不知可以續今日之後，遂使寡人得相見否乎？對曰：「不敢請耳，固所願也。」孟子對王言，不敢自請耳，固心之所願也。孟子意欲使王繼今當自來謀也。他日，王謂時子曰：「我欲中國而授孟子室，養弟子以萬鍾，使諸大夫、國人皆有所矜式，子盍爲我言之？」時子，齊臣也。王欲於國中央爲孟子築室，❶使養教一國君臣之子弟，❷與之萬鍾之禄。中國者，使學者遠近均也。矜，敬也。式，法也。欲使諸大夫、國人皆敬法其道。盍，何不也，謂時子何不爲我言之於孟子，知肯就之否？時子因陳子而以告孟子。陳子，孟子弟子陳臻也。陳子以時子之言告孟子，孟子曰：「然，夫時子惡知其不可也？如使予欲富，辭十萬而受萬，是爲欲富乎？」孟子曰：如是，夫時子安能知其不可乎？時子以我爲欲富，故以禄誘我。我往者饗十萬鍾之禄，以大道不行，故去耳。今更當受萬鍾，是爲欲富乎？距時子之言也。❸季孫曰：「異哉！」子叔疑。二子，孟子弟子也。季孫知孟子意不欲，而心欲使孟子就之，故曰：異哉，弟子之所聞也。子叔心疑，❹亦以爲可就也。❺「使己爲政，不用，則亦已矣。又使其子弟爲卿。人亦孰不欲富貴？而獨於富貴之中，有私龍斷焉。孟子解二子之異意疑心。曰：齊王使我爲政，不用，則亦自止矣。今又欲以其子弟故，使我爲卿，而與我萬鍾之禄。人亦誰不欲富貴乎？是猶獨於富貴之中，有此私登龍斷之類也，我則恥之。古之爲市也，以其所有易其所無者，

❶「央」，閩、監、毛、阮本作「而」。
❷「養教」，閩、監、毛、阮本作「教養」。
❸「也」上，閩、監、毛、阮本有「所以有是云」五字。
❹「疑」下，閩、監、毛、阮本有「惑之」二字。
❺「也」，閩、監、毛、阮本作「之矣」。

有司者治之耳。有賤丈夫焉，必求龍斷而登之，以左右望而罔市利，人皆以爲賤，故從而征之。征商自此賤丈夫始矣。」古者市置有司，但治其爭訟，不征税也。賤丈夫，貪人可賤者也。入市則求龍斷而登之，龍斷，謂堁斷而高者也。左右占視望，❶見市中有利，罔羅而取之，人皆賤其貪也，❷故就征取其利。後世緣此，遂征商人。孟子言：我苟貪萬鍾，不恥屈道，亦與此賤丈夫何異也？古者，謂周公以前，《周禮》有關市之賦也。❸

疏「孟子致爲臣而歸」至「自此賤丈夫始矣」。正義曰：此章言君子正身行道，道之不行，命也，不爲利回也。「孟子致爲臣而歸」，是孟子辭齊卿而歸處於室也。「王就見孟子曰：前日願見而不可得」至「不識可以繼此而得見乎」，是齊王見孟子辭齊卿而歸於室，乃就孟子之室而見孟子曰：前日未仕齊時，聞孟子之賢，願見之，而不能得見，後得侍於我而爲之卿，遂得同朝相見，故甚喜之。今乃又棄去寡人而歸處於室，我不知可以繼今日之後，而使寡人得相見否？故以此問孟子。孟子對曰「不敢請耳，固所願也」，孟子意欲使王繼今日之後，當自來就見，故云不請見，固我心之所願也。「他日，王謂時子曰：我欲中國而授孟子室」至「盍爲我言之」，時子，齊王之臣也，言自見孟子已往，他日齊王又謂其臣時子曰：我今欲以中國授孟子，爲築其室，教養一國之子弟，故賜予以萬鍾之禄，使其諸大夫與一國之人皆有所敬法，時子何不爲我以此言説之。「時子因陳子而以告孟子」，陳子，陳臻也，是孟子弟子也。時子於是因陳臻而以齊王之言使陳臻告於孟子也。「陳子以時子之言告孟子」至「是爲欲富乎」，是陳子乃以時子所告齊王之言而告於孟子，孟子乃答之曰：然如是也，夫時子又安知其有不可也？如使我欲富其禄，我以辭去十萬之禄而受其萬，是以爲我欲其富乎？云「乎」者，是不爲欲富也。孟子欲以此言距時子也。「季孫曰：異哉子叔疑」，季孫、子叔二子皆孟子弟子也。季孫知孟子意不欲遂時子之言，而心尚欲孟子就之，故但言異哉，弟子之所聞也。子叔疑之，亦以爲可就。

❶「左右占視望」，按阮校：「廖本、孔本、韓本、《考文》古本無『視』字，足利本作『左右皆望』。」

❷「也」，阮本作「者也」。按阮校，閩、監、毛三本同阮本，孔本、韓本、足利本無「也」字。

❸「賦」，阮本作「征」。按阮校，閩、監、毛三本同阮本，《考文》古本作「税」。

「使己爲政，不用，則亦已矣，又使其子弟爲卿」至「有私龍斷焉」者，孟子又言：齊王使己爲政之道，既以不得用，則我亦以辭之而止於其室矣。又欲以弟子之教，而使我爲卿，以與我萬鍾之祿。人亦誰不欲其富貴乎？然以此者，是亦猶獨於富貴之中，私登龍斷之類也。以其恥之，所以言然。「古之爲市也，以其所有易其所無者」至「自此賤丈夫始矣」者，孟子又言：古之所以爲市也，以其有無相貿易耳，有司者但治其爭訟而不征稅也，有賤丈夫，則必求丘龍堁斷之高者而登之，以左右占望，見市中有利，罔羅而取之，人皆以爲賤丈夫焉，故後世亦從而征取其市中之稅。以其所以征商之稅於後世者，亦自此賤丈夫登龍斷而罔市利爲之始矣，故曰「故從而征之，征商自此賤丈夫始矣」。《周禮》有司關、司市，是有司者也。注云「古者，謂周公以前，《周禮》有關市之征」。正義曰：此蓋前篇說之詳矣，此不復說。

孟子去齊，宿於晝。有欲爲王留行者，晝，齊西南近邑也。孟子去齊，欲歸鄒，至晝地而宿也。齊人之知孟子者，追送見之，欲爲王留孟子行。坐而言，不應，隱几而臥。客危坐而言留孟子之言也，孟子不應答，因隱倚其几而臥也。客不悅，曰：「弟子齊宿而後敢言，夫子臥而不聽，請勿復敢見矣。」齊，敬。宿，素也。弟子素持敬心來言，夫子慢我，不受我言。言而遂起，退欲去，請絶也。曰：「坐，我明語子：孟子止客曰：且坐，我明告語子。昔者魯繆公無人乎子思之側，則不能安子思；泄柳、申詳無人乎繆公之側，則不能安其身。往者魯繆公尊禮子思，子思以道不行則欲去。繆公常使賢人往留之，說以方且聽子爲政，然則子思復留。泄柳、申詳，亦賢者也，繆公尊之不如子思，二子常有賢者在繆公之側勸以復之，其身乃安矣。子爲長者慮，而不及子思。子絶長者乎？長者絶子乎？」長者，老者也。孟子年老，故自稱長者。言子爲我慮，不如子思時賢人也，不勸王使我得行道，而但勸我留，留者何爲哉？此爲子絶我乎？又我絶子乎？何爲而慍恨也？

疏「孟子去齊」至「絶子乎」。正義曰：此章言惟賢能安賢，智能知微，以愚喻智，道之所以乖也。「孟子去齊，宿於晝，有欲爲王留行」者，晝，齊之近邑也。言孟子去齊，欲歸鄒，至晝而宿，齊人見之，有欲爲王留行者也。

「坐而言，不應，隱几而卧」，言爲王留行者，危坐而説留孟子之行，孟子乃隱倚其几，但卧而不應答也。「客不悦，曰：弟子齊宿而後敢言，夫子卧而不聽，請勿復敢見矣」，客，爲王留行者也。齊，敬也。宿，素也。言客見孟子不應答其言，但隱几而卧焉，遂欲退，乃曰：弟子素齊敬其心，而後方敢言留夫子之行，夫子今乃卧而不聽其言，自今請絶，於此後勿復更敢見夫子矣。「曰：坐，我明語子」，孟子遂止客且坐，言我分明言告於子。云「自昔繆公」至「長者絶子乎」，是皆明告之言也。言往日魯國繆公無人於子思之側，以遵達其意，則不能安子思；泄柳、申詳無人於魯繆公之側，以稱譽其賢，則泄柳、申詳不能安其身。以其子思之於繆公，師道也，非求容者也，故繆公無人於子思之側，則不能安子思；泄柳、申詳之於繆公，臣道也，則求容者也，故無人於繆公之側，則不能安其身。今孟子所以言此者，是謂齊之士不能爲王謀安於孟子未去之前，逮至出晝，然後方爲留行，此所以隱几卧而不答也。齊之留行之士不知以此，但以爲孟子不應，遂不悦，而請勿復見。如此，是留行之士不以安子思而謀安孟子，但請勿復見爲言，以其自絶於孟子矣。故孟子所以言：子爲長者慮，而不及於子思，是子絶其長者乎？是長者絶子乎？以其不以安子思而謀安孟子於未去之前，是爲孟子慮者，不及子思，特欲爲泄柳、申詳之所爲耳。故孟子所以有是言之，以曉其所以隱几而卧、不應之意也。長者，孟子以年已之老，自稱爲長者也。注「晝，齊西南近邑」。正義曰：蓋以鄒在魯，而魯又在齊之西南上，孟子去齊歸鄒，至晝而宿，是知晝之地爲齊之西南近邑者也，故云近邑。

孟子去齊。尹士語人曰：「不識王之不可以爲湯、武，則是不明也。識其不可，然且至，則是干澤也。千里而見王，不遇故去，三宿而後出晝，是何濡滯也？士則兹不悦。」尹士，齊人也。干，求也。澤，禄也。尹士與論者言之，云孟子不知，則爲求禄。濡滯，淹久也。既去，近留於晝三日，怪其孰久，❶故云士於此事則不悦也。高子以告。高子亦齊人，孟子弟子，以尹士之言告孟子也。曰：「夫尹士惡知予哉？千里而見王，是予所欲也。不遇故去，豈予所欲哉？予

❶「孰」，按阮校，廖本、孔本作「猶」，閩、監、毛三本作「淹」。

不得已也。孟子曰：夫尹士安能知我哉？我不得已而去耳，何汲汲而驅馳乎？ 予三宿而出晝，於予心猶以爲速，王庶幾改之。王如改諸，則必反予。我自謂行速疾矣，冀王庶幾能反覆招還我矣。 夫出晝而王不予追也，予然後浩然有歸志。浩然，心浩浩有遠志也。 予雖然，豈舍王哉？王由足用爲善，王如用予，則豈徒齊民安，天下之民舉安。王庶幾改之，予日望之。孟子以齊大國，知其可以行善政，故戀戀望王之改而反之，是以安行也。豈徒齊民安，言君子達則兼善天下也。 予豈若是小丈夫然哉？諫於其君而不受，則怒，悻悻然見於其面，去則窮日之力而後宿哉？」我豈若狷狷急小丈夫，❶恚怒其君而去，極日力而宿，懼其不遠者哉？《論》曰：「悻悻然小人哉。」言己志大，在於濟一世之民，不爲小節也。 尹士聞之，曰：「士誠小人也。」尹士聞義則服，故曰「士誠小人也」。❷ 疏「孟子去齊」至「士誠小人也」。 正義曰：此章言大德洋洋，介士察察，賢者志其大者，不賢者志其小者也。「孟子去齊」者，言孟子去齊而歸鄒也。「尹士語人曰」至「士則茲不悦」，尹士，齊人也。尹士見孟子去齊而宿於晝，乃語人曰：不知齊王不可以爲湯、武之王，則是孟子蒙昧而不明鑒也。知齊王不可爲湯、武之王，然且自鄒至齊而爲仕，則是孟子干求其禄也。今自千里之遠而見齊王，不遇，不行其道，故復去而歸。然而三宿而後方出晝而行，是何其濡滯淹久也。我則以此不悦之也。「高子以告」，高子亦齊人，爲孟子弟子也。高子以此尹士語人之言而告於孟子。「曰：夫尹士惡知予哉」至「而後宿哉」，孟子答高子，以謂夫尹士者，安知我之志哉？我千里而見王，是我欲行道也。不遇於齊王，不得行其道，故去，豈我心之所欲哉？我不得已而去之矣，我三宿而後出晝邑而行，於我心尚以爲急速也。齊王如能改之，使我得行其道，則必反留我回耳。夫出晝邑，至三宿而齊不我追而還

❶「狷狷」，按阮校：「岳本、廖本、孔本、韓本、《考文》古本不重『狷』字。按不重者是。」

❷「故曰士誠小人也」，按阮校：「廖本、孔本、韓本、《考文》古本無此七字。無者是。」

齊國，我然後浩浩然有歸志也。我雖然有浩然歸之志，然而豈肯舍去王哉？王猶可足用爲之善政，王如用我，則豈徒使齊國之民安泰，天下之民亦皆安泰矣。王庶幾能改而反我，我日常望之於王矣。我豈若狷狷急小丈夫，恚怒其君而去，爲其諫於君而不受，則悻悻然心有所怒而見於面容，去則極日力而後方止宿哉？孟子如此，所以云然也。「尹士聞之，曰：士誠小人也」，尹士聞孟子言之以此，故服其義，而言於孟子曰：士實小人也。以其不能知孟子之意，❶有如其矣。

孟子去齊，充虞路問曰：「夫子若有不豫色然。前日虞聞諸夫子曰：『君子不怨天，不尤人。』」路，道也。於路中問也。充虞謂孟子去齊有恨心，顏色故不悅也。曰：「彼一時，此一時也。五百年必有王者興，其間必有名世者。由周而來，七百有餘歲矣，以其數則過矣，以其時考之，則可矣。彼時前聖賢之出，是其時也，今此時亦是其一時也。五百年有王者興，有興王道者也。名世，次聖之才，物來能名，正一世者，❷生於聖人之間也。七百有餘歲，謂周家王迹始興，大王、文王以來，考驗其時，則可有也。夫天未欲平治天下也，如欲平治天下，當今之世，舍我其誰也？吾何爲不豫哉？」孟子自謂能當名世之士，時又值之，而不得施。此乃天自未欲平治天下耳，非我之愆，我固不怨天，何爲不悅豫乎？是故知命者不憂不懼，與天消息而已矣。

疏「孟子去齊，充虞路問曰」至「吾何爲不豫哉」。正義曰：此章言聖賢興作，與天消息，天非人不因，人非天不成也。「孟子去齊，充虞路問曰」至「不尤人」，❸言孟子歸鄒，弟子充虞於路中問孟子曰：夫子若有不悅豫之顏色，然前日虞聞夫子有言，君子之人，凡於事不怨恨於天，不見過於人也。「曰：彼一時，此一時也」至「吾何爲不豫哉」，孟子答充虞，以謂彼時聖賢之所出，是其時也，此時今時，亦是其一時也。五百年之後，必有王者興，爲於其間亦必名世大賢者，今自周興，大王、文王以

❶「意」，原作「忘」，據阮本改。
❷「正」下，閩、監、毛、阮本有「於」字。
❸「路」，原作「又」，據上經文及阮本改。

來，已有七百有餘歲矣，以其年數推之，則過於五百年矣，以其時考之，而其時亦可有也。今天自未欲平治天下也，如天欲使平治天下，則當今之世，捨我其誰哉？此孟子所以歸於天命，道行與不行，皆未嘗有不悦之色也，故曰「吾何爲不豫哉」。蓋孟子所以言此者，以其自謂能當名世之士，而時又值不得施爾。

孟子去齊，居休。公孫丑問曰：「仕而不受禄，古之道乎？」休，地名。丑問古人之道，仕而不受禄邪？怪孟子於齊不受其禄也。曰：「非也。於崇，吾得見王。退而有去志，不欲變，故不受也。崇，地名。孟子言不受禄，非古之道。於崇，吾始得見齊王，❶知其不能納善。退出，志欲去矣。不欲即去，若爲變詭，見非太甚，故且宿留。心欲去，故不復受其禄也。繼而有師命，不可以請；久於齊，非我志也。」言我本志欲速去，繼見之後，有師旅之命，不得請去，故使我久而不受禄耳。久，非我本志也。疏「孟子去齊」至「非我志也」。正義曰：此章言禄以食功，志以率事，無其事而食其禄，君子不由也。「孟子去齊，居休」，休乃地名也，言孟子去齊，乃居於休之地，蓋齊邑下之地也。「公孫丑問曰：仕而不受禄，古之道乎」，公孫丑問孟子曰：夫爲仕而不受爵禄，古之道誠然乎否？❷以其怪孟子於齊不受禄，故以此問之。「曰：非也，於崇，吾得見王」至「非我志也」者，孟子答之曰：我非不受禄也，亦非古之道如此也。然我於崇之地，我得始見於齊王，知王不能納善，故退而有去之心。又其不欲遽變爲苟去，故於禄有所不受也。無他，以其道不行，不敢無功而受禄也。已既去，而齊王續以賓師之命而禮貌之，故由足爲善，遂不敢請去，是以久留於齊，非我之志也，但不得已而已矣。

孟子注疏解經卷第四下

❶「得」，阮本無此字。按阮校，閩、監、毛三本及孔本、韓本同阮本。

❷「否」，阮本作「丑」，屬下讀。

孟子注疏解經卷第五上

孫奭疏

滕文公章句上 凡五章

趙氏注 滕文公者，滕，國名；文，謚也；公者，國人尊君之稱也。文公於當時尊敬孟子，問以古道，猶衛靈公問陳於孔子，《論語》因以題篇。

疏 正義曰：前篇章首論公孫丑有政事之才，問管晏之功，故曰《公孫丑》爲篇題。蓋謂行政莫大乎反古之道，是以此篇滕文公尊敬孟子，問以古道，如《論語》衛靈公問陳於孔子，遂以目爲篇題，不亦宜乎。故次《公孫丑》之篇，所以揭《滕文公》爲此篇之題也。此篇凡十五章，趙注分之，遂成上下卷。據此上卷凡五章而已。一章言人當上則聖人，秉仁行義。二章言事莫當於奉禮，孝莫大於哀慟。三章言尊賢師智，采人之善，修學校，勸禮義，勑民事，正經界，均井田，賦什一。四章言神農務本，教於世民；許行蔽道，君臣同耕；陳相背師，降于幽谷。孟子博陳堯舜上下之叙以正之。五章言聖人緣情制禮，以直正枉。其餘十章，趙注分爲下卷，各有叙焉。　注「滕文公」至「題篇」。　正義曰：案《春秋》魯隱公十一年，「滕侯、薛侯來朝，争長。滕侯曰：我，周之卜正也。乃長滕侯」。隱公七年，杜預注云：「滕國在沛國公丘縣東南。」是滕文公之國，即滕侯之後也。《謚法》曰：慈惠愛民曰文，❶忠信接禮曰文。《論語》第十五篇，衛靈公問陳於孔子，孔子對：俎豆之事，則常聞之；軍旅之事，未之學也。遂以爲之篇題故也。

滕文公爲世子，將之楚，過宋而見孟子。孟子道性善，言必稱堯舜。文公爲世子，使於楚而過宋，孟子時在宋，與相見也。滕侯，周文王之後

❶「文」，原無，按阮校：「此下脱『文』字，閩本同。監、毛本增，是也。」據補。

也。《古紀世本》録諸侯之世，滕國有考公麇，❶與文公之父定公相直。其子元公弘，與文正相直。❷以後世避諱，改「考公」爲「定公」；以元公行文德，故謂之文公也。孟子與世子言人生皆有善性，但當充而用之耳。又言堯舜之治天下，不失仁義之道，故勉世子。❸**世子自楚反，復見孟子。**從楚還，復詣孟子，欲重受法則也。**孟子曰：「世子疑吾言乎？夫道一而已矣。**世子疑吾言有不盡乎？天下之道一而已矣，惟有行善耳，復何疑邪？**成覸謂齊景公曰：『彼丈夫也，我丈夫也，吾何畏彼哉？』**成覸，勇果者也。與景公言曰：尊貴者與我同丈夫，我亦能爲之，何爲畏彼之哉？**顔淵曰：『舜何人也？予何人也？有爲者亦若是。』**言欲有爲，當若顔淵庶幾、成覸不畏，乃能有所成耳。又以是勉世子也。**公明儀曰：『文王我師也，周公豈欺我哉？』**公明儀，賢者也。師文王，信周公，言其知所法則也。**今滕絶長補短，將五十里也，猶可以爲善國。**滕雖小，其境界長短相補，可得大，五十里子、男之國也，尚可以行善者也。**《書》曰：『若藥不瞑眩，厥疾不瘳。』」**《書》，逸篇也。瞑眩，藥攻人疾，先使瞑眩憒亂，乃得瘳愈。喻行仁當精熟，德惠乃洽也。

疏「滕文公爲世子」至「厥疾不瘳」。正義曰：此章言人上當則聖人，秉仁行義者也。「滕文公爲世子，將之楚，過宋而見孟子。孟子道性善，言必稱堯舜」者，世子，諸侯適子之稱也。言滕文公爲世子之時，往楚國，而在宋國過，見孟子。孟子乃與世子文公道其人性皆有善，但當行之而已。凡有言，則必以堯舜爲言，蓋堯舜古之受禪之帝，其治國所行之事，皆爲後世所法，故言必堯舜之事，言於世子文公，以其欲勉世子文公也。文公者，後謚世子爲文公也。「世子自楚反，復見孟子」者，是世子文公自宋而見孟子之後往至楚國，又自楚國反歸，復見孟子於宋國也。「孟子曰：世子疑吾言乎，夫道一而已矣」者，孟子見世子復見再有所問，乃曰：世子是疑我言有

❶「麇」，按阮校：「廖本、孔本、韓本作『麋』。《音義》云『從禾』。作『麇』是也。」

❷「正」，阮本作「公」。

❸「故勉世子」，按阮校：「廖本、孔本、韓本、《考文》古本作『欲勸勉世子也』。」

不盡，故復見乎？　言道之在天下一而已，惟當善行焉，何必復疑而再欲問邪？　「成覸謂齊景公曰：彼丈夫也，我丈夫也，吾何畏彼哉」者，孟子又引往日成覸常謂齊景公曰：彼之尊貴者即丈夫也，我亦丈夫也，言即一耳，我何畏彼之哉？　是言我能爲之，亦如彼之尊貴矣，人何畏？❶　顏淵有曰：舜何人也，我何人也，亦言其人即一耳，但有能爲之者，亦若此舜矣。　故曰「舜何人也？　予何人也？　有爲者亦若是」。　「公明儀曰：文王我師也，周公豈欺我哉」者，孟子又以公明儀有曰：文王者，我師法者也，周公豈欺誣我哉？　言周公我亦信而師法之耳。　「今滕絶長補短，將五十里也，猶可以爲善國」者，孟子謂世子，言今之滕國之地，絶長補短，其廣大亦將有五十里也，尚可以爲行善之國也。　五十里者，子、男之國也，故曰「猶可以爲善國」。　「《書》曰：若藥弗瞑眩，厥疾不瘳」者，此蓋今之《尚書·説命》之篇文也。　孟子引《書》云：若藥之攻人，人服之不以瞑眩憒亂，則其疾以不愈也。　所以引此者，蓋孟子恐云今滕國絶長補短，將有五十里，猶可爲善國，有致世子之所嫌，乃引此而喻之，抑亦所謂良藥苦口、忠言逆耳之意，而解世子又有以勸勉焉。　注「文公爲世子」至「勉世子也」。　正義曰：此蓋《古紀世本》之文也。　云滕有考公麋，與文公之父定公相直。　其子元公洪，與文公相直。　後世因避諱之故，更考公爲定公，元公爲文公。　以其能安民大慮，故以「定」爲謚；以其能慈惠愛民，故以「文」爲謚。　魯有文公、定公之號，周有文王、定王之名。　其謚雖與滕君同，然稱其實，蓋不無異焉。　凡稱公者，蓋古者天子有三公稱公，王者之後稱公。　其餘大國稱侯、伯，小國稱子。　男之君亦得稱公者，非僭之也，以其國人尊之，故稱公而已。　注云「成覸，勇果者也」，「公明儀，賢者也」。　正義曰：❷以意推之，則成覸之勇果、公明儀之賢者可知矣，人亦未詳，《禮》於《檀弓》有公明儀，而注亦無所説，亦以孟子之時事罕有所載，學者亦不必規規務求極焉。　注「若藥不瞑眩，厥疾不瘳」。　正義曰：《商書·説命》篇孔氏傳云：「開汝心，沃我心，如服藥必瞑眩極，其病乃除，欲其出切言以自警。」

滕定公薨，世子謂然友曰：「昔者孟子嘗與我言於宋，於心終不忘。今也不幸至

❶「人」，阮本作「又」。
❷「曰」，原作「田」，據阮本改。

於大故，吾欲使子問於孟子，然後行事。」定公，文公父也。然友，世子之傅也。大故，謂大喪也。然友之鄒，問於孟子。孟子歸在鄒也。孟子曰：「不亦善乎！親喪，固所自盡也。不亦者，亦也。問此亦其善也。曾子曰：『生，事之以禮；死，葬之以禮，可謂孝矣。』曾子傳孔子之言。孟子欲令世子如曾子之從禮也。時諸侯皆不行禮，故使獨行之也。諸侯之禮，吾未之學也。雖然，吾嘗聞之矣。三年之喪，齋疏之服，飦粥之食，自天子達於庶人，三代共之。」孟子言我雖不學諸侯之禮，嘗聞師言，三代以事，❶君臣皆行三年之喪。齋疏，齊衰也。飦，糜粥也。然友反命，定爲三年之喪。父兄百官皆不欲也，故曰：「吾宗國魯先君莫之行，吾先君亦莫之行也。至於子之身而反之，不可。父兄百官，滕文同姓、異姓諸臣也，❷皆不欲使世子行三年。滕、魯同姓，俱出文王。魯，周公之後；滕，叔繡之後。敬聖人，故宗魯者也。且志曰：『喪祭從先祖。』」曰：「吾有所受之也。」父兄百官且復言也。志，記也。《周禮》：「小史掌邦國之志。」曰喪祭之事，各從其先祖之法。言我轉有所受之，不可於己身獨改更也。一說「吾有所受之」，世子言我受之於孟子也，故曰吾有所受。❸謂然友曰：「吾他日未嘗學問，好馳馬試劒。今也父兄百官不我足也，恐其不能盡於大事，子爲我問孟子。」父兄百官見我他日所行，謂我志行不足，似恐我不能盡大事之禮，故止我也。爲我問孟子，當何以服其心，使其信我也。然友復之鄒問孟子。孟子曰：「然，不可以他求者也。孔子曰：『君薨，聽於冢宰。歠粥，面深墨，即位而哭，百

❶「事」，按阮校：「閩、監、毛三本作『前』，廖本、孔本、韓本、《考文》古本、足利本作『來』。」

❷「文」，按阮校：「宋本、孔本、韓本、《考文》古本作『之』。」

❸「故曰吾有所受」，按阮校：「廖本、孔本、韓本、《考文》古本無此句。無者是。」

官有司莫敢不哀，先之也。孟子言：如是，不可用他事求也。❶喪尚哀戚感之耳。❷國君薨，委政冢宰大臣，嗣君但盡哀情，歠粥不食，顔色深墨。深，甚也。墨，黑也。即喪位而哭，百官有司莫敢不哀者，以君先哀之也。上有好者，下必有甚焉者矣。君子之德，風也。小人之德，草也。草上之風必偃。』❸是在世子。」上之所欲，下以爲俗。尚，加也。偃，伏也。以風加草，莫不偃伏也。是在世子以身帥之也。然友反命。世子曰：「然，是誠在我。」世子聞之，知其在身，欲行之也。五月居廬，未有命戒。❹百官族人可謂曰知。諸侯五月而葬，未葬，居倚廬於中門之内也。未有命戒，居喪不言也。異姓、同姓之臣可謂曰智，世子之能行禮也。及至葬，四方來觀之，顔色之戚，哭泣之哀，弔者大悦。四方諸侯之殯來弔會者，見世子之憔悴哀戚，大悦其孝行之高美也。疏「滕定公薨」至「弔者大悦」。　正義曰：此章言事莫當於奉禮，孝莫大於哀慟，從善如流，文公之謂也。「滕定公薨」者，滕文公之父死也。「世子謂然友曰：昔者孟子嘗與我言於宋，於心終不忘。今也不幸，至於大故，吾欲使子問於孟子，然後行事」者，然友，世子之傅也。世子謂然友，言往日孟子曾與我言於宋國之事，於我心至今常存，終不爲忘之也，今也不幸至於父喪之大故，我欲使子問於孟子，然後行其父喪之事。「然友之鄒，問於孟子」者，孟子將以自宋歸鄒也，然友乃往鄒國，問孟子以世子所問之事。「孟子曰：不亦善乎！親喪固所自盡也」者，孟子答然友，謂不亦善然友以世子所問也。「曾子曰：生，事之以禮；死，葬之以禮，祭之以禮，可謂孝矣」至「三代共之」者，孟子以此答然友之問，言曾子謂父母在生之時，當以禮奉事之，如冬温夏凊，昏定晨省，是其禮也。父母死之時，當以禮安葬之，如擗踊哭泣，哀以送之，卜其宅兆，而安厝之，是其禮也。及祭之禮，如春秋祭祀以時思之，陳其簠簋而哀戚之是也。能如此，則可謂之能孝者矣。如問其諸侯所行之禮，則我未之學也。雖然，爲

❶「他事」，原作「也是」，據阮本改。
❷「戚感」上，阮本有「惟當以哀」四字。
❸「上」，按阮校：「石經、廖本、孔本、韓本作『尚』。」
❹「未」，原作「木」，據阮本改。

未嘗學諸侯之禮，我嘗聞知之矣。言嘗聞三年父母之喪，以齋疏齊衰之服，以饘粥之食。凡此三年之喪，自上至於天子，下而達於庶人，三代夏、商、周共行之矣。「然友反命」者，然友自鄒得孟子之言，乃反歸命告於滕公也。「定爲三年之喪，父兄百官皆不欲也，故曰：吾宗國魯先君莫之行也」至「於子之身而反之，不可」者，是世子因然友問孟子歸後，乃定爲三年之喪事，其滕之同姓與異姓諸臣，皆不欲爲三年之喪，遂曰：我宗國魯先君莫之嘗行此三年喪禮，我之先君亦莫之嘗行也，今至於子之身而反違之，以爲三年之喪，不可。言其不可反背先君，而以自爲三年喪之禮也。「且志曰：喪祭從先祖。曰：吾有所受之也」，父兄百官言之後復引記有曰：喪祭之事，各從其先祖之法，我但有所承受之也，不可於己身獨改更爲三年喪耳。滕與魯同姓，俱出魯周公之後，故云「吾宗國魯先君」。志，記也。「謂然友曰：吾他日未嘗學問，好馳馬試劍。今也父兄百官不我足也，恐其不能盡於大事，子爲我問孟子」者，滕文公既定爲三年之喪禮，而父兄百官見之皆不欲爲，乃復謂然友曰：我所往他日未嘗學問禮，但好驅馳走馬試劒事，今也定爲三年之喪，父兄百官見之，皆謂我志不足以行此三年之喪，恐其不能盡於大事之禮，子復爲我之鄒問孟子，以爲如何當使父兄百官服其心而信我也？「然友復之鄒問孟子」者，是然友自文公所，乃因其命，復往鄒國，見孟子而問焉。「孟子曰：不可以他求也。孔子曰：君薨，聽於冢宰，歠粥，面深墨，即位而哭。百官有司莫敢不哀，先之也」至「是在世子」者，孟子答然友爲世子之問，言如此則不可更以他事求也，惟當以哀戚感之耳。故引孔子曰：國君之薨，其政事皆委冢宰大臣聽行之，嗣君者但歠饘粥而不食，面之顔色亦變爲甚黑之色，即喪位而哀哭之，故百官有司莫敢不哀先之也。是所謂上有所好者，下必有甚焉者耳。且君子之德如風也，小人之德如草也，草加之以風，必偃伏而從風所趨耳。是在世子但以身率之爾。凡此皆孟子答然友爲世子之問，而以此復教之矣。「然友反命，世子曰：是誠在我」者，然友自問孟子之後，乃以孟子之言反歸告於世子，世子於是五月居於喪廬，不敢入處，故未有命以令人，未有戒以號人，以其在外，思之而不言也。百官族人皆以爲知禮，能行三年之喪，乃曰「可謂曰智」，以其百官族人指文公而言也。「及至葬，四方來觀之，顔色之戚，哭泣之哀，弔者大悦」者，言及至葬日，四方諸侯來弔慰而觀之，顔色之戚而形於容，哭泣之哀而形於聲，於是弔之者皆大悦，以喜其有孝行也。　注「定公，文公父也」。　正義曰：說在前段已詳矣。　注「曾子傳孔子之言」。　正義曰：案《論語》：「孟孫問孝於孔子，孔子對曰：『生，事之以禮；死，葬之以禮，祭之以禮。』」是曾子傳孔子之言而云，孟子所以引爲曾子言矣。　注「滕、魯國同姓，❶俱出魯周公之後」。　正義曰：案魯隱公十一年，滕侯與薛侯爭長，薛侯曰：「我先封。」滕侯曰：「我，周之卜正也。薛，庶姓也，我不可以後之。」公使羽父請於薛侯曰：「君與滕侯辱在寡人。周諺有之曰：『山有木，工則度之。賓有禮，主則擇之。』周之宗盟，異姓爲後。寡人若朝于薛，不敢與諸任齒。君若辱貺寡人，則願以滕君爲請。」薛侯許之，乃長滕侯。杜預云：「薛，任姓。」以此推之，則知滕爲魯之後，與魯同姓也。　注「《周禮》：小史掌邦國之志」至「孟子也」。　正義曰：鄭司農云：「志，謂記也。《春秋傳》所謂《周志》，《國語》所謂《鄭書》之屬也。」兩說者，其意皆行，謂之父兄百官言亦行，謂之世子亦行，但不逆意則可矣。　注「諸侯五月而葬，未葬，居倚廬於中門之内也」。　正義曰：案《左傳》隱公元年云：「天子七月而葬，同軌畢至；諸侯五月而葬，同盟至；大夫三月，同位至；士踰月，外姻至。」又《大喪記》云「父母之喪，❷居倚廬」是也。

滕文公問爲國。❸孟子曰：「民事不可緩也。問治國之道也。民事不可緩之使怠惰，當以政督趣，教以生産之務也。《詩》云：『晝爾于茅，宵爾索綯。亟其乘屋，其始播百穀。』《詩》《豳風·七月》之篇，言教民晝取茅草，夜索以爲綯。綯，絞也。及爾閒暇，亟而乘蓋爾野外之屋，春事起，爾將始播百穀矣。言農民之事無休已。民之爲道也，有恒産者有恒心，無恒産者無恒心。苟無恒心，放僻邪侈，無不爲已，及陷乎罪，然後從而刑之，是罔民也。焉有仁人在位，罔民而可爲也？義與上篇同。孟子既爲齊宣王言之，滕文公問，復爲究陳其義，故各自載之也。是故賢君必恭儉禮下，取於民有制。古之賢君，身行恭儉，禮下大臣，賦取於民不過什一之制也。陽虎曰：『爲富不仁矣，爲仁

❶「同」，原作「商」，據上注文及阮本改。
❷「大喪記」，據《禮記》，當作「喪大記」。
❸「問」，原脱，據阮本補。

不富矣。』陽虎，魯季氏家臣也。富者好聚，仁者好施，施不得聚，道相反也。陽虎非賢者也，言有可采，不以人廢言也。

夏后氏五十而貢，殷人七十而助，周人百畝而徹，其實皆什一也。徹者，徹也。助者，藉也。夏禹之世，號夏后氏。后，君也。禹受禪於君，故夏稱后。殷、周順人心而征伐，故言人也。民耕五十畝，貢上五畝；耕七十畝者，以七畝助公家；耕百畝者，徹取十畝以爲賦。雖異名而多少同，故曰「皆什一也」。徹，猶取人徹取物也。❶藉者，借也，猶人相借力助之也。

龍子曰：『治地莫善於助，莫不善於貢。』貢者，校數歲之中以爲常。龍子，古賢人也，言治土地之賦，無善於助者也。貢者，校數歲以爲常類而上之，民供奉之，有易有不易，故謂之莫不善於貢也。

樂歲粒米狼戾，多取之而不爲虐，則寡取之。凶年糞其田而不足，則必取盈焉。樂歲，豐年。狼戾，猶狼藉也。粒米，粟米之粒也。饒多狼藉，棄捐於地，是時多取於民，不爲暴虐也，而反以常數少取之。至於凶年飢歲，民人糞其田，❷尚無所得，不足以食，而公家取其稅必滿其常數焉。不若從歲飢穰以爲多少，與民同之也。

爲民父母，使民盻盻然，將終歲勤動不得以養其父母，又稱貸而益之，使老稚轉乎溝壑，惡在其爲民父母也？盻盻，勤苦不休息之貌。動，作。稱，舉也。言民勤身動作，終歲不得以養食其父母。公賦當畢，有不足者，又當舉貸子倍而益滿之。至使老少轉尸溝壑，❸安可以爲民之父母也。

夫世祿，滕固行之矣。古者諸侯、卿、大夫、士有功德，則世祿賜族者也。官有世功也，其子雖未任居官，得世食其父祿。賢者子孫必有士之義也，滕固知行是矣。言亦當恤民之子弟，閔其勤勞者也。

《詩》云：『雨我公田，遂及我私。』惟助爲有公田，由此觀

---

❶ 上「取」字，按阮校：「岳本、宋本、廖本、孔本、韓本、《考文》古本無『取』字。無者是。」

❷ 「糞」下，按阮校：「宋本、孔本、韓本、《考文》古本有『治』字。」

❸ 「老少轉尸」，按阮校：「宋本『少』作『小』，『尸』作『乎』，岳本、孔本、韓本『少』作『小』，足利本『尸』下有『乎』字。」

之，雖周亦助也。《詩》，《小雅・大田》之篇。言太平時民悦其上，願欲天之先雨公田，遂以次及我私田也，猶殷人助者，❶爲有公田耳。此周《詩》也，而云「雨公田」，❷知雖周家之時，亦有助之之制也。❸設爲庠序學校以教之，以學習禮，教化於國。庠者養也，校者教也，序者射也。夏曰校，殷曰序，周曰庠，學則三代共之，皆所以明人倫也。養者養耆老，教者教以禮義，射者三耦四矢，以達物導氣也。學則三代同名，皆謂之學。學乎人倫，人倫者人事也，猶《洪範》曰「彝倫攸序」，謂其常事有序者也。人倫明於上，小民親於下，有王者起，必來取法，是爲王者師也。有行三王之道而興起者，當取法於有道之國也。《詩》云：『周雖舊邦，其命惟新。』文王之謂也。子力行之，亦以新子之國。」《詩》，《大雅・文王》之篇。❹言周雖后稷以來舊爲諸侯，其受王命，惟文王新復，修治禮義以致之耳。以是勸勉文公，欲使庶幾新其國也。使畢戰問井地。畢戰，滕臣也。問古井田之法。時諸侯各去典籍，人自爲政，故井田之道不明也。孟子曰：「子之君將行仁政，選擇而使子，子必勉之！夫仁政，必自經界始。經界不正，井地不鈞，穀禄不平。子，畢戰也。經亦界也。必先正其經界，勿侵鄰國，乃可鈞井田，平穀禄。穀，所以爲禄也。《周禮・小司徒》曰：「乃經土地而井其田野。」❺言正其土地之界，乃定受其井牧之處也。是故暴君汙吏必慢其經界。經界既正，分田制禄，可坐而定也。暴君，殘虐之君。汙吏，貪吏也。

❶「猶」，按阮校：「閩、監、毛三本、韓本作『惟』。案『猶』當『獨』字之誤，閩本改爲『惟』，非也。」

❷「雨」，原作「前」，據阮本改。

❸「知雖」至「之制也」，按阮校：「宋本、岳本『亦有助之之制也』作『亦助也』，孔本、韓本、足利本作『知雖周家時亦助也』。《考文》古本『之時之制』無『之』字。」

❹「文王」，原作「文文王」，按盧宣旬補校：「誤重『文』字。」據删。

❺「經」，原作「任」，據阮本及《周禮》改。「井」下，《周禮》有「牧」字。

慢經界，不正也。❶必相侵陵，長争訟也。分田，賦廬井也。制禄，以庶人在官者比上農夫，轉以爲差，故可坐而定矣。**夫滕，壤地褊小，將爲君子焉？將爲野人焉？無君子莫治野人，無野人莫養君子。**褊小，謂五十里也。爲，有也。雖小國，亦有君子，亦有野人，言足以爲善政也。**請野九一而助，國中什一使自賦。**九一者，井田以九頃爲數而供什一，郊野之賦也。助者，殷家税名也，周亦用之，龍子所謂「莫善於助」也。時諸侯不行助法。國中什一者，《周禮》「園廛二十而税一」，時行重法，❷賦責之什一也。而，如也。自，從也。孟子欲請使野人如助法，什一而税之。國中從其本賦，二十而税一以寬之也。**卿以下必有圭田，圭田五十畝，餘夫二十五畝。**古者卿以下至於士，皆受圭田五十畝，所以供祭祀也。圭，潔也。上田，故謂之圭田，所謂「惟士無田，則亦不祭」，言絀士無潔田也。井田之民，養公田者受百畝，圭田半之，故五十畝。餘夫者，一家一人受田，其餘老小尚有餘力者，受二十五畝，半於圭田，謂之餘夫也。受田者，田萊多少有上、中、下。《周禮》曰「餘夫亦如之」，亦如上、中、下之制也。《王制》曰「夫圭田無征」，謂餘夫圭田，皆不出征賦也。❸時無圭田餘夫，孟子欲令復古，所以重祭祀，利民之道也。**死徙無出鄉，**死，謂葬死也。徙，謂受土易居，❹平肥磽也。不出其鄉，易爲功也。**鄉田同井，出入相友，守望相助，疾病相扶持，則百姓親睦。**同鄉之田，共井之家，各相營勞也。出入相友，相友耦也。《周禮·大宰》曰：「八曰友，以任得民。」守望相助，助察姦惡也。疾病相扶持，扶持其羸弱，救其困急。皆所以教民相親睦之

---

❶「不正也」，按阮校：「廖本、孔本、韓本、《考文》古本作『不正本也』。」

❷「法」，按阮校：「宋本、孔本、韓本、《考文》古本無『法』字。」如此則「重賦」連讀。

❸「出」，閩、監、毛、阮本作「當」。

❹「受」，按阮校：「廖本、孔本、韓本作『爰』。『爰土』即《國語》之『轅田』。賈侍中云：『轅，易也，爲易田之法。』《左傳》作『爰田』。」

道。和睦也。❶**方里而井，井九百畝，其中爲公田。八家皆私百畝，同養公田。公事畢，然後敢治私事，所以別野人也。**方一里者，九百畝之地也，地爲一井。❷八家各私得百畝，同共養其公田之苗稼。公田八十畝，其餘二十畝以爲廬、井、宅、園、圃，家一畝半也。❸先公後私，「遂及我私」之義也。則是野人之事，所以別於士伍者也。**此其大略也。若夫潤澤之，則在君與子矣。」**略，要也。其井田之大要如是也，而加慈惠潤澤之，則在滕君與子共戮力撫循之也。

疏「滕文公問爲國」至「則在君與子矣」。正義曰：此章言尊賢師知，采人之善，修學校，勸禮義，敕民事，正經界，鈞井田，賦十一，則爲國之大本也。「滕文公問爲國」者，滕文公問孟子治國之道也。「孟子曰：民事不可緩也」者，孟子答文公，言治國之道，惟民事當急而不可緩也。「《詩》云：晝爾于茅，宵爾索綯。亟其乘屋，其始播百穀」者，此蓋《詩》之《豳風·七月》之篇文也。言民事於日中則取茅，夜中以索綯。綯，絞索也。晝，日中。宵，❹夜中也。及爾間暇之時，則亟疾乘蓋其野外之屋，春事始興，以爲播百穀爲也。以其民事當無休已。孟子所以引此而教之文公也，亦欲文公教民如此者焉。「民之爲道也，有恒產者有恒心，無恒產者無恒心。苟無恒心，放辟邪侈，無不爲已。及陷乎罪，然後從而刑之，是罔民也。焉有仁人在位，罔民而可爲也」者，此義同前篇，此所以復言之者，以其前篇孟子爲齊宣陳之也，此篇蓋因文公爲治國之道，故孟子復此爲答，遂兩載焉，此更不說。「是故賢君制民必恭儉禮下，取民有制」者，言古之賢君必身行恭儉，恭則不侮人，儉則不奪人，非特不侮人、不奪人，且又禮下接於賢人。其取民之賦又有什一之制。什一，蓋十分則取一而已。「陽虎曰：爲富不仁矣，爲仁不富矣」者，陽虎，魯季氏之家臣也。孟子言陽虎有云：凡爲富者，則

---

❶「和睦」，按阮校：「廖本、孔本、韓本、《考文》古本作『睦和』爲是。」

❷「地」，按阮校：「廖本、孔本、韓本、《考文》古本無此字。」

❸「一」，按阮校：「廖本、孔本、韓本、《考文》古本作『二』。按作『二』是也。此二畝半合城保二畝半，是爲五畝之宅。」

❹「宵」上，原有「夜」字，據阮本刪。

常聚民之財賄爲己所有，故不仁。凡爲仁者，以其常務博施濟衆，故不能富矣。孟子今舉之而教文公者，蓋欲使得其中矣。「夏后氏五十而貢，殷人七十而助，周人百畝而徹，其實皆什一也。徹者，徹也。助者，藉也」者，言夏后氏之時，民耕五十畝田，其於貢上之賦但五畝而已，是夏后氏五十而貢也。殷人之時，民耕七十畝田，其助公家則七畝而已，是殷人七十而助也。周人之時，民耕百畝，其徹取之賦則十而已，是周人百畝而徹也。總而論之，其實皆什一之賦也。「徹者，徹也。助者，藉也」，此孟子自解之義也。徹猶徹取，助但借民力而耕之矣，故藉借也。夏后氏與殷人、周人之稱不同者，蓋禹之受禪以繼舜有天下，故夏稱「后」。后，君也。殷、周以征伐順人心而有天下，故云「人」也。「龍子曰：治地莫善於助，莫不善於貢。貢者，校數歲之中以爲常」者，龍子蓋古之賢人也，孟子言龍子有云：治土地之賦，莫善於助者也，莫不善於貢也。以其助則借民力而耕之，其所出在歲之所熟如何耳。貢者以其檢校數歲之中以爲有常之例也，其歲之所熟，則貢之數亦然，歲之荒，則貢之數亦然。蓋以歲荒則有損於民也，故曰「莫善於助，莫不善於貢」。「樂歲粒米狼戾，多取之而不爲虐，則寡取之。凶年糞其田而不足，則必取盈焉」者，此亦孟子自解其上文之旨也。言豐樂之歲，其粒米狼藉饒多，雖多取之而不爲暴虐，則以寡取之。凶荒之年，糞其田尚不足，則以取滿其常數焉。是則校數歲之中以爲常之意也。「爲民父母，使民盻盻然，將終歲勤動不得以養其父母，又稱貸而益之，使老稚轉乎溝壑，惡在其爲民父母也」，孟子言：人君爲下民之父母，使民盻盻相顧，將至終歲勤苦勞動，不得以贍養其父母。人君在上，又更稱貸而益之，以滿其常數之貢，致使老小羸弱饑餓而轉填於溝壑之中，如此，安更可在上爲下民父母也？言其不足以爲民父母矣，以其爲民父母，當子養其民，不當如此故也。「夫世禄，滕固行之矣」，孟子言：今夫滕國於世禄固已知行之矣，但亦當憐憫民之老小與其勤勞者也。世禄者，以其有功德之臣，則世禄之，賜其土地也。謂其子雖未任居官，得食其父之禄，亦必有土地禄之也。「《詩》云：雨我公田，遂及我私。惟助爲有公田，由此觀之，雖周亦助也」者，此《詩》蓋《小雅·大田》之篇文也。「惟助」至「助也」，孟子又自言之，因《詩》而解周之亦助也。其詩蓋謂民樂其上，願欲天之先雨及公田，次及我等私田也。孟子緣此而觀之，遂知雖周百畝而徹取之賦，其亦有助之制焉。以其惟行助，則爲有公田，如貢、徹則非有公田矣。孟子於此，所以復辨其周之亦有助法而取民之賦，蓋謂其莫善於助之義也。「設爲庠序學校以教之」者，此孟子亦欲文公富而教之之意也，言又不特止於制民之賦而已。既制其賦，又當開設爲之庠序學校以教之矣，故曰「庠者養也，校者教也，序者射也」至「是爲王者師也」者，此孟子欲詳説其庠序學校之意也。言庠者所以養耆老於此者也，校者所以教禮義於此者也，序者所以講射於此而行尊卑揖遜之禮者也。夏之時謂之校，殷之時謂之序，周之時謂之庠，然而爲學則三代皆共之，皆所以於此而明人倫之序。大倫既備明於上，小民既親之於其下，如有王者興起而用之，必求取法於此，是爲王者之師也。孟子所以區區爲滕文公言及此，又欲文公由此化民成俗故也。「《詩》云：周雖舊邦，其命維新。文王之謂也。子力行之，亦以新子之國」者，「《詩》云」，蓋《詩・大雅・文王》之篇文也，❶其詩：周雖自后稷以來，❷但爲之舊邦，其受王命復修治而惟新之，是文王之謂也。孟子言：文公但能力行如此而修治，亦以新子之國矣。以其欲以此勉文公，使庶幾新其國也。「使畢戰問井地」，畢戰，滕文公之臣也，滕文公自問爲國之道，孟子告之民事貢賦勑禮義之意，其後又使其臣畢戰問孟子以井地之制也。「孟子曰：子之君將行仁政，選擇而使子，子必勉之。夫仁政必自經界始。經界不正，井地不鈞，穀禄不平」者，蓋自此至「在君與子矣」，皆孟子答畢戰問井地之制也。孟子言：子之君將欲行其仁政，選擇而使子來問以井地之制。子必當勉力，與民同行之耳。夫仁政必自經界爲始，如經界不能正之，則井地由此不鈞齊；井地不均，則穀禄亦不平矣。穀所以爲禄，故云穀禄。「是故暴君汙吏必慢其經界」至「定也」者，孟子言此故暴虐之君，汙濫之吏，必慢其經界。所以告之以此者，孟子欲滕君不爲暴君，畢戰不爲汙吏也，故如是云然。經界既以正，則田由此而分平，禄由是而得制，是其分田制禄，可坐而定之也，以言其易定也。「夫滕，壤地褊小，將爲君子焉？將爲野人焉？無君子莫治野人，無野人莫養君子」，孟子言：今夫滕國土壤之地褊小，即止於五十里，然將爲之君子人焉？爲之野人焉？以其無君子則莫能治其野人，無野人則莫能養其君子。孟子所以言此者，蓋以滕國亦有君子，亦有野人，足以爲善政也。「請野九一而助，國中什一使自賦」至「若夫

❶「云」，原作「去」，據阮本改。
❷「詩」，阮本作「時」。

潤澤之，則在君與子矣」者，此皆孟子欲滕國爲善政，故以是請教之也。今言請於郊野行井田之制，以九一而助佐公田爲之賦，❶國中廛園以什一之法使貢自賦之，以其十中取一也。古者自卿以下皆有其圭田，謂之圭田者，所以名其潔而供祭祀之田也。言自卿以下，皆受此圭田五十畝。「餘夫二十五畝」，以其一家一人受田，其餘老小尚有餘力者，亦受此圭田二十五畝而已。「死徙無出鄉」，以其死葬易居，無出其本鄉耳。「鄉田同井，出入相友，守望相助，疾病相扶持，則百姓親睦」，以其謂同鄉之田、共井之家者，凡有出入，皆相交友爲伴，所以同其心也。相助以守，而此不可以威武奪，相助以望，而彼不得以投隙來。疾病則相扶持其羸弱而救其困急，則百姓於是相親和睦矣。「方里而井」，以其方一里之地爲之井。田九百畝，以其一井之田有九百畝。「其中爲公田」，以其九百畝於井中，抽百畝爲公田之苗稼。「八家皆私百畝」，以其八口之家，皆受八百畝以爲己之私田苗稼。「同養公田，公事畢，然後敢治私事」，以其八口之家同共耕養其公田，及至公田之事了畢，然後耕治己之私田，以爲之私事。「所以別野人也」，此所以爲野人之事，以別於士伍者也。「此其大略也。若夫潤澤之，則在君與子矣」，孟子言此則井田之大要如是也，若夫加之以慈惠潤澤之，則有在於滕君與子矣。子者，稱畢戰爲子也。注「《詩》，《豳風·七月》之篇」至「無休已」。正義曰：毛氏云：「宵，夜也。綯，絞也。乘，升也。」箋云：「爾，女也。汝當晝日往取茅歸，夜作絞索以待時用。亟，急也。乘，治也。十月定星將中，急當治野廬之屋。其始播百穀，謂期來年百穀于公社也。」此詩蓋陳王之艱難。注「陽虎，魯季氏家臣，非賢者也」。正義曰：案《論語》云：「陽貨欲見孔子，孔子不見。」孔傳云：「陽貨，陽虎也，季氏之家臣，而專魯國之政。」是則姓陽名虎，字貨也。孔子不見，所以知其非賢故也。注「《詩》，《小雅·大田》之篇」至「亦助也」。正義曰：此蓋幽王之詩也。箋云：「其民之心，先公後私，令天注雨於公田，因及私田爾。言民怙君德，蒙其餘惠。」注「《洪範》彝倫攸敘」。正義曰：孔安國云：「彝倫，常道也，言常道所以次敘也。」洪，大也。範，道也。此箕子陳之於武王者也。注「《詩》，《大雅·文王》之篇」。正義曰：此詩蓋言文王受命作周。箋云：「大王聿來胥

❶「一」，原作「中」，據阮本改。

宇，❶而國於周，王迹起矣，而未有天命，至文王而受命。言新者，美之也。」 注「《周禮・小司徒》曰：乃經土地，而井牧其田野」。 正義曰：鄭注云：「小司徒爲經之，立其牧者，《春秋傳》所謂井衍沃、牧隰皋者也。」鄭司農云：「井五溝五塗之界，其制似井之字，因取名焉。」鄭玄云：「隰皋之地，九夫爲牧，二牧而當一井。今造都鄙，授民田，有不易者，有一易者，有再易者，通率二而當一，是之謂井牧。昔少康在虞，思有田一成，有衆一旅。一旅之衆，而田一成，則井牧之法，先古然矣。九夫爲井者，方一里，九夫所治之田也。此制小司徒經之，匠人爲之，溝洫相包乃成耳。」 注「《周禮》園廛二十而稅一」。 正義曰：鄭司農云：「園廛亦輕之者，廛無穀，園少利也。」 注「《周禮》曰餘夫亦如之」，「《王制》曰夫圭田無征」。 正義曰：鄭司農云：「户計一夫一婦而賦之田，其一户有數口者，餘夫亦受此田也。」「夫圭田無征」者，鄭氏云：「夫猶治也。征，税也。治圭田者不稅，所以厚賢也。此則《周禮》之士田，❷以在近郊之地者也。」 注「《周禮・大宰》曰：八曰友，以任得民」。 正義曰：案《大宰》之職：「以九兩繫邦國之民，一曰牧，以地得民。二曰長，以貴得民。三曰師，以賢得民。四曰儒，以道得民。五曰宗，以族得民。六曰主，以利得民。七曰吏，以治得民。八曰友，以任得民。九曰藪，以富得民。」 注云：「兩猶耦也，所以協耦萬民。繫，聯綴也。牧，州長也。長，諸侯也。師，諸侯師氏有德行教民者也。儒，諸侯保氏有六藝以教民者也。宗，繼別爲大宗，收族者也。鄭司農云：主謂公卿大夫，世世食至不絕者也。吏，小吏在鄉邑者。友，謂同井相合耦耡作者。藪亦有虞掌其政令，爲之厲禁者，使其地之民守其財物者。」此大宰之職，有是以掌之也。

孟子注疏解經卷第五上

❶「聿」，原作「早」，據阮本及《毛詩注疏》改。

❷「士」，阮本作「土」。

孟子注疏解經卷第五下

趙氏注　孫奭疏

滕文公章句上

有爲神農之言者許行，自楚之滕，踵門而告文公曰：「遠方之人，聞君行仁政，願受一廛而爲氓。」神農，三皇之君，炎帝神農氏。許，姓；行，名也。治爲神農之道者。踵，至也。廛，居也。自稱遠方之人，願爲氓。氓，野人也。文公與之處。其徒數十人，皆衣褐，捆屨、織席以爲食。文公與之居處，舍之宅也。其徒，學其業者也。衣褐，貧也。捆猶叩㧻也，❶織屨欲使堅，故叩之也。賣屨席以供飲食也。陳良之徒陳相與其弟辛，負耒耜而自宋之滕，曰：「聞君行聖人之政，是亦聖人也。願爲聖人氓。」陳良，儒者也。陳相，良之門徒也。辛，相弟。聖人之政，謂仁政也。陳相見許行而大悦，盡棄其學而學焉。棄陳良之儒道，更學許行神農之道也。陳相見孟子，道許行之言，曰：「滕君則誠賢君也。雖然，未聞道也。陳相言許行以爲滕君未達至道也。賢者與民並耕而食，饔飧而治。今也滕有倉廩府庫，則是厲民而以自養也，❷惡得賢？」相言許子以爲古賢君當與民並耕而各自食其力。饔飧，熟食也。朝曰饔，夕曰飧。當身自具其食，兼治政事耳。❸今滕賦稅有倉廩府庫之富，是爲厲病其民以自奉養，安得爲賢君乎？三皇之時，質樸無事，故道若此者也。孟子曰：「許子必種粟

❶「㧻」，阮本作「椓」，阮校云：「『椓』從『木』，各本從『手』，誤。」

❷「厲」，原作「萬」，據阮本改。

❸「政」，阮本作「民」。按阮校，閩、監、毛三本、孔本、韓本同阮本。

而後食乎？」問：許子必自身種粟乃食之邪？曰：「然。」相曰：然，許子自種之。「許子必織布然後衣乎？」孟子曰：許子自織布然後衣之乎？曰：「否。許子衣褐。」相曰：不自織布，許子衣褐。以毳織之，若今馬衣也。或曰：褐，枲衣也。一曰粗布衣也。「許子冠乎？」孟子問相：冠乎？曰：「冠。」相曰：冠也。曰：「奚冠？」孟子問：許子何冠也？曰：「冠素。」相曰：許子冠素。曰：「自織之與？」❶曰：「否。以粟易之。」相言許子以粟易素。曰：「許子奚爲不自織？」孟子曰：許子何爲不自織素乎？曰：「害於耕。」相曰：織紡害於耕，故不自織也。曰：「許子以釜甑爨，以鐵耕乎？」爨，炊也。孟子曰：許子寧以釜甑炊食，以鐵爲犂用之耕否邪？曰：「然。」相曰：用之。「自爲之與？」孟子曰：許子自治鐵陶瓦器邪？曰：「否，以粟易之。」相曰：不自作鐵瓦，以粟易之也。「以粟易械器者，不爲厲陶冶；陶冶亦以械器易粟者，豈爲厲農夫哉？且許子何不爲陶冶，舍皆取諸其宮中而用之，何爲紛紛然與百工交易，何許子之不憚煩？」械，器之總名也。厲，病也。以粟易器，不病陶冶，陶冶亦何以爲病農夫乎？且許子何爲不自陶冶？舍者，止也。止不肯皆自取之其宮宅中而用之，何爲反與百工交易，紛紛而爲之煩也？曰：「百工之事，固不可耕且爲也。」相曰：百工之事，固不可耕且爲，故交易也。「然則治天下獨可耕且爲與？孟子言百工各爲其事，尚不可得耕且兼之。人君自天子以下，當治天下政事，此反可耕且爲邪？❷欲以窮許行之非滕君不親耕也。孟子謂五帝以來，有禮義上下之事，不得復若三皇之道也，❸言許子不知禮者也。有大人之事，有小人之事。且一人之身而百工之所爲備，如必自爲而後

❶「與」下，按阮校：「廖本、孔本、韓本此下有『孟子曰許子自織素與』注文九字。」

❷「可」下，按阮校：「廖本、孔本、韓本有『得』字。」

❸「得」，按阮校：「閩、監、毛三本、孔本、韓本作『可』。」

用之，是率天下而路也。孟子言人道自有大人之事，謂人君行教化也。小人之事，謂農工商也。一人而備百工之所作，作之乃得用之者，是率導天下人以羸困之路也。❶故曰是率天下而路也。❷故曰：或勞心，或勞力。勞心者治人，勞力者治於人。治於人者食人，治人者食於人，天下之通義也。勞心，君也。勞力，民也。君施教以治理之，民竭力治公田以奉養其上，天下通義，所常行者也。當堯之時，天下猶未平，洪水橫流，氾濫於天下，草木暢茂，禽獸繁殖，五穀不登，禽獸偪人，獸蹄鳥迹之道交於中國。堯獨憂之，舉舜而敷治焉。遭洪水，故天下未平。水盛，故草木暢茂。草木盛，故禽獸繁息衆多也。登，升也，五穀不足升用也。猛獸之迹，當在山林，而反交於中國，懼害人。故堯獨憂念之。敷，治也。《書》曰：「禹敷土。」是言治其土也。舜使益掌火，益烈山澤而焚之，禽獸逃匿。掌，主也。主火之官，猶古之火正也。烈，熾。益視山澤草木熾盛者而焚之，故禽獸逃匿而奔走遠竄也。❸禹疏九河，瀹濟、漯而注諸海，決汝、漢，排淮、泗而注之江，然後中國可得而食也。當是時也，禹八年於外，三過其門而不入，雖欲耕，得乎？疏，通也。瀹，治也。排，壅也。於是水害除，故中國之地，可得耕而食也。禹勤事於外，八年之中三過其門而不入。《書》曰：「辛、壬、癸、甲，啓呱呱而泣。」如此，寧可得耕也？后稷教民稼穡，樹藝五穀。五穀熟而民人育。棄爲后稷也。樹，種。藝，殖也。五穀謂稻、黍、稷、麥、菽也。五穀所以養人也，故言民人育也。人之有道也，飽食煖衣，逸居而無教，則近

❶「羸困之」，按阮校：「《音義》出『羸路』，云『字亦作羸』。案此則宣公所見本無『困之』二字。按『路』與『露』古通用，『露』、『羸』見於古書者多矣。《大雅》『串夷載路』，鄭箋以『瘠』釋『路』，俗人乃改『瘠』爲『應』。此添『困之』二字，其繆同也。」

❷「故曰是率天下而路也」，按阮校：「宋本、廖本、孔本、韓本、《考文》古本無此九字。無者是。」

❸「奔走」，按阮校：「廖本、孔本、韓本、《考文》古本無『奔走』二字。」

於禽獸。聖人有憂之，使契爲司徒，教以人倫：父子有親，君臣有義，夫婦有別，長幼有敘，朋友有信。司徒主人，教以人事。父父子子，君君臣臣，夫夫婦婦，兄兄弟弟，朋友貴信，是爲契之所教也。放勳曰：『勞之來之，匡之直之，輔之翼之，使自得之，又從而振德之。』放勳，堯號也。遭水災恐其小民放僻邪侈，故勞來之。匡正直其曲心，使自得其本善性，然後又從而振其羸窮，❶德恩惠之德也。❷聖人之憂民如此，而暇耕乎！重喻陳相。堯以不得舜爲己憂，舜以不得禹、皋陶爲己憂。夫以百畝之不易爲己憂者，農夫也。分人以財謂之惠，教人以善謂之忠，爲天下得人者謂之仁。言聖人以不得賢聖之臣爲己憂，農夫以百畝不易治爲己憂。是故以天下與人易，爲天下得人難。爲天下求能治天下者難得也，故言以天下傳與人尚爲易也。孔子曰：『大哉堯之爲君，惟天爲大，惟堯則之，蕩蕩乎民無能名焉。君哉舜也，巍巍乎有天下而不與焉。』堯舜之治天下，豈無所用其心哉，亦不用於耕耳。天道蕩蕩乎大無私，生萬物而不知其所由來，堯法天，故民無能名堯德者也。舜得人君之道哉，德盛乎，❸巍巍乎，有天下之位，雖貴盛，不能與。蓋舜巍巍之德，言德之大，大於天子位也。堯舜蕩蕩巍巍如此，但不用心於躬自耕也。吾聞用夏變夷者，未聞變於夷者也。當以諸夏之禮義化變蠻夷之人耳，❹未聞變化於夷蠻之人，同其道也。❺陳良，楚産也，悦周公、仲尼之道，北學於中國，北方之學者，未能或

❶「又」下，按阮校：「岳本、廖本、孔本、韓本、《考文》古本有『復』字。」

❷「德恩惠之德也」，按阮校：「廖本、孔本、韓本、《考文》古本作『加德惠也』。」

❸「乎」，按阮校：「閩、監、毛三本及韓本作『而』。」

❹「蠻夷」，按阮校：「廖本、孔本、韓本、《考文》古本作『夷蠻』。」

❺「同」，按阮校：「廖本、孔本、韓本、《考文》古本作『則』。」

之先也，彼所謂豪傑之士也。子之兄弟事之數十年，師死而遂倍之。陳良生於楚，北遊中國，學者不能有先之也，可謂豪傑過人之士也。❶子之兄弟，謂陳相、陳辛也，數十年師事陳良，良死而倍之，更學於許行，非之也。昔者孔子没，三年之外，門人治任將歸，入揖於子貢，相嚮而哭，皆失聲，然後歸。子貢反，築室於場，獨居三年，然後歸。任，擔也。失聲，悲不能成聲。場，孔子冢上祭祀壇場也。子貢獨於場左右築室，復三年，慎終追遠也。他日，子夏、子張、子游以有若似聖人，欲以所事孔子事之。强曾子，曾子曰：『不可。江漢以濯之，秋陽以暴之，皜皜乎不可尚已。』有若之貌似孔子，此三子者，思孔子而不可復見，故欲尊有若以作聖人，朝夕奉事之禮，❷如事孔子，以慰思也。曾子不肯，以爲聖人之潔白，如濯之江漢，暴之秋陽。秋陽，周之秋，夏之五、六月盛陽也。皜皜，白甚也。何可尚而乃欲以有若之質放聖人之坐席乎？❸尊師道，故不肯也。今也南蠻鴃舌之人，非先王之道，子倍子之師而學之，亦異於曾子矣。吾聞出於幽谷遷于喬木者，未聞下喬木而入于幽谷者。今此許行乃南楚蠻夷，其舌之惡如鴃鳥耳。鴃，博勞鳥也。《詩》云：「七月鳴鴃。」應陰而殺物者也。許子託於太古，非先聖王堯舜之道，❹不務仁義，而欲使君臣並耕，傷害道德，惡如鴃舌，與曾子之心亦異遠也。人當出深谷，止喬木。今子反下喬木，入於幽谷。《魯頌》曰：『戎狄是膺，荆舒是懲。』周公方且膺之，子是之學，亦爲不善變矣。』《詩》《魯頌・閟宫》之篇也。膺，擊也。懲，艾也。周家時擊戎狄之不善者，懲止荆、舒之人，使不敢侵陵也。周公常欲擊之，言南蠻之人難用，而子反悦是人而學其道，亦爲不善變更矣。

❶「可」，按阮校：「閩、監、毛三本作『所』。」

❷「禮」，按阮校：「宋本、廖本、孔本、韓本、《考文》古本無『禮』字。」

❸「放」，原作「於」，按阮校：「廖本、孔本、韓本、《考文》古本作『放』。案《音義》出『質放』。按『放』是也。『放』者今之『倣』字。」據改。

❹「之」，原作「之之」，宋槧大字本不重「之」字，據删。

孟子究陳此者，深以責陳相也。❶「從許子之道，則市賈不貳，國中無僞。雖使五尺之童適市，莫之或欺。布帛長短同，則賈相若；麻縷絲絮輕重同，則賈相若；五穀多寡同，則賈相若；屨大小同，則賈相若。」陳相復爲孟子言此，如使從許子淳樸之道，可使市無二價，不相僞詐，不相欺愚。❷長短謂丈尺，輕重謂斤兩，多寡謂斗石，大小謂尺寸，皆言同價，故曰市無二價者也。曰：「夫物之不齊，物之情也。或相倍蓰，或相什百，或相千萬，子比而同之，是亂天下也。巨屨小屨同賈，人豈爲之哉？從許子之道，相率而爲僞者也。惡能治國家？」孟子曰：夫萬物好醜異賈，精粗異功，其不齊同，乃物之情性也。蓰，五倍也。什，十倍也。至於千萬相倍。譬若和氏之璧，雖與凡玉之璧尺寸厚薄適等，其價豈可同哉？子欲以大小相比而同之，則使天下有爭亂之道也。巨，粗屨也。小，細屨也。如使同價而賣之，人豈肯作其細哉？時許子教人僞者耳，安能治其國家者也。疏「有爲神農之言」至「惡能治國家」。正義曰：此章言神農務本，教以凡民。許行蔽道，同之君臣。陳相倍師，降於幽谷，不理物情，謂之淳樸者。「有爲神農者許行」至「願受一廛而爲氓」者，神農，炎帝氏也。許行，南蠻之人也，姓許名行也，自楚蠻之地往滕國，至門而言告於文公曰：我是遠方楚蠻之人，聞滕君行仁政於此，我今所以來至，❸心願受一廛居之，以爲之氓也。氓，野人之稱，已説在《公孫丑》篇。「文公與之處，其徒數十人皆衣褐，捆屨織席以爲食」，言文公乃與許行之居而處之，其許行之徒弟有數十人，皆衣短褐，叩椓織屨席以供其飲食也。「陳良之徒陳相與其弟辛」至「願爲聖人氓」，陳良，儒者也，陳相與其陳辛二人皆陳良徒弟也，言陳良徒弟陳相與其弟辛背負其耒耜，而從宋國往滕國，而向滕君曰：我聞知君行聖人之政事，是爲聖人者也，

❶「深」，阮本作「所」。

❷「不相欺愚」，阮本作「不相欺愚小大」。按阮校，閩、監、毛三本同阮本，廖本作「不欺愚小大也」，韓本作「不欺愚小民也」，《考文》古本作「不相欺愚小也」。阮校云：「按『愚小』謂五尺之童也，《考文》古本得之。」

❸「今」，原作「令」，據阮本改。

今願爲聖人之氓。「陳相見許行而大悦，盡棄其學而學焉」，言陳相至滕，乃見許行而大悦樂之，遂盡棄去陳良之儒學，而就學於許行之道。「陳相見孟子，道許行之言曰」至「惡得賢」，言陳相後見孟子，乃道許行之言，曰：滕君則誠爲賢君者也，雖然，未聞至道也。古之賢君，乃與民同耕而食，饔飧而兼治政事。朝食曰饔，夕曰飧。今也滕君乃取財税而有倉廩府庫之富，則是厲病其民以自奉養也，安得謂之賢君乎？倉廩，《釋名》曰：「倉，藏也，藏穀物也。」廩，倉有屋曰廩。「孟子問：許子必種粟而後食乎？曰然」，陳相答之，以爲許行是自種而後食也。「許子必織布然後衣乎」，孟子又問許子必自織布然後衣着乎？「曰：許子衣褐」，陳相答之，以許子不自紡織其布爲衣，以其即著枲布也。「許子冠乎」，孟子問許子戴冠乎？「曰冠」，陳相答之，許子戴冠也。「曰：奚冠」，孟子又問許子戴何冠。「曰：冠素」，陳相答之，許子冠以素爲之爾。素，帛也。「曰：自織之歟」，孟子又問許子以素爲冠，其自織之歟？「曰：否。以粟易之」，陳相答之，許子不自織爲冠，以粟更易之而已。「曰：許子奚爲不自織」，孟子又問許子何爲而不自織爲之乎？「曰：害於耕」，陳相答之，以謂許子不自織爲之也。以其自織有妨害於耕也。「曰：許子以釜甑爨，以鐵耕乎」，孟子又問許子寧以釜甑炊食，以鐵爲犂用之耕否乎？「曰然」，陳相答之，以爲許子用之也。「自爲之歟」，孟子又問許子是自爲釜甑炊食、鐵犂耕乎？「曰：否。以粟易之」，陳相答，以爲許子之不自爲也，以粟更易之而已。「以粟易械器者，不爲厲陶冶」至「何許子之不憚煩」，孟子又排問，❶以許子將粟更易械器者不以厲病於陶冶，陶冶亦以器更易之以粟，豈爲病厲其農夫哉？陶，作瓦器之匠也。冶，鑄金之匠也。且許子何不自爲之陶冶，止皆取其宮室之中而用之乎？何爲更紛紛然交易於百工歟？何許子之不畏其煩？故以此欲排之陳相也。「曰：百工之事，固不可耕且爲也」，陳相又答之，以謂百工之事，固不可耕且爲之也，所以用交易而用之耳。「然則治天下獨可耕且爲之歟」，孟子又排之，如是則爲國君治天下，獨可自耕且又爲政事以治天下歟？陳相及此以應答，故孟子一向自言而排之，乃曰：有大人之事，大人之事則國君行教化也；有小人之事，小人之事即農、工、商也。且以一人之身而用百工之所作爲備具，

❶「排」，阮本作「復」。

如必皆用自爲然後言行用之也，❶此則驅率天下之人以羸困之路也。又一説云：如此是驅率天下之人如道路之人，但相視而不知上下貴賤耳。以其許行、陳相皆欲君民並耕，不知有上下貴賤相待，故以此説。據下文意義相通，堪以此説爲尚。所以云羸困之路者，但趙注之説耳。詳而推之，羸困之路，不若此説。「故曰：或勞心，或勞力」至「天下之通義也」者，此下文之如此也，言天下之人，有但或勞其力，但或勞其心者。勞其心所以制政教而治天下之人耳，勞其力所以見治於上人而已。見治於上之人者，竭力治公田以奉養上之人也。治天下之人者，以其爵禄皆出民之賦税，故食於人而已。言此是天下通義，人所常行者也。上之人君爲言也，下之人民爲言也，以此推之，則上下貴賤有所相待耳。「當堯之時，天下猶未平」至「舉舜而敷治焉」，孟子又言：當古之唐堯盛帝之時，天下猶尚未平泰，以其大水横流，逆其勢，汎汎濫濁，徧於天下，草木由是暢茂敷實，禽獸又由此而繁息而生殖焉。五穀黍、稷、稻、麥、菽，於是不豐登，禽獸亦偪害於人，猛獸之迹交馳於中國之道。堯帝乃獨自憂懼之，以其有傷害於人民，故舉用虞舜而廣治之，廣治其水土也。「舜使益掌火」至「禹疏九河」，「后稷教民稼穡」又至「使契爲司徒」，止於「亦不用於耕耳」，言舜因堯帝舉用，乃使伯益爲掌火之官，益視山澤草木熕盛，乃烈山澤而焚燒之，禽獸於是懼而逃匿，遠竄而不敢出。❷又使禹疏通九河，又瀹治濟、漯之水而流注歸海，又開決汝、漢之水而排壅淮、泗二水，而同流注歸之江。九河在東北，案《爾雅》云「九河：❸一曰徒駭，二曰太史，三曰馬頰，四曰覆釜，五曰湖蘇，六曰簡，七曰潔，八曰鉤盤，九曰鬲津」是也。江，九江也，案《尋陽地記》有云「一曰烏江，二曰蚌江，三曰烏白江，四曰嘉靡江，五曰菌江，六曰堤江，七曰廩江，八曰源江，九曰畎江」是也。然後中國之地，人方可耕藝而食也。當此之時，大禹八年在外治水土，經三次過其家門而不得入其家，雖欲於時耕作之，其可得乎？又使后稷棄教天下民稼穡，種樹藝殖五穀。五穀既豐熟，而天下民人於是得養育其生。稼穡者，《説文》云「種曰稼，斂曰穡」也。人之於是有養生之道，飽食而煖衣。逸樂居處而無以教之，則近類於禽獸，以其不知高下也。聖人有憂懼其民如此，

❶「言」，阮本作「方」。
❷「竄」，原作「鼠」，據阮本改。
❸「九河」，原作「九江」，據阮本及《爾雅》改。

舜又使契爲司徒之官，教以人倫，使天下之人知父子有親親慈孝，君臣有尊卑之義，夫婦有交別，長幼有等敘，朋友有忠信。又言「放勳有曰：勞之來之，匡之直之，輔之翼之，使自得之，又從而振德之」，民之有勤勞於事者，有以償其勞，❶故曰勞之。因其民之來歸者，有以償其來，故曰來之。民之既能直其心，故以正其直爲之正，故曰匡之。❷民之或曲其心，故以正其曲爲之直，故曰直之。輔之如車輔，使民有所安於業，故曰輔之。翼之如羽翼，使民有所進於道，故曰翼之。勞之來之，匡之直之，輔之翼之，所以欲使其自得悦樂之而已矣。民既自得而悦樂之，於是又從加之恩惠而振德之。振德即恩惠耳。言聖人之憂於天下之民如此，尚何暇以耕爲乎？又言堯以不得舜而舉用使敷治焉，則爲民之憂。舜既得堯舉而用之，如舜復不得皋陶、禹爲輔，則亦爲己之憂。今夫以百畝之難耕，恐爲己所憂者，農夫也。「分人以財謂之惠，教人以善謂之忠，爲天下得人謂之仁」，以言其以己之財物布與人者，是謂恩惠也；以己之有善而以教諸人，謂其心之忠也，中心之謂忠；爲天下求得其人而治天下者，是謂其仁者也，愛人之謂仁，所以爲天下求得其人，不過愛天下之人，故如是也。「是故以天下與人易，爲天下得人難」，孟子言如此，故以天下傳與其人，尚以爲易也，爲天下得其人而治天下者，猶以爲難。「孔子曰：大哉堯之爲君，惟天爲大，惟堯則之，蕩蕩乎，民無能名焉」至「亦不用於耕耳」，孟子又引孔子有云：大哉堯帝之爲君也，惟上天之爲大而不可尚，惟堯帝又能則法上天而行之，故蕩蕩然，其德之大，而民無有能指名之者，亦若上天之蕩蕩，其覆燾之德，❸人亦不能指名而窮極之故也。德於堯如此其大，故孔子所以曰「大哉堯之爲君」。君哉舜也，巍巍乎其功德之大如此。而天下之事未嘗自與及焉。無他，以其急於得人而輔之耳，所以但無爲而享之，故不必自與及焉。然則堯帝、舜帝之治天下，豈爲無所用其心哉？以其但急用心於得賢，亦且不用於躬耕耳。孟子所以言至於此者，蓋欲排許子於陳相欲以滕君與民並耕而食，故演之以此也，是所以闢之之云耳。「吾聞用夏變夷者，未聞變於夷者也」至「亦爲不善變矣」者，❹此蓋孟子又欲以此而譏陳

---

❶「以」，原作「似」，據阮本改。
❷「匡」，原作「正」，據上經文及阮本改。
❸「燾」，阮本作「載」。
❹「爲不」，原作「不爲」，據上經文及閩、監、毛、阮本改。

相學於許行者也。言我聞用中夏之禮義而變化於蠻夷之人，未聞以蠻夷之道而變化於中夏也。且陳良自楚國而生也，悦樂其周公、仲尼之大道，乃自楚之南而往北求學於中國，蓋中國以楚地觀之，則中國在北之地故也。北方之學者，未能有人或先之陳良。彼陳良所謂豪傑過人之士者也，子之兄弟，以師事數十年矣，至師死而遂背去其所學而學於許行，故以此而譏之。言往日孔子喪没至於三年之外。其門人有治擔任而將歸室者，❶乃至子貢之所，入揖於子貢，相向而哭，乃至悲不成聲，然後歸之室，復感發。子貢追思孔子，又反至，築室於孔子冢上之壇，獨居又至三年，然後方辭冢室而歸處。又及他日，子夏、子張、子游三人以有若之貌狀似孔子聖人，三人遂欲以往日所事孔子之禮旦夕奉事有子，至勉强曾子同以此事之。曾子乃曰不可，言「江漢以濯之」，則至清而不可污；「秋陽以曝之」，則至明而不可掩。其孔子如此江漢、秋陽皜皜然清潔明白，不可得而尚耳。故不可以有若比之，而以事孔子之禮事之也。孟子所以言之以此者，蓋謂孔子之死至三年之久，而門人尚歸與子貢相向而哭，乃至悲而不成聲，又感子貢復築室於冢上而追思之，以至子張、子游、子夏欲慰其心思，乃强曾子同以往日事孔子之禮而事之有若，曾子尚不忍以有若加於孔子，而今子之兄弟，但自師死之未久，遂便以背去之，而欲以許行爲師而就學之，何忍之如是邪？故以此非之。然前又所謂用夏變夷，即陳良北學中國，以周公、仲尼之道爲悦，是又孟子明言之也，豈見如許行、陳相兄弟用蠻夷之事而欲變於滕國也。「今也南蠻鴃舌之人，非先王之道，子背子之師而學之」至「爲不善變矣」，孟子言：今也許行乃南蠻鴃舌之惡如於鳥者也，所行皆非先王之正道，而子之兄弟皆背去其己之師陳良，而以學許行，是亦有異於曾子不忍以有若加孔子矣。我聞出自幽谷之内而遷登于高大之木者，未聞有下高大之木而遷入于幽谷之内者也。又《魯頌·閟宫》之篇有曰：戎狄之人不善，周公於是膺擊之；荆舒之人亦不善，周公於是懲誡之。然則戎狄之人，周公方且膺擊之，今以南蠻之人，反悦其道而以學之，亦爲不善變更者矣。蓋戎狄、荆舒皆南蠻之地也，然周公一則膺擊之，一則但懲誡之，是何邪？夫以戎狄之地遠，荆舒之地近，以遠者有所膺擊，則近者自然從而治也。故「戎狄是膺，荆舒是懲」矣。此孟子所以又執此而非之陳相兄弟學于

❶「擔」，原作「檐」，據阮本改。

許行爲不善，更變其師者焉。「從許子之道，則市價相若」者，此乃陳相之言。從許行之道爲美之之意於孟子也，言今從許行之道而行之，則市中物價貴賤則一而不二也，國中亦無姦僞欺詐，雖使五尺之童子往市中，亦莫有人或敢欺瞞之也，以其布與絹帛長短則同，其價例則相若不異；麻縷絲絮四者輕重又同，而價例亦相若而更無高低；五穀斗量多寡亦則同，而價例亦相若；脚屨大小亦同，而價則相若。凡此是皆市無二價也，故以此言於孟子。「曰：夫物之不齊，物之情也」至「惡能治國家」，此孟子又從而排之也。言夫萬物之不齊等，是物有貴賤好惡之情也。然或相倍蓰，或相什百，或相千萬，其不同之有如此，而子今以爲比皆同之而無二價，是使天下交争而亂之也。大屨與小屨同其價，則人必爲之小屨而賣之，而大屨豈爲之哉？言此屨之大小，則其他物之貴賤不言而可知矣。今從許行之道者，是相率而作詐僞者也，又安能治國家焉。此孟子至終而闢之以此也。注「神農，三皇之君，炎帝神農氏也」。正義曰：案皇甫謐曰：《易》稱包羲氏没，神農氏作，是爲炎帝。班固云：「教民耕農，故號曰神農。」注「褐，馬衣」至「粗布衣也」。❶ 正義曰：案《説文》云：「編枲襪也，一曰短衣也。」又曰袍也，馬被衣也。注「古火正」。正義曰：案《左傳》昭公二十九年，有五行之官，木正曰勾芒，火正曰祝融，❷是爲火止故也。注「《書》曰：辛、壬、癸、甲，啓呱呱而泣」。正義曰：案孔傳云：「辛日娶妻，至于甲日復往治水。」「啓，禹之子，禹治水過門不入，聞啓泣聲，不暇子名之，以大治度水土之功故也。」注「放勳，堯名也」。正義曰：案徐廣云：「放勳，號陶唐也。」孔安國云：「堯能放上世之功化也。」注「場，孔子冢上祭祀壇場」。正義曰：案《史記》云：「孔子葬魯城北泗上。」《皇覽》曰：「孔子冢去城一里，冢營百畝，南北廣十步，東西十三步，高一丈二尺。冢前以瓴甓爲祠壇，方六尺，與地平。本無祠堂，冢營中樹以百數，皆異種。魯人世世無能名其樹者，民傳言：孔子弟子異國，人各持其方樹來種之。其樹柞、枌、雒離、女貞、五味、毚檀之樹，營中不生荆棘及刺人草。」注「《魯頌·閟宮》之篇」。正義曰：此詩頌僖公能復周公之宇也。箋云：「懲，艾也。」僖公與齊桓舉義兵，北當戎狄，南艾荆與群

❶「馬」，據上注文當作「枲」。

❷「祝融」下，阮本有「金正曰蓐收，水正曰玄冥，土正曰后土。顓頊氏之子曰犂，爲祝融」二十五字。

舒，是其解也。

墨者夷之，因徐辟而求見孟子。夷之，治墨家之道者。徐辟，孟子弟子也。求見孟子，欲以辯道也。孟子曰：「吾固願見，今吾尚病，病愈，我且往見。」我常願見之，今值我病，不能見也，病愈，將自往見。以辭卻之。夷子不來。他日，又求見孟子。是日夷子聞孟子病，故不來，他日復往求見之。孟子曰：「吾今則可以見矣。不直則道不見，我且直之。告徐子曰：今我可以見夷之矣，不直言之，❶則儒家聖道不見，我且欲直攻之也。吾聞夷子墨者，墨之治喪也，以薄爲其道也。夷子思以易天下，豈以爲非是而不貴也？然而夷子葬其親厚，則是以所賤事親也。」我聞夷子爲墨道者，墨者治喪，貴薄而賤厚。夷子欲以此道易天下之化，❷使從己，豈肯以薄爲非是而不貴之也。始使夷子葬其父母厚也，❸是以所賤之道奉其親也。如其薄也，下言「上世不葬」者又可鄙，足以爲戒也。吾欲以此攻之者也。徐子以告夷子，夷子曰：「儒者之道，古之人若保赤子，此言何謂也？之則以爲愛無差等，施由親始。」之，夷子名也。言儒家者曰古之治民若安赤子，此何謂乎？之以爲當同其恩愛，無有差次等級相殊也，但施厚之事，先從己親屬始耳。若此，何爲獨非墨道也？徐子以告孟子，孟子曰：「夫夷子信以爲人之親其兄之子爲若親其鄰之赤子乎？彼有取爾也。赤子匍匐將入井，非赤子之罪也。親，愛也。夫夷子以爲人愛兄子與愛鄰人之子等耶？彼取赤子將入井，雖他人子亦驚，救之，故謂之愛同也。但以赤子無知，故救之耳。夷子必似此一之，❹未盡達人情者也。故曰：赤子匍匐將入

---

❶「言」下，按阮校：「廖本、孔本、韓本、《考文》古本有『攻』字。」

❷「欲」上，按阮校：「廖本、孔本、韓本、《考文》古本有『思』字。」

❸「始」，阮本作「如」。

❹「似」，阮本作「以」。「一」，阮本作「況」。

井，非赤子之罪也。❶且天之生物也，使之一本，而夷子二本故也。天生萬物，各由一本而出。今夷子以他人之親與己親等，是爲二本，故欲同其愛也。蓋上世嘗有不葬其親者，其親死，則舉而委之於壑。上世，未制禮之時。壑，路傍坑壑也。其父母終，舉而委之棄於壑也。❷他日過之，狐狸食之，蠅蚋姑嘬之。其顙有泚，睨而不視。夫泚也，非爲人泚，中心達於面目。蓋歸反虆梩而掩之。掩之誠是也，則孝子仁人之掩其親，亦必有道矣。」嘬，相共食之也。❸顙，額也。泚，汗出泚泚然也，見其親爲獸蟲所食，形體毁敗，中心慙，故汗泚泚然出於額，非爲他人而慙也，自出其心。聖人緣人心而制禮也。虆梩，籠臿之屬，可以取土者也。而掩之實是其道，則孝子仁人掩其親亦有道矣。徐子以告，夷子憮然，❹爲間，曰：「命之矣。」孟子言是，以爲墨家薄葬，不合道也。徐子復以告夷子，夷子憮然者，猶悵然也。爲間者，有頃之間也。命之猶言受命教矣。疏

「墨者夷之」至「命之矣」。正義曰：此章言聖人緣情，制禮奉終，墨子互同，質而違中，以直正枉，憮然改容而受命也。「墨者夷子，因徐辟而見孟子」，夷之，治墨家之道者姓名也。徐辟，孟子弟子也。言治墨家之道者夷之因孟子弟子徐辟而見孟子也。孟子曰：吾固願見，今吾尚正病，且待病之瘥愈，我以往而見之也。「夷子不來，他日，又求見孟子」，夷子聞孟子以爲尚病，故不來見，至於他日，復往求見孟子。「孟子曰：吾今則可以見矣。不直則道不見，我且直之」，孟子見夷子復來求見，遂不得已，先言於徐子曰：我今則可以見矣，欲不見，則不得直己之道而正之，儒家先王之正道則泯而不見。我且見而直己之道而正彼也。「吾聞夷子墨者，墨之治喪也，以薄爲其道也」至「是以所賤事親也」，此孟子以此告徐子，是其直己

❶「故曰」至「罪也」，按阮校：「岳本、廖本、孔本、韓本、《考文》古本無此十五字。」

❷「舉而委之棄於壑也」，按阮校：「廖本、孔本、韓本、《考文》古本作『舉而委棄之壑中也』。」

❸「相」，按阮校：「岳本、孔本、韓本作『攢』。『攢』字是。」

❹「夷子」二字，阮本重文，則一屬上讀。

之道而正夷子也。以其夷子既以厚葬其親，而尚治其墨家之道，故不知以此厚其親是儒家之正道而已。孟子所以反覆直而正之，乃因徐子而告之曰：我聞夷子治墨家之道者也，夫墨者治喪不厚，但以薄之是爲其道也，夷子思以墨道以變易天下之化，豈以薄其喪而不貴之者也？然而夷子葬其父母，以厚爲之，則是以墨家所賤者而事父母之親喪也。以其墨家賤厚而貴薄也。「徐子以告夷子」，徐子因孟子此言以告之夷子也。「夷子曰：儒者之道，古之人若保赤子」至「施由親始」，此又夷子以言於徐子，而以墨道爲是也。乃曰：儒者之道，有云古之人治民，若保安赤子者，是言何謂之乎？是則以爲恩愛之道無有差等之異也，但施行恩愛之道，當自父母之親爲始耳，我所以厚葬其親，何爲獨非以墨道也？之，夷子自稱己之名也。徐子又以夷子此言告於孟子。「孟子曰：夫夷子信以爲人之親其兄之子」至「亦必有道矣」，孟子又言：今夷子以爲愛無差等，是夷子信以爲人親愛其兄之子，爲若親愛其鄰家之赤子乎？然彼夷子蓋亦有所取而云耳，故亦不足怪也。彼夷子必謂孺子有將入井，人皆有怵惕惻隱之心，故云愛無差等，又以古之人若保赤子爲言也。蓋其赤子匍匐將入於井，❶非赤子之罪惡也，但以赤子未有知，人故不忍見焉，故救之耳。今夷子必以此況之，而遂以爲愛無差等，如親其兄之子，爲若親其鄰之赤子同是，則親兄之子，必亦待將入井然後救之矣，是夷子未達人情者也。且天之生萬物也，皆使其由一本而出矣。今夷子以他人之親猶己之親同，是爲有二本也，又安知先王制禮而稱人之情以爲之厚薄，施於父子者不以同於兄弟，行於同宗者不以行於鄰族也？蓋上世於太古未制禮之時，嘗有不葬其親者。其親之死，則擡舉而委棄於路傍坑壑之中，他日，子過之於此，見其狐狸野獸食之，蠅蚋飛蟲且共嘬食，其子之額泚泚然出汗，故眦睨而不敢詳視。夫子所以有泚泚然之汗於額而出者，非爲他人而慙也，故如是而汗泚，泚然而出於額也，以其中心有所不忍其親之如是，故自中心之所痛，遂達而之於面目，所以有泚泚然之汗出於額也。蓋不忍之如是，乃歸取虆梩籠臿取土而遮掩之，誠是其不忍其親之道也。是則孝子仁人之心，而掩其親亦必有道耳，孟子所以言此者，蓋非墨家薄葬爲非，而以厚葬爲是，故以直其正道矣。意以謂太古未制禮之時，子有不忍其親爲獸虫所食，尚知掩之之道，況今之世，先王所制

❶「蓋」，原作「奈」，據阮本改。

定其禮，而可蔽之墨家道而薄葬爲是，而以厚葬爲非邪？夷子既以能厚其親，而尚不知以墨家之所薄爲非，所以執此而直之使正耳。「徐子以告夷子」至「命之矣」者，徐子又因孟子此言而告於夷子，夷子乃悵然而覺悟其己之罪，故頃然爲間，曰：我今受孟子之教命，而不敢逆矣。

孟子注疏解經卷第五下

孟子注疏解經卷第六上

趙氏注　孫奭疏

滕文公章句下凡十章

疏正義曰：此卷趙注分上卷爲之者也，此卷凡有十章。一章言脩禮守正，非招不往，枉道富貴，君子不許。二章言以道正君，非禮不運，稱大丈夫。阿意用謀，善戰務勝，事雖有剛，心歸柔順。三章言君子務仕，思播其道，達義行仁，待禮而動。苟容干禄，踰墻之女，人之所賤。四章言百工食力，以禄養賢，修仁尚義，國之所尊，移風易俗，其功可珍，雖食諸侯，不爲素飡。五章言德修無小，暴慢無强。六章言白沙在泥，不染自黑，蓬生麻中，不扶自直，言輔之者衆也。七章言道異不謀，迫斯强之，段泄已甚，矙之得宜，正己直行，不納於邪。八章言從善改非，坐以待旦，知而爲之，罪重於故。九章言憂世機亂，勤以濟之，義以正之。十章言聖人之道，親親尚和，志士之操，耿介奇特。❶凡此十章，合上卷五章，是《滕文公》一篇十有五章也。

陳代曰：「不見諸侯，宜若小然。今一見之，大則以王，小則以霸。且志曰『枉尺而直尋』，宜若可爲也。」陳代，孟子弟子也。代見諸侯有來聘請見孟子，❷孟子有所不見，以爲孟子欲以是爲介，故言此介得無爲狹小乎？如一見之，儻得行道，何以輔致霸王乎？志，記也。枉尺直尋，欲使孟子屈己信道，故言宜若可爲也。孟子曰：「昔齊景公田，招虞人以旌，不至，將殺之。虞人，守苑囿之吏也，招之當以皮冠，而以旌，故招之而不至也。志士不忘在溝壑，勇士不忘喪其元，孔子奚取焉？取非其招不往也。如不待其招而往，何

❶「奇特」，阮本作「守持」。

❷「見」，按阮校：「廖本、孔本、韓本、《考文》古本無『見』字。」

哉？志士，守義者也。君子固窮，故常念死無棺椁，没溝壑而不恨也。勇士，義勇者也。元，首也。以義則喪首不顧也。孔子奚取？取守死善道，非禮招己則不往。言虞人不得其招尚不往，如何君子而不待其招，直事妄見諸侯者，何爲也已？且夫枉尺而直尋者，以利言也。如以利，則枉尋直尺而利，亦可爲與？尺小尋大，不可枉大就小，而以要其利也。❶昔者趙簡子使王良與嬖奚乘，終日而不獲一禽，嬖奚反命曰：『天下之賤工也。』趙簡子，晉卿也。王良，善御者也。嬖奚，簡子幸臣也。以不能得一禽，故反命於簡子，謂王良天下鄙賤之工師也。或以告王良，良曰：『請復之。』聞嬖奚賤之，故請復與乘。强而後可，强嬖奚，乃肯行。一朝而獲十禽。嬖奚反命曰：『天下之良工也。』以一朝得十禽，故謂之良工。簡子曰：『我使掌與女乘。』掌，主也。使王良主與女乘。謂王良，良不可，王良不肯。曰：『吾爲之範我馳驅，❷終日不獲一；爲之詭遇，一朝而獲十。範，法也。王良曰：我爲之法度之御，應禮之射，正殺之禽，不能得一。横而射之曰詭遇，非禮之射，則能獲十。言嬖奚小人也，不習於禮也。《詩》云：不失其馳，舍矢如破。我不貫與小人乘，請辭。』《詩》，《小雅·車攻》之篇也。言御者不失其馳驅之法，則射者必中之。順毛而入，順毛而出，一發貫臧，應矢而死者如破矣，此君子之射也。貫，習也。我不習與小人乘，不願掌與嬖奚同乘，故請辭。御者且羞與射者比，比而得禽獸，雖若丘陵，弗爲也。如枉道而從彼，何也？孟子引此以喻陳代云：御者尚知羞恥此射者，不欲與比，子如何欲使我枉正

❶「其」，按阮校：「廖本、孔本、韓本、《考文》古本無『其』字。案《音義》出『要利』，則無『其』字是也。」

❷「範我」，按阮校：「《音義》『「範我」或作「范氏」』。案《後漢書·班固傳》注引《孟子》正作『范氏』。《文選》注同，今亦誤改爲『範我』。按『范氏』見《左傳》劉累學擾龍事，孔甲賜氏曰御龍，晉范氏其後也。李善引《括地圖》即此事，但孔甲謁爲『禹』耳。《孟子》作『范氏』爲長，『範我』乃淺人所改。」

道而從彼驕慢諸侯而見之乎？且子過矣，枉己者，未有能直人者也。」謂陳代之言過謬也。人當以直矯枉耳，己自枉曲，何能正人。

疏「陳代曰」至「未有能直人者也」。正義曰：此章言修禮守正，非招不往，枉道富貴，君子不許也。「陳代曰：不見諸侯，宜若小然。今一見之，大則以王，小則以霸。且志曰：枉尺而直尋，宜若可爲也」者，陳代，孟子弟子也，問孟子，以謂今不見諸侯，是宜若小其身，然今一往見諸侯，大則行道可以輔佐君爲王，小則得行道而佐君爲之霸。且記云：枉一尺而直其一尋，宜若何以爲之也。尺，十寸爲尺。尋，十丈爲尋也。陳代欲孟子往見諸侯，故以此言問之。「孟子曰：昔齊景公田」至「何哉」者，孟子言：往日齊國景公田獵，招聘其虞人，以旌旆招聘之，如有虞人不至者，則將殺戮之。虞人，掌山澤苑囿之吏也。然而志士守其義者，常念雖死無棺椁，但没在於溝壑之中而不恨也。勇義之士，念雖喪去其首，而且不顧也。孔子於此何取焉？蓋孔子以取非其所招而能不往者也。如此則虞人不得其所招之禮，尚且守義，雖死而且不往應其招，如何爲之君子且以不待所招聘而往見諸侯，是何爲哉？蓋先王制招聘之禮，旌所以招其大夫者。虞人之招，但以皮冠而已。今齊景公以旌招虞人，虞人守其義分，所以雖死而不往也。孟子引此，意以謂今之諸侯所以聞有能招己者，又非招己之所招而待之也，故我何往見之哉？所以不往見之也。「且夫枉尺而直尋者」至「亦可爲歟」，孟子又言：且夫子今以謂枉其尺而直其尋，以利言之而已。如以利爲之，雖枉其尋，而但直其尺，而利亦可得而爲之耳。孟子所以言之以此者，蓋謂我苟志於利，雖枉尋而直尺，❶我亦爲之，況子以謂枉尺而直尋乎？奈其我志於分義，不肯枉道以徇利，所以不欲屈己而求見於諸侯也，以其見之諸侯但爲之徇利者矣，故雖枉尺而直尋不爲也。「昔者趙簡子使王良與嬖奚乘，終日而不獲一禽，嬖奚反命曰：天下之賤工也」，孟子又引往者晉卿趙簡子嘗使善御人王良與幸人奚乘而畋，❷終日而不能得一禽，奚乃反命報於簡子曰：王良，天下之賤工師也。「或以告王良，良曰：能復之」，或有人以嬖奚報簡子之言爲王良之賤，遂告王良。王良聞之，故請復與嬖奚乘而畋。「强而後可」，王良强勉，嬖奚乃肯行。「一朝而

❶「枉」，原作「直」，據阮本改。
❷「往」，阮本作「昔」。

獲十禽，反命曰：天下之良工也」，一日遂得十禽，❶嬖奚乃反命報於簡子曰：王良乃天下之良善工師也，非賤者也。「簡子曰：我使掌與女乘。謂王良，良不可」至「我不貫與小人乘，請辭」，趙簡子言於嬖奚曰：我使王良與女乘。於是簡子謂王良而使之，良乃不肯，遂言於簡子曰：我爲之法度之御，我與嬖奚驅馳而畋，終一日而不能獲其一禽，後爲之詭而横射之，止一朝而以能獲之十禽。且《詩・小雅・車攻》之篇有云：不失其馳驅之法，而所中者，應矢而死如破矣。此君子之所射也。我今不慣習與嬖奚小人同乘而畋也。故請辭之，不與掌乘。「御者且羞與射者比」至「未有能直人者也」，孟子引至此，乃自爲之言曰：夫王良但爲之御者，且尚能羞恥與嬖奚之射者比，並雖使王良與嬖奚比之，如得禽獸若丘陵之多，亦必不爲之比矣。今子欲使我枉正道而從彼驕傲之諸侯而往見之，是何如哉？且子言此者，已失之過謬也，如枉己之正道者，未有能直其人者也，必自正己之道，然後可以直人矣。是亦楊子所謂「詘道而伸身，雖天下不可爲也」同意。

注「招虞人當以皮冠」。❷　正義曰：經於《萬章》篇云：「萬章問孟子，招虞人何以？孟子曰：以皮冠。」是其文也。

注「趙簡子，晉卿」至「工師也」。　正義曰：案《史記》世家云：「趙景叔卒，趙鞅是爲簡子，爲晉卿。晉出公十七年卒。」張華云：「簡子冢在臨水界，冢上氣成樓閣。」

注「《詩》《小雅・車攻》之篇」。　正義曰：此篇蓋言宣王復古也。箋云：「不失其馳，舍矢如破」，「謂御者之良，得舒疾之中，射者之工矢發則中，如錐破物也」。

注「伯夷亦不屑就也」。　正義曰：此乃《公孫丑》篇末之文也。

景春曰：「公孫衍、張儀豈不誠大丈夫哉，一怒而諸侯懼，安居而天下熄。」景春，孟子時人，爲縱横之術者。公孫衍，魏人也，號爲犀首，常佩五國相印，爲從長，秦王之孫，故曰公孫。張儀，合從者也，一怒則構諸侯，使强陵弱，故言懼也。安居不用辭說，則天下兵革熄也。孟子曰：「是焉得爲大丈夫乎？子未學禮乎？丈夫之冠也，父命之；女子之嫁也，母命之。往送之門，戒之

❶「一」上，阮本有「言」字。

❷「當以」，原作「以當」，據上注文當作「當以」。按阮校：「『以當』誤倒。閩、監、毛三本不誤。」據改。

曰：『往之女家，必敬必戒，無違夫子。』以順爲正者，妾婦之道也。孟子以禮言之，男子之道當以義正君，女子則當婉順從人耳。男子之冠，則命曰就爾成德。今此二子，從君順指，行權合從，無輔弼之義，安得爲大丈夫也。居天下之廣居，立天下之正位，行天下之大道，得志與民由之，不得志獨行其道。富貴不能淫，貧賤不能移，威武不能屈，此之謂大丈夫。」廣居，謂天下也。正位，謂男子純乾正陽之位也。大道，仁義之道也。得志行正，與民共之。不得志，隱居獨善其身，守道不回也。淫，亂其心也。移，易其行也。屈，挫其志也。三者不惑，乃可以爲之大丈夫矣。❶ 疏「景春曰」至「此之謂大丈夫」。

正義曰：此章言以道匡君，非禮不運，故妾婦以況儀、衍者也。「景春曰：公孫衍、張儀豈不誠大丈夫哉，一怒而諸侯懼，安居而天下熄」，景春與孟子曰：❷公孫衍、張儀二者，豈不實爲大丈夫之人哉！❸夫二人一怒則諸侯懼之，以其能使强陵弱故也。安居處而不用辭説，則天下兵革於是乎熄滅。景子故以此，遂謂二人實爲大丈夫。「孟子曰：是焉得爲大丈夫乎，子未學禮乎」至「妾婦之道」，孟子答之景春曰：二人如此，安得爲之大丈夫乎？子未嘗學禮也？夫禮言丈夫之冠也，父則命之；女子之嫁也，母則命之。蓋以冠者爲丈夫之事，故父命之，以責其成人之道。嫁者女子之事，故母命之，以責其爲婦之道也。❹以女子之臨嫁，母則送之於門，而戒之女子曰：歸往女之家，必當敬其舅姑，亦必當戒慎以貞潔其己，無違逆其夫子。以其夫在，則從順其夫，夫没則從其子，以順從無違爲正而已，固妾婦之道如此也。乃若夫之與子在，所制義固不可以從婦矣。苟爲從婦，以順爲正，是焉得爲大丈夫乎？孟子所以引此妾婦而言者，蓋欲以此妾婦比之公孫衍、張儀也，以其二人非大丈夫耳。蓋以二人處六國之亂，期合六國之君，希意導言，靡所不至。而當世之君，讒毁稱

---

❶「乃可以爲之大丈夫矣」，按阮校：「廖本、孔本、韓本、《考文》古本作『乃可謂大丈夫』。案『爲』之無理。」

❷「與」，阮本作「問」。

❸「實」，阮本作「誠」。

❹「責」，原作「貴」，據阮本改。

舉，❶言無不聽，喜怒可否，勢無不行。雖一怒而諸侯懼，安居而天下熄，未免夫從人以順爲正者也，是則妾婦之道如此也，豈足爲大丈夫乎？「居天下之廣居，立天下之正位，行天下之大道」至「此之謂大丈夫」，孟子言：能居仁道以爲天下廣大之居，立禮以爲天下之正位，行義以爲天下之大路，得志達而爲仕，則與民共行乎此，不得志則退隱獨行此道而不回。雖使富貴，亦不足以淫亂其心。雖貧賤，亦不足以移易其行。雖威武而加之，亦不足屈挫其志。夫是乃得謂之大丈夫也。今且以公孫衍、張儀但能從人，而不知以此正其己，是則妾婦以順爲正之道，固不足以爲大丈夫者焉。　注「景春」至「革熄也」。　正義曰：云景春，孟子時人，經傳未詳。公孫衍，魏人也，號爲犀首，爲秦王之孫，故曰公孫。案《史記》云：「犀首者，魏之陰晉人也，名衍，姓公孫氏，與張儀不善。張儀之魏，魏王相張儀，犀首弗利，故令人謂韓公叔曰：『張儀已合秦、魏矣，魏王所以欲貴張儀者，但欲得韓也，❷且韓之南陽已舉矣，子何不少委焉以爲衍功，則魏必圖秦而棄儀。』」後相衍，張儀去，復相秦，卒。犀首入相秦，常佩五國之相印爲從長。司馬彪曰：「犀首者，魏之官名，若今虎牙將軍是也。」張儀者，案史家本傳云：❸張儀，魏人也，常事鬼谷先生，後相魏而卒。凡此是皆公孫衍、張儀之事矣。

周霄問曰：「古之君子仕乎？」周霄，魏人也。問君子之道當仕否。孟子曰：「仕。傳曰：『孔子三月無君，則皇皇如也，出疆必載質。』質，臣所執以見君者也。三月，一時也。物變而不佐君化，故皇皇如有所求而不得爾。公明儀曰：『古之人三月無君則弔。』」公明儀，賢者也。言古人三月無君則弔，明當仕也。「三月無君則弔，不以急乎？」周霄怪乃弔於三月無君，何其急也。曰：「士之失位也，猶諸侯之失國家也。《禮》曰：『諸侯耕助，以供粢盛。夫人蠶繅，以爲衣服。犧牲不成，粢盛不絜，衣服不備，不敢以祭。惟士無田，則亦不祭。』牲殺、器皿、

❶「舉」，阮本作「譽」。
❷「也」，阮本作「地」。
❸「史家」，依文意及《史記·張儀列傳》應作「史記」。明顧夢麟《四書説約》引作「史記」。

衣服不備，不敢以祭，則不敢以宴，亦不足弔乎？」諸侯耕助者，躬耕勸率其民，收其藉助，以供粢盛。粢，稷。盛，稻也。夫人親執蠶繅之事，以率女功。衣服，祭服。不成，不實肥腯也。惟，辭也。言惟絀禄之士無圭田者，不祭。牲必特殺，故曰殺。皿所以覆器者也。不祭則不宴，猶喪人也，不亦可弔乎。「出疆必載質，何也？」周霄問：出疆何爲復載質？曰：「士之仕也，猶農夫之耕也。農夫豈爲出疆舍其耒耜哉！」孟子言仕之爲急，若農夫不可不耕。曰：「晉國亦仕國也，未嘗聞仕如此其急。仕如此其急也，君子之難仕，何也？」魏本晉也，❶周霄曰：我晉人也，亦仕，而不知其急若此，君子何爲難仕？❷君子謂孟子，何爲不急仕也。曰：「丈夫生而願爲之有室，女子生而願爲之有家。父母之心，人皆有之。不待父母之命、媒妁之言，鑽穴隙相窺，踰墻相從，則父母國人皆賤之。言人不可觸情從欲，須禮而行。古之人未嘗不欲仕也，又惡不由其道。不由其道而往者，與鑽穴隙之類也。」言古之人雖欲仕，如不由其道，❸亦與鑽穴隙者無異。❹

疏「周霄曰」至「鑽穴隙之類也」。正義曰：此章言君子務仕，思播其道，達義行仁，待禮而動也。「周霄問曰：古之君子仕乎」，周霄問孟子曰：古之君子欲爲仕乎否？「孟子曰：仕。傳曰：三月無君，則皇皇如也，出疆必載質」者，此孟子答之，以爲古之君子欲爲仕也，傳文有云：孔子三月不得佐其君，則心皇皇，如有所求而不得也，出其疆土，必載贄而行。贄者，如所謂三帛、二生、一死之贄也，臣所以執此而見君也。「公明儀曰：古之人三月無君則弔」，又引公明儀亦云古之人三月天時之一變，如不得佐其君，乃弔問之，明其

❶「本」，原作「木」，據阮本改。

❷「君子」上，按阮校：「廖本、孔本、韓本、《考文》古本上重『若此』二字，重者是。」

❸「道」上，按阮校：「廖本、孔本、韓本、《考文》古本有『正』字。」

❹「亦」，按阮校，廖本、孔本、韓本、《考文》古本作「是」；「無」作「何」。

欲仕也。「三月無君則弔，不以急乎」，周霄怪此言，復問之曰：三月無君，則弔問之，不以失之太急乎？「曰：士之失位也，猶諸侯之失國家也」至「亦不足弔乎」，孟子又答之曰：夫仕者欲行其道，若失其職位，則如諸侯之失其國家也，如此三月無君則弔，豈足謂之急歟？且《禮》有云：諸侯躬耕藉田，勸率其民，收其藉助，以供給其粢盛稷稻，夫人乃親養蠶繅絲以爲之祭服。如犧牲不成肥腯，稷稻無以致潔，衣服又無以致備，則不敢以祭社稷宗廟。惟士之失位，無有田祿者則亦不祭。無它，以其牲殺、器皿、衣服不備，不敢以祭也。非特不敢祭，又且不敢以宴樂也。如此，是亦不足爲弔之意矣。若公子重耳失其晉國，而且稱喪人，孔子失魯司寇之位，亦謂之喪，以至士大夫之去國，必爲壇位，鄉國而哭，素衣、素裳、素冠、徹緣，三月而復，蓋亦此意也。然則士之三月無君則弔，尚何以爲急乎？牲殺器皿，牲必殺，故曰殺；器皿，所以覆器者也。「出疆必載質，何也」，周霄又問孟子：士之出疆必載其質，是如之何？「曰：士之仕也，猶農夫之耕也。農夫豈爲出疆舍其耒耜哉」，孟子答之曰：士之進於爲仕也，若農夫之於耕也。夫農夫豈爲出疆而耕，乃以舍去其耒耜哉？此士之爲仕，所以出疆亦必執其贄也。「曰：晉國亦仕國也，未嘗聞仕如此之急。仕如此之急也，君子之難仕，何也」，周霄又問孟子曰：今之晉國亦可爲仕之國也，然而未嘗聞有仕者如此之急。又以仕既如此之急，然而君子之難進於仕，是如之何？故以併問之。「曰：丈夫生而願爲之有室，女子生而願爲之有家，父母之心，人皆有之」至「鑽穴隙之類也」，孟子又答之曰：夫丈夫之生乃願爲之有室婦，女子之生乃願爲之有家而事之。其於欲慕爲人子之父母心，人皆有之矣。然而欲爲父母，其爲室家，乃不待父母之命、媒妁而言之，遂私鑽穴隙而相窺，踰墻而擅自相從，終雖得爲父母，其於國中之衆人，亦且皆賤之而不美矣。夫古之人未嘗不欲爲之仕也，然而又惡其不由其道而爲之仕，所以君子難仕也。如不由其道而往爲之仕者，是與此鑽穴隙相窺而慕爲人子之父母之類也。孟子所以終答之周霄以此者，以其士之仕，猶男女之相求，亦必待父母之命、媒妁之言也。

注「質，臣所執以見君」至「不得爾」。正義曰：蓋贄之爲言至也，自五玉三帛二生一死，皆所以爲贄，以見其君，與自相贄同也。

彭更問曰：「後車數十乘，從者數百人，以傳食於諸侯，不以泰乎？」泰，甚也。彭更，孟子弟子，怪孟子徒衆多，而傳食於諸侯之國，得無爲甚奢泰者也？　孟子曰：「非其道，則一簞食不可受於人。如其道，則舜受堯之天下，不以爲泰。子以爲泰乎？」簞，笥也。非其道，一笥之食不可受也。子以舜受堯之天下爲泰乎？　曰：「否。士無事而食，不可也。」彭更曰：不以舜爲泰也。謂仕無功而虛食人者，❶不可也。　曰：「子不通功易事，以羨補不足，則農有餘粟，女有餘布。子如通之，則梓、匠、輪、輿，皆得食於子。孟子言凡人當通功易事，乃可各以奉其用。梓，匠，木工也。輪人、輿人，作車者也。交易則得食於子之所有矣。《周禮》攻木之工七，梓、匠、輪、輿，是其四。餘羨者也。❷於此有人焉，入則孝，出則悌，守先王之道，以待後之學者，而不得食於子。子何尊梓、匠、輪、輿而輕爲仁義者哉？」入則事親孝，出則敬長悌。❸悌，順也。守先王之道，上德之士，可以化俗者。若此不得食子之禄，子何尊彼而賤此也。　曰：「梓、匠、輪、輿，其志將以求食也。君子之爲道也，其志亦將以求食與？」彭更以爲彼志於食，此亦但志食也？　曰：「子何以其志爲哉？其有功於子，可食而食之矣。且子食志乎，食功乎？」孟子言禄以食功，子何食乎？　曰：「食志。」彭更以爲當食志也。　曰：「有人於此，毁瓦畫墁，其志將以求食也，則子食之乎？」孟子言人但破碎瓦畫地，則復墁滅之，此無用之爲也，然而其意反欲求食，❹則可食乎？❺　曰：「否。」彭更曰不食也。　曰：「然則子非食志也，食功也。」孟子

❶「仕」，按阮校，廖本、孔本、韓本作「士」，孔本、韓本下有「事」字，《考文》古本亦有「事」字。

❷「四餘羨者也」，按阮校：「岳本『四』下有『者』字，廖本、孔本、韓本、《考文》古本作『四者羨餘也』。」

❸「悌」，按阮校：「廖本、孔本、韓本、《考文》古本作『順也』二字。」

❹「意」，按阮校：「閩、監、毛三本作『志』。」

❺「可」，按阮校：「廖本、孔本、韓本作『子』。」

曰：如是，則子果食功也，非食其志也。❶ 疏「彭更問曰」至「食功也」。　正義曰：此章言百工食力，以禄養賢，修仁尚義，國之所尊，移風易俗，其功可珍，雖食諸侯，不爲素餐也。「彭更問曰：後車數十乘，從者數百人，以傳食於諸侯，不以泰乎」，彭更，孟子弟子，問孟子，以謂車有數十乘之多，從徒又有數百人之衆，皆以傳食於諸侯，不以爲泰甚乎？　傳食，蓋以孟子食於諸侯，車徒又食於孟子，要之所食之禄皆出於諸侯之所供耳，故云傳食諸侯。　孟子曰：非其道，則一簞食不可受於人，如其道，則若舜受堯之天下，不以爲之泰，子今以車徒傳食於諸侯爲之泰。　以其不足爲泰也。「曰：否，士無事而食，不可也」，彭更又曰否，不以舜爲泰而言也。　蓋以士之無功事於諸侯，固不可虚食於諸侯也。「曰：子不通功易事，以羨補不足」至「皆食於子」，孟子又答之曰：今且以子言之，如子不通功易事而相濟，以有餘而補其不足，則農夫有餘粟而人有受其饑，女有餘布而人有受其寒。　子如通功易事，乃可以各奉其事業，則梓人成其器械以利用，匠人營其宫室以安居，輪人作車輪以運行，輿人作車輿以利載，是皆得食於子矣。　事與功者，蓋所作未成，則謂之事；事之成，則謂之功。　孟子所以言之者，蓋謂梓、匠、輪、輿皆小人之功也，如得以通功易事，而皆得食於子，況有君子之功，功於道者，而乃不得傳食之於諸侯乎？　故以下文言之。「於此有人焉，入則孝，出則悌，守先王之道，以待後之學者，而不得食於子，子何尊梓、匠、輪、輿而輕爲仁義者哉」，孟子又言：今有人焉，入於閨門之内，則以孝爲仁，出於鄉黨邦國之間，則以悌爲義，是守先王仁義之道，以待覺於後之學者。　是有功於道者也，而乃不得食於子，是則子何獨尊於梓、匠、輪、輿小人之功，而以輕爲仁義有功於道者哉？「曰：梓、匠、輪、輿，其志將以求食。　君子之爲道也，其志亦將以求食歟」，彭更又以此言於孟子，曰彼梓、匠、輪、輿者，是其有志將以此業而求食者也，今以君子之爲於道，其志亦將以爲道而求食歟？　彭更之意，以謂士志於道，不志於食，故以此疑，乃問孟子也。「曰：子何以志爲哉，其有功於子，可食而食之矣」，然以子言之，則子今有食於人者，是則食其有志於爲食者乎，是則食其有功者乎？「曰：食志」，彭更又答之，以爲有食則食其有志於求食者

❶「非食其志也」，按阮校，廖本、孔本、韓本、《考文》古本無此五字。

矣。「曰：有人於此，毁瓦畫墁，其志將以求食也，則子食之乎」，孟子又欲排之，故以此喻之。言今有人於此，但以毁破碎之瓦而畫地，又復墁滅之，是其志將以此求其食也，則子食之乎？「曰否」，彭更以爲如此者不食之也。「曰：然則子非食志也，食功也」，孟子乃言之曰：如是則子非食其有志於求食者也，是則食其有功者也。以其毁瓦畫墁，但有志而無功者，而彭更不食之，是則知彭更亦食於有功者矣。然則孟子志非欲傳食於諸侯，而諸侯所以食之者，亦以孟子有功而已矣。注「《周禮》攻木之工」。正義曰：此蓋《梁惠王》下卷説之矣。

萬章問曰：「宋，小國也，今將行仁政，❶齊楚惡而伐之，則如之何？」問宋當如齊楚何也。孟子曰：「湯居亳，與葛爲鄰。葛伯放而不祀，湯使人問之，曰：『何爲不祀？』曰：『無以供犧牲也。』湯使遺之牛羊，葛伯食之，又不以祀。葛，夏諸侯，嬴姓之國。放縱無道，不祀先祖。湯又使人問之曰：『何爲不祀？』曰：『無以供粢盛也。』湯使亳衆往爲之耕，老弱饋食。葛伯率其民，要其有酒肉黍稻者奪之，不授者殺之。有童子以黍肉餉，殺而奪之。《書》曰：『葛伯仇餉。』此之謂也。童子，未成人，殺之尤無狀。《尚書》逸篇文。❷仇，怨也。言湯伐葛伯，❸怨其害此餉也。爲其殺是童子而征之，四海之内皆曰：『非富天下也，爲匹夫匹婦復讎也。』四海之民皆曰：湯不貪天下富也，爲一夫報仇也。湯始征，自葛載，十一征而無敵於天下。東面而征，西夷怨；南面而征，北狄怨。曰：『奚爲後我？』民之望之，若大旱之望雨也。歸市者弗止，芸者不變，誅其君，弔其民，如時雨降，民大悦。《書》曰：

❶「仁」，阮本作「王」。

❷「尚書逸篇文」，按阮校：「廖本、孔本、韓本、《考文》古本作『書尚書逸篇也』」。

❸「言湯伐」，按阮校，廖本、孔本、韓本、《考文》古本作「言湯所以伐殺」。

『徯我后，后來其無罰！』載，始也。言湯初征自葛始也，十一征而服天下。一説言當作「再」字，再十一征，而言湯再征十一國。再十一，凡征二十二國也。《書》逸篇也。民曰：待我君來，❶我則無罰矣。歸市不止，不以有軍來征，故市者止不行也。不使芸者變休也。『有攸不惟臣，東征，綏厥士女，篚厥玄黄，紹我周王見休，惟臣附于大邑周。』其君子實玄黄于篚，以迎其君子；其小人簞食壺漿，以迎其小人。救民於水火之中，取其殘而已矣。從「有攸」以下，道周武王伐紂時也，皆《尚書》逸篇之文也。攸，所也。言武王東征，安天下士女，小人各有所執往，無不惟念執臣子之節。篚厥玄黄，謂諸侯執玄三纁二之帛，願見周王，望見休善，使我得附就大邑周家也。其君子小人，各有所執，以成其類也。❷言武王之師，救殷民於水火之中，討其殘賊也。《太誓》曰：『我武惟揚，侵于之疆，則取于殘，殺伐用張，于湯有光。』《太誓》，古《尚書》百二十篇之時《泰誓》也。我武王用武之時惟鷹揚也。侵紂之疆界，❸則取于殘賊者，以張殺伐之功也。民有簞食壺漿之歡，比於湯伐桀，爲有光寵，美武王德優前代也。今之《尚書·泰誓》篇，後得以充學，故不與古《太誓》同。諸傳記引《泰誓》皆古《泰誓》也。不行王政云爾，苟行王政，四海之内皆舉首而望之，欲以爲君，齊楚雖大，何畏焉？」萬章憂宋迫於齊楚不得行政，故孟子爲陳殷湯周武之事以喻之。誠能行之，天下思以爲君，何畏齊楚之國焉？

疏「萬章問曰」至「齊楚雖大，何畏焉」。

正義曰：此章言修德無小，暴慢無强也。「萬章問曰：宋，小國也，今將行王政，齊楚惡而伐之，則如之何」，萬章問孟子，言宋國小國也，今將欲行王者之政，齊楚大國惡其行之而欲伐之，則宋國當如之何而處之。「孟子曰：湯居毫，與葛爲鄰。葛伯放而不祀，湯使人問之曰：何爲不祀」

❶「君」，按阮校：「孔本、韓本、《考文》古本重『君』字。」

❷「成」，按阮校：「廖本、孔本、韓本、《考文》古本作『迎』。」

❸「侵」上，按阮校：「廖本、孔本、韓本、《考文》古本有『侵于之疆』四字。」

至「此之謂也」，孟子荅之曰：湯王居亳地，與葛國爲鄰，葛國之伯放縱無道，而不祀先祖。湯王使人問之葛伯，何爲而不祀先祖？乃荅之曰：無以供其犧牲也。牲之色純無雜色謂之犧牲。湯乃使人遺賜之牛羊，葛伯既受之牛羊，又自食之而不祀先祖。湯又使人問葛伯，何爲而又不祀？葛伯又曰：又無以供其粢盛也。湯復使亳之衆往爲葛伯耕作，以助其粢盛。有老弱者，饋耕者之食，葛伯又率己之民於路，要其有酒食黍稻者奪而食之，有不授與之者乃殺之，有童子以黍肉飯餉其耕者，葛伯率民殺其子而奪其黍肉，故《書》有云「葛伯仇餉」，怨其有所餉者，故害之。是此之謂也。「爲其殺是童子而征之，四海之内皆曰：非富天下也，爲匹夫匹婦復讎也」，孟子又言：爲其葛伯殺此童子，而湯乃往而征伐之，四海之内人皆曰：湯王非貪富於天下而征葛也，是爲天下一匹之夫、一匹之婦復報其讎也。「湯始征，自葛載」至「后來其無罰」者，言湯王初征，自葛國始也。少之十一征而天下無敵敵者，❶故東面而征其君，則西夷之國怨之，以爲不先征其我君之罪；南面而征其君，則北夷之國怨之，以爲不征其我君之罪而先於彼，故怨云：何爲而後去其我？民之望其湯之來，若大旱之時人望其雲霓而雨之降也。遂使歸市者得奔趨而貿易。芸苗者亦得芸而不爲之休，亦以湯即誅其君之有罪者，而又能弔問存恤其人民，故如時雨之降，民皆大喜悦之。《書》云民徯待我君之來，言我君之來，則我無誅罰矣。一説云「載十一征」當作「再」字，再十一征者，言湯再征十一國，再十一，見征二十二國也。「有攸不惟臣」至「取其殘而已矣」，此皆逸《書》之文也，言殷之民有所征之，則無不惟念臣服之節，故武王東征而綏撫其士女，則爲之士女皆以箱篚盛其玄黄之帛，❷以昭明我之周王見休美，惟臣皆得就附于大邑周家也。故其君子實貯玄黄之帛以迎其君子，小人簞笥壺漿以迎其小人，是各從其類也。武王之師衆中有君子、有小人，故商民有君子、有小人逆之者也。言武王所拯是殷民於水火之中，❸獨取伐其殘賊其民者也。今據《書》乃曰「昭我周王」，而此乃曰「紹我周王」，蓋紹者繼也，民皆以玄黄之帛盛於篚，而隨武王之師後而繼送之也。蓋周王者，即武王也。然必以玄黄於篚者，蓋天謂之玄，地謂之黄，武王能革殷之否而

❶「少」，阮本作「湯」。
❷「女」，原作「安」，據阮本改。
❸「是」，阮本作「救」。

泰之，是能如天地之覆載以養民者也。必言士女者，以其武王所綏，不特匹夫匹婦而已，雖未冠之士，未笄之女，亦且綏之，故曰「綏厥士女」。《太誓》曰：我武惟揚，侵于之疆，則取于殘，殺伐用張，于湯有光」，此古之《太誓》篇之文也。言《太誓》有云：我武王用武之時，惟鷹揚也，侵于紂之疆界，則取于殘賊者，於是殺伐之功用張行之，故比于湯王伐桀之時，又有以光于前代也。「不行王政云爾，苟行王政」至「齊楚雖大，何畏焉」，孟子於此乃曰：今宋國不行王者之政，云齊楚惡而伐之爾，如宋國苟能行其王者之政，則四海之內，人皆舉首引領而望之，欲以爲之君也，齊楚二國雖大，然何畏之有？　注「葛，夏諸侯，嬴姓之國」。　正義曰：案《地理志》云：「葛，今梁國寧陵有葛鄉。」裴駰亦引之而證《史記》亳都亦在梁國，故云爲鄰。《書》曰：「湯征諸侯，葛伯不祀，湯始征之。」孔安國云：「葛國，伯爵也，廢其土地山川及宗廟神祇皆不祀，湯始伐之。」言伐始於葛也，《書》於是乎作《湯征》。今《尚書·仲虺之誥》曰：「乃葛伯仇餉，初征自葛。東征西夷怨，南征北狄怨，曰：奚獨後予。」孔傳云：「葛伯遊行，見農民之餉於田者，殺其人，奪其餉，故謂之仇餉。仇，怨也。湯爲是以不祀之罪伐之，從此後遂征無道。西夷、北狄，舉遠以言，則近者著矣。曰奚獨後予者，蓋怨者之辭也。」注「從有攸下」至「殘賊也」。　正義曰：云「篚厥玄黃，謂諸侯執玄三纁二之帛」者，《禮》云「諸侯世子執纁，公之孤執玄，附庸之君執黃」，是帛也。鄭司農云：「三染謂之纁。」此亦《周禮·鍾氏》有三人爲纁故也。

孟子謂戴不勝曰：「子欲子之王之善與？我明告子。不勝，宋臣。有楚大夫於此，欲其子之齊語也，則使齊人傅諸？使楚人傅諸？」孟子假喻有楚大夫在此，欲變其子使學齊言，當使齊人傅之，❶使楚人自傅相之邪？　曰：「使齊人傅之。」不勝曰：使齊人。曰：「一齊人傅之，衆楚人咻之，雖日撻而求其齊也，不可得矣。引而置之莊嶽之間數年，雖日撻而求其楚，亦不可得矣。言使一齊人傅相，衆楚人咻之。咻之者，嚾也。如此，雖日撻之欲使齊言，不可得矣。言寡不

❶ 「之」下，按阮校：「廖本、孔本、韓本、《考文》古本有『邪』字。」

勝衆也。莊嶽，齊街里名也。多人處之數年，而自齊也。子謂薛居州善士也，使之居於王所。在於王所者，長幼卑尊皆薛居州也。王誰與爲不善？孟子曰：不勝常言居州，宋之善士也，欲使居於王所。如使在王所者，小大皆如居州，則王誰與爲不善者也。在王所者，長幼卑尊皆非薛居州也，王誰與爲善？一薛居州，獨如宋王何？」如使在王左右者，皆非居州之疇，王當誰與爲善乎？一薛居州，獨如宋王何而能化之也？周之末世，列國皆僭號自稱王，故曰宋王也。疏「孟子謂戴不勝」至「如宋王何」。

正義曰：此章言自非聖人，在所變化，故諺曰「白沙在泥，不染自黑。蓬生麻中，不扶自直」之類也。「孟子謂戴不勝曰」至「亦不可得矣」，不勝，宋王之臣也，姓戴，名不勝。孟子謂之曰：子今欲子之宋王爲善歟？我今明言而告子，且假喻今有楚國之大夫於此，欲使其子學齊人之言，則當使齊人傅諸，使楚人傅諸？「曰使齊人傅之」，不勝答之，以爲當使齊人傅相之。孟子又言：如使一齊人傅相其子之言，而衆楚人皆咻嚾之，雖日加鞭撻其子而求爲齊言也，不可得已。如引其子置之閭巷之閒，數年之久，雖日加鞭撻而求其子爲楚言，亦不可得已。「子謂薛居州善士也」至「如宋王何」，孟子又言：今不勝謂薛居州善士者也，使之居於宋王之所，如在宋王之所者，長幼卑尊皆如薛居州善士者也，則宋王誰與爲不善也？如在宋王之左右，長幼卑尊皆非薛居州之善者也，則宋王誰能與爲善？今以一薛居州獨佐於宋王爲善，其能如宋王何？無他，以其一人之寡不能勝其衆也，故孟子所以齊人、楚人而比喻之也。薛居州，宋國之善士者也。

孟子注疏解經卷第六上

孟子注疏解經卷第六下

趙氏注　孫奭疏

滕文公章句下

公孫丑問曰：「不見諸侯，何義？」丑怪孟子不肯每輒應諸侯之聘，不見之，於義謂何也。孟子曰：「古者不爲臣不見。古者不爲臣不肯見，不義而富且貴者也。段干木踰垣而辟之，泄柳閉門而不納，❶是皆已甚。孟子言魏文侯、魯繆公有好善之心，❷而此二人距之太甚。迫，斯可以見矣。迫窄，則可以見之。陽貨欲見孔子，而惡無禮。大夫有賜於士，不得受於其家，則往拜其門。陽貨，魯大夫也。孔子，士也。陽貨矙孔子之亡也，而饋孔子蒸豚。孔子亦矙其亡也而往拜之。當是時，陽貨先，豈得不見？矙，視也。陽貨視孔子亡而饋之者，欲使孔子來答，恐其便答拜使人也。孔子矙其亡者，心不欲見陽貨也。《論語》曰「饋孔子豚」，孟子曰「蒸豚」，豚非大牲，故用熟饋也。是時陽貨先加禮，豈得不往拜見之哉。曾子曰：『脅肩諂笑，病于夏畦。』脅肩，竦體也。諂笑，强笑也。病，極也。言其意苦勞極，甚於仲夏之月治畦灌園之勤也。子路曰：『未同其言，❸觀其色赧赧然，非由之所知也。』未同，志未合也。不可與言而與之言，謂之失言也。觀其色赧赧然，面赤，心不正之貌也。由，子路名，子路剛直，故曰非由所知也。由是觀之，則君子之所養，可知已矣。」孟子言：由是觀曾子、子路之言，

❶「納」，按阮校：「廖本、孔本、韓本作『内』。案《音義》出『不内』。作『内』是也。」

❷「善」，按阮校：「宋本、廖本、孔本、韓本作『義』。」

❸「其」，阮本作「而」。

以觀君子之所養志可知矣。謂君子養正氣，不以入邪也。

疏「公孫丑問曰」至「可知已矣」。　正義曰：此章言道異不謀，迫斯强之，段、泄已甚，矙亡得其宜，正己直行，不納於邪，赧然不接，傷若夏畦也。「公孫問曰：❶不見諸侯，何義」，丑怪孟子不見諸侯，故問之曰：不見諸侯，其義謂何也？「孟子曰：古者不爲臣不見」至「可知已矣」，孟子答之公孫丑，言古之不爲臣者不肯見，不義而饗富貴者也。如段干木踰垣墻而避魏文侯於外，泄柳閉門而拒魯繆公於內，然皆不見之者，是皆文侯、繆公而就見已甚迫切，斯可以見矣，然干木、泄柳且不見之耳。陽貨欲願見於孔子，而畏孔子惡己之無禮而不見之。意已謂己爲大夫而有遺賜，孔子但爲之士，彼不得受其遺賜於其家，則必往謝己門，故陽貨視孔子不在，遂饋送孔子蒸豚之禮。然而孔子至後亦以視陽貨不在，乃往其門而拜謝之。故當是之時，陽貨豈先不得見孔子？以其不合，視孔子不在，乃饋蒸豚，孔子所以不欲見，亦復視其亡而往謝之也。蒸豚，熟豚也。曾子又有云：脅肩諂笑，竦縮其身，强容而笑者，其勞苦有甚於夏之五六月而灌園也。治畦，曰灌園也。子路有云：未合其志，而與之言，觀其色赧赧然，面赤而心不正者，非我之所知也。由，子路自稱名也。孟子曰：由此數者觀之，則君子之所養以義，可得而知矣。蓋就此數者論之，孟子必答孫丑以此者，❷則孟子不見諸侯是亦分也、義也。孫丑乃不知之，奈之何哉。今且以孟子不見諸侯，必以段干、泄柳爲言者，蓋謂魏文、魯繆二君欲見此二子如此之迫切，而二子尚不見之，而況已往見諸侯哉？必以陽貨爲言者，蓋謂孔子不見陽貨者，乃陽貨自取之爾。今己之不見諸侯者，亦以諸侯不禮於我矣。必以曾子所謂而言者，蓋謂己如往見諸侯，亦是脅肩諂笑者也。必以子路所謂而言者，蓋謂己如就見諸侯，亦是未同而觀其色赧赧然之人也。此孟子所以執此而喻其意於公孫丑也。《説文》云「畦，菜畦也」，是知即園也。　注「《論語》曰饋孔子豚」。　正義曰：案孔安國傳云：「陽貨欲使孔子往謝，故遺孔子豚。」陽貨，陽虎也，名虎，字貨，爲季氏家臣，而專魯國之政，欲見孔子，將使之仕也。豚，豕之小者。故《論語》於《陽貨》篇云：「陽貨欲見孔子，孔子不

❶「孫」下，依文例當有「丑」字。按阮校：「閩、毛二本『孫』下有『丑』字。」

❷「孫」上，按阮校，監、毛二本有「公」字。下同。

見，歸孔子豚。孔子時其亡也，而往拜之，遇諸塗。謂孔子曰：『來，予與爾言。』曰：『懷寶而迷邦，可謂仁乎？好從事而亟失時，可謂知乎？』曰：『不可。日月逝矣，歲不我與。』孔子曰：『諾，吾將仕矣。』」凡此是其事也。注「子路剛直」。❶　正義曰：案《孔子弟子列傳》云：「子路性鄙，好勇力，志伉直。」是爲剛直也，後死於衛。

戴盈之曰：「什一，去關市之征，今茲未能，請輕之，以待來年然後已，何如？」戴盈之，宋大夫。問孟子，欲使君去關市征稅，復古行什一之賦，今年未能盡去，且使輕之，待來年然後復古，何如？孟子曰：「今有人日攘其鄰之雞者，或告之曰：『是非君子之道。』曰：『請損之，月攘一雞，以待來年，然後已。』如知其非義，斯速已矣，何待來年？」攘，取也，取自來之物也。孟子以此爲喻，❷知攘之惡當即止，何可損少，月取一雞，待來年乃止乎？　謂盈之之言若此類者也。疏「戴盈之曰」至「何待來年」。　正義曰：此章言從善改非，坐而待旦，知而爲之，罪重於故，譬猶攘雞，多少同盜，變惡速然後可也。❸「戴盈之曰：什一，去關市之征，今茲未能，請輕之，以待來年」，戴盈之即戴不勝，字盈之也，爲宋國之大夫，問於孟子曰：欲使宋君去關市之征稅，今年未能盡去，且使輕取之，以待來年，然後盡去之，如之何？「孟子曰：今有人已攘其鄰之雞」至「何待來年」，孟子以此比喻之，以答盈之之言非也。言今有人日日攘取其鄰家之雞者，或有人告之曰：此攘雞乃小人盜賊之道，非君子内公至正之道也。❹乃曰：請損之，❺但月攘一雞，以待來年，然後止而勿攘。今子如知宋君取關市之稅爲非義，若此攘雞之非道，斯可速而止之耳，何可待來年然後已乎？　此孟子所以告之是耳。

公都子曰：「外人皆稱夫子好辯，敢問何也？」公都子，孟子弟子。外人，它人論議者也。好辯，言孟子好與楊、墨之徒辯爭。孟子曰：「予豈好辯哉？予不得已也。曰：我不得已耳，欲救正道，

❶「直」下，原衍「正」字，據上注文及阮本删。
❷「子」，原作「以」，據阮本改。
❸「惡」下，阮本有「自新」二字。
❹「内」，阮本作「大」。
❺「損」，原作「豫」，據阮本改。

懼爲邪説所亂，故辯之也。天下之生久矣，一治一亂。當堯之時，水逆行，氾濫於中國，蛇龍居之，民無所定，下者爲巢，上者爲營窟。天下之生，生民以來也，迭有治亂，非一世。水生蛇龍，水盛則蛇龍居民之地也。民患水，避之，故無定居。卑下者於樹上爲巢，❶猶鳥之巢也。上者，高原之上也。鑿岸而營度之，以爲窟穴而處之。《書》曰：『洚水警余。』洚水者，洪水也。《尚書》逸篇。洪水逆行，洚洞無涯，故曰洚水也。洪，大也。使禹治之，禹掘地而注之海，驅蛇龍而放之菹。水由地中行，江、淮、河、漢是也。險阻既遠，鳥獸之害人者消，然後人得平土而居之。堯使禹治洪水，通九州，故曰掘地而注之海也。菹，澤生草者也，今青州謂澤有草爲菹。水流行於地而去之，❷民人下高就平土，故遠險阻也。水去，故鳥獸害人者消盡也。堯、舜既沒，聖人之道衰，暴君代作。壞宮室以爲汙池，民無所安息；棄田以爲園囿，使民不得衣食；邪説暴行又作。園囿汙池，沛澤多而禽獸至。暴，亂也。亂君更興，殘壞民室屋，以其處爲汙池。棄五穀之田，以爲園囿，長逸遊而棄本業，使民不得衣食，有饑寒並至之厄。其小人則放辟邪侈，故作邪僞之説，爲姦寇之行。沛，草木之所生也。澤，水也。至，衆也。田疇不墾，故禽獸衆多。謂羿、桀之時也。及紂之身，天下又大亂。周公相武王，誅紂伐奄，三年討其君，驅飛廉於海隅而戮之，滅國者五十，驅虎豹犀象而遠之，天下大悦。奄，東方無道國。武王伐紂，至于孟津還歸，二年復伐，前後三年也。飛廉，紂諛臣，驅之海隅而戮之，猶舜放四罪也。滅與紂共爲亂政者五十國也。奄，大國，故特伐之。《尚書·多方》曰：「王來自奄。」《書》曰：『丕顯哉，文王謨。丕承哉，武王烈。佑啓我後人，咸以

❶「卑」，阮本作「埤」。按阮校：「案《音義》出『埤』，作『卑』非也。」

❷「之」，按阮校：「廖本、孔本、韓本、《考文》古本作『也』。」

正無缺。』《書》，《尚書》逸篇也。丕，大。顯，明。承，纘。烈，光也。言文王大顯明王道，武王大纘承天光烈，佑開後人，謂成康皆行正道無虧缺也，此周公輔相以撥亂之功也。　世衰道微，邪説暴行有作，臣弑其君者有之，子弑其父者有之，孔子懼，作《春秋》。《春秋》，天子之事也。是故孔子曰：『知我者其惟《春秋》乎！罪我者其惟《春秋》乎！』世衰道微，周衰之時也。孔子懼正道遂滅，❶故作《春秋》，因魯史記，設素王之法，謂天子之事也。知我者謂我正王綱也，❷罪我者謂時人見彈貶者。言孔子以《春秋》撥亂也。　聖人不作，❸諸侯放恣，❹處士横議，楊朱、墨翟之言盈天下，天下之言，不歸楊則歸墨。楊氏爲我，是無君也。墨氏兼愛，是無父也。無父無君，是禽獸也。言孔子之後，聖王之道不興，戰國縱横，布衣處士游説以干諸侯，若楊墨之徒，無尊異君父之義，而以横議於世也。公明儀曰：『庖有肥肉，廄有肥馬，民有饑色，野有餓莩，此率獸而食人也。』公明儀，魯賢人。言人君但崇庖廚，養犬馬，不恤民，是爲率禽獸而食人也。　楊、墨之道不息，孔子之道不著，是邪説誣民，充塞仁義也。仁義充塞，則率獸食人，人將相食。言仁義塞則邪説行，獸食人則人相食，此亂之甚也。　吾爲此懼，閑先聖之道，距楊墨，放淫辭，邪説者不得作。閑，習也。淫，放也。孟子言我懼聖人之道不著，爲邪説所乘，故習聖人之道以距之。　作於其心，害於其事；作於其事，害於其政。聖人復起，不易吾言矣。説與上篇同。昔者禹抑洪水而天下平，周公兼夷狄、驅猛獸而百姓寧，孔子成《春秋》而亂臣賊子懼。抑，治也。周公兼懷夷狄之人，驅害人之猛獸也。言亂臣賊子懼《春秋》之貶責也。　《詩》云：『戎狄是膺，荆

❶「正」，按阮校：「廖本、孔本、韓本、《考文》古本作『王』。」

❷「王綱」，閩、監、毛、阮本作「綱紀」。

❸「人」，阮本作「王」。

❹「放」，原作「故」，據阮本改。

舒是懲，則莫我敢承。』此詩已見上篇説。無父無君，是周公所膺也。是周公所欲伐擊也。我亦欲正人心，息邪説，距詖行，放淫辭，以承三聖者，豈好辯哉？予不得已也。孟子言我亦欲正人心，距險陂之行，❶以奉禹、周公、孔子也。不得已而與人辯耳，豈好之哉？能言距楊墨者，聖人之徒也。」孟子自謂能距楊墨也。徒，黨也。可以繼聖人之道謂名世者也，故曰聖人之徒也。

疏「孟子曰：予豈好辯哉」至「聖人之徒也」。正義曰：此章言憂世撥亂，勤以濟之，義以匡之也。公都子問孟子曰：外人皆稱夫子好與楊墨之徒争辯，敢問是何如？「孟子曰：予豈好辯哉，予不得已也」，孟子答之曰：我豈好與彼争辯之哉，但欲正人心，不得已而用辯之也。「天下之生久矣，一治一亂」至「上者爲營窟」，孟子言：天下之生民以來，至于今以久矣，其間一治一亂甚多。當堯之時，水逆勢而流行，氾濫濁於中國，蛇龍由是居處於其間，民亦無所安其居處，以至居於埤下者，乃於樹上爲巢，如鳥之居於巢也，居於高原之上者，乃鑿爲穴窟而處之。「《書》曰：洚水警余。洚水，洪水也。使禹治之，禹掘地而注之海」至「然後人得平土而居之」，言《尚書》逸篇之文。云洚水警懼我，此蓋舜言，故稱余。余，我也。孟子引之，故自解之洚水，言洚水則洪大之水也。故舜使禹治其洪水，禹乃掘地，因其勢順而流注之海。又驅遣蛇龍而放之菹。菹，澤生草之所也。於是水從地中流行，故不氾逆，所謂導江導淮導河導入漢之水，是禹之治也。危險艱阻既以遠去，而無氾濫之患，鳥獸之害於人者遂消滅，然後人皆得平坦之地而居之。所謂水逆行，氾濫於中國，蛇龍居之，爲巢營窟之難，於是免矣。「堯舜既没，聖人之道衰」至「及紂之身」，又至「咸以正無缺」者，孟子言：自堯舜既没之後，聖人所行之道衰微，暴虐之君更興，乃毁壞民之宫室以爲之汙池，而民皆無所安居休息。又棄五穀之田以爲之園囿，而恣遊傲，乃使民不得衣食，於是民有饑寒。其小人皆放辟邪侈，作邪僞之説，爲姦寇之行。又作園囿汙池，於是草木沛澤茂盛，而禽獸至衆。及紂之世，又爲大亂，周公乃輔相武王，誅伐其紂，又伐奄國，終始三年，討戮殘賊之君，乃驅逐飛廉諛臣於海隅之地而戮殺之，遂滅與紂共爲亂

❶「險陂之行」，閩、監、毛、阮本作「詖行」。

之國者有五十國，然後驅遣其虎豹犀象之野獸而遠去之。天下之人，已皆大悦，而歸武王。《書》所謂「丕顯哉，文王謨，丕承哉，武王烈，佑啓我後人，咸以正無缺」，是斯之謂歟！ 蓋言大明文王創始之謀謨，大纘集武王之功烈，佑開後人皆以正道行之，故無虧缺也。後人是謂成王、康王在後者也。「世衰道微，邪説暴行」至「其惟《春秋》乎」，孟子又言：至周世之道衰於是微滅，邪説暴行之人又有起作，於是臣弑其君者有之，子弑其父者有之，惟孔子於此時乃恐懼正道遂滅，而害人正心，故因魯史記而作《春秋》之經。 蓋《春秋》者，乃設素王之道，皆天子之事迹也。 孔子云：知我正王綱者，其惟以《春秋》知我矣；罪我以謂迷亂天下者，其亦惟以《春秋》罪我矣。「聖王不作，諸侯放恣」至「是禽獸也」，孟子又言：自孔子之後，聖王無有興作於其間，諸侯乃放恣爲亂，布衣之處士乃横議而遊説於諸侯，於是楊朱、墨翟偏蔽之言盈滿於天下。天下之言者，不歸從楊朱之爲己，則歸從墨翟之兼愛。以其爲己之言行，是使天下無其君也，兼愛之言行，是使天下無其父也，無父無君，是禽獸之類也，非人也。「公明儀曰」至「率獸而食人也」，孟子又引昔公明儀有云：君之庖廚乃多有其肥肉，棧廄之中多養其肥馬，而下民以有饑餓之顏色，郊野之間以有餓死之莩者，如此是國君率獸而食人也。「楊墨之道不息，孔子之道不著」至「吾爲此懼」，又至「吾言矣」，孟子又言：楊墨自爲兼愛之道不熄滅，則孔子之正道不著明，是邪説欺誣其民，而充溢掩其仁義之道也。仁義既以邪説充塞而掩之，則不特率獸食人，而人亦將自相食也。孟子故言我爲此恐懼，乃欲防閑，衛其先聖之正道，而排斥距其楊墨，放逐其淫辭，使邪説者不得興作於其間。所謂作於其心，害於其事，作於其事，害於其政，聖人復起，必從吾言矣，此蓋説在上篇，此更不説。「昔者禹抑洪水而天下平，周公兼夷狄、驅猛獸而百姓寧，孔子作《春秋》而亂臣賊子懼」，此皆孟子言至於此，又復自堯至於孔子，再詳總説之也。言往者自舜使禹抑治其水，而天下於是乎得平安；至周公相武王，兼征夷狄，驅逐暴獸，而人民於是乎得寧静；以至孔子作成《春秋》，而褒貶著，而亂臣賊子於是乎恐懼之。「《詩》云：戎狄是膺，荆舒是懲，則莫我敢承」，説在上篇詳矣。孟子言：如是則無父無君者，是周公所欲膺擊而伐之也，我今亦欲正其人心，息滅其邪説，距止其險陂之行，放逐其淫辭，以奉承禹、周公、孔子三聖者，豈我好與楊墨之辯哉？是我不得已，故當與之争辯也。然而能言距止楊墨之道者，是亦爲聖人之徒黨也，故曰：「我亦欲正人心，息邪説，距詖行，放淫辭，以承三聖者，豈好辯哉？予不得已也。能言距楊墨者，聖人之徒也。」 注「堯使禹治洪水，通九州」至「消盡也」。 正義曰：「禹通九州」者，蓋始自堯所都冀州而起，遂從東南通于兖州；兖州既達，又東南通於青州；青州既達，又從南通於徐州；徐州既達，又南通於楊州；楊州既達，又西通於荆州；荆州既達，又從荆而北通於豫州；豫州既達，又從豫而西通於梁州；梁州既達，又從梁而北通於雍州；雍州既達，於是又通乎冀州；冀州乃帝都也。凡此是皆禹通之耳。 注「奄，東方無道國」至「王來自奄」。 正義曰：案鄭玄云：「奄國在淮夷之北。」裴駰亦引而證《史記》。云「伐奄」者，孔安國云：「周公歸政之明年，淮夷奄國又叛，成王東伐淮夷，遂滅奄而徙其君。五月，自奄還至鎬京，是王自奄也。」云「飛廉，紂諛臣」，案《史記》云「飛廉乃顓頊之苗裔也，飛廉善走，其子惡來，惡來有力，父子俱以材力事殷紂，周武王伐紂，并殺之」是矣。「舜放四罪」，所謂流共工于幽州，放驩兜于崇山，竄三苗于三危，殛鯀于羽山。四罪而天下咸服。凡此是也。 注「禹稷胼胝，周公仰思，仲尼皇皇」。 正義曰：經云禹稷手足胼胝，周公仰而思之，夜以繼日，楊雄云「仲尼皇皇」，是也，凡此蓋言皆能勤於爲生民耳。

匡章曰：「陳仲子豈不誠廉士哉？居於陵，三日不食，耳無聞，目無見也。井上有李，螬食實者過半矣，匍匐往將食之，三咽，然後耳有聞，目有見。」匡章，齊人也。陳仲子，齊一介之士，窮不苟求者，是以絶糧而餒也。螬，蟲也。李實有蟲，食之過半，言仲子目不能擇也。 孟子曰：「於齊國之士，吾必以仲子爲巨擘焉。雖然，仲子惡能廉？充仲子之操，則蚓而後可者也。夫蚓，上食槁壤，下飲黄泉。巨擘，大指也。比於齊國之士，吾必以仲子爲指中大者耳，非大器也。蚓，丘蚓之蟲也。充滿其操行，似蚓而可行者也。蚓食土飲泉，極廉矣，然無心無識，仲子不知仁義，苟守一介，亦猶蚓也。 仲子所居之室，伯夷之所築與？抑亦盜跖之所築與？所食之粟，伯夷之所樹與？抑亦盜跖之所樹與？是未可知也。」孟子問匡章：仲子豈能必使伯夷之徒築室、樹粟，乃居、食之邪？抑亦得盜跖之徒使作也，是殆未可知也。曰：「是何傷哉？彼身織屨，妻辟纑，以易之也。」匡章曰：惡人作之何傷哉？彼仲子身自織屨，妻緝纑，以易食宅耳。緝績其麻曰辟，練麻曰纑。❶曰：「仲子，齊之世家也，兄戴，蓋祿萬鍾。以兄之祿爲不義之祿而不食也，以兄之室爲不義之室而不居也，避兄離母，處於於陵。孟子言仲子，齊之世卿大夫之家，兄名戴，爲齊卿，食采於蓋，祿萬鍾。仲子以爲事非其君、行非其道以居富貴，故不義之，竄於於陵也。他日歸，則有饋其兄生鵝者，己頻顣曰：『惡用是鶃鶃者爲哉？』他日，異日也。歸省其母，見兄受人之鵝而非之。己，仲子也。頻顣不悅，曰：安用是鶃鶃者爲乎？鶃鶃，鵝鳴聲。他日，其母殺是鵝也，與之食之。其兄自外至，曰：『是鶃鶃之肉也。』出而哇之。以母則不食，以妻則食之；以兄之室則弗居，以於陵則居之，是尚爲能充其類也乎？若仲子者，蚓而後充其操者也。」異日母食以鵝，不知是前所頻顣者也。兄疾之，告曰：「是鶃鶃之肉也。」仲子出門而哇吐之。孟子非其不食於母，而食妻所作屨纑易食也；不居兄室，而居於於陵人所築室也，是尚能充人類乎？如蚓之性，然後可以充其操也。❷

疏「匡章曰」至「而後充其操也」。正義曰：此章言聖人之道，親親尚和，志士之操，耿介特立，可以激濁，不可常法者也。「匡章曰：陳仲子豈不誠廉士哉」至「目有見」者，匡章，齊國之人也。仲子，齊國一介之士也。匡章謂孟子曰：陳仲子之爲人，豈不誠爲廉士者哉？言仲子居處於於陵之地，三日無食，故不求食，以至饑餓，使耳聾而無聞，目盲而無見。井里之上有李果爲螬蟲所食者，其實已過半矣，但匍匐往而取食之，食至三吞然後耳方有所聞而不聾，目方有所見而不盲。言仲子之至如此之甚，尚不肯苟求於人，是所謂豈不誠廉潔之士哉。「孟子曰：於齊國之士」至「下飲黃泉」，孟子答之，以謂於齊國之衆士中，吾必以陳仲子但如指中之大者耳。雖然，人指又安能爲廉

❶「纑」下，閩、監、毛、阮本有「故云辟纑」四字。

❷「也」下，閩、監、毛、阮本有「是以孟子喻以蚯蚓而比諸巨擘而已」十五字。

潔之士哉？如充滿其仲子之操守，則必似丘蚓而後可行也。故蚓但上食其槁壤之土，下飲其黄泉之水，是謂極廉矣。今仲子所居處之屋，且以爲伯夷之所築而居之與？抑亦即盜跖爲利者之所築而居與？仲子所食之粟米，且以伯夷之所種而食與？抑亦即爲盜跖者之所種而食與？故孟子以此問之匡章，乃曰：仲子所居之室，伯夷之所築與，抑亦盜跖之所築與？❶所食之粟，伯夷之所樹與，抑亦盜跖之所樹與？然孟子必以伯夷言之，又必以盜跖言之者，蓋謂伯夷之清最爲潔者，盜跖最爲貪利者，而仲子必不能使伯夷之徒築室、樹粟乃居、食之也，但亦盜跖所築、樹而居、食之也，豈足謂之廉士哉？故曰「是未可知也」。以其但亦盜跖所築、樹也，殆未可得而知也。「曰：是何傷哉？彼身織屨，妻辟纑，以易之也」，匡章又言於孟子曰：此何傷於仲子爲廉哉？言雖盜跖之徒而築、樹之，而仲子所居、食之，亦不足傷害仲子爲廉潔之士矣。以其彼仲子親織其草屨，妻緝績其麻，以更易室與粟而居、食之也。「曰：仲子，齊之世家也，兄戴，蓋禄萬鍾，以兄之禄爲不義之禄」至「蚓而後可充其操者也」，孟子又言：仲子者，乃齊國世卿大夫之家也，其仲子之兄名戴者，食采於蓋之邑，禄受萬鍾之秩，仲子乃以兄之禄爲不義之禄而不食，以兄所居之室爲不義之室而不居，遂逃避其兄，離去其母，而自處於於陵。於陵，齊之别邑也。異日，歸省其母，見有饋遺其兄之生鵝者，乃頻顣不悦，而言曰：安用是鶃鶃者爲饋哉？又至異日，其仲子之母乃殺此鵝與仲子而食之，其仲子之兄自外而歸，至，見仲子食此鵝肉，乃疾告之曰：此是前日所饋我鶃鶃者之肉也。仲子覺爲鵝肉，出門外哇而吐之。以其母所殺之食而且不食，乃食於妻子所辟纑而易所食而食之。以兄所居之屋而且不居，乃以於陵之人所居之屋而居之。如此，尚何能充爲人之類乎？若仲子者，但如蚓之性然後可充其所操也。孟子意謂仲子之廉以此，是不足爲廉者矣，人安可得而法之邪？匡章子所以言仲子爲廉士者，以其欲則法之，宜孟子以是言而比喻巨擘，丘蚓之類而排拒之也。巨擘，大指也。注「緝績其麻曰辟，練麻曰纑」。正義曰：《釋名》云：「辟，分辟也。纑，布縷也。」是知爲緝績練麻也。注「食采於蓋」。正義曰：蓋，齊之下邑也。《公孫丑》之篇亦有説焉。

孟子注疏解經卷第六下

❶「抑」，原作「仰」，據阮本改。

孟子注疏解經卷第七上

孫奭疏

離婁章句上凡二十八章

趙氏注離婁者，古之明目者也，蓋以爲黄帝之時人也。黄帝亡其玄珠，使離朱索之。離朱即離婁也。能視於百步之外，見秋毫之末。然必須規矩，乃成方員，猶《論語》「述而不作，信而好古」，故以題篇。❶

疏正義曰：前章首論滕文公問以古道，故以《滕文公》爲篇題，次於公孫丑問政，謂其爲政莫大於反古也。然則此篇孟子首言離婁之明，故以目爲篇題，次於滕文公問以古道，是亦反古道者莫大乎明也，遂次《滕文公》之篇，所以揭「離婁」爲此篇之題。此篇凡六十章，趙氏分之以爲上下卷。此卷只有二十八章而已。一章言雖有巧智，猶須法度。二章言法則堯舜，鑒戒桀紂。三章言安仁在於爲仁，惡弗去則患及其身。四章言行有不得於人，一求諸身，❷責己之道也。五章言天下國家，本正則立，本傾則踣。六章言巨室不罪，咸以爲表，德之流行，可充四海。七章言遭衰逢亂，屈服强大，據國行仁，天下無敵。八章言人之安危，皆由於己。九章言水性趨下，民樂歸仁。十章言曠仁舍禮，自暴棄之道也。十一章言親親敬長，近取諸己。十二章言事上得君，乃可臨民，信友悦親，本在於身。十三章言養老尊賢，國之上務。十四章言聚斂富民，棄於孔子，重人命之至者。十五章言知人之道。十六章言人君恭儉，率下移風，人臣恭儉，明其廉忠。十七章言權時之義，嫂溺援手。十八章言父子至親，相責離恩，易子而教，相成以仁。十九章言上孝養志，下孝養體。二十章言小人爲政，不足問非，君正國定，下不邪侈。二十一章言不虞獲譽，不可爲戒，求全受毀，未足懲咎。二

❶「題」，閩、監、毛、阮本作「名」。

❷「一」，阮本作「反」。

十二章言言出於身，不惟其責，則易之矣。二十三章言人患在爲師。二十四章言尊師重道。二十五章言餔啜沈浮，君子不與。二十六章言無後不可。二十七章言仁義之本在孝悌。二十八章言天下之富貴，不若得意於親。其餘三十二章，分在下卷，不無敘焉。　注「離婁」至「題篇」。　正義曰：《莊子·天地》篇云：「黄帝遊乎赤水之北，登乎崐崘之山，南望而歸。遺其玄珠，❶使知索之，不得。使離朱索之。」蓋其文也。離朱即離婁也。《論語》第七篇首云：「述而不作，信而好古，竊比於我老彭。」是其旨也。

孟子曰：「離婁之明，公輸子之巧，不以規矩，不能成方員。公輸子，魯班，魯之巧人也，或以爲魯昭公之子。雖天下至巧，亦猶須規矩也。師曠之聰，不以六律，不能正五音。師曠，晉平公之樂太師也，其聽至聰。不用六律，不能正五音。六律，陽律，大簇、姑洗、蕤賓、夷則、無射、黄鍾也。五音，宫、商、角、徵、羽也。堯舜之道，不以仁政不能平治天下。當行仁恩之政，天下乃可平也。今有仁心仁聞，而民不被其澤，不可法於後世者，不行先王之道也。仁心，性仁也。仁聞，仁聲遠聞也。雖然，猶須行先王之道，使百姓被澤，乃可爲後世之法也。故曰：徒善不足以爲政，徒法不能以自行。但有善心而不行之，不足以爲政。但有善法度而不施之，法度亦不能獨自行也。《詩》云：『不愆不忘，率由舊章。』遵先王之法而過者，未之有也。《詩》，《大雅·假樂》之篇。❷愆，過也。所行不過差矣，不可忘者，以其循用舊故文章，遵用先王之法度，未聞有過者也。聖人既竭目力焉，繼之以規矩準繩，以爲方員平直，不可勝用也。盡己目力，續以其四者，方、員、平、直可得而審知，故用之不可勝極也。既竭耳力焉，繼之以六律正五音，不可勝用

❶「玄」，原作「元」，蓋作疏者避宋諱而改，今回改。下「玄珠」同。

❷「假」，按阮校：「宋本、孔本、韓本作『嘉』，《音義》出『嘉樂』。」

也。音須律而正也。既竭心思焉，繼之以不忍人之政，而仁覆天下矣。盡心欲行恩，繼以不忍加惡於人之政，則天下被覆衣之仁也。故曰：爲高必因丘陵，爲下必因川澤，爲政不因先王之道，可謂智乎？言因自然，則用力少而成功多矣。是以惟仁者宜在高位。不仁而在高位，是播其惡於衆也。仁者能由先王之道。不仁逆道，則自播揚其惡於衆人也。上無道揆也，下無法守也，朝不信道，工不信度，君子犯義，小人犯刑，國之所存者幸也。言君無道術可以揆度天意，臣無法度可以守職奉命，朝廷之士不信道德，百工之作不信度量。君子觸義之所禁，謂學士當行君子之道也。小人觸刑，愚人罹於密網也。❶此亡國之政，然而國存者，僥倖耳，非其道也。故曰：城郭不完，兵甲不多，非國之災也；田野不辟，貨財不聚，非國之害也；上無禮，下無學，賊民興，喪無日矣。言君不知禮，臣不學法度，無以相檢制，則賊民興，亡在朝夕，無復有期日。言國無禮義必亡。《詩》曰：『天之方蹶，無然泄泄。』泄泄，猶沓沓也。事君無義，進退無禮，言則非先王之道者，猶沓沓也。《詩》，《大雅·板》之篇。天謂王者。蹶，動也。言天方動，汝無敢沓沓，但爲非義非禮，背棄先王之道而不相匡正也。故曰：責難於君謂之恭，陳善閉邪謂之敬，吾君不能謂之賊。」人臣之道，當進君於善，責難爲之事，使君勉之。謂行堯舜之仁，是爲恭臣。陳善法以禁閉君之邪心，是爲敬君。言吾君不肖，不能行善，因不諫正，此爲賊其君也。❷

疏「孟子曰：離婁之明」至「吾君不能謂之賊」。正義曰：此章言雖有巧智，猶須法度，因由先王，禮義爲要，不仁在位，播越其惡，誣君不諫，謂之賊。明上下相須，而道化行也。「孟子曰：離婁之明，公輸子之巧，不以規矩，不能成方員」

❶「網」，原作「綱」，據閩、監、毛、阮本改。

❷「也」下，阮本有「故有恭敬賊三者之善」九字。按阮校，閩、監、毛三本「善」作「義」。

者，公輸子魯般，魯之巧匠也。孟子謂離婁明雖足以察秋毫之末，公輸子其性雖巧，然不以規矩之度，不能成其方員之器。規所以員也，言物之員者皆由規之所出也。矩所以方也，言物之方者皆由矩之所出也。「師曠之聰，不以六律，不能正五音」者，師曠，樂官名也。孟子又謂師曠其耳雖聰，善能聽音，然不得六律以和之，固不能正其五音也。六律五音，太簇、姑洗、蕤賓、夷則、無射、黄鍾是六律也；宫、商、角、徵、羽是五音也。「堯舜之道，不以仁政不能平治天下」者，堯舜二帝，唐虞之盛者也，然而不以仁政而施於天下，故不能平治天下而享無爲之功矣。以其天下平治，由仁政之施也，如物之方員必自規矩之所出，五音之正由六律以和之者也。「今有仁心仁聞，而民不被其澤，不可法於後世者，不行先王之道也」者，孟子言：今之人君，雖有仁人不忍之心，又有仁聲而遠聞四方，然而民皆不得霑被其恩澤，不可爲後世之所法者，以其不行古先王之道而治之也。無它，蓋以先王之道，有恩澤足以被民，其法可爲後世取象故也。苟不行先王之道，雖有仁心仁聞，亦若離婁之明、師曠之聰、堯舜之道，不得以規矩、六律、仁政爲之，亦無如之何也已矣。「故曰：徒善不足以爲政，徒法不能以自行」者，此孟子言至於此，所以復言之者也。徒善不足以爲政，蓋謂雖有先王之道而爲之善，然而人不能用而行之，是徒善不足以爲政也。徒法不能以自行，蓋謂雖有規矩、六律之法，然而人不能因而用之，是徒法不能以自行也。以其規矩、六律之法不能自行之，必待人而用之，然後能成其方員、正其五音也。堯舜之道，自不足以爲之政，必待人而行之，然後能平治天下而爲法於後世也。「《詩》云：不愆不忘，率由舊章。遵先王之法而過者，未之有也」者，孟子引《大雅·假樂》之篇文而云也，蓋謂不愆違，不忘去其故舊典章，皆循而用之，未有過失者也。故復言之曰：「遵先王之法而過者，未之有也。」典章者，即先王之法也。「聖人既竭目力焉，繼之以規矩準繩，以爲方員平直，不可勝用也」者，孟子又言：聖人既竭己目力而視，續以規矩準繩而爲方員平直，故其用之不可勝極也。蓋規所以能員，矩所以能方，準所以能平，繩所以能直故也。「既竭耳力焉，繼之以六律正五音，不可勝用也」者，孟子又言：聖人既已盡其耳力而聽之，又續以六律而正五音，故其用亦不可勝極也。蓋六律所以正五音也。「既竭心思焉，繼之以不忍人之政，而仁覆天下矣」者，孟子又言：聖人既已能盡心之所思慮，續以施其不忍人之政，則仁恩德澤足以覆蓋於天下矣。無它，以其仁恩廣大矣，故云覆天下。故曰「爲高必因丘陵，爲下必因川澤，爲政不因先王之道，可謂智乎」者，孟子言至於此，又所以復言之者也，蓋譬言人之欲爲高者，必因其丘陵而爲之也；爲下者，必因其川澤而爲之耳。無它，以其丘陵之山其本高矣，川澤之地其本下矣，言爲政於天下者，而不因先王之道爲之，豈足謂之智者乎？言不可謂之智矣。以其先王之道是爲之所本焉，故智足以有知，苟爲政而不知以先王之道爲本，豈謂之智乎？大抵孟子言規矩準繩、六律者，皆譬爲政而言也。抑亦知孟子長於譬喻者歟！「是以惟仁者宜在高位。不仁而在高位，是播其惡於衆也」者，孟子於此畢其譬喻，乃曰：是以惟仁者之君宜其處高位爲尊也，不仁之君而處高位，是其處高位而播揚其惡於人民之衆矣。「上無道揆也，下無法守也，朝不信道，工不信度，君子犯義，小人犯刑，國之所存者幸也」者，孟子言：上之爲君無道術以揆度其下，❶下之爲臣無法度以守其職，朝廷之士皆不信其道德，百工之作皆不信其度量，君子之人以之觸義之所禁，小人之人以之犯冒其刑憲，然而如此而國尚存而不亡者，以其僥倖得存焉。必云幸也，蓋少有存者也。「故曰：城郭不完，兵甲不多，非國之災也；田野不辟，貨財不聚，非國之害也；上無禮，下無學，賊民興，喪無日矣」者，孟子言至此，所以復言之也，故云城郭頹壞而不完，兵甲之器少，此非爲國之災害也；田野荒蕪而不開辟，貨財竭盡而無貯聚，此非爲國之害也，然而上之爲君無禮法以檢制，下之爲人臣不學法度以守職，賊民相殺戮以之興起，是則國之喪亡值在朝夕，❷無復有日矣。「《詩》云：天之方蹶，無然泄泄。泄泄，猶沓沓也。事君無義，進退無禮，言則非先王之道者，猶沓沓也」者，自「天之方蹶」至「泄泄猶沓沓也」，是《詩·大雅·板》之篇文也。自「事君」至「沓沓也」，是孟子自解上云沓沓之義也。其詩蓋言王者方動而爲非，爲之臣者無更沓沓，但復爲非禮義以事其王者也，故曰「天之方蹶，無然泄泄。泄泄猶沓沓也」。蹶，動也。天謂王者也。泄泄則沓沓是也。孟子復自解之，言事君以無義之事事之，其進退無禮節，其言則非先王之道而爲言者，是若沓沓者也。以其當匡正其君，不可復長君之惡耳。「故曰：責難於君謂之恭，陳善閉邪謂之敬，吾君不能謂之賊」者，孟子言至於此，所以又復言之者也。故云君之有難惡，當責之以善，能責君

❶「揆度」，阮本作「表率」。
❷「值」，阮本作「俱」。

難惡以爲之善，是爲恭，臣恭其君也。陳之以善事，而閉其君之邪心，是謂敬其君者也。如不責君之難，不陳善而閉君之邪，而乃曰我君不能行善，因不諫正之者，是謂殘賊其君者也。故曰：「責難於君謂之恭，陳善閉邪謂之敬，吾君不能謂之賊。」　注「公輸子」至「規矩也」。　正義曰：案《淮南子》云：「楚欲攻宋，墨子聞而悼之。見楚王曰：『臣見大王之必傷義，而不得宋。』王曰：『公輸，天下之巧工，作爲雲梯之械，設以攻宋，曷爲弗取？』墨子曰：『令公輸設攻，臣請守之。』於是公輸設攻宋之械，墨子設守宋之備，九攻而墨子九却之，弗能入。乃偃兵不攻。」是公輸即魯般也，或云是魯昭公之子也。　注「師曠，晉平公之樂太師」至「羽也」。　正義曰：案《呂氏春秋》云：「晉平公鑄鐘，使工聽之，皆以爲調。師曠曰：『不調，請更鑄之。』平公曰：『工皆以爲調矣。』師曠曰：『後世有知音者，將知不調。臣竊爲恥之。』至師涓，果知鐘之不調。」是師曠善聽，爲晉平公之樂師也。　云「六律，陽律，太簇、姑洗、蕤賓、夷則、無射、黃鐘」，案《律曆志》云：「呂不韋《春秋》言黃鐘之宮，律之本也，下生林鍾，林鍾上生太簇，太簇下生南呂，南呂上生姑洗，姑洗下生應鍾，應鍾上生蕤賓，蕤賓下生大呂，大呂下生夷則，夷則上生夾鍾，夾鍾下生無射，無射上生中呂。淮南王安延致儒生博士亦爲律呂，云黃鐘之律九寸，而宮音調因而九之，九九八十一，故黃鐘之數，立位在子。太簇其數七十二，姑洗之數六十四，蕤賓之數五十七，夷則之數五十一，無射之數四十五。以黃鍾、太簇爲商，姑洗爲角，角生應鍾，不比正音，故爲和。應鍾生蕤賓，不比正音，故爲繆。日冬至，音比林鍾，浸以濁日。夏至，音比黃鍾，浸以清。以十二律應二十四時之變。甲子，大呂之徵也。丙子，夾鍾之羽也。戊子，黃鐘之宮也。庚子，無射之商也。壬子，夷則之角也。其爲音，一律而生五音，十二律爲六十音，因而六之，六六三十六，故三百六十五日以當一歲之日。故律之數，天地之道也。」凡此則以律正五音之謂也。　注《詩》《大雅·假樂》之篇」。　正義曰：箋云：「愆，過也。率，循也。言成王之令德不過誤，不遺失，循用舊典之文章。舊典，謂周公之禮法也。」　注云《詩》《大雅·板》之篇」。　正義曰：箋注云：「蹶，動也。泄泄，猶沓沓也。」箋云：「天，斥王也。王方欲艱難天下之民，又方更變先王之道，無沓沓然，爲之制法度，達其意以成其意。」

孟子曰：「規矩，方員之至也。聖人，

人倫之至也。至，極也。人事之善者，莫大取法於聖人，猶方員須規矩也。欲爲君，盡君道；欲爲臣，盡臣道，二者皆法堯舜而已矣。堯舜之爲君臣道備。不以舜之所以事堯事君，不敬其君者也。不以堯之所以治民治民，賊其民者也。言舜之事堯，敬之至也。堯之治民，愛之盡也。孔子曰：『道二，仁與不仁而已矣。』暴其民甚，則身弑國亡；不甚，則身危國削。名之曰幽、厲，雖孝子慈孫，百世不能改也。仁則國安，不仁則國危亡。甚謂桀、紂，不甚謂幽、厲。厲王流于彘，幽王滅於戲，可謂身危國削矣。名之謂謚之也。謚以幽、厲，以章其惡，百世傳之，孝子慈孫何能改也？《詩》云：『殷鑒不遠，在夏后之世。』此之謂也。」《詩》，《大雅·蕩》之篇也。殷之所鑒視，近在夏后之世耳。以前代善惡爲明鏡也，欲使周亦鑒于殷之所以亡也。

疏「孟子曰：規矩」至「此之謂也」。正義曰：此章言法則堯舜，鑒戒桀紂也。「孟子曰：規矩，方員之至也。聖人，人倫之至也」者，孟子言：規矩之度，其爲方員之至者也。謂之至者，以其至矣盡矣，不可以有加矣。聖人是爲人倫之至者亦然。人倫，君臣、父子、夫婦、兄弟、朋友是也。「欲爲君，盡君道；欲爲臣，盡臣道，二者皆法堯舜而已矣」者，孟子言：凡欲爲人君者，當盡其爲君之道也；凡欲爲人臣者，當盡其爲臣之道也。此二者在皆則法堯舜而已矣。以堯舜所爲君臣之道備矣。「不以舜之所以事堯事君，不敬其君者也。不以堯之所以治民治民，賊其民者也」者，言爲人臣者，如不以舜之所以事堯者事君，是不尊敬其君者也。爲人臣者，如不以堯之所以治民者治民，是殘賊其民者也。舜所以事堯者，盡其義之道也。堯之所以治民者，盡其仁之道也。義所以敬其君者也，仁所以愛其民者也。「孔子曰：道二，仁與不仁而已矣。暴其民甚，則身弑國亡；不甚，則身危國削。名之曰幽、厲，雖孝子慈孫，百世不能改也」者，孟子言：孔子有曰道有二，是仁與不仁爲二而已。暴虐其民，以至於甚極，則身必爲下之所殺，而國必喪亡矣。不至於極甚，則身必危難，而國必滅削，謚之曰幽、厲之君。既謚爲幽、厲，以章惡於後世，雖有孝子慈孫所出，亦不能改此謚也。厲王但止於流彘，幽王滅於戲，是謂身危國削矣。如身弑國亡，而孟子不止歸於人名者，以其被所殺戮，國已喪亡，足以章其惡，固不待爲謚而彰之矣，如桀紂者也。「《詩》云：殷鑒不遠，在夏后之世。此之謂也」者，蓋《詩·大雅·蕩》之篇文也。其詩已謂殷之世所以鑒視在近而不遠者，以其即在夏后之世是也。以其前代善惡，足以爲明鏡而可鑒也。孟子所以云「此之謂也」者，蓋欲使周之時亦鑒於殷之所以亡也。　注「堯舜之爲君臣道備」。　正義曰：《書》云：「堯克明俊德，以親九族，平章百姓，協和萬邦，黎民於變時雍。」蓋爲君之道盡於此矣，是君道之備也。舜自「元德升聞」，以之事堯，而「慎徽五典，百揆時敘，賓于四門，四門穆穆」，其後坐常見堯於墻，食常見堯於羹。蓋爲臣道盡於此矣，是臣之道備也。　注「桀、紂」、「幽、厲」。正義曰：案《史記》本紀云：「桀爲虐政淫荒，湯伐之，於是桀敗於有娀之墟，湯王乃改正朔，易服色。」是爲湯王，爲殷之始王。又云：「紂資辨捷，知足以拒諫，言足以飾非，好酒淫樂，醢九侯，脯鄂侯，武王東伐，至于盟津伐紂，紂兵敗走，入登鹿臺，衣其寶玉，赴火而死，武王遂斬紂頭，懸之白旗，殷民大悦，武王於是爲天子。」以爲周之始王。又云：「厲王行暴虐，侈傲，國人謗之。於是相與畔，襲厲王。厲王出奔於彘。」韋昭曰：「彘，晉地也。漢爲縣，屬河東，今曰永安。」是也。厲王終死于彘，於是大子静即位，是爲宣王。宣王崩，子幽王宫湦立。幽王以褒姒不好笑，幽王欲其笑，乃爲熢燧、大鼓，有寇至則舉熢火，諸侯悉至，至而無寇，褒姒乃大笑。幽王悦之，爲數舉熢火。其後不信，諸侯益不至。幽王以虢石父爲卿用事，國人皆怨。申侯怒，與繒西夷犬戎攻幽王，幽王舉熢火徵兵，兵不至，遂殺幽王驪山下。《汲冢紀年》曰：湯滅夏，以至于紂，二十九王，凡四百九十六年。自武滅紂，以至幽王，凡二百五十七年。　注「《詩》，《大雅·蕩》之篇」。　正義曰：箋云：「此言殷之明鏡不遠，近在夏后之世，謂湯誅桀也。後武王誅紂，今之王何以不用爲之戒？」孟子於此所以引之，以戒其時之君臣也。

孟子曰：「三代之得天下也以仁，其失天下也以不仁。國之所以廢興存亡者亦然。三代，夏、商、周。國，謂公、侯之國，存亡在仁與不仁也。❶ 天子不仁，不保四海；諸侯不仁，不保社稷；卿大夫不仁，不保宗廟；士庶人不

❶「也」，按阮校，閩、監、毛、阮本作「而已」。

仁，不保四體。今惡死亡而樂不仁，是由惡醉而强酒。」保，安也。四體，身之四肢。强酒則必醉也。❶ 疏「孟子曰：三代」至「强酒」。 正義曰：此章言人所以安，莫若爲仁，惡而弗去，患必及身，自上達下，而其道一也。「孟子曰：三代之得天下也以仁，其失天下也以不仁。國之所以廢興存亡者亦然」者，孟子言夏、商、周三代之王，其所以得天下也，以其皆以仁存心爲政於天下而得之也。三代之中，其有以失天下者，以其不仁，故失之也。以至公、侯之國，所以有廢而不興，有興而不廢者，亦如三代之得天下也以仁，失天下也以不仁也。以其皆在於仁道而已。「天子不仁，不保四海；諸侯不仁，不保社稷；卿大夫不仁，不保宗廟，士庶人不仁，不保四體。今惡死亡而樂不仁，是猶惡醉而强酒」者，孟子言：爲天子者不爲仁，則不能安其四海；諸侯不仁，❷則不能安其社稷；卿大夫不爲仁，則不能安其宗廟；士庶人不爲仁，則不能安其四體。四體，身之四肢也。天子守四海，諸侯守社稷，卿大夫守宗廟，士庶人守其身，故各因其所守而言也。今天下之人皆知疾惡其死亡，而以樂爲不仁，是若惡其醉酒而以强飲其酒耳，亦《論語》孔子謂「惡濕而居下」之意也。

孟子曰：「愛人，不親，反其仁。治人，不治，反其智。禮人，不答，反其敬。行有不得者，皆反求諸己，其身正而天下歸之。反其仁，己仁猶未至邪？反其智，己智猶未足耶？反其敬，己敬猶未恭邪？反求諸身，身已正則天下歸就之，服其德也。《詩》云：『永言配命，自求多福。』」此詩已見上篇，其義同。疏「孟子曰」至「自求多福」。 正義曰：此章言行有不得於人，反求於身，是爲責己之道也。「孟子曰：愛人，不親，反其仁。治人，不治，反其智」至「而天下歸之」者，孟子言：愛人而人不親之，必吾仁有所未至也，故當反己責之。治其人而人不治者，必吾之智有所未盡也，故當反己而責之也。禮接於人而人不以禮報答之，必吾之敬有所未至也，故當反己而責之也。凡所行有不得於人者，皆當反求諸己而已，以其身之所有未至也，故當自反而責之。蓋以身先自治而正之，則天下之人皆歸

❶「也」下，閩、監、毛、阮本有「喻惡亡而樂不仁也」八字。
❷「不」下，按阮校：「脱『爲』字，閩、監、毛三本不脱。」

之而服其德也。如顏淵克己而天下歸仁焉是也。《詩》云：永言配命，自求多福」，已説於上篇，此故不説。

孟子曰：「人有恒言，皆曰『天下國家』。恒，常也。人之常語也。天下謂天子之所主，國謂諸侯之國，家謂卿大夫之家也。**天下之本在國，國之本在家，家之本在身。」**治天下者不得良諸侯無以爲本，治其國者不得良卿大夫無以爲本，治其家者不得良身無以爲本也。❶ 疏「孟子曰」至「本在身」。正義曰：此章言天下國家，各依其本，本正則立，本傾則踣也。「孟子曰：人有恒言，皆曰天下國家」者，孟子言：人之所常言，皆曰天下國家也。天子有天下，公侯有國，大夫有家。「天下之本在國，國之本在家，家之本在身」者，言天下之根本，獨在於公侯爲之根本也；公侯之根本，又在卿大夫爲之根本也；卿大夫之根本，抑又在於私身爲之根本也。如《大學》有云：「欲明明德於天下，必先治其國。欲治其國，必先齊其家。欲齊其家，必先修其身。」此其意也。云「天下國家」者，天子有天下謂之天下，諸侯有國謂之國。然有國者不可以稱天下，有天下者或可以稱國，故諸侯謂之邦國，天子謂之王國。國字文從或，又從囗，爲其或之也，故囗之也。至於家，則自天子達於庶人，未嘗不通稱之矣。

孟子曰：「爲政不難，不得罪於巨室。巨室，大家也。謂賢卿大夫之家，人所則效者。言不難者，但不使巨室罪之，則善也。**巨室之所慕，一國慕之；一國之所慕，天下慕之。故沛然德教，溢乎四海。」**慕，思也。賢卿大夫，一國思隨其所善惡，一國思其善政，則天下思以爲君矣。沛然大洽，❷德教可以滿溢於四海之内也。疏「孟子曰」至「溢乎四海」。正義曰：此章言天下傾心，思慕向善，巨室不罪，咸以爲表，德之流行，可以充四海也。「孟子曰：爲政不難，不得罪於巨室」者，巨室喻卿大夫之家也，孟子言：爲政於天下易而不難也，但不得罪於卿大夫之家也，以其卿大夫之家，以上則近君，而君所待以輔弼；以道下則近民，而民待以視效。故君之言動，其是非可得而刺也；國之政

❶「也」下，閩、監、毛、阮本有「是則本正則立，本傾則踣，固在所敬慎而已」十七字。

❷「洽」，閩、監、毛、阮本作「治」。

令，其得失可得而議也。道合則從，不合則去，君民之從違而係之也。故爲君不得罪於卿大夫，則爲政可以行天下矣。「巨室之所慕，一國慕之；一國之所慕，天下慕之。故沛然德教，溢乎四海」者，言卿大夫之所思慕也，一國亦隨而思慕之；一國所思慕，則天下亦隨而思慕之。故沛然大洽，其上之德教，可以充溢乎四海，如東注之水，沛然流溢乎四海也。此言四海，猶中國則謂之天下，夷狄則謂之四海耳。孟子之意，蓋欲當時國君爲政，直其道，正其心，使卿大夫慕之而不去，則遠近雖異方莫不均慕之。此德教所以溢乎四海，亦如傳云「大夫者，近者視而傚之，遠者望而傚之」，蓋其意也。

孟子曰：「天下有道，小德役大德，小賢役大賢。天下無道，小役大，弱役强。斯二者，天也。順天者存，逆天者亡。有道之世，小德、小賢樂爲大德、大賢役，服於賢德也。無道之時，小國、弱國畏懼而役於大國、强國也。此二者天時所遭也，當順從之，不當逆也。齊景公曰：『既不能令，又不受命，是絶物也。』涕出而女於吴。齊景公，齊侯。景，謚也。言諸侯既不能令告鄰國，使之進退，又不能事大國，往受教命，是所以自絶於物。物，事也。大國不與之通朝聘之事也。吴，蠻夷也，時爲强國，故齊侯畏而恥之，泣涕而與爲婚。今也小國師大國而恥受命焉，是猶弟子而恥受命於先師也。今小國以大國爲師，學法度焉，而恥受命教，不從其進退，譬猶弟子不從師也。如恥之，莫若師文王。師文王，大國五年，小國七年，必爲政於天下矣。文王行仁政，以移殷民之心，使皆就之。今師效文王，大國不過五年，小國七年，必得政於天下矣。文王時難，故百年乃洽。❶今之時易。文王由百里起，今大國乃踰千里，過之十倍有餘，故五年足以爲政，小國差之，故七年。《詩》云：『商之孫子，其麗不億，上帝既命，侯于周服。侯服于周，天命靡常，殷士膚敏，祼將于京。』《詩》《大雅·文王》之篇。麗，億，數也。言殷帝之子孫，其數雖不但億萬人，天既命之，惟服於周。殷之美士，執祼鬯之禮，將事於京師，若微子者。

❶「洽」，閩、監、毛、阮本作「治」。

膚，大。敏，達也。此天命之無常也。孔子曰：『仁不可爲衆也，夫國君好仁，天下無敵。』孔子云：行仁者，天下之衆不能當也。諸侯有好仁者，天下無敢與之爲敵。今也欲無敵於天下而不以仁，是猶執熱而不以濯也。《詩》云：『誰能執熱，逝不以濯。』」《詩》，《大雅·桑柔》之篇。誰能持熱而不以水濯其手，喻其爲國誰能違仁而無敵於天下也。疏「孟子曰：天下有道」至「逝不以濯」。正義曰：此章言遭衰逢亂，屈伏强大，❶據國行仁，天下莫敵。雖有億衆，無德不親，執熱須濯，明不可違仁也。「孟子曰：天下有道，小德役大德，小賢役大賢。天下無道，小役大，弱役强。斯二者，天也，順天者存，逆天者亡」者，孟子言：天下有治道之時，小德樂爲大德，小賢樂爲大賢，故小德役服大德，小賢役服大賢。以其德之得於己者有多少，故有大德小德。以其賢之賢於人也有遠近，故有大賢小賢。天下有道，則論德而定位，故小德役大德，小賢役大賢。天下無治道而亂，則小國、弱國畏懼而役於大國、强國。以其力有小大，勢有强弱，故有小有大，有弱有强。天下無道，則力勝德，勢勝賢，故小役大，弱役强。言二者皆天使然也，順其天者故存，逆其天者故亡。以其所遭之時然也，故當順而不當逆。「齊景公曰：既不能令，又不受命，是絶物也。涕出而女於吴」者，孟子引齊景公謂諸侯既不能以令制鄰國，又不能受命以制於鄰國，是自絶於交通朝聘之事也。於是景公泣涕，以女事於吴。是時吴爲强大也，故女於吴，此乃小役大，弱役强者也。「今也小國師大國而恥受命焉，是猶弟子而恥受命於先師也」者，言今也爲之小國者，既以師其大國，而恥羞受大國之命焉，如此，是若爲之弟子者，以羞恥受教命於先師也。「如恥之，莫若師文王。師文王，大國五年，小國七年，必爲政於天下矣」者，言如恥受命於大國，莫若師法文王也。如師法文王，則大國不過五年，小國不過七年，必能爲政於天下矣。以言其時之易也。「《詩》云：商之孫子，其麗不億，上帝既命，侯于周服。侯服于周，天命靡常。殷士膚敏，裸將于京」者，此蓋《詩·大雅·文王》之篇文也。孟子所以引此者，蓋言其天命靡常，惟德是親之意也。其詩言商王之子孫雖相附麗，而不足以爲强，雖數至億，而不足以爲

❶「伏」，阮本作「服」。

衆。至文王膺受上天之駿命，而商之孫子，乃爲君侯於周之九服中，然爲君處服于周，是天命靡常，惟德是親也。不特商之子孫如此，其爲殷之侯者，爲壯美之士，亦莫不執裸鬯之禮，而皆助祭于周之京師也。「孔子曰：仁不可爲衆也，夫國君好仁，天下無敵」者，言孔子有曰爲仁者，不可爲衆而當之也，夫國君能好仁，則天下無敢與之敵也。「今也欲無敵於天下而不以仁，是猶執熱而不以濯也」者，言今也欲爲無敵於天下，而不以仁爲之，是若持其熱物而不以濯也。濯者以水濯其手也。「《詩》云：誰能執熱，逝不以濯」，蓋《詩》之《大雅·桑柔》之篇文也。孟子於此所以引之，蓋謂《詩》有云，言誰能持其熱物，往而不以水濯手也。以其執熱，須濯手於水也，如欲無敵於天下，必須爲仁也。　注「齊景公，齊侯。景，謚也」至「爲婚」。　正義曰：云「景，謚也」者，案《史記》云：靈王十六年，齊莊公母弟杵臼立，是爲景公，在位五十八年卒，謚曰景。地近荆蠻，故注云蠻夷也。　注「《詩》《大雅》」至「無常也」。❶　正義曰：箋云：「麗，數也。」「于，於也。言商之子孫，其數不徒億，多言之也。至天已命文王之後，乃爲君於周之九服中，言衆之不如德也。」九服，案《周禮》九服云：侯、甸、男、采、衛、蠻、夷、鎮、蕃人也。毛注云：「殷士，殷侯也。膚，美也。敏，疾也。裸，灌鬯也。將，行也。」鄭云：「裸謂以圭瓚酌鬱鬯以獻尸也。瓚如槃大，五升，口徑八寸，深二寸，其柄用圭。」是也。　注「《詩》《大雅·桑柔》之篇」。　正義曰：箋云：「當如手持熱物之用濯，亦猶治國之道當用其賢人者也。」

孟子曰：「不仁者可與言哉？安其危而利其菑，樂其所以亡者。不仁而可與言，則何亡國敗家之有？言不仁之人，以其所以爲危者反以爲安，必以惡見亡而樂行其惡，如使其能從諫從善，可與言議，則天下何有亡國敗家也？有孺子歌曰：『滄浪之水清兮，可以濯我纓。滄浪之水濁兮，可以濯我足。』孔子曰：『小子聽之，清斯濯纓，濁斯濯足矣。自取之也。』孺子，童子也。小子，孔子弟子也。清、濁所用，尊、卑若此。自取之，喻人善惡見尊賤乃如此。夫人必自侮，然後人侮之；家必自毁，而後人毁之；國必自

❶「常」，原作「當」，據上注文改。

伐，而後人伐之。人先自爲可侮慢之行，故見侮慢也；家先自爲可毁壞之道，故見毁也；國先自爲可誅伐之政，故見伐也。《太甲》曰：『天作孽，猶可違。自作孽，不可活。』此之謂也。」已見上篇，説同。

疏「孟子曰」至「此之謂也」。正義曰：此章言人之安危，皆由於己也。「孟子曰：不仁可與言哉？安其危而利其菑，樂其所以亡者。不仁而可與言，則何亡國敗家之有」者，孟子言：不仁之人可與言哉？言不可與之言也。以其不仁之人，以危爲之安，以菑爲之利，樂行其所以亡者也。如不仁而可以與言議，以其能從諫從善也，如此，則何有亡國敗家者哉？言不能亡國敗家也。「有孺子歌曰：滄浪之水清兮，可以濯我纓。滄浪之水濁兮，可以濯我足」者，「子曰」至「自取之也」者，孟子言：有孺子歌詠，曰滄浪之水清兮，則可以洗濯我之纓；滄浪之水渾濁兮，則可以洗濯我之足。以其纓在上，人之所貴，水清而濯纓，則清者人之所貴也。足在下，人之所賤，水濁而濯足，則濁者人之所賤也。孔子曰：小子當聽之，清斯濯其纓，濁斯濯其足。貴、賤人所自取之也。孺子，童稚也。小子，則孔子稱弟子也。清斯喻仁，濁斯喻不仁，言仁與不仁，見貴、賤亦如此也。「夫人必自侮，然後人侮之；家必自毁，而後人毁之；國必自伐，而後人伐之」者，孟子言：夫人苟自爲可侮之事，然後人從其事而侮慢之；家自爲可毁讟之事，而後人從而毁讟之；國必自爲可誅戮之事，而人然後從而誅戮之。斯亦自取之謂也。「《太甲》曰：天作孽，猶可違。自作孽，不可活。此之謂也」者，已説在上篇。注云「如臨深淵，戰戰恐懼也」。正義曰：此蓋《詩》之《小雅·小旻》之篇文也。注云「戰戰恐懼也」，趙氏放之而已。

孟子注疏解經卷第七上

孟子注疏解經卷第七下

趙氏注　孫奭疏

離婁章句上

孟子曰：「桀、紂之失天下也，失其民也。失其民者，失其心也。失其民之心，則天下畔之，簞食壺漿以迎武王之師是也。得天下有道，得其民，斯得天下矣。得其民有道，得其心，斯得民矣。得其心有道，所欲與之聚之，所惡勿施爾也。欲得民心，聚其所欲而與之。爾，近也。勿施行其所惡，使民近，則民心可得矣。民之歸仁也，猶水之就下、獸之走壙也。故爲淵驅魚者獺也，爲叢驅爵者鸇也。爲湯、武驅民者，桀與紂也。今天下之君有好仁者，則諸侯皆爲之驅矣。雖欲無王，不可得已。民之思明君，猶水樂卑下，獸樂壙野，驅之則歸其所樂。獺，獱也。鸇，土鸇也。故云諸侯好爲仁者，驅民若此也。湯、武行之矣，如有則之者，雖欲不王，不可得也。今之欲王者，猶七年之病求三年之艾也。苟爲不畜，終身不得。苟不志於仁，終身憂辱，以陷於死亡。今之諸侯欲行王道，而不積其德。如至七年病，而却求三年時艾，當畜之乃可得，以三年時不畜藏之，至七年欲卒求之，何可得乎？艾可以爲灸人病，乾久益善，故以爲喻。志仁者亦久行之，不行之，則憂辱以陷死亡，桀、紂是也。《詩》云：『其何能淑？載胥及溺。』此之謂也。」《詩》，《大雅·桑柔》之篇。淑，善也。載，辭也。胥，相也。刺時君臣何能爲善乎，但相與爲沉溺之道也。

疏「孟子曰：桀紂」至「此之謂也」。

正義曰：此章言水性趨下，民樂歸仁；桀紂驅使就其君。三年之艾，畜而可得；一時欲仁，猶將沈溺。所以明鑒戒也。「孟子曰：桀紂之失天下也」至「心也」者，孟子言：桀紂失亡天下，是失其民。失其民，乃是失其民之心也。「得天下有道」至「勿施爾也」者，言人君所以得天下有其道也，得其民，斯爲得天下矣；所以得其民有道者，得其民之心，斯爲得民矣；所以得其心有道，在民所欲，而與之聚之，民之所惡，而勿施於民，則近得其民心矣。「民之歸仁也」至「不可得已」者，言民之歸親於仁人之君，如水之歸就於下，獸之樂趨於廣野矣。故爲淵而驅聚其魚而歸之淵者，是獺爲之驅矣。爲叢木而驅聚其爵而歸之叢者，是鷹鸇爲之驅也。爲湯王、武王而驅聚其民而歸之湯武者，是桀與紂也。今夫天下爲之君者，有能好行其仁政，則天下之諸侯皆爲驅聚其民而歸之，亦如獺爲淵驅魚，鸇爲叢驅雀者而歸之矣。如此，雖欲不爲王，不可得而不爲耳。「今之欲王者，猶七年之病」至「於死亡」者，言今之國君欲爲王者，如七年之病，欲卒而求討三年之艾草也。苟爲已前不積，雖終身而死，亦不得此三年之艾也。若苟不志仁於久，雖終一身憂辱，亦以陷於死亡之地矣。「《詩》云：其何能淑，載胥及溺。此之謂也」，蓋《詩》之《大雅·桑柔》之篇文也。蓋言何能爲之善乎，但相與及其沉溺於患難也。孟子所以言此者，欲時君在於久行其仁，不但欲爲之王然後乃行之耳。注「獺，獱也。鸇，土鸇也」。正義曰：案《釋名》云：「獺形如猫，居水，食魚者也。」獱，獺之屬也。鸇，鷂之屬也，能食鳥雀。〇「《詩》，《大雅·桑柔》之篇。」正義曰：此詩蓋芮伯刺厲王之詩也。

孟子曰：「自暴者不可與有言也，自棄者不可與有爲也。言非禮義，謂之自暴也。吾身不能居仁由義，謂之自棄也。言人尚自暴自棄，何可與有言、有爲。仁，人之安宅也。義，人之正路也。曠安宅而弗居，舍正路而不由，哀哉！」曠，空。舍，縱。哀，傷也。弗由居是者，是可哀傷也。疏「孟子曰」至「哀哉」。正義曰：此章言曠仁舍禮，自暴棄之道也。「孟子曰：自暴者不可與有言，自棄者不可與有爲也」者，孟子言：人之有爲自暴者，不可與之言議也；有爲自棄者，不可與之有所爲也。「言非禮義，謂之自暴也。吾身不能居仁由義，謂之自棄也」者，此蓋孟子自解自暴自棄之言也。「仁，人之安宅也」至「哀哉」者，孟子言：仁道乃人之所安之宅舍也，義乃爲人之正路也。今有空曠其此宅而不安居之，捨去此正路而不行之者，是可得而哀傷之者也。此孟子所以有是而言於當世也。

孟子曰：「道在邇而求諸遠，事在易而求之難。❶人人親其親，長其長，而天下平。」邇，近也。道在近，而患人求之遠也。事在易，而患人求之難也。謂不親其親，以事其長，❷故其事遠而難也。疏「孟子曰」至「天下平」。正義曰：此章言親親敬長，近取諸己，則邇而易者也。「孟子曰」至「天下平」者，孟子言道在近，而人乃求遠，事在易，而人乃求之於難。但人人親愛其所親，敬長其所長，則天下即太平大治矣。親親即仁也，長長即義也。

孟子曰：「居下位而不獲於上，民不可得而治也。獲於上有道，不信於友，弗獲於上矣。信於友有道，事親弗悦，弗信於友矣。悦親有道，反身不誠，不悦於親矣。❸誠身有道，不明乎善，不誠其身矣。言人求上之意，先從己始，本之於心，心不正而得人意者，未之有也。是故誠者，天之道也。思誠者，人之道也。至誠而不動者，未之有也。不誠，未有能動者也。」授人誠善之性者，天也，故曰天道。思行其誠以奉天者，人道也。至誠則動金石，不誠則鳥獸不可親狎，故曰不誠未有能動者也。疏「孟子曰」至「未有能動者也」。正義曰：此章言事上得君，乃可臨民，信友悦親，本在於身也。「孟子曰：居下位而不獲於上，民不可得而治也」者，孟子言：居下位而爲君上之臣者，而不見獲於上，則民故不可得而治之也。以其上之所以得民者，乃治也。「獲於上有道」至「不誠其身」者，言獲於上者有其道，如不信於友，則弗獲於上矣，以其君之所以願乎臣者忠也，如臣弗信於友，則其忠不足稱矣，此所以弗獲於上矣。信於友有其道，如事其親而弗悦其親，則亦弗信於友矣，以其友之所以資於己者仁也，如事親弗悦，則其仁不足稱矣，此所以弗信於友矣。悦親有其道，如反己而不誠，則

❶「之」，阮本作「諸」。

❷「以」，按阮校：「廖本、孔本、韓本、《考文》古本作『不』」。

❸「悦親」至「親矣」，原作「悦不悦於親矣」，據阮本改。

弗悦於親矣，以其親之所望於己者孝也，如反身不誠，則其孝不足稱矣，此所以不悦於親。誠身有其道，如不能明乎善，則不誠其身矣，以其所謂誠者，亦明乎在我之善而已，如不明其善，則在我之善有所未明，又安知所謂誠？故不明乎善，則不誠其身矣。由此推之，則信於友，是獲於上之道也，悦親是信於友之道也，誠身是悦親之道也，而明乎善者是又誠身之道也。「是故誠者，天道也。思誠者，人道也。至誠而不動者，未之有也。不誠，未有能動者也」者，孟子言此，故誠者是天授人誠善之性者也，是爲天之道也。思行其誠以奉天，是爲人之道也。然而至誠而有不感動者，必無也，故曰未之有也。不至誠而能感動之者，亦必無也，故曰未有能動者也。注「曾子三省，大雅矜矜」。正義曰：《論語》云：「曾子曰：吾日三省吾身，爲人謀而不忠乎？與朋友交而不信乎？傳不習乎？」是曾子三省之事也。大雅矜矜，此蓋荀卿之言然。

孟子曰：「伯夷辟紂，居北海之濱，聞文王作興，曰：『盍歸乎來！吾聞西伯善養老者。』伯夷讓國，遭紂之世，辟之，隱遁北海之濱，聞文王起興王道，「盍歸乎來」，歸周也。太公辟紂，居東海之濱，聞文王作興，曰：『盍歸乎來！吾聞西伯善養老者。』太公，吕望也，亦辟紂世，隱居東海，曰聞西伯養老。二人皆老矣，往歸文王也。二老者，天下之大老也，而歸之，是天下之父歸之也。天下之父歸之，其子焉往？此二老猶天下之父也，其餘皆天下之子耳。子當隨父，二父往矣，子將安如？言皆歸往也。❶諸侯有行文王之政者，七年之内，必爲政於天下矣。」今之諸侯，如有能行文王之政者，七年之間，必足以爲政矣。天以七紀，故云七年。文王時難故久，衰周時易故速也。上章言大國五年者，大國地廣人衆，易以行善，故五年足以治也。疏「孟子曰」至「必爲政於天下矣」。正義曰：此章言養老尊賢，國之上務，七年爲政，以勉諸侯者也。「孟子曰：伯夷辟紂」至「養老者」，孟子言：伯夷辟紂之世，乃辟紂而逃遁，居於北海之畔，後聞文王作興而起王道，乃曰：「盍歸乎來！歸周也，我聞之西伯善養其耆老

❶「歸」，按阮校：「廖本、孔本、《考文》古本作『將』。」

者也。」「太公辟紂」至「養老者」，孟子又言：太公辟紂之亂，而辟居於東海之畔，後聞文王興起，乃曰：「盍歸乎來！歸周也，我聞西伯善養其耆老者也。」「二老者，天下之大老也」至「其子焉往」者，言伯夷、太公二老，乃天下之大老也，猶父也，而皆歸之，是天下之父歸之。天下之父既歸之，其爲天下之子又焉往？是必皆歸之也。注「伯夷讓國」至「歸周也」。正義曰：案太史公云：「其傳曰：伯夷、叔齊，孤竹君之二子也。父欲立叔齊，及父卒，叔齊讓伯夷。伯夷曰：『父命也。』遂逃去。叔齊亦不肯立，而逃之。國人立其中子。於是伯夷、叔齊聞西伯昌善養老：『盍往歸焉？』」後因叩馬諫武王，武平殷亂，二人恥食周粟，隱於首陽山，且餓死焉。孔子云「伯夷、叔齊餓于首陽山之下」是也。又云：「太公望，東海之上人也，或云處士，隱海濱。周西伯招呂尚，呂尚亦曰：『吾聞西伯賢，又善養老，盍往焉？』」注云「天以七紀，故云七年」。正義曰：《書》云五紀，曰歲、月、日、星辰、曆數。今云七紀者，案魯昭公十年《左傳》云：「天以七紀。」杜注云：「二十八宿，面七。」是其旨也。

孟子曰：「求也爲季氏宰，無能改於其德，而賦粟倍他日。孔子曰：『求非我徒也，小子鳴鼓而攻之可也。』求，孔子弟子冉求。季氏，魯卿季康子。宰，家臣。小子，弟子也。孔子以冉求不能改季氏使從善，爲之多斂賦粟，故欲使弟子鳴鼓以聲其罪，而攻伐責讓。讓之曰「求非我徒」，疾之也。由此觀之，君不行仁政而富之，皆棄於孔子者也，況於爲之强戰？爭地以戰，殺人盈野；爭城以戰，殺人盈城，此所謂率土地而食人肉，罪不容於死。孔子棄富不仁之君者，況於爭城爭地而殺人滿之乎？此若率土地使食人肉也。言其罪大，死刑不足以容之。故善戰者服上刑，連諸侯者次之，辟草萊、任土地者次之。」孟子言天道重生，戰者殺人，故使善戰者服上刑。上刑，重刑也。連諸侯，合從者也，罪次善戰者。辟草萊、任土地，不務修德而富國者，罪次合從連横之人也。疏「孟子曰：求也」至「次之」。正義曰：此章言聚斂富民，棄於孔子，重人命之至也。「孟子曰：求也爲季氏宰」至「攻之可也」者，孟子言：冉求爲季氏之家臣，不能佐君改於其德，以爲治國，而乃聚斂其粟，倍過於他日。孔子責之曰：求非我之徒弟也。乃令弟子鳴鼓，以聲其罪而攻之可也。「由此觀之，君不行仁政」至「罪不容於死」者，孟子言：由此冉求賦斂觀之以孔子所攻，則今之國君不行仁政而富之，是皆棄之於孔子者也。又況爲之强戰？争地以戰，而殺人至於盈滿其野；争城以戰，而殺人至於盈滿其城，此所謂率土地而食人之肉也，其罪必不容於死。以其罪大，雖死刑不足以容之也。「故善戰者服上刑」至「任土地者次之」者，孟子又言：故善能爲陳而戰者，服於上刑。上刑，重刑也。合縱連横之諸侯，罪次之，以其罪次於善戰之上刑也。務廣開闢草萊而任土地，不務脩德者，又次之，以其又次連横合從之諸侯者刑也。　注「求，孔子弟子」至「疾之也」。

正義曰：案《史記·弟子傳》云：「冉求，字子有。」鄭氏曰：「魯國人。」又案《論語》云：「季氏富於周公，而求也爲之聚斂而附益之。子曰：『非吾徒也，小子鳴鼓而攻之可也。』」孔安國云：「冉求爲季氏宰，爲之急賦税。」鄭注云：「小子，門人也。」云「季氏，魯卿季康子」者，案《左傳》云：「季康子，魯卿，季孫肥，謚曰康。」《謚法》曰：「安樂撫民曰康。」

孟子曰：「存乎人者，莫良於眸子。眸子不能掩其惡。眸子，瞳子也。存人，存在人之善惡也。❶**胷中正則眸子瞭焉，胷中不正則眸子眊焉。**瞭，明也。眊者，蒙蒙目不明之貌。**聽其言也，觀其眸子，人焉廋哉！」**廋，匿也。聽言察目，言正視端，人情可見，安可匿之哉？

疏「孟子曰：存乎人者」至「人焉廋哉」。　正義曰：此章言目爲神候，精之所在，存而察之，善惡不隱也。「孟子曰：存乎人者，莫良於眸子。眸子不能掩其惡」者，孟子言：存在於人者，莫貴乎眸子。眸子，目瞳子也。眸子不能蓋掩人之惡也。「胷中正則眸子瞭焉，胷中不正則眸子眊焉」者，言人胷中正而不邪，則眸子於是乎明。瞭，明也。胷中不正，則眸子矇矇而不明。眊，不明也。「聽其言也，觀其眸子，人焉廋哉」者，言知人之道，但聽其言，觀其眸子明與不明，則人可見，又安可廋匿之哉？此孟子言知人之道，但觀人之眸子耳。　注「眸，瞳子。瞭，明。眊，不明之貌」。　正義曰：是皆矇《釋文》而言之也。

❶「惡」，阮本作「心」。「也」，原作「人」，據阮本改。

孟子曰：「恭者不侮人，儉者不奪人。侮奪人之君，惟恐不順焉，惡得爲恭儉？爲恭敬者，不侮慢人。爲廉儉者，不奪取人。有好侮奪人之君，有貪陵之性，恐人不順從其所欲，安得爲恭儉之行也？恭儉豈可以聲音笑貌爲哉？」恭儉之人，儼然無欲，自取其名，豈可以和聲音笑貌强爲之哉！❶

疏「孟子曰：恭者」至「爲哉」。正義曰：此章言人君恭儉率下，人臣恭儉，明其廉忠也。「孟子曰：恭者不侮人」至「豈可以聲音笑貌爲哉」者，孟子言：爲之恭儉者，則不侮慢於人，亦不能僭奪於人，蓋以恭敬則不侮，儉約則不奢故也。如有侮奪人之君，惟恐其民不順己之所欲，安得爲恭儉者焉？爲之恭儉，又豈可以聲音笑貌爲之恭儉哉？言人爲恭儉，在心之所存，不生於聲音與其笑貌爲之矣。

淳于髡曰：「男女授受不親，禮與？」淳于髡，齊人也。問禮男女不相親授。孟子曰：「禮也。」禮不親授。曰：「嫂溺，則援之以手乎？」髡曰：見嫂溺水，則當以手牽援之否邪？曰：「嫂溺不援，是豺狼也。孟子曰：人見嫂溺，不援出，是爲豺狼之心也。男女授受不親，禮也。嫂溺援之以手者，權也。」孟子告髡曰：此權也。權者，反經而善也。曰：「今天下溺矣，夫子之不援，何也？」髡曰：天下之道溺矣，❷夫子何不援之乎？曰：「天下溺，援之以道。嫂溺，援之以手。子欲手援天下乎？」孟子曰：當以道援天下，而道不得行，子欲使我以手援天下乎？

疏「淳于髡曰」至「子欲手援天下乎」。正義曰：此章言權時之義者也。「淳于髡曰：男女授受不親，禮與」者，淳于髡，齊國之人也，問孟子曰：男女授受之際，不相親授，是禮然與否？「孟子曰：禮也」，孟子荅之，以爲是禮然也。「曰：嫂溺則援之以手乎」者，髡又問孟子，如是則嫂之沈溺於水，當以牽援以手乎？「曰：嫂溺不援是豺狼也」，孟子言：如嫂之沈溺於水，而不牽援之者，是有豺狼之心者也。以其豺狼之

❶「音笑」，按阮校，廖本、孔本、韓本、《考文》古本作「諂笑之」，足利本作「音諂笑」。

❷「天」上，按阮校：「廖本、孔本、韓本有『今』字。」

爲獸，其心常有害物之暴，故以喻之也。「男女授受不親，禮也。❶嫂溺援之以手者，權也」者，孟子又告淳于髡，以謂男女授受不親，是禮當然也，嫂之沈溺援之以手者，是權道也。夫權之爲道，所以濟變事也，有時乎然，有時乎不然，反經而善，是謂權道也。故權云爲量，或輕或重，隨物而變者也。「曰：今天下溺矣，夫子之不援，何也」，髡復問孟子，言：今天下之道以沈溺之也，夫子之不拯援之，是如之何？「曰：天下溺，援之以道。嫂溺，援之以手。子欲手援天下乎」，孟子言：天下之沈溺，當以道拯援之，嫂溺則當以手援之。今子之言，是欲使我以手援天下乎？此言不可以手援天下，當以道援之矣。斯亦明淳于髡之蔽也。

公孫丑曰：「君子之不教子，何也？」問父子不親教，何也？孟子曰：「勢不行也。教者必以正。以正不行，繼之以怒。繼之以怒，則反夷矣。夫子教我以正，夫子未出於正也，則是父子相夷也。父子相夷，則惡矣。父親教子，其勢不行。教以正道，而不能行，則責怒之。夷，傷也。父子相責怒，則傷義矣。一説云：父子反自相非，若夷狄也。子之心責於父，❷云：夫子教我以正道，而夫子之身未必自行正道也。執此意則爲反夷矣，故曰惡也。古者易子而教之，父子之間不責善，責善則離，離則不祥莫大焉。」易子而教，不欲自相責以善也。父子主恩，離則不祥莫大焉。疏「公孫丑曰」至「不祥莫大焉」。正義曰：此章言父子至親，相責則離。易子而教，相成以仁，教之善者也。「公孫丑曰：君子之不教子，何也」，公孫丑問孟子，言君子以不自教誨其子，是如之何。「孟子曰：勢不行也」至「父子相夷則惡矣」者，孟子答公孫丑，以謂君子所以不教子者，是其勢之不行，所以不自教也。教之者，必以正道而教之，以正道而教之而子不行，則續之憤怒。既續之以憤怒，則反傷其爲父子之恩矣。夷，傷也。父子之恩，則父慈子孝，是爲父子之恩也。今繼之以怒，是非父之慈也。且以子比之，夫子既教我以正道，而子之身自未能出行其正道也，如父子之間，子以是言而反父，是則父子相傷矣。父子既以相傷

❶「親禮」，原作「禮親」，據阮本改。

❷「於」，按阮校：「廖本、孔本、韓本、《考文》古本作『其』。」

其恩，則父子必相疾惡也，故云則惡矣。「古者易子而教之，父子之間不責善。責善則離，離則不祥莫大焉」者，孟子又言古之時，人皆更易其子而教之者，以其父子之間不相責讓其善也。如父子自相責讓，則父子之恩必離之矣。父子恩離，則不祥之大者也。所謂易子而教者，如己之子與他人教，他人之子與己而教之，是易子而教也。所謂不祥之大者，則禍之大者矣。注「夷」，有二説，一説則以夷訓傷，一説以夷爲夷狄，其義皆通矣。

孟子曰：「事孰爲大？守親爲大。守孰爲大？守身爲大。不失其身而能事其親者，吾聞之矣。失其身而能事其親者，吾未之聞也。事親，養親也。守身，使不陷於不義也。夫不義，則何能事父母乎？孰不爲事？事親，事之本也。孰不爲守？守身，守之本也。先本後末，事、守乃立也。曾子養曾晳，必有酒肉。將徹，必請所與。問：『有餘？』必曰：『有。』曾晳死，曾元養曾子，必有酒肉。將徹，不請所與。問：『有餘？』曰：『亡矣。』將以復進也。此所謂養口體者也。若曾子，則可謂養志也。事親若曾子者可也。」將徹，請所與，問曾晳所欲與子孫所愛者也。必曰有，恐違親意也，故曰養志。曾元曰無，欲以復進曾子也，不求親意，故曰養口體也。事親之道，當如曾子之法，乃爲至孝也。

疏「孟子曰：事孰爲大」至「可也」。正義曰：此章言上孝養志，下孝養口體者也。「孟子曰：事孰爲大？事親爲大。守孰爲大？守身爲大」至「吾未之聞也」者，孟子言：人之所事者何事爲大？以其事父母之親爲大者也。人之所守者何守爲大？以其守己之身爲大也。不失其身，而爲能事其父母之親，則我嘗聞之矣；如失其身，而能事父母之親，則我未之聞也。蓋以己身尚不能守之，況能事其父母乎？「孰不爲事？事親，事之本也。孰不爲守？守身，守之本也」者，言人誰不爲所事，凡有所事於彼者，是皆爲所事也，然而事父母之親，是所事之本也。夫人誰不爲所守，❶凡有所守於我者，是皆爲所守也，然

❶「夫」，原作「己」，按盧宣旬補校：「監、毛本作『夫』，是也。」據改。

而守身是所守之本也。所謂身安而國家可保，事親孝，故忠可移於君，此之謂也，豈非事親、守身爲事、爲守之本然歟？「曾子養曾皙」至「事親若曾子可也」者，孟子又言：昔日曾子奉養其父曾皙，必有酒肉，將欲徹去，曾子必請所欲與者，如曾皙問復有餘剩，曾子必應曰有餘剩。曾皙已死，曾元奉養其曾子。曾元，曾子之子也，必有酒肉，將欲徹去，曾元不請所欲與者，如曾子復問有餘剩，曾元乃應之曰無矣，遂將以酒食復進曾子也，如此，是謂養其父之口體而已。必若曾子之養父，乃可謂養其父之志也。如事其親，若曾子之事親，則可矣。蓋曾子知父欲有餘者與之所愛之子孫，故徇而請其所與，問有餘，故復應之曰有。是其遂其親之志意，而不違者也，故曰養志也。曾元反此，蓋有違逆其親之志意，但爲養口體者也，非養志者也。故孟子所以言事親若曾子，則可以爲之孝子。

孟子曰：「人不足與適也，政不足與間也。惟大人爲能格君心之非。適，過也。《詩》云：「室人交徧適我。」間，非。格，正也。時皆小人居位，不足過責也。政教不足復非説，❶獨得大人爲輔臣，乃能正君之非法度也。君仁莫不仁，君義莫不義，君正莫不正，一正君而國定矣。」正君之身，一國定矣。欲使大人正之。疏「孟子曰」至「一正君而國定矣」。正義曰：此章言小人爲政，不足間非，賢臣正君，使握道機。君正國定，下不邪侈，將何間者也。「孟子曰：人不足與適也」至「爲能格君心之非」者，孟子言：小人在位，不能事君，不足適責之也，所行政教亦不足間非人，❷惟大人之爲臣而事其君，故能格正君心之非也。注「《詩》云：室人交徧適我」。正義曰：蓋《詩·國風·北門》之篇文也。云我入自外，室人交徧讁我。箋云：「我從外入，在室之人更迭徧來責我，使己去也。言室人亦不知己志也。」

孟子曰：「有不虞之譽，有求全之毁。」虞，度也。言人之行，有不虞度其時有名譽而得者，❸若尾生本與婦人期於梁下，不度水之卒至，遂至没溺，而獲

❶「説」，按阮校：「廖本、孔本、韓本、《考文》古本作『訧』。案《音義》出『非訧』，作『説』非也。蓋形相近而譌。」

❷「人」，阮本作「也」。

❸「虞度其時」，按阮校：「廖本、孔本、韓本、足利本無『虞』字，『時』作『將』。」

守信之譽。求全之毀者，❶陳不瞻將赴君難，聞金鼓之聲，失氣而死，可謂欲求全其節，而反有怯弱之毀者也。疏 正義曰：此章言不虞獲譽，求全受毀者也。孟子言：人有不虞度其功而終獲其名譽，又有欲求全其行而終反受其人之毀者。以言其君子之人，於毀、譽不容心於其間，但務爲善之實而不期人之譽，務去其不善之實而不恤人之毀，是皆行義以俟命而已矣。注「尾生」與「陳不瞻」之事。正義曰：此皆據《史記》之文而言之也。其事煩，故不重述耳。

孟子曰：「人之易其言也，無責耳矣。」人之輕易其言，不得失言之咎責也。一説人之輕易不肯諫正君者，以其不在言責之位者也。

孟子曰：「人之患在好爲人師。」人之所患，患於不知己未有可師而好爲人師者，惑也。疏 正義曰：此章言君子之患在好爲人師也。「孟子曰：人之患在好爲人師」者，孟子言人之有患，非它，特在其好爲人之師也。蓋在人患在於不知己未有可師耳，如務在好爲人師，則惑也。

樂正子從於子敖之齊。樂正子見孟子。魯人樂正克，孟子弟子也，從於齊之右師子敖。子敖使而之魯，樂正子隨之來之齊也。孟子在齊，樂正子見之也。孟子曰：「子亦來見我乎？」孟子見其來見遲，故云亦來也。曰：「先生何爲出此言也？」樂正子曰：先生何爲非克而出此言也。曰：「子來幾日矣？」孟子問：子來幾日乎？曰：「昔者。」克曰：昔者來至。昔者，往也，謂數日之間也。曰：「昔者，則我出此言也，不亦宜乎？」孟子曰：昔者來至，而今乃來，我出此言，亦其宜也。孟子重愛樂正子，欲亟見之，深思望重也。❷曰：「舍館未定。」克曰：所止舍館未定，故不即來。館，客舍。曰：「子聞之也，舍館定然後求見長者乎？」孟子

❶「者」，按阮校：「廖本、孔本、韓本、《考文》古本作『若』。」屬下讀。

❷「深思」，按阮校：「廖本、孔本、韓本、《考文》古本作『思深』。」

曰：子聞見長者之禮當須舍館定乃見之乎？　曰：「克有罪。」樂正子謝過服罪也。疏「樂正子」至「克有罪」。　正義曰：此章言尊師重道，敬賢事長，人之大綱。樂正子好善，孟子譏之，責賢者備也。「樂正子從子敖之齊」，樂正子從子敖往齊，而見孟子。「孟子曰：子亦來見我乎」，孟子見樂正子來遲，故曰：子亦來見我乎？「曰：先生何爲出此言也」，樂正子問孟子：何爲於我而出此言也？「曰：子來幾日矣」，孟子又問樂正子從子敖到齊以幾日乎。「曰昔者」，樂正子曰：往日來至，若數日之間也。「曰：昔者，則我出此言也，不亦宜乎」，孟子又言：子到數日，而今乃來見我，則我出此言，是其宜也。「曰舍館未定」，樂正子又曰：爲客館所止未定，故不能即來也。「曰：子聞之也，舍館定然後求見長者乎」，孟子又言：子曾聞見長者之禮，必待舍館定然後乃見長者乎？「曰：克有罪」，樂正子於是無所答，乃對孟子曰：是克有罪也。以其待舍館定然後見，非尊師重道者也，宜孟子以備責之。

孟子謂樂正子曰：「子之從於子敖來，徒餔啜也。我不意子樂古之道，❶而以餔啜也。」子敖，齊之貴人右師王驩者也。學而不行其道，徒食飲而已，謂之餔啜也。樂正子本學古聖人之道，而今隨從貴人，無所匡正，故言不意子但餔啜也。疏「孟子謂樂正子曰」至「而以餔啜也」。　正義曰：此章言學優則仕，仕以行道，否則隱逸，餔啜沉浮，君子不與。是以孟子曰嗟樂正子者也。❷「孟子謂樂正子曰：子之從於子敖來，徒餔啜也。我不意子學古之道，而以餔啜也」者，孟子謂樂克曰：子隨右師來至齊，是徒以食飲而已。我不意有如子本學古聖人之道，而且今隨右師之遊，❸而以徒爲其飲食也。孟子所以言此，蓋謂子敖我未嘗與之學古者，而今子乃隨之遊，是詘道以從人之謂也。　注云「子敖，齊之貴人右師王驩者」。　正義曰：此蓋以經文推而爲解也。《公孫丑》篇云：「孟子爲卿於齊，出弔於滕王。使蓋大夫王驩爲輔行，王驩朝暮見，反齊、滕之路，未嘗與之言行事也。」下卷言：「公行有子之喪，右師往弔，入門，有進而與右師言者，有就右師之位而與右師言者。孟子不與右師言，右師不悦，曰：『諸君子皆與驩言，孟子獨不與驩言，是

❶「樂」，阮本作「學」。下疏文引亦作「學」。
❷「曰」，阮本作「咨」。
❸「右」，原作「古」，據阮本改。

簡驩也。』孟子聞之，曰：『禮也，子敖以我爲簡，不亦異乎？』」是知爲齊之貴人右師王驩者也。

孟子曰：「不孝有三，無後爲大。於禮有不孝者三事，謂阿意曲從，陷親不義，不孝也。❶家窮親老，❷不爲禄仕，二不孝也。不娶無子，絶先祖祀，三不孝也。三者之中，無後爲大。舜不告而娶，爲無後也，君子以爲猶告也。」舜懼無後，故不告而娶。君子知舜告焉不得而娶，娶而告父母，禮也。舜不以告，權也。故曰猶告，與告同也。疏「孟子曰」至「君子以爲猶告也」。正義曰：此章言量其輕重，無後爲不孝之大者也。「孟子曰：不孝有三，無後爲大」者，言不孝於禮有三，惟先祖無以承，後世無以繼，爲不孝之大者，而阿意曲從，陷親於不義，家貧親老，不爲禄仕，特不孝之小而已。「舜以不告而娶，爲無後也，君子以爲猶告也」，故孟子乃言此，以謂舜受堯之二女，所以不告父母而娶，是爲其無後也，告之則不得娶故也。君子於舜不告而娶，是亦言舜猶告而娶之也。以其反禮而合義，故君子以爲不告猶告也。注「堯二女」。正義曰：案古史云：舜有二妃，一曰娥皇，二曰女英，並堯之女。

孟子曰：「仁之實，事親是也。義之實，從兄是也。智之實，知斯二者弗去是也。事皆有實。事親、從兄，仁、義之實也。知仁、義所用而不去之，則智之實也。禮之實，節文斯二者是也。樂之實，樂斯二者。禮義之實，❸節文事親從兄，使不失其節，而文其禮敬之容，故中心樂之也。樂則生矣，生則惡可已也。惡可已，則不知足之蹈之，手之舞之也。」樂此事親從兄，出於中心，則樂生其中矣。樂生之至，安可已也，豈能自覺足蹈節、手舞曲哉？疏「孟子曰」至「足之蹈之，手之舞之也」。正義曰：此章言仁義之本在孝悌，蓋有諸中而形於外也。「孟子曰：仁之實，事親是也」至「知斯二者弗去是也」者，孟子言：仁道之本實在事親是也，義之本實在從兄是也。

❶「不」上，阮本有「一」字。

❷「窮」，按阮校：「廖本、孔本、韓本作『貧』。」

❸「義」，按阮校：「孔本、韓本、《考文》古本作『樂』。」按文意當是。

以其事親，孝也；從兄，悌也。能孝、悌，是爲仁、義矣。智之本實在知事親之孝、從兄而弟，而弗去之者是也。「禮之實，節文斯二者是也。樂之實，樂斯二者」，言禮之本實使事親從兄者是也。由此言之，則事親之孝，爲仁之實，凡移之於事君者，則爲仁之華也。從兄之悌，爲義之實，則知凡移於從長者，是爲義之華也。知義爲智之實，則知前識者是爲智之華也。禮之實，在仁義，則威儀爲禮之華也。樂之實，在仁義，則節奏爲樂之華也。凡此是皆從而可知矣。「樂則生矣，生則惡可已也。惡可已，則不知足之蹈之，手之舞之」，言由仁義之實充之，至於樂則流適而不鬱，❶日進而不已，是其樂則生，生則烏可已。烏可已，則得之於心，而形之於四體，故不知手舞足蹈之所以者也。蓋當時有夷子不知一本，告子以義爲外，故孟子宜以是言之，而救當時之弊者也。

孟子曰：「天下大悦而將歸己，視天下悦而歸己猶草芥也，惟舜爲然。舜不以天下將歸己爲樂，號泣于天。不得乎親，不可以爲人。不順乎親，不可以爲子。舜盡事親之道，而瞽瞍底豫。❷瞽瞍底豫，而天下化。瞽瞍底豫，而天下之爲父子者定。此之謂大孝。」舜以不順親意爲非人子。底，致也。豫，樂也。瞽瞍，頑父也。盡其孝道，而頑父致樂，使天下化之，爲父子之道者定也。

疏「孟子曰」至「此之謂大孝」。正義曰：此章言以天下富貴爲不若得意於親也。「孟子曰：天下大悦而將歸己，視天下悦而歸己猶草芥也，惟舜爲然」者，孟子言：天下之人皆大悦樂而將歸嚮己，視天下悦而歸己但若一草芥，不以爲意者，惟大舜爲能如此也。「不得乎親，不可以爲人。不順乎親，不可以爲子」至「此之謂大孝」者，孟子又言：人若不得事親之道，則不可以爲人。若得事親之道，而不能順事親之志，故不可以爲人之子。惟舜能盡其事父母之道，而瞽瞍頑嚚，❸且亦致樂。瞽瞍既以致樂而先天下，而天下亦從而化之。瞽瞍致樂，故天下父子者

---

❶「適」，阮本作「通」。

❷「底」，按阮校：「孔本、韓本作『厎』。案《音義》『之爾切』，是用『厎』字。案經典内凡曰『厎，致也』，皆『之爾切』，與『底，都禮切』不同。經典内用『厎』字不多，而俗刻多『厎』譌爲『底』。」

❸「嚚」，阮本作「囂」。

親親之道定，此所以爲舜之大孝矣。故曰此之謂大孝。

注「瞽瞍，頑父也」。　正義曰：瞽瞍者，案孔安國《尚書傳》云：「無目曰瞽。」舜父有目，不能分别好惡，故時人謂之瞽。配字曰瞍，瞍，無目之稱。頑者，《左傳》云：「心不則德義之經爲頑。」

孟子注疏解經卷第七下

孟子注疏解經卷第八上

趙氏注　孫奭疏

離婁章句下凡三十二章❶

疏 正義曰：此卷即趙注分上卷爲此卷也。此卷凡三十有二章。一章言聖人殊世而合其道。二章言重民之道，平政爲首。三章言君臣之道，以義爲表，以恩爲裏，舊君之服，蓋有所興，諷喻宣王，勸以仁也。四章言君子見幾而作。五章言上爲下傚。六章言大人不爲非禮非義。七章言父兄已賢，子弟既頑，教而不改，乃歸自然。八章言好言人惡，殆非君子。九章言疾之已甚，亂也。十章言大人所求合義。十一章言視民如子，則民懷矣。十二章言養生竭力，人情所勉，哀死送終，謂之大事。十三章言學必根源，如性自得。十四章言廣尋道意，詳説其事，要約至義，還反於朴。十五章言五伯服人，三王服心。十六章言進賢受賞，蔽賢蒙戮。十七章言有本不竭，無本則涸。十八章言禽獸俱含天氣，衆人皆然，聖人超絶，識仁義之主於己也。十九章言周公能思三王之道，以輔成王。二十章言《詩》、《書》與《春秋》。二十一章言五世一體，上下通流。二十二章言廉惠勇三者。❷二十三章言求交取友，必得其人。二十四章言貌好行惡，當修飾之，惟義爲常。二十五章言能修性守故，天道可知。二十六章言循理而動，不合時人。二十七章言君子責己，小人不改，蹈仁行禮，不患其患。二十八章言顔子之心，有同禹稷。二十九章言匡章得罪，出妻屏子。三十章言曾子、子思，處義非謬者也。三十一章言人以道殊，賢愚體别。三十二章言小人苟得，妻妾猶羞。凡此三十二章，合前卷二十八

❶「三十二章」，按阮校：「此當作『三十三章』。僞疏不數『人有不爲也』一章，故較少一章。《音義》本亦作『三十二』，當是後人據注疏本改。」

❷「二十二」，原作「二十一」，據阮本改。

章，是《離婁》一篇有六十章矣。❶

孟子曰：「舜生於諸馮，遷於負夏，卒於鳴條，東夷之人也。生，始。卒，終。記終始也。諸馮、負夏、鳴條，皆地名也。負海也，❷在東方夷服之地，故曰東夷之人也。文王生於岐周，卒於畢郢，西夷之人也。岐周、畢郢，地名也。岐山下周之舊邑，近畎夷。畎夷在西，故曰西夷之人也。《書》曰：「太子發上祭于畢，下至于盟津。」畢，文王墓，近於酆、鎬也。❸地之相去也千有餘里，世之相後也千有餘歲，得志行乎中國，若合符節。先聖後聖，其揆一也。」土地相去千有餘里，千里以外也。舜至文王，千二百歲。得志行政於中國，蓋謂王也。如合符節，節，玉節也。《周禮》有六節。揆，度也，言聖人之度量同也。

疏「孟子曰」至「其揆一也」。正義曰：此章言聖人殊世而合其道也。「孟子曰：舜生於諸馮，遷於負夏，卒於鳴條，東夷之人也」者，孟子言：舜帝其始生於諸馮之地，其後遷居於負夏之地，其卒死於鳴條之野，是東夷之人也。以其地在東方，故曰東夷之人。「文王生於岐周，卒於畢郢，西夷之人也」者，孟子又言：文王其始生岐山之下，其終卒於畢郢之地，是西夷之人也。以其地在西，故曰西夷之人。岐山本是周邑，故曰岐周。「地之相去也千有餘里，世之相後也千有餘歲，得志行乎中國，若合符節。先聖後聖，其揆一也」者，孟子言：自舜帝所居終始之地，與文王所居終始之地，有千里以外之遠；自舜所生之世，文王所生之世，相後有千二百歲之久，其皆得志行政於中國以致治，如合其符節，有同而無異。一爲先聖於前，一爲後聖在後，其所揆度，則一而無二也。以其同也。揆，度也。注「生，始」至「東夷之人也」。正義曰：案《史記》云：「舜，冀州之人也，耕於歷山，漁雷澤，淘河濱，作什器於壽丘，就時於負夏，年二十，以孝聞。三十，堯妻以二女，遂舉用之。五十攝行天子事。五十八，堯崩。六十一，代堯踐帝位。踐帝位三十九年，南巡狩，崩於蒼梧之

---

❶ 「六十」，按阮校：「按《題辭》正義云《離婁》凡六十一章，與此不合。」

❷ 「也負海也」，按阮校：「廖本、孔本、韓本、《考文》古本無上『也』字，『負』下重『負』字。」

❸ 「也」，閩、監、毛、阮本作「之地」。

野，葬於江南九嶷山，是爲零陵。」今云舜生於諸馮，則諸馮在冀州之分。鄭玄云：「負夏，衛地。」案《地理志》云：「衛地，營室東壁之分野，今之東郡是也。」其本顓頊之墟，推之則衛地與冀州之地相近，是負夏之爲地名也。一云負夏、鳴條者，《書》云：「湯與桀戰于鳴條之野。」孔傳云：「地在安邑之西。」鄭玄云：「地在南夷。」云「東夷之人」者，案《史記》云：「帝舜爲有虞。」皇甫謐云「舜嬪于虞，今河東大陽」是也。　注「岐周、畢郢」至「酆、鎬也」。　正義曰：案《本紀》云：「古公亶父去邠，踰梁山，止於岐下。」徐廣曰：「岐山在扶風義陽西北，其南有周原。」裴駰案：皇甫謐曰：「邑於周地，故始改曰周。古公有少子季歷，生昌，有聖瑞，後立爲西伯，移徙都酆。」❶徐廣曰：「酆在京兆鄠縣東，有靈臺。鄗在上林昆明，北有鄗池，去酆有二十五里，皆在長安南數十里。」徐廣云：「文王九十七崩，謚爲文王。」《謚法》曰：「慈惠愛民曰文。」「忠家接禮曰文。」武王即位九年，上祭于畢。馬融曰：畢，文王墓地名也。《南越志》云：「郢，故楚都，在南郡。」則知畢在郢之地，故曰畢郢。　注「舜至文王，千二百歲」，「《周禮》有六節」。　正義曰：案《史記・世表》推之，是自舜至文王有千二百歲矣，其文煩更不録。《周禮》六節，案《周禮》云：「守邦國者用玉節，守都鄙者用角節。凡邦國之使節，山國用虎節，土國用人節，澤國用龍節，皆金也。以英蕩輔之。」鄭注云：「以金爲節，鑄象也。必自以其國所多者，所以相別爲信明也。今漢有銅虎符。」杜子春云：「蕩當爲帑，謂以函器盛此節。或曰英蕩，或曰函。開關用符節，貨賄用璽節，道路用旌節。注云符節，如今宮中諸官詔符也。璽節者，今之印章也。旌節，今使者所擁節。」是也。將送者，執此節以送行者也。凡此是《周禮》有六節之别爾。

子産聽鄭國之政，以其乘輿濟人於溱洧。子産，鄭卿。爲政，聽訟也。溱洧，水名。見人有冬涉者，仁心不忍，以其乘車度之也。孟子曰：「惠而不知爲政。歲十一月徒杠成，十二月輿梁成，民未病涉也。以爲子産有惠民之心，而不知爲政，當以時修橋梁，民何由病苦涉水乎！周十月，夏九月，可以成涉度之功。周十一月，夏十月，可以成輿梁也。君子平其政，行辟人可也，焉得人人而濟

❶「徙」，原作「徒」，今據阮本改。

之？故爲政者每人而悦之，日亦不足矣。」君子爲國家平治政事刑法，使無違失其道，辟除人，使卑辟尊可爲也，安得人人濟渡於水乎？每人欲自加恩，以悦其意，❶則日力不足以足之也。

疏「子産聽鄭國之政」至「亦不足矣」。　正義曰：此章言重民之道，平政爲首也。「子産聽鄭國之政，以其乘輿濟人於溱洧」者，子産，鄭大夫公孫僑也。溱洧，鄭國水名也。言子産爲政，聽訟於鄭國，於冬寒之月，見人涉溱洧之水，乃不忍，遂以所乘之車輿濟渡人於溱洧。「孟子曰：惠而不知爲政」至「日亦不足矣」，孟子言：子産雖有恩惠及人，而以陸地乘輿而濟人於溱洧，然而不知行其不忍人之政而濟人矣。所謂歲十一月徒杠成，十二月輿梁成，是其政也。言歲中以十一月雨畢乾晴之時，乃以政命成其徒杠。徒杠者，《説文》云：「石矼，石橋也，俗作杠，從木，所以整其徒步之石。」十月成津梁，❷則梁爲在津之橋梁也。今云輿梁者，蓋橋上横架之板，若車輿者，故謂之輿梁。如此，民皆得濟，所以未有憂病其涉者也。君子之爲，但平其政事，使無違失，行法於人，而使尊人。其若此則可也，又安得人人而濟渡之乎？如人人濟之，則人望我者無窮，而我應者有不足焉。故爲國之政者，如每以人人而使之悦，雖日力之窮，亦不足以濟之矣。但平其政事，使徒杠成於十一月，輿梁成於十月，則病涉之民無不濟矣。子産不知爲政之道在此，而徒知以乘輿濟人爲之惠，故宜孟子言之於當，有以激勸而譏諷之也。❸　注「子産，鄭卿。爲政，聽訟。溱洧，水名」。　正義曰：案《左傳》云：「子産，穆公之孫，公子發之子也。」又魯襄三十年執鄭國之政，故云鄭卿，爲政聽訟也。云「溱洧，水名」者，蓋鄭國之水名。案《地理志》云：「溱洧，水在河南。」又《説文》云：「水在鄭國南，入于洧。」則知溱洧，水名，在鄭國也。○又於注「周十一月」即夏十月，十月即夏九月，已説上篇，叔向云「十月而津梁成」，是其旨也。

孟子告齊宣王曰：「君之視臣如手足，則臣視君如腹心。君之視臣如犬馬，則臣視君如國人。君之視臣如土芥，則臣視君

❶「悦」，阮本作「成」。
❷「十」下，按阮校：「監、毛本有『二』字。」下「輿梁成於十月」同。
❸「當有」，阮本作「當時」。

如寇讎。」芥，草芥也。臣緣君恩，以爲差等，其心所執若是也。王曰：「禮，爲舊君有服，何如斯可爲服矣？」宣王問：禮，舊臣爲舊君服喪服，問君恩何如則可以爲服。曰：「諫行言聽，膏澤下於民；有故而去，則使人導之出疆，又先於其所往；去三年不反，然後收其田里。此之謂三有禮焉。如此，則爲之服矣。爲臣之時，諫行言從，德澤加民。❶若有他故，不得不行，譬如華元奔晉、隨會奔秦是也，古之賢君遭此，則使人導之出境，又先至其所到之國言其賢良。三年不反，乃收其田萊及里居也。❷此三者有禮，則爲之服矣。今也爲臣，諫則不行，言則不聽，膏澤不下於民；有故而去，則君搏執之，又極之於其所往；去之日，遂收其田里。此之謂寇讎。寇讎何服之有？」搏執其族親也。極者，惡而困之也。遇臣若寇讎，何服之有乎？疏「孟子告齊」至「之有」。正義曰：此章言君臣之道，以義爲表，以恩爲裏，相應猶若影響。舊君之服，蓋有所興，諷諭宣王，勸以仁也。「孟子告齊宣王曰」至「如寇讎」者，孟子告諭齊宣王，謂君之視其臣如己之手足，則臣亦視君如己之腹心。君之視其臣如畜之犬馬，則臣亦視其君但以國人遇之也。君之視其臣如土芥之賤而棄之，則臣視其君亦如寇讎，惡而絶之也。凡此君臣施報相待以爲用矣。蓋無爲於其內者，腹心也。有爲於其外者，手足也。君臣相須，猶一體也。此言相待施報，均於厚也。若以君視臣如犬馬之畜，而臣視君如國人而弗親，此言不相待施報，均於薄也。以君視臣如土芥之賤，而臣視君如寇讎而惡之，此言不相待施報，均於賤也。然則君臣施報，亦隨之而已。「王曰：禮，爲舊君有服，何如斯可爲服矣」，宣王問孟子：於禮爲舊君有喪服，何如斯可爲之服。言舊君，所去之國君也。「曰：諫行言

❶「德」，阮本作「惠」。

❷「田萊及里居也」，阮本作「田里田業也里居也」。按阮校，閩、監、毛三本同阮本。廖本、韓本「萊」作「菜」，孔本、《考文》古本同底本。足利本作「田里田萊及里居」。又阮校云：「《音義》亦出『田菜』，『菜』當作『采』，大夫采地字，古書多或作『菜』。『菜』誤爲『萊』，作『業』則更誤矣。」

聽」至「則爲之服矣」，孟子答之，謂臣之於君，君有過謬而諫之則行，事有可爲而言之則聽，而膏潤之恩澤施之又下浹於民，此得行其道也。然不幸遭其事故而去之，則國君使人導之，以達其情，至出國之疆界，又先去其所往之邦以稱譽之。去三年之久而不反歸，然後國君乃收其田萊里居。此三者是謂三有禮焉。如此三有禮，則可爲之喪服矣。「今也爲臣，諫則不行，言則不聽」至「何服之有」，孟子又言：今之爲臣於國君，君有過謬，及其諫也則拒之而弗得行，言則違之而弗聽，而膏澤又不得以下浹，此不得行其道也。及其所遭事故而去之，君乃不使人導之，且搏執其親族而戮之，又困極而惡之於其所往之邦，即自離去之日，遂便收其田萊里居，此是謂遇其臣如寇讎之惡。既以寇讎遇其臣，則臣尚何有喪服爲哉？　注「舊臣爲舊君服喪服」。　正義曰：如《儀禮》言「以道去君，而未絶者，服齊衰三月」，《禮記》云「臣之去國，君不掃其宗廟，則爲之服」，是爲舊臣服喪服之謂也。　注「如華元奔晉，隨會奔秦。」　正義曰：案《左傳》成十五年：「華元爲右師，華元曰：『我爲右師，君臣之訓，師所司也。今公室卑而不能正，吾罪大矣。不能治官，敢賴寵乎？』乃出，奔晉。魚石爲左師，自止華元於河上，後及奔晉，得五月日，乃反。」書曰「宋華元出奔晉。宋華元自晉歸于宋」是也。云「隨會奔秦」者，案文公七年先蔑奔秦，隨會從之，至十三年，晉人患秦之用士會也，晉侯乃使魏壽餘僞以魏叛者以誘士會，士會既濟，魏人譟而還。杜注云「喜得士會也」是矣。

孟子曰：「無罪而殺士，則大夫可以去。無罪而戮民，則士可以徙。」惡傷其類，視其下等，懼次及也。語曰「鳶鵲蒙害，仁鳥增逝」，❶此之謂也。疏「孟子」至「可以徙」。　正義曰：此章言君子見幾而作也。孟子謂國君無罪而殺戮其士，則爲之大夫者可以奔去。無他，蓋大夫雖於士爲尊，不可命以爲士，然亦未離乎士之類也，是其惡傷其類耳。國君無罪而誅戮其民，則爲之士者可以徙而避之。無他，蓋士於民雖以爲尊，不可命以爲民，然亦未離乎民之類也，是亦惡傷其類耳。於士言殺，於民言戮者，總而言之皆然也，別而言

❶「增逝」，按阮校：「廖本、孔本、韓本『增』作『曾』，《考文》古本『增逝』作『曾遊』。按作『曾』是，『曾』者高也。」

之，則戮又輕於殺矣。案《周禮》「司稽掌巡市」，云凡有罪者撻戮而罰之。❶是知戮不過撻而辱之耳，而殺乃至於亡命故也。《史記》：趙殺鳴犢，孔子臨河而不濟，乃歎曰：「刳胎殺夭，則麒麟不至郊；竭澤涸魚，則蛟龍不會；覆巢毁卵，則鳳凰不翔。君子諱傷其類也。」今注云「語曰：鳶鵲蒙害，仁鳥增逝」，是亦《史記》之文，趙注引之。

孟子曰：「君仁莫不仁，君義莫不義。」君者，一國所瞻仰以爲法，政必從之，是上爲下則効者也。

疏「孟子曰」至「不義」。　正義曰：此章言國君率衆仁義，是上爲下効者也。孟子謂國君在上，能以仁義率先於一國，❷則一國之人莫不從而化之，亦以仁義爲也。　注云「上爲下効者」。　正義曰：如所謂「君子之德風，小人之德草，草上之風必偃」也。又荀卿所謂表正則影正，盤圓則水圓，盂方則水方，是其旨也。

孟子曰：「非禮之禮，非義之義，大人弗爲。」若禮而非禮，陳質娶婦而長拜之也。若義而非義，藉交報讎是也。此皆大人之所不爲也。疏「孟子曰」至「弗爲」。　正義曰：此章言禮義人之所以折中，履其正者，乃可爲中，是以大人弗行之也。孟子謂有所爲禮，有所爲非禮，有所爲義，有所爲非義。如非禮非義，惟大人能弗爲之也。　注「陳質娶婦，藉交報讎」者。　正義曰：此蓋史傳之文而云然。

孟子曰：「中也養不中，才也養不才，故人樂有賢父兄也。中者，履中和之氣所生，謂之賢。才者，是謂人之有「俊才」者。有此賢者，當以養育教誨不能，進之以善，故樂父兄之賢以養己也。如中也棄不中，才也棄不才，則賢不肖之相去，其間不能以寸。」如使賢者棄愚，不養其所以當養，則養亦近愚矣。❸如此，賢不肖相覺，何能分寸，明不可不相訓導也。疏「孟子」至「不能以寸」。　正義曰：此章言父兄之賢而子弟既頑，教而不改，乃歸自然也。孟子言：君子以性德而教養滅其性德者，以性之能而教養滅其性之才能者，故人所以樂得其賢父兄而教養也。如君子有

❶「云」，原作「亡」，據阮本改。
❷「率先」，阮本作「先率」。
❸「養」，阮本作「賢」。

賢父兄之道，而不推己之性德以教養人之不中，不推己之才性而教養人之不才，是棄去其不中不才之人也。如此，則賢不肖，惡能相去以寸哉？是不足以相賢矣。蓋中者，性之德也。才，性之能也。賢父兄者，所以對弟子而言之也，如孟子所謂曾子居武城而謂之爲師也、父兄也，是其意也。注「中者履中和之氣」至「養己也」。正義曰：中和之氣者，蓋人受天地之中而生，稟陰陽之秀氣，莫非所謂中和也。《中庸》云：「喜怒哀樂未發謂之中，發而皆中節謂之和。」賢以德言。云「俊才」者，俊，智過千人曰俊，則知才能有過於千人之才能，是爲俊才也。一云：俊，敏也，疾也。

孟子曰：「人有不爲也，而後可以有爲。」人不爲苟得，乃能有讓千乘之志。疏「孟子曰」至「有爲」。正義曰：此章言貴賤廉恥，乃有不爲，不爲非義，義乃可由也。孟子言：人之有不爲非義之事，然後可以有爲其義矣。又所謂人皆有所不爲，達之於其所爲義也，亦是意也。以此推之，則仁也，禮也，智也，皆待是而裁成之矣。

孟子曰：「言人之不善，當如後患何？」人之有惡，惡人言之。言之，當如後有患難及己乎？疏「孟子曰」至「患何」。正義曰：此章言好言人之惡，殆非君子者也。孟子謂人有好談人之不善者，必有患難及之矣。故曰：言人之不善，當如後患何如？《莊子》云：「菑人者人必反菑之。」《論語》云：「不忮不求，何用不臧？」亦與此同意。

孟子曰：「仲尼不爲已甚者。」仲尼彈邪以正，正斯可矣，故不欲爲已甚泰過也。孟子所以譏踰牆距門者也。疏「孟子曰」至「甚者」。正義曰：此章言疾之已甚，亂者也。孟子言：孔子凡所爲，不爲已甚泰過者也，如《論語》云「疾之已甚，亂也」，同意。注云「孟子所以譏踰牆距門者也」。正義曰：蓋謂如段干木踰垣而避文侯，泄柳閉門而距繆公，是爲已甚者。

孟子曰：「大人者，言不必信，行不必果，惟義所在。」果，能也。大人仗義，義有不得必信其言，子爲父隱也。有不能得果行其所欲行者，若親在不得以其身許友也。義或重於信，故曰惟義所在。疏「孟子曰」至「所在」。正義曰：此章言大人之行，行其重者，不信不果，求合義也。孟子言：大人者，其於言不以必信，所行不以必果，惟義之所在，可以信則信，可以行則行耳。如言必信，行必果，則所謂硜硜然小人哉矣，豈大人肯如是邪？蓋孔子與蒲人盟，不適衛而終適衛，是言不必信也。佛肸召，子欲往而終不往，是行不必果也。注「子爲父隱」，「以其身許友也」。正義曰：此案《論語》、《禮記》云也。

孟子曰：「大人者，不失其赤子之心者也。」大人謂君。國君視民，當如赤子，不失其民心之謂也。一説曰：赤子，嬰兒也，少小之子，❶專一未變化，人能不失其赤子時心，則爲貞正大人也。疏「孟子曰」至「者也」。正義曰：此章言人之所愛，莫過赤子，所謂視民如子，則民懷之者也。孟子言：世之所謂爲之大人者，是其能不失去其嬰兒之時心也，故謂之大人，如《老子》所謂「常德不離，復歸於嬰兒」之意同。

孟子曰：「養生者不足以當大事，惟送死可以當大事。」孝子事親致養，未足以爲大事，送終如禮，則爲能奉大事也。疏「孟子曰」至「大事」。正義曰：此章言養生竭力，人情所勉。哀死送終，謂之大事也。孟子言：人奉養父母於其生日，雖昏定晨省，冬温夏凊，然以此之孝，亦不足以當其大事也。惟父母終，能躃踊哭泣，哀以送之，卜其宅兆，而安厝之，斯可以當之也。

孟子曰：「君子深造之以道，欲其自得之也。造，致也。言君子學問之法，❷欲深致極竟之以知道意，欲使己得其原本，如性自有之也。❸自得之，則居之安；居之安，則資之深；資之深，則取之左右逢其原。故君子欲其自得之也。」居之安，若己所自有也。資，取也。取之深，則得其根也。左右取之，在所逢遇，皆知其原本也，故使君子欲其自得之也。疏「孟子」至「得之也」。正義曰：此章言學必

❶「子」，按阮校：「廖本、孔本、韓本、《考文》古本作『心』。」

❷「學問」，按阮校：「孔本、韓本、足利本作『問學』。」

❸「之」下，阮本有「然」字。按阮校，閩、監、毛三本、足利本同阮本。「也」下，閩、監、毛、阮本有「故曰欲其自得之而已」九字。

根源，如性自得者也。「孟子曰：君子深造之以道」至「君子欲其自得之也」者，此孟子教人學道之法也，言君子所以深造至其道奧之妙者，是欲其如己之所自有之也。己之所自有，則居之安。居之安者，是使權利不能移，群衆不能傾，天下不能蕩是也。居之安則資質以深，則自本自根，取之不殫，酌之不竭是也。資之既深，則取之左右逢其原者，❶則理萬物得，❷性與萬物明，取之左則左，取之右則右，無非自本自根也，故云取之左右逢其原。如此，故君子所以學道，欲其自得之也。如莊生所謂黄帝遺其玄珠，使智索之不得，使离朱索之不得，使喫詬索之不得，乃使象罔得之。蓋玄珠譬則道也。知有待於思，言思之亦不能得其道也。离朱有待於明，言以明求之亦不能得道也。喫詬有待於言，以言求之亦不能得其道也。象罔則無所待矣，唯無所待，故能得其道，是其所謂自得也。

孟子曰：「博學而詳説之，將以反説約也。」博，廣。詳，悉也。廣學悉其微言而説之者，將以約説其要，意不盡知，則不能要言之也。是謂廣尋道意，還反於樸，説之美者也。疏「孟子曰」至「約也」。正義曰：此章言廣尋道意，詳説其事，要約至義，還反於樸者也。孟子言：人之學道，當先廣博而學之，又當詳悉其微言而辯説之，其相將又當以還反説其至要者也。以得其至要之義而説之者，如非廣博尋學，詳悉辯説之，則是非可否，未能決斷，故未有能反其要也。是必將先有以博學詳説，然後斯可以反説其約而已。

孟子曰：「以善服人者，未有能服人者也。以善養人，然後能服天下。天下不心服而王者，未之有也。」以善服人之道治世，謂以威力服人者也，故人不心服。以善養人，養之以仁恩，然後心服矣，若文王治於岐邑是也。天下不心服，何由而王也？疏「孟子曰」至「未之有也」。正義曰：此章言五霸服人，三王服心，其服則一，功則不同也。「孟子曰：以善服人者，未有能服人者也」至「未之有也」者，孟子言：人君之治天下，如以善政而屈服人者，未有能屈服其人也。以善教而養人者，然後故能屈服其天下。然以善教養天

❶「左右逢其原」五字，阮本重文。
❷「理」下，阮本有「與」字。

下，天下不以心服而歸往爲之王，未之有也。以其能如此，則必爲之王者，使天下心服而歸往之矣。蓋所謂善政民畏之、善教民愛之之意也。又云善教得民心，是矣，若文王作辟雍，是能以善養人者也，故「自西自東，自南自北，無思不服」，此之謂也。

孟子曰：「言無實不祥。不祥之實，蔽賢者當之。」凡言皆有實。孝子之實，養親是也。善之實，仁義是也。祥，善。當，直也。不善之實何等也，蔽賢之人直於不善之實也。疏「孟子曰」至「當之」。正義曰：此章言進賢受上賞，蔽賢蒙顯戮者也。「孟子曰」至「蔽賢者當之」者，孟子謂人之言，無其實本者，乃虛妄之言也。以虛妄之言言之，則或掩人之善，或飾人之惡，爲人所惡者也，故其爲不祥莫大焉，不祥則禍是矣。不祥之實者，乃蔽賢直之也。所謂蔽賢，則掩人之善是矣。如臧文仲知柳下惠而不舉，虞丘知叔敖之賢而不進，❶凡此之類，是謂蔽賢者也。

徐子曰：「仲尼亟稱於水，曰：『水哉水哉！』何取於水也？」徐子，徐辟也。問仲尼何取於水而稱之也。孟子曰：「源泉混混，不舍晝夜，盈科而後進，放乎四海。有本者如是，是之取爾。言水不舍晝夜而進。盈，滿。科，坎。放，至也。至於四海者，有原本也。以況於事，有本者皆如是，是之取也。苟爲無本，七八月之間雨集，溝澮皆盈，其涸也，可立而待也。苟，誠也。誠令無本，若周七八月，夏五六月，天之大雨，潦水卒集，大溝小澮皆滿，然其涸乾可立待之者，以其無本故也。故聲聞過情，君子恥之。」人無本行，暴得善聲，令聞過其情，若潦水不能久也，故君子恥之。疏「徐子」至「君子恥之」。正義曰：此章言有本不竭，無本則涸也。「徐子曰：仲尼亟稱於水，曰：水哉水哉，何取於水也」者，徐子即徐辟者也，徐辟問孟子，以謂孔子數數稱道於水，乃復自而歎之，曰「水哉水哉」云水之爲水哉水哉，何仲尼獨數數稱於水也？「孟子曰：源泉混混，不舍晝夜」至「是之取爾」，孟子答之曰：孔子所以數數稱於水者，以其有本源

❶「丘」，原作「兵」，據阮本改。

之泉水，混混袞勢而流，不捨晝夜，是流之不竭，至有坎科，則必待盈滿而後流進，以至乎四海之中。以其道之有本亦如是。是孔子所以亟稱而必取之爾。「苟爲無本」至「君子恥之」者，孟子又言：苟爲無本之水，是若周之七八月，夏之五六月間，天之大雨驟降，其雨之水卒然聚集乎大溝小澮，皆盈盈然而滿溢，則其乾涸但可立而守之也。以其無本源，故如是之速乾耳。孟子復於此，言如聲譽名聞，有過於情實，而君子所以羞恥之，亦無本之水矣。然則孟子答徐辟以此者，非特言「源泉混混，不捨晝夜，盈科而後進，放乎四海」而已矣，蓋有爲而言之也，以其源泉混混，則譬君子之德性；不舍晝夜，則譬君子之學問；盈科而後進，則譬君子之成章；放乎四海，則譬君子於是造乎道也。　注云「徐子，徐辟」。　正義曰：經於《滕文公》篇云：「墨者夷之，因徐辟而見孟子。」又曰：「徐子以告夷子。」是知徐子即徐辟也。　注「大溝小澮」。　正義曰：案《周禮·遂人》：「掌邦之野，凡治野，夫間有遂，遂上有徑。十夫有溝，溝上有畛。百夫有洫，洫上有塗。千夫有澮，澮上有道。」鄭注云：「十夫，二鄰之田。百夫，一酇之田。千夫，二鄙之田。遂、溝、甽、澮，皆所以通水於川也。遂廣深各二尺。溝倍之。」是廣深各四尺也。「洫又倍之」，是洫廣深各八尺也。「澮廣二尋，深二尋。」然則注云大溝、小澮，又非以常制言之爾。《論語》云：「子在川上曰：逝者如斯夫，不舍晝夜。」是仲尼常稱於水者也。

孟子曰：「人之所以異於禽獸者幾希，庶民去之，君子存之。幾希，無幾也，知義與不知義之間耳。衆民去義，君子存義也。舜明於庶物，察於人倫。由仁義行，非行仁義也。」倫，序。察，識也。舜明庶物之情，識人事之序。仁義生於内，由其中而行，非强力行仁義也。❶故道性善，言必稱於堯舜。❷

疏「孟子曰」至「行仁義也」。　正義曰：此章言禽獸俱含天氣，衆人皆然，聖人超絶，識仁義之主於己者也。「孟子曰：人之所以異於禽獸者幾希」至「非行仁義也」者，孟子言：世之人所以有別異於禽獸畜者無幾也，以其皆含天地之氣而生耳，皆能辟去其害而就其利矣。但小人去其

❶「强力行仁義」，按阮校，宋本作「强仁力行義」。
❷「於」，按阮校：「廖本、孔本、韓本、《考文》古本無『於』字。」「舜」下，閩、監、毛、阮本有「但君子存之，庶民去之而不由爾」十三字。

異於禽獸之心，所以爲小人也。君子知存其異於禽獸之心，所以爲君子也。所謂異於禽獸之心者，即仁義是也。禽獸俱不知仁義，所以爲禽獸。今夫舜之爲帝，在深山之中，與木石居，與鹿豕遊，雖與禽獸雜居其間，然能聞一善言，見一善行，莫不從之，若決江河也，而無滯之耳。如此，是舜能明於庶物之無知，而存乎異於禽獸之心，詳察人倫之類，而由仁義之道而行之矣。然舜既由其仁義而行之，非所謂行仁義而得之人也，是由仁義而行以得之天性也。孟子以此言之其有以異於禽獸者，皆舜之徒也。曰舜亦人也，我亦人也，有爲者亦若是，但當存其異於禽獸之心耳，如揚雄「由於禮義，入自仁門，由於情慾，入自禽門」，斯其旨歟！

孟子曰：「禹惡旨酒而好善言。旨酒，美酒也。儀狄作酒，禹飲而甘之。遂疏儀狄，而絶旨酒。《書》曰：「禹拜昌言。」❶湯執中，立賢無方。執中正之道，惟賢速立之，不問其從何方來。舉伊尹以爲相也。文王視民如傷，望道而未之見。視民如傷者，雍容不動擾也。望道而未至，殷録未盡，尚有賢臣，道未得至，故望而不致誅於紂也。武王不泄邇，不忘遠。泄，狎。邇，近也。不泄狎近賢，不遺忘遠善。近，謂朝臣。遠，謂諸侯也。周公思兼三王，以施四事，其有不合者，仰而思之，夜以繼日，幸而得之，坐以待旦。」三王，三代之王也。四事，禹、湯、文、武所行之事也。不合，己行有不合世，❷仰而思之，參諸天也。坐以待旦，言欲急施之也。

疏「孟子曰」至「坐以待旦」。正義曰：此章言周公能思三王之道，以輔成王也。「孟子曰：禹惡旨酒而好善言」，孟子言：禹王惡疾其美酒，而樂好人之善言，以其酒甘而易溺，常情之所嗜者也，故禹王所以惡之。蓋儀狄造酒，禹王飲而甘之，遂疎儀狄是也。善言淡而難入，常情之所厭者也，故禹王所以好之耳。蓋聞皐陶昌言，禹受而拜之是也。「湯執中，立賢無方」，孟子言：湯王執大中至正之道，使其賢者、智

---

❶「昌」，按阮校：「廖本、孔本、韓本、《考文》古本作『讜』。按作『讜』者，《今文尚書》也。《音義》出『讜言』。」

❷「世」，按阮校：「閩、監、毛三本作『者』，韓本作『也』，按韓本是也。」

者得以俯而就，而不爲狂者，愚者、不肖者得以跂而及，而不爲狷者矣。未嘗立驕伉崖異絶俗之道，而使人不可得而至也。所謂中道而立，能者從之，是其旨歟。《尚書》云「湯懋昭大德，建中于民」，是其事矣。立其賢，則不以一方任之，但隨其才而用之，以其人之材，固有長短小大，不可概以取之矣。《書》云「佑賢輔德，顯忠遂良」，是其事矣。總以湯言之，則所謂常善救人，故無棄人，常善用人，故無遺賢，是其旨歟。「文王視民如傷，望道而未之見」，孟子言：文王常有恤民之心，故視下民常若有所傷，而不敢以横役而擾動之也。《尚書》曰「文王不敢侮鰥寡」，又曰「懷保小民」，是其事矣。蓋以望商之有賢，道未得至，故不敢誅於紂也，故曰未之見也。「武王不泄邇，不忘遠」者，孟子言：武王於在邇之臣，則常欽之而不泄狎；在遠之臣，則常愛之而不遺忘。是所謂不泄邇、不忘遠也。非特臣也，雖遠邇之民，亦如是。《尚書》云「武王不寶遠物，則遠人格，所寶惟賢，則遠人安」，❶又曰「華夏蠻貊，罔不率俾」，是其事矣。「周公思兼三王，以施四事」至「坐以待旦」者，孟子言：周公輔相成王，常思念兼此三王而施行此四事，以爲功業矣。三王即禹、湯、文、武之三代王也，然以孟子則曰三王者，蓋文、武明父子也，言其父，則子不待言而在其中，故但云三王四事者，即惡旨酒、好善言，湯執中、立賢無方，與視民如傷、望道而未之見，不泄邇、不忘遠，是四事也。然以孟子於事則云四，蓋父子所爲有不同，所以别言之也。言周公施爲，其有不合於此三王四事，則常仰望而思索之，必夜以繼日，而未嘗敢忘去之也。及幸而思索，得合於此三王之四事，則雞鳴而起，坐以守待其旦明而施行之耳。是其急於有行，如恐失之謂也。

注「三王，三代之王也」。正義曰：禹，夏之代始王也。湯，殷之代始王也。文、武，周之代始王也。是爲三代之王也。

孟子曰：「王者之迹熄而《詩》亡，《詩》亡然後《春秋》作。王者謂聖王也。太平道衰，王迹止熄，頌聲不作，故《詩》亡。《春秋》撥亂，作於衰世也。晉之《乘》，楚之《檮杌》，魯之《春秋》，一也。其事則齊桓、晉文，其文則史。孔子曰：

❶「遠」，《尚書注疏》作「邇」，是。按阮校：「閩、監、毛三本『遠』改『邇』。」

『其義則丘竊取之矣。』」此三大國史記之異名。❶乘者，興於田賦乘爲之事，因以爲名。檮杌者，嚚凶之類，興於記惡之戒，因以爲名。春秋，以二始舉四時，記萬事之名。其事，則五霸所理也，桓、文，五霸之盛者，故舉之。其文，史記之文也。孔子自謂竊取之，以爲素王也。孔子人臣，不受君命，私作之，故言竊，亦聖人之謙辭爾。疏「孟子曰」至「竊取之矣」。正義曰：此章言時無所詠，《春秋》乃興，假史記之文，孔子正之，以匡邪也。「孟子曰王者之迹熄」至「丘竊取之矣」者，孟子言：自周之王者風化之迹熄滅而《詩》亡，歌詠於是乎衰亡。歌詠既以衰亡，然後《春秋》褒貶之書於是乎作。《春秋》其名有三，自晉國所記言之，則謂之《乘》，以其所載以田賦乘馬之事，故以因名爲《乘》也。自楚國所記而言之，則謂之《檮杌》，以其所載以記嚚凶之惡，故以因名爲《檮杌》也。魯以編年，舉四時，記爲事之名，故以因名爲《春秋》也。凡此雖曰異其名，然究其實則一也。蓋王者迹熄，則所存者但霸者之迹而已。言其霸，則齊桓、晉文爲五霸之盛者。故其所載之文，則魯史之文。而孔子自言之曰：其《春秋》之義，則丘私竊取之矣。蓋《春秋》以義斷之，則賞罰之意於是乎在，是天子之事也，故曰「其義則丘竊取之矣」。「竊取之」者，不敢顯述也，故以賞罰之意寓之褒貶，而褒貶之意則寓於一言耳。　注云「乘爲乘馬之事，檮杌爲嚚凶之類」。正義曰：乘馬之事已詳，故不再述。云「檮杌嚚凶」者，案文公十八年《左傳》所謂渾敦、窮奇、檮杌、饕餮四凶，其言「檮杌」，乃曰顓頊氏有不才子，不可教訓，告之則頑，舍之則嚚，天下之民，謂之「檮杌」。杜預云：「檮杌，嚚凶無疇匹之貌也。」

孟子曰：「君子之澤，五世而斬。小人之澤，五世而斬。予未得爲孔子徒也，予私淑諸人也。」澤者，滋潤之澤。大德大凶，流及後世，自高祖至玄孫，善惡之氣乃斷，故曰五世而斬。予，我也。我未得爲孔子門徒也。淑，善也。我私善之於賢人耳，蓋恨其不得學於大聖人也。疏「孟子」至「諸人也」。正義曰：此章言五世一體，上下通流，君子小人，斬各有時，孟子恨以不及仲尼也。「孟子曰：君子之澤」至「予私淑諸

❶「異名」，按阮校：「宋本、孔本、韓本、《考文》古本作『名異』。」

人也」者，孟子言：君子小人雖有賢、不肖之異，然自禮服而推之，則除澤之所及，但皆五世而斷耳，以其親屬替之者焉。惟孔子有道德之澤，流於無窮，雖萬世亦莫不尊親者矣。孟子所言我未得爲孔子徒黨者矣，我但私有所善於己，未有以善諸人也。蓋孟子學孔子者也，然必於此乃言予未得爲孔子徒者，蓋亦公孫丑問「夫人既聖者乎」，則曰「夫聖孔子不居」之意也。孟子之志，又可知矣。斬，斷也。淑，善也。　注云「自高祖至於玄孫」。正義曰：自高祖至玄孫者，凡有九等，高祖、曾祖、祖、父、己身、子、孫、曾孫、玄孫是也。今注乃以此證五世而斬者，據己身而推之，則上自高祖，至玄孫，是爲無服者矣。

孟子注疏解經卷第八上

孟子注疏解經卷第八下

趙氏注　孫奭疏

離婁章句下

孟子曰：「可以取，可以無取，取傷廉。可以與，可以無與，與傷惠。可以死，可以無死，死傷勇。」三者皆謂事可出入，不至違義，但傷此名，亦不陷於惡也。疏「孟子曰」至「傷勇」。正義曰：此章言廉、勇、惠三者，人之高行也。「孟子曰」至「死傷勇」者，蓋言凡於所取之道可以取之則取之，故無傷害於爲廉。可以無取而乃取之，是爲傷害於廉也。又言凡所與之道，可以與之則與之，而不爲傷其惠。可以無與而乃與之，是爲傷害於惠也。又言凡於所死之道，可以死之則死，不爲傷害其勇。可以無死而乃死之，是爲傷害其勇也。如孟子受薛七十鎰，是可以取則取之也。❶求也爲聚斂而附益之，是可以無取而乃取之者也。孔子與原思之粟，是可以與則與之者也。冉子與子華之粟五秉，是可以無與而乃與之者也。比干諫而死，是可以死則死也。荀息不能格君心之非，而終遽以死許，是可以無死而乃死之也。

逢蒙學射於羿，盡羿之道，思天下惟羿爲愈己，於是殺羿。羿，有窮后羿。逢蒙，羿之家衆也。《春秋傳》曰：「羿將歸自田，家衆殺之。」孟子曰：「是亦羿有罪焉。」罪羿不擇人也，故以下事喻之。公明儀曰：「宜若無罪焉。」曰：「薄乎云爾，惡得無罪？鄭人使子濯孺子侵衛，衛使庾公之斯追之。子濯孺子曰：『今日我疾作，不可以執弓，吾死矣夫。』孺子，鄭大夫。庾公，衛大夫。疾作，瘧疾。問其僕曰：『追我者誰

❶「可」，原作「事」，據阮本改。

也？』其僕曰：『庾公之斯也。』曰：『吾生矣。』僕，御也。孺子曰：吾必生矣。其僕曰：『庾公之斯，衛之善射者也。夫子曰吾生，何謂也？』曰：『庾公之斯學射於尹公之他，尹公之他學射於我。夫尹公之他，端人也，其取友必端矣。』端人，用心不邪辟。知我是其道本所出，必不害我也。庾公之斯至，曰：『夫子何爲不執弓？』曰：『今日我疾作，不可以執弓。』曰：『小人學射於尹公之他，尹公之他學射於夫子，我不忍以夫子之道反害夫子。雖然，今日之事，君事也，我不敢廢。』抽矢叩輪，去其金，發乘矢而後反。』庾公之斯至，竟如孺子之所言。而曰：我不敢廢君事，故叩輪去鏃，使不害人，乃以射孺子，禮射四發而去。乘，四也。《詩》云：「四矢反兮。」孟子言是以明羿之罪，假使如子濯孺子之得尹公之他而教之，何由有逢蒙之禍乎！疏「逢蒙學射」至「乘矢而後反」。正義曰：此章言求交取友，必得其人也。「逢蒙學射於羿，❶盡羿之道，思天下惟羿爲愈己，於是殺羿」，言逢蒙學射於后羿，既學盡后羿所射之道，乃思天下惟后羿所射有强於己，於是反妬之，而殺其后羿。「孟子曰：是亦羿有罪焉」，孟子復言：逢蒙所以殺其后羿，是后羿亦有可罪之道者焉。「公明儀曰：宜若無罪焉」，孟子引公明儀於往日嘗曰逢蒙殺羿，宜若羿無罪而見殺焉，又鄙之公明儀之言，曰：薄乎此言爾，安得謂之無罪焉？昔鄭國之君使子濯孺子爲大夫，以侵伐其衛國。衛君乃使大夫庾公之斯追捉其子濯，子濯乃曰：今日我瘧疾發作，不可以執弓而敵之，我必死矣。遂問其御僕曰：衛之追趕我者是誰也？其御僕乃告之曰：衛大夫庾公之斯者也。子濯即曰：我得生矣，不能死我也。其御僕乃問：庾公之斯是衛國之最善射者也，而夫子乃曰吾生矣，是何之謂也？子濯乃與之御僕曰：庾公之斯學射於尹公之他，尹公之他學射於我，夫尹公之他，端正之人也，其所友亦必端正之人然後教其射矣。庾公之斯遂追至子濯之所，見子濯不執弓矢，乃問曰：夫子何爲不執弓以拒之。子濯告之曰：今日我瘧疾發作，不可以執弓矣。庾公之斯

❶「學」，原無，據上經文及阮本補。

乃自稱己爲小人，言小人學射於尹公之他，尹公之他學射於夫子，今不忍以夫子之道而反歸害其夫子矣。雖然，不忍害夫子，奈以今日所追之事，乃君命之事也，我亦不敢廢背其君命耳，遂不免抽取其矢，而敲之於車輪之上，乃去其鏃利而發射子濯，至發其四矢，然後乃反歸而不追之。蓋去鏃利，所以無害於濯耳。云乘矢者，乘，四矢也，蓋四馬爲一乘，是亦取其意也。注「羿有窮」至「殺之」。正義曰：羿有窮后羿者，説在《梁王》首篇詳矣。云「逢蒙，羿之家衆」至「殺之」者，案襄公四年《左傳》云：「將歸自田，家衆殺之而烹之，以食其子。子不忍食諸，死于窮門。❶杜注云：「子，羿之子也，不忍食，又殺之國門。」注「孺子，鄭大夫。庾公，衛大夫」。正義曰：襄公十四年《左傳》云：「尹公他學射於庾公差，庾公差學射於公孫丁。二子追衛獻公，公孫丁御公。子曰：『射爲背師，不射爲戮，射爲禮乎？』射兩軥而還。尹公他曰：『子爲師，我則遠矣。』乃反之。公孫丁授公轡而射之，貫臂。」杜預曰：「子魚，庾公差。」然則孟子之言與此不同，是二説必有取一焉。

孟子曰：「西子蒙不潔，則人皆掩鼻而過之。西子，古之好女西施也。蒙不潔，以不潔汙巾帽而蒙其頭也。❷面雖好，以蒙不潔，人過之者皆自掩鼻，❸懼聞其臭也。**雖有惡人，齋戒沐浴，則可以祀上帝。」**惡人，醜類者也。面雖醜而齋戒沐浴，自治潔淨，可以侍上帝之祀。言人當自治以仁義乃爲善也。疏「孟子」至「上帝」。正義曰：此章言貌好行惡，西子蒙臭，醜人潔服，供事上帝。明當修飾，惟義爲常也。孟子言：西施之女，其貌雖好，然加之不潔巾帽而蒙其頭，則人見之亦必遮掩鼻而過之，更不顧也。如惡人雖曰至醜，然能齋戒沐浴，自潔淨其身，則亦可以供事上帝矣。孟子之意，蓋人能修潔其己，雖神猶享，而況於人乎？然知人修治其己，不可以已也。注「西子，西施」。正義曰：案《史記》云：西施，越之美女，越王勾踐以獻之吴王，夫差大幸之。❹每入市，人願見者，先輸金錢一文。是西施也。

❶「門」，原爲空格，據阮本及《左傳》補。
❷「也」，閩、監、毛、阮本作「面」。
❸「自」，按阮校：「廖本、孔本、韓本、《考文》古本無『自』字。」
❹「大」，原作「之」，據阮本改。

孟子曰：「天下之言性也，則故而已矣。故者以利爲本。言天下萬物之情性，當順其故，則利之也。改戾其性，則失其利矣。❶若以杞柳爲桮棬，非杞柳之性也。所惡於智者，爲其鑿也。惡人欲用智而妄穿鑿，不順物之性，而改道以養之。如智者若禹之行水也，則無惡於智矣。禹之行水也，行其所無事也。禹之用智，決江疏河，因水之性，因地之宜，引之就下，行其空虛無事之處。如智者亦行其所無事，則智亦大矣。如用智者，不妄改作，但循理，若禹之行水於無事，❷則爲大智也。天之高也，星辰之遠也，苟求其故，千歲之日至可坐而致也。」天雖高，星辰雖遠，誠能推求其故常，❸千歲日至之日可坐而致也。❹星辰，日月之會。致，至也。知其日至在何日也。疏「孟子曰」至「可坐而致也」。正義曰：此章言能修性守故，天道可知也。「孟子曰：天下之言性也，則故而已矣。故者以利爲本」至「可坐而致也」者，孟子言：今夫天下之人有言其性也者，非性之謂也，則事而已矣。蓋故者事也，如所謂故舊、無大故之故同意。以其人生之初，萬理已具於性矣，但由性而行，本乎自然，固不待於有爲則可也，是則爲性矣。今天下之人，皆以待於有爲爲性，是行其性也，非本乎自然而爲性者耳，是則爲事矣。事者必以利爲本，是人所行事必擇其利然後行之矣，是謂「故者以利爲本」矣。我之所以有惡於智者，非謂其智也，爲其不本性之自然之爲智，但穿鑿逆其自然之性而爲智者矣，故曰「所惡於智者，爲其鑿也」。孟子言此，又恐後人因是遂以爲故與智爲不美，所以復爲明言之，故言如爲智者，若禹之治水，則我無惡於爲智矣。以其大禹之治行其水也，但因水自然之性引而通之，是行其所無事者也，非逆其水性而行之也。若今之

❶「言天下」至「失其利矣」，閩、監、毛、阮本作「今天下之言性則以故而已矣。以言其故者，以利爲本耳。」

❷「但循理」至「無事」，按阮校：「廖本、孔本、韓本、《考文》古本作『作事循理若禹行水於無事之處』。」

❸「常」下，按阮校：「廖本、孔本、韓本、《考文》古本下有『之行』二字。」

❹「而致」，按阮校，廖本、孔本、韓本、《考文》古本作「知」。

人爲智，但因性之自然而爲智，是亦行其無事耳，而其爲智亦大智者矣。此孟子於此以爲智之美，又非所謂惡之者也。且天之最高者也，星辰最遠者也，然而誠能但推求其故常，雖千歲之後，其日至之日，亦可坐而計之也。孟子於此以故爲美，所以又執是而言之耳，以其恐人不知己前所謂「則故而已矣」爲事之故，遂引天與星辰而言故常之故，於此爲美也。謂人之言性者，但本乎故常自然之性而爲性，不以妄自穿鑿改作，則身之修，亦若天與星辰之故常，而千歲日至之日，但可坐而致也。此所以明其前所謂故爲事故之故，終於此云故乃故常之故，蓋故義亦訓常，所謂必循其故之故同。注「以杞柳爲桮棬」。正義曰：經之《告子》篇文也。注「星辰，日月之會」。○案孔安國《尚書傳》云：「星辰，日月所會也。」《書》云「辰弗集于房」是也。

公行子有子之喪。右師往弔，入門，有進而與右師言者，有就右師之位而與右師言者。公行子，齊大夫也。右師，齊之貴臣王驩，字子敖者。公行之喪，齊卿大夫以君命會，各有位次，故下云朝廷也。與言者，皆諂於貴人也。孟子不與右師言，右師不悦，曰：「諸君子皆與驩言，孟子獨不與驩言，是簡驩也。」右師謂孟子簡其無德，故不與言，是以不悦也。孟子聞之曰：「禮，朝廷不歷位而相與言，不踰階而相揖也。我欲行禮，子敖以我爲簡，不亦異乎？」孟子聞子敖之言，曰：我欲行禮，故不歷位而言，反以我爲簡易也。云以禮者，心惡子敖，而外順其辭也。疏「公行子」至「不亦異乎」。正義曰：此章言循理而動，不合時人也。「公行子有子之喪。右師往吊，入門，有進而與右師言者，有就右師之位而與右師言者」，公行子，齊國之大夫，喪其子，故有子之喪。王驩字子敖者，公行子家而吊慰，入公行之門，其間有進揖而與右師王驩言者，又有就右師王驩之位所而與言者。「孟子不與右師言」至「不亦異乎」者，言孟子獨不與右師言。右師見孟子不與之言，乃不説而有憤憤之色，曰：諸君子之衆賢皆與我言，獨孟子不與我言，是孟子簡略不禮於我也。孟子聞王驩此言，乃告之曰：不與右師言者，乃是禮然也。於禮，則朝廷之間不歷位所而相與言，又不踰越階而相揖，我欲行其禮，故如是不與之言也。子敖今以我爲簡略而爲不禮，是其言不亦乖異於禮乎！　注「右師，齊之貴臣」。　正義曰：古者天子之卿，尊者謂之太師，卑者謂之少師。諸侯之卿，尊者謂之左師，卑者謂之右師故也。

孟子曰：「君子所以異於人者，以其存心也。君子以仁存心，以禮存心。仁者愛人，有禮者敬人。愛人者人恒愛之，敬人者人恒敬之。存，在也。君子之在心者，仁與禮也。愛敬施行於人，人必反報之於己也。有人於此，其待我以横逆，則君子必自反也：『我必不仁也，必無禮也，此物奚宜至哉？』横逆者，以暴虐之道來加我也。君子反自思省，謂己仁、禮不至也。物，事也，推此人何爲以此事來加我。其自反而仁矣，自反而有禮矣，其横逆由是也，君子必自反也：『我必不忠。』君子自謂我必不忠。自反而忠矣，其横逆由是也，君子曰：『此亦妄人也已矣。如此，則與禽獸奚擇哉？於禽獸又何難焉？』妄人，妄作之人。無知者與禽獸何擇異也？無異於禽獸，又何足難也？是故君子有終身之憂，無一朝之患也。乃若所憂則有之：舜，人也；我，亦人也。舜爲法於天下，可傳於後世，我由未免鄉人也，是則可憂也。君子之憂，憂不如堯舜也。憂之如何？如舜而已矣。憂之當如何乎？如舜而後可，故終身憂也。若夫君子所患則亡矣，非仁無爲也，非禮無行也。如有一朝之患，則君子不患矣。」君子之行，本自不致患，常行仁禮，如有一朝横來之患，非己愆也。故君子歸天，不以爲患也。疏「孟子曰」至「君子不患矣」。　正義曰：此章言君子責己，小人不改，比之禽獸，故不足難也，蹈仁行禮，不患其患也。「孟子曰：君子所以異於人者」至「人恒敬之」者，孟子言：君子之人所以有別於衆人者，以其存心與衆人別也，君子之人，常以仁道存乎心，又以禮存乎心。以仁存乎心者，是愛人者也。有禮存乎心者，是敬人者也。愛人者，人亦常愛之。敬人者，人亦常敬之。蓋人所以亦常愛敬之者，抑以施報自然之道也。「有人於此」至「又何難焉」，孟子又託言，今有人在此，其待我者，皆以横逆暴虐之道而待我，則爲君子者，必自反責於己也，以其是我必不仁，又無禮也，此所以待我横逆，故曰「此物奚宜至哉」。言此人何爲以此横逆加我哉？是必於我有不仁之心，有無禮之行，此人所以如是而加我矣。其自反而仁矣，自反而有禮矣，其横逆加我又由此者，君子之人，又必自反責其己，以爲是我必有不忠之心矣。自反既以有忠，其横逆加我者又由此，君子之人乃曰：此人以横逆暴虐之道加我，是必妄人矣。如此爲妄人矣，則與禽獸奚擇有異哉？既爲禽獸，於我又何足責難焉？此君子之人又自歸己，而不譴彼之罪矣。「是故君子有終身之憂」至「君子不患矣」者，孟子言如此，是故君子有終身之憂慮，而無一朝之患難。乃若君子有所憂慮，是亦不爲無焉，然而有憂者，但憂慮而爲舜帝亦一人也，我亦一人也，舜帝既爲法於天下，可傳之於後世，以爲人所取則，而我猶尚未免爲鄉俗之人，此則君子可憂也。既以憂之，是如之何憂？言憂但慕如舜爲法、可傳於後世而止矣。然則君子其於有所患則無矣，非仁之事，既以無爲，非禮之事，既以不行，然而如有一朝之患，則君子亦不爲之患矣。無它，以其非己之有愆過而招之也。其所以有患者，亦彼之患，不足爲我之患也。前所謂横逆待我，是必妄人也，己於禽獸又何足難焉，正此之謂也。孟子言之，是亦欲人以仁、禮存心，其有横逆加己，又當反己，故無患及耳。

禹、稷當平世，三過其門而不入。孔子賢之。顔子當亂世，居於陋巷，一簞食，一瓢飲，人不堪其憂，顔子不改其樂。孔子賢之。孟子曰：「禹、稷、顔回同道。禹思天下有溺者，由己溺之也；稷思天下有饑者，由己饑之也，是以如是其急也。禹、稷、顔子，易地則皆然。當平世，三過其門者，身爲公卿，憂民急也；❶當亂世，安陋巷者，不用於世，窮而樂道者也。孟子以爲憂民之道同，用與不用之宜若是也，故孔子俱賢之。禹、稷急民之難若是，顔子與之易地，其心亦然。❷不在其位，故勞佚異。今有同室之人鬭者，救之，

❶「急」，閩、監、毛、阮本作「者」。
❷「亦」，閩、監、毛、阮本作「皆」。

雖被髮纓冠而救之可也。鄉鄰有鬭者，被髮纓冠而往救之，則惑也，雖閉户可也。」纓冠者，以冠纓貫頭也。鄉鄰，同鄉也。同室相救，是其理也，喻禹、稷。走赴鄉鄰，非其事，顔子所以闔户而高枕也。❶

疏「禹稷當平世」至「可也」。正義曰：❷此章言顔子之心，有同禹、稷者也。「禹稷當平世」至「易地則皆然」者，孟子言：大禹與后稷皆當平治之世，急於爲民，三過家門而不入其室，孔子皆以爲賢，故尊賢之。顔淵當危亂之世，不得其用，居處於隘陋之巷，但以一簞盛其食、一瓢盛其飲而飲食之，時人皆不堪忍此之憂，顔淵獨樂於道而不改此憂，孔子亦以爲賢。孟子乃至於此，乃自曰：禹、稷、顔回三人，其道則同耳。以其大禹於是時思念天下有因洪水而沉溺也，后稷於是時思念天下有因水土未平而被饑餓之者，亦如己被其饑餓也，是以三過家門而不入其室，而爲民如是之急也。禹、稷與顔子更易其地，則皆能如是。謂顔子在禹、稷之世，亦能如禹、稷如是爲民之急，禹、稷在顔子之世，亦能不改其樂，是則爲同道者也。若其有異，但時之一平一亂矣。「今有同室之人」至「可也」者，孟子又以此言比喻之，謂禹、稷爲民如是之急，若今有同室之人有鬭争之者，救勸之者雖被髮而纓冠於頭而救勸之可也，無它，以其人情於同居，是爲親者也，如有鬭争而不救勸之，是疎其親也。禹、稷當平世，既達而在上，亦急於爲民也，如不急於民，是在上位而不恤民者也。孟子固以同室之人救鬭爲喻。顔子在陋巷而不改其樂，若今有同鄉之人有争鬭者，如被散其髮而纓冠於頭而救勸之，則爲惑者矣，雖閉户而勿救之可也，無它，以其鄉鄰於己爲疎，非親也，如往救之，是親其疎矣。顔子當危亂之世，既窮而不得用，亦宜處陋巷而不改其樂耳，如改其樂，是媚於世而非賢者也。孟子故以鄉鄰之人不救爲喻。由此推之，則孟子爲禹、稷、顔回同道，❸是其不誣於後世也。孔子曰「賢哉回也」，是孔子賢顔回之謂也。又曰「禹，吾無間然矣」，是孔子賢禹之謂也。南宫括曰「禹、稷躬稼而有天下」，子曰「君子哉若人，尚德哉若人」，以此觀之，孔子美南宫括云及此二人者如此，是知孔子有賢於禹、稷也，抑亦是孔子賢稷之謂也。然而「三過其門」則主乎禹，

❶「闔」，閩、監、毛、阮本作「閉」。
❷「正」，原作「王」，據阮本改。
❸「爲」，按盧宣旬補校：「監、毛本並作『謂』，是也。」

今孟子則兼稷言之，何也？曰：孔子言躬稼，其亦主於稷而乃兼禹言之，以禹之治水，非暨稷之播殖則無以奏艱食，非得禹之平水土則無以爲躬稼，是二者未常不相待爲用耳。孔孟交言之，是亦一道也。蓋躬稼而有天下，雖出乎南宫括之言，然孔子美之者，亦孔子之言也，故云孔子言也。

公都子曰：「匡章，通國皆稱不孝焉，夫子與之遊，又從而禮貌之，敢問何也？」匡章，齊人也，一國皆稱不孝，問孟子何爲與之遊，又禮之以顔色喜悦之貌也？　孟子曰：「世俗所謂不孝者五：惰其四支，不顧父母之養，一不孝也；博弈好飲酒，不顧父母之養，二不孝也；好貨財，私妻子，不顧父母之養，三不孝也；從耳目之欲，以爲父母戮，四不孝也；好勇鬭很，以危父母，五不孝也。章子有一於是乎？　惰懈不作，極耳目之欲以陷罪，戮及父母。凡此五者，人所謂不孝之行。章子豈有一事於是五不孝中也。　夫章子，子父責善而不相遇也。責善，朋友之道也。父子責善，賊恩之大者。遇，得也。章子子父親教，相責以善，不能相得，父逐之也。朋友切磋，乃當責善耳。父子相責以善，賊恩之大者也。　夫章子豈不欲有夫妻子母之屬哉？爲得罪於父，不得近，出妻屏子，終身不養焉。夫章子豈不欲身有夫妻之配，子有子母之屬哉？但以身得罪於父，不得近父，故出去其妻，屏遠其子，終身不爲妻子所養也。　其設心以爲不若是，是則罪之大者。是則章子已矣。」章子張設其心，執持此屏出妻子之意，❶以爲得罪於父，而不若是以自責罰，是則罪益大矣。是章子之行已矣，何爲不可與言。

疏「公都子曰」至「則章子而已矣」。正義曰：此章言匡章得罪，出妻屏子，上不得養，下以責己，衆人以爲不孝，孟子以爲禮貌之者也。「公都子曰：匡章通國皆稱不孝焉」至「敢問何也」者，公都子謂孟子曰：匡章子，偏國人皆稱爲不孝者焉，夫子乃與之遊，又從而敬悦之，敢問夫子是如之何？「孟子曰：世

❶「出」，閩、監、毛、阮本無此字。

俗所謂不孝者五」至「於是乎」，孟子荅公都子曰：世俗之人所謂爲不孝之行有五，怠惰其四支，不作事業，而不顧父母之所養，爲一不孝也。博弈好飲酒，而不顧父母之所養，爲二不孝也。好貨財，私愛妻子，而不顧父母之所養，爲三不孝也。縱其耳目之所慾，陷於其罪，以辱及父母，是四不孝也。好勇暴，好爭鬭，好頑很，以驚危父母，是五不孝也。章子豈有一事於此五不孝乎？「夫章子，子父責善而不相遇也。責善，朋友之道也，父子責善，賊恩之大者」，孟子言：章子但失於父子責善不相遇也。不遇者，是不相得也。其所以相責於善，乃朋友切磋琢磨之道也。如父子相責善，是賊害其父子之恩大者矣。「夫章子豈不欲有夫妻子母之屬哉」至「是則章子而已矣」，孟子又言：夫章子與父子不相遇而離之，豈以章子不欲有夫妻子母之爲親屬哉？爲其得罪於父，不得近焉，故用出去其妻，屏逐其子，終身不爲妻子所養也。其章子如或開設於心爲不若是，離之父，故出妻屏子，是陷父於不義之罪者矣，是則罪之莫大者矣。是則章子之行以此而已，我何可絶而不與之邪？以此論之，則章子之過，過於厚者矣，宜孟子與之遊，又從而禮貌之也。蓋謂不顧父母之養者，是有逆於父母，而不順父母之意耳。《孝經》云：「父有争，而則身不陷於不義。」❶《禮》云：「與其得罪於州閭鄉黨，寧熟諫。」然則父有不義，雖熟諫以争之可也，又安可以朋友責善施於父子之間哉？故章子所以離之，遂用出妻屏子，爲其父有不義而不可言耳。

曾子居武城，有越寇。或曰：「寇至，盍去諸？」盍，何不也。曾子居武城，有越寇將來，人曰：寇方至，何不去之？曰：「無寓人於我室，❷毁傷其薪木。」寇退，則曰：「脩我墻屋，我將反。」寓，寄也。曾子欲去，戒其守人曰：無寄人於我室，恐其傷我薪草樹木也。寇退，則曰：治墻屋之壞者，我將來反。寇退，曾子反。左右曰：「待先生如此其忠且敬也，寇至則先去以爲民望，寇退則反，殆於不可。」左右相與非議曾子者，言武城邑大夫敬曾子，武城人爲曾子忠謀，勸使避寇，君臣忠敬如此，而先生寇至則先去，使百姓瞻望而効之，寇退安寧則

❶「而」，按阮校：「閩、監、毛三本『而』改『子』，是也。」
❷「我」，原脱，據下疏文及阮本補。

復來還，殆不可如是。怪曾子何以行之也。沈猶行曰：「是非汝所知也。昔沈猶有負芻之禍，從先生者七十人，未有與焉。」沈猶行，曾子弟子也。行謂左右之人曰：先生之行，非汝所能知也。先生，曾子也。往者先生嘗從門徒七十人，舍吾沈猶氏，時有作亂者曰負芻，來攻沈猶氏，先生率弟子去之，不與其難。言賓師不與臣同耳。子思居於衛，有齊寇。或曰：「寇至，盍去諸？」子思曰：「如伋去，君誰與守？」伋，子思名也。子思欲助衛君赴難。孟子曰：「曾子、子思同道。曾子，師也，父兄也。子思，臣也，微也。曾子、子思，易地則皆然。」孟子以爲二人同道。曾子爲武城人作師，則其父兄，故去留無毁。❶子思，微少也，又爲臣，委質爲臣當死難，故不去也。子思與曾子，易地皆然。疏「曾子居武城」至「易地則皆然」。正義曰：此章言曾子、子思處義非謬者也。「曾子居武城，有越寇」至「或曰：寇至，盍去諸」者，孟子言：曾子嘗居於武城之邑，有南越寇賊興，或人告之曰：寇賊來，何不去之？「曰：無寓人於我室，毁傷其薪木。寇退，則曰：脩我墻屋，我將反」者，言曾子欲去，乃戒其所守之人，曰：無寓人於我此室，而毁傷我薪木。寇賊既退，則曰：修我墻屋，我將反居此。「寇退，曾子反，左右曰：待先生如此其忠且敬也」至「殆於不可」者，言寇賊已退，曾子於是乎反居此也，左右之大夫皆曰：待先生如此其忠而不敢慢也，❷寇賊至則先去，以使民瞻望而効之。寇退平静，則反其居，殆不可如是也。「猶行曰」至「未有與焉」者，言沈猶行答左右之人曰：先生之去，非汝所能知者也。往日沈猶有寇賊，自負其芻草來攻我室，隨從先生者有七十人，言曾子率弟子而去之，故未有與及此難也，故得免其禍焉。先生，曾子也。「子思居於衛，有齊寇」至「君誰與守」者，孟子又言：子思居於衛邑，有齊國之寇賊興，或人告之曰：寇賊來，何不去之。子思乃自稱名，答或人曰：如使伋見其寇賊至則去之，衛君則誰與爲守護。伋，子思名也。「孟子曰：曾子、子思同道」至「易地則皆然」，孟子引至於此，乃曰：曾子、子思二人其道則同也。以其曾子居於武城，則師之道也，如人之父兄也，則

❶「去」，原作「云」，據阮本改。

❷「生」，原作「王」，據阮本改。下一「先生」同。

去留人不可毁，無它，其以無所拘也。子思居於衛，則臣之道也，其勢則微小也，當赴君之難，不可去也，無它，以其有所拘也。雖然，二人如更易其地，則皆能如是也。謂子思居於曾子之所而爲之師，亦未必不能如曾子去留無所拘也，曾子居於子思之所而爲之臣，亦未必不能如子思赴君之難而不去也。故曰「曾子、子思同道」。案《史記·弟子傳》：「曾子名參，字子輿，武城人。少孔子四十六歲，孔子以爲能通孝道，故授之業，作《孝經》，死於魯國。」

注「伋，子思名也」。　正義曰：案《史記·孔子世家》云：「子思名伋，字子思，伯魚之子，孔子之孫也。年六十二，嘗困於宋。子思作《中庸》，没於衛。」

儲子曰：「王使人瞯夫子，果有以異於人乎？」儲子，齊人也。瞯，視也。果，能也。謂孟子曰：王言賢者身貌必當有異，故使人視夫子能有異於衆人之容乎？　孟子曰：「何以異於人哉！　堯舜與人同耳。」人生同受法於天地之形，我當何以異於人哉？且堯舜之貌與凡人同耳。其所以異，乃以仁義之道，在於内也。疏「儲子」至「同耳」。　正義曰：此章言人以道殊，賢愚體別也。儲子謂孟子曰：齊王使人視夫子能有以異別於衆人乎？以其齊王必謂孟子之賢，貌狀須有異於人也。孟子答之曰：我何以有別異於衆人哉？雖堯舜之盛帝亦與人同其貌狀耳。但其所以有異於衆人者，特以仁義之道與人異耳。孟子言此，則知齊王是爲不達者也。蓋古之人善觀人者，不索人於形骸之外，而索之於形骸之内。今齊王乃索孟子於形骸之外，宜其過也。

注「儲子，齊人也」。　正義曰：蓋亦因經而爲言之也，故孟子仕於齊，今此乃曰王使人來者，是知爲齊人。

齊人有一妻一妾而處室者。其良人出，則必饜酒肉而後反。其妻問所與飲食者，則盡富貴也。良人，夫也。盡富貴者，夫詐言其姓名也。其妻告其妾曰：「良人出，則必饜酒肉而後反，問其與飲食者，盡富貴也，而未嘗有顯者來。吾將瞯良人之所之也。」妻疑其詐，故欲視其所之。　蚤起，施從良人之所之，徧國中無與立談者。卒之東郭墦間，之祭者，乞其餘。不足，又顧而之他。此其爲饜足之道也。施者，邪施而行，不欲使良人覺也。墦間，郭外家閒也。乞其祭者所餘酒肉也。其妻歸，告其妾曰：「良人者，所仰望而終身也，今若此！」與其妾訕其良人，而相泣於中庭。妻妾於中庭悲傷其良人，相對涕泣而謗毀之。而良人未之知也，施施從外來，驕其妻妾。施從之扁者，❶喜悦之貌。以爲妻妾不知，如故驕之也。由君子觀之，則人之所求富貴利達者，其妻妾不羞也而不相泣者，幾希矣。由，用也。用君子之道觀之，今求富貴者，皆以枉曲之道，昏夜乞哀而求之，以驕人於白日。此良人爲妻妾所羞爲而泣傷也。❷幾希者，言今苟求富貴，妻妾雖不羞泣者，與此良人妻妾何異也？疏「齊人」至「幾希矣」。正義曰：此章言小人苟得，妻妾猶羞也。「齊人有一妻一妾」至「幾希矣」者，孟子託此以譏時人苟貪富貴而驕人者也，言齊國中人有一妻一妾者，而居處於室，其良人出外，則必饜飽酒肉而後歸。其妻問所與飲食酒肉者，良人則盡以爲富貴者與之也。其妻遂告其妾曰：良人出門則必饜飽酒肉而後歸，問其所與者，良人皆以爲富貴者與之也，而未嘗見有富貴顯達者來家中，我將視其良人所往。妻疑之，故欲視其所往也。明日蚤起，乃邪施其身，微從良人之所往，徧盡一國之中，無有與良人立談話者，終往齊國東郭之處，有家閒之祭者，良人乃就乞其餘祭之酒肉，不飽饜，又顧視而求之於他人，以此遂爲饜足之道。其妻乃先歸告其妾，曰：良人者，所仰望而終身者也，今乃若此而乞之祭者爲饜足。遂與其妾非訕良人，而相對涕泣於中庭之閒，而良人未之知其妻妾非訕其已，又施施然喜悦從外來，歸復驕泰其妻妾。孟子引至此，乃曰：由此齊人觀之，則今之人所以諂求富貴利達者，其妻與妾而不羞恥，不相對涕泣於中庭者幾希矣。言其少也，皆若此齊人耳。蓋孟子之言，每每及此者，所以救時之弊，不得不如是矣。

孟子注疏解經卷第八下

❶「施從之扁者」，阮本作「施施猶扁扁」。

❷「此良人」至「傷也」，阮本無下「爲」字。按阮校，閩、監、毛三本同阮本，廖本、孔本、韓本、《考文》古本「此」上有「由」字，「而」作「所」。

孟子注疏解經卷第九上

孫奭疏

萬章章句上 凡九章

趙氏注 萬章者，萬，姓；章，名。孟子弟子也。萬章問舜孝，猶《論語》顔淵問仁，因以題其篇也。

疏 正義曰：前篇論離婁之明，此篇論萬章問孝，蓋以明者當明其行，而行莫大於爲孝。今萬章問孝，故以「萬章」爲此篇之題，以次於前篇矣。此篇凡十八章，趙氏分爲上下卷。據此上卷，凡有九章而已。一章言孝爲百行之本，無物以先之，雖富有天下，而不能取悦其父母也。二章言仁聖所存者大，舍小從大，達權之義，不告而娶，守正道也。三章言仁人之心。四章言孝莫大於嚴父，行莫大於蒸蒸。五章言德合於天，則天爵歸之，行歸於仁，則天下與之。六章言義於人則四海宅心，❶守正不足，則聖位莫保者也。七章言賢達之理世務，推政以濟時物，守己直行，不枉道以取容。八章言君子大居正位，以禮進退，屈伸達節，不違貞信。九章言君子時行則行，時舍則舍，故能顯君明道，不爲苟合。其餘九章，分在下卷，各有説焉。

注「萬章」至「篇也」。正義曰：萬章，孟子弟子，已説在敘段。云「《論語》顔淵問仁」者，蓋《論語》第十二篇，首顔淵問爲仁，孔子曰：「克己復禮爲仁。」因以「顔淵」目其篇，蓋其文也。《孟子》於此則而象之爾。

萬章問曰：「舜往于田，號泣于旻天，何爲其號泣也？」問舜往至于田，何爲號泣也？謂耕于歷山之時。❷ 孟子曰：「怨慕也。」言舜自怨遭父母見惡之厄而思慕也。萬章曰：「父母愛之，喜而不忘。父母惡之，勞而不怨，然則舜怨

❶「人」，原作「莫」，據阮本改。

❷「時」下，閩、監、毛、阮本有「然也」二字。

乎？」言孝法當不怨，❶如是舜何故。曰：「長息問於公明高曰：『舜往于田，則吾既得聞命矣。號泣于旻天、于父母，則吾不知也。』公明高曰：『是非爾所知也。』」長息，公明高弟子。公明高，曾子弟子。旻天，秋天也。幽陰氣也，故訴于旻天。高非息之問不得其義，故曰非爾所知。❷夫公明高以孝子之心爲不若是恝。恝，無愁之貌。孟子以萬章之問，難自距之，故爲言高、息之相對如此。夫公明高以爲孝子不得意於父母，自當怨悲，豈可恝恝然無憂哉？因以萬章具陳其意耳。❸『我竭力耕田，共爲子職而已矣。父母之不我愛，於我何哉？』我共人子之事，而父母不我愛，於我之身獨有何罪哉？自求責於己而悲感焉。帝使其子九男二女，百官牛羊倉廩備，以事舜於畎畝之中。帝，堯也。堯使九子事舜以爲師，以二女妻舜，百官致牛羊倉廩，致粟米之餼，備具餼禮，以奉事舜於畎畝之中。由是遂賜舜以倉廩牛羊，使得自有之。《堯典》曰「釐降二女」，不見九男。孟子時，《尚書》凡百二十篇，逸《書》有《舜典》之敘，亡失其文。孟子諸所言舜事，皆《堯典》及逸《書》所載。❹獨丹朱以胤嗣之子，臣下以距堯求禪，其餘八庶無事，故不見於《堯典》。猶晉獻公之子九人，五人以事見於《春秋》，其餘四子亦不復見於經。天下之士多就之者，帝將胥天下而遷之焉。爲不順於父母，如窮人無所歸。天下之善士多就舜而悅之。胥，須也。堯須天下悉治，將遷位而禪之。順，愛也。爲不愛於父母，其爲憂愁，若困窮之人無所歸往也。天下之士

❶「怨」，原脱，據阮本補。

❷「知」下，閩、監、毛、阮本有「也已」二字。

❸「以」，按阮校：「廖本、孔本、韓本、《考文》古本作『爲』。」

❹「堯典及」，按阮校：「案段玉裁《尚書撰異》曰：此『堯典』字乃『舜典』之誤，『及』字衍，傳寫之失也。此章及『不告而娶』章及『原原而來』數語及『祗載見瞽瞍』數語，皆當是《舜典》中語，蓋舜登庸以後事全見於《堯典》，而登庸前及家庭事乃在《舜典》也。此注上文云『逸《書》有《舜典》之敘，亡失其文』，則此正當作『孟子所言諸事，皆《舜典》、逸《書》所載』，謂亡失文中語也。『舜』既譌『堯』，淺人乃又妄沾『及』字。」

悦之，人之所欲也，欲，貪也。而不足以解憂。好色，人之所欲，妻帝之二女，而不足以解憂。富，人之所欲，富有天下，而不足以解憂。貴，人之所欲，貴爲天子，而不足以解憂。人悦之、好色、富、貴，無足以解憂者，惟順於父母可以解憂。言爲人所悦，將見禪爲天子，皆不足以解憂，獨見愛於父母爲可以解己之憂。人少則慕父母，知好色則慕少艾，有妻子則慕妻子，仕則慕君，不得於君則熱中。慕，思慕也。人少，年少也。艾，美好也。不得於君，失意於君也。熱中，心熱恐懼也。是乃人之情。大孝終身慕父母，五十而慕者，予於大舜見之矣。」大孝之人，終身慕父母。若老萊子七十而慕，衣五綵之衣，爲嬰兒匍匐於父母前也。我於大舜見五十而尚慕父母。《書》曰：「舜生三十徵庸，三十在位。」❶在位時尚慕，故言五十也。疏「萬章問舜往于田」至「予於大舜見之矣」。正義曰：此章言夫孝，百行之本，無物以先之，雖富有天下，而不能取悦於父母也。「萬章問曰：舜往于田，號泣于旻天，何爲其號泣也」者，萬章問孟子，謂舜往耕于田，乃號泣于旻天，是何爲而號泣於此也？旻天，秋天之號也，以其情主乎憫也，《爾雅》曰「秋曰旻天」是也。「孟子曰：怨慕也」，孟子答之曰：舜所以號泣于田者，自怨遭父母之惡而思慕之也。「萬章曰：父母愛之」至「怨乎」，萬章又曰：父母以慈愛愛息其子，子則當喜悦而不敢忘其父母之所愛；父母惡之，其子亦當勤勞奉事之而不可怨恨父母。今舜若是，則舜誠有怨恨父母乎？「曰：長息問於公明高」至「是非爾所能也」，孟子難以自爲言拒之，乃託以長息問公明高之言而答也。言長息嘗問公明高曰：舜往于田，則我既以得聞教命矣，號泣于旻天，則我不能知也，故問之。公明高乃答之曰：此非爾所能知者也。以其所問不得其義，故答之此也。「夫公明高以孝子之心爲不若是恝」至「於我何哉」者，孟子又言：夫公明高以謂孝子之心，有不得意於父母，爲不若此恝恝然而無憂也，以其有不得父母

❶「三十在位」之「三」，按阮校：「閩、監、毛三本作『五』，《考文》古本作『二』。」據阮校引段玉裁考證，作「二」者是。

意，故有是怨也。其舜必謂我竭盡其力而耕作田業，以供爲子之事，以奉養父母，而父母今反不我愛恤，誠於我有何罪哉？故自求責於己，而號泣怨慕也。「帝使其子九男二女」至「予於大舜見之矣」，孟子至此，乃繼其言而答萬章，言舜堯帝使其子九男與二女，❶兼百官及牛羊倉廩皆備具，以事舜於畎畝之中。天下之善士多就歸舜而悦之者，堯帝又將須以天下而遷位讓之，其舜尚以有不得愛於父母，其亦憂愁，若窮困苦極之人無所歸告者矣。且天下之善士悦而就之，是人之所皆欲也，而尚不足以解舜之憂。好色之女，是人之所皆欲者也，妻以堯帝之二女，而尚亦不足以解舜之憂。富是人之所皆欲者也，而堯以百官牛羊倉廩備以事之，而尚亦不足以解舜之憂。貴是人之所皆欲者也，而堯將以天下遷而讓之而爲天子，尚亦更不足以解其憂。凡以人悦之、好色、富、貴此數者，皆無足以解舜之憂，惟得於父母然後可以解其憂。夫人少小之時則知思慕父母，及長知好其女色則思慕其少艾，有妻子則思慕其妻子，至於爲仕則思慕其君，如不得遇於君，則熱中心而恐懼之也，是則人之常情如此。如爲大孝者，則終身思慕父母而不忘也。然則孟子言至於五十之歲者而思慕父母而不敢忘者，我於大舜見之矣。故歷以此答其萬章之問。注「耕于歷山」。正義曰：上卷首章已説詳矣。注「堯也」至「不復見」。正義曰：云「《堯典》曰釐降二女，不見九男。惟丹朱胤嗣之子，臣下以距堯求禪，其餘八庶無事，故不見」。二女，即娥皇、女英是也。案《尚書·堯典》：「放齊曰：『胤子朱啓明。』帝曰：『吁，嚚訟，可乎？』」孔安國云：「胤，國名。子，爵。朱，胤子之名也。」《益稷》云：「無若丹朱傲。」孔注云：「丹朱，堯之子。」是堯九子，但見丹朱一人矣。其餘八子亦未詳，以其經傳無見焉。云如晉獻公九人，以事見於《春秋》，餘四子亦不復見者。❷按魯莊公二十八年《左傳》云：晉獻公娶于賈，無子。烝於齊姜，生秦穆夫人及太子申生。又娶二女於戎，大戎生重耳，小戎子生夷吾。晉伐驪戎，驪戎男女以驪姬。歸，生奚齊。其娣生卓子。凡此九人，但見其五，即此五人是也。云獻公有九人，按《史記》世家云「獻公有子九人，而太子申生、重耳、夷吾皆有賢行」，以此則知獻公有子九人而已。其餘四者，亦以經傳無見焉。注「慕，思慕」至「人之情」。正義曰：云「少，年少也。艾，

❶「舜」，按阮校：「監、毛本無『舜』字。」
❷「不」，監、毛本作「無」。

美好也」者，蓋世之傳《孟子》者，以少女爲少艾也。按《説文》云：「艾，老也，長也。」又按《禮記》云：「五十曰艾。」是則艾誠老長之稱也，謂之少，又安可乎？ 是則云「艾，美好也」者，又不知何據爲之誤也。殆亦未可知。 注「老萊子七十而慕」至「《書》曰：舜生三十徵庸，三十在位」。

正義曰：云老萊子者，按《高士傳》云：「老萊子，楚人，少以孝行，養親極甘脆，年七十，父母猶存，萊子服荆蘭之衣，爲嬰兒戲親前，言不稱老，爲親取食上堂，足跌而偃，因爲嬰兒啼，❶誠至發中。楚室方亂，乃隱耕於蒙山之陽，著書號《萊子》，莫知所終。」又云老萊着五綵五色班襴之衣，出《列女傳》，文今不載。

萬章問曰：「《詩》云：『娶妻如之何？必告父母。』信斯言也，宜莫如舜。舜之不告而娶，何也？」《詩》，《齊風·南山》之篇。❷言娶妻之禮，必告父母。舜合信此詩之言，何爲違禮，不告而娶也？ 孟子曰：「告則不得娶。男女居室，人之大倫也。如告，則廢人之大倫，以懟父母，是以不告也。」舜父頑母嚚，常欲害舜。告則不聽其娶，是廢人之大倫，以怨懟於父母也。 萬章曰：「舜之不告而娶，則吾既得聞命矣。帝之妻舜而不告，何也？」禮，娶須五禮，父母先答以辭，是相告也。帝，謂堯。何不告舜父母。❸ 曰：「帝亦知告焉則不得妻也。」帝堯知舜大孝，父母止之，舜不敢違，則不得妻之，故亦不告也。 萬章曰：「父母使舜完廩，捐階，瞽瞍焚廩。使浚井，出，從而揜之。完，治。廩，倉。階，梯也。使舜登廩屋，而捐去其階，焚燒其廩也。一説捐階，舜即旋從階下，瞽瞍不知其已下，故焚廩也。使舜浚井，舜入而即出，瞽瞍不知其已出，從而蓋揜其井，以爲舜死矣。 象曰：『謨蓋都君，咸我績。象，舜異母弟也。謨，謀。蓋，覆也。都，於也。君，舜也。舜有牛羊倉廩之奉，故謂之君。咸，皆。

❶「因」，原作「困」，據阮本改。

❷「齊風」，按阮校：「宋本、孔本、足利本『風』上有『國』字，韓本、《考文》古本『風』作『國』。」

❸「何」上，按阮校，當有「堯」字。

績，功也。象言謀覆於君而殺之者，皆我之功。欲與父母分舜之有，取其善者，故引爲己之功也。牛羊，父母；倉廩，父母。欲以牛羊、倉廩與其父母。干戈，朕；琴，朕；弤，朕；二嫂，使治朕棲。』干，楯。戈，戟也。琴，舜所彈五絃琴也。弤，彫弓也。天子曰彫弓，堯禪舜天下，故賜之彫弓也。棲，牀也。二嫂，娥皇、女英。使治牀，欲以爲妻也。象往入舜宫，舜在牀琴，象曰：『鬱陶思君爾。』忸怩。象見舜生，在牀鼓琴，愕然，反辭曰：我鬱陶思君，故來。爾，辭也。忸怩而慙，是其情也。舜曰：『唯兹臣庶，汝其于予治。』兹，此也。象素憎舜，不至其宫也，故舜見來而喜曰：惟念此臣衆，汝故助我治事。不識舜不知象之將殺己與？」萬章言我不知舜不知象之將殺己與？何爲好言順辭以答象也。曰：「奚而不知也？象憂亦憂，象喜亦喜。」奚，何也。孟子曰：舜何爲不知象惡己也？仁人愛其弟，憂喜隨之。象方言思君，故以順辭答之。曰：「然則舜僞喜者與？」詐僞也。萬章言如是則爲舜行至誠，而詐喜以悦人矣。曰：「否。昔者有饋生魚於鄭子産，子産使校人畜之池。校人烹之，反命曰：『始舍之，圉圉焉；少則洋洋焉，攸然而逝。』子産曰：『得其所哉，得其所哉！』孟子言否，云舜不詐喜也。因爲説子産以喻之。子産，鄭子國之子公孫僑，大賢人也。校人，主池沼小吏也。圉圉，魚在水羸劣之貌。洋洋，舒緩摇尾之貌。攸然，迅走水趣深處也。❶故曰得其所哉。重言之者，嘉得魚之志也。校人出，曰：『孰謂子産智？予既烹而食之，曰：得其所哉，得其所哉。』故君子可欺以其方，難罔以非其道。彼以愛兄之道來，故誠信而喜之，奚僞焉？」方，類也。君子可以事類欺，故子産不知校人之食其魚。象以其愛兄之道來向舜，❷是亦其類也。故誠信

❶「水趣」，按阮校：「閩、監、毛三本『水趣』倒。」

❷「道」，按阮校：「岳本、孔本、韓本、足利本作『言』。」「向」，阮本作「問」，但阮校出文作「向」，云「閩、監、毛三本『向』誤『問』」。

之而喜，何爲僞喜也。疏「萬章問曰」至「奚僞焉」。正義曰：此章言仁聖所存者大，舍小從大，達權之義，不告而娶，守正道也。「萬章問曰」至「何也」者，萬章問孟子，言《齊風·南山》之詩有云「娶妻如之何，必告父母」，如信此詩之言，宜莫如舜信之，今舜乃不告父母而娶，是如之何也？「孟子曰」至「是以不告也」，孟子答之曰：舜如告父母，則不得娶之也，男女居室，是人之大倫者也，如告之，則舜必不得娶也，不得娶，是廢人之大倫，以致怨懟於父母也。是以舜爲此所以不告父母而娶也。「萬章曰」至「何也」者，萬章又問孟子，言舜之不告而娶，則我既已得聞教命矣，然堯帝而以二女妻於舜，而不告舜父母，是如之何也？故以此問之。妻者，以女嫁人謂之妻也。「曰：帝亦知告焉則不得妻也」，孟子又答之曰：帝堯亦知告舜父母，則舜父母止之，則不得以妻之也。「萬章曰」至「不知象之將殺己與」，萬章又問孟子，言舜之父母使舜完治倉廩，舜既登倉廩，即捐梯而下，瞽瞍不知已下，乃焚廩，欲因此以燒殺其舜。又使舜深浚其井，舜既浚井，即反出之，瞽瞍不知已出，又欲從而掩之，以溺殺其舜。其舜有弟名象，乃曰：謀揜蓋而殺都君者，皆我之功也。都君，即象稱舜也。然謂之都君者，蓋以舜在側微之時，漁雷澤，一年所居成聚，二年成邑，三年成都，故以此遂因爲之都君矣。注曰「都，於也」，其説亦通。又曰：牛羊與父母，倉廩與父母，干戈留我，琴亦留我，弤亦留我，二嫂使治我之床以爲我妻。欲與父母分此，故先設言爲謨蓋都君者，咸我績耳。於是象遂往入舜之宫，遇舜又在床而鼓五絃之琴，愕然反其辭曰：我氣閉積思憶君，故來此。遂忸怩其顔，而乃慙恥形於面容也，以其恐舜知己謀其二嫂故也。「舜曰：惟兹臣庶，汝其于予治」，是舜見象素不來至其宫，遂見至宫，乃曰：念此臣之衆，汝其來助我治耳。如此，故萬章乃問孟子，言舜帝不知其弟象之將欲殺其己與？故以此好言而答其象也。「曰：奚而不知也，象憂亦憂，象喜亦喜」，孟子又言：舜何爲而不知象謀殺己也？以其仁人愛其弟，故象憂亦憂，象喜亦喜，故以好言答之也。曰：然則舜僞爲喜以悦人者與？「曰否」至「奚僞焉」，孟子又答之曰：舜非僞喜以悦人者矣，又引以子産有饋生魚事而證之。言往者有人饋賜生魚於鄭之子産，子産受之，乃使主池沼之吏曰校人者畜養於池。校人烹煮而食之，遂反歸命告於子産曰：我始初放之於池，則魚尚羸乏圉圉然於水而未遊，少頃則洋洋然舒緩摇尾，而走趣於深處。子産信之以爲然，乃曰：此魚是得其所養哉。故重言之，乃歎魚之得志於水甚快然也。其校人乃出而與人曰：誰謂子産爲智者，有知於人？予既烹煮而食其魚，子産乃曰得其所哉，得其所哉。如此，孟子故於此言：故君子者可欺僞以其方類，難誣罔全以非其道也。彼象謂以鬱陶思君，是以愛兄之道來至於宫，是以但欺以其方類也，故舜遂必以誠深信之而喜其來，故以好辭答之矣，何爲以舜爲僞喜者焉？言舜不僞也，亦若校人欺子産之謂，故子産亦必曰得其所哉，得其所哉耳。所謂方類者，以其在疑似之間故也。　注「完治」至「爲死矣」。　正義曰：云捐去其階焚舜之説，不若旋階之説通也。按《史記》云：「瞽瞍欲殺舜，使舜上塗廩，瞽瞍從下縱火焚廩，舜乃以兩笠自扞而下去，得不死。後瞽瞍又使舜穿井，爲匿空傍出。舜既入深，瞽瞍與象共下土實井，舜從匿空傍出去。瞽瞍與象喜，以爲舜死矣。象曰：『本謀者，象之謀也。』象於是與父母分，於是曰：『舜妻堯二女與琴，象取之，牛羊倉廩事父母。』象乃止舜宫，居，鼓其琴。舜往見之，象愕不懌，曰：『我思舜，正鬱陶。』舜曰：『然，爾其庶。』舜復事瞽瞍，愛弟彌謹。」凡此亦其事也。以《史記》觀之，則捐階之説，是此之文也。大抵學者不可執此以爲深然也，當以意喻，默然有自判之論可矣。　注「干，楯；戈，戟也」至「妻也」。正義曰：云「干，楯也」者，按孔安國云「干，楯也」。《周禮》掌五兵五楯，鄭玄：「五楯，干櫓之屬。」❶云「戈，戟也」者，《禮圖》云：「戈，今之勾戟，或謂之雞鳴，或謂之擁頸。内謂胡以内接柲者也，❷長四寸。胡六寸。疏云：胡子横插，微邪向上，不勾。❸不勾，似磬之折殺也。」又云：「戟，今之三鋒戟也，内長四寸半，胡長六寸。」以其與戈相類，故云「戈，戟也」。論其則別矣。❹云「彤弓，天子之弓」者，彤弓，漆赤弓也，《尚書》云：「彤弓，一彤矢百。」孔安國云：「諸侯有大功，賜弓矢，然後專征伐，彤弓所以講德習射，藏示子孫。」《周禮·司弓》云：「天子之弓合九而成規，諸侯之弓合七而成規，大夫合五而成規，士合三而成規。」是其等也。云「五絃琴」者，《史記》云「舜彈五絃之琴」是矣。云「棲床」者，蓋取類於禽棲故也。以其床則主木而言，棲則主棲而言。二女即娥皇、女英是也。　注「鄭子

❶「干」，原作「十」，據阮本及《周禮注疏》改。
❷「柲」，原作「秘」，據宋淳熙二年刻本《三禮圖集注》改。
❸「勾」，《三禮圖集注》作「倨」。
❹「其」下，按阮校：「監、毛二本『其』下增『制』字。」

國之子公孫僑」者。正義曰：按《左傳》云：子產，穆公之孫，公子發之子，名僑，公子之子曰公孫。襄三十年執鄭國之政，爲鄭大夫。公子發，字子國。公孫之子，以王父字爲氏，據後而言，故稱爲國僑。

萬章問曰：「象日以殺舜爲事。立爲天子則放之，何也？」怪舜放之何故。孟子曰：「封之也，或曰放焉。」舜封象於有庳，或有人以爲放之。萬章曰：「舜流共工于幽州，放驩兜于崇山，殺三苗于三危，殛鯀于羽山，四罪而天下咸服，誅不仁也。象至不仁，封之有庳，有庳之人奚罪焉？仁人固如是乎？在他人則誅之，在弟則封之。」舜誅四佞，以其惡也。象惡亦甚，而封之，仁人用心當如是乎？罪在他人當誅之，在弟則封之。曰：「仁人之於弟也，不藏怒焉，不宿怨焉，親愛之而已矣。親之欲其貴也，愛之欲其富也。封之有庳，富貴之也。身爲天子，弟爲匹夫，可謂親愛之乎？」孟子言仁人於弟，不問善惡，親愛之而已。封者欲使富貴耳。身既已爲天子，❶弟雖不仁，豈可爲匹夫？❷「敢問或曰放者，何謂也？」萬章問放之意。曰：「象不得有爲於其國，天子使吏治其國而納其貢稅焉，故謂之放，豈得暴彼民哉？象不得施教於其國，天子使吏代其治，而納貢賦與之，比諸見放也。有庳雖不得賢君，象亦不侵其民也。雖然，欲常常而見之，故源源而來，不及貢，以政接于有庳。雖不使象得豫政事，舜以兄弟之恩，欲常常見之無已，故源源而來，如流水之與源通。不及貢者，不待朝貢諸侯常禮乃來也。其間歲歲自至京師，謂若天子以政事接見有庳之君者，實親親之恩也。此之謂也。」此「常常」以下，皆《尚書》逸篇之辭。孟子以告萬

❶「既已」，按阮校：「宋本、孔本、韓本、《考文》古本無『既已』二字，足利本無『已』字。」

❷「豈可爲匹夫」，按阮校：「廖本、孔本、韓本、《考文》古本作『豈可使爲匹夫也』，足利本無『也』字。」

章，言此乃象之謂也。疏「萬章問曰」至「此之謂也」。正義曰：此章言仁人之心如是也。「萬章問曰：象日以殺舜爲事，立爲天子，則放之，何也」者，萬章問孟子，以謂象日日以謀殺舜爲事，然舜既立爲天子，則放象而不誅，如之何？「孟子曰：封之也，或曰放焉」，孟子答之曰：是封象也，或人言放焉。「萬章曰」至「在弟則封之」，萬章又問：舜流共工於幽州，放驩兜於崇山，殺三苗于三危，殛鯀于羽山，誅罪此四者，而天下於是咸服，此乃是誅戮其不仁者也。然象傲極不仁，乃反封之於有庳之國，則有庳之國中人何罪也，仁人固肯如此乎？在他人之惡則誅戮焉，在弟則封之國，故曰仁人固如是乎？萬章之意，以謂仁人必不肯如此也。孔安國注《尚書》云：「共工象恭滔天，足以惑世，故流放之。幽州，北裔。水中可居者曰洲。驩兜黨於共工，罪惡同。崇山，南裔也。三苗，國名。縉雲氏之後，爲諸侯，號饕餮。三危，西裔。鯀方命圮族，績用不成。羽山，東裔。在海中。」按《史記》云：「共工，少皞氏不才子，天下謂之窮奇者也。驩兜，帝鴻氏不才子，天下謂之渾沌者也。鯀，顓頊氏不才子，天下謂之饕餮者也。」「曰：仁人之於弟也」至「可謂親愛之乎」，孟子又答之曰：仁者之人於其弟也，不藏怒心，不隔宿怨，但親愛之而已，所以親之者，以欲其貴也。愛之者，以欲其富也。今舜封象於有庳者，是所以富貴之也，如舜身自爲天子，而使弟只爲之匹夫，可謂爲親愛其弟者乎？有庳，國之名號也。「敢問或曰放者，何謂也」，萬章又問孟子：或人言放之者，是何所謂也。「曰：象不得有爲於其國」至「此之謂也」，孟子又答之曰：象之於庫，不得施政教於其國中，天子使吏代之以治其國，而納天子之貢賦焉，故謂之爲放也。象豈得暴彼有庫之國民哉？以其使吏代之故也。雖然，不使象得施政教，而舜以兄弟親親之恩，欲常常見之，故源源如水之流與源而通，不以朝貢之諸侯常禮乃來也。其自至而見天子，如天子以政事接見於有庫之君也。故孟子云是此之謂也。注云「自常常已下，皆《尚書》逸篇之辭」。正義曰：按《隋·經籍志》，「《尚書》逸篇出於齊、梁之間，考其篇目，似孔氏壁中書之殘缺者，故附《尚書》之末」，唐有三卷，徐邈爲之注焉。蓋其文也。

咸丘蒙問曰：「語云：盛德之士，君不得而臣，父不得而子。舜南面而立，堯帥諸侯北面而朝之，瞽瞍亦北面而朝之。舜見瞽瞍，其容有蹙。孔子曰：『於斯時也，天下殆哉，岌岌乎。』不識此語誠然乎哉？」咸丘蒙，孟子弟子。語者，諺語也。言盛德之士，君不敢臣，父不敢子。堯與瞽瞍皆臣事舜，其容有蹙踖不自安也。孔子以爲君父爲臣，子岌岌乎不安貌也，故曰殆哉。不知此語實然乎？孟子曰：「否，言不然也。此非君子之言，齊東野人之語也。東野，東作田野之人所言耳。咸丘蒙，齊人也，故聞齊野人之言。《書》曰「平秩東作」，謂治農事也。堯老而舜攝也。《堯典》曰：『二十有八載，放勛乃徂落，百姓如喪考妣。三年，四海遏密八音。』孟子言舜攝行事耳，未爲天子也。放勛，堯名。徂落，❶死也。如喪考妣，思之如父母也。遏，止也。密，無聲也。八音不作，哀思甚也。孔子曰：『天無二日，民無二王。』舜既爲天子矣，又帥天下諸侯以爲堯三年喪，是二天子矣。」曰一，王一，言不得並也。咸丘蒙曰：「舜之不臣堯，則吾既得聞命矣。不以堯爲臣也。《詩》云：『普天之下，莫非王土。率土之濱，莫非王臣。』而舜既爲天子矣，敢問瞽瞍之非臣如何？」《詩》，《小雅·北山》之篇。普，徧。率，循也。徧天下循土之濱，無有非王者之臣，而曰瞽瞍非臣如何也？曰：「是詩也，非是之謂也。勞於王事，而不得養父母也。曰：『此莫非王事，我獨賢勞也。』孟子言此詩非舜臣父之謂也。詩言皆王臣也，何爲獨使我以賢才而勞苦，不得養父母乎？是以怨也。故説詩者不以文害辭，不以辭害志。以意逆志，是爲得之。如以辭而已矣，《雲漢》之詩曰：『周餘黎民，靡有孑遺。』信斯言也，是周無遺民也。文，詩之文章所引以興事也。辭，詩人所歌詠之辭。志，詩人志所欲之事。意，學者之心意也。孟子言説詩者當本之，不可以文害其辭，文不顯乃反顯也。不可以辭害其志，辭曰「周餘黎民，靡有孑遺」，志在憂旱，災民無孑然遺脱不遭旱災者，非無民也。人情不遠，以己之意逆詩人之志，是爲得

❶「徂」，原作「祖」，據阮本改。

其實矣。王者有所不臣，不可謂皆爲王臣，謂舜臣其父也。

孝子之至，莫大乎尊親。尊親之至，莫大乎以天下養。爲天子父，尊之至也。以天下養，養之至也。

尊之至，瞽瞍爲天子之父。養之至，舜以天下之富奉養其親。至，極也。

《詩》曰：『永言孝思，孝思維則。』此之謂也。

《詩》，《大雅·下武》之篇。周武王所以長言孝道，欲以爲天下法則。此舜之謂也。

《書》曰：『祇載見瞽瞍，夔夔齊栗，瞽瞍亦允若。』是爲父不得而子也。」

《書》，《尚書》逸篇。祇，敬。載，事也。夔夔齊栗，敬慎戰懼貌。舜既爲天子，敬事嚴父，戰栗以見瞽瞍。瞍亦信知舜之大孝，若是爲父不得而子也，以此解咸丘蒙之疑。

疏「咸丘蒙」至「不得而子也」。正義曰：此章言孝莫大於嚴父而尊之矣，行莫過於蒸蒸而執子之政者也。「咸丘蒙問曰」至「誠然乎哉」者，咸丘蒙問孟子曰：諺語有云，盛德之士，君不得而臣之，父不得而子之。今舜嚮南面而立爲天子，堯帝乃率天下諸侯北面而朝之，而舜見瞽瞍，其容蹙踖然而不敢自安。孔子亦云：於此時也，而天下危殆岌岌乎如也。岌岌，不安之貌也。然未知此諺語實如是乎？「孟子曰：否，此非君子之言，齊東野人之語也」者，孟子答以否，不然也，此語非君子之言也，即齊東作田野人之語也。「堯老而舜攝之」至「是二天子矣」，孟子又言：堯帝既老，而舜於是攝權堯行事耳，未爲天子也。《堯典》之篇有云：言舜攝堯行事，至二十有八年，放勛乃徂落而死。放勛，堯之號也。魂氣往爲徂，體魄殞爲落，大抵則死也。堯既死，天下百姓如喪其父母，三年，四海之內絕盡八音，以其哀思之甚也。《禮記》曰：「生曰父曰母，死曰考曰妣。」鄭注云：「考，成也，言其德行之成也。妣之言媲也，媲於考故也。」八音：金、石、絲、竹、匏、土、革、木是也。孔子云天無兩日、民無兩王，如舜既爲天子矣，又率諸侯以爲堯三年之喪，是則爲二天子矣，言日與王不可得而並也。以其舜方攝堯行事，未爲天子故也。「咸丘蒙曰」至「非臣如何」者，咸丘蒙又言舜之不得臣堯，則我既得聞教命矣，然而《詩·小雅·北山》之篇有云：徧天之下，莫非爲王之土地；循土之濱，莫非爲王之臣。而舜既得爲天子矣，敢問舜父瞽瞍之非臣，是如之何？「曰：是詩也，非是之謂也」至「是周無遺民也」者，孟子又答之曰：此《北山》之詩，云非是舜臣父之謂也，其詩蓋言勤勞於王事而不得奉養其父母者也，故云「普天之下，莫非王土。率土之濱，莫非王臣」。言皆是王臣也，以其無非爲王事者也，何爲獨使我以賢才而勞苦，不得奉養其父母也？故以是而怨之也。故説詩者不以文而害逆其辭，又不可以其辭而害逆其詩人之志，以己之心意而逆求知詩人之志，是爲得詩人之辭旨。人如説詩者，但以歌詠之辭爲然，而不以己之意而求詩人志之所在，而爲得詩人之旨而已矣，則《雲漢》之篇有云「周餘黎民，靡有孑遺」，信此言也，是周無遺民矣。殊不知此《雲漢》之詩，其詩人之志蓋在憂旱災，以其多有死亡者矣，今其餘民無有單孑得遺脱不遭旱災者，非謂無民也。孑，單也。孟子引此，所以證此《北山》之詩云「普天之下，莫非王土。率土之濱，莫非王臣」，亦非謂舜臣父之意也。「孝子之至，莫大乎尊親」至「是爲父不得而子也」者，孟子又言：孝子之至，不可以有加者，莫大乎尊親爲之至也；尊親之至，莫大乎以天下奉養其親，是爲尊親之至也。今瞽瞍爲天子之父，是舜尊親之至者也；舜以天下奉養之，是養之至者也。《詩·大雅·下武》之篇云武王長言孝心之所思，所思者，維則法太王、王季、文王三后之所行耳。此亦舜之謂也。《書》於《大禹謨》篇亦云舜敬以事，見于父，夔夔然悚懼齋莊戰栗，瞽瞍亦信順之。見舜以瞍爲父，而不得子之也。孔安國注云：「祇，敬。載，事也。允，信。若，順也。」注「咸丘蒙」。正義曰：云爲孟子弟子，齊人也者，他經傳未詳。今按《春秋》桓公七年有「焚咸丘」，杜預云：「咸丘，魯地。」以此推之，則此所謂咸丘蒙者，豈咸丘之人，有以蒙爲名者邪？是未可知也。注乃云「齊人也」者，蓋魯國孟子時爲齊之所侵，故咸丘之地乃爲齊之地故也。有所問於孟子，即爲弟子矣。注「《書》：平秩東作」。正義曰：孔安國傳云：「平均次序東作之事，以務農也。」注「《詩》，《小雅·北山》之篇」。正義曰：此篇蓋刺幽王役使不均，已勞於從事而不得養其父母也。注「《大雅·下武》之篇」。正義曰：此詩蓋詠武王有聖德，復受天命，能昭先人之功也。注「逸篇」。正義曰：據今《大禹謨》有云此，非特止於逸篇文也已矣。

孟子注疏解經卷第九上

孟子注疏解經卷第九下

趙氏注　孫奭疏

萬章章句上

萬章曰：「堯以天下與舜，有諸？」欲知堯實以天下與舜否？　孟子曰：「否。堯不與之。天子不能以天下與人。」當與天意合之，非天命者，天子不能違天命也。「堯曰：咨爾舜，天之曆數在爾躬」是也。「然則舜有天下也，孰與之？」萬章言誰與之也。曰：「天與之。」孟子言天與之。「天與之者，諄諄然命之乎？」萬章言天有聲音命與之乎？曰：「否。天不言，以行與事示之而已矣。」孟子曰：天不言語，但以其人之所行善惡，又以其事從而示天下也。曰：「以行與事示之者，如之何？」萬章欲知示之之意。曰：「天子能薦人於天，不能使天與之天下。諸侯能薦人於天子，不能使天子與之諸侯。大夫能薦人於諸侯，不能使諸侯與之大夫。昔者堯薦舜於天而天受之，暴之於民而民受之。故曰：天不言，以行與事示之而已矣。」孟子言：下能薦人於上，不能令上必用之。舜，天人所受，故得天下也。曰：「敢問薦之於天而天受之，暴之於民而民受之，如何？」萬章言天人受之，其事云何。曰：「使之主祭，而百神享之，是天受之。使之主事而事治，百姓安之，是民受之也。天與之，人與之，故曰天子不能以天下與人。百神享之，祭祀得福也。百姓安之，民皆謳歌其德也。舜相堯二十有八載，非人之所能爲也，天也。二十八年之久，非人爲也，天與之也。堯崩，三年之喪畢，舜避堯之子於南河之南。天下諸侯朝覲者，不之堯之子而之舜；訟獄者，不之堯之子而之舜；謳歌者，不謳歌堯之子而謳歌舜。故曰天也。夫然後之中國，踐天子位焉。而居堯之宮，逼堯之子，是篡也，非天與也。南河之南，遠地南夷也，故言然後之中國。堯子，胤子丹朱。訟獄，獄不決其罪，故訟之。謳歌舜德也。❶《泰誓》曰：『天視自我民視，天聽自我民聽。』此之謂也。」《泰誓》，《尚書》篇名。自，從也。言天之視聽，從人所欲也。

疏「萬章曰」至「此之謂也」。

正義曰：此章言德合於天，則天爵歸之；行歸於仁，則天下與之者也。❷「萬章曰：堯以天下與舜，有諸」，萬章問孟子，堯帝以天下與舜，有之乎？「孟子曰否」，孟子答之，堯不與之也。「天子不能以天下與人」，孟子言：天子不能以天下與其人也。「然則舜有天下也，孰與之」，萬章又問孟子，言如此則舜有天下也，誰與之？「曰：天與之」，孟子答以爲天與之也。「天與之者，諄諄然命之乎」，萬章又問天與之舜者，天有聲音，諄諄然命與之乎？「曰：天不言，以行與事示之而已矣」，孟子又答之，言天不以言語諄諄然命之也，但以人之所行善惡與其事，從而示之而止矣。「曰：以行與事示之者，如之何」，萬章又問，以行與事示之者，是如之何也？「曰：天子能薦人」至「示之而已矣」，孟子答之，言天子者雖能舉薦人於上天也，又不能使上天以與之天下也。諸侯者能舉薦人於天子，而不能使天子必與爲之諸侯。大夫者能薦人於諸侯，而不能使諸侯必與爲之大夫。往者堯舉薦舜於上天，而天受之。暴之於民，而民受之。我故曰天不言，以行與事示之矣。「曰：敢問薦之於天而天受之，暴之於民而民受之，如何」，萬章又問薦之於天而天受之，與暴之於民而民受之，是如之何也？「曰：使之主祭，而百神享之，是天受之也。使之主事而事治，百姓安之，是民受之也。天與之，人與之，故曰天不能以天下與人也」，《書》云「納于大麓」，是堯薦舜於天也。「烈風雷雨弗迷」，是天受之也。所謂百神享之，亦可知也。「慎徽五典，納于百揆」，是暴之於民也。「五典克從，百揆時敘」，是民受之也。所謂百姓安之，亦可知也，曰「黎民於變時雍」是也。然於天則云薦，於民則

❶「謳歌」，阮本重文。
❷「者」，監、毛本無此字。

云暴者，蓋天遠而在上，是爲尊者也，聖人於天，舉其所知，而取舍不在我，故云「薦之」也。民近而在下，是爲卑者也，聖人之於民，顯其功業，而使之自附，故云「暴之」也。所謂受之者，即是與之也。「舜相堯」至「此之謂也」，孟子又言：舜攝行堯事輔相之，得二十八年之久，非人所能爲之也，乃天與之也。堯帝既崩死，舜率天下諸侯爲堯三年喪，三年喪既畢，舜乃逃避堯之子丹朱而隱於南河之南，天下諸侯朝覲而來者，不往朝覲於堯之子丹朱，而往朝覲於舜；訟獄有未決斷者，不往求治於堯之子丹朱，而往求治於舜；謳歌吟詠者，不吟詠堯之子丹朱，而吟詠舜，故曰「天與之」也。如此，然後往歸中國，履天子之位焉。如使舜不避堯之子，而居堯帝之宮，逼逐堯之子，是則爲篡奪者也，非謂爲天與之也。《泰誓》篇亦云天之所視從我民之所視，天之所聽亦從我民之所聽，是此天與之、人與之之謂也。　注「咨爾舜，天之曆數在爾躬」。　正義曰：案《論語·堯曰》篇有此文。《書》亦有此。何晏曰：「曆數，列次也。」孔安國云：「曆數，天道。謂天曆運之數，帝王易姓而興，故言曆數謂天道。」　注「河南，南夷也」。

正義曰：案裴駰云：劉熙曰：「南河之南，九河之最南者。」是也。是知爲南夷也。所謂中國，劉熙云：「帝王，所都爲中，故曰中國。」　注「《泰誓》，《尚書》篇」。　正義曰：孔安國傳云：「《泰誓》者，大會以誓衆也。」又云「天因民以視聽，民所惡者，天誅之」而已。

萬章問曰：「人有言『至於禹而德衰，不傳於賢而傳於子』，有諸？」問禹之德衰，不傳於賢而自傳於子，有之否乎？　孟子曰：「否，不然也。否，不也。不如人所言。　天與賢，則與賢；天與子，則與子。言隨天也。　昔者舜薦禹於天，十有七年，舜崩。三年之喪畢，禹避舜之子於陽城，天下之民從之，若堯崩之後不從堯之子而從舜也。禹薦益於天，七年，禹崩。三年之喪畢，益避禹之子於箕山之陰，朝覲訟獄者不之益而之啓，曰：『吾君之子也。』謳歌者不謳歌益而謳歌啓，曰：『吾君之子也。』丹朱之不肖，舜之子亦不肖。舜之相堯，禹之相舜也，歷年多，施澤於民久。啓賢，能敬承繼禹之道。益之相禹也，歷年少，施澤於民未久。舜薦禹、禹薦益同也，以啓之賢，故天下歸之，益又未久故也。陽城，箕山之陰，皆嵩山下深谷之中以藏處也。舜、禹、益相去久遠，其子之賢不肖，皆天也，非人之所能爲也。莫之爲而爲者，天也。莫之致而至者，命也。莫，無也。人無所欲爲而橫爲之者，天使爲也。人無欲致此事而此事自至者，是其命而已矣，故曰命也。❶匹夫而有天下者，德必若舜、禹，而又有天子薦之者，故仲尼不有天下。繼世以有天下，❷仲尼無天子之薦，故不得以有天下。繼世之君，雖無仲尼之德，襲父之位，非匹夫，故得有天下也。天之所廢，必若桀、紂者也，故益、伊尹、周公不有天下。益值啓之賢，伊尹值太甲能改過，周公值成王有德，不遭桀、紂，故以匹夫而不有天下。伊尹相湯以王於天下，湯崩，太丁未立，外丙二年，仲壬四年。太甲顛覆湯之典刑，伊尹放之於桐。三年，太甲悔過，自怨自艾，於桐處仁遷義，三年以聽伊尹之訓己也，復歸于亳。太丁，湯之太子，未立而薨。外丙立二年，仲壬立四年，皆太丁之弟也。太甲，太丁子也，伊尹以其顛覆典刑，放之於桐邑。處，居也。遷，徙也。居仁徙義，自怨其惡行。艾，治也。治而改過，以聽伊尹之教訓己，故復得歸之於亳，反天子位也。周公之不有天下，猶益之於夏，伊尹之於殷也。孔子曰：『唐、虞禪，夏后、殷、周繼，其義一也。』」周公與益、伊尹雖有聖賢之德，不遭者時。然孔子言禪、繼，其義一也。

疏「萬章問曰」至「其義一也」。正義曰：此章言義於仁，❸則四海宅心，守正不足，則賢位莫繼者也。萬章問孟子曰：世人有言，至於禹之代而德衰微，不傳於賢而傳於子，有諸此乎否？孟子答之曰：否，不然也。天與之賢者，則與賢者；天與之子，

❶「是其」至「命也」，按阮校：「廖本、孔本、韓本、《考文》古本作『是其命祿也』。」

❷「以」，阮本作「而」。

❸「義」，按阮校：「按章指作『篤志於仁』，此文『義』字亦當是『篤』之誤。」

則與子。以其隨天如何耳。往者舜薦禹於天，及得十有七年，舜於是崩死。禹以三年服喪畢，遂避舜之子商均，隱於陽城，天下之民從禹，若堯之死後民之舜而不之丹朱也。禹其後又薦益於天，及得七年，禹即崩死，益以三年服喪畢，益遂避禹之子啓，隱於箕山之陰，朝覲、訟獄、謳歌者皆不歸益而歸禹之子啓，咸曰：我君之子也。無它，以其堯子丹朱不肖，舜子商均亦不肖，而舜之輔相堯、禹之輔相舜而歷年多矣，施恩澤於民已久，天下之民所以歸舜與禹，不歸丹朱、商均也。啓以賢，能敬承續禹之治，而益又輔相禹但七年，其歷年尚少，不如舜相堯二十有八年、禹相舜十有七年之多，而施恩澤於民亦未至久，所以天下之民不歸益而歸啓也，又況啓有賢德，與丹朱、商均之不同耶。舜、禹、益相去年代已久遠，其子之或賢或不肖，天使然也，非人所能爲之也。人莫之爲然而爲然者，故曰天使然也，人莫能致之此事而其事自至者，是其命有是也。言天與命者，究其義則一也，以其無爲而無不爲，故曰天也。天之使我有是之謂命，故曰命也。天下善否，天實使之然也，禄位器服，乃其所命故也。今丹朱、商均與啓三者之或賢或否，是其天也。天下之民或歸之或不歸之，是其命也。與《書》所謂「天難諶，命靡常」，孔子云「死生有命，富貴在天」，凡此亦天與命之意也。匹夫之賤而有天下者，其義必如舜、禹，而又得天子薦之者，故得有天下也。故孔子不有天下，雖言有德，然而無天子以薦之者，是以不有天下也。繼世之君，雖無仲尼之德，然而襲父之位，又非匹夫，故得有天下也。夫天之所以廢滅者，必若桀與紂之暴虐，然後天乃廢滅之矣。故益、伊尹、周公三者，不有天下，以其時值啓、太甲、成王三君皆賢，天不廢此三君，故益、伊尹、周公所以不有天下也。伊尹相湯王天下也，及湯崩死，太子太丁未立而喪，於是太丁弟外丙立，外丙即位二年崩，外丙弟仲壬立，仲壬即位四年崩，太丁子太甲立。太甲即位，遂顛覆湯之典刑，伊尹乃放之於桐宮，及三年，太甲乃自悔過，而怨其已惡，遂治身於桐宮，於是居仁徙義，以聽伊尹之教訓，復歸于亳都，反天子之位焉。周公之不有天下，若益之於夏禹、伊尹之於殷湯故也。孔子曰：唐、虞二帝，禪讓其位，夏禹、殷湯、周武繼父之位，其義則一，更無二也。謂其義則一而無二者，蓋唐、虞與賢，夏后、殷、周與子，天與賢則與賢，天與子則與子，其爲順天則一而已，故曰其義則一也。云禪者，蓋唐、虞禪祭而告傳位，故曰禪也。

注「陽城，箕山之陰，皆嵩山下深谷中」。　正義曰：

案《史記》裴駰注云：劉熙曰：「陽城是今之潁川也。箕山，嵩高之北是也。」　注「太丁，湯之子」至「位也」。正義曰：案《史記》，文已具在《公孫丑》篇内，此更不録。然《史記》乃云外丙即位三年，今孟子云外丙二年，蓋《史記》不稽《孟子》之過也。　注「丹朱、商均」。　正義曰：堯、舜之子。皇甫謐云：娥皇無子；商均，女英生也。

萬章問曰：「人有言『伊尹以割烹要湯』，有諸？」人言伊尹負鼎俎而干湯，有之否？　孟子曰：「否，不然。否，不是也。伊尹耕於有莘之野，而樂堯舜之道焉。非其義也，非其道也，禄之以天下弗顧也，繫馬千駟弗視也。非其義也，非其道也，一介不以與人，一介不以取諸人。有莘，國名。伊尹初隱之時，耕於有莘之國，樂仁義之道。非仁義之道者，雖以天下之禄加之，不一顧而覤也。千駟，四千匹也，雖多，不一眄視也。一介草不以與人，亦不以取於人也。湯使人以幣聘之，囂囂然曰：『我何以湯之聘幣爲哉？我豈若處畎畝之中，由是以樂堯舜之道哉？』湯聞其賢，以玄纁之幣帛往聘之，囂囂然自得之志，無欲之貌也。曰：豈若居畎畝之中而無憂哉，樂我堯舜仁義之道。湯三使往聘之，既而幡然改曰：『與我處畎畝之中，由是以樂堯舜之道，吾豈若使是君爲堯舜之君哉！吾豈若使是民爲堯舜之民哉！吾豈若於吾身親見之哉！幡，反也。三聘既至，而後幡然改本之計，欲就湯聘，以行其道，使君爲堯舜之君，使民爲堯舜之民。天之生此民也，使先知覺後知，使先覺覺後覺也。予，天民之先覺者也，予將以斯道覺斯民也，非予覺之而誰也？』覺，悟也。天欲使先知之人悟後知之人，我先悟覺者也，我欲以此仁義之道覺悟此未知之民，非我悟之，將誰教乎？思天下之民，匹夫匹婦有不被堯舜之澤者，若己推而内之溝中，其自任以天下之重如此，故就湯而説之以伐夏救民。伊尹思念不以仁義之道化民者，如己推排内之溝壑中也。❶自任之重如此，故就湯説之，伐夏桀，救民之厄也。吾未聞枉己而正人者也，況辱己以正天下者乎？枉己者尚不能以正人，況於辱己之身而有正天下者也。聖人之行不同也，或遠或近，或去或不去，歸潔其身而已矣。不同，謂所由不同，大要當同歸，但殊塗耳。或遠者，處身遠也；或近者，仕者近君也；或去者，不屑就也；或不去者，爾焉能浼我也，❷歸潔於身不污己而已。❸吾聞其以堯舜之道要湯，未聞以割烹也。我聞伊尹以仁義干湯，致湯爲王，不聞以割烹牛羊爲道。《伊訓》曰：『天誅造攻，自牧宫。朕載自亳。』《伊訓》，《尚書》逸篇名。牧宫，桀宫。朕，我也，謂湯也。載，始也。亳，殷都也。言意欲誅伐桀，造作可攻討之罪者，從牧宫桀起，自取之也。湯曰我始與伊尹謀之於亳，遂順天而誅之也。疏「萬章問曰」至「自亳」。正義曰：此章言賢達之理世務，推政以濟時，不枉道以取容，期於益治而已者也。「萬章問曰」至「有諸」者，萬章問孟子，謂世人有言伊尹以負鼎俎割烹之事而干湯，有之否乎？「孟子曰否」至「朕載自亳」，孟子荅之，曰：否，不是也，伊尹耕於有莘之國野而樂行堯舜二帝之道，如非其義與非其道也，雖禄賜之以天下之大，且不顧而若無也。繫馬雖千匹之多，❹亦且不眄視也。非其義也，非其道也，雖一草介亦不取諸人也，以其伊尹所操守如是也。湯聞如此之賢，乃使人以幣帛之物往聘之。伊尹且囂囂然自得，而曰：我何爲以湯之幣聘是爲出哉？我豈如居處有莘之畎畝之中，緣此以樂堯舜之道哉？湯至三次使人往以幣帛聘之，既至而後反然改本之計曰：與我居處有莘之畎畝之中，由是以樂堯舜之道，我豈如使此君成湯爲堯舜之君哉？吾豈若使湯之民爲堯舜之民哉？我豈若吾身今得親見致君爲堯舜之君，致民爲堯舜之民哉？於是又曰：上天之生此人民也，是使爲先覺以覺悟後知者也，是使爲

---

❶「内」，原作「空」，據阮本改。

❷「爾」，阮本作「去」。按阮校：「廖本、孔本、韓本、《考文》古本作『云』，是也。」

❸「潔於身」，按阮校：「宋本作『於身絜』，《考文》古本與宋本同，『絜』作『潔』。廖本、孔本、韓本作『於絜身』。」

❹「匹」，按阮校：「閩、監、毛三本作『駟』。」

先覺悟以覺悟其後覺者也。我今亦天民之先覺者也，我將亦以伊尹樂堯舜仁義之道以覺悟今之民，如非我覺悟之，而誰能也？孟子於此又言伊尹思念天下之民，雖一匹之夫婦有不被堯舜之恩澤者，如己推而內之於溝壑中也。其伊尹自任以天下之重如此，然後故就湯而説之，以伐夏桀而救人民之厄也。我未聞有枉其己身而能正人者也，而況伊尹肯辱身負鼎俎割烹之事以爲正天下者乎？且聖人所行之迹不同也，或遠處其身而不仕，或近而仕君，或去而不屑就，或不去以爲爾焉能浼我哉，但歸潔其身而不污己而已矣。如是，則我所以但聞伊尹以堯舜之道干説其湯，未聞以鼎俎割烹之事而要湯也。故《尚書·伊訓》之篇有云：天行誅伐，始攻之罪者，自桀宫起也。湯言我始與伊尹謀之，自亳地也。以此詳之，則知伊尹非事割烹之污而要湯伐桀者也。伊尹或遠而不仕，謂在有莘之野是也；或近而仕，謂湯三聘而往見之是也；去亳適夏，所謂或去是也；既醜有夏，復歸于亳，所謂或不去是也。　注「伊尹負鼎俎而干湯」。　正義曰：案《史記·殷本紀》云：「伊尹名阿衡，欲干湯而無由，乃爲有莘氏媵臣，負鼎俎，以滋味説湯，致於王道。或曰：伊尹處士，湯使人聘迎之，五反然後肯往從湯，言素王及九主事，湯舉任以國政。伊尹去湯適夏，既醜有夏，復歸于亳。」裴駰云：《列女傳》曰：「湯妃，有莘氏之女。」劉向《別録》曰「九主者，有去君、專君、授君、勞君、寄君、等君、破君、國君、三歲社君，凡九品。圖畫其形」是也。　注「有莘，國名」至「人也」。　正義曰：案《左傳》莊公二十二年秋七月「有神降于莘」，❶杜預曰「莘，虢地」，又云「虢國，今滎陽縣」。是也。云「千駟，四千匹」，案《論語》，孔子云：『齊景公有馬千駟。』孔安國注云：「千駟，四千匹。」　注「伊訓」至「牧宫」。　正義曰：云《伊訓》，逸篇之名，蓋今之《尚書》亦有《伊訓》之篇，乃其文則曰：「造攻自鳴條，朕哉自亳。」孔安國傳云：「造皆始也。鳴條，地在安邑之西。」又云：「湯始居亳。」孔安國云：「帝嚳都亳，湯自商丘遷焉。」是則亳，帝嚳之都也。今云殷都，即因湯居而言爾。

萬章問曰：「或謂孔子於衛主癰疽，於齊主侍人瘠環，有諸乎？」有人以孔子爲然。癰疽之醫者也。❷瘠，姓；環，名。侍人也。衛君、齊君之所

❶「二十二」，據《左傳》當作「三十二」。按阮校：「監、毛本『二十』改『三十』，是也。」

❷「癰疽」，阮本重文。

近狎人也。孟子曰：「否，不然也。好事者爲之也。否，不也，不如是也。但好事毁人德行者爲之辭爾。❶於衛主顔讎由。彌子之妻與子路之妻，兄弟也。彌子謂子路曰：『孔子主我，衛卿可得也。』子路以告，孔子曰：『有命。』孔子進以禮，退以義，得之不得曰『有命』。而主癰疽與侍人瘠環，是無義無命也。顔讎由，衛賢大夫，孔子以爲主。彌子，彌子瑕也，因子路欲爲孔子主，孔子知彌子幸於靈公，不以正道，故不納之，而歸於命也。孔子進以禮，退以義，必曰有天命也。若主女二人，❷是爲無義無命者也？孔子不悦於魯、衛，遭宋桓司馬，將要而殺之，微服而過宋。是時孔子當阨，主司城貞子，爲陳侯周臣。孔子以道不合，不見悦魯、衛之君而去。適諸侯，遭宋桓魋之故，乃變更微服而過宋。司城貞子，宋卿也，雖非大賢，亦無諂惡之罪，故謚爲貞子。陳侯周，陳懷公子也，爲楚所滅，故無謚，但曰陳侯周。是時孔子遭阨難，不暇擇大賢臣，而主貞子，爲陳侯周臣也。於衛、齊無阨難，何爲主癰疽、瘠環者也。吾聞觀近臣，以其所爲主；觀遠臣，以其所主。若孔子主癰疽與侍人瘠環，何以爲孔子？」近臣，當爲遠方來賢者爲主。遠臣自遠而至，當主於在朝之臣賢者。若孔子主於卑幸之臣，是爲凡人耳。何謂孔子得見稱爲聖人乎？

疏「萬章問曰」至「孔子」。正義曰：此章言君子大居正，以禮進退，屈伸達節，不違貞信。故孟子辯之，正其大義者也。「萬章問曰」至「有諸乎」，萬章問孟子曰：或有人謂孔子於衛國主癰疽之醫者，於齊國主侍人姓瘠名環者，誠有諸此乎否？「孟子曰否」至「何以爲孔子」，孟子答之曰：否，言不如是也，但好事毁人德行者爲此言也。夫孔子於衛主顔讎由，讎由，賢大夫也。彌子瑕之妻與子路之妻是兄弟也，彌子瑕乃謂子路曰：孔子如主於我，則衛之卿，孔子可得也。子路以此言告孔子，孔子遂曰：我有命也。以其得與不得，皆命也。孟子於此言夫孔子進以禮而有辭遜之

❶「但」，按阮校：「廖本、孔本、韓本、《考文》古本、足利本無『但』字。」

❷「女」，阮本作「此」。

心，退以義而有羞惡之心，其得用與不得用，則曰有命，如爲主於癰疽與侍人瘠環者，是無義無命者也，是孔子所不爲也。然則孔子於衛主顔讎由者，以其義也；於衛不主彌子，以其有命也。以義則得其宜也，以命則得與不得無所憂也。然而孔子又嘗不悦於魯、衛二國，遂之宋國，是時宋國司馬桓魋將要求孔子而殺之，孔子乃變更微服而過宋。當此時也，孔子是遭其阨，不得已，遂至陳，主司城貞子家，爲陳侯周之臣。孟子於此又曰：我聞觀遠方之來臣者，但觀其所爲主者如何，則知其賢否也。今孔子如主癰疽與侍人瘠環，二人但卑佞之臣耳，爲凡人也，何得爲之孔子？今以司城貞子之行不可得而詳，由其謚而推之，則司城貞子亦爲守正之臣者也，非癰疽、瘠環之比也。然則孔子當阨，不得已而主之者尚且如是，况癰疽、瘠環者，孰謂孔子肯主之乎？蓋司城者，今以宋六卿考之，則司城在司寇之上，右師、左師、司馬、司徒之下，其位則六卿之中也。古有司空之官，無司城之名，特宋有之者，按《左傳》魯桓公六年「宋以武公廢司空」，杜預曰：「武公名司空，遂廢爲司城也。」 注「癰疽之醫」、「瘠，姓；環，名。侍人也」。 正義曰：未詳其人，但以經文推之，亦誠然也。

注「顔讎由」至「靈公」。 正義曰：案《孔子世家》《史記》云：「孔子自魯適衛，主於子路妻兄顔濁鄒家。」是則顔讎由即濁鄒也，爲衛大夫。又案魯哀公二十五年《左傳》云：「彌子飲衛侯酒。」杜預云：「彌子，彌子瑕也。」是其有幸於衛靈公者也。」 注「遭宋桓魋之故」至「陳侯周」。

正義曰：案《史記》：「孔子自衛過曹，及去曹適宋，與弟子習禮大樹下。宋司馬桓魋欲殺孔子，拔其樹。遂適鄭，與弟子相失。遂至陳，主於司城貞子家。歲餘，吴王夫差伐陳，取三邑而去。」由是推之，則司城貞子爲陳國之卿，非宋卿也。亦恐史家謬誤。云陳侯周，懷公子也，今案《史記》世家「陳懷公之子名越者，乃爲湣公」，❶又案湣公年表「六年，孔子來」，是則陳侯周即湣公，是爲懷公之子。湣公即位二十四年，楚惠王復國，以兵北伐，殺湣公，遂滅陳而有之，是歲孔子卒於魯。案《孔子世家》云：「孔子在陳三歲，晉、楚争强，更伐陳。及吴侵陳，孔子遂曰：歸與歸與。」然則孔子湣公六年來至，居三歲，遂復適衛而歸魯，是湣公八年去陳也。由此推之，則孔子主於司城，是爲湣公之臣矣。今孟子乃云爲陳侯周臣，是陳侯周即湣也。

❶「湣」，原作「涽」，據阮本改。下同。

萬章問曰：「或曰：『百里奚自鬻於秦養牲者五羊之皮，食牛，以要秦繆公。』信乎？」人言百里奚自賣五羖羊皮，爲人養牛，以是而要秦繆之相，實然不？ 孟子曰：「否，不然。好事者爲之也。好事毁敗人之德行者爲設此言也。 百里奚，虞人也。晉人以垂棘之璧與屈産之乘，假道於虞以伐虢。宫之奇諫，垂棘，美玉所出地名。屈産，地，良馬所生。乘，四馬也。皆晉國之所寶。宫之奇，虞之賢臣，諫之不欲令虞公受璧、馬而假晉道。百里奚不諫，知虞公之不可諫而去。之秦，年已七十矣，曾不知以食牛干秦繆公之爲汙也，可謂智乎？不可諫而不諫，可謂不智乎？知虞公之將亡而先去之，不可謂不智也。時舉於秦，知繆公之可與有行也而相之，可謂不智乎？相秦而顯其君於天下，可傳於後世，不賢而能之乎？百里奚知虞公之不可諫而去，之秦，年七十而不知食牛、干人君之爲汙，是爲不智也。欲言其不智，下有三智，知食牛、干秦爲不然也。卒相秦，顯其君，不賢之人豈能如是？言其實賢也。自鬻以成其君，鄉黨自好者不爲，而謂賢者爲之乎？」人自鬻於汙辱，而以傅相成立其君，❶鄉黨邑里自喜好名者尚不肯爲也，況賢人肯辱身而爲之乎？

疏「萬章問曰」至「賢者爲之乎」。正義曰：此章言君子時行則行，時舍則舍，故能顯君明道，不爲苟合，而爲正者也。「萬章問曰」至「信乎」者，萬章問孟子，謂或有人曰：百里奚自賣五羖羊之皮於秦，爲人養牛，以此而干秦穆公爲之相，❷今信乃爲實然乎，否乎？「孟子曰否」至「而謂賢者爲之乎」，孟子答之，以爲否，不信然也。百里奚，虞國之大夫也。晉獻公以垂棘之璧與屈産之乘，借道於虞以伐虢國。虞之大夫宫之奇諫之，❸令虞公無受璧與馬以借與道也。百里奚不諫之，以其知虞公

❶「傅」，原作「傳」，按阮校：「傳，『傅』之誤。宋本、孔本、韓本、《考文》古本正作『傅』，是也。閩、監、毛三本作『輔』。」據改。

❷「穆」，阮本作「繆」。

❸「宫」，原作「富」，據阮本改。

之不可諫而去之。遂往秦，時百里奚年已七十歲矣，豈不知食牛、干秦繆公之爲有汙辱也？苟如是，不知以食牛爲汙辱，可謂爲智者？言不可謂之智者矣。知虞公爲君不可得而諫，故不諫，可謂爲不智乎？言如此可謂爲智者也。又知虞公將亡其國，而乃先去之而之秦，不可謂之不智也。時得舉用於秦國，百里奚知秦繆公可與有行其道也，遂輔相之，可謂不智乎？言可謂之智者矣。及輔相秦繆公，而顯其君名揚於天下，又可傳於後世，不爲賢者而能如是乎？言百里奚真賢者，乃能如是顯其君於天下，可傳於後世。如自賣而汙辱其身，乃爲成立其君，雖鄉黨邑里自喜好名者，尚亦不肯爲自鬻以汙身，今乃謂百里奚爲真賢者而肯爲乎？言百里奚不肯爲是也。蓋宫之奇者，按杜預《春秋傳》曰：「虞之忠臣也。」注「五羖羊皮」。正義曰：《說文》云：「羖，夏羊牡曰羖羊也。」注「垂棘」至「晉道」。正義曰：《左傳》魯僖公二年云：「晉荀息請以屈産之乘與垂棘之璧，假道於虞以伐虢。」杜預曰：「荀息，荀叔也。屈地生良馬，垂棘出美玉，故以爲名。四馬曰乘。」《史記》云：「百里奚者，晉獻公既虜百里奚以爲秦繆公媵於秦，百里奚亡秦走宛，楚鄙人執之，繆公聞百里奚賢，欲重贖之，恐楚人不與，乃使人請以五羖羊之皮贖之。楚人許之，繆公乃釋其囚，授之以國政，號曰五羖大夫。」是其事矣。又僖公五年云：「晉侯復假道於虞以伐虢。宫之奇諫曰：『虢，虞之表也。虢亡，虞必從之。晉不可啓，寇不可翫，一之謂甚，其可再乎爲？』二年，假晉道，滅下陽是也。諺所謂『輔車相依，脣亡齒寒』，其虞、虢之謂也。宫之奇以其族行，曰：『虞不臘矣，在此行也。』冬十二月，晉滅虢，虢公醜奔京師。師還，館于虞。遂襲虞，滅之，執虞公及其大夫井伯，以媵秦穆姬。而脩虞祀，且歸其職貢於王。故書曰：『晉人執虞公。』罪虞，且言易也。」此孟子所以據是云焉。

孟子注疏解經卷第九下

孟子注疏解經卷第十上

趙氏注　孫奭疏

萬章章句下凡九章

疏正義曰：此卷即趙注分上卷爲下卷也，此卷中凡九章。一章言聖人由力，力有常也，賢者由巧，巧可增也，仲尼天高不可階，他人丘陵猶可踰。二章言聖人制禄，上下差敘。三章言匹夫友賢，下之以德；三公友賢，授之以爵。四章言聖人憂民，樂行其道，不合則去，亦不淹久。五章言國有道則能者處卿相，國無道則聖人居乘田。六章言知賢之道，舉之爲上，養之爲次，不舉不養，賢惡肯歸？七章言君子之志，志於行道，不得其禮，亦不苟往。八章言好高慕遠，君子之道。九章言國須賢臣，必擇忠良，親近貴戚，或遭禍殃。凡此九章，合上卷九章，是《萬章》有十八章矣。

孟子曰：「伯夷目不視惡色，耳不聽惡聲。非其君不事，非其民不使。治則進，亂則退。橫政之所出，橫民之所止，不忍居也。思與鄉人處，如以朝衣朝冠坐於塗炭也。當紂之時，居北海之濱，以待天下之清也。故聞伯夷之風者，頑夫廉，懦夫有立志。

孟子反覆嗟伯夷、伊尹、柳下惠之德，以爲足以配於聖人，故數章陳之，猶詩人有所誦述。至於數四，蓋其留意者也。義見上篇矣。此復言不視惡色，謂行不正而有美色者，若夏姬之比也。耳不聽惡聲，謂鄭聲也。後世聞其風者，頑貪之夫，更思廉潔，懦弱之人，更思有立義之志也。

伊尹曰：『何事非君？何使非民？』治亦進，亂亦進。曰：『天之生斯民也，使先知覺後知，使先覺覺後覺。予，天民之先覺者也。予將以此道覺此民也。』思天下之民，匹夫匹婦有不與被堯舜之澤者，如己推而内之溝中，其自任以天下之重也。說與上同。

柳下惠不羞汙君，不辭小官，進不隱賢，必以其道，遺佚而不怨，阨窮而不憫，與鄉人處，由由然不忍去也。『爾爲爾，我爲我，雖袒裼裸裎於我側，爾焉能浼我哉？』故聞柳下惠之風者，鄙夫寬，薄夫敦。鄙狹者更寬優，薄淺者更深厚。

孔子之去齊，接淅而行。去魯，曰：『遲遲吾行也，去父母國之道也。』可以速而速，可以久而久，可以處而處，可以仕而仕，孔子也。」淅，漬米也。不及炊，避惡亟也。魯，父母之國，遲遲不忍去也，是其道也。孔子，聖人，故能量時宜，動中權也。

孟子曰：「伯夷，聖之清者也；伊尹，聖之任者也；柳下惠，聖之和者也；孔子，聖之時者也。孔子之謂集大成。集大成也者，金聲而玉振之也。金聲也者，始條理也。玉振之也者，終條理也。伯夷清，伊尹任，柳下惠和，皆得聖人之道也。孔子時行則行，時止則止，孔子集先聖之大道，以成己之聖德者也，故能金聲而玉振之。振，揚也。故如金者之有殺，❶振揚玉音，終始如一也。始條理者，金從革，可治之使條理。終條理者，玉終其聲而不細也，合三德而不撓也。

始條理者，智之事也。終條理者，聖之事也。智者智理物，❷聖人終始同。

智，譬則巧也。聖，譬則力也。由射於百步之外也，其至，爾力也；其中，非爾力也。」智譬猶人之有技巧也，❸可學而益之。以聖，譬猶力之有多少，自有極限，不可强增。聖人受天性，可庶幾而不可及也。夫射遠而至，爾努力也，其中的者，爾之巧也。思改其手用巧意，乃能中也。

疏「孟子曰：伯夷」至「非爾力也」。正義

---

❶「者」，按阮校：「宋本、孔本、韓本、《考文》古本作『聲』，閩、監、毛三本作『音』。」

❷下「智」字，按阮校：「《考文》古本同，山井鼎云『恐非』。閩、監、毛三本、孔本、韓本作『知』。」

❸「智」上，按阮校：「廖本、孔本、韓本、《考文》古本有『以』字。」

曰：此章言聖人由力，力有常也；賢者由巧，巧可增也。仲尼天高不可階，他人丘陵猶可踰，所謂小同而大異者也。「孟子曰：伯夷目不視惡色，耳不聽惡聲」至「薄夫敦」，已説上篇詳矣。此言不視惡色，不聽惡聲者，言伯夷清潔其身，不欲以亂色留於明，姦聲留於聽也。於是使聞伯夷之清風者，頑貪之夫莫不變而爲廉潔之人，懦弱之夫莫不變而爲能有立其剛志也。聞下惠之和風者，莫不變鄙狹而爲寬博，變淺薄而爲敦厚也。「孔子之去齊」至「孔子也」，言孔子之去齊急速，但漬米不及炊而即行，以其避惡，故如是也。去魯國，則曰遲遲而不忍行去，此爲去父母國之道也。所謂父母國者，孔子所生於魯國，故爲父母之國也。大抵孔子量時適變，其去國可以速則速，故於齊不待炊而行也。可以久而未去則久之，故於魯國所以遲遲吾行也。可以處此國則處之，故未嘗有三年之淹。可以仕於其君則仕之，故有行可、際可、公養之仕也。凡如此者，故曰孔子如是也。「孟子曰」至「非爾力也」，孟子又曰：伯夷之行，爲聖人之清者也，是其不以物污其己，而成其行於清也。伊尹之行，爲聖人之任者也，是其樂於自爲，而以天下之重自任也。柳下惠之行，爲聖人之和者也，是其不以己異於物，而無有所擇也。唯孔子者，獨爲聖人之時者也，是其所行之行，惟時適變，可以清則清，可以任則任，可以和則和，不特倚於一偏也，故謂之孔子爲集其大成，得純全之行者也。蓋集大成，即集伯夷、伊尹、下惠三聖之道，是爲大成耳。如所謂「危邦不入，亂邦不居」，是孔子之清，而不至伯夷一於清也。佛肸召而欲往，是孔子之任，而不至伊尹一於任也。南子見所不見，陽貨敬所不敬，是孔子之和，而不至下惠一於和也。然則伯夷、伊尹、下惠，是皆止於一偏，未得其大全也，而孟子亦皆取之爲聖者，蓋伯夷、伊尹、下惠各承其時之有弊，不得不如是而救也。以孔子觀之，又能集此三聖而爲大成者也。方伯夷之時，天下多進寡退，而伯夷所以如是潔己不殉。方伊尹之時，天下多退而寡進，而伊尹所以如是而以天下爲己任。方下惠之時，天下多潔己而異俗，而下惠所以如是俯身而同衆。故伯夷承伊尹之弊而救之清，下惠承伯夷之弊而救之和。孔子又承而集之，遂爲大成者。誰謂伯夷、伊尹、下惠救時弊如此，可不謂爲聖者耶？雖然，孟子取爲三聖，其言又不無意於其間也。言伯夷但聖之清者也，以其取清而言之矣。伊尹但聖之任者也，以其取任而言之矣。下惠但聖之和者也，以其取和而言之矣。孔子之聖則以時也，其時爲言，以謂時然則然，無可無不可，故謂之集其大成，又非止於一偏而已。故孟子於下故取金聲玉振而喻之也，❶言集大成者，如金聲而玉振之者也。金聲者，是其始條理也，言金聲始則隆而終則殺者也，如伯夷能清而不能任，伊尹能任而不能和，下惠能和而不能清者也。玉振之者，是其終條理也，言玉振則終始如一而無隆殺者也，如孔子能清、能任、能和者也。所以合金聲而玉振之而言也，以其孔子其始如金聲之隆，而能清、能任、能和，其終且如玉振無隆殺，又能清而且任、任而且和、和而且清，有始有終，如一者也。然則孟子於此，且合金聲玉振之條理而喻歸于孔子，是其宜也。然而始條理者，是爲智者之事也；終條理者，是爲聖人之事也。以智者而譬之，則若人之有巧也；以聖人而譬之，則若人之有力也。如射於百步之外，爲遠其射至於百步之外，是人之力也；其所以中的者，非人之力也，以其人之巧耳。此譬伯夷、伊尹、下惠但如射於百步之外，能至而不能中；孔子於射能至，又能中者也。蓋能至，亦射之善者矣；而能至能中者，又備其善者也。能清、能任、能和，是聖人之善者也；能時，是備其聖人之善者也。此一段則孟子總意而解其始終條理也，而始終條理又解金聲玉振者也，金聲玉振又喻孔子集三聖之大成者耳。蓋條理者，條則有數而不紊，理則有分而不可易也。注「夏姬、鄭聲」。正義曰：云「夏姬」者，按《史記》云：「夏姬，夏徵舒之母，陳大夫御叔之妻，❷三爲王后，二爲夫人，❸納之者無不迷惑。陳靈公與大夫孔寧、儀共通於夏姬，❹廢夫朝政。❺徵舒遂殺靈公。及申公盜將夏姬來奔於晉，❻晉人殺巫臣，又娶夏姬。」凡此是也。云「鄭聲」者，已說於《公孫丑》篇。注「伯夷清，伊尹任，柳下惠和，孔子時行則行，時止則止」者。正義曰：已說於上篇。

北宮錡問曰：「周室班爵禄也，如之何？」北宮錡，衛人。班，列也。問周家班列爵禄，❼等差謂何。**孟子曰：「其詳不可得聞也。諸侯惡其害己也，而皆去其籍，然而軻也嘗聞其**

❶ 下「故」字，阮本作「又」。
❷ 「御」，原作「世」，據阮本改。
❸ 「二」，《史記·陳杞世家》作「七」。
❹ 「儀」，據《左傳》及《史記》，當作「儀行父」。
❺ 「夫」，阮本作「失」。
❻ 「盜」，原作「蓋」，據四庫本及《史記·曾世家》改。
❼ 「問」，原作「門」，據阮本改。

略也。詳，悉也。不可得備知也。諸侯欲恣行，憎惡其法度妨害己之所爲，❶故滅去典籍。今《周禮》司禄之官無其職，是則諸侯皆去之，故使不復存也。軻，孟子名也。略，麤也。言嘗聞其大綱如此矣。今考之《禮記·王制》，則合也。天子一位，公一位，侯一位，伯一位，子、男同一位，凡五等也。公謂上公九命及二王後也。自天子以下，❷列尊卑之位凡五等。君一位，卿一位，大夫一位，上士一位，中士一位，下士一位，凡六等。諸侯法天子，臣名亦有此六等，從君下至於士。天子之制，地方千里，公、侯皆方百里，伯七十里，子、男五十里，凡四等。不能五十里，不達於天子，附於諸侯，曰附庸。凡此四等，土地之等差也。❸天子封畿千里，諸侯方百里，象雷震也。小者不能特達於天子，因大國以名通，曰附庸也。天子之卿受地視侯，大夫受地視伯，元士受地視子、男。視，比也。天子之卿、大夫、士所受采地之制。大國地方百里，君十卿禄，卿禄四大夫，大夫倍上士，上士倍中士，中士倍下士，下士與庶人在官者同禄，禄足以代其耕也。公、侯之國爲大國，卿禄居於君禄十分之一也，大夫禄居於卿禄四分之一也，上士之禄居大夫禄二分之一也，中士、下士轉相倍。庶人在官者，未命爲士者也，其禄比上農夫。士不得耕，以禄代耕也。❹次國地方七十里，君十卿禄，卿禄三大夫，大夫倍上士，上士倍中士，中士倍下士，下士與庶人在官者同禄，禄足以代其耕也。伯爲次國，大夫禄居卿禄三分之一也。小國地方五十里，君十卿禄，卿禄二大夫，大夫倍上士，上士倍中士，中士倍下士，下士與庶人在官者同禄，禄足以代其耕也。子、男爲小國，大夫禄居卿禄二分之一

❶「憎」，原作「增」，據阮本改。下疏同。
❷「自」，原作「白」，據阮本改。
❸「土」，阮本作「制」。
❹「耕」，原作「禄」，據阮本改。

也。耕者之所獲，一夫百畝，百畝之糞，上農夫食九人，上次食八人，中食七人，中次食六人，下食五人。庶人在官者，其禄以是爲差。」獲，得也。一夫一婦佃田百畝，百畝之田加之以糞，是爲上農夫，其所得穀足以食九口。庶人在官者，食禄之等差，由農夫有上、中、下之次，亦有此五等，若今之斗食、佐史、除吏也。疏「北宮」至「爲差」。正義曰：此章言聖人制禄，上下等差，貴有常尊，❶賤有等威，諸侯僭越，滅籍從私。孟子略記言其大綱，以答北宮錡之問也。「北宮錡問曰：周室班爵禄也，如之何」者，北宮錡問孟子，以謂周家班列其爵禄，高下等差，如之何也？「孟子曰：其詳不可得而聞也」至「嘗聞其略也」者，孟子答之，❷謂其詳悉則不可得而聞，諸侯放恣，憎惡其法度有妨於己之所爲，盡滅去其典籍，故今不復有，然而軻也但嘗聞得其大綱也。❸「天子一位，公一位，侯一位，伯一位，子、男同一位，凡五等」至「上次食八人，中食七人，中次食六人，下食五人。庶人在官者，其禄以是爲差」者，此皆孟子言周室班爵禄之大綱也。云「天子一位」至「凡五等也」者，蓋父天母地，而爲之子者，天子也。爵位盛大，以無私爲德者，公也。斥候於外，以君人爲德者，侯也。體仁足以長人者，伯也。子，字也，字，養也，而其德足以養人者，故曰子也。男，任也，任，安也，而其德足以安人者，故曰男也。❹自天子至於子、男，皆有君道，故尊卑之位凡有五等，然公、侯、伯、子、男皆臣乎天子，而爵位之列自天子始，所以與天子同其班。「君一位，卿一位」至「凡六等」者，蓋出命足以正衆者，君也。知進退而其道上達者，卿也。智足以帥人者，大夫也。才足以事人者，士也。自君以下至於士，皆有臣道焉，故尊卑之位凡六等，然卿、大夫、士皆臣乎國君，而爵位之列自國君，所以與國君同其班。凡此者，是皆孟子所謂班君臣之爵也。「天子之制，地方千里」至「附庸」者，此孟子言土地之等差也。故天子尊於公、侯，故制地方廣千里，蓋不方千里，則無以待天下之諸侯故也。公、侯卑於天子，故地廣百里，蓋不廣百里則無以守宗廟之典籍故也。伯又卑於公、侯，子、男又卑於伯，故

❶「常」，原作「當」，據阮本改。
❷「答」，原作「合」，據阮本改。
❸「然」，原作「彼」，據阮本改。
❹「曰」，原作「田」，據阮校改。

其地之廣狹亦莫不有七十里、五十里之差。凡是四等，如其德不足以合瑞於天子，而其地又不足以敵廣於公、侯，其勢又難以特達於天子者，故因大國以名通，則謂之附庸。「天子之卿受地視侯，大夫受地視伯，元士受地視子、男」者，此言天子之卿、大夫、士所受采地之制也。《周禮》上公九命，侯、伯七命，子、男五命，王之三公八命，其卿六命，其大夫四命。鄭玄云「王之上士三命」，則元士者即上士也。蓋以六命之卿，其所受之地則視七命之諸侯；以四命之大夫，則所受之地而視七命之伯；以三命之元士，其所受之地則視五命之子、男故也。「大國地方百里，君十卿禄」至「禄足以代其耕也」者，蓋公、侯之國是爲大國者也，大國之地方百里，而國君之禄則十倍於卿，而卿之禄是爲居於君禄十分之一也。卿所居之禄又四倍於大夫，而大夫之禄是爲居卿禄四分之一也。大夫所受之地則一倍於上士，而上士之禄是爲居大夫二分之一也。中士、下士，亦皆轉爲相倍。而下士與庶人在官者同禄者，蓋庶人在官者，是未命爲士者也，謂府史之屬，官長所除，不命於天子、國君者也。其禄比於上農夫，然而不耕之者，蓋以士勞力於事人，不爲無庸也，而禄已足以代其耕矣。「次國地方七十里，君十卿禄」至「禄足以代其耕也」者，蓋伯之國是爲次國者也，君、卿、大夫、士之禄亦同大國之君、卿、大夫、士之禄相爲倍差，其下士與庶人在官者，亦以禄足以代其耕矣。「小國地方五十里，君十卿禄」至「禄足以代其耕也」者，蓋子、男者是爲小國者也，君、卿、大夫、士之禄亦相爲倍差，與上同，其禄足以代其耕然。❶「耕者之所獲，一夫百畝，百畝之糞，上農夫食九人，上次食八人，中食七人，中次食六人，下食五人。庶人在官者，其禄以是爲差」者，蓋耕者所得，一夫一婦佃田百畝，而百畝之田加之以糞，是爲上農夫，其所得之穀足以食養其九口，上次則食八人，中食七人，❷中次則食六人，下食五人。其庶人在官者，食禄之等差，亦如農夫有上、中、下之次，有此五等矣，若今之斗食、佐史、屬吏是也。《王制》云：「王者之制禄、爵，公、侯、伯、子、男凡五等。諸侯之上大夫卿、下大夫、上士、中士、下士，凡五等。」其不及天子，又無六等，殆與孟子不合者，蓋以孟子所言則周制，而《王制》所言則夏、商之制也。《王制》云：「公、侯田方百里，伯七十里，子、男五十里，不能五十里者，不合於天子，附於

❶「然」上，原有墨丁，阮本作「亦」。

❷「七」，原作「六」，據阮本改。

諸侯，曰附庸。」而孟子不言田而言地者，蓋禄以田爲主，《王制》主於分田以制禄，孟子主於制地以分國，而國以地爲主，此所以有田、地之異也。《王制》云：「天子之三公田視公、侯，天子之卿視伯，天子之大夫視子、男，天子之元士視附庸。」而孟子則言天子之卿受地視伯，元士受地視子、男，其視不同者，亦以周制與夏、商之制不同也。孟子所以不言天子之公受地視侯，而特言其卿者，蓋卿與公同其所受，是所謂舉卑以見尊之意也。此又孟子所云班臣之禄也。　注「詳，悉也」至「則其合也」。　正義曰：云「諸侯欲恣行，憎惡其法度妨害己之所爲，故滅去典籍。今《周禮》司録之官無其職，是則諸侯皆去之，故使不復有也」者，蓋自列國之後，先王之法浸壞，上無道揆，下無法守，而諸侯類皆以强吞弱，以大并小，而齊、魯之始封儉於百里，至孟子時，齊方百里者十，魯方百里者五，此諸侯所以惡其籍害己，而去司録之職也。是時周室班爵禄之道，孟子所以不得聞其詳，特以大略而荅北宫錡之問也。云「今考《王制》則合也」者，蓋自《王制》推之，亦有不合者矣，已説於前歟。　注「公謂上公九命及二王後也」至「凡五等」。　正義曰：《周禮·典命》職云「上公九命爲伯」，鄭氏云「上公謂王之三公有德者，加命爲二伯，二王之後，亦爲上公」是也。　注「凡此四等，土地之等差也」至「曰附庸」。　正義曰：云「天子封畿千里，諸侯方百里，象雷震也」者，按《周官》建王國，制其畿方千里，諸侯方百里。象雷震者，按《周易》云「震驚百里，驚遠而懼邇」是也。《王制》云：「天子之田方千里，公、侯田方百里，伯七十里，子、男五十里。不能五十里者，不合於天子，附於諸侯，曰附庸。」鄭氏云：「象日月之大，亦取略同也。天子方千里，此謂縣内以禄公、卿、大夫、元士。」自公侯百里至子、男五十里，鄭氏注云：「星辰之大小也。附庸者，小城曰附庸，附庸者以國事附於大國，未能以其名通也。」　注「視，比也」至「制也」。　正義曰：《王制》云：「天子之三公之田視公、侯，天子之卿視伯，天子之大夫視子、男，天子之元士視附庸。」鄭注云：「視猶比也。元，❶善士，謂命士也。」此殷所因夏爵三等之制也。殷有鬼侯、梅伯。春秋變周之文，從殷之質，合伯、子、男以爲一，則殷爵三等者，公、侯、伯也，異畿内謂之子。周武王初定天下，更立五等之爵，增以子、男，而猶因殷之地，以九州之界尚狹也。周公攝政，致太平，斥大九州之界，制禮，成武王之意，封王者

❶「元」下，阮本及《禮記注疏》有「善也」二字。

之後爲公及有功之諸侯。大者地方五百里，其次侯四百里，其次伯三百里，其次子二百里，其次男百里。所因殷之諸侯亦以功黜陟之，其不合者，皆益之地爲百里焉。是有周世有爵尊而國小、爵卑而國大者，唯天子畿内，不用以禄群臣，不主爲治民也。」《周禮·大司徒》職云：「以土圭之法求地中，以建王國，制其畿方千里。諸公之地，封疆方五百里，其食者半。諸侯之地，封疆方四百里，其食者參之一。諸伯之地，封疆方三百里，其食者參之一。諸子之地，封疆方二百里，其食者四之一。諸男之地，封疆方百里，其食者四之一。」是又鄭注本此而言也。云「天子之卿、大夫、士所受采地之制」者，按《周禮》云：「凡造都鄙，制其地域而封溝之。以其室數制之，不易之地家百畝，一易之地家二百畝，再易之地家三百畝。」鄭注云：「都鄙者，王子弟公卿大夫采地。其界曰都；鄙，所居也。」《王制》曰：「天子之縣内方百里之國九，七十里之國二十有一，五十里之國六十有三。」此蓋變時采地之數，周未聞矣。是宜孟子但言其大綱，而其詳所以未之聞也。注「公侯之國爲大國」至「代耕也」，又自「伯爲次國」至「三分之一也」，又「子、男爲小國」至「二分之一也」。正義曰：《王制》云：「凡四海之内九州，州方千里，建百里之國三十，七十里之國六十，五十里之國百有二十，凡二百一十國。名山大澤不以封，其餘以爲附庸間田。八州，州二百一十國。」鄭氏云：「立大國三十，十三公也。立次國六十，十六卿也。立小國百二十，十二少卿也。名山大澤不以封，與民同財，不得障管，亦賦税矣。此大界方三千里，三三而九，方千里者九也。其一爲縣内，餘八，各立一州，此殷制也。周公制禮，九州大界方七千里，❶七七四十九，方千里者四十九也。其一爲畿内，餘四十八。八州各有方千里者六，設法一州封地方五百里者不過四，謂之大國；又封方四百里者不過六，又封方三百里者不過十一，謂之次國；又封方二百里者不過二十五，及餘方百里者謂之小國。盈上四等之數，并四十六，一州二百一十國，則餘方百里者百六十四也。凡處地方千里者五，方百里者五十九，其餘方百里者四十一，附庸地也。」又云：「大國三卿，皆命於天子，下大夫五人，上士二十七人。次國三卿，二卿命於天子，一卿命於其君，下大夫五人，上士二十七人。小國二卿，皆命於其君，下大夫五人，上士二十七人。」然而先王之制，列爵惟五，分土惟三，此所以有公、

❶「千」，原作「十」，據《禮記注疏》改。

侯、伯、子、男，而又有大國、次國、小國之殊制爾。故三十里之遂，二十里之郊，九里之城，三里之宫，是大國之制如此也。自二十里之遂，❶九里之郊，三里之城，一里之宫，是次國之制如此也。自九里之遂，三里之郊，一里之城，以城爲宫，❷是小國之制如此也。大抵上綦於大國，下綦於小國，其地雖廣狹不同，其禄雖多寡有異，及君之所受，均十卿之禄而已。自卿以下至於士，其禄各相殺，以一此卿禄居於君禄十分之一，大夫居於卿禄四分之一，上士居大夫禄二分之一。次國大夫居卿禄三分之一，小國大夫居卿禄二分之一也。其間《王制》、《周官》與《孟子》雖有不合者，亦於前言其大概也。注「獲，得也，一夫一婦，佃田百畝」至「若今之斗食、佐史、除吏也」。正義曰：古者制民之産，以六尺爲步，步百爲畝，畝百爲夫。此耕者之所得，所以一夫受田百畝也。《王制》云：「農夫百畝。❸百畝之分，上農夫食九人，其次食八人，其次食七人，其次食六人。下農夫食五人。」鄭氏以謂農夫皆受田於公，田肥瘠有五等，收入不同。其説是矣。然孟子言上農夫食九人，上次食八人，中食七人，中次食六人，下食五人。凡三等，又與此異。蓋以《周禮》以一易、❹再易、不易之地言之，所以有三等。《孟子》、《王制》論所入食人之衆寡，此所以有五等也。《周禮》上地家七人，而孟子言上地、上農夫食九人，上次食八人者，蓋上農夫足以食九人，而其家七人者，亦得以受之，此民所以有餘財。自七人以下，則不得以受上地矣。先王之制禄，諸侯之下士視上農夫，禄足以代其耕，則庶人在官者與下士同禄。其多寡之數，一視五等農夫爲差，而班禄亦不外此。

萬章問曰：「敢問友？」問朋友之道也。孟子曰：「不挾長，不挾貴，不挾兄弟而友。友也者，友其德也，不可以有挾也。長，年長。貴，貴勢。兄弟，兄弟有富貴者。不挾是乃爲友，謂相友以德也。孟獻子，百乘之家也，有友五人焉：樂正裘、牧仲，其三人則予忘之矣。獻子之與此五人者友也，無獻子之家者也。此五人者亦有獻子之家，則不與之友矣。獻子，魯

❶「二」，原作「三」，據阮本改。
❷「城」，原作「成」，據阮本改。
❸「農夫」，《禮記·王制》作「農田」。
❹「一」，原爲空格，據阮本補。

卿，孟氏也，有百乘之賦。樂正裘、牧仲其五人者，皆賢人無位者也。此五人者，自有獻子之家，富貴而復有德，不肯與獻子友也。獻子以其富貴下此五人，五人屈禮而就之也。

非惟百乘之家爲然也，雖小國之君亦有之。費惠公曰：『吾於子思則師之矣，吾於顏般則友之矣。王順、長息，則事我者也。』小國之君，若費惠公者也。王順、長息，德不能見師友，故曰事我者也。

非惟小國之君爲然也，雖大國之君亦有之。晉平公於亥唐也，❶入云則入，坐云則坐，食云則食。雖蔬食菜羹，未嘗不飽，蓋不敢不飽也。然終於此而已矣。大國之君，如晉平公者也。亥唐，晉賢人也，隱居陋巷，晉平公嘗往造之，❷亥唐言入，平公乃入，言坐乃坐，言食乃食也。蔬食，糲食也。不敢不飽，敬賢也。終於此，平公但以此禮下之而已。

弗與共天位也，弗與治天職也，弗與食天禄也。士之尊賢者也，非王公尊賢也。❸位、職、禄，皆天之所以授賢者，而平公不與亥唐共之，而但卑身下之，是乃匹夫尊賢者之禮耳。王公尊賢，當與共天職矣。

舜尚見帝，帝館甥于貳室，亦饗舜，迭爲賓主，是天子而友匹夫也。尚，上也。舜在畎畝之時，堯友禮之。舜上見堯，堯舍之於貳室。貳室，副宮也。堯亦就享舜之所設，更迭爲賓主。禮謂妻父曰外舅，謂我舅者吾謂之甥。堯以女妻舜，故謂舜甥。卒與之天位，是天子而友匹夫也。❹

用下敬上謂之貴貴，用上敬下謂之尊賢，貴貴尊賢，其義一也。」下敬上，臣恭於君也。上敬下，君禮於臣也。皆禮所尚，故云其義一也。

疏「萬章問曰」至「其義一也」。正義曰：此章言匹夫友賢，下之以德，王公友賢，授之以爵，大聖之行，千載爲法者也。「萬章問曰：敢問友」者，是萬章問孟子爲朋友之道如何也。「孟子曰」至「挾也」，孟子答之，以謂不挾戴年長，又不挾戴其貴

❶「於」上，按阮校：「監、毛二本、孔本、韓本有『之』字。」

❷「嘗」，按阮校：「宋本作『當』。廖本作『常』，是。」

❸「尊」上，按阮校：「監、毛本、孔本、韓本有『之』字。」

❹「而」，按阮校：「廖本、孔本、韓本、《考文》古本作『之』。」

勢，抑又不挾戴其兄弟有富貴者而友朋友也，是友其德也，以其不可以有挾戴其勢而友之也。「孟獻子，百乘之家也」至「其義一也」，孟子又言孟獻子，魯卿，是有兵車百乘之家也，有友五人焉，其二人曰樂正裘、牧仲，其三人則我忘其姓名矣。夫獻子之與此五人者，是友也，以此五人無獻子之家富貴也。此五人如亦有獻子之家富貴，則不與獻子爲之友矣。無他，以其兩貴不能以相下故也。獻子與之爲友，則以貴下賤故也，所謂好人之善而忘己之勢者也。今五人與獻子爲友者，亦所謂樂己之道而忘人之勢者也。非惟百乘之家爲然也，雖爲小國之君亦有如是也。費惠公乃小國之君也，嘗云我於子思則師事之矣，我於顔般則友之矣，王順、長息，則不足爲之師友，但事我者也。非惟小國之君爲如是也，雖大國之君亦有如是矣。晉平公者乃大國之君也，嘗往於亥唐之家，亥唐言入則入其門，言坐則坐，言食則食，雖蔬食菜羹之薄，亦未嘗不飽也，蓋爲不敢不飽也。然終於此以禮下之而已矣，而平公弗能與之共天位也，又弗能與之治天職也，抑又不與食其天禄也。且職、位、禄皆云天者，蓋此三者皆天之所以授於人也。故云國君之位必曰天位，云職必曰天職，云禄則曰天禄耳。言平公以身禮下之，是士者之尊賢矣，非所謂王公大人尊賢者也，以其王公大人尊賢，則當與共天位也，不當以身禮下之也。夫舜於往日上見於堯帝，堯乃館舍之於副宫，堯亦就副宫而饗舜所設，更爲之賓主，然卒禪其天位，此天子之友其匹夫也。云匹夫者，蓋舜本則耕於歷山，但側微之賤者也，故云匹夫。云甥者，蓋堯爲舜之外舅，堯所以謂舜爲甥也。且用下敬上，如舜之上見於堯，故欽堯爲友，是謂貴其貴；用上敬下，如堯館于貳室，故欽舜而與之爲友，是謂尊其賢。貴貴尊賢，禮皆所尚，故曰其義則一而無二也。獻子有五人者，《左傳》趙簡子云「魯孟獻子有鬬臣五人」，豈謂此五人者乎？然亦名字則未之詳。　注「妻父曰外舅」。　正義曰：此蓋案《禮記》而云也。

孟子注疏解經卷第十上

孟子注疏解經卷第十下

趙氏注　孫奭疏

萬章章句下

萬章曰：「敢問交際何心也？」際，接也。問交接道當執何心爲可也。❶ 孟子曰：「恭也。」當執恭敬爲心。曰：「卻之卻之爲不恭，何哉？」萬章問卻不受尊者禮，謂之不恭，何然也？ 曰：「尊者賜之。曰：其所取之者，義乎？不義乎？而後受之，以是爲不恭，故弗卻也。」孟子曰：今尊者賜己，己問其所取此物寧以義乎？得無不義？乃後受之，以是爲不恭。故不當問尊者不義而卻之也。曰：「請無以辭卻之，以心卻之。曰：其取諸民之不義也。而以他辭無受，不可乎？」萬章曰：請無正以不義之辭卻也，心知其不義，以他辭讓，無受之，不可耶？ 曰：「其交也以道，其接也以禮，斯孔子受之矣。」孟子言其來交求己以道理，❷其接待己有禮者若斯，孔子受之矣。蓋言其可受之也。❸ 萬章曰：「今有禦人於國門之外者，其交也以道，其餽也以禮，斯可受禦與？」禦人，以兵禦人而奪之貨，如是而以禮道來交接己，斯可受乎？ 曰：「不可。《康誥》曰：『殺越人于貨，閔不畏死，凡民罔不譈。』是不待教而誅者也。殷受夏，周受殷，所不辭也。於今爲

---

❶「也」，按阮校：「廖本、孔本、韓本、《考文》古本、足利本作『者』。」

❷「交求」，按阮校：「岳本、孔本、韓本、《考文》古本作『求交』。」

❸「蓋言其可受之也」，按阮校：「宋本、廖本、孔本、韓本、《考文》古本作『言可受也』，足利本無『之也』二字。」

烈，如之何其受之？」孟子曰不可受也。《康誥》，《尚書》篇名。周公戒成王、康叔封。越、于，皆於也。殺於人，取於貨，閔然不知畏死者。譈，殺也，凡民無不得殺之者也。若此之惡，不待君之教命，遭人得討之。三代相傳以此法，不須辭問也。於今爲烈烈明法，❶如之何受其餽也？曰：「今之諸侯取之於民也，猶禦也。苟善其禮際矣，斯君子受之，敢問何説也？」萬章曰：今之諸侯賦税於民，不由其道，履畝强求，猶禦人也。欲善其禮以接君子，君子欲受之，❷何説也？君子謂孟子也。曰：「子以爲有王者作，將比今之諸侯而誅之乎？其教之不改而後誅之乎？夫謂非其有而取之者，盜也，充類至義之盡也。孔子之仕於魯也，魯人獵較，孔子亦獵較。獵較猶可，而況受其賜乎？」孟子謂萬章曰：子以爲後如有聖人興作，將比地盡誅今之諸侯乎？將教之，其不改者乃誅之乎？言必教之，誅其不改者也。殷之衰，亦猶周之末。武王不盡誅殷之諸侯，滅國五十而已。知後王者亦不盡誅也。謂非其有而竊取之者爲盜。充，滿。至，甚也。滿其類大過至者，但義盡耳，未爲盜也。諸侯本當税民之類者，今大盡耳，亦不可比於禦。孔子隨魯人之獵較。獵較者，田獵相較，奪禽獸得之以祭，時俗所尚，以爲吉祥。孔子不違而從之，所以小同於世也。獵較尚猶可爲，況受其賜而不可也。曰：「然則孔子之仕也，非事道與？」萬章問孔子之仕，非欲事行其道與？曰：「事道也。」孟子曰：孔子所仕者，欲事行其道。「事道奚獵較也？」萬章曰：孔子欲事道，如何可獵較也？曰：「孔子先簿正祭器，不以四方之食供簿正。」孟子曰：孔子仕於衰世，不可卒暴改戾，故以漸正之，先爲簿書以正其宗廟祭祀之器，即其舊禮，取備於國中，不以四方珍食供其所簿正之器，度珍食難常有之，❸絶則爲不敬，故獵較以祭也。曰：「奚不去也？」萬章曰：孔

❶ 下「烈」字，按阮校：「韓本、《考文》古本作『然』。」

❷ 「欲受之」，按阮校：「孔本、韓本『欲』作『且』，『受』上重『受』字，《考文》古本同孔本，無『且』字。」

❸ 「之」，阮本作「乏」，屬下讀。

子不得行道，何爲不去也？　曰：「爲之兆也。兆足以行矣，而不行，而後去，是以未嘗有所終三年淹也。兆，始也。孔子每仕，常爲之正本造始，欲以次治之，而不見用，占其事始而退。足以行之矣而君不行也，然後則孔子去矣。終者，竟也。孔子未嘗得竟事一國也三年淹留而不去者也。　孔子有見行可之仕，有際可之仕，有公養之仕。於季桓子，見行可之仕也。於衛靈公，際可之仕也。於衛孝公，公養之仕也。」行可，冀可行道也。魯卿季桓子秉國之政，孔子仕之，冀可得因之行道也。際，接也。衛靈公接遇孔子以禮，故見之也。衛孝公以國君養賢者之禮養孔子，孔子故宿留以答之也。疏「萬章問曰」至「公養之仕也」。　正義曰：此章言聖人憂民，樂行其道，苟善辭命，不忍逆距，不合則去，亦不淹久。蓋仲尼行止之節者也。「萬章問曰：敢問交際何心也」，萬章問孟子，凡交接之際，當執何心而交接也。「孟子曰：恭也」，孟子答之曰：但當執恭敬之心也。「曰：卻之卻之爲不恭，何哉」，萬章又問孟子，言卻去之、卻去之而不受，是爲不恭敬然也。「何哉」者，是何然也。「曰：尊者賜之，曰其所取之者義乎」至「故弗卻也」，孟子又答之，言尊長賜己，己乃問之曰：其所取此物寧以義取之乎？不以義取之乎？乃方受之，以此是爲不恭敬也。但當受之，不當問尊長所取不義，則卻去之也。謂宜受之，故不可卻去也。「曰：請無以辭卻之」至「不可乎」，萬章又問曰：如尊長賜己之物，其所取之不義，但請無以直言不義之辭卻之，但以己心卻去而不受，爲取民之不義也，然後飾以他辭而不受，不可乎？故以此問。「孟子曰：其交也以道，其接也以禮，斯孔子受之矣」，孟子又答之曰：其以物來交己以道理，其接待於己亦以禮度，此孔子受之矣。言其如此交接，則可受之也。「萬章曰：今有禦人於國門之外」至「斯可以受禦與」，萬章又問曰：假使今有人以兵禦人於國門之外者，而奪得其貨物，其來交己也以道理交之，其餽賜己也亦以禮度，如此誠可以受禦奪之物與？「曰：不可」至「如之何其受之」，孟子又答之，以爲不可受也。且《尚書・康誥》之篇有云，殺於人而取于貨，暋然强暴，爲不畏死者，雖凡之衆民，無有不憝惡之也。如此者，是可不待教而後誅殺之者也。言即殺之，更不必待其教命之後也。如若殷受夏之天下，周受殷之天下，所不辭也，無他，以其夏桀、殷紂無道義，當代之而受其天下也。❶於今乃竊比聖王之迹，而遂以殺人而受物於人，爲之暴烈，如之何可受之？言不可受此之餽也。「曰：今之諸侯」至「敢問何也」，萬章又曰：今之諸侯賦税於民，不以其道，亦如禦人而奪貨者也，苟善其禮以交接之，斯君子且受之，敢問何謂也？「曰：子以爲有王者作」至「而況受其賜乎」，孟子又謂萬章曰：子今以爲後如有王者興作，將比今之諸侯無道而盡誅之乎？其待教之，其不改者乃誅之乎？言必待教之不改者也。夫所謂非其所有而取之者，是爲盜也，如充取民賦税之類至大過者，但義之盡耳，亦未爲盜者也。故曰：夫所謂非其有而取之者，是爲盜也，充類至義之盡也。然孟子必以此言者，其意蓋謂今之諸侯雖取於民不以義，然而受教之，猶庶幾能省刑罰，薄税斂，爲善政也，此固在所教而不誅，今萬章乃曰今之諸侯猶禦也，殊不知與禦人之元惡、不待教而誅者異矣。然則萬章之所問乃云此者，是其繆也，宜孟子答之此耳。孔子之仕於魯國，魯國之人田獵較奪禽獸，孔子亦田獵較奪其禽獸。然而獵較而孔子猶尚可爲，而況受其賜而乃爲不可也。言此者，但有道禮以交接，❷則可受而不可辭卻也。「曰：然則孔子之仕也，非事道與」，萬章又問孟子，言如此則是孔子之爲仕也，非欲事其道與？「曰：事道也」，孟子答之，以爲孔子之仕是欲行其道也。「事道奚獵較也」，萬章又問曰：孔子既以欲行其道，何以田獵較奪禽獸也？「曰：孔子先簿正祭器，不以四方之食供簿正」，孟子又答之曰：孔子所以獵較者，以其孔子仕於衰世，不可以卒暴更變，故先且即簿書而正宗廟之祭器，既欲正其祭器，又不以四方之珍食供簿正祭器，所以獵較而供簿正耳。然而孔子必以獵較禽獸而供簿正祭器，且不以四方之珍食者，但爲四方珍食難常有之，恐後人無珍食以供之，故又絶其祭之禮，所以如此也。「曰：奚不去也」，萬章又問曰：言孔子既仕於衰世，不可卒暴更變以行其道，何爲而不去而莫仕也？「曰：爲之兆也」至「淹也」者，孟子又答之曰：孔子所以不去而且獵較者，以其假爲行道之始也。兆，始也。然假獵較爲兆，既足以行之矣，而君乃不行之者，孔子然後去之也。如此，是以孔子歷聘，未嘗有於一國得終三年淹留而不去也。是其時君不行孔子之兆故也。如得行其兆，孔子遂大行其道，以輔佐其君，雖留而弗去可也。「孔子有見行可之

❶「代」，阮本作「伐」。
❷「禮」，阮本作「理」。

仕」至「公養之仕也」，孟子又因而言孔子有見行可之仕，有際可之仕，有公養之仕。如於魯卿季桓子再三時受，乃語魯君爲周道遊，往觀終日，怠於政事。子路曰：「夫子可以行矣。」孔子曰：「魯今且郊，如致燔乎大夫，則吾猶可以止。」桓子卒受女樂，又不致燔俎於大夫，孔子遂行宿于魯之南屯地，桓子喟然歎曰：「夫子罪我以群婢故也。」凡此是孔子有見行可之仕也，以其見既行之後，乃且歎曰：「夫子罪我以群婢故也。」孰謂非於季桓子有見行可之仕乎？於衛靈公，是際可之仕也。今按《世家》又云：「衛靈公聞孔子來，喜，郊迎，問伐蒲之事。後又問陳於孔子，孔子曰：俎豆之事，則嘗聞之矣，軍旅之事，未之學也。」凡此是孔子有際可之仕也，以其接遇孔子，而孔子因言之此，又孰謂非於衛靈公有際可之仕乎？於衛孝公爲公養之仕者，《史記》諸家於衛國並無孝公，所謂公養之仕，但言以養賢之禮養孔子也。今按《史記》紀孔子，則亦衛靈公也，據《春秋年表》云：「衛靈公即位三十八年，孔子來，禄之。」又案《孔子世家》云：「孔子適衛，衛靈公問孔子：『居魯得禄幾何？』對曰：『奉粟六萬。』衛人亦致粟六萬。居頃之，或譖孔子，孔子遂去衛。」是則孔子於衛靈公有公養之仕也。如衛孝公，則吾亦未能信，以其無以按據故也。以時推之，則孔子於季桓子受女樂之時，則靈公即位之三十七年也，魯定公十二年也。定公十三年，是衛靈公即位之三十八年也。問陳之時，則即位之四十三年，衛靈公是年卒。後之學者宜精究之。　注「《康誥》，《尚書》篇名。周公戒成王，封康叔」。❶　正義曰：案《尚書》云：「成王既伐管叔、蔡叔，以殷餘民封康叔，作《康誥》。」孔安國傳云：「命康叔之誥。康，圻内國名。叔，封字也。」云「殺越人于貨，暋不畏死，凡民罔弗憝」，注云：「殺人顛越人，於是以取貨利。暋，强也。自强爲惡，而不畏死，人無不惡之者。言當消絶之。」釋云：越，于也，於也。　注「諸侯滅國五十」。　正義曰：此蓋據經之文也，已在《滕文公》之篇説焉。　注「魯卿季桓子秉國之政」至「答之」。　正義曰：《左傳》定公五年夏，「季平子卒，桓子嗣立」。杜預云：「季孫斯也。」云「衛孝公養賢者之禮養孔子」，不知何據。

孟子曰：「仕非爲貧也，而有時乎爲貧。娶妻非爲養也，而有時乎爲養。仕本爲行道濟民也，而有以居貧親老而仕者。娶妻本爲繼嗣也，

❶「封康叔」，上注文作「康叔封」。

而有以親執釜竈，不擇妻而娶者。爲貧者，辭尊居卑，辭富居貧。爲貧之仕，當讓高顯之位，無求重禄。辭尊居卑，辭富居貧，惡乎宜乎？抱關擊柝。辭尊富者，安所宜乎？宜居抱關擊柝監門之職也。柝，門關之木也。擊，椎之也。或曰柝，行夜所擊木也。《傳》曰：「魯擊柝，聞於邾。」孔子嘗爲委吏矣，曰：『會計當而已矣。』嘗爲乘田矣，曰：『牛羊茁壯長而已矣。』位卑而言高，罪也。立乎人之本朝而道不行，恥也。」孔子嘗以貧而禄仕。委吏，主委積倉庾之吏也，不失會計當直其多少而已。乘田，苑囿之吏也，主六畜之芻牧者也，牛羊茁壯肥好長大而已。茁茁，❶生長貌也，《詩》云：「彼茁者葭。」位卑不得高言豫朝事，故但稱職而已。立本朝，大道當行，不行爲己之恥。是以君子禄仕者，不處大位。疏「孟子曰」至「恥也」。正義曰：此章言國有道則能者處卿相，國無道則聖人居乘田。量時安卑，不受言責，獨善其身者也。

「孟子曰：仕非爲貧」至「道不行恥也」，孟子言爲仕者，志在欲行其道，以濟生民，非爲家貧乏財故爲仕也。然而家貧親老而仕者，亦有時而爲貧也。娶妻志在爲繼嗣以傳業，非爲其欲奉養其己故娶妻也。然而有以親執釜爨，不擇妻而娶者，是娶妻亦有時乎爲養也。然以孟子於此乃言娶妻之謂者，蓋妻亦臣之喻，故因言爲仕，而帶言之也。所以於下又不復敘之，而獨繼之以爲貧而言也。言爲貧者不苟貪，但免朝不食、夕不食、飢餓不能出門户足矣。高爵非所慕也，故辭其尊而處卑。重禄非所慕也，故辭其富而處貧。凡此者，以其爵有尊卑、禄有多寡故然也。以其禄之少者，則又以貧言之，非所謂家貧之貧也。此又知孟子立言之法也。言辭尊而處卑，辭富而居貧，是安所而宜之乎？言抱關擊柝者是也。抱關擊柝之職，乃監門守禦之吏也，擊柝者，所以擊關門之木以警寇也。以其是爵之卑、禄之貧者也，故曰「惡乎宜乎？抱關擊柝」。又引孔子而證之，言孔子嘗以貧而禄仕，但爲委吏，以掌倉庾。又嘗爲乘田之吏，以掌苑囿，主芻牧也。爲委吏，則曰會計當料量多少斯已矣，未嘗侵官犯分也。爲乘田之助吏，則曰牛羊茁壯肥長斯已矣，又未嘗侵官犯分也。是皆但

❶「茁茁」，按阮校：「孔本、韓本、《考文》古本無一『茁』字。」

爲稱職耳。孟子於此遂因言之曰：如位處卑，而言在高位者，是罪之極也；如立乎人之朝，而道不得行者，君子之所恥辱也。孔子曰「不在其位，不謀其政」，又曰「邦無道，富且貴焉，恥也」，皆此之謂也。　注「親老而仕」至「娶者」。　正義曰：傳云「任重而道遠者，不擇地而息，家貧親老者，不擇官而仕」，是其意歟？　注「《傳》曰：魯擊柝，聞於邾」。　正義曰：已説在敘篇。　注「孔子」至「道也」。　正義曰：案《孔子世家》云：「孔子貧且賤，嘗爲季氏史而料量平，嘗爲司職吏而畜息蕃，由是爲司空，已而去魯。」是其事也。　云「《詩》云：彼茁者葭」，注云：「茁，出也。葭，蘆也。」箋云：「言蘆之始出者。」

萬章曰：「士之不託諸侯，何也？」託，寄也。謂若寄公，食禄於所託之國也。　孟子曰：「不敢也。諸侯失國而後託於諸侯，禮也。士之託於諸侯，非禮也。」謂士位輕，本非諸侯敵體，故不敢比失國諸侯得爲寄公也。　萬章曰：「君餽之粟，則受之乎？」士窮而無禄，君餽之粟，則可受之乎？　曰：「受之。」孟子曰：受之也。「受之何義也？」萬章曰：受粟何義也？　曰：「君之於氓也，固周之。」氓，民也。孟子曰：君之於民，固當周其窮乏，況於士乎？　曰：「周之則受，賜之則不受，何也？」萬章言士窮居，❶周之則受，賜之則不受，何也？　周者，謂周急稟貧民之常料也。❷賜者，謂禮賜横加也。　曰：「不敢也。」孟子曰：士不敢受賜。　曰：「敢問其不敢何也？」萬章問何爲不敢。　曰：「抱關擊柝者，皆有常職以食於上，無常職而賜於上者，以爲不恭也。」孟子曰：有職事者，可食於上有。❸士不仕，自以不任職事而空受賜爲不恭，故不受也。　曰：「君餽之則受之，不識可常繼乎？」萬章曰：君禮餽賢臣，賢臣受之，不知可繼續而常

❶「居」，按阮校：「廖本、孔本、韓本、《考文》古本作『君』。」屬下讀。

❷「料」，按阮校：「廖本、孔本、韓本、《考文》古本作『科』，是也。」

❸「有」，阮本作「禄」。

來致之乎？將當輒更以君命將之也。曰：「繆公之於子思也，亟問，亟餽鼎肉。子思不悅，於卒也，摽使者出諸大門之外，北面稽首再拜而不受，曰：『今而後知君之犬馬畜伋。』蓋自是臺無餽也。孟子曰：魯繆公時尊禮子思，數餽鼎肉。❶子思以君命煩，故不悅也。於卒者，末後復來時也。摽，麾也。麾使者出大門之外，再拜叩頭不受，曰：今而後知君以犬馬畜伋。伋，子思名也。責君之不優以不煩，而但數與之食物，若養犬馬。臺，賤官，主使令者。《傳》曰：「僕臣臺。」從是之後，臺不持餽來，繆公慍也。慍，恨也。❷悅賢不能舉，又不能養也，可謂悅賢乎？」孟子議繆公之雖欲有悅賢之意，而不能舉用使行其道，又不能優養終竟之，豈可謂能悅賢也。曰：「敢問國君欲養君子，如何斯可謂養矣？」萬章問國君養賢之法也。曰：「以君命將之，再拜稽首而受。其後廩人繼粟，庖人繼肉，不以君命將之。子思以爲鼎肉使己僕僕爾，亟拜也，非養君子之道也。將者，行也。孟子曰：始以君命行，禮拜受之。其後倉廩之吏繼其粟，將盡復送，廚宰之人日送其肉，不復以君命者，欲使賢者不答以敬，所以優之也。子思所以非繆公者，以爲鼎肉使己數拜故也。僕僕，煩猥貌，謂其不得養君子之道也。堯之於舜也，使其子九男事之，二女女焉，百官牛羊倉廩備，以養舜於畎畝之中，後舉而加諸上位，故曰王公之尊賢者也。」堯之於舜如是，是王公尊賢之道也。九男以下，已說於上篇。上位，尊帝位也。

疏「萬章曰」至「尊賢者也」。正義曰：此章言知賢之道，舉之爲上，養之爲次，不舉不養，賢惡肯歸？是以孟子上陳堯舜之大法，下刺繆公之不弘者也。「萬章曰：士之不託諸侯何也」，萬章問孟子，言士之不寄公食祿於諸侯。是如之何也？「孟子曰：不敢也」至「非禮也」者，孟子答之，以爲士之所以不託於諸侯者，以其不敢也。

❶「數」上，阮本有「數問」二字。

❷「繆公慍也慍恨也」，按阮校，經文似有奪，或注文作「繆公慍恨也」五字，「也慍」二字衍。

如諸侯失去其國，然後託於諸侯，是禮也。士之託於諸侯，非是禮也。以其諸侯失國，不得繼世，而託食禄於諸侯，則所託之諸侯不敢臣之也，以賓禮之而已，蓋爲諸侯，於諸侯有賓道焉。士之於諸侯，則臣道也，有臣之道，故不敢託也，如託於諸侯，則非禮也。「萬章曰：君餽之粟，則受之乎」，萬章又問孟子，士既窮而無禄，如國君餽賜之以粟，則可受之乎？「曰：受之」，孟子以爲可受之也。「受之何義也」，萬章又問受之是何義也。「曰：君之於氓也，固周之」，孟子又答云：君之於民，固當賙其窮乏，況爲士乎？「曰：周之則受，賜之則不受，何也」，萬章又問，謂國君周之則受之也，君所賜則不受，是如之何？「曰：不敢也」，孟子又答之，以爲是不敢也。「曰：敢問其不敢何也」，萬章又以此問之。「曰：抱關擊柝者」至「恭也」，孟子又答之曰：抱關擊柝爲監門之吏者，是皆有常職事，可以食於君也。如士者，是無常職事，若空見賜於君者，是以爲不恭，故不敢受也。以其受與不受，特在義之而已。「曰：君餽之則受之，不識可常繼乎」，萬章又問，以謂國君餽之以粟，則可以受之，不知可以常繼續而餽之與？「曰：繆公之於子思」至「可謂悦賢者乎」，孟子又答之，言魯繆公尊於子思，數數問之，而又數數餽賜其鼎肉。子思以君命如是之煩，故憤而不居悦。❶於卒末後復來餽之時，子思乃麾使者出諸大門之外，嚮北稽首，再拜辭之而不受，曰：至今而後乃知魯君以犬馬畜養其伋也。伋，子思自稱其名也。❷蓋自子思如是辭之之後，僕臣臺從此不持餽來也。孟子於此，又因而譏繆公既能悦其子思之賢，而不能舉而用之，又不能以禄養之，可謂能悦賢者乎？言不可爲悦賢之君也。「曰：敢問國君欲養君子，如何斯可謂養矣」，萬章又問國君今欲養賢，如之何可以謂之養也。「曰：以君命將之」至「王公之尊賢者也」，孟子答之，以爲始以君命賜行，禮拜而受之，其後倉庾之吏繼其粟，將盡又送餽之，廚宰之人繼送其肉而不絶，又不以君命，欲使賢者不答以敬，以是爲優其養。所以非繆公以爲鼎肉，使已數數拜而僕僕然也。僕僕即煩猥貌也。如此，是非所以養賢之道也。且堯帝於舜也，乃使九男事之，二女女焉。女者，以女嫁人謂之女也。又以百官牛羊倉廩備，以養舜於畎畝側微之中，後能舉用而加諸帝位。如此，則爲王公大人所以尊賢者也。孟子引此，適所以譏繆

❶「居」，阮本作「喜」。
❷「子思」，原作「曾子」，據四庫本及阮校改。

公不能舉用子思，徒使鼎肉有迫子思之煩猥也。抑又所以救時之弊者焉。　注「託，寄也。謂若寄公」。　正義曰：案《禮記·大喪服》云「君之喪未斂爲寄公者」是也。注「九男」、「二女」，更不復説。

萬章曰：「敢問不見諸侯，何義也？」問諸侯聘請而夫子不見之，於義何取也？　孟子曰：「在國曰市井之臣，在野曰草莽之臣，皆謂庶人。庶人不傳質爲臣，不敢見於諸侯，禮也。」在國謂都邑也，民會於市，故曰市井之臣。在野居之，曰草莽之臣。❶莽亦草也。庶，衆也。庶衆之人，❷未得爲臣。傳，執也。見君之質，執雉之屬也。未爲臣，則不敢見之，禮也。　萬章曰：「庶人召之役則往役，君欲見之，召之則不往見之，何也？」庶人召使給役事，則往供役事，君召之見，不肯往見，❸何也？　曰：「往役，義也。往見，不義也。且君之欲見之也，何爲也哉？」孟子曰：庶人法當給役，故往役，義也。庶人非臣也，不當見君，故往見，不義也。且君何爲欲見而召之？　曰：「爲其多聞也，爲其賢也。」萬章曰：君以是欲見之也。　曰：「爲其多聞也，則天子不召師，而況諸侯乎？爲其賢也，則吾未聞欲見賢而召之也。孟子曰：安有召師、召賢之禮，而可往見？　繆公亟見於子思，曰：『古千乘之國以友士，何如？』子思不悦，曰：『古之人有言曰：事之云乎！豈曰友之云乎？』子思之不悦也，豈不曰：『以位，則子君也，我臣也，何敢與君友也？以德，則子事我者也，奚可以與我友？』千乘之君，求與之友而不可得也，而況可召

❶「故曰」至「草莽之臣」，按阮校：「廖本、《考文》古本作『故曰市井之人在野野居之人』，孔本、韓本同廖本，上『人』作『臣』。」

❷「庶衆」，按阮校：「宋本、孔本、韓本、《考文》古本作『衆庶』。」

❸「肯」，原作「月」，按阮校：「岳本、廖本、孔本、韓本、《考文》古本作『肯』，是也。閩、監、毛三本作『自』，亦非。」據改。

與？魯繆公欲友子思，子思不悦，而稱曰：古人曰見賢人當事之，豈云友之邪？孟子云：子思所以不悦者，豈不謂臣不可友君，弟子不可友師也。若子思之意，亦不可友，況乎可召之？齊景公田，招虞人以旌，不至，將殺之。志士不忘在溝壑，勇士不忘喪其元，孔子奚取焉？取非其招不往也。」已說於上篇。曰：「敢問招虞人何以？」萬章問招虞人當何用也。曰：「以皮冠。庶人以旃，士以旂，大夫以旌。」孟子曰：招禮若是。皮冠，弁也。旃，通帛也，因章曰旃。旂，旌有鈴者。旌，注旄首者。❶以大夫之招招虞人，虞人死不敢往。以士之招招庶人，庶人豈敢往哉？況乎以不賢人之招招賢人乎？以貴者之招招賤人，賤人尚不敢往，況以不賢人之招招賢人乎？不賢之招，是不以禮者也。❷欲見賢人而不以其道，猶欲其入而閉之門也。夫義，路也；禮，門也。惟君子能由是路，出入是門也。欲人之入而閉其門，何得而入乎？❸閉門如閉禮也。❹《詩》云：『周道如厎，其直如矢。君子所履，小人所視。』《詩》，《小雅·大東》之篇。厎，平。矢，直。視，比也。周道平直，君子履直道，小人比而則之。以喻虞人能効君子守死善道也。萬章曰：「孔子君命召，不俟駕而行，然則孔子非與？」俟，待也。孔子不待駕而應君命也，孔子爲之非與？曰：「孔子當仕，有官職，而以其官召之也。」孟子言孔子所以不待駕者，孔子當仕位，有官職之事，君以其官名召之，豈得不顛倒。《詩》云：「顛之倒之，自公召之。」不謂賢者無位而君欲召

❶「注旄首者」，按阮校：「下『者』字衍。宋本、岳本、廖本、《考文》古本作『注旄首者』，閩、監、毛三本作『注旄干首者』，孔本、韓本作『注旄千首者』。按作『干』是也。」

❷「是不以禮者也」，按阮校：「廖本、孔本、韓本、《考文》古本作『不以禮也』，足利本有『是』字。」

❸「何」，按阮校：「廖本、孔本、韓本作『可』。」

❹「門」，原作「閉」，據阮本改。

見也。疏「萬章曰」至「召之也」。正義曰：此章言君子之志，志於行道，不得其禮，亦不苟往者也。「萬章曰：敢問不見諸侯，何義也」，萬章問孟子所以不見諸侯，其義謂何？「孟子曰：在國曰市井之臣」至「禮也」，孟子答之，以謂凡在都邑謂之市井之臣，在郊野謂之草莽之臣，然總而言之，皆謂之衆庶之人。如衆庶之人未得傳質爲臣者，故不敢就見於君也，以其無禮也。傳質者，所執其物以見君也。如公執桓圭，侯執信圭，伯執躬圭，子執穀璧，男執蒲璧。又諸侯世子執纁，孤執玄，附庸之君執黄，卿執羔，大夫執鴈，士執雉，是所以爲贄也。「萬章曰：庶人召之役則往役，君欲見，召之則不往見之，何也」，萬章又問孟子曰：庶人於君，召之給役，則庶人往就其役事，今君欲見，召之乃不往者，是如之何也？萬章見齊王召孟子，孟子不往，所以有是問之。「曰：往役，義也。往見，不義也」，孟子答之曰：庶人往應其役，是其義當往也。以其庶人於君，其法當爲之役故也。往而見君者，是不義也，以其庶人非臣也，義不當往見君故也。「且君之欲見之也者，何爲也哉」，孟子又以此問萬章，言且國君所欲見之者，何爲也哉？「曰：爲其多聞也，爲其賢也」，萬章答之曰：君之所以欲見之者，❶是爲多聞，又爲其賢有德也。「曰：爲其多聞也」至「而召之也」，孟子又曰：如是爲其多聞也者，則雖天子，亦且不召其師，而況諸侯可召而見之乎？如是賢爲有其德也，則我未曾聞知有欲見賢者而以召之也。「繆公亟見子思」至「不往也」，孟子又引繆公而證之，言魯繆公數數見於子思，乃曰：古者千乘之國君以友其士，何如？子思遂愠而不喜，曰：古之人有言曰：見賢人則當事矣，豈嘗云友之乎？然而子思所以不悦者，其意豈不謂以位推之，則子是爲君，尊矣，而我則臣小也，❷何敢與君爲之交友也？以有德論之，則子事我，爲子之師也，奚可以與我爲友？是則千乘之國君求賢者與之爲友，而尚且不可得也，而況諸侯於今可召賢者而見之乎？「齊景公」至「不往也」，説於上篇矣，此更不云。「曰：敢問招虞人何以」，萬章見孟子言齊景公招虞人之事，遂因問之，曰：招虞人當用何物而招之。「曰：以皮冠，庶人以旃」至

---

❶「者」下，原衍「何爲也哉」至「欲見之者」二十七字，與前文重複，據阮本删。

❷「小」，阮本作「下」。

「賢人乎」，孟子以答之，曰：招虞人當以皮弁而招之也，❶庶人則以通帛招之，士以旂，大夫以旌。如以大夫之旌招虞人，虞人雖死亦且不敢往應其招也，以其士之旂而招庶人，庶人豈敢往而應之哉？而況以不賢之招而招賢人乎？不賢之招，即不以禮之謂也。「欲見賢人而不以道」至「小人所視」，孟子又言：今之諸侯欲見賢人而不以其道，是若欲人入其門而反閉其門也，如此，尚何可得而見之乎？夫義是若路也，禮若門也，惟君子之人能由行此義之路，出入此禮之門。上今乃反塞其義路，而閉其禮門，使君子何由而出入哉？此孟子亦即此謂今之諸侯欲見賢人，而乃欲召之，則賢尚可得而見邪？而《小雅·大東》之詩，有云周道平直，如砥之平、箭之直也，君子亦所常履行此平直之道，而爲小人所常視而則法之矣。然以此證之者，蓋謂賢人所以不往見於諸侯者，是所守以義，而爲衆人所矜式耳。「萬章曰：孔子君命召不俟駕而行，然則孔子非與」，萬章又問孟子，以謂孔子常於君命召，則不敢坐待駕而後行。如此，則孔子誠爲非與？「曰：孔子當仕，有官職，而以其官召之也」，孟子又答之曰：孔子所以不俟駕而行者，以其當於爲仕有官職，而國君以其官而召之也，豈得爲非耶？　注「質，執雉之屬」。　正義曰：已説於前矣。　注「孟子曰」至「首者」。　正義曰：案《士冠禮》注云：「皮弁以白鹿爲之象。」舊《禮圖》云：「以鹿皮淺毛黄白者爲之，高尺二寸。」今虞人以皮弁者，皮弁以田故也。又案《周禮·司常》職云：「交龍爲旂，通帛爲旃，析羽爲旌。」鄭注云「通帛謂大赤，從周，正色，無飾，析羽，皆五采繫之於燧旌之上，❷所謂注旄於首」是也。　注「《詩》，《小雅》」至「善道也」。　正義曰：此《詩》蓋刺亂之詩也。譚國在東，其大夫作是詩，故云《大東》。注云：「如砥貢財，平均也；如矢賞罰，不偏也。」言君子皆法傚，履而行之，其如砥矢之平直，小人又皆視之，共之無怨也。　注「孟子言孔子所以不待駕」至「豈可見也」。　正義曰：《語》云：「君命召，不俟駕而行。」是時孔子爲中都宰，以其有官職也。《詩》云「顛之倒之，自公召之」，此乃《國風·東方未明》之章文也。箋云：「群臣顛倒衣裳而朝，人又從君所來而召之也。」云「伊尹三聘而後就湯」，孟子云「湯三使往聘之」，是其文也。❸云「沮溺耦耕，接輿佯狂」，按

❶「弁」，原作「升」，據上注文及阮本改。
❷「燧」，阮本作「旂」。
❸「其」，原作「亦」，據阮本改。

《論語》云：「長沮、桀溺耦而耕。」鄭注云：「長沮、桀溺，隱者也。耜廣五寸，二耜爲耦。」又云：「楚狂接輿歌而過孔子，曰：鳳兮鳳兮。」蓋楚狂接輿是楚人，姓陸名通，字接輿也。昭王時政令無常，乃被髮佯狂，不仕，時人謂之楚狂也。趙注引而證其解。

孟子謂萬章曰：「一鄉之善士，斯友一鄉之善士。一國之善士，斯友一國之善士。天下之善士，斯友天下之善士。鄉，一鄉之善者。國，一國之善者。❶天下，四海之內，各以大小來相友，自爲疇匹也。以友天下之善士爲未足，又尚論古之人。頌其詩，讀其書，不知其人，可乎？是以論其世也，是尚友也。」好善者以天下之善士爲未足極其善道也。尚，上也。乃復上論古之人，頌其詩。詩歌頌之，故曰頌。❷讀其書者，猶恐未知古人高下，故論其世以別之也。在三皇之世爲上，在五帝之世爲次，在三王之世爲下，是爲好上友之人也。疏「孟子」至「尚友也」。正義曰：此章言好高慕遠，君子之道，樂其崇茂者也。「孟子謂萬章曰」至「是尚友也」，孟子謂萬章，言一鄉之中有其善者，所友斯亦一鄉之善士者也。一國之中有善士，所友者亦一國之善士者也。天下於四海之內，有其善士者，所友亦以天下之善士者也。如友天下之善士者爲未足以極其善道，則又上論古之人，而頌歌其詩，看讀其書，如此，不知其如是之人可以友也乎？然猶未知其人之可友也，抑又當論其人所居之世如何耳。能以此，乃是尚友之道也。孟子所以謂之以此者，蓋欲教當時之人尚友也。孔子云「無友不如己者」，與其《詩》云「高山仰止，景行行止」，亦其意歟。

齊宣王問卿。孟子曰：「王何卿之問也？」王問何卿也。王曰：「卿不同乎？」曰：「不同。有貴戚之卿，有異姓之卿。」孟子曰：卿不同，貴戚之卿謂內外親族也，異姓之卿謂有德命爲王

---

❶「一國」，按阮校：「廖本、孔本、韓本、《考文》古本『一國』作『國中』。」

❷「頌之」，原作「國近」，按阮校：「廖本、孔本、韓本、《考文》古本作『頌之』，是。」據改。

卿也。❶王曰：「請問貴戚之卿。」問貴戚之卿如何。曰：「君有大過則諫，反覆之而不聽，則易位。」孟子曰：貴戚之卿，反覆諫君，君不聽，則欲易君之位，更立親戚之貴者。❷王勃然變乎色。王聞此言，慍怒而驚懼，故勃然變色。曰：「王勿異也。王問臣，臣不敢不以正對。」孟子曰：王勿怪也。王問臣，臣不敢不以其正義對。王色定，然後請問異姓之卿。王意解，顔色定，復問異姓之卿如之何也。曰：「君有過則諫，反覆之而不聽，則去。」孟子言異姓之卿諫君不從，王而待旅，❸遂不聽之，則去而之他國也。疏「齊宣」至「則去」。正義曰：此章言國須賢臣，必擇忠良，親近貴戚，或遭殃禍者也。「齊宣王問卿」，是齊王問孟子爲卿者如之何也。「孟子曰：王何卿之問」，孟子答之，以謂王問何卿也。「王曰：卿不同乎」，宣王見孟子以爲問何卿，故問之曰：然是卿有不同而異之乎？「曰：不同，有貴戚之卿，有異姓之卿」，孟子又答之，曰：卿不同也，以其有貴戚内外親族之卿，有異姓有德之卿也。「王曰：請問貴戚之卿」，宣王又問貴戚之卿是如之何也。曰：君有過謬則諫諍，以至反覆數諫，君不聽從，則欲更易君位，更立其君者也。「王勃然變乎色」，宣王聞此言，遂憤而驚恐，乃勃然變乎顔色。「曰：王勿異也，王問臣，臣不敢不以正對」，孟子又曰：王勿怪異我之言也，王之所以問臣，臣不敢不以正義對王也。「王色定，然後請問異姓之卿」，宣王見孟子此言，顔色遂解，而心且安定，故無驚恐，然後又問其異姓之卿是如之何。「曰：君有過則諫，反覆之而不聽，則去」，孟子又答之，曰：國君有過謬則諫諍之，以至反覆數諫而不聽從，則去而之他國者是也。如紂之無道，微子、比干諫之而不聽，一則雖爲之見剖，一則抱祭器而從周。伊尹發於有莘之野，而爲殷湯興治天下，蓋亦本湯立賢無方故也，宣孟子有是而告齊王。

孟子注疏解經卷第十下

❶「王」，按阮校：「廖本、孔本、韓本、《考文》古本作『三』。」

❷「貴」，按阮校：「閩、監、毛三本作『賢』，是。」

❸「王而待旅」，按阮校：「廖本、《考文》古本『王』作『三』，『旅』作『放』，是也。」

孟子注疏解經卷第十一上

孫奭疏

告子章句上凡二十章

趙氏注告子者，告，姓也；子，男子之通稱也；名不害。兼治儒墨之道者，嘗學於孟子，而不能純徹性命之理。《論語》曰：「子罕言命。」謂性命難言也。以告子能執弟子之問，故以題篇。

疏正義曰：此篇首論告子言性，所以次於《萬章》問孝之篇者，以其爲孝之道，其本在性也，故此篇首以告子之言性，遂爲篇題，次於《萬章》，不亦宜乎？此篇凡三十六章，趙氏分之以成上下卷。此卷凡二十章而已。一章言養性長義，順夫自然，殘木爲器，變而後成。二章言人之欲善，由水好下，迫勢激躍，失其素真。三章言人之性與善俱生。四章言明仁義由內，以曉告子。五章言公都告子受命，然後乃理。六章言天之生人，皆有善性，引而趍之，善惡異衢。其七章言人稟性俱有好憎，或爲君子，或爲小人，猶麰麥不齊，雨露使然也。八章言秉心持正，使邪不干，猶止斧斤，不伐牛山，則山木茂，人則稱仁。九章言弈爲小數，不精不能，一人善之，十人惡之，若竭其道，何由智哉？十章言舍生取義，義之大者也。十一章言由路求心，爲得其本。十二章言舍大惡小，不知其要。十三章言莫知養身，而養其樹木。十四章言養其行，治其正，俱用智力，善惡相厲，是以君子居處思義，飲食思禮。十五章言天與人性，先立其大。十六章言古人修天爵，自樂之也，今要人爵，以誘時也，得人弃天，道之忌也，或以招之，小人事也。十七章言所貴在身，人不知求。十八章言爲仁不至，不反求諸己，謂水勝火，熄而後已，不仁之甚，終爲亡矣。十九章言功毁幾成，人在慎終，五穀不熟，荑稗是勝，是以爲仁，必其成也。二十章言彀張規矩，以喻爲仁，學不爲人，由是二教，失其法而行之者也。其餘十六章，趙氏分在下卷，各有敘焉。

注「告子者姓」至「篇題」。正義曰：云「告子名不害」者，《盡心》篇有浩生不害，疑爲告子，姓告名不害，以浩生爲字。趙注又云：浩生姓，名不害。又爲二人。其他經傳未詳甚人。云《論語》「子罕言命」，❶蓋《論語》第九篇首云也，故以題其篇。

告子曰：「性，猶杞柳也；義，猶桮棬也。以人性爲仁義，猶以杞柳爲桮棬。」告子以爲人性爲才幹，義爲成器，猶以杞柳之木爲桮棬也。杞柳，柜柳也。一曰杞，木名也，《詩》云：「北山有杞。」桮棬，桮素也。孟子曰：「子能順杞柳之性而以爲桮棬乎？將戕賊杞柳而後以爲桮棬也？戕猶殘也，《春秋傳》曰：「戕舟發梁。」所能順完杞柳，❷不傷其性，而成其桮棬乎？❸將斤斧殘賊之，❹乃可以爲桮棬乎？言必殘賊也。如將賊杞柳而以爲桮棬，❺則亦將戕賊人以爲仁義與？孟子言以人身爲仁義，豈可復殘傷其形體乃成仁義邪？明不可比桮棬。率天下之人而禍仁義者，必子之言夫！」以告子轉性爲仁義，若轉木以成器，必殘賊之，故言率人以禍仁義者，必子之言。夫，蓋歎辭也。疏「告子」至「言夫」。正義曰：此章言養性長義，順夫自然，殘木爲器，變而後成。孟子拂之，不假以言也。「告子曰」至「爲桮棬」，告子言人之性譬若杞柳，義若桮棬也。以人之性爲其仁義之道，若以杞柳之木爲之桮棬也。杞，枸杞也。柳，少楊也。桮，素樸也。棬，器之似屈轉木作也。以其杞柳可以楺而作棬也。「孟子曰：子能順杞柳之性爲桮棬乎」至「必子之言夫」，孟子乃拂之曰：子能順杞柳之木性以爲桮棬乎？以其將以斤斧殘賊其杞柳然後爲之桮棬也。如將斤斧殘賊杞柳而以爲之桮棬，是亦將殘賊人之形軀然後以爲仁義與。且驅率天下之人而殘禍仁義之道者，是亦必子之此言也。孟子所以拂之以此，蓋謂人之性仁義，固有不可比之桮棬以杞柳爲之也。注「杞

❶「命」，原作「合」，據阮本改。

❷「所」，按阮校：「廖本、孔本、韓本、《考文》古本、足利本作『子』。」

❸「其桮棬」，按阮校：「孔本、韓本、《考文》古本無『其』字。」

❹「將」下，按阮校：「岳本有『以』字。」

❺「賊」上，宋槧大字本有「戕」字。按阮校：「此本脱『戕』字。」

柳，桮柳」至「素」。❶　正義曰：案《説文》云：「杞，枸杞。」「柳，少楊也。」「桮，匲也。」「棬，屈木盂也，所謂器似升屈木作是也。」《詩》云「北山有杞」，《南山有臺》文也。

告子曰：「性猶湍水也，決諸東方則東流，決諸西方則西流。人性之無分於善不善也，猶水之無分於東西也。」湍水圜也，謂湍水湍縈水也。❷告子以喻人性若是水也，善惡隨物而化，無本善不善之性也。孟子曰：「水信無分於東西，無分於上下乎？人性之善也，猶水之就下也。人無有不善，水無有不下。今夫水搏而躍之，可使過顙；激而行之，可使在山。是豈水之性哉？其勢則然也。人之可使爲不善，其性亦猶是也。」孟子曰：水誠無分於東西，故決之而往也，水豈無分於上下乎？水性但欲下耳。人性生而有善，猶水之欲下也。所以知人皆有善性，似水無有不下者也。躍，跳。顙，❸額也。人以手跳水，可使過顙，激之可令上山，皆迫於勢耳，非水之性也。人之可使爲不善，非順其性也，亦妄爲利欲之勢所誘迫耳，猶是水也。言其本性非不善也。疏「告子」至「是也」。　正義曰：此章言人之欲善，猶水好下，迫勢激躍，失其素真，是以守正性爲君子，隨曲折爲小人者也。「告子曰：性猶湍水也」至「東西也」，告子言人之性猶縈迴之水也。湍，圜，縈迴之勢也。縈迴之水，決之使流於東方則東流之，使之流西方則西流之。而人之性無分於爲善爲不善也，如縈迴之水，無分於東西也。「孟子曰」至「是也」，孟子言：水之性無分於東西上下乎？言有分於東西上下也。人性之善也，猶水之就下也，人無有性之不善者，水無有不就下者。今夫水之勢，搏而跳之，可使過顙；激而行之，可令上山，如此，豈水性如是哉？是其勢如是也。人之性所以可使爲不善者，亦若此水之勢也。以其人之性不善，乃利慾而誘迫之也，亦搏激其水之謂也。　注「湍者

❶「素」下，據上注文當有「也」字。

❷「湍水圜也謂湍水湍縈水也」，按阮校：「廖本、孔本、韓本、《考文》古本上『湍水』作『湍者』，下『湍水』無『水』字，『縈』作『瀠』。案僞疏亦作『湍者圜也』，《音義》出『瀠』字。」

❸「額」，原作「顧」，據經文及阮本改。

圜也」。　正義曰：《説文》云：「湍，急瀨水。」又云：「瀨，水流沙上也。」今謂縈迴之水者，❶言其水流沙上，❷縈迴之勢，湍湍然也。

告子曰：「生之謂性。」凡物生同類者皆同性。孟子曰：「生之謂性也，猶白之謂白與？」猶見白物皆謂之同白，無異性。曰：「然。」告子曰然。「白羽之白也，猶白雪之白；白雪之白，猶白玉之白歟？」孟子以爲羽性輕，雪性消，玉性堅，雖俱白，其性不同。問告子以三白之性同邪？❸曰：「然。」告子曰然，誠以爲同也。「然則犬之性猶牛之性，牛之性猶人之性歟？」孟子言犬之性豈與牛同所欲，牛之性豈與人同所欲乎？　疏「告子曰生之」至「性歟」。　正義曰：此章言物雖有性，性各殊異，惟人之性，與善俱生者也。「告子曰：生之謂性」，告子言人之生與物之生皆謂之性，以其爲同也。「孟子曰：生之謂性也，猶白之謂白歟」，孟子見告子以爲凡物生同謂之性，故問之曰：然則生之謂性，是如凡物之白皆謂同白，無異性也。「曰然」，告子以爲誠如是也。「白羽之白也，猶白雪之白；白雪之白，猶白玉之白歟」，孟子又言：是則白羽毛之白，亦如白雪之白；白雪之白，亦如白玉之白歟？故以此三者問告子。然孟子以謂羽毛之白，則其性輕；白雪之白，其性易消；白玉之白，其性堅，是其性有不同其白也。「曰然」，告子不知爲有異，故亦以爲誠然也。言則同也。「然則犬之性猶牛之性，牛之性猶人之性歟」，孟子曰：又如是，則犬狗之性猶牛之性，牛之性亦猶人之性與？孟子所以言此者，以其犬之性，金畜也，故其性守；牛之性，土畜也，故其性順；夫人受天地之中，萬物俱備於我者也，是其稟陰與陽之氣所生也，故其性能柔能剛，是爲不同者。告子不知，但知其麤者也。

告子曰：「食、色，性也。仁，内也，非外也。義，外也，非内也。」人之甘食、悦色者，人

❶「今」，原作「令」，按阮校：「『今』之誤。監、毛本不誤。」據改。

❷「言」，原作「然」，按阮校：「『言』之誤。監、毛本不誤。」據改。

❸「子」，按阮校：「廖本、孔本、韓本、《考文》古本疊『子』字。」

之性也。仁由内出，義在外也，不從己身出也。孟子曰：「何以謂仁内義外也？」孟子怪告子是言也。曰：「彼長而我長之，非有長於我也。猶彼白而我白之，從其白於外也，故謂之外也。」告子言見彼人年老長大，❶故我長敬之。長大者，非在我者也，猶白色見於外者也。曰：「異於白馬之白也，無以異於白人之白也。不識長馬之長也，無以異於長人之長歟？且謂長者義乎？長之者義乎？」孟子曰：長異於白，白馬白人，同謂之白可也，不知敬老馬無異於敬老人邪。且謂老者爲有義乎？將謂敬老者爲有義乎？且敬老者，己也，何以爲外也？曰：「吾弟則愛之，秦人之弟則不愛也，是以我爲悦者也，故謂之内。長楚人之長，亦長吾之長，是以長爲悦者也，故謂之外也。」告子曰：愛從己則己心悦，故謂之内。所悦喜老者在外，故曰外也。曰：「耆秦人之炙，無以異於耆吾炙。夫物則亦有然者也，然則耆炙亦有外歟？」孟子曰：耆炙同等，情出於中。敬楚人之老，與敬己之老，亦同己情性敬之。雖非己炙，同美，故曰物則有然者也。如耆炙之意，豈在外邪。言楚、秦，喻遠也。疏「告子曰：食色」至「亦有外歟」。正義曰：此章言事者雖從外，行其事者，皆發於中。明仁義由内，所以曉告子之惑者也。「告子曰：食、色，性也。仁，内也，非外也。義，外也，非内也」，告子言人之嗜其甘食，悦其好色，是人之性也。仁在我爲内，非自外而入者也；義在彼非在我，故爲外也，非内也。「孟子曰：何以謂仁内義外也」，孟子見告子以爲仁内義外，故問之曰：何以謂仁内義外？「曰：彼長而我長之」至「故謂之外也」，告子言彼人之年老，而我從而敬長之，非有長在我也。如彼物之色白，而我從而白之，是從其白於外也，我故謂義爲在外也。「曰：異於白馬之白也，無以異於白人之白也。不識長馬之長也，無以異於長人之長歟？且謂長者義乎，長之者義乎」，孟子又闢之曰：彼長而我長之，異於彼白而我白之也。於白馬之色白，無以異於白人之色白也，是則同也，

❶「彼」，原作「被」，據阮本改。

不知長老馬無以異於長人之長老乎？以其是則有異也。蓋白馬之白，與白人之白者，彼白而我白之耳，我何容心於其間哉，固無異也。長馬之長，與長人之長，則有欽不欽之心矣，此所以有異焉。以其長人之長者有欽，長馬之長者無欽，是則長者在彼，長之者在我，而義自長之者生，非自長者生也。如此，告子何得謂之外乎？故問之曰：且謂長者爲有義乎，長之者爲有義乎？「曰：吾弟則愛之」至「故謂之外也」，告子又謂我之弟則親愛之，秦人之弟則我不愛，是愛以我爲悦者也，愛主仁，故謂仁爲内也。敬長楚人之長者，亦敬長吾之長者，是以長爲悦者也，長主義，故謂義爲外也。「曰：耆秦人之炙，無以異於耆吾炙」至「亦有外歟」，孟子又以秦人之炙而排之，曰：好秦人之炙，無以異於好吾之炙，爲物耳，則亦有如也，然則好炙亦有外歟？且孟子所以排之以此者，蓋謂仁義皆内也。以其秦人之弟則不愛，吾弟則愛之，愛與不愛，是皆自我者也，告子謂之以我爲悦，則是矣。吾之長者吾長之，楚人之長吾亦長之，長之亦皆自我者也，告子又謂之以長爲悦，則非矣。是亦猶秦人之炙與吾之炙雖不同，而嗜之者，皆自我也。如是，則義果非生於外者也。云炙實，❶《周書》曰「黄帝始燔肉爲炙」是也。秦、楚，所以喻外。

孟季子問公都子曰：「何以謂義内也？」季子亦以爲義外也。曰：「行吾敬，故謂之内也。」公都子曰：以敬在心而行之，故言内也。「鄉人長於伯兄一歲，則誰敬？」季子曰：敬誰也？曰：「敬兄。」公都子曰：當敬兄也。「酌則誰先？」季子曰：酌酒則誰先酌？❷曰：「先酌鄉人。」公都子曰：當先鄉人。「所敬在此，所長在彼，果在外，非由内也。」季子曰：所敬者兄也，所酌者鄉人也。如此，義果在外，不由内也。果猶竟也。公都子不能答，以告孟子。公都子無以答季子之問。孟子曰：「敬叔父乎？敬弟乎？彼將曰：『敬叔父。』曰：『弟爲尸則誰敬？』彼將曰：『敬弟。』子曰：『惡在其敬叔父也？』彼將曰：『在位故也。』子亦曰：『在位故也。』

❶「實」，監、毛本作「者」。

❷「則誰先酌」，按阮校：「岳本、孔本、韓本、《考文》古本作『則先酌誰』。」

庸敬在兄，斯須之敬在鄉人。」孟子使公都子答季子如此，言弟以在尸位，故敬之。鄉人以在賓位，故先酌之耳。庸，常也。常敬在兄，斯須之敬在鄉人。季子聞之，曰：「敬叔父則敬，敬弟則敬，果在外，非由內也。」隨敬所在而敬之，果在外。公都子曰：「冬日則飲湯，夏日則飲水，然則飲食亦在外也。」湯、水雖異名，其得寒、溫者中心也。雖隨敬之所在，亦中心敬之，猶飲食從人所欲，豈可復謂之外也？

疏「孟季」至「亦在外也」。 正義曰：此章言凡人隨形，不本其原，賢者達情，知所以然。季子信之，猶若告子，公都受命，然後乃理者也。「孟季子問公都子曰：何以謂義內也」，孟季子猶若告子，以爲義外，故問孟子弟子公都子曰：何以謂義爲內也？「曰：行吾敬，故謂之內也」，公都子答之，曰：所敬在心而行之，故謂義爲內也。「鄉人長於伯兄一歲，則誰敬」，季子又問之曰：鄉之人有長於己之伯兄一歲，則當敬誰？「曰：敬兄」，公都子曰：當敬己之兄也。「酌則誰先」，季子又問之，曰：如在筵則酌酒先酌誰。「曰：先酌鄉人」，公都子曰：當先酌鄉人也。「所敬在此，所長在彼，果在外，非由內也」，季子又言：所敬在兄，是敬在此；酌在鄉人，是所長在彼，是義果在外者也，非由內而出之也。「公都子不能答，以告孟子」，公都子於此遂無言以應答，而乃告知於孟子。「孟子曰」至「斯須之敬在鄉人」，孟子謂公都子曰：敬叔父乎？敬弟乎？彼季子將曰敬叔父；則問之曰弟爲主，則誰敬？彼季子將曰敬弟；則又問之曰：如敬弟，則安在敬其叔父也？彼季子將曰弟在位，故敬之也。子亦與之曰：所以先酌鄉人者，亦以在賓主位，❶故先酌之也。言常敬者在兄，斯須少頃之敬在鄉人也。「季子聞之」至「非由內也」，季子聞孟子此言，故謂之曰：敬叔父則敬之，敬己之弟則亦敬之，是隨敬所在，則敬在外，非由內也。「公都子曰：冬日則飲湯」至「亦在外也」，公都子由孟子教之，❷以此乃曉其理，故自又以冬夏所飲比喻而曉季子之惑也。言冬寒之日則飲湯，夏熱之日則飲水，如是則飲食亦有在外者也。蓋謂湯、水雖異名，然得其寒、熱而飲之者，在我之中心然也，猶敬叔父、敬弟雖有異，然而能敬之者在我而已。敬在

❶「主」，阮本作「之」。
❷「由」，阮本作「因」。

我，則敬在心而出之者也，安得謂之在外乎？　季子即下卷所謂季任，爲任處守者。

公都子曰：「告子曰：『性無善無不善也。』公都子道告子以爲人性在化，無本善不善也。　或曰：『性可以爲善，可以爲不善。　是故文、武興則民好善，幽、厲興則民好暴。』公都子曰：或人以爲可教以善、不善，亦由告子之意也。　故文、武聖化之起，民皆喜爲善；幽、厲虐政之起，民皆好暴亂。　或曰：『有性善，有性不善。　是故以堯爲君而有象，以瞽瞍爲父而有舜，以紂爲兄之子且以爲君而有微子啓、王子比干。』公都子曰：或人者以爲人各有性，❶善惡不可化移，堯爲君，象爲臣，不能使之爲善；瞽瞍爲父，不能化舜爲惡；紂爲君，又與微子、比干有兄弟之親，亦不能使其二子爲不仁，❷是亦各有性也矣。　今曰性善，然則彼皆非歟？」公都子曰：告子之徒，其論如此，今孟子曰人性盡善，然則彼之所言皆爲非歟？　孟子曰：「乃若其情，則可以爲善矣，乃所謂善也。　若夫爲不善，非才之罪也。　若，順也。　性與情相爲表裏，性善勝情，情則從之。《孝經》云「此哀戚之情」，情從性也。　能順此情，使之善者，真所謂善也。　若隨人而强作善者，非善者之善也。　若爲不善者，非所受天才之罪，物動之故也。　惻隱之心，人皆有之。　羞惡之心，人皆有之。　恭敬之心，人皆有之。　是非之心，人皆有之。　惻隱之心，仁也。　羞惡之心，義也。　恭敬之心，禮也。　是非之心，智也。　仁、義、禮、智，非由外鑠我也，我固有之也，弗思耳矣。　故曰求則得之，舍則失之。　或相倍蓰，而無筭者，不能盡其才者也。　仁、義、禮、智，人皆有其端，懷之於内，非從外銷鑠我也。　求存之，則可得而用之；舍縱之，則亡失之矣。　故人之善、惡，或相倍蓰，或至於無筭者，不得相與計多少，言其絶遠也。　所以惡乃至是者，不

❶「者」，按阮校：「孔本、韓本無『者』字。」

❷「其」，按阮校：「岳本、孔本、韓本、《考文》古本作『此』。」

能自盡其才性也。故使有惡人，非天獨與此人惡性。其有下愚不移者也，譬若乎被疾不成之人，所謂童昏也。

《詩》曰：『天生蒸民，有物有則。民之秉彝，好是懿德。』孔子曰：『爲此詩者，其知道乎！故有物必有則，民之秉彝也，故好是懿德。』」

《詩》，《大雅·蒸民》之篇。言天生蒸民，❶有物則有所法則，人法天也。民之秉彝，彝，常也，常好美德，孔子謂之知道。故曰人皆有是善者也。

疏「公都子曰」至「懿德」。正義曰：此章言天之生人，皆有善性，引而趍之，善惡異衢，高下自懸，賢愚行殊，尋其本者，乃能一諸者也。「公都子曰」至「然則彼皆非歟」者，公都子問孟子，以謂告子言人之性無有善，亦無有不善，但在人之所爲如何耳。或有謂人性可以爲善，又可以爲不善，但在上所化如何耳，如此，故文王、武王興起，常以善養人，則民人皆好善。至幽王、厲王興起，常以政暴虐於民，❷則民亦皆好其暴亂。或有人又謂人有性善，有性不善，非在所化，稟之於天而已，如此，故以堯帝之爲君，而有象之傲爲臣；以瞽瞍之頑爲父，而有舜之聖爲子；以紂爲兄之子且以爲君，而有微子啓、王子比干之賢爲臣。今孟子乃曰性皆善，是則彼告子與或人之言者皆不是歟？❸故以此問孟子。「孟子曰：乃若其情，則可以爲善矣」至「好是懿德」，孟子言：人之乃順其情，則皆可以爲善矣，是所謂性善也。若夫人爲不善者，非天之降才爾殊也，其所以爲不善者，乃自汩喪之耳，故言非稟天才之罪也。且情、性、才三者，合而言之，則一物耳；分而言之，則有三名，故曰性，曰情，曰才。蓋人之性，本則善之，而欲爲善者，非性也，以其情然也。情之能爲善者，非情然也，以其才也。是則性之動則爲情，而情者未嘗不好善而惡惡者也，其不欲爲善者乎？而才者乃性之用也，而才者上有以達乎天，下有以達乎地，中有以貫乎人，其有不能爲善者乎？此孟子所以曰：「乃若其情，則可以爲善矣，乃所謂善也。若夫爲不善，非才之罪也。」言「惻隱之心，人皆有之」至「智也」者，已説於前矣。蓋以惻隱、羞惡、恭敬、是非之心，人皆有是心也，人能順此而爲之，是謂仁、義、禮、智也，仁、義、

❶「蒸」，按阮校：「廖本、孔本、韓本、《考文》古本作『衆』。」

❷「政」，原作「攻」，據阮本改。

❸「歟」，原作「欺」，據阮本改。

禮、智即善也。然而仁、義、禮、智之善，非自外銷鑠我而亡之也，我有生之初固有之也，但人不思而求之耳，故曰求則得而存，舍而弗求則亡之矣。然人所以有善有惡，其善惡相去之遠，或相倍蓰，或至於不可計其多少，如此之絶遠者，是不能自盡其性才者也。言才無有不能爲善者矣，但不能盡其才而爲之耳。故《詩·大雅·蒸民》之篇有曰：上天之生衆民，有物則有所法，則民之秉執其常善，故好是美德而已。所謂常即善也，所謂善即美德也，謂美德者，即仁、義、禮、智是也。孔子嘗亦云爲此詩之人，其能知道者也，故言有物必有則，民之秉彝，故好是懿德也。然所謂物者，即自人之四肢、五臟、六腑、九竅，達之於君臣、父子、夫婦、兄弟、朋友，無非物也。所謂則者，即仁之於父子，義之於君臣，禮之於夫婦、兄弟，信之於朋友也，是無非有物則有則也。由此觀之，孟子所以言至此者，豈非人性皆善者邪？故有物必有則，是謂性之善也；能秉其彝，是謂才也；好是懿德，是謂情也。「有物有則，民之秉彝，好是懿德」，是能順其情以爲善而才從之者也。

注「紂與微子比干有兄弟之親」。正義曰：案《史記》世家云：「微子啓者，殷帝乙之首子，而紂之庶兄也。」又云：「王子比干者，亦紂之親戚也。」是知有兄弟之親矣。

注「《大雅·蒸民》之詩」。正義曰：此蓋尹吉甫美宣王之詩文也。

孟子曰：「富歲，子弟多賴；凶歲，子弟多暴。非天之降才爾殊也，其所以陷溺其心者然也。富歲，豐年也。凶歲，飢饉也。子弟，凡人之子弟也。賴，善。暴，惡也。非天降下才性與之異也，以飢寒之厄陷溺其心，使爲惡者也。今夫麰麥，播種而耰之，其地同，樹之時又同，浡然而生，至於日至之時，皆熟矣。雖有不同，則地有肥磽，雨露之養、人事之不齊也。麰麥，大麥也。《詩》云：「貽我來麰。」言人性之同，如此麰麥，其不同者，人事、雨澤有不足，地之有肥、磽耳。磽，薄也。故凡同類者舉相似也，何獨至於人而疑之？聖人與我同類者。聖人亦人也，其相覺者，以心知耳。故體類與人同，故舉相似也。故龍子曰：『不知足而爲屨，我知其不爲蕢也。』屨之相似，天下之足同也。龍子，古賢人也。雖不知足小大，作屨者猶不更作蕢。蕢，草器也。以屨相似，天下之足略同故也。口之於味有同耆也，易牙先得我口之所耆者也。如使口之於味也，其性與人殊，若犬、馬之與我不同類也，則天下何耆皆從易牙之於味也。至於味，天下期於易牙，是天下之口相似也。人口之所耆者相似，故皆以易牙爲知味，言口之同也。惟耳亦然。至於聲，天下期於師曠，是天下之耳相似也。耳亦猶口也，天下皆以師曠爲知聲之微妙也。惟目亦然。至於子都，天下莫不知其姣也。不知子都之姣者，無目者也。目亦猶耳也。子都，古之姣好者也。《詩》云：「不見子都，乃見狂且。」儻無目者，乃不知子都好耳，言目之同也。故曰：口之於味也，有同耆焉；耳之於聲也，有同聽焉；目之於色也，有同美焉。至於心，獨無所同然乎？言人之心性皆同也。心之所同然者何也？謂理也，義也。聖人先得我心之所同然耳。故理、義之悦我心，猶芻豢之悦我口。」心所同耆者，義理也。理者，得道之理。聖人先得理義之要耳。理義之悦心，如芻豢之悦口，誰不同也。❶

疏「孟子曰」至「我口」。

正義曰：此章言人禀性俱有好憎，耳目口心，所悦者同，或爲君子，或爲小人，猶麰麥不齊，雨露使然者也。「孟子曰：富歲，子弟多賴」至「猶芻豢之悦我口」者，孟子言：豐熟之年，凡人之子弟，多好善。賴，善也。凶荒之年，凡人之子弟，多好暴惡。然而非上天降下才性與之殊異也，而其所以由飢寒之厄陷溺，去其良心而爲之惡也。無他，所謂禮義生於富足，盗賊起於貧窮是也。且譬夫今之大麥也，人播種而耰鋤之，其地高下以同，藝殖之時又同，浡浡然而生長秀茂，至於日至可以收割之時，❷皆熟矣。雖有不同，爲不熟者，則是地有肥薄與雨露之不均，而人事之所加有不齊也。故凡物有同其類者，皆相似也，何獨至於人而疑爲不然？雖聖人亦則與我同其類者也。故龍子

❶「同也」下，按阮校：「宋本、廖本、孔本、韓本、《考文》古本下有『草食曰芻，穀養曰豢』八字。宋本『食』作『牲』。」

❷「日」，原作「百」，據阮本改。

之賢人有曰：人不知天下人之足而爲草屨者，我知其人不能爲之蕢也。蕢，草器也。其所以爲屨皆相似者，以其天下人之足則同也。故口之於食味，人有同嗜也，然而易牙先得我口之所好者也。如使人口於味。其性之所好，與人殊異，有若狗馬之與我不同其形類也，則天下何以嗜其味皆從易牙所好之味也。至於食味，天下所以皆期指於易牙者，是天下之人口相似也。不特口之於味然也，惟耳於聲亦如是也。耳於聲，天下之人所以皆期指於師曠爲知聲之妙者，是天下之人耳相似也。又不特耳如是也，惟天下之目亦如是也。至於子都者，天下之人無有不知其姣好也，不知子都之姣好者，是無目之人也。故曰：人口之於味，以其有所同好者焉；耳之於聲，以其有同聽者焉；目之於色，以其有同美者焉。至於心，獨無所同亦如是乎？言人心性亦若口耳，皆有同而無異也。然人心有所同然者何也？是謂理也，義也，惟聖人者但先得我心之所同然耳。故曰：理義之有喜悦於我心者，如芻豢之味有悦於我口耳。蓋理出於性命，天之所爲也；義出於道德，人之所爲也。而理、義又出於人心所同然也。是則天之使我有是之謂命，天命之謂性，是性命本乎天，故爲天之所爲也。天之所爲雖妙，然而未嘗不有理焉，如此，豈非其理有出於性命者乎？人能存其性命而不失之者，是所謂有道德也，故爲人之所爲者也。人之所爲道德雖妙，然而未嘗不有義焉，如此，則豈非其義有出於人心者乎？合而言之，則性命道德是爲理義，雖是理義，出於性命道德者耳。

注「麰麥」至「薄也」。　正義曰：釋云：麰麥，大麥也，又短粒麥也。「《詩》云：貽我來麰」，此蓋《周頌·思文》之篇，言后稷配天之詩也。磽，《說文》云：「磽，石地名也。」

注「易牙爲知味」。　正義曰：案《左傳》云：易牙，齊桓公大夫也。淄、澠二水爲食，易牙亦知二水之味。桓公不信，數試始驗。是易牙爲知味者也。

注「師曠爲知聲之妙」。　正義曰：案《吕氏春秋》云，已說在《離婁》篇首，《左傳》杜氏注云「晉樂師子野者」是也。

注「子都」。「《詩》云：『不見子都，乃見狂且。』」　正義曰：案《詩·國風·山有扶蘇》之篇文也。注云：「都，世之美好者。狂，狂人也。且，辭也。」箋云：「人之好色，不往覩子都，反往覩狂醜之人。」凡此是知子都爲美好者也。○「草牲曰芻，穀養曰豢」。　正義曰：《說文》云：「牛馬曰芻，犬豕曰豢。」是其解也。

孟子注疏解經卷第十一上

孟子注疏解經卷第十一下

趙氏注　孫奭疏

告子章句上

孟子曰：「牛山之木嘗美矣。以其郊於大國也，斧斤伐之，可以爲美乎？是其日夜之所息，雨露之所潤，非無萌蘖之生焉，牛羊又從而牧之，是以若彼濯濯也。人見其濯濯也，以爲未嘗有材焉，此豈山之性也哉？牛山，齊之東南山也。邑外謂之郊。息，長也。濯濯，無草木之貌。牛山木嘗盛美，❶以在國郊，斧斤牛羊使之不得有草木耳，非山之性無草木也。雖存乎人者，豈無仁義之心哉？其所以放其良心者，亦猶斧斤之於木也，旦旦而伐之，可爲美乎？❷其日夜之所息，平旦之氣，其好惡與人相近也者幾希。存，在也。言雖在人之性，亦猶此山之有草木也，人豈無仁義之心邪？其日夜之思欲息長仁義，平旦之志氣，其好惡，凡人皆有與賢人相近之心。幾，豈也。豈希，言不遠也。則其旦晝之所爲，有梏亡之矣。梏之反覆，則其夜氣不足以存。夜氣不足以存，則其違禽獸不遠矣。人見其禽獸也，而以爲未嘗有才焉者，是豈人之情也哉？旦晝，日晝也。❸其所爲萬事有梏亂之，使亡失其日夜之所息也。梏之反覆，利害干其心，❹其夜氣不能復存也。人見惡人禽獸之行，以爲未嘗存善

❶「木」，原作「未」，按阮校：「岳本、孔本、韓本、《考文》古本作『木』。」據經文及阮校改。

❷「可」下，按盧宣旬補校：「各本『可』下有『以』字。」

❸「日晝」，按阮校，廖本、孔本、韓本、《考文》古本、足利本作「晝日」。

❹「干」，監、毛、阮本作「于」。

才性，❶此非人之情也。故苟得其養，無物不長；苟失其養，無物不消。孔子曰：『操則存，舍則亡。出入無時，莫知其鄉。』惟心之謂與？」誠得其養，若雨露於草木，法度於仁義，何有不長也。誠失其養，若斧斤牛羊之消草木，利欲之消仁義，何有不盡也。孔子曰：持之則存，縱之則亡，莫知其鄉。鄉猶里，以喻居也。獨心爲若是也。疏「孟子曰：牛山」至「之謂與」。正義曰：此章言秉心持正，使邪不干，猶止斧斤，不伐牛山，則山木茂，人則稱仁也。「孟子曰：牛山之木」至「惟心之謂與」者，孟子言：牛山之木，常爲秀美矣，然以其爲郊國之外也，殘之以斤斧之伐，可以爲秀美乎？言以其斤斧常伐之，則不可爲美也。雖爲斤斧所伐，然以其日夜之所長息，雨露之所潤澤，非無萌牙絲蘖生焉，柰何萌蘖既生，而牛羊之畜，又從而牧養於其間，是以牛山若彼。濯濯，無草木之貌也。人見其濯濯然無草木，以爲牛山未嘗有材木焉，是豈牛山之性無草木哉？言牛山之本常有其材木耳，其所以無之者，但斧斤牛羊從而殘滅之矣。言雖存在乎人者，豈無仁義之心哉？然人之所以放去其良心而無仁義者，亦如斧斤之伐於牛山之木也。是日日而伐滅之，可爲美材乎？言不可爲美材也。言牛山日夜之所息長草木，與人平旦之氣，其好惡與人相近者不遠矣。以其牛山日夜所息長草木，莫不欲秀茂爲美，而惡其斧斤牛羊殘害之爲惡也。人之平旦之氣，尚未有利欲汩之，則氣猶静，莫不欲爲之善也，而惡爲之惡也。但人平旦之氣，則其旦晝之所爲利欲有以梏亡之矣。平旦則未至於晝，旦晝所以爲日之中矣。且人於平旦之時，其氣静，未有利欲事緒以動之，則未必不善矣。以其善固存於此時也，亦如牛山日夜所長草木，無以斧斤牛羊殘害之，則未必不美矣。以其萌蘖生焉，而美固已有矣，柰何斧斤牛羊又從而殘滅之，亦若旦晝所爲利欲以梏亡之者焉。梏，手械也。利欲之制善，使不得爲，猶梏之制手也。梏之反覆，其情緒不一，則夜於平旦之氣不足以存。既不足以存，而爲利欲萬緒梏而亡之，則其違異於禽獸之行不遠矣。以其近也。人見其爲禽獸之行者，而爲未嘗有才性焉，是豈人之情爲如是哉？言非人之情也，

❶「存善才性」，按阮校，廖本、孔本、韓本、《考文》古本「存」作「有」；閩、監、毛三本「存」作「有」，「才」作「本」。

言人情本欲爲善矣，其所以終而爲惡者，但利欲從而梏亡之矣。故苟得其所養，無物不長；苟失其所養，無物不消。如牛山苟日夜之所息、雨露之所潤，與平旦之氣，是得其所養者也，是則無物不長矣。如牛山苟爲牛羊從而牧之，與旦晝所爲而梏亡之，是失所養者也，是則無物不消矣。孟子又引孔子云：操持之則存，縱舍之則亡，其出入徇物，而不有常時，莫知其所向之鄉，惟獨心爲若是也。凡此孟子所以言人心性本善，但當有常操而存之者矣。注「牛山，齊之東南山」。正義曰：蓋亦以理推之，亦自可見。故傳所謂齊景遊於牛山之上，是亦知之爲齊之山矣。

孟子曰：「無或乎王之不智也。王，齊王也。或，怪也。時人有怪王不智而孟子不輔之，故言此也。雖有天下易生之物也，一日暴之，十日寒之，未有能生者也。吾見亦罕矣，吾退而寒之者至矣，吾如有萌焉何哉？種易生之草木五穀，一日暴溫之，十日陰寒以殺之，物何能生？我亦希見於王，既見而退，寒之者至，謂左右佞諂順意者多。譬諸萬物，何由得有萌牙生也？今夫弈之爲數，小數也，不專心致志，則不得也。弈，博也，或曰圍棋。《論語》曰：「不有博弈者乎？」數，技也。雖小技，不專心則不得也。弈秋，通國之善弈者也，使弈秋誨二人弈，其一人專心致志，惟弈秋之爲聽；一人雖聽之，一心以爲有鴻鵠將至，思援弓繳而射之，雖與之俱學，弗若之矣。爲是其智弗若與？曰：非然也。」有人名秋，通一國皆謂之善弈，曰弈秋。使教二人弈，其一人惟秋所善而聽之，其一人志欲射鴻鵠，❶故不如也。爲是謂其智不如也，曰：非也，以不致志也。故齊王之不智，亦若是。

疏「孟子曰：無或」至「非然也」。正義曰：此章言弈爲小數，不精不能，一人善之，十人惡之，雖竭其道，何由能成者也。「孟子曰：無或乎王之不智也」至「非然也」，孟子言：時人無怪齊王之不智也，以其孟子不輔佐之，故云之此。言雖有天下易生之物，如一日溫煖以暴之，乃十日寒凍以殺之，是以未有能生者也。雖有能生之者，然於我見

❶「志」，按阮校：「岳本、孔本、足利本作『念』，韓本、《考文》古本『志』下有『念』字。」

之亦少矣。我自輔佐齊王而退歸，而姦佞諂諛齊王者至多矣，然而我尚如有心欲使王萌而爲善，是如之何哉？孟子言之以此者，蓋謂吾君不能者，是謂賊其君者也，所以言時人無或乎王之不智也，當輔佐君爲之而已。孟子輔佐齊王，既退，而姦佞之臣又陷君於爲惡，故有激而云此也。蓋天下易生之物，譬齊王以爲善也。一日暴之，喻孟子一人輔之齊王也。十日寒之，喻姦佞臣之衆陷君於爲惡也。陷君於爲惡者如是之衆，則齊王所以不智也，喻未有能生者也。今夫譬之弈秋，但爲技數雖小技，如不專一其心，致其篤志，則亦不得精也。是故弈人名秋者，通一國皆稱爲善能弈者也，使秋誨其二人弈，其一人專心致志，唯弈秋之言是聽，一人雖聽之，其一心以爲有鴻鵠之鳥將至，乃思援弓繳矢而射之，雖與皆學夫弈秋，然亦不若其專心致志者精矣。爲是弗若之者，非謂其智弗若也，以其不專心致志而聽弈秋之誨故也。此所以曰「爲是其智弗若與」？繼之曰「非然也」，言不然也。孟子所以引爲比者，蓋謂齊王如能專心致志，惟賢者是聽，則孰不與王爲善乎？柰齊王不能專心致志，惟賢是聽，但爲姦臣之所諛佞，所以如有鴻鵠將至、思援弓繳矢而射之者，故弗若彼之精，而遂不爲善矣。然則時人亦不可謂齊王不智，特當輔之而已。然既輔之，亦當齊王能專心致志聽從之，然後可矣。孟子所以既退而尚如有萌焉，柰何終輔之，而齊王姦佞諂諛之衆而不能聽從爲善耳。此故以弈秋喻己，而以鴻鵠喻姦佞。其一以爲有鴻鵠思援弓繳而射之，喻齊王雖聽己之言，然不專心致志，惟在於鴻鵠耳。

注「弈，博也」至「不得也」。正義曰：案《陽貨》，《論語》第十七之篇，云「不有博弈者乎」，而解弈爲博也。《説文》云作「簿」，「局戲也。六箸十二棋也。古者烏曾作簿」。❶圍棋謂之弈。《説文》弈從廾，❷言速兩手而執之。棋者，所執之子，圍而相殺，故謂之圍棋。稱弈者，又取其落弈之義也。注「有人名秋善弈」。正義曰：案傳記有云，弈秋，通國之善弈也，有過者上而聽之，❸則弈敗。笙汨之也。又云疑首，天下之善算也，有鴻鵠過，彎弧擬問以三五，則不知。鴻鵠亂之也。是亦孟子之言與？

孟子曰：「魚我所欲也，熊掌亦我所欲

❶ 二「簿」字，按清陳昌治刻本《説文解字》皆作「簙」；「曾」作「胄」。
❷ 「廾」，原作「升」，據《説文解字》改。
❸ 「上」，阮本作「止」。

也，二者不可得兼，舍魚而取熊掌者也。生亦我所欲也，義亦我所欲也，二者不可得兼，舍生而取義者也。熊掌，熊蹯也，以喻義。魚以喻生也。生亦我所欲，所欲有甚於生者，故不爲苟得也。死亦我所惡，所惡有甚於死者，故患有所不辟也。如使人之所欲莫甚於生，則凡可以得生者，何不用也？使人之所惡莫甚於死者，則凡可以辟患者，何不爲也？有甚於生者，謂義也，義者不可苟得。有甚於死者，謂無義也，不苟辟患也。莫甚於生，則苟利而求生矣。莫甚於死，則可辟患，不擇善何不爲耳。由是則生，而有不用也；由是則可以辟患，而有不爲也。是故所欲有甚於生者，所惡有甚於死者，非獨賢者有是心也，人皆有之，賢者能勿喪耳。有不用，不用苟生也。有不爲，不爲苟惡而辟患也。有甚於生，義甚於生也。有甚於死，惡甚於死也。凡人皆有是心，賢者能勿喪亡之也。一簞食，一豆羹，得之則生，弗得則死。嘑爾而與之，行道之人弗受；蹴爾而與之，乞人不屑也。人之餓者，得此一器食可以生，不得則死。嘑爾，猶嘑爾咄啐之貌也。❶行道之人，凡人以其賤己，❷故不肯受也。蹴，蹋也。以足踐蹋與之，乞人不潔之，亦由其小，故輕而不受也。萬鍾則不辯禮義而受之，萬鍾於我何加焉？爲宮室之美，妻妾之奉，所識窮乏者得我與？言一簞食則貴禮，至於萬鍾則不復辯別有禮義與不。鍾，量器也。萬鍾於己身何加益哉？己身不能獨食萬鍾也，豈不爲廣美宮室，供奉妻妾，施與所知之人窮乏者也。鄉爲身死而不受，今爲宮室之美爲之；鄉爲身死而不受，今爲妻妾之奉爲之；鄉爲身死而不受，今爲所識窮乏者得我而爲之，是亦不可以已乎？此之謂

❶「嘑」，按阮校：「廖本、孔本、韓本、《考文》古本作『呼』，按『呼』是。」
❷「凡」上，按阮校：「岳本、孔本、韓本、《考文》古本有『道中』二字。」

失其本心。」鄉者不得簞食而食則身死，尚不受也，今爲此三者爲之，是不亦可以止乎？所謂失其本心者也。

疏「孟子曰：魚」至「失其本心」。正義曰：此章言舍生取義，義之大者也，簞食、萬鍾，用有輕重，縱彼納此，蓋違其本，凡人皆然，君子則否，所以殊也。「孟子曰：魚我所欲也」至「失其本心」者，孟子言：魚之爲味，我之所欲者也，熊蹯之味，亦我所欲者也。然而魚與熊蹯，二者不可兼得，但捨去其魚而取熊蹯也。以其熊蹯之味又有美於魚也。魚在水之物，熊蹯在山之物，欲在水，不可兼得於在山者，在山又不可兼得於在水者，故爲二者不可兼得也。魚所以喻生也，熊蹯所以喻義，故曰生亦我所欲也，義亦我所欲也，然而生與義二者亦不可兼得之，但捨生而取義也。以其義又有勝於生也。如勇士不忘喪其元，志士不忘在溝壑，有殺身以成仁，是皆以義有勝於死也，是舍生而取義也。然而生亦爲我心之所欲，其以所欲有甚於生者，故不爲苟得也；死亦爲我心之所惡疾者，其以所惡有甚於死者，故患禍有所不逃辟也。如令人之所欲者無有甚於生，則凡可以得生者，何不用而行之也；令人之惡者無有甚於死者，則凡可以辟患者，何不擇而爲之也。蓋可以得生，可以辟患者，皆是不義也。故不爲苟得，故患有所不辟也者，是皆有義也。由此言之，則生而有不用也，是不苟生也；則可以辟患而有不爲也，是不苟爲惡以辟患也。如此，故所欲有甚於生，所惡者有甚於死，非獨賢者有此心也，人皆有此心也，但賢人能常存之而勿喪亡之耳。蓋所欲有甚於生者，是義也；所惡有甚於死者，是不義也。且以一簞所盛之食，一豆所盛之羹，得而食之者，則養其生，不得此而食者，則餓而死，然而嘑爾叱咄而與之，雖行道塗之中凡人，且不肯受而食之也。如蹴爾踐蹋而與之，雖乞丐之賤人，且以爲不潔而不肯受而食也。言萬鍾之禄，則不責辨禮義而受之者，雖萬鍾之多，然於我何足爲益焉？於我何益，以其己身不能獨食之也。己不能獨食，則爲宫室之廣美，供奉妻妾，施與所知之人窮乏者而已。如是，則向日不得簞食豆羹則身死尚不受，今乃爲宫室廣美、供奉妻妾與施所知之人窮乏者而受，爲之如此，是亦不可以止乎？言此可以止而不止者也，是謂失其本心者矣，是忘其義者矣。故本心即義也，所謂賢者但能勿喪亡此本心耳。注「熊蹯」。正義曰：按《史記》世家云：「宰夫胹熊蹯不熟，晉靈公怒而殺之。」裴駰注云：「服虔曰：蹯，熊掌，其肉難熟。」注「鍾，量器也」。

正義曰：齊大夫晏子云，已説在《梁惠》篇。

孟子曰：「仁，人心也。義，人路也。舍其路而弗由，放其心而不知求，哀哉！不行仁義者，不由路，不求心者也，可哀憫哉。人有雞犬放，則知求之；有放心，而不知求。學問之道無他，求其放心而已矣。」人知求雞犬，莫知求其心者，❶惑也。學問所以求之矣。疏「孟子曰」至「而已矣」。　正義曰：此章言由路求心，爲得其本，追逐雞犬，務其末也。學以求之詳矣。「孟子曰」至「而已矣」者，孟子言：仁者是人之心也，是人人皆有之者也。義者是人之路也，是人人皆得而行之者也。今有人乃舍去其路而不行，放散其心而不知求之者，可哀憫哉。且人有雞犬放之則能求追逐之，有心放離之而不求追復。然而學問之道無他焉，但求其放心而已矣。能求放心，則仁義存矣。以其人之所以學問者，亦以精此仁義也。

孟子曰：「今有無名之指，屈而不信，非疾痛害事也。如有能信之者，則不遠秦、楚之路，爲指之不若人也。無名之指，手之第四指也，蓋以其餘指皆有名。無名指者，非手之用指也，雖不疾痛妨害於事，猶欲信之，不遠秦、楚，爲指之不若人故也。指不若人，則知惡之。心不若人，則不知惡，此之謂不知類也。」心不若人，可惡之大者也，而反惡指，故曰不知其類也。類，事也。疏「孟子曰」至「不知類也」。　正義曰：此章言舍大惡小，不知其要，憂指忘心，不鄉於道。是以君子惡之者也。「孟子曰」至「此之謂不知類也」，孟子言：今人有第四指，爲無名之指，屈而不信，且非疾痛有妨害於爲事也。如有人能伸者，則不遠秦、楚之路而求伸之，以爲惡其指之不若人也。且以無名之指爲無用之指，則恥惡之不若人，其心不若人，則不知恥惡之，是之謂爲不知其類者也。《荀子》云「相形不如論心」，同其意也。蓋云秦、楚者，以其秦、楚相去最爲遠者也，❷故取爲己言，指屈尚不遠秦、楚之路而求伸，況心即在於己爲最近者也，尚不能求之邪？此孟子所以爲不知類者也。

❶「莫」，原作「其」，據阮本改。
❷「相」，原爲空格，據阮本補。

孟子曰：「拱把之桐梓，人苟欲生之，皆知所以養之者。至於身而不知所以養之者，豈愛身不若桐梓哉？弗思甚也。」拱，合兩手也。把，以一手把之也。桐、梓，皆木名也。人皆知灌溉而養之，至於養身之道，當以仁義，而不知用，豈於身不若桐梓哉？不思之甚者也。❶ 疏「孟子」至「甚也」。

正義曰：此章言莫知養身而養其樹木，失事違務，不得所急，所以誡未達者也。孟子言：桐梓之木，方於可拱把之時，人誠欲其生，民皆知所以灌溉而養之者。至於己之身，而不知以仁義之道養之者，豈人之愛保其身反不若桐梓之爲急哉？但人弗思忖之而已。❷ 故以甚者也，宜誡之以此。

孟子曰：「人之於身也，兼所愛。兼所愛，則兼所養也。無尺寸之膚不愛焉，則無尺寸之膚不養也。人之所愛則養之，於身也，一尺一寸之膚養相及也。所以考其善不善者，豈有他哉？於己取之而已矣。考知其善否，皆在己之所養也。體有貴賤，有小大，無以小害大，無以賤害貴。養其小者爲小人，養其大者爲大人。養小則害大，養賤則害貴。小，口腹也。大，心志也。頭頸，貴者也。指拇，賤者也，不可舍貴養賤也。務口腹者爲小人，治心志者爲大人。今有場師，舍其梧檟，養其樲棘，❸則爲賤場師焉。場師，治場圃者。場以治穀。圃，園也。梧，桐；檟，梓，皆木名。樲棘，小棘，❹所謂酸棗也。言此以喻人舍大養小，故曰賤場師也。養其一指，而失其肩背而不知也，則爲狼疾人也。謂醫養人疾，治其一指，而不知其肩背之有疾，以至於害之，此爲狼藉亂不知治疾之人也。飲

❶ 「也」下，閩、監、毛、阮本有「宜孟子有是以言之歟」九字。

❷ 「弗思」二字，原重文，據阮本刪。

❸ 「樲棘」，按阮校：「古書皆作『樲棗』。《爾雅》『遵羊棗』注引《孟子》『養其樲棗』，古本《爾雅》皆同。詳《爾雅》校勘記。唐宋人《本草》注皆作『樲棗』。毛傳曰『棘者，棗也，統言之也』，故羊棗雖小而得稱棗。」

❹ 「樲棘小棘」，按阮校：「按此是『樲棗小棗』之誤，不可不正。『小棘』之語尤爲不通。」

食之人，則人賤之矣，爲其養小以失大也。飲食之人，無有失也，則口腹豈適爲尺寸之膚哉？」飲食之人，人所賤之者，❶爲其養口腹而失道德耳。如使不失道德，存仁義以往，不嫌於養口腹也。故曰口腹豈但爲肥長尺寸之膚哉？亦以懷其道德也。

疏「孟子曰：人之於身」至「膚哉」。正義曰：此章言養其行，治其正，俱用智力，善惡相厲，是以君子居處思義，飲食思禮者也。「孟子曰：人之於身也」至「於己取之而已矣」，孟子言：人之於一身也，無有所不愛也，以其兼愛之矣。兼所愛，則必兼有所養也。是則一身之中，無有一尺一寸之肌膚不愛焉，則亦無有一尺一寸之肌膚不養之也。以其兼所愛，必兼所養而已。然而所以考究其有善、其有不善者，亦豈有他爲哉？但亦於一己自取之而已矣。所謂從其大體，則爲大人，從其小體，則爲小人，豈非己自取之謂乎？蓋孟子但云尺寸之膚者，則心在乎中，又有居待而言者也，且心爲一身之君，所謂心爲天君者也。《荀子》云「心居中虛，以治五官」，此之謂也。言人既愛尺寸之膚，雖心亦在所愛焉。既養尺寸之膚，雖心亦在所養焉。所謂愛養心者，亦以仁義之道愛養之而已。人之心，由人所趨向如何耳，故曰所以考其善不善，於己取之而已矣。「體有貴賤」至「尺寸之膚哉」，孟子又言：人體有貴亦有賤，有小亦有大，於人之一身，合而言之則謂之體；自體而言之，又有耳、目、口、鼻、形、心者也。以貴大，則心爲一體之貴者大者，以賤小，則耳、目、口、鼻、形爲一體之賤者小者，言人之於一體，不可務愛養其賤者小者，以害其貴者大者也。如養其小者，則爲之小人，養其大者，則爲之大人。以其耳、目、口、鼻、形五者所好，不過利慾而已；而心稟於有生之初，仁義之道俱存於其間。是以養心者爲大人君子，養耳、目、口、鼻、形者以利慾爲小人耳。故孟子所以有是言也。今有場師治場圃者，如舍其梧檟之良木，而特養其樲棘，是爲賤場師焉。梧，桐也。檟，山楸也。樲棘，小酸棗也。梧、檟可以爲琴瑟材，是良木。小酸棗，無用之才也，是賤木也。此所以喻養體不養其貴者，而養其賤者也。又如養其一指之小，而失其肩背之大，則爲狼疾藉亂而不知醫治者也，此所以比喻養體不養其大者，而養其小者也。且務飲食之人，則人皆賤之者

❶「所」下，按阮校：「岳本、孔本、韓本、《考文》古本、足利本有『以』字。」

矣，無他，是爲其養小而失去其大也。如飲食之人亦無有失其養大，則口腹豈但肥長適尺寸之膚爲哉？言是亦懷仁義之道者也。　注檟、樲棘爲桐梓、酸棗。　正義曰：《説文》云：「梧檟，山楸。」又云：「楸，梓也。」「樲棘，小酸棗也。」是所以案此爲之云。

公都子問曰：「鈞是人也，或爲大人，或爲小人，何也？」鈞，同也。言有大有小，何也？孟子曰：「從其大體爲大人，從其小體爲小人。」大體，心思禮義。小體，縱恣情慾。曰：「鈞是人也，或從其大體，或從其小體，何也？」公都子言人何獨有從小體也。曰：「耳目之官不思，而蔽於物，物交物，則引之而已矣。心之官則思，思則得之，不思則不得也。此天之所與我者，❶先立乎其大者，則其小者弗能奪也，此爲大人而已矣。」孟子曰：人有耳目之官，不思，故爲物所蔽。官，精神所在也，謂人有五官六府。物，事也。利慾之事來交引其精神，心官不思善，故失其道而陷爲小人也。此乃天所與人情性，❷先立乎其大者，謂生而有善性也。小者，情慾也。善勝惡，則惡不能奪。❸

疏「公都子」至「已矣」。正義曰：此章言天與人性，先立其大，心官思之，邪不乖越，故謂之大人者也。「公都子問曰：鈞是人也」至「何也」者，公都子問孟子曰：世之人皆是人者也，或有名爲大人，或有名爲小人者，是如之何也。「孟子曰：從其大體爲大人，從其小體爲小人」，孟子答之曰：從事於大體，而以仁義養其心，是從其大體，故謂之大人也。從其小體，以利慾養其耳目之官，是從其小體，故謂之小人也。「曰：鈞是人也，或從其大體，或從其小體，何也」，公都子未曉，故問之曰：既皆是人也，或以從養其大體，或從養其小體，是如之何？「曰：耳目之官」至「此爲大人而已矣」，孟子又答之曰：人有耳目之官，不以心思主之，而遂蔽於耆慾之物，既蔽於物，則已亦已失矣。己已失，則是亦爲物而已。是則物交接其物，終爲物引

❶「此」，按阮校，岳本、孔本、韓本作「比」。阮校以爲作「比」是。

❷「此乃」，按阮校：「岳本、孔本、韓本作『比方』。按『比方』是。」

❸「奪」下，閩、監、毛、阮本有「之而已矣」四字。

之，喪其所得矣。惟心之官則爲主於思，如心之所思，則有所得而無所喪，如不思，則失其所得而有以喪之耳。是以天之所與付於我者，所以先與立其大者，則心是也。既與立其大者，則小者斯不能奪之矣，小者則耳目是也。是以爲之大人而已矣。蓋耳目主視聽，是以爲官者也。心，君，主官者也，亦謂之官者，以其亦主思，故亦爲官矣。荀子云：心，君也，居中虚而治五官者也。是以心思之大者，而小者不能奪，則耳目不爲利欲之所蔽，茲所以從其大體，而爲大人也。彼小人者，以其不思而爲利欲所蔽故也。

孟子曰：「有天爵者，有人爵者。仁義忠信，樂善不倦，此天爵也。公卿大夫，此人爵也。天爵以德，人爵以禄。古之人脩其天爵，而人爵從之。今之人脩其天爵以要人爵，既得人爵而棄其天爵，則惑之甚者也。人爵從之，人爵自至也。以要人爵，要，求也。得人爵，棄天爵，惑之甚也。終亦必亡而已矣。」棄善忘德，終必亡之。

疏「孟子」至「已矣」。正義曰：此章言古脩天爵，自樂之也，今要人爵，以誘時也；得人棄天，道之忌也；惑以招亡，小人之事者也。「孟子曰：有天爵者」至「終亦亡之而已矣」，孟子言：有所謂天爵者，有所謂人爵者，仁義忠信四者，又樂行其善而不厭倦者，是所謂天爵也。自公卿大夫者，是所謂人爵。此孟子所以自解之也。自古之人脩治其天爵，而人爵自然從之，如舜耕於歷山，樂取諸人以爲善，而堯自然禪其禄位，是脩其天爵而人爵從之者也。又如伊尹之徒亦是也。今之人脩其天爵，以要求人爵，既得其人爵，而又棄其天爵，則蔽或之甚者也，如登龍斷以罔市利、乞墦間之祭者，是其類也。此孟子所以指今之人而言也。如此者，終亦必亡其人爵而已矣。是故孟子所以有是言而勸誡之。

孟子曰：「欲貴者，人之同心也。人人有貴於己者，弗思耳。人之所貴者，非良貴也。趙孟之所貴，趙孟能賤之。人皆同欲貴之心，人人自有貴者在己身，不思之耳。在己者，謂仁義廣譽也。凡人之所貴富貴，故曰非良貴者。趙孟，晉卿之貴者也，能貴人，又能賤人。人之所自有者，他人不能賤之也。《詩》云：『既醉以酒，既飽以德。』言飽乎仁義也，所以不願人之膏粱之味也。令聞廣譽施於身，所以不願人之文繡也。」

《詩》《大雅·既醉》之篇。言飽德者，飽仁義之於身，身之貴者也，不願人之膏粱矣。膏粱，細如膏者也。文繡，繡衣服也。

疏「孟子曰」至「文繡也」。　正義曰：此章言所貴在身，人不知求，膏粱文繡，己之所優，趙孟所貴，何能比之。是以君子貧而樂也。「孟子曰：欲貴者，人之同心也」至「文繡也」，孟子言：凡所願欲其貴者，世人所同其心也，以其人皆欲之也。然而人人有貴，只在其己者，但不思之耳。凡人所貴者，非是良貴也。良貴者，不以爵而貴者，是謂良貴，如下文所謂仁義廣譽者是也。且以趙孟晉卿之貴，雖爲所貴者，然而趙孟又能賤之，是人之所貴者，非爲良貴也。此孟子所以引而喻也，以其趙孟者，即晉襄公之臣趙盾者是也，是爲晉卿。然入爲晉卿，出則爲盟主，是謂貴矣，柰何其賢則不及趙襄，其良則不及宣子，則所貴特人爵之貴耳，如此得無賤邪？故曰「趙孟之所貴，趙孟能賤之」也。《詩·大雅·既醉》之篇有云：「既醉之以酒，既飽之以德。」是言飽乎仁義者也。是亦所謂「德將無醉」之意，同謂德則仁義是也。言飽乎仁義，所以不願人之膏粱之味乎。案《禮》云公食大夫則稻粱，爲加膳則膏粱，味之至珍者也。然而不願人之膏粱，則以仁義爲膏粱。令聞廣譽之名聲既施飾於身，所以不願人之文繡也。案《詩》以一裳爲顯服，則文繡爲服之至美者也。然而不願人之文繡，則以令聞廣譽爲文繡也。蓋令聞者，以其内有仁義之德，則人不特見而善之，又有以聞而善之者也，故云令聞。令，譽令，❶善也。聞，名聲，而人所聞之也。廣譽者，亦以内有仁義之德，則不特近者美喻之，而遠者又有以美譽焉，故云廣譽。廣，遠大也。譽，美稱也。凡此孟子所以教時人之云耳。故論君子貧而樂，如顏子在陋巷，而不改其樂者，是之謂也。

孟子曰：「仁之勝不仁也，猶水勝火。今之爲仁者，猶以一杯水救一車薪之火也，不熄，則謂之水不勝火。此又與於不仁之甚者也，亦終必亡而已矣。」

水勝火，取水足以制火，一杯水何能救一車薪之火也，❷以此則謂水不勝火。

❶「譽令」，按文意，二字疑爲衍文。

❷「能救」，按阮校，廖本作「勝」，孔本、韓本、《考文》古本、足利本「救」作「勝」。

爲仁者亦若是，則與作不仁之甚者也，亡猶無也，亦終必亡仁矣。疏「孟子」至「已矣」。　正義曰：此章言爲仁不至，不反諸己，謂水勝火，熄而後已。不仁之甚，終必亡矣。爲道不卒，無益於賢者也。孟子言：爲仁勝强於不仁也，若水之勝火矣。今之爲仁者，不知反本心而爲仁，如以一杯杓水而救一車薪之火也。火不熄滅，則謂水不勝火，以爲不仁勝仁，此又與於不爲仁者又甚之也。以其有過於不爲仁者也，是亦終必亡其仁矣。且如湯、武之至仁，然後勝桀、紂之至不仁也。今之爲仁，但以轉粟移民之爲仁，而望民多於鄰國；以羊易牛之仁，❶而欲朝秦、楚而撫四夷，是若一杯水而望救一車薪之火也，此所以終必亡其仁矣。此吾孟子所以有激而云。

孟子曰：「五穀者，種之美者也。苟爲不熟，不如荑稗。夫仁亦在乎熟之而已矣。」熟，成也。五穀雖美，種之不成，則不如荑稗之草其實可食。爲仁不成，猶是也。疏「孟子」至「已矣」。　正義曰：此章言功毁幾成，人在慎終，五穀不熟，荑稗是勝，是以爲仁必其成也。孟子言：五穀者，是天下種之美者也，苟五穀不成，則不勝荑稗之所奮。夫仁者，亦天下道之美者也，苟爲仁不成，則不勝不仁之所害。故云夫仁亦在乎成之而已矣。此章與前章相類，亦若齊宣有愛牛之仁，而功不至於百姓，梁惠有移民之仁，而民不加多於鄰國，是爲仁不成之過也。五穀已説於前矣。云荑稗者，即禾中之莁草也。

孟子曰：「羿之教人射，必志於彀。學者亦必志於彀。羿，古之善射者。❷彀，張弩向的者，❸用思要時也。❹學者志道，猶射者之張也。大匠誨人，必以規矩。學者亦必以規矩。」大匠，攻

❶「牛」字，原無，按阮校：「『易』下脱『牛』字，閩本剜增『牛』字，是也。監、毛本同閩本。」據補。
❷「善」，按阮校：「岳本、孔本、韓本、《考文》古本作『工』。疏引作『攻』。」
❸「彀張弩向的者」，阮本「向」作「付」。按阮校，閩、監、毛三本同阮本，廖本、孔本、韓本作「彀張也張弩向的者」。
❹「要時」，按阮校：「廖本『時』作『專』，孔本、韓本『要』作『專』。」

木之工。規所以爲圓也，矩所以爲方也。誨，教也。教人必須規矩，學者以仁義爲法式，亦猶大匠以規矩者也。

疏「孟子」至「規矩」。　正義曰：此章言事各有本，道有所隆，彀張規矩，以喻爲仁，學不爲仁，猶是二教，失其法而行之者也。孟子言：羿爲善射者，其教人射，必志在於勢。勢者，張弓也，張弓以其力分之所至處也。言羿雖善射，其教人亦必求之於力分之内也。大匠爲攻木之工者，其教誨人爲匠，必在於規矩。規所以爲圓之度，矩所以爲方之度，以其規矩爲法度之至者也。言大匠誨人，亦必求之於法度内也。羿教人既求之於力分之内，則學之者亦必求於力分之内矣。大匠誨人，既求之於法度之内，則學之者，亦必求於法度之内矣。然必皆求於力分之内者，以其力分所不到，則射亦末如之何矣。法度者亦如是矣。此喻人以道教人，而學之者亦如此耳。如皆不求之於力分之内與法度之内，則於道終亦不得矣。　注「羿，古之攻射者」與匠爲「攻木之工」者。　正義曰：此已説於前矣。

孟子注疏解經卷第十一下

孟子注疏解經卷第十二上

趙氏注　孫奭疏

告子章句下凡十六章

疏正義曰：此卷趙氏分爲下卷者也。此卷十有六章。其一章言臨事量宜，權其輕重，以禮爲先，食色爲後，若有偏殊，從其大者。二章言天下大道，人病不由，不患不能，是以曹交請學，孟子辭焉。三章言生之膝下，一體而分，當親而疏，怨慕號天，是以《小弁》之怨，未足以爲愆也。四章言上之所欲，下以爲俗。五章言君子交接，動不違道，享見之儀，亢答不差。六章言見機而作，不俟終日，孔子將行，冕不及税。七章言王道浸衰，轉爲罪人。八章言招攜懷遠，貴以德禮，義勝爲上，戰勝爲下。九章言善爲國者，必藏於民，賊民以往，其餘何觀。十章言先王典禮，萬世可遵，什一供貢，下富上尊。十一章言君子除害，普爲人也。十二章言民無信不立。十三章言好善從人，聖人一概。十四章言仕雖正道，亦有量宜，聽言爲上，禮貌次之，困而免死，斯爲下矣。十五章言聖賢困窮，天堅其志，次賢感激，乃奮其意。十六章言學而見賤，恥之大者，教誨之方，或折或引。凡此十六章，合上卷二十章，是《告子》之篇有三十六章矣。

任人有問屋廬子曰：「禮與食孰重？」任國之人問孟子弟子屋廬連，問二者何者爲重。曰：「禮重。」答曰：禮重。「色與禮孰重？」曰：「禮重。」重如上也。曰：「以禮食則飢而死，不以禮食則得食，必以禮乎？親迎則不得妻，不親迎則得妻，必親迎乎？」任人難屋廬子，云若是則必待禮乎？屋廬子不能對。明日之鄒，以告孟子，孟子曰：「於！答是也何有？於，音烏，歎辭也。何有爲不可答也。不揣其本，而齊其末，方寸之木，可使高於岑樓。金重於羽者，豈謂一鉤金與一輿羽之謂哉？取食之重者與禮之輕者而比之，奚翅食重？取色之重者與禮之輕者而比之，奚翅色重？孟子言：夫物當揣量其本，以齊等其末。知其大小輕重乃可言也。不節其數，累積方寸之木，可使高於岑樓。岑樓，山之鋭嶺者，寧可謂寸木高於山邪？金重於羽，謂多少同而金重耳，一帶鉤之金，豈重一車羽邪？如取食、色之重者，比禮之輕者，何翅食、色重哉？翅，辭也，若言何其不重也。往應之曰：『紾兄之臂而奪之食則得食，不紾則不得食，則將紾之乎？踰東家牆而摟其處子則得妻，不摟則不得妻，則將摟之乎？』」教屋廬子往應任人如是。紾，戾也。摟，牽也。處子，處女也。則是禮重，食、色輕者也。

疏「任人」至「摟之乎」。正義曰：此章言臨事量宜，稱其輕重，以禮爲先，食色爲後者也。「任人有問屋廬子曰：禮與食孰重」，任人，任國之人，任國之人有問屋廬子曰：禮與食二者，何者爲重？「曰：禮重」，屋廬子答之以爲禮重。屋廬子，孟子弟子也。任人又問色與禮二者孰重？「曰：禮重」，屋廬子又答之以爲禮重。「曰：以禮食則飢而死」至「必親迎乎」，任人又問之曰：人若待有禮然後食，則飢餓而死，不待禮而食者，則得其食而不見飢餓，必待以禮然後食乎？任人意以爲不待禮而食也。行親迎婚之禮，則不得其妻，不待親迎之禮，則得其妻，必待親迎之禮乎？任人意又以爲不待親迎也。所謂禮食者，案《禮》云：「主人親饋則客祭，主人不親饋則客不祭。」故君子苟無禮，雖美不食焉，凡此之謂。所謂親迎者，又案《禮》云「夏氏迎於庭，商人迎於室，❶周人迎於户」，凡此是也。今任人不知此爲重，故以食、色並而問之。「屋廬子不能對，明日之鄒，以告孟子」，屋廬子未有言以答應，故不能對任人之問，乃明日往鄒國，以任人此言告於孟子。「孟子曰：於！答是也何有」至「則將摟之乎」，孟子見屋廬子不能答此言，乃而歎之曰：答此之言何有難乎？何爲不可答也？言凡物有常，如不揣量其本，但齊等其末，則雖方寸之木，可令高於岑樓。岑樓，山之鋭峰也。此乃齊等其末，而不量其本之謂也。言雖可謂之一帶鉤之金與一車羽毛之謂哉，是亦不揣其本，而齊其末之謂也。以其揣之以本，則方寸之木不能過於岑樓，一

❶「室」，《春秋公羊傳注疏》何注作「堂」。

帶鉤之金不能重於一車之羽也。如不揣其本，則取食之重者與禮之輕者比喻之，何啻食爲重也。取色之重者與禮之輕者比並之，則何啻爲色重也。如此，是猶積累方寸之木，可使高於岑樓；積疊一車之羽毛，可使重於一鉤金也。是則任人不揣其本，❶而齊其末也。且爲不以禮食則飢而死，則人誰不以食爲重也？不親迎則得妻，則人誰不以色爲重也？故孟子所以於此又教之屋廬子，使往應於任人曰：紾戾其兄之臂而奪之食，則得其食，不紾戾之，則不得其食，則將可以紾戾兄之臂乎？踰越東家之墻而牽其處女，則得爲之妻，不牽之則不得爲之妻，則將可以牽處女乎？言不可如是也，故以「乎」言之。所謂東家則託此言之矣，如謂鄰家也。然而鄰亦有西、南、北，何不言之？蓋言東，則西、南、北不言而在矣。　注「任國」。　正義曰：任，薛同姓之國，在齊、楚之間，後亦有案文，在孟子居鄒之段。　注「岑樓，山之鋭嶺」。　正義曰：釋云：山小而高者曰岑。是知岑樓即知爲鋭嶺之峰也。曰樓者，蓋重屋曰樓，亦取其重高之意也。　注云「處女」。　正義曰：未嫁者也。

曹交問曰：「人皆可以爲堯舜，有諸？」孟子曰：「然。」曹交，曹君之弟。交，名也。答曰然者，言人皆有仁義之心，堯舜行仁義而已。**「交聞文王十尺，湯九尺。今交九尺四寸以長，食粟而已，如何則可？」**交聞文王與湯皆長而聖。今交亦長，獨但食粟而已，當如之何？**曰：「奚有於是？亦爲之而已矣。有人於此，力不能勝一匹雛，則爲無力人矣。今曰舉百鈞，則爲有力人矣。然則舉烏獲之任，是亦爲烏獲而已矣。夫人豈以不勝爲患哉？弗爲耳。**孟子曰：何有於是言乎？仁義之道，亦當爲之乃爲賢耳。人言我力不能勝一小雛，則謂之無力之人。言我能舉百鈞，百鈞，三千斤也，則謂之有力之人。烏獲，古之有力人也，能移舉千鈞。人能舉其所任，是爲烏獲才也。夫一匹雛不舉，豈患不能勝哉？但不爲之耳。**徐行後長者謂之弟，疾行先長者謂之不弟。夫徐行者，**

❶「人」，原作「任」，據阮本改。

豈人所不能哉！所不爲也。長者，老者也。弟，順也。人誰不能徐行者，患不肯爲也。堯舜之道，孝弟而已矣。子服堯之服，誦堯之言，行堯之行，是堯而已矣。子服桀之服，誦桀之言，行桀之行，是桀而已矣。」孝弟而已，人所能也。堯服，衣服不踰禮也。堯言，仁義之言。堯行，孝弟之行。桀服，譎詭非常之服。桀言，不行仁義之言。桀行，淫虐之行。爲堯似堯，爲桀似桀。❶曰：「交得見於鄒君，可以假館，願留而受業於門。」交欲學於孟子，願因鄒君假館舍，備門徒也。曰：「夫道，若大路然，豈難知哉？人病不求耳。子歸而求之，有餘師。」孟子言堯舜之道，較然若大路，豈有難知，人苦不肯求耳。子歸曹而求行其道。有餘師，師不少也，不必留此學也。❷疏「曹交」至「餘師」。正義曰：此章言天下大道，人病不求，不患不能，是以曹交請學，孟子辭之者也。「曹交問曰：人皆可以爲堯舜，有諸」，曹交，曹君之弟也，姓曹名交。曹交問孟子曰：凡人皆可以爲堯舜二帝，有諸否乎？「孟子曰：然」，孟子答之，以爲誠如是也。「交聞文王十尺」至「如何則可」者，曹交又言，交嘗聞文王身長十尺，湯王身長九尺，今交身亦長九尺四寸，但獨食粟而已，當如之何則可以爲堯舜。「曰：奚有於是」至「是桀而已矣」，孟子答之曰：何有於此言之謂乎。言非論身長短之謂也，❸所以爲堯舜者，是亦爲之而已。且託今有人於此，其力不能舉任一匹夫之雛小，則爲無筋力之人也。❹今又曰能舉任三千鈞之重，則爲有筋力之人也。如是言之，則能舉烏獲千鈞之重任者，此亦足爲烏獲之徒而已矣。且夫人豈以不能舉勝一匹夫之雛小爲憂患哉！但不爲之耳。如用力舉之，則勝矣。以言人之所欲爲堯舜者，豈患其不能爲之哉？亦但不爲之耳。且以徐緩而行，後於長者，是謂之悌順。急疾而行，先於長者，謂之不悌順。夫徐緩而行者，豈凡人所不能如是哉。但所不爲徐行之矣。夫堯舜二帝之道，亦本於孝弟

❶「似桀」下，閩、監、毛、阮本有「而已矣」三字。
❷「此」，閩、監、毛、阮本作「館」。
❸「短」，原作「知」，據阮本改。
❹「則」上，阮本有「是」字。

而已，子今若身用堯之法服，❶以衣服不越禮，口誦堯之法言，以其言有法度，所行則行堯所行之迹，以其行不淫虐，如此，是亦爲堯之徒矣。若子於今身乃服桀非常之服，口誦桀詭僻之言，❷所行乃行桀淫虐之行，如此，是亦爲桀而已矣。「交得見於鄒君」至「於門」，曹交聞孟子言至此，乃曰：交得見鄒君，可以因而假館舍，願留止而受業於夫子之門，而學於孟子也。「曰：夫道若大路」至「餘師」，孟子乃答之曰：夫道若大路，較然易行也，豈爲難知者哉？言不難知也。但人病不求之耳。子歸曹而自能求之而行其道，亦不少師也，何必願受業於我。孟子所以答之此者，蓋爲曹交欲挾鄒君而問，是挾貴而問者也，是以辭之而已，抑亦不屑教誨之謂也。　注「鈞，三千斤」。❸　正義曰：已前篇説之矣。　注「烏獲，有力人也」。　正義曰：案皇甫士安《帝王世説》云：❹「秦武王好多力之人，烏獲之徒並皆歸焉。秦王於洛陽舉周鼎，烏獲兩目血出。」六國時人也。孟子假是而開闢曹交之蔽而已矣。

公孫丑問曰：「高子曰：『《小弁》，小人之詩也。』」孟子曰：「何以言之？」曰：「怨。」高子，齊人也。《小弁》，《小雅》之篇，伯奇之詩也。怨者，怨親之過，故謂之小人。　曰：「固哉，高叟之爲詩也。有人於此，越人關弓而射之，則己談笑而道之，無他，疏之也。其兄關弓而射之，則己垂涕泣而道之，無他，戚之也。《小弁》之怨，親親也。親親，仁也。固矣夫，高叟之爲詩也。」固，陋也。高子年長，孟子曰：陋哉，高父之爲詩也。疏越人，故談笑。戚，親也。親其兄，故號泣而道之，怪怨之意也。伯奇，仁人，而父虐之，故作《小弁》之詩曰：何辜于天？親親而悲怨之辭也。重言固陋，傷高叟不達詩人之意甚也。　曰：「《凱風》何以不怨？」《詩·邶風·凱風》之篇也。公孫丑曰：《凱風》亦孝子之詩，何以獨不怨？　曰：「《凱風》，親之過小

❶「用」，阮本作「服」。
❷「僻」，阮本作「懦」。
❸「鈞」，按阮校：「『鈞』上當有『百』字。」
❹「説」，按阮校：「案『説』當作『紀』。」

者也。《小弁》，親之過大者也。親之過大而不怨，是愈疏也。親之過小而怨，是不可磯也。愈疏，不孝也。不可磯，亦不孝也。孔子曰：『舜其至孝矣，五十而慕。』」孟子曰：《凱風》言「莫慰母心」，母心不悦也，知親之過小也。《小弁》曰「行有死人，尚或墐之」，而曾不閔己，知親之過大也。愈，益也。過已大矣，而孝子不怨思其親之意何爲如是。是益疏之道也，故曰不孝。磯，激也。過小耳，而孝子感激，輒怨其親，是亦不孝也。孔子以舜年五十而思慕其親不殆，稱曰孝之至矣，孝之不可以已也，知高叟譏《小弁》爲不得矣。疏「公孫丑」至「而慕」。正義曰：此章言生之膝下，一體而分，喘息呼吸，氣通於親，當親而疏，怨慕號天，是以《小弁》之怨，未足以爲愆也。「公孫丑問曰：高子曰：《小弁》，小人之詩也」，高子，齊人也，公孫丑問孟子曰：高子有云《小弁》之詩，是小人之詩也。「孟子曰：何以言之」，孟子又問公孫丑，以謂高子何以言爲小人之詩。「曰怨」，孫丑又答之，曰爲其有怨也。「曰：固哉高叟之爲詩也」又至「爲詩也」，固，陋矣，高子老，孟子稱曰叟，蓋叟，長老之稱也。孟子曰：陋哉，高叟之謂此詩爲小人之詩也。今且託以有人於此，是爲越南蠻人，被人彎弓而射之，則己見之，則但談笑而道之也，此無他，是與越人疏也。其兄如被人彎弓而射之，則己見之必垂涕淚，號泣而道之，此亦他，是與兄爲親也。《小弁》之詩，其辭有怨，是親親之故也。親親，仁道也。陋矣夫，高子之謂此詩爲小人之詩也。然孟子所以重言之，深誚高子不達詩人之意之甚者也。「曰：《凱風》何以不怨」，公孫丑再問孟子，然則《凱風》亦孝子之詩也，何以獨不怨？《凱風》，《邶風》之詩也。「曰：《凱風》，親之過小者也」至「五十而慕」者，孟子又答之曰：《凱風》之詩，是親之過小者也，以詩觀之，有曰「有子七人，莫慰母心」，是爲親之過小者也。《小弁》之詩，是親之過大者也，以詩觀之，有曰「何辜于天，我罪伊何」，是則怨以責己，爲親之過大者也。親之過大而不怨慕之，是益疏其親也。親之過小而怨之，是懟其親也，是謂父母不可以磯激之者也。蓋親之過大者，以其幽王信褒姒讒言，疏太子宜臼之親，非特疑之，又將以殺之，是以《小弁》爲太子之傅作焉，而著父之過爲大者也。親之過小者，以其先王制禮，夫死，妻穉子幼，然後其妻始與適人，今七子之母，則非穉齒子幼者也，乃反不安其室而欲去嫁，是以《凱風》美孝子，以著母之過爲小者也。故曰：益疏其親而不怨慕之者，是不孝者也；謂父母不可激之者，是亦不爲者也。云磯者，蓋磯，激也，若微切以感激之，以幾諫者也，譬如石之激水，順其流而激之耳。今乃謂親之不可幾諫，安得謂孝子乎？所以云愈疏不孝也，不可磯亦不孝也。又引孔子有云舜其爲至孝者耳，❶以其但亦五十之年，尚能慕親矣。孟子又引以此，蓋謂至孝則當怨慕之也。然則《小弁》之怨安得謂爲小人乎！宜高子所以見誚於吾孟子矣。　注「伯奇，仁人，而父虐之」至「何辜于天」。　正義曰：按《史記》云：「幽王嬖愛褒姒，姒生子伯服，幽王欲廢太子。太子母申侯女而爲后，後幽王得褒姒，愛之，欲廢申后，并去太子宜臼，以褒姒爲后，以伯服爲太子。」後立爲平王者，是宜臼者也。以此推之，則伯奇，宜臼也。故《小弁》之詩注云「幽王娶申女，生太子宜臼。又娶褒姒，生子伯服，立以爲后，而放宜臼，將殺之」故也。〇「《凱風》」至「《小弁》曰：行有死人，尚或墐之」。　正義曰：《凱風》，美孝子之詩也。云「莫慰母心」者，注云：「慰，安也。」言有子七人，無以安母之心也。云「行有死人，尚或墐之」者，注云：「墐，路塚也。」箋云：「相視投掩行道也，視彼人將掩兔，尚有先驅走之者，道中有死人，尚有覆掩之成其墐者，言其心所不忍也。」

宋牼將之楚，孟子遇於石丘，曰：「先生將何之？」宋牼，宋人，名牼，學士年長者，故謂之先生。石丘，地名也。道遇，問欲何之也。　曰：「吾聞秦、楚構兵，我將見楚王說而罷之。楚王不悅，我將見秦王說而罷之。二王我將有所遇焉。」牼自謂往說二王，必有所遇，得從其志也。　曰：「軻也請無問其詳，願聞其指，說之將何如？」孟子敬宋牼，自稱其名曰軻。不敢詳問，願聞其指，欲如何說之。　曰：「我將言其不利也。」牼曰：我將爲二王言興兵之不利也。　曰：「先生之志則大矣，先生之號則不可。先生以利說秦、楚之王，秦、楚之王悅於利，以罷三軍之師，是三軍之士樂罷而悅於利也。爲人臣者懷利以事其君，爲人子者懷利以事其父，爲人弟者懷利以事其兄，是君臣、父子、兄弟終

❶「孔」，原作「孟」，據上經文及阮本改。

去仁義，懷利以相接，然而不亡者，未之有也。孟子曰：先生志誠大矣，所稱名號不可用也。二王悦利罷三軍，三軍士樂之而悦利，則舉國尚利以相接待，而忘仁義，則其國從而亡矣。 先生以仁義説秦、楚之王，秦、楚之王悦於仁義而罷三軍之師，是三軍之士樂罷而悦於仁義也。爲人臣者懷仁義以事其君，爲人子者懷仁義以事其父，爲人弟者懷仁義以事其兄，是君臣、父子、兄弟去利懷仁義以相接也，然而不王者，未之有也。何必曰利？」以仁義之道，不忍興兵，三軍之士悦，國人化之，咸以仁義相接，可以致王，何必以利爲名也。 疏「宋牼」至「何必曰利」。 正義曰：此章言上之所欲，下以爲俗，俗化於善，久而致平；俗化於惡，久而致傾者也。「宋牼將之楚，孟子遇於石丘，曰：先生將何之」，宋牼，宋國之人，姓宋名牼，孟子尊老之曰先生。宋牼將欲往楚國，孟子相逢於石丘之地，石丘則宋國地也。孟子乃問之曰：先生將何往？「曰：吾聞秦楚搆兵」至「我將有遇焉」，宋牼答孟子曰：我聞秦、楚二国交兵，我將見楚王説而罷之。如楚王不悦我説，我將又見秦王説而罷之。秦、楚二王，我將有所得從其志也。「曰：軻也」至「將何如」，孟子敬宋牼，故自稱名，曰：軻也請無敢問其詳悉，願聞其指，意説之將如何説之。「曰：我將言其不利也」，牼答之曰：我將説之，以言其興兵之不利也。「曰：先生之志則大矣」至「何必曰利」，孟子又答之，曰：先生之志則誠爲大矣，先生之名號則不可用也。先生今以利説秦、楚二王，秦、楚二王悦於利，是必罷三軍之衆。萬二千五百人爲軍，三軍之衆乃三萬七千五百人也。如此，是三軍之士卒樂罷兵而悦利也。爲人臣者，苟懷抱利以奉其君；爲人子者，又懷抱利以事其父；爲人弟者，又懷抱利以奉其兄，是則君臣、父子、兄弟終皆亡去仁義之道，特懷利以相接待。君臣、父子、兄弟皆以利相接待，然而不身亡者，未之有也。言必亡其身矣。先生將以仁義之道説秦、楚之王，秦、楚之王悦從仁義而罷去三軍之衆也。如此，是三軍之士卒樂罷兵而悦從於仁義也。爲人臣者，懷抱仁義之道以奉其君；爲人子者，懷抱仁義之道以奉其父；爲人弟者，懷抱仁義之道以奉其兄，是則君臣、父子、兄弟乃去其利，而抱仁義相接待也。既懷抱仁義而相接待，則父父子子、君君臣臣、兄兄弟弟，如此則不爲王者，未之有也。言如此則可以爲王矣，何必曰利以説之乎。蓋爲利則其害至於亡身，爲仁義則其利至於王，故曰「何必曰利」也。此孟子所以持仁義之道教宋牼事其秦、楚，譏其欲以利説秦、楚也。　注「宋牼，宋人，名牼」。正義曰：案荀卿《非十二子》云：「不知壹天下、建國家之權稱，曾不足以容辨異、縣君臣，然而其持之有故，其言之成理，足以欺惑愚衆，是宋鈃也。」楊倞云：「宋鈃，宋人，與孟子、尹文子、彭蒙、慎到同時。」《孟子》作「宋牼」，牼與鈃同，口莖反，是也。

孟子居鄒，季任爲任處守，以幣交，受之而不報。處於平陸，儲子爲相，以幣交，受之而不報。任，薛之同姓小國也。季任，任君季弟也。任君朝會於鄰國，季任爲之居守其國也，致幣帛之禮以交孟子，受之而未報也。平陸，齊下邑也。儲子，齊相也，亦致禮以交孟子，而未答也。❶他日，由鄒之任，見季子；由平陸之齊，不見儲子。屋廬子喜曰：「連得間矣。」問曰：「夫子之任見季子，之齊不見儲子，爲其爲相與？」連，屋廬子名也。見孟子答此二人有異，故喜曰：連今日乃得一見夫子與之間隙也。俱答二人，獨見季子，不見儲子者，以季子當君國子民之處，儲子爲相，故輕之邪。曰：「非也。《書》曰：『享多儀，儀不及物，曰不享。惟不役志于享。』爲其不成享也。」孟子曰：非也。非以儲子爲相，故不見。《尚書·洛誥》篇曰「享多儀」，言享見之禮多儀法也。物，事也。儀不及事，謂有闕也，故曰不成享禮。儲子本禮不足，故我不見也。屋廬子悦。或問之，屋廬子曰：「季子不得之鄒，儲子得之平陸。」屋廬子已曉其意，聞義而服，故悦也。人問之曰：何爲若是？屋廬子曰：季子守國，不得越境至鄒，不身造孟子可也。儲子爲相，得循行國中，但遥交禮，爲其不尊賢，故答而不見。❷　疏「孟子居鄒」

❶「而未答也」，阮本作「孟子亦不答之也」。按阮校，閩、監、毛三本同阮本。孔本、韓本、足利本作「受而未答也」。

❷「故答而不見」，閩、監、毛、阮本作「故禮答而不見之也」。

至「平陸」。　正義曰：此章言君子交接，動不違禮，享見之儀，亢答不差，是以孟子或見或否，各以其宜者也。「孟子居鄒」至「而不報」，言孟子居處鄒國，❶季任爲任國居守者也。以其任國之君朝會於鄰國，季任爲居守其國也。季任爲居守，以幣帛之禮以交孟子，孟子受而不答。孟子爲齊卿相之時，居處於平陸，齊之下邑，儲子爲齊相，以幣帛交孟子，孟子亦受之而不答。「他日由鄒之任」至「不見儲子」，言孟子異日自鄒之任國，乃見其季子；自平陸往齊國，乃不見儲子。「屋廬子喜曰」至「爲相與」，屋廬子見孟子於此二人見與不見，故喜而言曰：連於今日得間隙與夫子爲語矣。故問孟子曰：夫子往任國乃見季子，往齊國乃不見儲子，是爲其儲子爲齊相，故欲輕之歟？「曰：非也」至「爲其不成享也」，孟子答之曰：非爲其爲相，故不見而輕之耳。以其《尚書·洛誥》篇有云「享多儀」，言享見之禮多儀法也。如儀不及享獻之物，是曰不享。以其無儀法，雖有物以享之，但亦如不享耳。惟在上者，不役使下之志於享也，是以我不見儲子者，爲其儀不及物，不成享也，我所以受之幣而不見答也。「屋廬子悦」至「得之平陸」，屋廬子已曉，故聞孟子言而喜悦。或人見屋廬子，故問之曰：此《洛誥》云，是何之謂？屋廬子答之曰：季子以其守國，故不得越境親至鄒國見孟子，故但以幣交孟子，孟子所以往而見答也。儲子爲齊相，得循行國中，可以親至平陸見孟子，然以不親見之，但亦以幣交之，是其不尊賢者也，是所謂儀不及物，爲不成享也，孟子所以之齊，故不見而答之也。　注「任，薛之同姓」。　正義曰：案魯隱公十一年《左傳》云：「滕侯、薛侯來朝，❷争長，公使羽父請於薛侯曰：『周之宗盟，異姓爲後，寡人若朝于薛，❸不敢與諸任齒。』」杜預云：「薛，任姓也。齒，列也。」是知薛與任爲同姓也。　注「《尚書·洛誥》篇云」。　正義曰：此篇召公既相宅，周公往營成周，使來告卜，作此《洛誥》之篇也。孔安國云：「既成洛邑，將致政成王，告以居洛之義也。」云「享多儀」至「惟不役志于享」者，案安國傳云：「奉上謂之享，言奉上之道多威儀，威儀不及於禮物，❹惟曰不奉上。人君惟不役志於奉上，則凡人化之，惟曰不奉上矣。」

❶「言」，原作「官」，據阮本改。
❷「滕」，原作「勝」，據阮本及《左傳》改。
❸「于」，原作「丁」，據阮本改。
❹「威」，原作「成」，據阮本改。

淳于髡曰：「先名實者，爲人也。後名實者，自爲也。夫子在三卿之中，名實未加於上下而去之，仁者固如此乎？」淳于，姓。髡，名也。齊之辨士。名者，有道德之名。實者，治國惠民之功實也。齊，大國，有三卿，謂孟子嘗處此三卿之中矣。未聞名實，下濟於民，上匡其君，而速去之。仁者之道，固當然邪？孟子曰：「居下位，不以賢事不肖者，伯夷也。五就湯，五就桀者，伊尹也。不惡汙君，不辭小官者，柳下惠也。三子者，不同道，其趨一也。」伊尹爲湯見貢於桀，桀不用而歸湯，湯復貢之，如此者五。思濟民，冀得施行其道也。此三人雖異道，所履則一也。「一者何也？」髡問一者何也。曰：「仁也。君子亦仁而已矣，何必同？」孟子言君子進退行止，未必同也，趨於履仁而已。髡譏其速去，❶故引三子以喻意也。曰：「魯繆公之時，公儀子爲政，子柳、子思爲臣，魯之削也滋甚。若是乎賢者之無益於國也？」髡曰：魯繆公時，公儀休爲執政之卿。子柳，泄柳也。子思，孔子之孫伋也。❷二人爲師傅之臣，不能救魯之見削奪亡其土地者多。若是，賢者無所益於國家者，何用賢爲？曰：「虞不用百里奚而亡，秦繆公用之而霸。不用賢則亡，削何可得與？」孟子云：百里奚所去國亡，所在國霸，無賢國亡，何但得削？豈可不用賢也。曰：「昔者王豹處於淇，而河西善謳。緜駒處於高唐，而齊右善歌。華周、杞梁之妻善哭其夫，而變國俗。有諸内必形諸外，爲其事而無其功者，髡未嘗覩之也。是故無賢者也，有則髡必識之。」王豹，衛之善謳者。淇，水名。《衛詩·竹竿》之篇曰：「泉源在左，淇水在右。」《碩人》之篇曰：「河水洋洋，北流活活。」衛地濱於淇水，在北流河之西，故曰處淇水而河西善謳，所謂鄭衛之聲也。緜駒，善歌者也。高唐，齊西邑。緜駒處之，故

❶「譏」，閩、監、毛、阮本作「爲」。

❷「子之孫」，按阮校，廖本、孔本、韓本、《考文》古本無此三字。

曰齊右善歌。華周，華旋也。杞梁，杞殖也。二人，齊大夫，死於戎事者，其妻哭之哀，城爲之崩，國俗化之，則效其哭。髡曰：如是歌、哭者尚能變俗，有中則見外。爲之而無功者，髡不聞也。有功，乃爲賢者，不見其功，故謂之無賢者也。如有之，則髡必識知之。❶

曰：「孔子爲魯司寇，不用，從而祭，燔肉不至，不稅冕而行。不知者以爲爲肉也，其知者以爲爲無禮也。乃孔子則欲以微罪行，不欲爲苟去。君子之所爲，衆人固不識也。」孟子言孔子爲魯賢臣。不用，不能用其道也。從魯君而祭於宗廟，當賜大夫以胙，燔肉不至。膰炙者爲燔，《詩》云：「燔炙芬芬。」反歸其舍，未及稅解祭之冕而行，出適他國。不知者以爲不得燔肉而慍也。知者以爲爲君無禮，乃欲以微罪行。燔肉不至，我黨從祭之禮不備，有微罪乎，乃聖人之妙旨，不欲爲，誠欲急去也。衆人固不能知君子之所爲，❷謂髡不能知賢者之志也。

疏「淳于」至「不識也」。正義曰：此章言見機而作，不俟終日，孔子將行，冕不及稅。庸人不識，課以功實。淳于雖辨，終亦屈服，正者勝也。「淳于髡曰」至「固如是乎」，淳于髡，齊國之辯士也，淳于髡問孟子曰：「先名實者，爲人也，後名實者，自爲也」，言名生於實者也，有功利之實，斯有功利之名，進而治國濟民，則名利在所先，故先名實者爲人。退而獨善其身，則功利在所後，故後名實者爲自爲。今夫子嘗處於三卿之中，而名實未加及於上下而去之，仁人固肯如是乎？髡之意以爲仁人必不如是也，故以此譏之。蓋名實未加於上下，以其上無以輔佐君而治國，下無以惠澤而濟於民也。「孟子曰」至「其趨一也」者，孟子乃答曰：居臣下之位，不肯以賢而奉事不肖者，是伯夷也，所謂「伯夷非其君不事」是矣；五就於湯，五就於桀者，是伊尹也，所謂「何事非君，治亦進，亂亦進」是矣；不恥惡汙君，不辭小官者，謂柳下惠也，所謂「爾爲爾，我爲我，爾焉能浼我哉？阨窮而不憫，遺佚而不怨」是矣。此三子者，雖進退之道不同，然其所履則一而已。「一者何也」，髡又問孟子所謂其趨一者是何也。「曰：仁也，君子亦仁而已矣，何必同」，孟子又答曰：其一者，是一於仁也。言三子進退行止皆一於仁也。伯夷之

❶「知之」，閩、監、毛、阮本作「之矣」。
❷「能知」，閩、監、毛、阮本作「識」。

仁，則見於必退以爲清；伊尹之仁，則見於必進而爲任；下惠之仁，則見於不必進、亦不必退而爲和。如此，則君子進退行止，亦履仁而已，何用同其進退行止然後爲仁也。孟子所以引此三子而喻者，蓋謂之去齊，是亦伯夷之清者也，是亦有仁而已，故以是答淳于髡。「曰：魯繆公之時，公儀子爲政」至「無益於國也」，髡又曰：魯繆公之時，公儀休爲執政之卿，泄柳、孔伋爲師傅之臣，而魯國爲敵國所侵削益甚，如此，是賢者不能拯救之，是賢者無所益於國家也。「曰：虞不用百里奚而亡」至「何可得與」者，孟子又答之，曰：虞君不能信用百里奚而亡其國，秦繆公任用之而得爲霸，是則不能用賢則國亡矣，何特止於見削歟？故曰「削何可得與」。蓋百里奚知虞公之不可諫而去之秦，而穆公釋其囚，授之以國政，號曰五羖大夫，是其事也，又説於《萬章》首卷之末詳矣。「曰：昔者王豹處於淇上」至「識之」者，髡又曰：❶往日衛之善謳詠者王豹居於淇水，❷而西河之人又善歌；齊之善謳詠者緜駒居於高唐，而齊右之人又能善歌，❸凡此是皆以謳相尚，故然也。齊之二大夫華周、杞梁皆死於戎事，其二人妻哭哀，城爲之崩，國俗化之，而皆效其哭，是以如此歌、哭者，尚能變化其俗，則有諸中必見於外。如無其功者，髡未曾見之也。如此，是故無賢者也，有賢者則髡必知之矣。淳于髡所以又言之此者，以其不知繆公不能師公儀休、泄柳、子思三子之道，徒疑之以爲不賢，又以此明孟子名實未加於上下而去之亦若是矣。故引而言之，復譏於孟子。淇水、河西、高唐、齊右，皆地名也。「曰：孔子爲魯司寇」至「衆人固不識也」，孟子又答曰：孔子嘗爲魯國司寇之官，不得用其道，從魯君祭於宗廟，當賜大夫以胙燔肉，且不至孔子，孔子遂反歸其舍，未及脱祭祀之冕而適它國。不知孔子者，以謂孔子不得燔肉，故爲此而行也。其知孔子者，以謂爲君無禮，乃欲以微罪行。微罪，以其孔子爲司寇大夫之官，凡有祭，則大夫之黨當從君祭，既從祭之，禮有不備，所以有罪矣。然則君子之所爲者，庸衆之人固不能識而知也。孟子言此者，又有以譏誚髡也。意謂吾之去齊，是亦君子之道也，豈淳于髡所識也。注「淳于髡」至「然邪」。正義曰：案《史記》列傳云：「淳于髡者，齊之贅壻也。長不滿七尺，滑稽多辯，數使諸侯，未嘗屈辱。齊威

❶「又」，原作「文」，據阮本改。
❷「淇」，原作「其」，據上經文及阮本改。
❸「又」，阮本作「皆」。

之時喜隱，好爲淫樂長夜之飲，沈湎不治，委政卿大夫，百官荒亂，諸侯並侵，國且危亡，左右莫敢諫。淳于髡曰『國中有大鳥』云云。」文恐煩，更不具述。　注「髡曰：魯繆公」至「賢爲」。　正義曰：云「公儀休爲執政之卿」者，案《史記》云：「公儀休，魯博士，以高第爲魯相，奉法循理，無所變更，百官自正。使食祿者不得與下民爭利，受大者不得取小。」《漢書》曰：「公儀子相魯，之其家，見織帛，怒而出其妻，食於舍而茹葵，愠而拔其葵，曰：『吾已食祿，又奪園夫紅女利乎？』」是公儀休執政之事也。云「子柳，泄柳也」，《檀弓》云「子柳」，鄭注云：「子柳，魯敬仲皮之子，子碩兄也。」子思，孔伋，已説於前矣。　注「孟子云：百里奚去國」至「賢也」。　正義曰：云百里奚所去國亡、所在國霸者，即經所謂知虞之將亡而先去之、相秦而顯其君是也。云何但得削者，如楊子云「或人問魯用儒而削，雄曰：魯不用真儒故也，❶如用真儒，無敵於天下，安得削」，亦是意也。　注「王豹，衛之善謳」至「知之」。　正義曰：云「豹，衛之善謳者」，注案《衛詩》，以淇水在衛地。《説文》云：「淇水出河内，其北山東入河。」又《晉世家》云「晉西有河，西與秦接境，北邊翟，東至河内」是也。《竹竿》、《碩人》，皆衛國之詩也。云「高唐，齊西邑」，案齊莊公元年「晉伐齊，至高唐」，杜氏曰「高唐在祝阿縣西北」是也。云「華周，華旋也。杞梁，杞殖也。二人，齊大夫」，案魯襄公二十三年「齊莊公還自晉，不入，遂襲莒。杞梁、華旋載甲，夜入宿于莒郊。明日，先遇莒子於蒲侯氏」。杜注云：「近莒之邑也。」「莒子重賂之，使無死，曰：『請有盟。』華周對曰：『貪貨棄命，亦君所惡也。昏而受命，日未中而棄之，何以事君？』莒子親鼓之，從而伐之，獲杞梁。莒人行成，齊侯歸，遇杞梁之妻於郊，使吊之。辭曰：『殖之有罪，何辱命焉？若免於罪，猶有先人之弊廬在，下妾不得與郊吊。』齊侯吊諸其室。」杜注云：「杞梁，杞殖也。華周即華旋也。」或云齊莊公襲莒，逐而死，其妻孟姜向城而哭，城爲之崩。　注「孔子爲魯賢臣，從魯君而祭於宗廟，燔肉不至」者。　正義曰：案《孔子世家》云：魯定公九年，孔子爲中都宰，一年四方皆則之。由中都宰爲司空，由司空爲大司寇。定公十三年，季氏將墮費。十四年，孔子由大司寇行攝相事，有喜色。門人曰：「聞君子禍至不懼，福至不喜。」孔子曰：「有是言也。」於是誅大夫亂政者少正卯。齊人歸女樂，定公日怠政事，子路曰：

❶「用」，原作「問」，據阮本改。

「夫子可以行矣。」孔子曰：「魯今且郊，如致膰乎大夫，則吾猶可止。」於是不致膰俎於大夫，孔子遂行，宿于屯。屯，魯國之南地也。王肅曰：「膰，祭肉也。」孔子因適衛矣。

孟子注疏解經卷第十二上

孟子注疏解經卷第十二下

趙氏注　孫奭疏

告子章句下

孟子曰：「五霸者，三王之罪人也。五霸者，大國秉直道以率諸侯，齊桓、晉文、秦繆、宋襄、楚莊是也。三王，夏禹、商湯、周文王是也。今之諸侯，五霸之罪人也。今之大夫，今之諸侯之罪人也。謂當孟子之時諸侯及大夫也。諸侯臣，總謂之大夫。罪人之事，下別言之。天子適諸侯曰巡狩，諸侯朝於天子曰述職。春省耕而補不足，秋省斂而助不給。入其疆，土地辟，田野治，養老尊賢，俊傑在位，則有慶，慶以地。入其疆，土地荒蕪，遺老失賢，掊克在位，則有讓。一不朝則貶其爵，再不朝則削其地，三不朝則六師移之。是故天子討而不伐，諸侯伐而不討。五霸者，摟諸侯以伐諸侯者也。故曰五霸者，三王之罪人也。巡狩、述職，皆以助人民。慶，賞也。養老尊賢，能者在位，賞之以地，益其地也。掊克不良之人在位，則責讓之。不朝而至三，則討之以六師。移之，就之也。討者，上討下也。伐者，敵國相征伐也。五霸强摟牽諸侯以伐諸侯，不以王命也，於三王之法，乃爲之罪人也。五霸，桓公爲盛。葵丘之會諸侯，束牲載書而不歃血。初命曰：『誅不孝，無易樹子，無以妾爲妻。』再命曰：『尊賢育才，以彰有德。』三命曰：『敬老慈幼，無忘賓旅。』四命曰：『士無世官，官事無攝，取士必得，無專殺大夫。』五命曰：『無曲防，無遏糴，無有封而不告。』曰：『凡我同盟之人，既盟之後，言歸于好。』今之諸侯皆犯此五禁，故曰今之諸侯，五霸之罪人也。齊桓公，五霸之盛者也，與諸侯會于葵丘，束縛其牲，但加載書，不復歃血。言畏桓公，不敢負之，不得專誅不孝。樹，立也。已立世子，不得擅易也。不得立愛妾爲嫡妻也。尊賢養才，所以彰明有德之人。敬老愛小，恤矜孤寡，賓客羈旅勿忘忽也。仕爲大臣，不得世官，賢臣乃得世祿也。官事無攝，無曠庶僚也。取士必得賢，立之無方也。無專殺大夫，不得以私怒行戮也。無敢違王法而以己曲意設防禁也，❶無遏止穀糴不通鄰國也，無以私恩擅有所封賞而不告盟主也。❷言歸于好，無搆怨也。桓公施此五命，而今諸侯皆犯之，故曰罪人也。長君之惡其罪小，逢君之惡其罪大。今之大夫皆逢君之惡，故曰今之大夫，今之諸侯之罪人也。」君有惡命，臣長大而宣之，其罪在不能距逆君命，故曰小也。逢，迎也。君之惡心未發，臣以諂媚逢迎之，❸而導君爲非，故曰罪大。今諸侯之大夫皆逢君之惡，故曰罪人也。疏「孟子」至「罪人也」。正義曰：此章言王道浸衰，轉爲罪人，孟子傷之，是以博思古法，以匡時君者也。「孟子曰：五霸者，三王之罪人也」至「五霸之罪人也」，又至「今之諸侯之罪人也」者，孟子言齊桓、晉文、秦繆、宋襄、楚莊五霸者，乃爲夏禹、商湯、周文之罪人也。今之諸侯，謂孟子時之諸侯，乃爲五霸者之罪人也。今之大夫，亦謂孟子時之大夫，乃爲今之時諸侯之罪人也。自「天子適諸侯」至「三王之罪人也」者，此一段是孟子自解五霸爲三王之罪人也。「天子適諸侯曰巡狩」至「助不給」，已説在《惠王》篇。言入其疆，謂古天子行巡狩之禮，巡諸侯所守之地，至入其諸侯疆境，見其土地開辟而不蕪，田野耕治而不荒，又能養其耆老，尊敬賢者，有俊傑之才能在位行政事。如此，則有慶賞，以其慶賞益其地也。入其封疆，見土地荒蕪而不開辟，又遺弃其耆老，失其賢人，惟以掊克多取聚斂之臣在其位以殘民。如此，則有責讓。不特責讓之，又其一不朝覲述所職，則貶損其爵；至二不朝，則削減其土地；以至三不朝，則命六師以移易其位也，以其不能保安社稷也。是故天子於諸侯，有其罪則

❶「曲」，閩、監、毛、阮本無此字。
❷「所」，閩、監、毛、阮本無此字。
❸「媚」，原作「媢」，據阮本改。

討，而不行兵征伐。諸侯之於諸侯，則行兵征伐而不討。蓋彼有罪，而布令陳辭以責之，是謂討也；彼有罪而用兵行師以加之，是謂伐也。且五霸者，牽率諸侯者也，故曰「五霸者，三王之罪人也」。以其五霸擅自專權，不待天子錫之弓矢然後征，錫之鈇鉞然後殺者也，特牽率諸侯以伐諸侯而已，是則豈非三王之罪人歟？故齊桓率諸侯以伐蔡，晉文率諸侯以滅曹，秦繆率諸侯以伐晉，宋襄率諸侯以伐楚，楚莊率諸侯以伐陳，是摟諸侯以伐諸侯者也。

「五霸，桓公爲盛」至「五霸之罪人也」，此一段是孟子自解今之諸侯乃五霸之罪人也。言齊桓公爲五霸最盛者也，以其土地之廣，甲兵之衆，强制諸侯，懼其未盡從己也，於是期約諸侯，爲葵丘之會。葵丘，杜預曰：「陳留外黄縣有葵丘，宋地也。」諸侯皆束縛其牲，但加載書，而不復歃血。歃血，歠血也，言不敢負桓公之約也。桓公於是初命之曰「誅不孝」，言所誅在不孝矣；「無易樹子」，言世子已立，更不得擅自變易也；「無以妾爲妻」，言不得以愛幸之妾而立嫡妻也。其再命之曰「尊賢育才，以彰有德」，言賢者常尊之於朝，以崇其才；德者當養之於學，以成其德，是所謂以彰明有德者也。其三命之曰「敬老慈幼，無忘賓旅」，言當敬重其耆長，慈憫其幼少，又當無忘忽其賓客羈旅。其四命之曰「士無世官，官事無攝」，不得兼攝其職也，以其一官不專，則一事不舉也；「取士必得」，言所取之士，必得其賢，不得使之群小殽亂之也；「無專殺大夫」，言大夫有罪者，當皆請命於天子，而諸侯不得專殺之也。其五命之曰「無曲防」，言不得曲防其水，以專利也，當通水利而防障之而已；「無遏糴」，言不得遏止穀糴不通於鄰國也；「無有封而不告」，言不得有私自封賞而不告於天子也。五命之後，於是又布告之，曰：凡我同會盟之人，自今既盟誓之後，言當歸於交好，無更搆怨也。然今之諸侯，皆犯此桓公之五禁，故曰「今之諸侯，五霸之罪人也」。五禁即五命是也。「長君之惡」至「今之諸侯之罪人也」者，此一段孟子自解今之大夫爲今之諸侯罪人者也，蓋自諸侯之下，皆爲大夫者也。言君有惡命，臣長益而宣布之，其罪猶小，以其但不能距逆君之命也；君之惡未著，而爲之臣乃諂媚逢迎而導君爲非，故曰其罪大，以其有以啓之也。然今之大夫，皆有以迎君之惡而啓之，故曰「今之大夫，今之諸侯之罪人也」。

注「五霸」至「是也」。正義曰：云齊桓、晉文至楚莊五者，今案《史記·諸侯年表》云：周莊王十二年，齊桓公小白即位，周釐王三年始霸，會諸侯於鄄，周惠王二十三年諸侯伐鄭，周襄王元年夏，會諸侯于葵丘，天子使宰孔賜胙，命無拜，襄王九年卒。是桓公自釐王三年始霸，至卒，凡得四十三年。晉文公重耳自周襄王十六年即位，❶五年率諸侯以伐曹，襄王二十四年薨，即位凡得九年而已。宋襄公兹父自周襄王二年即位，十三年伐楚，十四年死泓戰，是歲襄王十五年矣。秦繆公任好自周惠王十八年即位，二十八年會晉伐楚朝周，是歲周襄王二十年，三十五年伐晉報殺，敗于汪，三十九年卒，以人從死，是歲襄王三十一年矣。楚莊王侣自周頃王六年即位，十三年伐陳，十六年率諸侯誅陳夏徵舒，立陳成公午，三十三年薨，是歲周定王十六年矣。云「夏禹、商湯、周文」，已説於前矣。　注「齊桓」至「罪人也」。　正義曰：云與諸侯會于葵丘，案魯僖公九年《左傳》云：「夏會諸侯于葵丘，尋盟，且脩好，禮也。秋，齊桓盟諸侯于葵丘，曰：『凡我同盟之人，既盟之後，言歸于好。』」是之謂也。是歲所謂周襄王元年矣。云「誅不孝」者，如衛世子輒拒其父蒯聵，楚世子商臣弑其父，凡此之類，是不孝者也。云「無易其世子」者，如晉獻公立奚齊，以易申生，是易世子者也。云「無立愛妾爲嫡」者，正妃曰嫡也，如晉獻公於驪姬，是以愛妾爲嫡也。云「尊賢養才」者，如《南有嘉魚》之詩云「太平之君子至誠，樂與賢者共之也」，《菁菁者莪》之詩云「樂育才也」，凡此是尊賢養才之意也。云「敬老愛小，恤矜寡孤」，如《周禮・大司徒》之職云「以保息六養萬民，一曰慈幼，二曰養老」；孟子曰「文王發政施仁，必先鰥寡孤獨」，是其旨也。云「賓客羈旅，無忽忘也」，《周禮・太宰》職云「以禮待賓客之治」，是不忘賓客也；孟子曰「關市譏而不征」，是不忘忽羈旅也。云「仕爲大臣，不得世官，乃得世禄」者，如魯有臧孫氏、仲孫氏、叔孫氏、季孫氏，晉有狐氏、趙氏、荀氏、郤氏、欒氏、范氏，齊有高氏、國氏、崔氏，衛有甯氏、孫氏，是皆世官之類也。孟子曰「文王治岐，❷士無世禄」，❸是世禄之謂也。云「無曠庶僚」者，孔安國云：「僚，官也」；「曠，空也」。《尚書》注云「無曠庶官，天工人其代之」，❹「位非其人爲空官，言人代天理官，不可以天官私非其人」，亦具官而事無攝，則爲非禮。孔子曰「管仲官事不攝，焉得儉」，所以譏誚之矣。云「取士必得，立之無方」者，如桓公取管仲於賊國，湯立賢無方是矣。

❶「位」下，阮本有「是爲霸」三字。
❷「岐」，原作「歧」，據阮本改。
❸「無」，按盧宣旬補校：「監、毛本作『者』，不誤。」
❹「代」，原作「伐」，據阮本改。

若晉奚齊之於里克，陳靈公於夏徵舒，是取士不得矣。云「不得以私怒行戮」者，如文公六年《左傳》云「賈季怨陽子之易其班，而知其無援於晉，乃使續鞠居殺處父」；成公八年，晉殺其大夫趙括；十五年，宋殺其大夫山；十六年，楚殺其大夫公子側是也。凡此之類，《春秋》書之四十有七，是專殺大夫也。云「無敢違王法而以己意私設防禁」者，❶然而此意亦通義矣，奈何據其下文曰「遏糴」，則無曲防，是爲無曲防障其水以專利者矣。故先王制甽遂溝洫，所以爲此矣。是齊桓會諸侯于陽穀，《公羊》改爲無障谷；會諸侯于葵丘，《穀梁》以爲無壅泉，凡此可見矣。云「無止糴」，如秦饑，晉閉之糴是也。云「無以私恩擅有封賞」，如成公十八年楚取彭城以封魚石是也。凡此五命，案《左傳》文則曰「凡我同盟之人，既盟之後，言歸于好」，而不及五命。案《公羊》、《穀梁》述葵丘會，有云「無遏糴，無易立子，無以妾爲妻，無使婦人與國事，無壅泉而不及，誅不孝，尊賢育材，士無世官，官事無攝，取士必得，無專殺大夫，無有封而不告」。案《公羊》述桓公陽穀之會，則云「無障谷，無貯粟，無易立子，無以妾爲妻」，而不及「無使婦人與國事」。其詳略與此不同，蓋所以相終始而已。又案《春秋》凡書諸侯會有四十九，而齊桓十有八焉；內臣會凡二十有六，而齊居四焉；書外相會凡十有三，而齊居六焉。案《史記》云「兵車之會三，乘車之會六」。孔子曰「桓公九合諸侯，一匡天下」。《穀梁傳》云「衣裳之會十有一」，范注云「十三年會北杏，十四年會鄄，十五年會鄄，十六年會幽，二十七年又會幽，僖公元年會檉，二年會貫，三年會陽穀，五年會首戴，七年會甯母，九年會葵丘」，凡十一會也。

魯欲使慎子爲將軍。孟子曰：「不教民而用之，謂之殃民。殃民者，不容於堯舜之世。一戰勝齊，遂有南陽，然且不可。」慎子，善用兵者。不教民以仁義而用之戰鬬，是使民有殃禍也。堯舜之世，皆行仁義，故好戰殃民者，不能自容也。山南曰陽，岱山之南謂之南陽也。就使慎子能爲魯一戰，取齊南陽之地，且猶不可。慎子勃然不悦，曰：「此則滑釐所不識也。」滑釐，慎子名。不悦，故曰我所不知此言何謂也。曰：「吾明告子：天子之

❶「私」，據上注文此字當衍。

地方千里，不千里，不足以待諸侯。諸侯之地方百里，不百里，不足以守宗廟之典籍。周公之封於魯爲方百里也，地非不足，而儉於百里。太公之封於齊也，亦爲方百里也，地非不足也，而儉於百里。今魯方百里者五，子以爲有王者作，則魯在所損乎，在所益乎？徒取諸彼以與此，然且仁者不爲，況於殺人以求之乎？ 孟子見慎子不悦，故曰：明告子，天子諸侯地制如是。諸侯當來朝聘，故言守宗廟。典籍，謂先祖常籍法度之文也。周公、太公，地尚不能滿百里，儉而不足也，後世兼侵小國，今魯乃五百里矣。有王者作，若文王、武王者，子以爲魯在所損之乎，在所益之乎？❶言其必見損也。但取彼與此爲無傷害，仁者尚不肯爲，況戰鬬殺人以求廣土地乎？ 君子之事君也，務引其君以當道，志於仁而已。」言君子事君之法，牽引其君以當正道者，仁也。志仁而已，欲使慎子輔君以仁。 疏「慎子」至「而已」。 正義曰：此章言招攜懷遠，貴以德禮，賤其用兵，廟勝爲上，戰勝爲下，明賤戰者也。「魯欲使慎子爲將軍」，慎子名滑釐，善用兵者也，魯國遂欲使慎子爲將軍戰鬬。孟子曰：不教民以仁義之道，而用之戰鬬，是謂殃禍以殘害民也，故好戰而殃禍殘害其民者，不容於堯舜二帝之世也。以其堯舜之世，民皆仁義，但如四凶者，則誅戮之，是不容殃民者也。今欲使慎子爲將軍，雖爲魯一戰而遂取南陽之地，然且猶不可，況有不勝者乎？慎子勃然不悦，曰：此則滑釐之所不識也。❷慎子見孟子此言，乃勃然變顔而不悦，而憤之曰：此言則滑釐所不知也。故自稱名爲滑釐，是以因知滑釐爲慎子名也。「曰：吾明告子」至「於仁而已」，孟子乃與之曰：我分明告子以其不可之意也，且天子之地，方闊千里，不濶千里，則其中無可以待諸侯。諸侯之地，方闊百里，不闊百里，則其中無以守宗廟之典籍。典籍，常籍法度之文也，謂先祖之典籍也。周公之封於魯也，其地爲方闊百里者也，非其地不足，而儉用於百里，然亦不敢縱欲以敗

❶ 二「乎」字，按阮校：「廖本、孔本、韓本、《考文》古本上『乎』作『中邪』二字，下『乎』作『中也』二字。」

❷ 「所不識」，阮本作「罪」。

王制也。❶太公之封於齊亦然。今魯國方百里之地有五，以其方五百里者也，子今且以爲有王者興作，則此魯國之地在所損之中乎，在所益之中乎？言必在所損也。是則徒務戰鬭，取彼以與此也，是則仁者且不肯爲，而戰鬭殺人以求廣土地乎？

注「慎子善用兵」至「南陽也」。

正義曰：案《史記》：「慎到，趙人也。學黄老道德之術，著十二論。」❷徐廣曰：「今《慎子》劉向所定，有四十一篇。」《墨子》云：「公輸子意不過欲殺臣，殺臣，宋莫能守，可攻也。然臣之弟子滑釐等三百人，已持守國之器在宋城上，而待楚寇也。雖殺臣，不能絶也。於是楚王曰：善哉，吾請無攻宋城矣。」是慎子即慎到矣，荀卿《非十二子》篇注云「慎子與宋鈃、孟子同時」是也。《墨子》之云，則又知是爲善用兵者矣。云「山南曰陽，岱山之南謂之南陽」者，案《尚書·禹貢》「岳陽」，孔安國云：「山南曰陽。」岱山即太山，在齊國之南者也。周公封於魯，太公封於齊。案《周禮》上公之地五百里，齊、魯是爲上公之封，則百里實封之，五百里兼附庸之地也。今魯方五百里，非兼附庸也，安詩自廣而已。《禮記》曰「周公封於曲阜百里」，《史記》云「周封伯禽於魯，四百里；太公於齊，兼五侯地」，是皆臆說，不足取信也。

孟子曰：「今之事君者皆曰：『我能爲君辟土地，充府庫。』今之所謂良臣，古之所謂民賊也。辟土地，侵鄰國也。❸充府庫，重賦斂也。今之所謂良臣，於古之法爲民賊者也。賊，傷民也，❹故謂之賊也。君不鄉道，不志於仁，而求富之，是富桀也。爲惡君聚斂以富之，爲富桀也。謂若夏桀也。『我能爲君約與國，戰必克。』今之所謂良臣，古之所謂民賊也。連諸侯以戰，求必勝之也。❺君不鄉道，不志於仁，而求爲之强戰，是輔桀也。說與上同。由今之道，無變今之俗，雖與之天下，不能一朝居也。」今之道非善道，今之世俗漸惡久矣，若不變更，雖得天下之政而治之，

❶「亦」，原作「以」，據阮本改。
❷「論」，阮本作「篇」。
❸「鄰」，閩、監、毛、阮本作「小」。
❹「賊傷民也」，按阮校：「廖本、孔本、韓本、《考文》古本無『賊』字、『也』字。」
❺「之」，按阮校，廖本、孔本、韓本、《考文》古本無此字。

不能自安一朝之間居其位也。疏「孟子」至「居也」。❶

正義曰：此章言善爲國者，必藏於民，賊民以往，其餘何觀，變俗移風，非樂不化，以亂齊民，不知其善者也。「孟子曰」至「不能一朝居也」，孟子言：今之世爲臣而奉事君者，皆曰我能爲君廣闢土地、充實府庫，以其皆掊克之人也。今之所謂忠臣良臣者，皆古之先王治世所謂爲殘賊民者也。孟子於此，又言君既不趨向慕於道，❷其心之所之又不志於仁，是爲惡也。而爲臣者，又掊克聚斂而求富之，是如富於夏桀之君也。又且曰我能爲君期與敵國戰鬭，必能勝，如此，是今之所謂良臣，即古之所謂民賊者也。君既不向慕道、不志於仁，而爲臣者又求爲之强戰鬭於敵國，是輔桀也。若由用今之不善之道，又不能變更今之世俗，如此者，雖與之以天下，亦且不能自安一朝之間以居其位也。是以孟子於魯欲使慎子爲將軍，所以深闢之也。

白圭曰：「吾欲二十而取一，何如？」白圭，周人也。節以貨殖，欲省賦利民，使二十而稅一。孟子曰：「子之道，貉道也。萬室之國，一人陶，則可乎？」貉，夷貉之人，在荒服者也。貉之說，二十而取一。萬家之國，使一人陶瓦器，則可乎？以此喻白圭所言也。❸曰：「不可，器不足用也。」白圭曰：一人陶，則瓦器不足以供萬室之用也。曰：「夫貉，五穀不生，惟黍生之。無城郭宮室、宗廟祭祀之禮，無諸侯幣帛饔飧，無百官有司，故二十取一而足也。貉在北方，其氣寒，不生五穀。黍早熟，故獨生之也。無中國之禮，如此之用，故可二十取一而足也。今居中國，去人倫，無君子，如之何其可也？陶以寡，且不可以爲國，況無君子乎！欲輕之於堯舜之道者，大貉小貉也。欲重之於堯舜之道者，大桀小桀也。」今之居中國，當行禮義，而欲効夷貉無人倫之敘，無君子之道，豈可哉？陶器者少，尚不可以爲國，況無君子之道乎！堯舜以來，什一而稅，足以行禮，故以此

❶「至」，原作「止」，按阮校：「監、毛二本『止』改『至』。」據改。
❷「慕」，原作「業」，據阮本改。
❸「所言也」，閩、監、毛、阮本作「之所言而已矣」。

爲道。今欲輕之，二十稅一者，夷貉爲大貉，子爲小貉也。欲重之，過什一，則是夏桀爲大桀，子爲小桀也。疏「白圭」至「小桀也」。正義曰：此章言先王典禮，萬世可遵，什一供貢，下富上尊。裔王簡惰，二十而稅，夷狄有君，不足爲貴。圭欲法之，孟子斥之以王制者也。「白圭曰：吾欲二十而取一，何如」，白圭，周人也，白圭言於孟子曰：我今欲省賦利民，但二十中而稅一，如之何？「孟子曰：子之道，貉道也。萬室之國，一人陶，則可乎」，孟子欲闢之，故與之曰：子以二十而稅一之道，乃荒服北裔貉之道也。故託喻以問之，曰：萬家之國，但以一人陶瓦器而供使用，則可乎，否乎？「曰：不可，器不足用也」，白圭答之，曰：一人陶器而供萬室之國，則器不足用也，是爲不可也。「曰：夫貉，五穀不生」至「大桀小桀也」，孟子又與之言曰：夫貉居於北方，其地寒燥，而五穀不生長，惟黍爲熟於寒燥，❶故生之。又以其無中國之城郭宮室，又無宗廟祭祀之禮，又無幣帛饔飧之費，又無百官之衆供贍。朝食曰饔，夕食曰飧。如此，無有費用供贍，故於貉但二十而稅一亦足給也。今居中國之地，如去人倫之敘，使無君子之道，如何爲可乎！然而陶器之少，且尚不可以爲供國之用，況於國而無君子之道乎！且自堯舜二帝以來，皆以什一而稅也，今欲輕於堯舜什一之道，而欲二十而取一，則夷貉爲大貉，而子爲小貉也。如欲重於堯舜什一之道，而過於什一，則夏桀爲大桀，而子爲小桀也。以其桀暴於賦斂者也。此孟子所闢之白圭也。注「白圭，周人也」。

正義曰：案班固志《貨殖傳》云：「白圭，周人也。當魏文侯時，李克務盡地力，而白圭樂觀時變，故人棄我取，人取我與。能薄飲食，忍嗜慾，節衣服。曰吾治生，與伊尹、呂尚之謀，孫吴用兵，商鞅行法是也。」又《公羊傳》曰：「古者什一而藉。古者曷爲什一而藉？什一者，天下之中正也。多乎什一，大桀小桀；寡乎什一，大貉小貉。什一者，天下之中正也，什一行而頌聲作矣。」何休云：「多取於民，比於桀。❷蠻貉無宗廟社稷百官制度之費，稅薄。」《穀梁》云：「古者什一，藉而不稅。」《孟子》曰：「夏氏五十而貢，殷人七十而助，周人百畝而徹。」凡書傳云什一者衆矣。杜預曰：「公田之法十取其一，謂十畝内取一。」舊法既以十畝取一矣，《春秋》魯宣公十五年初稅畝，又履其餘

❶「爲」，阮本作「早」。
❷「桀」下，原衍「后」字，據阮本删。

畝，更復十取其一，乃是什取其二。故魯哀公問有若曰：「二，吾猶不足，如之何其徹也？」《周禮·載師》云：「凡任地近郊十一，遠郊二十而三，甸、稍、縣、都皆無過十二，漆林之征二十而五。」彼謂王畿之内所共多，故賦税重，諸書所言什一，皆謂畿外之國。故鄭玄曰：「什一而税謂之徹。徹，通也。爲天下之通法，言天下皆什一耳。」不言畿内亦什一也。❶孟子云：「方百里爲井，井九百畝，其中爲公田，八家皆私百畝，同養公田，公事畢，然後敢治私事。」鄭玄云：《詩》箋云：「井税一夫，其田百畝。」則九而税一，其意又異於《漢·食貨志》。云井田方一里，是爲九夫八家共之，各受私田百畝，公田十畝，是爲八百八十畝，餘二十畝爲廬舍。然而諸儒多用孟子爲義，如孟子所言，則家别一百一十畝，❷是爲十外税一也，是爲鄭玄有異於此也。又孟子對滕公「請野九一而助，國中什一使自賦」，鄭玄《周禮·匠人》注：孟子此言乃云「是邦國亦異外内之法」。則鄭玄以爲諸侯郊外郊内，郊其法不同，郊内十一，使自賦其一，郊外九而助一，是爲二十而税一。故鄭玄又云：「諸侯謂之徹者，通其率以十一爲正。」郊内郊外相通，其率爲十税一也。杜預直云十取其一，則又異於鄭。惟謂一夫百畝，以十畝歸公。趙注不解夏五十、殷七十而助，助七畝。好惡取於此。鄭注《考工記》云：「周人畿内用夏之貢法，邦國用殷之助法也。」

白圭曰：「丹之治水也，愈於禹。」丹，名；圭，字也。當諸侯之時有小水，白圭爲治除之，因自謂過乎禹也。孟子曰：「子過矣。禹之治水，水之道也，是故禹以四海爲壑。今吾子以鄰國爲壑，水逆行，謂之洚水。洚水者，洪水也。仁人之所惡也，吾子過矣。」子之所言過矣，禹除中國之害，以四海爲溝壑以受其害水，故後世賴之。今子除水，近注之鄰國，觸於洚水之名，仁人惡爲之，自以爲愈於禹，子亦過甚矣。疏「白圭」至「過矣」。正義曰：此章言君子除害，普爲人也，白圭壑鄰，亦以狹矣。是故賢者志其大者、遠者也。「白圭曰：丹之治水也，愈於禹」，丹，圭名也，趙注所以知其爲「圭，字也」。孟子與之曰：子此言有過謬矣，夫大禹之治水，因水道而疏通歸於

❶ 「一」，原作「二」，據阮本改。
❷ 「畝」，原作「里」，據阮本改。

海也，此故禹以四海爲溝壑，以受其水害，故當時民皆得平土而居之。今吾子以鄰國爲壑以受害，而又有逆其水道，且逆水者，所以謂之洚水，謂洚水即洪大之水也，是爲仁人之所惡之也。今子如是，乃云有愈於大禹，是吾子之過謬矣。白圭云所以言此者，是又不知大禹不自滿假、不自伐之謂也。於禹治水之功，是又白圭未得禹萬分之一也。宜其孟子辭而闢之，以爲過謬者矣。抑亦不思天下有溺者由己溺之謂也。

孟子曰：「君子不亮，惡乎執？」亮，信也。《易》曰：「君子履信思順。」若爲君子之道，捨信將安執之？ 疏「孟子曰」至「乎執」。 正義曰：此章言重信之至者也。孟子言：君子之道如不以信爲主，則君之道惡乎執？ 言執君子之道，特在乎信也。 亮，信也。 然言亮而不言信者，蓋亮之爲義，其體在信，其用在明。君子之道，惟明爲能，明善在信爲能。誠身不明乎善，不能誠其身矣。是則君子不亮，又惡乎執歟？ 以其誠也者，擇善而固執之者也。故《論語》云：「自古皆有死，民無信不立。」是重信之至也。

魯欲使樂正子爲政。樂正子，克也，魯君欲使之執政於國。孟子曰：「吾聞之，喜而不寐。」喜其人道德得行，爲之喜而不寐。公孫丑曰：「樂正子强乎？」曰：「否。」「有知慮乎？」曰：「否。」「多聞識乎？」曰：「否。」丑問樂正子有此三問之所能乎？孟子皆曰否，不能有此也。「然則奚爲喜而不寐？」丑問無此三者，何爲喜而不寐？曰：「其爲人也好善。」孟子言樂正子之爲人也能好善，故爲之喜。「好善足乎？」丑問人但好善，足以治國乎？ 曰：「好善優於天下，而况魯國乎？ 夫苟好善，則四海之內，皆將輕千里而來告之以善。夫苟不好善，則人將曰：『訑訑，予既已知之矣。』訑訑之聲音顏色，距人於千里之外。孟子曰：好善，樂聞善言，是采用之也。以此治天下，可以優之，虞舜是也，何況於魯不能治乎？ 人誠好善，四海之士皆輕行千里以善來告之；❶

❶「士」，阮本作「內」。

誠不好善，則其人將曰訑訑，賤他人之言。訑訑者，自足其智，不嗜善言之貌。訑訑之人，發聲音，見顔色，人皆知其不欲受善言也。道術之士聞之，止於千里之外而不來也。

士止於千里之外，則讒諂面諛之人至矣。與讒諂面諛之人居，國欲治，可得乎？」

懷善言之士止於千里之外，不肯就之，則邪惡順意之人至矣。與邪惡居，欲使國治，豈可得乎？

疏「魯欲」至「得乎」。正義曰：此章言好善從人，聖人一概，禹聞讜言，答之以拜。訑訑距之，善人亦逝，善去惡來，道若合符者也。魯欲使樂正子執政，故言於弟子曰：我聞魯欲使樂正子爲政，遂喜而不寐。以其樂正子將得行其道也。「公孫丑曰：樂正子强乎」至「曰否」，公孫丑見孟子此言以爲喜而不寐，乃問孟子曰：樂正子有强力勝乎？「曰否」，孟子答，無以力勝也。公孫丑問：有智慮能善謀乎？「曰否」，孟子又答之曰：無用智慮謀也。公孫丑又問曰：有多聞見識乎？「曰否」，孟子又答曰：無多聞見識也。「然則奚爲喜而不寐？曰：其爲人也好善」，孟子曰：樂正子爲人能好善言，故爲之喜也。「好善足乎」，又問，言樂正子但好善言，足以治國乎？「曰：好善優於天下」至「可得乎」，孟子與之曰：能好善言，足優爲於天下也，而況魯國乎？夫人苟好善，則四海之内，有善言之士，皆得不遠千里而來告之也。苟不能好善，則四海之内，人將曰彼人之訑訑自足其智，不好善言，我既已知之，如此，則訑訑之人，發聲音，形顔色，以距止人於千里之外。是則善言之士既止於千里之外而不來告之，則讒惡諂佞面從之人至矣。然而與讒惡諂佞面諛之人居，國欲使之治，尚可得乎？言不可得而治也。《莊子》云：「好言人之惡以爲讒，希意導言以爲諂，不擇是非而言以爲諛。」注「樂正子克」。正義曰：已説於前矣。注「聞善言，虞舜是也」。正義曰：孟子曰：「舜聞一善言，見一善行，若決江河，沛然莫之能禦。」是之謂也。注「禹聞讜言，答之而拜」至「此之謂也」。正義曰：禹聞善言則拜。《尚書》「讜言」，説於前矣。「《詩》曰：雨雪瀌瀌，見晛曰消」者，❶此蓋《角弓》之詩文也。注云：「晛，日也。」❷「瀌瀌，雨雪之

❶「晛」，原作「睍」，據阮本改。下一「晛」字同。

❷「日」下，《毛詩注疏》有「氣」字。

盛貌。」❶

陳子曰：「古之君子何如則仕？」陳臻問：古之君子得何禮可以仕也？❷ 孟子曰：「所就三，所去三。迎之致敬以有禮，言將行其言也，則就之。禮貌未衰，言弗行也，則去之。其次，雖未行其言也，迎之致敬以有禮，則就之。禮貌衰，則去之。其下，朝不食，夕不食，飢餓不能出門户，君聞之，曰：『吾大者不能行其道，又不能從其言也，使飢餓於我土地，吾恥之。』周之，亦可受也，免死而已矣。」所去就，謂下事也，禮者，接之以禮也；貌者，顔色和順，有樂賢之容。禮衰，不敬也；貌衰，不悦也。其下者，困而不能與之禄，則當去。矜其困而周之，苟免死而已。此三就三去之道。窮餓而去不疑也，故不言去，免死而留，爲死故也。權時之宜，嫌其疑也，故載之也。疏「陳子」至「已矣」。正義曰：此章言仕雖正道，亦有量宜，聽言爲上，禮貌次之，困而免死，斯爲下矣。滿此三利，無疑者也。「陳子曰：古之君子何如則仕」，陳臻問孟子：古之君子何如則可進爲之仕。「孟子曰：所就三，所去三」，孟子答之曰：古之君子爲仕，所去、就有三也。下文孟子解之者是也。自「迎之致敬」至「死而已矣」，是解所去、就有三矣。言國君迎接之，致其敬以有禮，言將行用其言也，則就而仕之，是所謂行可之仕也。如禮貌接之以禮，又有樂賢之容未衰，而言弗得行也，則當退而去之，以其爲道而仕，道不行則去矣。其次國君雖未行用其言，然而接之致敬以有禮，則就而仕之，是所謂際可之仕也。及其國君接之不以禮，又無樂賢之容，是其禮貌衰也，是則退而去之，以其爲禮而仕，禮既衰則去矣。其下朝旦無以食，夕昏又無以食，以至飢餓困乏不能出其門户，國君聞之，乃曰吾大爲之君者，不能使之得行其道，又不能聽從其言，而使飢餓於我之土地，吾羞恥之也。如此，國君有以周賜之，亦可以受之而不辭也。無他，免其餓死而已矣。以其爲貧而仕，是公養之仕也。是以昔之孔子去就

❶ 「詩曰」至「盛貌」，此爲釋章指語。按阮校，閩、監、毛三本無此三十一字。

❷ 「得」，閩、監、毛、阮本作「謂」。

如是，此孟子答陳臻之問，所以執此而詳悉告之。

孟子曰：「舜發於畎畝之中，傅説舉於版築之間，膠鬲舉於魚鹽之中，管夷吾舉於士，孫叔敖舉於海，百里奚舉於市。故天將降大任於是人也，必先苦其心志，勞其筋骨，餓其體膚，空乏其身，行拂亂其所爲，所以動心忍性，曾益其所不能。舜耕歷山，三十徵庸。傅説築傅巖，武丁舉以爲相。膠鬲，殷之賢臣，遭紂之亂，隱遁爲商，文王於鬻販魚鹽之中得其人，舉之以爲臣也。士，獄官也。管仲自魯囚執於士官，桓公舉以爲相國。孫叔敖隱處耕於海濱，楚莊王舉之以爲令尹。百里奚亡虞適秦，隱於都市，穆公舉之於市而以爲相也。言天將降下大事以任聖賢，必先勤勞其身，餓其體而瘠其膚，使其身乏資絶糧，所行不從拂戾而亂之者，所以動驚其心，堅忍其性，使不違仁，困而知勤，曾益其素所以不能行。❶人恒過，然後能改。困於心，衡於慮，而後作。徵於色，發於聲，而後喻。人當以有繆思過行，❷不得福，然後乃更其所爲，以不能爲能也。困瘁於心，衡横也，横塞其慮於胷臆之中，❸而後作爲奇計異策、憤激之説也。徵驗見於顔色，若屈原憔悴，漁父見而怪之；發於聲而後喻，若甯戚角歌，❹桓公異之。❺入則無法家拂士，出則無敵國外患者，國恒亡。然後知生於憂患，而死於安樂也。」入，謂國内也。無法度大臣之家、輔弼之士。出，謂國外也。無敵國可難，無外患可憂，則凡庸之君驕慢荒怠，國常以此亡也。故知能生於憂患，死於安樂也。死，亡也。安樂怠惰，使人亡其知能也。疏「孟子曰」至「安樂也」。正義曰：此章言聖賢困窮，天堅其志。次賢感激，乃奮其意。凡人佚樂，以喪知能。賢愚之敘者也。「孟子曰：舜發於畎畝之中」至「死於安樂也」者，孟子言：舜初起發自歷山畎畝之中，而堯禪其位；傅説築於傅巖之間，而高宗舉之爲相；膠鬲鬻販於魚鹽之中，而周文王舉爲賢臣；管仲爲

❶「行」下，閩、監、毛、阮本有「之者也」三字。

❷「當」，阮本作「常」。

❸「臆之」，閩、監、毛、阮本無此二字。

❹「角」，阮本作「商」。

❺「之」下，閩、監、毛、阮本有「是而已矣」四字。

士官之囚，而桓公舉爲相國；孫叔敖隱遁於海濱，而楚莊王舉爲令尹；百里奚亡虞歸秦，而隱於都市，秦繆公任之以爲相。故天欲降其大任，與之卿相之位於此六人也，必先所以如是苦楚其心志，劬勞其身，已餓其體，使之焦枯瘦瘠其皮膚，又使其身空乏無資財，所行不遂，而拂戾其所爲，又所以驚動其心，堅忍其性，曾益其素所不能而已。又言人常以過謬，然後更改而遷善。困瘁於心而無所通，則其操心也危，橫塞其慮而思慮無所達，而後乃能興作，其大憔悴枯槁之容而驗於色，而後有吟詠歎息之氣而發於聲，則人見其色，聞其聲，而後喻曉其所爲矣。又言國君者入於國內，❶無大夫循守其職而爲之法家，又無輔弼諫諍之士；出於國外，則無强敵之大國爲危難之警，如是者，其國未爲不喪亡矣，故曰國常亡。如是，則然後因而知人以憂患謀慮而生，以安樂怠惰而死也，故曰：「生於憂患，而死於安樂也。」　注「舜耕歷山」至「不能行」。　正義曰：自「舜耕歷山」至「繆公舉之以爲相也」，是皆案《史記》之文也。　注「若屈原憔悴」與「甯戚角歌，桓公異之」。　正義曰：案《史記》：「屈原名平，與楚同姓，事懷王，爲三閭大夫，王甚任之。上官大夫與之同列，爭寵而心害其能，因讒之。王怒而疎平，復遂放之。平乃遊江濱，被髮行吟澤畔，顔色憔悴，形容枯槁。時有漁父釣於江濱，怪而問之曰：『子非三閭大夫乎，何故至此？』原曰：『舉世混濁而我獨清，衆人皆醉而我獨醒。』漁父曰：『聖人不凝滯於物，與世推移。舉世皆濁，何不混其泥而揚其波？衆人皆醉，何不啜其糟而餔其釃？』原曰：『吾聞新沐者必彈冠，新浴者必振衣。誰能以身察察，受物之汶汶者乎？寧赴常流而葬魚腹中耳。』遂作《懷沙》之賦，懷石自沒汨羅以死。後百餘年，賈誼爲長沙王太傅，過湘，投書以吊之。」甯戚角歌者，案《三齊記》云：「齊桓公夜出迎客，甯戚疾擊其牛角，高歌曰：『南山矸，白石爛，生不遭堯與舜禪，短布單衣適至骭，從昏飯牛薄夜半，長夜曼曼何時旦？』桓公乃召與語，説之，遂以爲大夫。」

孟子曰：「教亦多術矣，予不屑之教誨也者，是亦我教誨之而已矣。」教人之道多術。予，我也。屑，絜也。我不絜其人之行，故不教誨之。其人感此，退自修學而爲仁義，是亦我教誨之一道也。疏「孟子曰」至「已矣」。　正義曰：此章言學而見賤，恥之大

❶「於」，原作「爲」，據阮本改。下「出於國外」同。

者，激而厲之，能者以改，教誨之方，或折或引，同歸殊途，成之則者也。❶孟子言：教人之道，非特一術耳，以其多有也。我之所以於不絜人之行而不教之者，此亦我有以教之也。以其使彼感激自勉脩爲之而已，是以亦爲教誨之者也。蓋謂教亦多術者，有君子之五教，或三隅不反，則不復也；或叩兩端而竭；於鄙夫或瀆則不告；或謂子之歸求有餘師；或爲挾貴而不答。是教之多術矣。

孟子注疏解經卷第十二下

❶「則」下，按阮校：「毛本有『一』字。」

孟子注疏解經卷第十三上

孫奭疏

盡心章句上 凡四十五章❶

趙氏注 盡心者，人之有心，爲精氣主，思慮可否，然後行之。猶人法天，天之執持綱維，以正二十八舍者，北辰也。《論語》曰：「北辰居其所而衆星共之。」心者，人之北辰也。苟存其心，養其性，所以事天也，故以「盡心」爲篇題。❷

疏 正義曰：前篇章首論告子之言性，此篇章首以論盡心，蓋以情性有主於心，故次之以《盡心》也。言盡己之心，與天道通，是道之極者，故《孟子》七篇所以終於《盡心》也。此篇凡八十四章，趙氏分成上下卷，此卷即有四十五章而已。一章言盡心竭性。❸二章言爲仁由己，富貴在天。三章言每必以誠，恕己而行。四章言人有仁端，達之爲道。五章言遠辱不爲憂。六章言不慕大人，何能有恥。七章言王公尊賢，以貴下賤。八章言內定常滿，賤不失道，達善天下。九章言小人待化。十章言人情富盛，莫不驕矜。十一章言勞人欲以佚之，❹殺人欲以生之。十二章言王政浩浩，與天地同道，霸者德小，民人速覩。十三章言明法審令，崇寬務化。十四章言本性良能，仁義是也。十五章言聖人潛隱。十六章言孤孽自危，故能顯達。十七章言容悅凡言，❺社稷股肱，天民行道，大人正己。十八章言育養賢才，樂過萬乘。十九章言臨莅天下，

---

❶「四十五章」，按阮校：「《音義》、宋本『五』作『七』。案章指當爲四十七章。作『四十五』者，僞疏改。疏以『王子宮室』章并入上章，又失數『莫非命也』一章，故爲四十五章也。」

❷「爲篇題」，按阮校：「孔本、韓本、《考文》古本作『題篇』。」

❸「竭」，阮本作「知」。

❹「佚」，原作「使」，據本章疏文及阮本改。

❺下「言」字，按阮校：「監、毛本作『臣』，是也。」

君子之樂，尚不與焉。二十章言王政普大，二老聞歸。二十一章言教民之道，富而節用。二十二章言能大明者無不照。二十三章言好善從舜，好利從跖。二十四章言楊墨放蕩，子莫執中。❶二十五章言飢不妄食。二十六章言下惠不恭。二十七章言爲仁由己，必在究之。二十八章言仁在性體，其次假道。二十九章言放惡攝政，伊周有爲，凡人志異，則生篡心。三十章言君子正己，以立於世。三十一章言人當尚志，善之所由，仁與義也。三十二章言事有輕重，行有小大。三十三章言奉法承天，政不可枉，大孝榮父，遺棄天下。三十四章言人性皆同，居使之異。三十五章言輿服器用，人用不殊，尊貴居之，志氣以舒。三十六章言取人之道，必以恭敬。三十七章言聖人踐形。三十八章言禮斷三年，孝者欲益，富貴怠厭，思減其日。三十九章言教人之術，莫善五者。四十章言道大難追，人能弘道。四十一章言窮達卷舒，屈伸異變。四十二章言學尚虛己。四十三章言賞僭及淫，刑濫及士，季文三思。四十四章言君子布德，各有所思。四十五章言振裘持領，正羅惟綱。其餘三十九章，趙氏分在下卷。❷各有敘焉。

注「盡心者」至「篇題」。正義曰：云「人之有心，爲精氣主，思慮可否，然後行之，猶人法天」者，蓋以性之得於天，心之生於性。天莫之爲，而所以命人者，性也。性則湛然自得，所以爲主者，心也。則人之心爲精氣主，思慮可否然後行，由人法天也。云「天之執持維綱，以正二十八舍者，北辰也」者，二十八舍，案《五行》《天文志》云：❸東方：角、亢、氐、房、心、尾、箕；北方：斗、牛、女、虛、危、室、壁；西方：奎、婁、胃、昴、畢、觜、參；南方：井、鬼、柳、星、張、翼、軫。凡此四七之星，分布四方，是二十八舍也。然所以正之者，蓋在乎北辰。《論語》曰：「北辰居其所而衆星共之。」包注云：「北辰之不移，而衆星共之。」《爾雅·釋天》云：「北極謂之北辰。」郭璞曰：「北極，天之中以正四時。」然則極，中也。辰，時也。以其居天之中，故曰北極。以正四時，故曰北辰。又按《漢書·天文志》云：「中宮太極星，其一明者，太一之常居也。旁三星，三公。環之匡衛十二星，藩臣。皆曰紫宮。北斗七星，所謂『璇、璣、玉衡，以齊七政』。斗爲帝車，運於中央，臨制四方。

❶「中」，原作「一」，據阮本改。
❷「趙」，原作「言」，據阮本改。
❸「五行」，原作「一首」，按阮校：「監、毛本作『五行』，不誤。」據改。

分陰陽，建四時，均五行，移節度，定諸紀，皆係於斗。」是衆星所拱也。

孟子曰：「盡其心者，知其性也。知其性，則知天矣。性有仁、義、禮、智之端，心以制之，惟心爲正。人能盡極其心，以思行善，則可謂知其性矣。知其性，則知天道之貴善者也。存其心，養其性，所以事天也。能存其心，養育其正性，可謂仁人。天道好生，仁人亦好生。天道無親，惟仁是與。行與天合，故曰所以事天。殀壽不貳，脩身以俟之，所以立命也。」貳，二也。仁人之行，一度而已。雖見前人或殀或壽，終無二心改易其道。殀若顔淵，壽若邵公，皆歸之命。修正其身，以待天命，此所以立命之本。疏「孟子」至「命也」。正義曰：此章言盡心竭性，足以承天，殀壽禍福，秉心不違，立命之道，惟是爲珍者也。「孟子曰：盡其心者」至「所以立命也」者，孟子言：人能盡極其心以思之者，是能知其性也。知其性，則知天道矣。知存其心，養育其性，此所以能承事其天者也。以其天之賦性，而性者人所以得於天也，然而心者又生於性，性則湛然自得，而心者又得以主之也。蓋仁、義、禮、智根於心，是性本固有而爲天所賦也。盡惻隱、羞惡、恭敬、是非之心，則是知仁、義、禮、智之性。知吾性固有此者，則知天實賦之者也。如存此惻隱、羞惡、恭敬、是非之心，以長育仁、義、禮、智之性，是所以事天者也，是性即天也。故存心養性，是爲事天矣。又言人之於命，雖有或殀或壽，但操執其心而不仁也。❶既殀壽不二，而修其身以待其在天者如何耳，如是所以爲能立命之本也。以其殀壽皆定於未形有分之初，亦一而不二也，不可徼求之矣，但修其在我以待之，是爲立命也。如於殀壽而二其心，以廢其所以修其在我者，則非所以立命者也。《商書》云：「我生不有命在天。」是其意也。

孟子曰：「莫非命也，順受其正。莫，無也。人之終，無非命也。命有三名，行善得善曰受命，行善得惡曰遭命，行惡得惡曰隨命。惟順受命爲受其正也。是故知命者不立乎巖墻之下。盡其道而死者，正命也。知命者欲趨於正，故不立於巖墻之下，恐

❶「仁」，按阮校：「『仁』爲『二』譌。」

壓覆也。盡修身之道，以壽終者，得正命也。**桎梏死者，非正命也。**」畏、壓、溺死，禮所不弔，故曰非正命也。

疏「孟子曰」至「非正命也」。 正義曰：此章言人必趨命，貴受其正，巖牆之疑，❶君子遠之也。「孟子曰：莫非命」至「非正命也」者，❷孟子言人之死，無非是命也，然當順受其正，盡道以生死也。《書》云：「惠迪吉。」是其順受其正之旨也。是故知命之君子，不立身於巖牆危險之下，以其能壓覆人也。是以盡其修身之道而死亡者，乃爲受正命而死也；陷於刑獄，爲桎梏而死者，非受正命而死也，以其不能盡修身之道而順受其命而死也。桎，足械也。梏，手械也。今刑獄匣手足者也。案孔子云：「人有三死而非命：飲食不節，勞逸過度，是病共殺之者也；居下位而上誣其君，嗜慾無厭，是刑共殺之也；以少犯衆，以弱侮强，是兵共殺之者也。」又云：「人有三死而不弔：有畏而死者，有壓而死者，有溺而死者。」 注「莫，無也」至「正也」。 正義曰：云「命有三，❸行善得善曰受命」者，如舜聞一善言，見一善行，沛然若決江河而莫之禦，而終得升于帝而崩是也。「行善得惡曰遭命」，如《淮南子》「伯牛有癩」，《論語》曰「伯牛有疾，孔子自牖執其手，曰：亡之命矣夫，斯人也而有斯疾也，斯人也而有斯疾也」，包曰「伯牛有惡疾」是也。「行惡得惡曰隨命」，如舜之四凶之類是也。 注「畏、壓、溺死，所不弔」。 正義曰：《禮》於《檀弓》云：「死而不弔者三，畏、壓、溺。」鄭氏云：「謂輕身忘孝也。畏，人或時以非罪故己，❹不能有以説之，死之者，孔子畏於匡是也。壓，行止危險之下是也。溺，不乘橋船是也。」《荀子》曰：「夏首之南，有人曰涓蜀梁，其爲人善畏，明月而宵行，俯見其影，以爲伏鬼也。仰視其髮，以爲立魅。背而走，比至其家，失氣而死。」是亦畏死者也。又秦武王時，大蛇從身出，復入穴，五女示之，五丁拔蛇，壓殺五女，是壓死者也。尾生與女子期於梁下，水至不去，抱梁柱而死，是溺死者也。孟子之言，其趨則一也。

孟子曰：「求則得之，舍則失之，是求有益於得也，求在我者也。謂修仁行義，事在於我。我求則得，我舍則失，故求有益於得也。**求之有**

❶「正巖」，原作「命也」，據阮本改。
❷「至」，原作「止」，據阮本改。
❸「云」，原作「亡」，據阮本改。
❹「故」，據《禮記注疏》當作「攻」。

道，得之有命，是求無益於得也，求在外者也。」謂賢者修其天爵而人爵從之，故曰求之有道也。修天爵者，或得或否，故曰得之有命也。爵禄須知己，知己者在外，非身所專，是以云求無益於得也，求在外者也。

疏「孟子」至「者也」。　正義曰：此章言爲仁由己，富貴在天者也。孟子言仁、義、禮、智，性之所有，如就性而求之則得之，舍而不求則亡。是則仁、義、禮、智，求之有益於得者也，是求之在我者也。以其仁、義、禮、智，有生之初性固有者，是爲在我者也，是爲天爵也。求之有道，則脩其天爵而人爵從之故也。既修其天爵，而人爵或有不得者，是或得或否，是得之有命也。是則人爵求之無益於得也，是求之在外者也。以其人爵非身所專，故爲在外者也。如《論語》云「求仁而得仁」，是求則得之之謂也。《易》云「舍爾靈龜，凶」，是舍則失之之謂也。《詩》云「愷悌君子，求福不回」，是求之有道者也。《荀子》云「君子能爲可用，不能使人必用己」，是得之有命者也。孟子所以言之以此。

孟子曰：「萬物皆備於我矣。反身而誠，樂莫大焉。物，事也。我，身也。普謂人爲成人已往，皆備知天下萬物，常有所行矣。誠者實也。反自思其身所施行，能皆實而無虚，則樂莫大焉。强恕而行，求仁莫近焉。」當自强勉以忠恕之道，求仁之術，此最爲近。

疏「孟子」至「莫近焉」。　正義曰：此章言每必以誠，恕己而行，樂在其中，仁之至者也。孟子言：人之生也，萬物皆備足於我矣，但能反己思之以誠，不爲物之喪己，是有得於内矣，有得於内，則爲樂亦莫大焉。以其外物爲樂，則所樂在物，不在於我，故爲樂也小。以内爲樂，則所樂在己，不在物，其爲樂也大。又言勉强以忠恕之道而行之，以求仁之術爲最近，故傳有云「仁者必恕而後行」，是之謂也，斯亦「力行近乎仁」之意歟！

孟子曰：「行之而不著焉，習矣而不察焉，終身由之而不知其道者，衆也。」人皆有仁義之心，日自行之於其所愛，而不能著明其道以施於大事。仁妻愛子亦以習矣，而不能察知可推以爲善。由，用也。終身用之，以爲自然，不究其道可成君子。此衆庶之人也。

疏「孟子」至「衆也」。　正義曰：此章言人有仁端，達之爲道，凡人用之，不知其爲寶也。孟子言：仁義之道人皆有之，然而行之而不著，則其迹不能彰明；習此仁義之道而不察，則其理不能推明；終身用而行之，而不知其是爲道。凡如此者，非君子者也，是則爲凡衆者矣。故孟子以此閔之。

孟子曰：「人不可以無恥。人不可以無所羞恥也。《論語》曰：「行己有恥。」無恥之恥，無恥矣。」人能恥己之無所恥，是爲改行從善之人，終身無復有恥辱之累也。疏「孟子」至「恥矣」。正義曰：此章言恥身無分，獨無所恥，斯必遠辱，不爲憂矣。孟子言：人之不可無其羞恥也。人能無恥而尚有羞恥，是爲遷善遠罪之人，終身無復有恥辱累之矣。案《禮》云：「君子有五恥：朝不坐，燕不義，❶君子恥之；居其位，無其言，君子恥之；有其言，無其行，君子恥之；既得之，又失之，君子恥之；地有餘而民不足，君子恥之。」如此，則人可以無恥乎？此孟子所以有此言，而救時之弊歟？

孟子曰：「恥之於人大矣！爲機變之巧者，無所用恥焉。恥者爲不正之道，正人之所恥爲也。今造機變阱陷之巧以攻戰者，非古之正道也。取爲一切可勝敵也宜，❷無以錯於廉恥之心也。不恥不若人，何若人有？」不恥不如古之聖人，何有如賢人之名也？疏「孟子」至「人有」。正義曰：此章言不慕大人，何能有恥者也。孟子言：人之所以恥者，以其爲不正之道也。不正之道，人宜羞恥而無爲之也，是爲恥之於人爲大者也。今之人乃造機變阱陷，藏兵之巧，以爲攻戰者，是爲不正之道也，是無所用而恥之也。如不恥不若古之聖賢，何能有古聖賢之名也。注「隰朋、顔淵」。正義曰：凡於趙注有所要者，雖於文段不録，然於事未嘗敢棄之而不明。今有以「隰朋不及黄帝，佐齊桓以有動；顔淵慕虞舜，仲尼歎庶幾」也。案杜預《春秋傳》云：「隰朋，齊大夫也。」《史記》注云：「徐廣曰：朋，或作崩。」常愧恥不若黄帝之爲人，後齊桓得之，爲佐桓公，❸四十一年卒。「顔淵慕虞舜」，案經云：「顔淵曰：『舜何人也？予何人也？有爲者亦若是。』」孔子所以曰：「回也其庶乎！屢

❶「義」，阮本作「善」。《禮記·檀弓下》作「與」。
❷「也」，閩、監、毛、阮本作「之」。
❸「爲」，阮本作「輔」。

空。」是其歎也。趙注所以引而爲解文。

孟子曰：「古之賢王好善而忘勢。樂善而自卑，若高宗得傅説而稟命。古之賢士何獨不然？樂其道而忘人之勢。何獨不然，何獨不有所樂有所忘也。樂道守志，若許由洗耳，可謂忘人之勢矣。故王公不致敬盡禮，則不得亟見之。見且由不得亟，❶而況得而臣之乎？」亟，數也。若伯夷非其君不事，伊尹樂堯舜之道，不致敬盡禮，可數見之乎？作者七人，隱各有方，豈可得而臣之者乎？❷

疏「孟子曰」至「之乎」。正義曰：此章言王公尊賢，以貴下賤；樂道忘勢，不以富貴動其心者也。「孟子曰」至「而況得而臣之乎」，孟子曰：古之賢者之君，好人之善而忘己之勢，古之爲賢士者亦然，以其但樂己之樂而忘人之貴勢也。❸如此，故有王公大人不致其敬而盡其禮，則不得數數見其賢者。然而見之且猶尚以爲不可，而況得臣之而卑下者乎？ 注「高宗得傅説而稟命」。正義曰：案《尚書·説命》篇云：「高宗夢得説，使百工營求諸野，得諸傅巖，爰立作相，王置諸其左右，曰：臣下罔有稟命。」孔安國傳云：「名説。稟，受也。令，命也。」注「許由洗耳，可謂忘人之勢矣」。正義曰：案《高士傳》云：「許由，潁川人也，隱箕山。堯聞之，躬聘爲九州長。由不赴，遂洗耳於河。巢父見之，曰：『吾欲飲牛，污吾牛口。』於是牽牛上流飲之。由大慙而隱。」是也。注「亟，數也」至「作者七人」。正義曰：云伯夷、伊尹者，此蓋本《孟子》之正文也，已説之詳矣。云「作者七人」者，案《論語》之文也。七人，包注云：「凡七人，長沮、桀溺、丈人、石門、荷蕢、儀封人、楚狂接輿是也。」王弼云「七人，伯夷、叔齊、虞仲、夷逸、朱張、柳下惠、少連」，是此七人者也。

孟子謂宋句踐曰：「子好遊乎？吾語子遊，人知之亦囂囂，人不知亦囂囂。」宋，姓也；句踐，名也。好以道德遊，欲行其道者。囂囂，自得無欲之貌。曰：「何如斯可以囂囂矣？」句踐問何

❶「由」，閩、監、毛本作「猶」。

❷「者乎」，按阮校，廖本、孔本、韓本、《考文》古本無此二字。

❸「但」，閩、監、毛本作「能」，阮本據補。

執守可囂囂也。曰：「尊德樂義，則可以囂囂矣。尊，貴也。孟子曰：能貴德而履之，樂義而行之，則可以囂囂無欲矣。故士窮不失義，達不離道。窮不失義，故士得己焉。達不離道，故民不失望焉。窮不失義，不爲不義而苟得，故得己之本性也。達不離道，思利民之道，故民不失其望也。古之人得志，澤加於民；不得志，脩身見於世。窮則獨善其身，達則兼善天下。」古之人得志君國，則德澤加於民人。不得志，謂賢者不遭遇也。見，立也。獨治其身以立於世間，不失其操也，是故獨善其身。達謂得行其道，故能兼善天下也。疏「孟子」至「天下」。正義曰：此章言内定常滿，囂囂無憂，可出可處，故云以遊。脩身立世，賤不失道，達善天下，乃用其賓。句踐好遊，未得其要，孟子言之，然後乃喻者也。「孟子謂宋句踐曰」至「囂囂」，宋句踐，宋人，姓宋名句踐。孟子謂句踐曰：子好逸遊乎？我今語以教子之遊也，言人之知己，亦但囂囂然自得；人不知己，亦但囂囂然而自得。「曰：何如斯可以囂囂矣」，句踐問之，曰當何如此可以囂囂然自得矣。「曰：尊德樂義」至「達則兼善天下」，孟子又與之曰：尊貴其德，所樂以義，以此則可以囂囂自得矣。蓋德有所得於内，義有所不爲於外。既所貴在德，而盡性於内；所樂在義，而窮理於外，是以樂天知命，故人知不知，斯囂囂然自得矣。如此，故士窮而在下，則不失義，而不爲苟得，達而在上，則不離道，而常思利民。窮不失義而不爲苟得，故得己之本性；達不離道而常思利民，故民不失其所望。是以古之人得志遭遇其時，則布恩澤而加被於民；不得志，則修治其身以立於世間。是其窮則獨善身，❶達則得行其道而兼善天下也。言古之人以是者，如顔子之徒窮而不得志，則不改其樂而獨善其身，伊尹之徒得志而澤加於民也。

孟子曰：「待文王而後興者，凡民也。若夫豪傑之士，雖無文王猶興。」凡民，無知者也，故由文王之大化，❷乃能自興起以趨善道。若夫豪傑之才知千萬於凡人者，雖不遭文王，猶能自起以善，守身

❶「身」上，按阮校：「閩、監、毛三本有『其』字。」

❷「由」，按阮校，廖本、孔本、韓本、《考文》古本作「須」。

正行，不陷溺也。疏「孟子」至「猶興」。　正義曰：此章言小人待化，乃不邪僻，君子特立，不爲俗移，故稱豪傑自興者也。孟子言：必待文王之化而乃能興起以從善道者，凡民也，以其無自知者也。若夫才有過於千萬人之豪傑者，雖不遭遇文王之化，猶能自興起以從善而正立其身矣。

孟子曰：「附之以韓、魏之家，如其自視欿然，則過人遠矣。」附，益也。韓、魏，晉六卿之富者也。言人既自有家，復益以韓、魏百乘之家，其富貴已美矣。而其人欿然不足，自知仁義之道不足也，此則過人甚遠矣。疏「孟子」至「遠矣」。　正義曰：此章言人情富盛，莫不驕伉，有若欿然，謂不如人，非但免過，卓絶乎凡也。孟子言：人自有富，復附益以韓、魏晉六卿百乘之家富而貴之，如其自視己於仁義之道欿然不足，則超絶有過乎衆人遠矣。　注「韓、魏，晉六卿，百乘之家」。　正義曰：已説於《梁惠》首篇。

孟子曰：「以佚道使民，雖勞不怨。」謂教民趨農，役有常時，不使失業，當其雖勞，❶後獲其利則佚矣，若「亟其乘屋」之類也，故曰不怨。以生道殺民，雖死不怨殺者。」謂殺大辟之罪者，以坐殺人故也。殺此罪人者，其意欲生民也。故雖伏罪而死，不怨殺者。疏「孟子」至「殺者」。　正義曰：此章言勞人欲以佚之，殺人欲以生之，則民不怨者也。孟子言：國君如使民趨於農耕，是以佚道使民，是農耕時雖爲勞，然後有所獲稼，則又有以佚樂矣。如是則何怨恨其勞乎？故曰：「以佚道使民，雖勞不怨。」又言國君殺戮其罪人者，以其恐有害於民，故殺之，而意有在於欲生其民也，是則罪人被殺，雖死且不怨恨殺者也。故曰：「以生道殺民，雖死不怨殺者。」　注「若亟其乘屋之類」。　正義曰：已於《滕文公》説之矣。　注「大辟之罪」。　正義曰：孔云：「大辟之罪，死刑也。」前已説。

孟子曰：「霸者之民，驩虞如也。王者之民，皞皞如也。殺之而不怨，利之而不庸，民日遷善而不知爲之者。霸者行善恤民，恩

❶「其」，按阮校：「岳本、孔本、韓本、《考文》古本作『時』，是也。」

澤暴見易知，故民驩虞樂之也。王者道大法天，浩浩而德難見也。殺之不怨，故曰殺之而不怨。庸，功也。利之使趨時而農，六畜繁息，無凍餓之老，而民不知獨是王者之功。修其庠序之教，又使日遷善，❶亦不能覺知誰爲之者。言化大也。❷**夫君子所過者化，所存者神，上下與天地同流，豈曰小補之哉！」**君子通於聖人，聖人如天。過此世能化之，存在此國，其化如神，故言與天地同流也。天地化物，歲成其功，豈曰使人知其小補益之者哉！

疏「孟子」至「之哉」。

正義曰：此章言王政皞皞，與天地同流；霸者德小，民人速覩，是以賢者志其大者也。「孟子曰」至「小補之哉」者，孟子言：霸者行善政以及民，以其恩澤暴見，故民驩虞而樂也。王者道大，故若天浩浩而難知難見者也，故民皞皞然自得而已矣。是以王者之民，殺之而不怨，以其生道殺之故也；利而不知爲王者之功，以其佚道使之故也。自迹觀之，則君子過之而不守拘其一，自妙道觀之，則其所感而遂通天下之故者未嘗不有存焉，故曰「君子所過者化，所存者神」。今夫天地之化者，始乎春而終乎冬，而萬物皆得以移易者是也。天地之神者，始乎震而終乎艮，而陰陽不可測之者是也。然則王者之於民，所過者以化，所存者以神，宜其與天地上下同流而無間也。則是天地之化，以神而存之，豈曰使萬物知其有小補益哉！王者之化，亦存以神，又豈曰使民知其有小補益之哉！如此，故王者之民所以皞皞如也。蓋虞之爲樂，必待虞度無患，然後爲驩，則其樂淺；皞皞如也，以其使民舒通太平，自得而已，故於驩虞又有以間矣。❸此孟子所以抑區區之霸，而尊崇其王者也。

孟子曰：「仁言不如仁聲之入人深也。仁言，政教法度之言也。仁聲，樂聲雅頌也。仁言之政雖明，不如雅頌感人心之深也。**善政不如善教之得民也。**善政使民不違上，善教使民尚仁義。心易得也。**善政，民畏之。善教，民愛之。善政得民財，善教得民心。」**畏之，不逋怠，故賦役舉而財聚於一家也。愛之，樂風化而上下親，故歡心可得也。

疏「孟

❶「又」，按阮校，孔本、韓本、《考文》古本無此字。

❷「言化大也」，閩、監、毛、阮本作「言化遷善爲之大道者也」。

❸「又」，原作「入」，據阮本改。

子」至「民心」。　正義曰：此章言明法審令，民趨君命，崇寬務化，民愛君德，故曰移風易俗，莫善於樂者也。「孟子曰」至「善教得民心」，孟子言：人言爲政教法度之言，❶不若仁聲樂聲雅頌感人心之深也。善政使民不違上，又不若善教得民之易也。以其善政出於法度之粗，有刑威以行之，故民有以畏之。善教本人之德性，有仁恩以懷之，故民有以愛之。亦以善政，有九職繫萬民，有九兩以繫萬民。九職任萬民，故一曰三農，以平地山澤，生黍、稷、禾、稻、麻、大小豆、大小麥之九穀；二曰園圃，以育草木；三曰虞衡，作山澤之材；四曰藪牧，養蕃鳥獸；五曰百工，飭化八材，八材，鄭司農云「珠、象、玉、石、金、木、草、羽」是也；六曰商賈，阜通貨賄；七曰嬪婦，化治絲枲，鄭玄云「金玉曰貨，布帛曰賄；嬪，婦人之美稱也」；八曰臣妾，聚斂疏財；九曰閒民，無常職，轉移執事。鄭玄云：「疏材，百草根實可食者。」九兩繫萬民：一曰牧，以地得民；二曰長，以貴得民；三曰師，以賢得民；四曰儒，以道得民；五曰宗，以族得民；六曰主，以利得民；七曰吏，以治得民；八曰友，以任得民；九曰藪，以富得民。凡此善政，爲民財而已。善教因民心以教之，故能得民心矣。此所以爲仁言不如仁聲之入人深也，❷善政不如善教之得民。然而善政非不能得民，但得民財而已，又不若善教得民之心矣。蓋「移風易俗，莫大乎樂」，此禮之文然也，孟子所以同其趙焉。

孟子曰：「人之所不學而能者，其良能也。所不慮而知者，其良知也。不學而能，性所自能。良，甚也。是人之所能甚也。知亦猶是能也。孩提之童，無不知愛其親者，及其長也，無不知敬其兄也。孩提，二三歲之間，在繦褓，知孩笑可提抱者也。少知愛親，長知敬兄，此所謂良能良知也。親親，仁也。敬長，義也。無他，達之天下也。」人，仁義之心少而皆有之，欲爲善者無他。達，通也，但通此親親敬長之心，施之天下人也。疏「孟子」至「天下也」。　正義曰：此章言本性良能，仁義是也，達之天下，恕乎己者也。「孟子曰：人之所不學而」至「達之天下也」者，孟子言：人之所以不學而性自能，是謂良能者

❶「人」，阮本作「仁」。
❷「之」，原作「以」，據阮本改。

也；所以不待思慮而自然知者，是謂良知者也。孩提襁褓之童子，無有不知愛其父母，及其長大，無不知欽順其兄，是則親愛其親，❶欽順其兄，是仁義也，仁義即良知良能者也。言人欲爲善者，❷無更於他求也，但通達此親親敬長之良能良知，施之於天下耳。　注「襁褓」者。　正義曰：釋云：襁褓，負也，負兒衣也。織縷爲之，廣八寸，長二尺，以負兒於背上者也。是亦知孩提爲二三歲。

孟子曰：「舜之居深山之中，與木石居，與鹿豕遊。其所以異於深山之野人者幾希。舜耕歷山之時，居木石間。鹿豕近人，若與人遊也。希，遠也。當此之時，舜與野人相去豈遠哉？　及其聞一善言，見一善行，若決江河，沛然莫之能禦也。」舜雖外與野人同其居處，聞人一善言則從之，見人一善行則識之，沛然不疑，若江河之流，❸無能禦止其所欲行也。　疏「孟子」至「禦也」。　正義曰：此章言聖人潛隱，辟若神龍，亦能飛天，亦能潛藏，同舜之謂也。孟子言：虞舜初起於歷山耕時，居於木石之間，以其近木石故也，與鹿豕遊，以其鹿與豕近於人也。然而舜於此，其所以有異於深山之野人不遠，但能及其聞一善言、見一善行，其從之若決江河之水，沛然其勢，莫之能禦止之也。　注「聖人潛隱若神龍」者。　正義曰：此蓋《周易·乾卦》之文也，趙注引之以解其經。

孟子曰：「無爲其所不爲，無欲其所不欲，如此而已矣。」無使人爲己所不欲爲者，無使人欲己之所不欲者，每以身況之，❹如此則人道足也。疏　正義曰：此章言己所不欲，勿施於人，仲尼之道也。孟子言：人無爲其所不爲，以其所不爲者不義也。無欲其所不欲者，以其不欲爲不善也。人能無爲不義，又不欲其所不善，則人道於是足矣，故曰如此也。

孟子曰：「人之有德慧術知者，恒存乎疢疾。人所以有德行智慧道術才智者，以其在於有疢疾

❶ 上「親」字，阮本作「厚」。
❷ 「欲」，阮本作「之」。
❸ 「若」上，按阮校：「各本同，孔本有『辟』字。案此采《音義》也。」
❹ 「況」，閩、監、毛、阮本作「先」。

之人，❶疢疾之人又力學，故能成德。獨孤臣孽子，其操心也危，其慮患也深，故達。」此即人之疢疾也，自以孤微，懼於危殆之患而深慮之，勉爲仁義，故至於達也。疏「孟子」至「故達」。正義曰：此章言孤孽自危，故能顯達，膏粱自正，多用沈溺，是故在上不驕，以戒諸侯也。孟子言：人之所以有德慧術智者，常在於疢疾之人也。疢疾，人之有小疾，常霑在身不去者，是爲疢疾也。如孤臣孽子，其操心也常危，其慮患也常深，是若疢疾也。此孟子所以執此喻以自解也。言孤臣不得於其君者也，孽子不得於其親者也。不得於其君與不得於其親者，故能秉心常危，慮患常深，以勉力於爲道德，故能顯達也。操心常危，慮患常深，是人之疢疾常霑在身而不去也，是孟子所以爲瘡痍之人有德慧術智也。❷然而非謂德慧術智必繫乎有疢疾者，但常存乎疢疾之人而已。蓋有得於己謂之德，述而行之謂之術，然德又以慧連，術又以智連之者，以其德以慧明，術以智擇耳，是則所謂智慮生於憂患，豈非德慧術智存於疢疾之意有同歟？此孟子所以有是言之，而戒當時之人者也。

孟子曰：「有事君人者，事是君則爲容悦者也。事君，求君之意，爲苟容以悦君者也。有安社稷臣者，以安社稷爲悦者也。忠臣志在安社稷，而後爲悦者也。有天民者，達可行於天下而後行之者也。天民，知道者也。可行而行，可止而止。有大人者，正己而物正者也。」大人，大丈夫不爲利害動移者也。正己物正，象天不言而萬物化成也。疏「孟子」至「者也」。正義曰：此章言容悦凡臣，社稷股肱，天民行道，大人正身。凡四科優劣之差者也。「孟子曰：有事君人者，事是君則爲容悦者也」，孟子言：有人事其君以求君之意者，是爲苟容以悦君者也。「有安社稷臣者，以安社稷爲悦者也」，孟子又言：有忠臣，爲安社稷臣者也，在於安社稷而後爲悦者也。「有天民者，達可行於天下而後行之者也」，有天民爲之先覺者，志在於行道，然而既達而在位，可以行其道於天下，然後乃行之也。以其若窮而在下，未可行其道，則亦止而不行矣。是其窮、達

❶「以其」，按阮校，廖本、孔本、韓本、《考文》古本無此二字。

❷「瘡痍」，阮本作「疢疾」。

一歸於天而已。「有大人者，正己而物正者也」，言有大丈夫不爲利害之所易動，❶是則自正治其己，而物後自取正於我也。凡此是其四科優劣差等也。

孟子曰：「君子有三樂，而王天下不與存焉。父母俱存，兄弟無故，一樂也。仰不愧於天，俯不怍於人，二樂也。得天下英才而教育之，三樂也。天下之樂不得與此三樂之中。兄弟無故，無他故。不愧天，又不怍人，心正無邪也。育，養也。教養英才，成之以道，皆樂也。君子有三樂，而王天下不與存焉。」君子重言，❷是美之也。

疏「孟子曰」至「存焉」。正義曰：此章言保親之養，兄弟無他，誠不愧天，育養英才，賢人能之，樂過萬乘，孟子重焉，❸一章再云者也。「孟子曰：君子有三樂，而王天下不與存焉」至「存焉」者，孟子言：君子有三樂，而爲王天下者不得與於其間。父母皆在，兄弟無有他故者，以其無嫌隙之事也，❹此乃一樂也。存誠於己，而上無以有愧恥於天，❺下無以有慚怍於人，❻此乃二樂也。己之有成，❼又得天下英才大賢，而推己以教而養育之，此乃三樂也。三樂如此，故孟子又重言之。然君子有三樂，而王天下不與存焉，以其王天下之樂不若此三樂矣，故重言之而美此三樂也。是以舜得天下而無足解憂。楊子云：『紆朱懷金之樂，不如顔氏子之樂。』是亦與此同意也。

孟子曰：「廣土衆民，君子欲之，所樂不存焉。中天下而立，定四海之民，君子樂之，所性不存焉。廣土衆民，大國諸侯也。所樂不存，樂行禮也。❽中天下而立，謂王者。所性不存，謂性仁義也。君子所性，雖大行不加焉，雖窮居不

❶「易」，阮本作「移」。

❷「君」，按阮校：「宋本、孔本、韓本、《考文》古本作『孟』。」

❸「焉」，原作「爲」，據阮本改。

❹「嫌」，原漫漶不清，監、毛二本作「嫌」，阮本據補，今從之。

❺「上」，監、毛二本作「仰」；「愧恥」，監、毛二本作「羞愧」。

❻「下」，監、毛二本作「俯」。

❼「成」，監、毛二本作「德」。

❽「樂」，閩、監、毛、阮本作「欲」。

損焉，分定故也。大行，行政於天下。❶窮居不失性也，分定故不變。君子所性，仁、義、禮、智根於心，其生色也，睟然見於面，盎於背，施於四體。四體不言而喻。」四者根生於心，色見於面。睟然，潤澤之貌也。盎，視其背而可知，其背盎盎然盛，❷流於四體。四體有匡國之綱，雖口不言，人以曉喻而知也。疏「孟子曰」至「而喻」。正義曰：此章言臨莅天下，君國子民，君子之樂，尚不與存。仁義内外充，❸身體履方，四體不言，蟠辟用張，心邪意溺，進退無容，於是之際，知其所不同也。「孟子曰：廣土衆民」至「不言而喻」，孟子言：廣土地之大，衆人民之多，以爲大國之諸侯，君子者心欲好之，然其所樂不在此也。中天下之中而立，以安四海之民，是爲之王，君子者雖樂於此，然而稟天性不在此焉。蓋君子欲廣土衆民，以其足以行道於一國故也，然其所樂又在於定四海之民，而未樂於此一國而已。雖樂在於中天下而立，定四海之民，得以行道於天下，奈何所性不在此焉，是所性者特在仁、義、禮、智耳。故言於下文是也。是則君子所稟天之性，雖大而行道於天下，且不能加益其性；雖窮居在下，而不能損滅其性，以其所生之初，受之於天，有其分定故也。故君子所性，是仁、義、禮、智，四者根生於心，顯而形諸德容，其生於色，則睟然潤澤見於面，又有輝光乎其前，盎盎然見於背，又有充實乎其後，而旁溢流通乎左右上下四體。則一動静，一行止，固雖不言，而人以曉喻而知其所存，是其不言仁而喻其能仁，不言義而喻其能義，以至禮也、智也亦若是矣。此所以故云「四體不言而喻」。《荀子》云：「君子之學入乎耳，著乎心，布乎四體，形乎動静。」又曰：「君子至德，默然而喻。」同意。

孟子注疏解經卷第十三上

❶「政」，閩、監、毛、阮本作「之」。
❷「背」，原作「肯」，據阮本改。
❸「外」字，疑衍，按阮校：「章指無『外』字。」

孟子注疏解經卷第十三下

趙氏注　孫奭疏

盡心章句上

孟子曰：「伯夷辟紂，居北海之濱，聞文王作興，曰：『盍歸乎來？吾聞西伯善養老者。』太公辟紂，居東海之濱，聞文王作興，曰：『盍歸乎來？吾聞西伯善養老者。』已說於上篇。天下有善養老，則仁人以爲己歸矣。天下有能若文王者，仁人將復歸之矣。五畝之宅，樹墻下以桑，匹婦蠶之，則老者足以衣帛矣。五母雞，二母彘，無失其時，老者足以無失肉矣。百畝之田，匹夫耕之，八口之家足以無飢矣。五雞、二彘，八口之家畜之，足以爲畜產之本也。所謂西伯善養老者，制其田里，教之樹、畜，導其妻子，使養其老。五十非帛不煖，七十非肉不飽。不煖不飽，謂之凍餒。文王之民，無凍餒之老者，此之謂也。」所謂無凍餒者，教導之使可以養老者耳，非家賜而人益之也。

疏「孟子」至「此之謂也」。正義曰：此章言王政普大，❶教其常業，各養其老，使不餒乏。二老聞之，歸身自己，❷所謂衆鳥不羅，翔鳳來集之類者也。「孟子曰：伯夷辟紂」至「此之謂也」，已說於上篇矣。此以大同小異，更不復說焉。然其類亦孔子所云「刳胎殺夭，則麒麟不至，覆巢毀卵，則鳳凰不翔」，此亦類也。

孟子曰：「易其田疇，薄其稅斂，民可使富也。食之以時，用之以禮，財不可勝用

❶「政」，原作「故」，據阮本改。
❷「己」，按阮校：「章指作『託』是也。」

也。易，治也。疇，一井也。庶民治其田疇，❶薄其稅斂，不踰什一，則民富矣。食取其征賦以時，用之以常禮，不踰禮以費財也，故畜積有餘，財不可勝用也。**民非水火不生活，昏暮叩人之門户求水火，無弗與者，至足矣。聖人治天下，使有菽粟如水火。菽粟如水火，而民焉有不仁者乎？」**水火能生，人有不愛者，至饒足故也。菽粟饒多若是，民皆輕施於人，而何有不仁者也。疏「孟子」至「者乎」。正義曰：此章言教民之道，富而節用，蓄積有餘，焉有不仁，故曰倉廩實知禮節也。「孟子曰：易其田疇」至「不可勝用也」，孟子言：如使在下者易治其田疇而不難耕作，則地無遺其利。又在上者又薄其賦斂而無橫賦，則民皆可令其富足也。又食之以時而其用不屈，用之以禮而其欲不窮，則財用有餘而不可勝用也。「民非水火不生活」至「焉有不仁者乎」，孟子又言：人民非得其水火則不能生活，然而昏暮之時，有擊人之門户而求之水火，無不與之者，以其水火至多矣。聖人如能治其天下，使民有其菽粟亦如水火之多，則民人孰不以有餘而補其不足，而爲仁者乎？故曰：「菽粟如水火，而民焉有不仁者乎？」此所謂倉廩實而知禮節者也。注「疇，一井也」。正義曰：《説文》云：「爲耕治之田也。」不知一井何據。

孟子曰：「孔子登東山而小魯，登太山而小天下，故觀於海者難爲水，遊於聖人之門者難爲言。所覽大者意大，觀小者志小也。**觀水有術，必觀其瀾。**瀾，水中大波也。**日月有明，容光必照焉。**容光，小隙也。言大明照幽微也。**流水之爲物也，不盈科不行。君子之志於道也，不成章不達。」**盈，滿也。科，坎也。流水滿坎乃行，以喻君子之學必至成章，乃仕進也。疏「孟子」至「不達」。❷正義曰：此章言弘大明者無不照，包聖道者成其仁也。「孟子曰：孔子登東山」至「難爲言」者，孟子言：孔子登魯國之東山，而所覽者大，故小其魯國，以魯國莫

❶「庶」，按阮校：「宋本、孔本、韓本、《考文》古本作『教』。」

❷「至」，原作「止」，據阮本改。

大於東山也。登太山而能小其天下，亦所覽者大，而天下亦莫大於太山也。如此故觀之於海者難爲水也，以其水所同歸於海者也，是以海爲百谷王；遊聖人之門者難爲言，以其道之所同出又同歸於此者也。揚子云「視日月而知衆星之蔑如，仰天庭而知天下之居卑」，亦與此同意。「觀水有術，必觀其瀾」者，孟子又言：人之觀於水，❶以其有術也，有術者，所謂觀水必觀其波瀾，是爲能觀水者也。云此者，以其人之觀書亦若是也，言觀書亦當觀其五經而已矣，五經所以載聖人之大道者也。「日月有明，容光必照焉」者，又言日月之有明，凡於幽隙，❷但有容其光者，則必照之，亦若道之在天下無往而不在也。「流水之爲物也，不盈科不行」至「不成章不達」者，又言流水爲物，所流遇於科坎，不盈滿其科坎則不流進而行也。如君子之學志在於道也，不成章則不達而進仕。以其君子於道，至於成章則充實，美在其中，暢於四支，發於事業，爲美之至者也。此孟子所以有水爲之喻焉。

孟子曰：「雞鳴而起，孳孳爲善者，舜之徒也。雞鳴而起，孳孳爲利者，蹠之徒也。欲知舜與蹠之分，無他，利與善之間也。」蹠，盜蹠也。蹠、舜之分，故以此別之。❸ 疏 正義曰：此章言好善從舜，好利從蹠，明明求之，常若不足，君子小人，各一趣也。「孟子曰」至「間也」者，孟子言：人之雞鳴而起，孳孳但勤篤於爲善者，乃爲舜之徒黨也。如雞鳴而起，孳孳但勤篤於爲利者，乃爲盜蹠之徒也。儻言欲知舜與盜蹠爲君子小人之分別，無他事焉，特一趨於利、一趨於善之間而已。注「盜蹠」。正義曰：案李奇《漢書傳》云：「盜蹠乃是秦之大盜也。」

孟子曰：「楊子取爲我，拔一毛而利天下，不爲也。楊子，楊朱也。爲我，爲己也。拔己一毛以利天下之民，不肯爲也。墨子兼愛，摩頂放踵利天下，爲之。墨子，墨翟也。兼愛他人，摩突其頂下至於踵，以利天下，己樂爲之也。子莫執中。子莫，魯之賢人也。其性中和專一者也。執中爲近之。執中

❶「又」，原作「人」，據阮本改。
❷「幽」，阮本作「幾」。
❸「故」，按阮校，宋本、孔本、韓本、《考文》古本無此字。

無權，猶執一也。執中和，近聖人之道，然不權。聖人之重權。執中而不知權，猶執一介之人，不知時變也。所惡執一者，爲其賊道也，舉一而廢百也。」所以惡執一者，爲其不知權，以一知而廢百道也。疏「孟子」至「百也」。　正義曰：此章楊、墨放蕩，子莫執一，聖人量時，不取此術，孔子行止，唯義所在者也。「孟子曰：楊子取爲我，拔一毛而利天下，不爲也」至「爲之」，孟子謂楊朱所取以爲己，雖拔己之一毛以利天下，且不爲也。墨翟兼愛他人，雖摩突其頂而至於踵而利天下，且以爲之。「子莫執一」，子莫，魯賢人，言子莫執中和之性而專一者也，以其無爲己、兼愛之過而已，故曰「執中爲近之」，言子莫執中爲近聖人之道者也。如執中而不知權變，但若執一介之人，不知時變者也。然而所以惡疾其執一者，是爲其有以賊害其道也，是若知舉一道而廢其百道也，故曰：「執中無權，猶執一也。所惡執一者，爲其賊道，舉一而廢其百也。」

孟子曰：「飢者甘食，渴者甘飲，是未得飲食之正也，飢渴害之也。飢渴害其本所以知味之性，令人强甘之。豈惟口腹有飢渴之害？人心亦皆有害。爲利欲所害，亦猶飢渴得之。人能無以飢渴之害爲心害，則不及人不爲憂矣。」人能守正，不爲邪利所害，雖謂富貴之事不及逮人，猶爲君子。不爲善，人所憂患也。疏「孟子」至「憂矣」。　正義曰：此章言飢不妄食，忍情抑欲，賤不失道，不爲苟求。能無心害，夫將何憂者也。「孟子曰：飢者甘食」至「不爲憂矣」，孟子言：人之飢餓則易爲食，故以甘之；渴者易爲飲，故以甘之。然而未得飲食味之正者也，以其但爲飢渴害其本性耳。豈獨飲食於口腹爲有飢渴以害之？言人心亦皆有以害之也，以其利慾害之故也。人能無以飢渴之害爲心之害，則所養不及於人，亦不足爲可憂矣。蓋無以飢渴爲心害，則孟子以飢渴之害亦猶利欲之害，故假託而言之也。

孟子曰：「柳下惠不以三公易其介。」介，大也。柳下惠執弘大之志，不恥汙君，不以三公榮位易其大量也。疏「孟子曰」至「其介」。　正義曰：此章言柳下惠不恭，用志大也，無可無否，以貴爲賤者也。孟子言：柳下惠不以三公之榮位而移易己之大志也，以其所守之介，任道而已，是所以不羞小官者焉。今夫三公者，乃百僚之師師也，❶人臣之位極者也，衣則服衮，圭則執桓圭，而世之所謂富貴崇顯者，無以過也。

孟子曰：「有爲者辟若掘井，掘井九軔而不及泉，猶爲棄井也。」有爲，爲仁義也。軔，八尺也。雖深而不及泉，喻有爲者中道而盡棄前行者也。

疏「孟子曰」至「井也」。正義曰：此章言爲仁由己，必在究之，九軔而輟，❷無益成功者也。孟子曰：今之有爲之道者，譬如掘井者也，掘井至九軔之深，而不及泉則止之，是棄其前掘井之功者也，喻爲仁義之道而不及之，則止而不爲，是亦棄其仁義之道者也。孔子曰：「爲山未成一簣，止，吾止也。」與此同意。注「軔，八尺也」。正義曰：案釋云：七尺曰軔。

孟子曰：「堯、舜，性之也。湯、武，身之也。五霸，假之也。性之，性好仁，自然也。身之，體之行仁，視之若身也。假之，假仁以正諸侯也。久假而不歸，惡知其非有也？」五霸而能久假仁義，譬如假物久而不歸，安知其不真有也。疏「孟子」至「非有也」。正義曰：此章言仁在性體，而行仁本性之自然者也。湯、武利而行仁，視之若身也。五霸强而行仁，則力假之而已。然而久假而行之，而不歸止，安知其非真有也。揚子曰「假儒衣書，服而讀之，三月不歸，孰曰非儒也」，亦同其旨。

公孫丑曰：「伊尹曰：『予不狎于不順。』放太甲于桐，民大悅。太甲賢，又反之，民大悅。賢者之爲人臣也，其君不賢，則固可放與？」丑怪伊尹賢者而放其君，何也？孟子曰：「有伊尹之志則可，無伊尹之志則簒也。」人臣秉忠，志若伊尹，❸欲寧殷國，則可放惡而不即立君，宿留冀改而復之。如無伊尹之忠，見間乘利，簒心

❶ 下「師」字，阮本作「帥」。
❷ 「軔」，原作「執」，據阮本改。
❸ 「志」，按阮校：「廖本、孔本、韓本疊『志』字。」則一屬上讀。

乃生，何可放也。疏「公孫」至「篡也」。　正義曰：此章言憂國忘家，意在出身，志在寧君，放惡攝政，伊周有焉。凡人志異，則篡心生也。公孫丑問孟子，謂伊尹有言我不邇于順己者，故放太甲于桐宮，而民心大悦。及太甲悔改其過而歸賢，則伊尹又迎而反之以復君位，商民大悦。且賢者之爲人臣也，其君有不賢者，則固可以放之與？　孟子對曰：如賢者有伊尹愛君之志，則可以放君；如無伊尹秉忠心以愛君，則放君而生篡奪君位之心者也，以爲不可矣。

公孫丑曰：「《詩》曰：『不素餐兮。』君子之不耕而食，何也？」《詩》，魏國《伐檀》之篇也。無功而食，謂之素餐，世之君子有不耕而食，何也？　孟子曰：「君子居是國也，其君用之，則安富尊榮；其子弟從之，則孝悌忠信。不素餐兮，孰大於是？」君子能使人化其道德，移其習俗，身安國富而保其尊榮，❶子弟孝悌而樂忠信，不素餐之功，誰大於是？　何爲不可以食禄。疏「公孫丑」至「於是」。

正義曰：此章言君子正己，以立於世，世美其道，君臣是貴，所過者化，又何素餐之謂也。公孫丑問孟子曰：魏國《伐檀》之詩有云「不素餐兮」，言無功而食謂之素餐，然而君子有不自耕而食禄者，是如之何？　孟子對之曰：君子居處此國，其君任用之，則安富尊榮，言安國保其尊榮；子弟從之，則能孝悌忠信，是則不素餐兮，誰有大於此者？言何爲而不可食禄。　注「魏國《伐檀》之篇」。　正義曰：此詩蓋刺在位貪鄙，無功而受禄，君子不得進仕爾。

王子墊問曰：「士何事？」齊王子名墊也，問士當何事爲事也。　孟子曰：「尚志。」尚，上也。❷士當貴上於用志也。曰：「何謂尚志？」曰：「仁義而已矣。殺一無罪，非仁也。非其有而取之，非義也。居惡在？仁是也。路惡在？義是也。居仁由義，大人之事備矣。」孟子言：志之所尚，仁義而已矣。不殺無罪，不取非有者爲仁義，欲知其所當居者仁爲上，所由者義爲貴，大人之事備矣。疏「王子」至「備矣」。　正義曰：此章言人當

❶「身」，按阮校：「宋本、孔本、韓本作『君』。」
❷「上」，閩、監、毛、阮本作「貴」。

尚志於善也，善之所由，仁與義也。欲使王子無過差者也。「王子墊問曰：士何事」者，王子墊，齊王之子，名墊也，問孟子曰：爲士者當以何事爲尚也。「孟子曰：尚志」，孟子答之，曰：爲士者當以志爲尚也。「曰：何爲尚志」，王子又問孟子何以謂之尚志。「曰：仁義而已矣」至「大人之事備矣」，孟子又答之，曰：尚志則以仁義而已矣。言能以仁義爲尚，則爲尚志也。如殺一人之無罪，是爲非仁也；非己之所有而取求之，是爲非義也。如此非仁非義者，亦以所居有惡疾，在於仁，所行有惡疾，在於義是也。如仁以爲居，義以爲行，則大人之事亦備矣。此孟子所以欲使王子墊於無過之地也。

孟子曰：「仲子，不義與之齊國而弗受，人皆信之，是舍簞食豆羹之義也。仲子，陳仲子處於陵者，人以爲廉，謂以不義而與之齊國，必不受之。孟子以爲仲子之義，若上章所道簞食豆羹無禮則不受，萬鍾則不辨禮義而受之也。人莫大焉亡親戚君臣上下。以其小者信其大者，奚可哉！」人當以禮義爲正，陳仲子避兄離母，不知仁義親戚上下之敘，何可以其小廉信以爲大哉？疏「孟子曰」至「奚可哉」。正義曰：此章言事有輕重，行有大小，以大包小可也，以小信大未之聞者也。孟子言：陳仲子以不義雖與之齊國之大而且不受，國人皆信之以爲廉，是爲舍簞食豆羹之小義也。人之所尚，當以莫大爲尚焉者，是其知以親戚君臣上下之敘者也。今陳仲子避兄離母，處於陵而不仕，是棄親戚君臣上下之大分爾，徒取其辭受之小節而已。而信廉之大，又安可哉？以其非義之本耳，宜孟子以是闢之。注「陳仲子」至「受之也」。正義曰：此於前篇已説矣。

桃應問曰：「舜爲天子，皋陶爲士，瞽瞍殺人，則如之何？」桃應，孟子弟子。問皋陶爲士官，主執罪人，瞽瞍惡暴而殺人，則皋陶如何？孟子曰：「執之而已矣。」孟子曰：皋陶執之耳。「然則舜不禁與？」桃應以舜爲天子，❶使有司執其父，不禁止之邪？曰：「夫舜惡得而禁之？夫有所受之也。」夫，辭也。孟子曰：夫舜惡得禁之，夫天

❶「以」下，按阮校：「宋本、孔本、韓本有『爲』字。」

下乃受之於堯，當爲天理民，王法不曲，豈得禁之也？

「然則舜如之何？」應問舜爲之將如何。曰：「舜視棄天下猶棄敝蹝也。竊負而逃，遵海濱而處，終身訢然，樂而忘天下。」孟子曰：舜視棄天下如捐棄敝蹝。蹝，草履可蹝也。❶ 敝喻不惜。舜必負父而遠逃，終身訢然，忽忘天下之爲貴也。❷ 疏「桃應」至「天下」。正義曰：此章言奉法承天，政不可枉，大孝榮父，遺棄天下，虞舜之道，趨將若此。孟子之言，揆聖意者也。「桃應問曰：舜爲天子，皋陶爲士，瞽瞍殺人，則如之何」，桃應問孟子曰：舜爲天子，命皋陶爲士官以執罪人，舜父瞽瞍殺人，則皋陶之士當如何也？「孟子曰：執之而已矣」，孟子答之，但當執而不縱也。「然則舜不禁與」，桃應問曰：如是則舜爲天子，使有司執其父，而不禁之耶？「曰：夫舜惡得而禁之，夫有所受之也」，孟子又答之，曰：夫舜豈得而禁止之哉？夫以其法有所受之而已。「然則舜如之何」，桃應問曰：如是，舜不敢禁止皋陶無執其父，則舜將如之何？「曰：舜視棄天下」至「忘天下」，孟子又答之曰：舜視天下如捐棄敝蹝而不惜也，必將竊負戴其父而逃循海濱而處以逃之，且終身訢然，樂而忘去天下。是以舜得天下不足解憂，唯順父母可以解憂也。

孟子自范之齊，望見齊王之子，喟然歎曰：「居移氣，養移體。大哉居乎！夫非盡人之子與？」范，齊邑。王庶子所封食也。孟子之范，見王子之儀，聲氣高涼，不與人同。還至齊，謂諸弟子，喟然歎曰：居尊則氣高，居卑則氣下。居之移人氣志使之高涼，若供養之移人形身使充盛也。「大哉居乎」者，言當慎所居，人必居仁也。凡人與王子豈非盡是人之子也，王子居尊勢，故儀聲如是也。疏「孟子曰」至「子與」。正義曰：趙云：此章言人性皆同，居使之異，君子居仁，小人處利，譬猶王子，殊於衆品者也。孟子嘗自范邑見齊王之子，儀體聲氣高爽，不與人同，乃往歸齊，而於弟子之間喟然歎息之曰：夫居足以移易人之氣，所養足以移易人之體。以其王子之儀體聲氣如是者，亦以所居所養之大移之使然也。「大哉居乎」，言人當慎所居，以仁爲廣居。

---

❶ 「可蹝」，阮本無此二字。按阮校，閩、監、毛三本同阮本，廖本、孔本、韓本、《考文》古本作「可蹝者」。

❷ 「貴」上，閩、監、毛、阮本有「至」字。

凡衆之人，豈非盡人之子與？言齊王之子亦人之子也，凡人亦人子也。下文觀宜合此章。

孟子曰：「王子宮室、車馬、衣服多與人同，而王子若彼者，其居使之然也。況居天下之廣居者乎？言王子宮室、乘服皆人之所用之耳，然而王子若彼高涼者，居勢位故也，況居廣居。謂行仁義，仁義在身，不言而喻也。魯君之宋，呼於垤澤之門。守者曰：『此非吾君也，何其聲之似我君也？』此無他，居相似也。」垤澤，宋城門名也。人君之聲相似者，以其俱居尊勢，故音氣同也。以城門不自肯夜開，故君自發聲耳。疏「孟子曰」至「似也」。正義曰：此章宜與上章合而爲一，不當分而爲二也。孟子言：王子所居宮室與車馬之乘、衣服之飾，是皆與人同所用之也，然而王子若彼儀體聲氣高涼者，必其居勢位，使之如是與人不同耳。言王所居勢位能如此，而況居天下之廣居，以仁爲居者乎？且以魯國之君往宋，乃呼於垤澤之門，守者曰此非吾君之身也，何其呼聲似我君也。❶言此亦無他事異焉，亦以皆居尊勢，故其聲之如是相似也。垤澤，宋城門之名。守者，監門之官也。是言能以大人之所居者處己，而與大人相似者也。

孟子曰：「食而弗愛，豕交之也。愛而不敬，獸畜之也。恭敬者，幣之未將者也。恭敬而無實，君子不可以虛拘。」人之交接，但食之而不愛，若養豕也。愛而不敬，若人畜禽獸，但愛而不能敬也。且恭敬者如有幣帛，當以行禮，而未以命將行之也。恭敬貴實，如其無實，何可虛拘致君子之心也。疏「孟子曰」至「虛拘」。正義曰：此章言取人之道，必以恭敬，恭敬貴實，虛則不應。實者謂敬愛者也。孟子言：人之交接，但飲食爲備，而歡意弗加者，非以愛相接者也，是爲豕交之也。犬馬者，人所愛而畜養者也，如愛誠雖至，而敬心弗加者，是謂愛而弗敬，以爲獸畜之也。然而恭敬者，是幣帛之禮未行之也。蓋以恭敬爲先，而幣帛從之也，如恭敬而無幣帛之實以將之，是又君子不可以虛拘矣。以其禮不可以徒虛而行耳，必以恭敬修於內而爲

❶「聲」下，原衍「似其呼聲」四字，按阮校：「閩、監、毛三本删此四字，是也。」據删。

之本，幣帛以將之而爲之末，則君子交接之道畢矣。

孟子曰：「形、色，天性也。形，謂君子體貌尊嚴也，《尚書・洪範》「一曰貌」。色，謂婦人妖麗之容，《詩》云「顔如舜華」。此皆天假施於人也。惟聖人然後可以踐形。」踐，履居之也。《易》曰「黄中通理」。聖人内外文明，然能以正道履居此美形。❶不言居而言踐，❷尊陽抑陰之義也。疏「孟子曰」至「踐形」。正義曰：此章言體德正容，大人所履者也。孟子言：人之形與色，皆天所賦，性所有也。惟獨聖人能盡其天性，然後可以踐形而履之，不爲形之所累矣。蓋形有道之象，色爲道之容，人之生也，性出於天命，道又出於率性，是以形之與色皆爲天性也。惟聖人能因形以求其性，體性以踐其形，故體性以踐目之形，而得於性之明；踐耳之形，而得於性之聰；以至踐肝之形以爲仁，踐肺之形以爲義，踐心之形以通於神明。凡於百骸、九竅、五藏之形，各有所踐也，故能以七尺之軀，方寸之微，六通四闢，其運無乎不在，兹其所以爲聖人與。然而形與色皆天性，乃獨踐形而不踐色，何耶？蓋形則一定而不易者也，色則有喜怒哀樂之變，以其無常者也，不可以踐之矣。亦以聖人吉凶與人同，何踐之以爲異哉。是又孟子之深意然也。注「形謂君子」至「抑陰之義也」。正義曰：云「《洪範》一曰貌」者，蓋以五事之一者也。孔安國云：「貌，容儀也。」謂婦人妖麗之容。「《詩》云顔如舜華」者，此蓋《有女同車》之篇文也，注云：「舜，木槿也。」「《易》曰君子黄中通理」者，蓋《坤》之卦文也，謂君子黄中通理，正位居體，美在其中，而暢於四支，發於事業，美之至也。是亦以正道履居此美形，不言居而言踐，尊陽而抑陰也。

齊宣王欲短喪。公孫丑曰：「爲朞之喪，猶愈於已乎。」齊宣王以三年之喪爲太長久，欲減而短之，因公孫丑使自以其意問孟子：既不能三年喪，以朞年，差愈於止而不行喪者也。孟子曰：「是猶或紾其兄之臂，子謂之姑徐徐云爾，亦教之孝悌而已矣。」紾，戾也。孟子言：有人戾其兄之臂，

❶「然」下，按阮校：「廖本、孔本、韓本、《考文》古本有『後』字。」

❷「而言踐」，按阮校：「廖本、孔本、韓本、《考文》古本作『色主名』，是也。」

爲不順也，而子謂之曰：且徐徐云爾。是豈以徐徐之爲差者乎？不若教之以孝悌，勿復戾其兄之臂也。今欲行其朞喪，亦猶曰徐徐之類也。

王子有其母死者，其傅爲之請數月之喪。公孫丑曰：「若此者，何如也？」丑曰：王之庶夫人死，迫於適夫人，不得行其喪親之數，其傅爲請之於君，欲使得行數月長，❶如之何？曰：「是欲終之而不可得也，雖加一日愈於已，謂夫莫之禁而弗爲者也。」孟子曰：如是王子欲終服其子禮而不能者也，加益一日則愈於止，況數月乎？所謂不當者，謂無禁自欲短之，故譏之也。

疏「齊宣」至「者也」。正義曰：此章言禮斷三年，孝者欲益，富貴怠厭，思減其月，君子正言，不可阿情。丑欲朞之，故譬以紾兄徐徐者也。「齊宣王欲短喪。公孫丑曰：爲朞之喪，猶愈於已乎」，齊宣王欲短三年之喪，公孫丑勸之，以爲朞年之喪，猶勝於止而不爲者矣。朞年，十二月也。「孟子曰」至「而已矣」者，孟子言：如此是若或有紾戾其兄之臂者，子以謂之姑且徐徐然紾其兄之臂云爾。但當教之以孝悌，不復戾兄之臂也。今子欲勸齊王短其三年之喪，而且謂爲朞年之喪，亦若徐徐然之謂也。「王子有其母死者，其傅爲之請數月之喪。公孫丑曰：若此何如也」，公孫丑又復問孟子曰：王子有母死之者，其傅相者爲之請行數月之喪，如此者，是如之何也？以其王子庶生之母死，迫於嫡母，而不敢終喪者也。「曰：是欲終之而不可得也」至「弗爲者也」，孟子答之，曰：是王子欲終之喪，有所禦而不可得而爲者也，雖加益一日，亦足勝於止而不爲者矣。今齊宣王欲短三年之喪，以其禮所當終之，而且謂朞年之喪猶愈於已以勸之，是謂夫莫之禁止而自弗爲者也。此孟子所以不取之也。《論語》「宰我問三年之喪，期已久矣」，孔子所以責之曰「予之不仁也」，汝安之則爲之乎，是亦孟子於此不取公孫丑之意也。

孟子曰：「君子之所以教者五。教民之道有五品。有如時雨化之者，教之漸漬而沾洽也。❷有成德者，有達財者，有答問者，有私淑艾者。私，獨。淑，善。艾，治也。君子獨善其身，人法其

❶「長」，阮本作「喪」。
❷「沾」，閩、監、毛、阮本作「浹」。

仁，此亦與教法之道無差也。此五者，君子之所以教也。」申言之，孟子貴重此教之道也。疏「孟子」至「教也」。正義曰：此章言教人之術，莫善五者，養育英才，君子所珍，聖所不倦，其惟誨人者也。「孟子曰：君子之所以教者五」至「所以教也」者，孟子言：君子所以教人之道有五品也，有如時雨之教者，以其教人漸漬浹洽，如時雨之澤也，是其潤之以德，漸之以仁，善有萌芽，則誘之使敷秀，性有其材，則養之使長茂。凡此因其大以成大，小以成小，是爲有若時雨而教者也。有成德者，以其因固有之德，但教而成之也，是其能仁不能反者，則教之以克己復禮；能勇不能怯者，則教之以臨事而懼，是爲有成德者也。有達財者，以其有財之具而不能用者，則教而達之也，「子貢問曰：賜也何如？子曰：女，器也。曰：何器也？曰：瑚璉也」；子謂子夏曰「女爲君子儒，無爲小人儒」，是爲有達財之教者也。有答問者，以其在於答問之間也，「不憤不啓，不悱不發，舉一隅不以三隅反，則不復也」，是爲有答問之教也。有私淑艾者，以其獨善其身，使彼法之也，「子曰：我非生而知之者，好古，敏以求之者也」，「子不語怪力亂神」，凡此之類，是有私淑艾之教也。故重言之，曰此五者之教，乃君子之所以教者也。《論語》云「有教無類」，同。

公孫丑曰：「道則高矣美矣，宜若登天然，似不可及也。何不使彼爲可幾及而日孳孳也？」丑以爲聖人之道太高遠，將若登天，人不能及也，何不少近人情，令彼凡人可庶幾，使日孳孳自勉也。

孟子曰：「大匠不爲拙工改廢繩墨，羿不爲拙射變其彀率。君子引而不發，躍如也。中道而立，能者從之。」大匠不爲新學拙工故，爲之改鑿廢繩墨必正也，羿不爲新學拙射者變其彀率之法也。彀弩張嚮表率之正體，望之極思用巧之時，不可變也。君子謂於射則引弓彀弩而不發，以待彀偶也。於道則中道德之中，不以學者不能故卑下其道，將以須於能者往取之也。疏「公孫丑」至「從之」。正義曰：此章言曲高和寡，道大難追，然而履正者不枉，執德者不回，故曰人能弘道。丑欲下之，非也。「公孫丑曰」至「孳孳也」者，公孫丑問孟子，謂聖人之道則至高至美矣，學者跂慕之，宜如登天之難，似其不可得而跂及也，何不使彼之道幾近，令人可庶幾能及，而使之日孳孳自勉而至也。「孟子曰：大匠不爲拙工改廢繩墨」至「能者從之」，孟子答之，曰：大匠之師不爲新學拙工改去其繩墨之正，羿之善射不爲新學拙射更變其彀率之法。彀率，張弓向的正體，極思用巧之時也。君子循循善誘而引人於道，不以開發者，又且躍如，使進而無退也。是其不高不卑，但於中道而立教，使賢愚智者皆能從而學之也。此孟子所以譏於公孫丑也。

孟子曰：「天下有道，以道殉身。天下無道，以身殉道。未聞以道殉乎人者也。」殉，從也。天下有道，得行王政，道從身施功實也。天下無道，道不得行，以身從道，守道而隱。不聞以正道從俗人也。疏「孟子曰」至「者也」。正義曰：此章言窮達卷舒，屈伸異變者也。孟子言：天下有治道之時，則當以道從身，以施其功實也。以其身顯而道彰也。天下無治道之時，則當以身從道，而卷藏守伏也。以其道藏則身伏也。未聞於此無道之時，以道從人，而饕富貴也。《論語》云：「天下有道則見，無道則隱。」同意。

公都子曰：「滕更之在門也，若在所禮。而不答，何也？」滕更，滕君之弟，來學於孟子也。言國君之弟而樂在門人中，宜答見禮，而夫子不答，何也？孟子曰：「挾貴而問，挾賢而問，挾長而問，挾有勳勞而問，挾故而問，皆所不答也。滕更有二焉。」挾，接也。接己之貴勢，接己之有賢才，接己長老，接己當有功勞之恩，❶接己與師有故舊之好，凡恃此五者而以學問，望師之待以異意而教之，皆所不當答。滕更有二焉，接貴、接賢，故不答矣。疏「公都」至「二焉」。正義曰：此章言學尚虚己，師誨貴平，❷是以滕更恃二，孟子弗應者也。「公都子曰」至「何也」，公都子問孟子，謂滕君之弟滕更者，樂在門人中，宜若在所禮敬之，然而有所問而夫子不答，是如之何也。「孟子曰：挾貴而問」至「滕更有二焉」，孟子答之，曰：有挾己之貴勢而問者，有挾己之賢才而問者，有挾己之長老而問者，有挾己有功勞之恩而問者，有挾己與師友故舊之好而問者，凡恃此五者而問，我皆所不答也。今滕更有二於此五者之中，以恃己之貴勢與恃賢才，我所以不答之

❶「當」，按阮校：「孔本、韓本作『嘗』。」

❷「平」，原作「乎」，據阮本改。

也。挾，接也。此孟子於滕更所以不答者，是亦不屑教之道也。奈何公都子不知以此，故有復而問焉。

孟子曰：「於不可已而已者，無所不已。於所厚者薄，無所不薄也。其進鋭者，其退速。」已，棄也。於義所不當棄而棄之，則不可，所以不可而棄之，使無罪者咸恐懼也。於義當厚而反薄之，何不薄也？不憂見薄者，亦皆自安矣。不審察人而過進不肖越其倫，悔而退之必速矣。當翔而後集，慎如之何。

疏「孟子曰」至「退速」。正義曰：此章言賞僭及淫，刑濫傷害，不僭不濫，詩人所紀。是以季文三思，而後行之者也。孟子言：人君於不可棄去之者而反棄去之，是其餘之類無所不棄也。不可棄者，以其無罪之人也。所以棄之者，以其有罪者也，故棄之使人有所懼也。如堯去四凶之罪，是可以棄而棄之者也。其於賞，當所厚者反而薄之，是其餘之類亦無所不薄也。所以厚賞之者，以其有功，故厚賞之使人有所勵也。如舜舉八元、八凱，是所厚而厚之也。其於無所不棄、無所不薄之君，得鋭進而爲仕，則其被退黜亦必急速矣。無他，以其君不能鑒其賢否，不能信任，所以如是矣。故《詩》之《商頌》所以於《殷武》之篇有云「不僭不濫」，《論語》「翔而後集」、「季文子三思而後行也」。

孟子曰：「君子之於物也，愛之而弗仁。物，謂凡物可以養人者也，當愛育之，而不加之仁，若犧牲不得不殺也。於民也，仁之而弗親。臨民以非己族類，故不得與親同也。親親而仁民，仁民而愛物。」先親其親戚，然後仁民，仁民然後愛物，用恩之次也。

疏「孟子曰」至「愛物」。正義曰：此章言君子布德，各有所施，事得其宜，故謂之義者也。孟子言：君子於凡物也，但當愛育之，而弗當以仁加之也，若犧牲不得不殺也。於民也，當仁愛之，而弗當親之也，以愛有差等也。是則先親其親而後仁愛其民，先仁愛其民然後愛育其物耳，是又見君子用恩有其倫序也，故揚子所以「事得其宜之謂義」也。

孟子曰：「知者無不知也，當務之爲急。仁者無不愛也，急親賢之爲務。知者，知所務善也。仁者，務愛其賢也。堯舜之知而不偏物，急先務也。堯舜之仁不偏愛人，急親賢

也。物，事也。堯舜不偏知百工之事，不偏愛衆人。先愛賢使治民，不二三自往親加恩惠也。❶ **不能三年之喪，而緦、小功之察；放飯流歠，而問無齒決，是之謂不知務。」**尚不能行三年之喪，而復察緦麻、小功之禮。放飯，大飯也。流歠，長歠也。齒決，斷肉置其餘也。於尊者前賜食，大飯長歠，不敬之大者，齒決，小過耳。言世之先務，捨大譏小，若此類也。❷ 疏「孟子」至「不知務」。正義曰：此章言君子百行，先務其崇，是以堯舜親賢，大化以隆道爲要者也。「孟子曰：知者無不知也，當務之爲急」至「是之謂不知務」者，孟子言：爲之知者，以其多知，故無所有而不知者也，然而但當知要務爲急耳。爲之仁者，以其汎愛，故無所有而不愛者也，然而但當急親其賢爲之要務。是以堯舜二帝之智不能偏知百工之事，但急於知賢之爲先務也；爲仁不能偏愛於衆人，但能急親任其賢能，使之以治民也。今夫不能三年之喪，爲不孝之大者也，而察緦、小功之禮，是孝之小者也。放飯流歠，不敬之大者也，問無齒決，責其不敬之小者也。如不能以知賢爲先務，而務偏知百工之事爲之先，不能以親賢爲急務，而務偏愛衆人之爲急，是若執親之喪不能去不孝之大者，而乃反察孝之小者；食於尊者之前，不能去不敬之大者，而乃反責問不敬之小者也。如此，又安知先後之務爲緩急乎？蓋緦麻，三月之服者；小功，五月之服者也。《荀子》云：「若挈裘領，屈五指而頓之，順者不可勝數。」史云：「綱舉而網疏，提其綱則衆目張。」與此同意。

孟子注疏解經卷第十三下

❶ 「二三」，按阮校：「閩、監、毛三本作『一一』。」

❷ 「若此」，阮本作「有若大飯長歠而問無齒決」。按阮校，廖本、孔本、韓本、《考文》古本作「若此之」，閩、監、毛三本同阮本。

孟子注疏解經卷第十四上

趙氏注　孫奭疏

盡心章句下凡三十九章❶

疏正義曰：此卷即趙注分上卷爲之者也，此卷凡三十九章。一章言發政施仁，一國被恩，好戰輕民，災及所親。二章言《春秋》撥亂，時多戰争。三章言文之過實，聖人不改，録其意也。四章言民思明君，若旱望雨，以仁伐暴，誰不欣喜。五章言規矩之法，喻若典禮。六章言阨窮不憫，貴而思降。七章言恕以行仁，遠禍之端，暴以殘民，招咎之患。八章言修正關梁，譏而不征。九章言率人之道，躬行爲首。十章言務利蹈姦，務德蹈仁。十一章言廉貪相殊，名亦卓異。十二章言親賢正禮，明其五教。十三章言王者當天，然後處之。十四章言得民爲君，爲臣，❷重民敬祀，治之所先。十五章言伯夷、下惠變貪厲薄。十六章言仁恩及人，人能弘道。十七章言孔子周流，不遇則去。十八章言君子固窮，窮不變道，上下無交，無賢援也。十九章言正己信心，不患衆口。❸二十章言以明照暗，暗者以開，以暗責明，暗者愈迷。二十一章言聖人之道，學而時習，仁義在身，當常被服，舍而不修，猶茅是塞。二十二章言前聖後聖，所向者同，三王一體，何得相踰。二十三章言可爲則從，不可則止，❹非時逆指，猶若馮婦，暴虎無已，必有害也。二十四章言尊德樂道，治性勤禮。二十五章言神聖以下，優劣異差，樂正好善，猶下四等。❺二十六章言驅邪反正，正斯可矣；來者不追，追其前罪，君子甚之以爲過。二十七章言養民輕歛，君子道也。二十八章言實此三者，以爲國珍。二十九章言小

---

❶「三十九章」，按阮校：「《音義》『九』作『七』。案此當作『三十八章』。疏亦數至三十八章，又云『凡此三十九章』，舛錯殊甚。」

❷「爲臣」上，按阮校：「毛本有『得君』二字。」

❸「口」，原作「心」，據阮本改。

❹「止」，原作「凶」，據阮本改。

❺「四等」，阮本作「二科」。

知自私，藏怨之府，大雅先人，福之所聚。三十章言教誨之道，受之如海，百川移流，不得有拒。三十一章言善恕仁義，充其大美，無受爾汝，何施不可。三十二章言道之善，以心爲原。三十三章言君子之行，動合中禮，湯武之隆，不是過。三十四章言富貴而驕，自遺咎也；茅茨采椽，聖堯表也；以賤説貴，懼有蕩心。三十五章言清淨寡欲，行之高者；畜聚積實，穢行之下；廉者招福，濁者速禍。三十六章言曾參至孝，思親異心，羊棗之感，終身不嘗。三十七章言士行有科，人有等級，中道爲上，狂狷不合，似是而非，色厲而内荏，鄉原之惡，聖人所甚戒。三十八章言三皇已來，人倫攸敘，聖人不出，名世承間，雖有斯限，蓋有遇不遇焉。是以仲尼止於獲麟，孟子終於無有乎爾。凡此三十九章，合前四十五章，是《盡心》篇有八十四章矣。

孟子曰：「不仁哉梁惠王也。仁者以其所愛，及其所不愛。不仁者以其所不愛，及其所愛。」梁，魏都也。以，用也。仁者用恩於所愛之臣民，王政不偏，普施德教，所不親愛者并蒙其恩澤也。用不仁之政加於所不親愛，則有災傷，所親愛之臣民亦并被其害。惠王好戰殺人，故孟子曰不仁哉。公孫丑問曰：「何謂也？」丑問及所愛之狀何謂也。「梁惠王以土地之故，糜爛其民而戰之，大敗。將復之，恐不能勝，故驅其所愛子弟以殉之，是之謂以其所不愛及其所愛也。」孟子言：惠王貪利鄰國之土地而戰，其民死亡於野，骨肉糜爛而不收，兵大敗而欲復戰，恐士卒少不能用勝，故復驅其所愛近臣及子弟而以殉之。殉，從也。所愛從其所不愛而往趨死亡，故曰及其所愛也。東敗於齊，長子死焉。疏「孟子曰」至「愛也」。正義曰：此章言發政施仁，一國被恩；好戰輕民，災及所親。著此魏王，以戒人君者也。「孟子曰：不仁哉梁惠王也」至「及其所愛也」，孟子言：世稱不仁之人是梁惠王也，仁者之君以其用恩於所愛親幸者，以加及於所不親幸者，是自近及遠之謂也。不仁之君以其用不仁之政加於所不親愛幸者，則有災傷及其所親愛幸者也。「公孫丑問曰：何謂也」，公孫丑未曉其旨，乃問孟子曰：及所愛之狀，是何所謂也？「梁惠王以土地之故」至「及其所愛也」，孟子解其旨，以曉公孫丑之問也。

言梁惠王貪利鄰國之土地而戰鬭，其民戰死於野，糜爛其骨肉，及兵大敗，將欲復戰之，恐懼其不能戰勝，以其士卒之少，故驅率其所愛幸之親臣及親愛之子弟以從之，而往趨於戰死，是謂以其所不愛及其所愛者也。此所以見梁惠王不仁之甚也。《左傳》云：「未陣而薄之曰敗某師，大崩曰敗績。」今梁王之敗，獨謂之大敗者，以其敗某師與敗績不足言，故稱爲大敗。抑又言梁王不以義戰，以見梁王不仁之甚也。　注「梁，魏都」及「東敗於齊，長子死焉」。　正義曰：此蓋首篇説矣。

孟子曰：「《春秋》無義戰，彼善於此，則有之矣。征者，上伐下也，敵國不相征也。」《春秋》所載戰伐之事，無應王義者也。彼此相覺有善惡耳，孔子舉毫毛之善，貶纖芥之惡，故皆録之於《春秋》也。上伐下謂之征，諸侯敵國不相征。❶五霸之世，諸侯相征，於三王之法，皆不得其正者也。疏「孟子」至「征也」。　正義曰：此章言《春秋》撥亂，時多争戰，事實違禮，以之反正。誅紂征伐，❷不自王命，故曰無義戰者也。❸「孟子曰」至「敵國不相征也」，孟子言：春秋之世，凡兵之所起，皆小役大，弱役强。或因怒興師，或棄禮貪利，未嘗有禁暴救亂之義也，是以春秋無義戰。然而春秋雖謂無義戰，其彼國之戰有善於此國，未嘗無也。是以彼善於此，則有之矣。夫征者以上伐下，無有敵於我師，所以正彼之罪也。如抗敵之國，則相爲强弱以結禍亂，非上之所以伐下、罔有敵于我師者也，其勢皆足以相抗，皆出於交惡者也，故曰敵國不相征也。　注「孔子舉毫毛」至「春秋也」。　正義曰：此蓋言春秋無義戰之謂也，如有之，則孔子必書，故有是之言也。

孟子曰：「盡信《書》，則不如無《書》。吾於《武成》，取二三策而已矣。仁人無敵於天下，以至仁伐至不仁，而何其血之流杵也？」《書》，《尚書》。經有所美，言事或過，若《康誥》曰「冒聞于上帝」，《甫刑》曰「皇帝清問下民」，❹《梓材》曰

❶「不」下，按阮校：「廖本、孔本、韓本、《考文》古本、足利本有『得』字。」
❷「誅紂征伐」，阮本作「征伐誅討」。
❸「故」，原在上「不」字上，據阮本改。
❹「皇」，按阮校：「宋本、廖本、孔本、韓本、《考文》古本、足利本無『皇』字。按無者是。《困學記聞》所引正同。」

「欲至于萬年」，又曰「子子孫孫，永保民」。人不能聞天，天不能問於民，❶「萬年」、「永保」，皆不可得爲，《書》豈可案文而皆信之哉？《武成》，《逸書》之篇名，言武王誅紂，戰鬬殺人，血流舂杵。孟子言武王以至仁伐至不仁，殷人簞食壺漿而迎其王師，❷何及至於血流漂杵乎？故吾取《武成》兩三簡策可用者耳，其過辭則不取之也。疏 正義曰：此章言文之過實，聖人不改，録其意也，是故取於《武成》二三策而已。孟子言：《尚書》之文不可盡信之也，如盡信其《書》之文，則不若無《書》而已。以其辭之有過，適所以疑惑於人也。故孟子言我於《書》之《武成》篇特取二三策而爲不盡信之而已，蓋《尚書》之過辭多矣，所以不暇具言之，故於《武成》但取二三策而言耳。且仁人用兵，故前徒倒戈，無有敵於我師也，是以至仁之人而誅伐其至不仁之人，而何其武王誅紂，戰鬬殺人乃至於血流舂杵也？❸此孟子於《武成》所以執此而言《書》之不可盡信矣。注「《書》、《尚書》」至「不取也」。正義曰：《康誥》曰「冒聞于上帝」者，蓋成王伐管叔、蔡叔，以殷餘民封康叔，作此《康誥》也，云「我西土，惟時怙冒聞于上帝，帝休」，孔安國云：「我西土岐周，❹惟是怙恃文王之道，故其政教冒被四表，上聞于天也。」云「《甫刑》曰：皇帝清問於下民」者，蓋吕侯見命爲天子司寇，後爲甫侯，故或稱《甫刑》，此篇蓋以穆王命作夏禹贖刑之法，以布告天下也。「皇帝清問下民」者，孔安國云：「堯帝詳問民患也。」云「《梓材》曰欲至于萬年」，又曰「子子孫孫，永保民」者，蓋康叔爲政之道，亦如梓人治材，故曰《梓材》。言欲至于萬年，惟王子子孫孫永保民。孔注云：「我周家惟欲使至於萬年，承奉王室，又欲令子孫累世長居國以安民也。」餘已見前説。

孟子曰：「有人曰：『我善爲陳，我善爲戰。』大罪也。國君好仁，天下無敵焉。南面而征，北夷怨；東面而征，西夷怨。曰：『奚爲後我？』此人欲勸諸侯以攻戰也，故謂之有罪。

❶「天」，原作「下」，阮本作「天」。按阮校，閩、監、毛三本、廖本、韓本、《考文》古本亦作「天」。據改。
❷「王」，按阮校，廖本、孔本、韓本、《考文》古本無此字。
❸「乃」，原作「力」，據阮本改。
❹「岐」，原作「歧」，據阮本改。

好仁無敵，四夷怨望遲，願見征，何謂而後我。❶已說於上篇矣。**武王之伐殷也，革車三百兩，虎賁三千人。王曰：『無畏，寧爾也，非敵百姓也。』若崩厥角稽首。征之爲言正也，各欲正己也，焉用戰？」**革車，兵車也。虎賁，武士爲小臣者也。《書》云：「虎賁、贅衣、趣馬、小尹。」三百兩，三百乘也。武王令殷人曰：無驚畏，我來安止爾也。百姓歸周，若崩厥角，額角犀厥地。稽首拜命，亦以首至地也。欲令武王來征己之國，安用善戰陳者。疏「孟子曰」至「焉用戰」。正義曰：此章言民思明君，若旱望雨，以仁伐暴，誰不欣喜。❷是以殷民厥角，周師歌舞，焉用善戰者也。「孟子曰：有人曰：我善爲陳，我善爲戰」至「焉用戰」者，孟子言：有人謂我善爲行陣，我善爲戰鬭，以其是欲勸諸侯以攻戰者也，是爲大罪之人也。且國君好行仁政以及民人，凡有所征，天下無敵有敵者也，故南面而征則北夷怨，東面而征則西夷怨，曰「奚爲後我」。說已在上篇矣。武王之誅伐商紂，有兵車三百乘，虎賁之勇士有三千人。武王令告於商之人，曰：無驚畏，我來安止爾也。故不敢抗敵之，百姓皆崩摧其角，若無所容頭，乃稽首拜命。故征之所以言正彼之罪也。百姓各欲武王來征己之國，焉用爲善戰者乎？❸此孟子所以有是而戒時君好仁以爲無敵之道而已，是又戒時之臣無以戰事言於時君耳。注「革車」至「戰陣者」。正義曰：革車者，以皮爲飾者也。《牧誓》言武王戎車三百兩，虎賁三千人。孔安國云：「兵車，百夫長所載。車稱兩。一車步卒七十二人，凡二萬一千人，舉全數。虎賁，勇士稱也，若虎賁獸，言其猛也，皆百夫長也。」又案《太誓》篇云：「百姓懍懍，若崩厥角。」孔安國言民畏紂之虐，危懼不啻，❹若崩厥角，角無所容頭者也。❺

孟子曰：「梓匠輪輿，能與人規矩，不能使人巧。」梓匠輪輿之功，能以規矩與人。人之巧在

❶「何謂而後我」，按阮校：「宋本『謂』作『爲』，廖本無『而』字。孔本、韓本、《考文》古本作『何爲後我』。」
❷「喜」，原作「善」，據阮本改。
❸「戰」，原作「載」，據阮本改。下「戰陣者」同。
❹「啻」，《尚書注疏》孔傳作「安」。
❺「角」，疑衍。《尚書注疏》孔傳不重「角」字。按阮校，閩本剜去空一字，監、毛本無。

心，拙者雖得規矩之法，❶亦不能成器也。蓋喻人不志仁，雖誦典憲，不能以善。❷ 疏 正義曰：此章言規矩之法，喻若典禮，人不志仁，雖誦憲籍，不能以善者也。孟子言：梓匠輪輿之工，能與人規矩法度，而不能使人之巧。以其人之巧在心，如心拙，雖得規矩法度，亦不能成美器也。喻當時之君，如心不在仁，雖誦憲籍，亦不能成美政也。「梓匠輪輿」，已説於上篇矣。

孟子曰：「舜之飯糗茹草也，若將終身焉。及其爲天子也，被袗衣，鼓琴，二女果，若固有之。」糗飯，乾糒也。袗，畫也。果，侍也。舜耕陶之時，飯糗茹草，若將終身如是。及爲天子，被畫衣黼黻絺繡也，鼓琴以協音律也，以堯二女自侍，亦不佚豫，如固自當有之也。疏 正義曰：此章言阨窮不憫，貴而思降，凡人所難，舜降聖德，❸所以殊者也。孟子言：❹舜初於耕歷山，陶河濱之時，以糗而飯，以草而茹，若終身如是焉。及堯禪位，爲之天子，所被以畫衣黼黻絺繡，鼓五絃之琴，以堯帝二女事之，實若固自當有之也。 注「糗飯，乾糒也」至「黼黻絺繡也」。❺ 正義曰：云「糗，精也」，按《釋名》云：「糗，乾飯屑也。」云「袗，畫也」，《説文》云：「袗，玄衣也」，孔傳云：「黼若斧形。黻爲兩己相背。葛之精曰絺，五色備曰繡。」云「果，侍也」，按許慎謂女侍曰婐，今釋果爲侍，謂二女之侍舜，是以有惑於許慎之説而遂誤歟。蓋木實曰果，云果者，取其實而言也。

孟子曰：「吾今而後知殺人親之重也。殺人之父，人亦殺其父。殺人之兄，人亦殺其兄。然則非自殺之也，一間耳。」父仇不同天，兄仇不同國，以惡加人，人必加之，知其重也。一間者，我往彼來間一人耳，與自殺其親何異哉。疏 正義

❶「之法」，按阮校，廖本、孔本、韓本、《考文》古本無此二字。

❷「蓋喻」至「以善」，按阮校，廖本、孔本、韓本、《考文》古本無此十四字。

❸「降」，按阮校：「當依章指作『隆』。」

❹「子」字，原無，按阮校：「閩、監、毛三本有『子』字。」據補。

❺「糒」，原作「備」，據阮本改。下一「糒」字同。

曰：此章言恕以行仁，遠禍之端，暴以殘民，招咎之患。是以君子好生惡殺，反諸身者也。孟子言：我於今然後知殺人之親之爲最重者也，殺彼人之父，彼人亦殺己父而報之；殺彼人之兄，彼人亦殺己兄而報之。如是，則非己之殺，但一間耳，以其與自殺之無異也。注「父仇不同天，兄仇不同國」。正義曰：案《禮》云：「父之讎弗與共戴天，交遊之讎不同國，兄弟之讎不反兵。」蓋所以避之也。《周官》云：「父之讎，避諸四海之外。」所謂不與共其國，蓋非《周禮》歟。又《周官》謂人凡殺人而義者勿令讎，❶讎則殺之而不義。在邦法不可殺者，必避之而已。

孟子曰：「古之爲關也，將以禦暴。今之爲關也，將以爲暴。」古之爲關，將以禦暴亂，譏閉非常也。今之爲關，反以征稅出入之人，將以爲暴虐之道也。疏正義曰：此章言修理關梁，譏而不征，如以稅斂，非其程式，懼將爲暴，故譏之也。孟子言：古之爲關，譏而不稅，將以禦暴亂、非常之人而已。今之爲關，乃征稅而不譏，將以爲暴亂之道也。按《周禮・司關》云：「凡四方之賓客叩關，❷則爲之告，有內外之送，則以節傳出納之。」是以爲關將以禦暴也。孟子之時，司關征取其稅，適所以爲暴。此孟子所以有是言歟。

孟子曰：「身不行道，不行於妻子；使人不以道，不能行於妻子。」身不自履行道德，而欲使人行道德，雖妻子不肯行之，言無所則效。使人不順其道理，不能使妻子順之，而況他人乎？疏正義曰：此章言率人之道，躬行爲首者也。孟子言：人身自不履行其道德，雖妻子之間且有所不行，以其無所傚法者也。使人如不以道理，雖妻子且有不順，況能行於民乎？荀況云：「有分義，則合天下而治，無分義，則一妻一妾而亂。」亦與同意。《論語》曰：「其身正，不令而行。其身不正，雖令不從。」亦其意也。

孟子曰：「周于利者，凶年不能殺。周于德者，邪世不能亂。」周達於利，營苟得之利而趨生，雖凶年不能殺之。周達於德，身欲行之，雖遭邪世，不能亂其志也。疏正義曰：此章言務利蹈姦，務德蹈仁，

❶「讎」，原作「勿」，據閩、監、毛本改。
❷「客」，原作「容」，據阮本及《周禮》改。

舍生取義，其道不均者也。孟子言：人積備其利物，以爲周于利者，則所養常厚，故凶荒之年且不能殺死。喻人之能盡其性，以爲周于德者，則所守彌篤，故姦邪之世不能亂其志。蓋以戰國之時，無富而教之之術，此孟子所以救之以此。

孟子曰：「好名之人能讓千乘之國。苟非其人，簞食豆羹見於色。」好不朽之名者，輕讓千乘，伯夷、季札之類是也。誠非好名者，爭簞食豆羹變色，訟之致禍，鄭公子染指黿羹之類是也。❶ 疏 正義曰：此章言廉貪相殊，名亦卓異者也。孟子言：好不朽之名者，則重名輕利，故云能讓千乘之國而且不受。苟非好名之人，則重利而輕名，而簞食豆羹之小節，且見爭奪而變見於顔色。注「伯夷、季札」與「鄭公子」之類。正義曰：案《史記》列傳云：「伯夷、叔齊，孤竹君之二子，父欲立叔齊。及父卒，叔齊讓伯夷，伯夷曰：『父命也。』遂逃去。叔齊亦不肯立，而逃之。」案《春秋少陽篇》：「伯夷姓墨名允，字公信。伯，長也。夷，謚也。叔齊名智，字公達，伯夷之弟，齊亦謚也。」《世家》云：「王餘昧卒，欲授弟季札，季札讓，逃去，於是吴人曰：先王有命，兄卒弟代立，必致季子。今逃位，則王餘昧後立。今卒，其子當代。乃立王餘昧之子僚爲王。」凡此是伯夷、季札之讓千乘之國也。云「鄭公子染指黿羹」者，案魯宣公四年《左傳》云：「楚人獻黿於鄭靈公。公子宋與子家將見，子公之食指動，以示子家曰：『他日我如此，必嘗異味。』及入，宰夫將解黿，相視而笑。公問之，子家以告。及食大夫黿，召子公而弗與。子公怒，染指於鼎，❷嘗之而出。公怒，欲殺子公。子公與子家謀先，子家曰：『畜老猶憚殺之，而況君乎？』反譖子家，子家懼而從之。夏，弑靈公。」故經書曰「鄭公子弑其君夷」是也。❸

孟子曰：「不信仁賢，則國空虛。無禮義，則上下亂。無政事，則財用不足。」不親信仁賢，仁賢去之，國無賢人，則曰空虛也。無禮義以正尊卑，則上下之敘泯亂。無善政以教人農時，貢賦則不入，

❶「鄭公子」，按阮校：「廖本、孔本、韓本、《考文》古本作『鄭子公』，是也。《左傳》作『子公』。」

❷「染」，原作「淚」，據阮本改。

❸「是」，原作「之」，據阮本改。

故財用有所不足故也。❶ 疏 正義曰：此章言親賢正禮，明其王教，爲政之源，聖人以三者爲急也。孟子言：人君不親信仁賢，則仁賢去之，仁賢去則國無賢人，是爲空虛之國也。無禮義以正尊卑，則上下之序泯亂。無政事以理財，則財用乏而不足。蓋禮義由賢者出，政事由賢者出，不信仁賢則禮義不興，禮義不興則政事不行，而國之財用於是乎不足。此孟子言之，亦其敘之然。

孟子曰：「不仁而得國者有之矣。不仁而得天下者，未之有也。」不仁得國者，謂象封於有庳，❷叔鮮、叔度封於管、蔡，以親親之恩而得國也。雖有誅亡，其世有土。丹朱、商均，天下元子，以其不仁，天下不與，故不得有天下焉。疏 正義曰：此章言王者當天，然後處之。桀、紂、幽、厲，雖得猶失，不爲得者也。「孟子曰：不仁而得國有之矣，不仁而得天下未之有也」者，孟子言：世有不仁之者，❸而得其國而爲臣者有之矣。❹不仁之人而得天下而爲王者，❺故未之有也。是以桀、紂、幽、厲，雖得而終亦失之，亦且不爲者也。注「象封有庳，叔鮮、叔度封於管、蔡」與「丹朱、商均」者。正義曰：云象封有庳，孟子於《萬章》篇言之詳矣。云叔鮮、叔度者，案世家《史記》云：❻「管叔鮮、蔡叔度，周文王子而武王之弟也。武王克殷紂，平天下，封功臣、昆弟，於是封鮮叔於管，❼封叔度於蔡。」杜預云：「管在滎陽京縣東北。」《世本》曰：「居上蔡。」丹朱、商均者，丹朱，堯之子也；商均，舜之子也。又言於上篇已詳矣。

孟子曰：「民爲貴，社稷次之，君爲輕。是故得乎丘民而爲天子，君輕於社稷，社稷輕於民。丘，十六井也。天下丘民皆樂其政，則爲天子，殷湯、周文是也。得乎天子爲諸侯，得天子之

❶「故財用有所不足故也」，按阮校：「宋本、孔本、韓本、《考文》古本作『故財用不足』。」

❷「謂」下，按阮校，宋本、孔本、韓本、《考文》古本、足利本有「若」字。「庳」，原作「痺」，據下疏文及阮本改。

❸「者」，按盧宣旬補校：「監、毛本作『人』是也。」

❹「臣」，按盧宣旬補校：「監、毛本作『君』。」

❺「者」，原作「人」，據阮本改。

❻「記」，原作「也」，據阮本改。下文出自《史記・管蔡世家》。

❼「鮮叔」，據上文及《史記・管蔡世家》，當作「叔鮮」。

心，封以爲諸侯。得乎諸侯爲大夫。得諸侯之心，諸侯能以爲大夫。❶諸侯危社稷，則變置，諸侯爲危社稷之行，則變更立賢諸侯也。犧牲既成，粢盛既絜，祭祀以時，然而旱乾水溢，則變置社稷。」犧牲已成肥腯，粢稻已成絜精，祭祀社稷常以春秋之時，然而其國有旱乾水溢之災，則毁社稷而更置之。

疏「孟子」至「社稷」。　正義曰：此章言得民爲君，得君爲臣，論君民、社稷之輕重也。「孟子曰」至「則變置社稷」者，孟子言：民之爲貴，不可賤之者也，社稷次之於民，而君比於民，猶以爲輕者。如此者也，如此故得乎四邑之民以樂其政，則爲天子，以有天下。得乎天子之心，則爲諸侯，以有其國。得乎諸侯之心，以爲大夫，有其家。如諸侯不能保安其社稷而以危之，則變更立置其賢君，是社稷有重於君也。犧牲既成以肥腯，粢盛既成以精絜，祭祀又及春秋所報之時，然而其國尚有旱乾水溢之災，則社稷無功以及民，亦在所更立有功於民者爲之也，是民又有貴於社稷也。此孟子所以自解「民爲貴，社稷次之，君爲輕」之敍也。云社稷者，蓋先王立五土之神，祀以爲社；立五穀之神，祀以爲稷。以古推之，自顓帝以來，用句龍爲社，柱爲稷。及湯之旱，以棄易其柱。是亦知社稷之變置，又有見於湯之時然也。

注「君輕於社稷」至於「殷湯、周文也」。　正義曰：此云「丘，十六井也」者，案《司馬法》云：「六尺爲步，步百爲畝，畝百爲夫，夫三爲屋，屋三爲井，井十爲通，通十爲成。」是一丘爲十六井，而一井爲九夫之地也。今云十六井，蓋有一萬四千四百畝，爲一百四十四夫所受者也。云「殷湯、周文」者，蓋引此二王皆自百里而起爲天下王，是得乎民心者也。

孟子曰：「聖人，百世之師也，伯夷、柳下惠是也。伯夷之清，柳下惠之和，聖人之一概也。故聞伯夷之風者，頑夫廉，懦夫有立志。聞柳下惠之風者，薄夫敦，鄙夫寬。奮乎百世之上，百世之下聞者莫不興起也。非聖人而能若是乎？而況於親炙之者乎？」頑，貪。

❶「能」，按阮校：「宋本、孔本、韓本作『封』。」

懦，弱。鄙，狹也。百世，言其遠也。興起，志意興起也。非聖人之行，何能感人若是。喻聞尚然，況於親見而熏炙之者乎！ 疏「孟子」至「者乎」。 正義曰：此章言伯夷、柳下惠變貪厲薄，千載聞之，猶有感激，謂之聖人，美其德也。「孟子曰」至「而況於親炙之者乎」者，此言伯夷、下惠之爲聖人也。言聖人之道無窮，爲百世之師法者也，伯夷、柳下惠二人是也，故千載之下，聞伯夷之清風者，頑貪之夫化而爲廉儉，懦弱之夫化而有立毅之志。聞下惠之和風者，鄙薄之夫化而爲敦厚寬大。是則二人清和之風，奮發乎百世之上，而使百世之下聞其風者，無有不感激，而志意興起而化之也。然而非聖人，其能若是，使百世之下，莫不興起者也。聞而化者尚如此，況當時有親見熏炙之者乎！ 注「頑貪」至「美其德」，此蓋於上篇言之詳矣。

孟子曰：「仁也者，人也。合而言之，道也。」能行仁恩者，人也。人與仁合而言之，可以謂之有道也。 疏正義曰：此章言仁恩須人，人能弘道也。孟子言：爲仁者，所以盡人道也，此仁者所以爲人也。蓋人非仁不立，仁非人不行。合仁與人而言之，則人道盡矣。楊子云：「仁以人同。」

孟子曰：「孔子之去魯，曰『遲遲吾行也』，去父母國之道也。去齊，接淅而行，❶去他國之道也。」遲遲、接淅，説已見上篇言矣，此不復説焉。❷ 疏此章蓋言孔子周流不遇，則去者也。其説俱見上篇。

孟子曰：「君子之戹於陳、蔡之間，無上下之交也。」君子，孔子也。《論語》曰：「君子之道三，我無能焉。」孔子乃尚謙，不敢當君子之道，故可謂孔子爲君子也。孔子所以戹於陳、蔡之間者，其國君臣皆惡，上下無所交接，故戹也。 疏「孟子」至「交也」。 正義曰：此章言孔子見戹，謂孔子固窮，窮不變道，上下無交，無賢援也。孟子言：孔子見戹於陳、蔡二國之間，幾不免死，以無上下之交而已。以其上無所事，雖死不爲諂；

❶「淅」，原作「浙」，據阮本及卷十上經文改。下注「淅」字同。

❷「説已見」至「説焉」，按阮校：「廖本、孔本、韓本、足利本作『注意見萬章下首章』，《考文》古本無『言矣』已下七字。」

下無所可與，雖死不爲瀆。是爲無交接也。《論語·衛靈公》之篇云：「孔子在陳絶糧，從者病，莫能興。子路愠見曰：『君子亦有窮乎？』子曰：『君子固窮，小人窮斯濫矣。』」豈非窮不變道者能如是乎！　注「君子道者三，我無能焉」。　正義曰：所謂乎仁者不憂，智者不惑，勇者不懼，是三者也。

貉稽曰：「稽大不理於口。」貉，姓；稽，名。仕者也。爲衆口所訕。理，賴也。謂孟子曰：稽大不賴人之口，如之何？　孟子曰：「無傷也，士憎兹多口。審己之德，口無傷也。離於凡人，而仕者益多口。《詩》云『憂心悄悄，愠于群小』，孔子也。『肆不殄厥愠，亦不殞厥問』，文王也。」《詩》，《邶風·柏舟》之篇。曰「憂心悄悄」，憂在心也。「愠于群小」，怨小人聚而非議賢者也。孔子論此詩，孔子亦有武叔之口，故曰孔子之所苦也。《大雅·緜》之篇曰「肆不殄厥愠」，殄，絶；愠，怒也。「亦不殞厥問」，殞，失也。言文王不殞絶畎夷之愠怒，亦不能殞失文王之善聲問也。疏「貉稽」至「文王也」。　正義曰：此章言正己信心，不患衆口。衆口諠譁，大聖所有，況於凡品之所能禦者也。「貉稽曰：稽大不理於口」，貉，姓；稽，名，亦當世之士也。貉稽自稱名，問於孟子曰：稽大不能治人之口，使不訕其己者，如之何？　「孟子曰：無傷也」至「文王也」者，孟子答之，以爲審己之德已修，雖人之口訕，亦不能傷害其己之德也。以其爲士者益此多口，不能免人之訕也。故《邶風·柏舟》之詩有云「憂心悄悄，愠于群小」，言憂悄悄常在心，見怒于群小衆小人也。以其孔子删此詩，亦不能免武叔之毁，故曰孔子尚如是憎多口也。《大雅·緜》之詩有云「肆不殄厥愠，亦不殞厥問」，言不能殄絶畎夷之愠怒，然亦不能殞失文王之善聲，故曰文王尚如此，亦憎多口也。此所以答貉稽大不理於口，以爲無傷也。　注「《邶風·柏舟》之篇」至「聲聞也」。　正義曰：此篇蓋言仁人不遇也。注云：「愠，怒也。悄悄，憂貌。」《論語》云：「叔孫武叔毁仲尼。子貢曰：『仲尼不可毁也。仲尼，日月也。人雖欲自絶，其何傷於日月乎？　多見其不知量也。』」云「《大雅·緜》之篇」者，蓋此篇言文王之興，本由太王也。注：「肆，故今也。愠，恚。殞，墜也。」畎夷，狄國也。

孟子曰：「賢者以其昭昭，使人昭昭。

今以其昏昏，使人昭昭。」賢者治國，法度昭明，❶明於道德，是躬行之道可也。❷今之治國，法度昏昏，亂潰之政也，身不能治，而欲使人昭明，不可得也。疏「孟子」至「昭昭」。　正義曰：此章言以明照闇，闇者以開，以闇責明，闇者愈迷，賢者可遵，譏今之非也。「孟子曰」至「昭昭」者，孟子言：有諸己然後求諸人之道也。賢者之君治國，以其昭昭，明己之道德，然後使人昭昭。今之治國者，乃以昏昏，不能自明己之道德，而欲使他人昭明，故不可得也。是亦所謂曲其表而求影之正，濁其源而求流之清，同其旨。

孟子謂高子曰：「山徑之蹊間介然，用之而成路，爲間不用，則茅塞之矣。今茅塞子之心矣。」高子，齊人也，嘗學於孟子，鄉道而未明，去而學於他術。孟子謂之曰：山徑，山之領有微蹊介然，人遂用之不止，則蹊成爲路。爲間，有間也，謂廢而不用，則茅草生而塞之，不復爲路。以喻高子學於仁義之道，當遂行之而反中止，正若山路。❸故曰：「茅塞子之心也。」疏「孟子」至「心矣」。　正義曰：此章言聖人之道，學而時習，舍而弗修，猶茅是塞，明爲善之不可倦者也。孟子謂於高子曰：山嶺有微蹊，其間之微小介然而已，如用而行之，則蹊成大路。不用而行之，茅草生塞之，不能成其路也。喻高子之爲善，正於中道而其心爲利欲之所充塞，❹亦若茅塞其路矣。故曰「今茅塞子之心矣」。蓋高子嘗於爲詩，而不通乎意，是塞其心之一端也。

高子曰：「禹之聲尚文王之聲。」孟子曰：「何以言之？」高子以爲禹之尚聲樂過於文王。孟子難之，曰何以言之。曰：「以追蠡。」高子曰：禹時鐘在者，追蠡也。追，鐘鈕也，鈕磨齧處深矣。蠡，❺欲

---

❶「明」，按阮校：「廖本、孔本、韓本、《考文》古本作『昭』。」

❷「行」，按阮校：「廖本、孔本、韓本、《考文》古本作『化』。」

❸「正」，按阮校：「廖本、孔本、韓本、《考文》古本作『比』。」

❹「正」，阮本作「止」。

❺「蠡」，按阮校：「廖本、孔本、韓本、《考文》古本疊『蠡』。」

絶之貌也。文王之鐘不然。以禹爲尚樂也。曰：「是奚足哉？城門之軌，兩馬之力與？」孟子曰：是何足以爲禹尚樂乎？先代之樂器，後王皆用之，禹在文王之前千有餘歲，用鐘日久，故追欲絶耳。譬若城門之軌齧其限切深者，用之多耳，豈兩馬之力使之然乎？兩馬者，《春秋外傳》曰：「國馬足以行關，公馬足以稱賦。」是兩馬也。疏「高子」至「力與」。正義曰：此章言前聖後聖，所尚者同，三王一體，何得相踰。欲以追蠡，未達一隅。孟子言之，將以啓其蒙者也。「高子曰：禹之聲尚文王之聲」者，高子言於孟子，曰：禹王之尚聲樂過於文王之聲樂也。「孟子曰：何以言之」者，孟子見高子蔽惑，故難之曰：何以言禹之聲尚文王之聲也？「曰：以追蠡」，高子曰：以其追蠡，鐘鈕之鋭欲絶，故云然也。「孟子曰：是奚足哉，城門之軌，兩馬之力與」，孟子又以此解高子之蔽也，言此追蠡何足爲禹之聲尚樂過於文王乎？且譬之城門之軌齧其限之深處，豈以兩馬之力能使之然？亦以積漸之久故使然也，非特兩馬之力即如是之深也。言禹王至文王，❶其鐘用之亦以日久，故能磨鋭至於欲絶也。此又見高子之蔽不獨於詩也。所謂太山之溜，久而穿石；單極之綆，久而斷幹，其來非一日也。「兩馬」即如注所謂《春秋外傳》云「國馬」、「公馬」是也。

齊饑。陳臻曰：「國人皆以夫子將復爲發棠，殆不可復。」棠，齊邑也。孟子嘗勸齊王發棠邑之倉，以振貧窮，時人賴之。今齊人復饑，陳臻言一國之人皆以爲夫子將復若發棠時勸王也，殆不可復言之也。孟子曰：「是爲馮婦也。晉人有馮婦者，善搏虎，卒爲善士。則之野，有衆逐虎，虎負嵎，莫之敢攖。望見馮婦，趨而迎之。馮婦攘臂下車，衆皆悦之。其爲士者笑之。」馮，姓；婦，名也。勇而有力，能搏虎。卒，後也。善士者，以善搏虎有勇名也，故進以爲士。之於野外，復見逐虎者。攖，迫也。虎依陬而怒，無敢迫近者也。馮婦恥不如前，見虎走而迎，❷攘臂下車，欲復搏之，衆人悦其勇猛。其士之黨笑其不知止也。故孟子謂陳臻今欲復使

❶「禹王」，原作「萬二」，據阮本改。

❷「迎」下，按阮校：「宋本、孔本、韓本、《考文》古本有『之』字。」

我如發棠時言之於君，是則我爲馮婦也，必爲知者所笑也。

疏「齊饑」至「笑之」。　正義曰：此章言可爲則從，不可則止，言善見用，得其時也。非時逆指，猶若馮婦，搏虎無已，必有害也。「齊饑。陳臻曰」至「殆不可復」者，蓋齊國之人時皆被飢，孟子嘗勸齊王發粟以賑之。今者復飢，而孟子不復發棠邑之粟以賑。陳臻爲孟子之弟子，乃問孟子，言齊國之人皆以爲夫子將復發棠邑之粟以賑救之，❶今夫子不復發棠，殆爲齊王不可復勸，是如之何？故以此問孟子。「孟子曰」至「其爲士者皆笑之」者，孟子乃以此馮婦之喻而比言於陳臻也。言如將復發棠，是爲馮婦者也。馮婦能暴虎也。言晉國有馮婦之人，善能搏虎，後爲之善士。則之於野外，見有衆人逐其虎，虎倚山嵎而怒，衆人皆莫敢攖而搏之者。望見馮婦來，乃皆趨進而迎之，馮婦乃下車，攘臂欲復搏之。衆人皆悦其勇猛，其爲士之黨者知道，則笑其不知止也。言今齊王恃威虐以斂民，亦若虎之負嵎，以難合之説，述於暴人之前，又若迎而搏虎也。是以孟子將復爲發棠，非不足以悦衆，自君子觀之，亦若爲士者之笑馮婦也，以其不知止矣。　注「棠，齊邑也」。　正義曰：案《齊世家》、《史記》云：「棠公妻好。」裴駰云：「賈逵曰：棠公，齊邑大夫也。」是棠之爲齊邑明矣。

孟子曰：「口之於味也，目之於色也，耳之於聲也，鼻之於臭也，四肢之於安佚也，性也，有命焉，君子不謂性也。口之甘美味，目之好美色，耳之樂五音，鼻之喜芬香。臭，香也。《易》曰：「其臭如蘭。」四體謂之四肢，四肢懈倦，則思安佚不勞苦。此皆人性之所欲也，得居此樂者，有命禄，人不能皆如其願也。凡人則觸情從欲而求可樂，君子之道則以仁義爲先，禮節爲制，不以性欲而苟求之也，故君子不謂性也。仁之於父子也，義之於君臣也，禮之於賓主也，知之於賢者也，聖人之於天道也，命也，有性焉，君子不謂命也。」仁者得以恩愛施於父子，義者得以義理施於君臣，好禮者得以禮敬施於賓主，知者得以明知知賢達善，聖人得以天道王於天下，此皆命禄，遭遇乃得居而行之，不遇者不得施行。然

❶「齊」，原作「之」，據阮本改。

亦才性有之，故可用也。凡人則歸之命祿，任天而已，不復治性。以君子之道，則修仁行義，修禮學知，庶幾聖人亹亹不倦，不但坐而聽命，故曰君子不謂命也。疏「孟子曰」至「命也」。正義曰：此章言尊德樂道，不追佚性，治性勤禮，不專委命。君子所能，小人所病。究言其事，以勸戒者也。「孟子曰」至「君子不謂性也」者，孟子言：人口之於美味，目之於好色，耳之於五聲，鼻之於芬芳，四肢之於安佚無事以勞之，凡此五者，皆人性所欲也。然而得居於此樂者，以其有命存焉。君子以爲有命，在所不求，而不可以幸得也，是所以不謂之性也。「仁之於父子也」至「君子不謂命也」者，孟子又言：仁以恩愛施之於父子，義以義理施之於君臣，禮以禮敬施之於賓主，知以明智施之於賢者，而具四端，聖人兼統四體，而與於天道以王天下者也，凡此五者，皆歸之於命也。然而有是五者，皆稟乎天性也，以其有性存焉。君子以爲有性，在所可求，而不可不勉也，是所以不謂之命也。孟子言之，所以分別凡人、君子，以勸戒時人。

浩生不害問曰：「樂正子何人也？」浩生，姓；不害，名。齊人也。見孟子聞樂正子爲政於魯而喜，❶故問樂正子何等人也。孟子曰：「善人也，信人也。」樂正子爲人有善有信也。「何謂善？何謂信？」不害問善信之行謂何。曰：「可欲之謂善，有諸己之謂信，❷充實之謂美，充實而有光輝之謂大，大而化之之謂聖，聖而不可知之之謂神。樂正子二之中，四之下也。」己之可欲，乃使人欲之，是爲善人。己所不欲，勿施於人也。有之於己，乃謂人有之，是爲信人。不億不信也。充實善信，使之不虛，是爲美人。美德之人也。充實善信而宣揚之，使有光輝，是爲大人。大行其道，使天下化之，是爲聖人。有聖知之明，其道不可得知，是爲神人。人有是六等，樂正子能善能信，在二者之中，四者之下也。❸疏「浩生」至「下也」。正義曰：此章言神聖以下，優劣異差，樂正好善，應下二科，是以孟子爲之喜者也。「浩生不

❶「魯」，原作「曾」，據阮本改。
❷「信」，原作「性」，據阮本改。
❸「也」，原作「下」，據阮本改。

害問曰：樂正子何人也」者，浩生不害問孟子，曰樂正子何等人也。以其見孟子聞樂正子爲政於魯而喜，故有此問之也。「孟子曰：善人也，信人也」，孟子答之，以爲樂正子是善人、信人者也，以其有善有信故也。「何謂善？何謂信」，不害又問之，曰何以謂之善，何以謂之信也。「曰：可欲之謂善，有諸己之謂信」至「四之下也」者，孟子又答而詳爲之解之，曰：己之可欲，使人欲之，是爲善，有是善於己，謂人亦有之，是謂之信。所謂善即仁義禮智也，是爲可欲之善矣。充實其善，使之不虛，是爲美人，故謂之美。充實其善而宣揚之，使有光輝于外，是爲大人，故謂之大人。其此善，不特充實於己，而推之以化人，自近以及遠，自内以及外，是爲聖人，故謂之聖。以此之善，又至經緯萬方，使人莫知其故，是爲神人，故謂之神。凡是六等，而樂正子能善能信，是在二之中，而在美、大、聖、神四者之下也，但不能充實而至神也。　注「孟子聞樂正子爲政於魯」。❶　正義曰：此蓋經文，説見上矣。

孟子注疏解經卷第十四上

❶ 「聞」，原作「問」，據阮本改。

孟子注疏解經卷第十四下

趙氏注　孫奭疏

盡心章句下

孟子曰：「逃墨必歸於楊，逃楊必歸於儒。歸，斯受之而已矣。墨翟之道兼愛，無親疏之別，最爲違禮。楊朱之道爲己愛身，雖違禮，尚得不敢毁傷之義。逃者，去也，去邪歸正，故曰歸。去墨歸楊，去楊歸儒，則當受而安之也。今之與楊、墨辯者，如追放豚，既入其苙，又從而招之。」苙，欄也。招，罥也。今之與楊、墨辯争道者，譬如追放逸之豕豚，追而還之入欄則可，又復從而罥之，太甚。以言去楊、墨歸儒則可，又復從而罪之，亦云太甚。疏「孟子」至「招之」。

正義曰：此章言驅邪反正，斯可矣，來者不綏，追其前罪，君子甚之，以爲過者也。「孟子曰：逃墨必歸於楊」至「歸，斯受之而已矣」者，墨翟無親疏之別，楊朱尚得父母生身不敢毁傷之義。❶ 儒者之道，幼學所以爲己，壯而行之所以爲人。故能兼愛，無親疏之道，必歸於楊朱爲己，逃去楊朱爲己之道，必歸儒者之道也。然而歸之儒道，則當斯受而安之矣。「今之與楊墨」、「又從而招之」者，孟子又言：今之人有與楊、墨辯争其道者，如追放逸之豕豚，既還入其欄，又從而笞之者也。以其逃墨而歸儒，則可受之而已，而乃又從而罪之，無以異於追放逸之豕豚，既入其欄，又從而笞之也。以其爲亦太甚矣，此孟子所以比之。

孟子曰：「有布縷之征，粟米之征，力役之征。征，賦也。國有軍旅之事，則横興此三賦也。布，軍卒以爲衣也。縷，紩鎧甲之縷也。粟米，軍糧也。力役，民負荷厮養之役也。君子用其一，緩其二。用其二而民有殍，用其三而父子離。」君子爲政，雖遭軍旅，量其民力，不並此三役，更發異時。急一緩

❶「不」，原作「乃」，據阮本改。

二，民不苦之。若並用二，則路有餓殍。若並用三，則分崩不振，父子離析，忘禮義矣。疏「孟子曰」至「父子離」。

正義曰：此章言原心量力，政之善者，繇役並興，以致離殍，養民輕斂，君之道也。「孟子曰：有布縷之征」至「用其三而父子離」者，此所以薄稅斂之言，而有以救時之弊者矣。孟子言有布縷之征，❶有粟米之征，有力役之征。布所以爲衣，縷所以紩鎧甲，粟米所以爲糧，力征所以荷負厮養之役。然而君子爲政，其於此三者之賦未嘗並行也，用其一則緩其二。今夫三者之賦，皆取民之類也，如用其二，則有傷財而民至於餓死，用其三則有害民而至於父子離散，是豈君子之爲政然歟！蓋征之者義也，緩之者仁也，惟君子以仁是守，以義是行，然而充類太至而義之盡者，君子所不爲也。此孟子不得不權時而救時之弊也。

孟子曰：「諸侯之寶三：土地、人民、政事。寶珠玉者，殃必及身。」諸侯正其封疆，不侵鄰國，鄰國不犯，寶土地也。使民以時，居不離散，❷寶人民也。修其德教，布其惠政，實政事也。若寶珠玉，求索和氏之璧、隋氏之珠，與强國爭之，强國加害，殃及身也。

疏正義曰：此章言寶此三者，以爲國珍；寶於爭玩，以殃其身。諸侯如玆，永無患也。孟子言：諸侯之所寶者有三，曰土地、曰人民、曰政事。使鄰國無侵犯其封疆，是寶其土地也；撫恤鰥寡煢獨，使民以時，民不離散，是寶人民也；修德布惠，是寶政事也。若不以此三者爲寶，而寶珠玉者，殃禍必及身矣。此孟子見當時之君爭城殺人，橫賦重斂，不以土地、人民、政事爲寶，所以有是言而救之耳。○「和氏之璧、隋侯之珠」。正義曰：案《韓詩》云：❸「楚人和氏得玉璞於楚山中，獻武王。武王使人相之，曰非也。王怒，刖其左足。後成王即位，和抱玉璞泣於楚山下。成王使人琢之，果得寶，名曰和氏之璧。」又隋侯姓祝，字元暢，往齊國，見一蛇在沙中，頭上血出，隋侯以杖挑於水中而去，後回還到蛇處，乃見此蛇銜珠來隋侯前，隋侯意不懌。是夜夢脚踏一蛇，驚起，乃得雙珠。後人稱爲隋侯珠矣。

盆成括仕於齊。孟子曰：「死矣，盆成

❶「有」，原作「直」，據阮本改。
❷「居」，按阮校：「廖本、孔本、韓本、《考文》古本作『民』。」
❸「韓詩」，據下引文當爲「韓非子」。

括！」盆成，姓；括，名也。嘗欲學於孟子，問道未達而去，後仕於齊。孟子聞而嗟歎曰：死矣盆成括。知其必死。盆成括見殺，門人問曰：「夫子何以知其將見殺？」門人問孟子，何以知之也。曰：「其爲人也小有才，未聞君子之大道也，則足以殺其軀而已矣。」孟子答門人，言括之爲人，小有才慧，而未知君子仁義謙順之道，適足以害其身也。疏「盆成括」至「而已矣」。正義曰：此章言小知自私，藏怨之府；勞謙終吉者也。「盆成括仕於齊，孟子曰：死矣，盆成括」者，盆成括嘗學於孟子，未達其道而去之，後仕於齊國，孟子聞之，乃曰：死矣盆成括。以其盆成括之必見死也。「盆成括見殺，門人問曰：夫子何以知其將見殺」者，言盆成括果見殺死，門人乃問孟子曰：夫子何以知其盆成括將見殺死？「曰：其爲人也小有才，未聞君子之大道也，則足以殺其軀而已矣」者，孟子答之，曰：盆成括之爲人，小有才慧，而未知聞君子仁義謙順之大道，是則足以知其將見殺其身。

孟子之滕，館於上宮。館，舍也。上宮，樓也。孟子舍止賓客所館之樓上也。❶有業屨於牖上，館人求之弗得。或問之曰：「若是乎從者之廋也？」屨，扉屨也。業，織之有次，業而未成也。置之窗牖之上，客到之後，求之不得。有來問孟子者曰：是客從者之廋？廋，匿也。孟子與門徒相隨，從車數十，故曰侍從者所竊匿也。曰：「子以是爲竊屨來與？」孟子謂館人曰：子以是衆人來隨事我，本爲欲竊屨故來邪？曰：「殆非也。」館人曰：殆非爲是來事夫子也。自知問之過也。「夫子之設科也，❷往者不追，來者不拒。苟以是心至，斯受之而已矣。」孟子曰：夫我設教授之科，教人以道德也，其去者亦不追呼，來者亦不拒逆。誠以是學道之心來至，我則斯受之，亦不知其取之與否。君

❶「止」，原作「上」，據阮校改。

❷「子」，按阮校：「宋本、岳本、廖本、孔本、韓本作『予』。」阮校以爲作「子」是，蓋字形相涉而譌。

子不保其異心也。見館人殆非爲是來，❶亦云不能保知，謙以益之而已。❷

疏「孟子」至「而已矣」。正義曰：此章言教誨之道，受之如海，百川移流，不得有拒。雖獨竊屨，非己所絶。順答小人，小人自咎者也。「孟子之滕，館於上宮」者，孟子往至滕國，乃舍止於賓客所館之樓上。「有業屨於牖上，館人求之弗得。或問之曰：若是乎從者之廋也」者，言業織之有次，業而未成之屨，置之於窻牖之上，自客到之後，館主之人求之不得，或問於孟子曰：若此屨之不見，爲從者之廋匿也？「曰：子以是爲竊屨來與」者，孟子見館主乃問己，以爲從者之廋匿其屨，乃謂之曰：子以是從者來隨事我，本爲欲竊子之屨故來與？「曰：殆非也」，館主自知責己問之過也，乃曰殆非爲是來事夫子也。「夫子之設科也」至「斯受之而已矣」者，孟子又曰：夫我之設科以教人，往去之者則不追呼而還，來者則不拒逆，誠以是學道之心來至，我則斯容受之而教誨，亦且不保其異心也。然則不拒從者之匿屨，亦何累之有？《論語》云：「不保其往，有教無類。」其斯之謂與？

孟子曰：「人皆有所不忍，達之於其所忍，仁也。人皆有所愛，不忍加惡，推之以通於所不愛，皆令被德，此仁人也。人皆有所不爲，達之於其所爲，義也。人皆有不喜爲，謂貧賤也，通之於其所喜爲，謂富貴也。抑情止欲，使若所不喜爲此者，義人也。人能充無欲害人之心，而仁不可勝用也。人皆有不害人之心，能充大之以爲仁，仁不可勝用也。人能充無穿窬之心，❸而義不可勝用也。穿牆踰屋，姦利之心也。人既無此心，能充大之以爲義，義不可勝用也。人能充無受爾汝之實，無所往而不爲義也。爾汝之實，德行可輕賤，人所爾汝者也。既不見輕賤，不爲人所爾汝，能充大而以自行，所至皆可以爲義也。士未可以言而言，是以言餂之也。可以言而不言，是以不言餂之也。是皆穿

---

❶「殆」上，按阮校：「廖本、孔本、韓本、《考文》古本有『言』字。」

❷「謙以益之而已」，按阮校：「廖本、孔本、韓本、《考文》古本作『謙以答之』。」

❸「窬」，按阮校：「宋九經本、岳本、咸淳衢州本、廖本、孔本、韓本作『踰』。」

踰之類也。」銛，取也。人之爲士，見尊貴者未可與言而强與之言，❶欲以言取之也，是失言。而見可與言者而不與之言，不知賢人可與之言，而反欲以不言取之，是失人也。是皆趨利入邪無知之人，故曰穿踰之類也。疏「孟子曰」至「類也」。正義曰：此章言善恕行義，充大其美，無受爾汝，何施不可。取人不知，失其臧否，比之穿踰之類者也。「孟子曰：人皆有所不忍」至「是皆穿踰之類也」者，❷孟子言：人皆有所惻隱而不忍，如能推之所不忍於其所忍者，仁人也，以其所愛及其所不愛，仁之爲道如是也。人皆有所不喜爲，謂貧賤也，如能推之所不喜爲，而達之於所喜爲，謂富貴也，是爲有義之人也。人能充大不欲害人之心而爲仁，則仁道於是乎備，故不可勝用也。人能充大其無穿踰姦利之心以爲義，則義於是乎盡，故義不可勝用也。人能充大其不受人爾汝之實，是不爲人所輕賤，故無所行而不爲義者也，言所爲皆可以爲義矣。蓋惻隱有不忍者，仁之端也；羞惡有不爲者，義也：但能充而大之，則爲仁、義矣。人之爲士，於尊貴者未可與言而與之言，是以言取之也，是失言也，以其失之諂也；可以與之言而不與之言，是以不言取之也，是失人也，以其失之均也。❸如此者，是皆爲穿墻踰屋趨姦利之類也。

孟子曰：「言近而指遠者，善言也。守約而施博者，善道也。君子之言也，不下帶而道存焉。言近指遠，近言正心，遠可以事天也。守約施博，約守仁義，大可以施德於天下也。二者可謂善言善道也。正心守仁，皆在胷臆，吐口而言之，四體不與焉。故曰不下帶而道存焉。君子之守，脩其身而天下平。身正物正，天下平矣。❹人病舍其田而芸人之田，所求於人者重，而所以自任者輕。」芸，治也。田以喻身，舍身不治，而欲責人治，是求人太重，自任太輕也。疏「孟子曰」至「自任者輕」。正義曰：此章言道之善以心爲原，當求諸己而責於人，君子尤之，況

❶「見」上，原有「未」字，據阮本删。又「見」上，阮本有「者」字，屬上讀。

❷「有所」二字，原無，按阮校：「閩、監、毛三本『皆』下有『有所』二字。」據上經文及阮校補。

❸「均」，閩、監、毛、阮本作「敍」。

❹「天」，原作「太」，據阮本改。

以妄芸。言失務者也。「孟子曰：言近而指遠者」至「所以自任者輕」，孟子言：辭之近而指意已遠者，乃爲善言者也，所守簡約，而所施博大者乃爲善道。「君子之言也，不下帶而道存焉」，是所謂言近而指遠也，是孟子自解其旨也。以其君子於其言也，皆在胷臆，以其不遠於心而道存焉。蓋帶者所以服之，近於人心也，故取而喻之，曰不下帶而道存，抑又見君子之言非特騰口說而已。「君子之守，脩其身而天下平」，是所謂守約而施博也，是孟子又自解其旨也。以其君子之所守，特在脩身，而天下由是平矣，是所謂正己而物正者也。且人病在舍其己之田，而耕耘他人之田也，是所求於人者爲重，而所以自任其在己者太輕耳。芸，治也。田所以喻人之身也，言人病在舍其己身，而治他人之身也，故爲是云。

孟子曰：「堯舜，性者也。湯武，反之也。堯舜之體性自善者也。殷湯、周武，反之於身，身安乃以施人，謂加善於民也。動容周旋中禮者，盛德之至也。人動作容儀周旋中禮者，盛德之至。哭死而哀，非爲生者也。死者有德，哭者哀也。經德不回，非以干禄也。言語必信，非以正行也。經，行也。體德之人，行其節操自不回邪，非以求禄位也。庸言必信，非必欲以正行爲名也，性不忍欺人也。君子行法以俟命而已矣。」君子順性蹈德，行其法度，夭壽在天，行法以待之而已矣。❶

疏「孟子」至「而已矣」。❷ 正義曰：此章言君子之行，動合禮中，不惑禍福，脩身俟終。堯舜之盛，湯武之隆，不是過也。「孟子曰」止於「君子行法以俟命而已矣」者，❸孟子言：堯舜之體性自然善也，湯王、武王反之於身，身安乃以施人，謂加善於人而反之者也。一則體性之自然，一則反之於身，身安乃以施人，無非是禮也，故動容周旋中禮者，是爲盛德之至也。至者，以其盛德至矣盡矣，不可以有加矣。蓋「哭死而哀，非爲生者也」，是爲動容中禮也，是孟子自解之旨也，言哭其死而哀之者，非爲其生者也，以其動容中禮，德性然也。「經德不回，非以干禄也」。言語必信，非以

❶「行法以待之而已矣」，按阮校：「廖本、孔本、韓本、《考文》古本作『待命而已矣』。」「法」，阮本作「命」。
❷「孟子」，原作「君子」，據阮本改。
❸「止」，阮本作「至」。

正義也」，是謂周旋中禮者也，是孟子自解之旨也，言行德不回邪，非欲干求爵禄而然也，以其周旋中禮，德行然也；言語必以正，非欲以正行爲名故然也，亦以周旋中禮，德言如是也。君子者，順性蹈德，行其禮法，脩身以俟命而已。然則堯、舜、禹、湯爲盛德之至，亦不是過也。

孟子曰：「説大人則藐之，勿視其巍巍然。大人，謂當時之尊貴者也。孟子言説大人之法，❶心當有以輕藐之，勿敢視之巍巍富貴若此而不畏之，則心舒意展，言語得盡而已。堂高數仞，榱題數尺，我得志弗爲也。仞，八尺也。榱題，屋霤也。堂高數仞，榱題數尺，奢太之室，使我得志，不居此堂也。大屋無尺丈之限，故言數仞也。食前方丈，侍妾數百人，我得志，弗爲也。極五味之饌食，列於前方一丈，侍妾衆多至數百人也。般樂飲酒，驅騁田獵，後車千乘，我得志，弗爲也。般，大也。大作樂而飲酒，驅騁田獵，後車千乘，❷般于遊田也。在彼者皆我所不爲也，在我者皆古之制也，吾何畏彼哉！」在彼貴者驕佚之事，我所恥爲也。在我所行，皆古聖人所制之法，謂恭儉也。我心何爲當畏彼人乎哉！

疏「孟子」至「彼哉」。正義曰：此章言富貴而驕，自遺咎，❸茅茨采椽，聖堯表也。以賤説貴，懼有湯心，心謂彼陋，以寧我神，故以所不爲爲之寶玩者也。「孟子曰：説大人則藐之」至「吾何畏彼哉」者，孟子言：説當時之尊貴爲之大人者，當輕藐之，勿視其巍巍然尊貴而畏之也，以其如是，則心意舒展，得盡其言也。又言「堂高數仞」，仞，八尺也，至霤高數尺，是爲奢汰之室也，如我之得志於行道，不爲此室也。食之前有方丈之廣，以極五味之饌而列之，又有所侍之妾至數百人之衆，如我得志於行道，亦不爲之也。大作樂而飲酒，驅騁田獵，有後車千乘之多，如我得志於行道，亦不爲之也。以其在彼驕貴之事者，皆於我所恥而不爲之也；在我所行之事，又皆是古聖王之制度者也，是皆恭儉而有禮也。如是，則於我何有畏於彼之富貴乎哉。是以「説大人則藐之，而勿視其巍巍然也」。

❶「説」下，按阮校：「廖本、孔本、韓本、《考文》古本有『此』字。」

❷「後」，按阮校：「孔本、韓本、《考文》古本作『從』。」

❸「咎」下，按盧宣旬補校：「依章指有『也』字。」

孟子曰：「養心莫善於寡欲。其爲人也寡欲，雖有不存焉者，寡矣。養，治也。寡，少也。欲，利欲也。雖有少欲而亡者，謂遭横暴，若單豹臥深山而遇飢虎之類也，然亦寡矣。其爲人也多欲，雖有存焉者，寡矣。」謂貪而不亡，蒙先人德業，若晉國欒黶之類也，❶然亦少矣，不存者衆。疏「孟子」至「寡矣」。正義曰：此章言清淨寡慾，德之高者，畜聚積實，穢行之下。廉者招福，濁者速禍，雖有不然，蓋非常道，是以正路不可不由也。「孟子曰」至「雖有不存焉者寡矣」者，❷孟子言：此以教時人養心之術也。言人之治其心，莫善於少欲也。其爲人也少欲，則不爲外物之汩喪，雖有遭横暴而亡者，蓋亦百無二三也。然而未必全無也，以其少也，是如單豹爲人少欲，獨隱處於深山而卧，乃遭遇於飢虎而亡之，是也。其爲人也多欲，則常於外物之所汩喪，雖間有不亡其德業於身者，蓋亦百無二三也。然而未必多有者焉，以其亦少也，是如欒黶爲人多貪，乃爲卿於晉國者，是也。《荀子》云：「養心莫善於誠。」蓋亦與此孟子同其旨也。

曾晳嗜羊棗，而曾子不忍食羊棗。公孫丑問曰：「膾炙與羊棗孰美？」羊棗，棗名也。曾子以父嗜羊棗，父没之後，唯念其親，不復食羊棗，故身不忍食也。公孫丑怪之，故問羊棗與膾炙孰美也。孟子曰：「膾炙哉！」言膾炙固美也，何比於羊棗。公孫丑曰：「然則曾子何爲食膾炙而不食羊棗？」曰：「膾炙所同也，羊棗所獨也。諱名不諱姓，姓所同也，名所獨也。」孟子言膾炙雖美，人所同嗜。獨曾子父嗜羊棗耳，故曾子不忍食也。譬如諱君父之名，不諱其姓。姓與族同之，名所獨也，故諱。❸疏「曾晳」至「所獨也」。正義曰：此章言曾參至孝，思親異心，羊棗之感，終身不嘗，孟子嘉之。「曾晳嗜羊棗，而曾子不忍食羊棗。公孫丑問曰：膾炙與羊棗孰美」者，曾晳，曾子父也，曾晳爲人專好羊棗。羊

❶「欒」，原作「樂」，據阮本改。
❷「不」，按阮校：「案『不』字衍。」
❸「諱」下，按阮校：「廖本、孔本、韓本、《考文》古本有『之也』二字。」

棗，棗名也。曾晳既没，而曾子常思念其親，而不忍食羊棗。公孫丑怪之，乃問孟子，以謂膾炙與羊棗此二味孰爲美。「孟子曰：膾炙哉」，言膾炙固美於羊棗也，而羊棗何可比於膾炙哉。「公孫丑曰：然則曾子何爲食膾炙而不食羊棗」，公孫丑又問孟子，曰：如是則曾子何爲獨食於膾炙而不忍食羊棗。「曰：膾炙所同也，羊棗所獨也。諱名不諱姓，姓所同也，名所獨也」，孟子又答之，曰：膾炙雖美，人所同好者也，羊棗獨曾子好之，❶故曾子所以思念之而不忍食也。譬如君父之名，不諱其姓者，以其姓爲族之所同，名爲君父之所獨，故諱之也。　注「羊棗，棗名也」。

正義曰：蓋樲與棗一物也，然而有二名，是樲小而棗大，樲酸而棗甘耳。云羊棗，則羊棗之爲大棗甘者矣，其類則樲棗之屬也。曾晳者，曾子父也。案《史記·弟子傳》曰「曾蒧音點，字晳」是也。孔傳云：「曾參父名點。」　注「上章稱曰：豈有非義而曾子言之」者。　正義曰：此謂公孫丑疑曾子爲非義，而乃不知膾炙之所同、羊棗之所獨，而曾子之心言之是或一於孝道，故云然也。

萬章問曰：「孔子在陳，曰：『盍歸乎來！吾黨之小子，❷狂簡進取，不忘其初。』孔子在陳，何思魯之狂士？」孔子戹陳，❸不遇賢人，上下無所交，蓋歎息思歸，欲見其鄉黨之士也。簡，大也。狂者進取大道而不得其正者也。不忘其初，孔子思故舊也。《周禮》「五黨爲州，五州爲鄉」，故曰吾黨之士也。萬章怪孔子何爲思魯之狂士者也。孟子曰：「孔子『不得中道而與之，必也狂獧乎。狂者進取，獧者有所不爲也』。❹孔子豈不欲中道哉？不可必得，故思其次也。」中道，中正之大道也。狂者能進取，獧者能不爲不善。時無中道之人，以狂、獧次善者，故思之也。「敢問何如斯可謂狂矣？」萬章曰：人行何如斯則可謂之狂也。曰：「如琴張、曾晳、牧皮者，孔子之所謂狂矣。」孟子言：人行如此三人者，孔子謂之狂也。琴張，子張也。子

❶「曾子」，按阮校：「閩、監、毛三本『子』改『晳』。」

❷「小子」，按阮校：「宋本、孔本、韓本作『士』。」

❸「戹」，閩、監、毛、阮本作「在」。

❹「狷」，按阮校：「各本『狷』作『獧』。案《音義》出『狂獧』，云『與狷同』，則經、注並當作『獧』，作『狷』者誤。」

張之爲人，踸踔譎詭，《論語》曰「師也僻」，❶故不能純善而稱狂也，又善鼓琴，號曰琴張。曾皙，曾參父也。牧皮，行與二人同，皆事孔子學者也。「何以謂之狂也？」萬章問何以謂此人爲狂。曰：「其志嘐嘐然，曰『古之人，古之人』。夷考其行，而不掩焉者也。嘐嘐，志大言大者也。重言古之人，欲慕之也。夷，平也。考察其行，不能掩覆其言，是其狂也。狂者又不可得，欲得不屑不絜之士而與之，是獧也，是又其次也。屑，絜也。不絜，污穢也。既不能得狂者，欲得有介之人，能恥賤汙行不絜者，❷則可與言矣。是獧人次於狂者也。孔子曰：『過我門而不入我室，我不憾焉者，其惟鄉原乎！鄉原，德之賊也。』」憾，恨也。人過孔子之門不入，則孔子恨之，獨鄉原不入者無恨心耳。以其賊德故也。❸曰：「何如斯可謂之鄉原矣？」萬章問鄉原之惡如何。曰：「何以是嘐嘐也？言不顧行，行不顧言，則曰古之人，古之人，行何爲踽踽涼涼？生斯世也，爲斯世也，善斯可矣。閹然媚於世也者，是鄉原也。」孟子言：鄉原之人言何以是嘐嘐，若有大志也？其言行不顧，則亦稱曰古之人、古之人，行何爲踽踽涼涼，有威儀如無所施之貌也。鄉原者，外欲慕古之人，而其心曰：古之人何爲空自踽踽涼涼，而生於今之世無所用之乎？以爲生斯世，但當取爲人所善，善人則可。以其實但爲合衆之行。媚，愛也。故閹然大見愛於世也，若是者謂之鄉原也。萬子曰：「一鄉皆稱原人焉，無所往而不爲原人，孔子以爲德之賊，何哉？」萬子即萬章也，孟子録之，以其不解於聖人之意，故謂之萬子。子，男子之通稱也。美之者，欲以責之也。萬子言人皆以爲原善，所至亦謂之善人。若是，孔子以爲賊德，何爲也？曰：「非之無舉也，刺之無刺也。同乎流俗，合乎汙世。居之似忠信，行之似廉絜，衆皆悦之，自以

❶「僻」，阮本作「辟」。
❷「汙」，閩、監、毛、阮本作「惡」。
❸「其」下，閩、監、毛、阮本有「鄉原」二字。

爲是，而不可與入堯舜之道，故曰德之賊也。孟子言：鄉原之人能匿蔽其惡，非之無可舉者，刺之無可刺者，志同於流俗之人，行合於污亂之世。爲人謀，居其身若似忠信，行其身若似廉絜，爲行矣，衆皆悦美之，其人自以所行爲是，而無仁義之實，故不可與入堯舜之道也。無德而人以爲有德，故曰德之賊也。孔子曰：『惡似而非者。惡莠，恐其亂苗也；惡佞，恐其亂義也；惡利口，恐其亂信也；惡鄭聲，恐其亂樂也；惡紫，恐其亂朱也；惡鄉原，恐其亂德也。』似真而非真者，孔子之所惡也。莠之莖葉似苗；佞人詐飾，似有義者；利口辯辭，似若有信；鄭聲淫人之聽，似若美樂；紫色似朱，朱，赤也；鄉原惑衆，似有德者。此六似者，孔子之所惡也。君子反經而已矣。經正則庶民興，庶民興，斯無邪慝矣。」經，常也。反，歸也。君子治國家歸於常經，謂以仁、義、禮、智道化之，則衆民興起而家給人足矣。倉廩實而知禮節，安有爲邪惡之行也？疏「萬章曰」至「斯無邪慝矣」。正義曰：此章言士行有科，人有等級，中道爲上，狂狷不合。似是而非，色厲内荏，鄉原之惡，聖人所甚。反經身行，民化於己，子率以正，孰敢不正之謂也。

「萬章問曰：孔子在陳」至「何思魯之狂士」者，萬章問曰：孔子在陳國有戹，不遇賢人，上下無有交者，乃歎曰：盍歸乎來！言我黨之爲士，進取於大道而不得其中道者也，亦以不忘其初而思故舊也。故問之孟子，謂孔子在陳國何爲而思魯國之狂士者也。「孟子曰：孔子不得中道而與之」至「故思其次也」，孟子答之，曰：孔子不得中正之道者而取與之，必也思其狂、狷者乎？狂者以其但進取於大道而不知退宿於中道，狷者有所不敢爲，但守節無所爲而應進退者也，孔子豈不欲中道者而與之哉？不可以必得中道之人，故思念其次於中道者爲狂、狷者也。「敢問何如斯可謂狂矣」，萬章又問孟子曰：人行當何如，則斯可謂之狂矣。「曰：琴張、曾皙、牧皮者，孔子之所謂狂矣」，孟子又答之，曰：如琴張、曾皙、牧皮三人者，孔子謂爲狂者也。蓋《論語》嘗謂「古之狂也肆，今之狂也蕩」。琴張、曾皙、牧皮三者，皆學於孔子，進取於道而躐等者也，是謂古之狂者也。琴張曰君子不爲利疚我，曾皙風乎舞雩、詠而歸，是皆有志於學，亦志於仕以爲進取者也。牧皮，經傳並無所見，大抵皆學孔子，而行有同於曾皙、琴張二人耳。此孟子所以皆謂之狂士。「何以謂之狂也」，萬章又問：何以謂此三人爲之狂士也。「曰：其志嘐嘐然，曰古之人，古之人」至「鄉原，德之賊也」者，孟子又答之，曰：其志嘐嘐然大言，乃曰古之人，古之人。及考驗其所行之行，而未始掩覆其言焉，是言過於行，爲之狂者也。孔子思與狂者，又不可而必得之，欲得有介之人，能恥賤污行不絜者而與之，是爲狷者也，是又次於狂者也。孔子有曰過我門而不入我室，我不以恨之者，其唯獨於鄉原之徒也，鄉原者，以其爲賊害於德者也。然則孔子如以自非鄉原而過其門而不入室者，是則恨之矣。此亦見孔子自非鄉原之徒者，無不謂之也，所以思於中道而不可得，則思其狂狷。「曰：何如斯可謂之鄉原矣」，萬章又問：何如則謂之鄉原者矣。「曰：何以是嘐嘐也」至「是鄉原也」，孟子又答之，曰：鄉原之人其言何以是嘐嘐然若有大志也？以其言不顧於行，行又不顧於言，則亦稱之曰古之人，古之人，所行之行何爲踽踽涼涼，有威儀如無所施之貌也。是言鄉原之人外欲慕古之人，而其心乃曰：古之人何爲空自踽踽涼涼，而生於今之世無所用之乎？以爲生斯世也，但當取爲人所善則可矣。故閹然大見媚愛之於世也者，是則謂之鄉原者矣。「萬子曰：一鄉皆稱原人焉」至「何哉」者，萬章不解孟子之意，故問之曰：如一鄉皆稱爲原善之人，是無所往而不爲善人矣，孔子乃以爲有賊害於德，是爲德之賊者，何爲者哉？「曰：非之無舉也」至「斯無邪慝」者，孟子又答之，曰：言鄉原之人能掩蔽其惡，使人欲非謗之，則無可而非者；使人欲譏刺之，則無可爲譏刺者；其志則有同乎流俗之人，所行又合於污亂之世；居其身，則若有忠信，而實非忠信也；行其身，若有廉絜，而實非廉絜也；衆人皆悦美之，而自以爲是，而無其實，故不與入堯舜之正道者也，是無得而爲有得，故謂之爲德之賊者也。孔子有曰：惡有似真而非真者，惡莠之莖葉秀茂者，以其似苗，恐有亂其苗種者也；惡佞詐飾者，以其似義，恐有亂其義者也；惡利口辯辭，以其似信，恐其有亂於信者也；惡鄭聲之淫哇，以其似美樂，恐其有亂於雅樂也；惡紫之間色，以其似朱，恐其有亂於朱者也；惡鄉原之惑衆，以其似有德，恐其有亂於德者也。凡此六者，孔子所以惡之，以其似是而非者也。君子者，乃歸其常經而已矣。云經者，則義、信、德是也。如佞口鄉原者，是不經也。唯君子則反經而已矣，君子去其不經以反復乎經，則其經斯適於正而不他，故義以立而不爲佞亂，信以立而不爲利口亂，德以立而不爲鄉原亂，此庶民所以興行，又不爲兩疑之惑矣。庶民既以興行，斯無邪慝之行也。　注「《周禮》五黨爲州，五州爲鄉，故曰吾黨之士也」。　正義曰：案《論語》云：「子在陳，曰：『歸與歸與，吾黨之小子狂簡，斐然成章，不知所以裁之。』」今云《周禮》五黨而解其文，蓋亦不案此《論語》而有誤也。誠如《周禮》五黨言之，則《論語》何以云吾黨，蓋不當引此爲證。所謂黨者，蓋五百家爲之黨，是其旨也。　注「孟子言」至「學者也」。　正義曰：子張之爲人，踸踔譎詐，《論語》曰「師也辟」，故不能純善者。案《家語》有衛人琴牢，字張，則此與《左傳》所謂琴張者，琴牢而已，非所謂子張善鼓琴也。趙注引爲顓孫師，亦未審何據。而琴張曰師張。曰「曾皙，曾參之父」，蓋言於前矣。牧皮者，未詳。　注「似真而非」至「孔子所惡也」。

正義曰：案《論語》云：「惡紫之奪朱，惡鄭聲之亂雅樂，❶惡利口之覆邦家。」其序與此不同者，蓋孟子以亂義不及亂信，❷亂信不及亂德，其所主三者而已，苗莠、朱紫、聲樂，所託以爲喻者也，是所以爲異者也。　注「色厲內荏」至「子帥以正，孰敢不正」者。　正義曰：此蓋本《論語》之文而云。

孟子曰：「由堯舜至於湯，五百有餘歲。若禹、皋陶則見而知之，若湯則聞而知之。言五百歲聖人一出，天道之常也。亦有遲速，不能正五百歲，故言有餘歲也。見而知之，謂輔佐也。通於大賢次聖者，亦得與在其間。親見聖人之道而佐行之，言易也。聞而知之者，聖人相去卓遠，數百歲之間變故衆多，踰聞前聖所行，追而遵之，以致其道言難也。由湯至於文王，五百有餘歲。若伊尹、萊朱則見而知之，若文王則聞而知之。伊尹，摯也。萊朱，亦湯賢臣也，一曰仲虺是也。《春秋傳》曰：「仲虺居薛，爲湯左相。」是則伊尹爲右相，故二人等德也。由文王至於孔子，五百有餘歲。若太公望、散宜生，則見而知之，若孔子則聞而知之。太公望，呂尚也，號曰師尚父。散宜生，文王四臣之一也。呂尚有勇謀而爲將，散宜生有文德而爲相，故以相配而言之也。由孔子而來至於今，百有餘歲，去聖人之世，

❶「雅」，原作「稚」，據阮本改。

❷「信」，原爲墨丁，據阮本補。

若此其未遠也，近聖人之居若此其甚也。然而無有乎爾，則亦無有乎爾。」至今者，至今之世，當孟子時也。聖人之間，必有大賢名世者，百有餘年，適可以出，未爲遠而無有也。鄒、魯相近，《傳》曰：「魯擊柝聞於邾。」近之甚也。言己足以識孔子之道，能奉而行之，既不遭值聖人，若伊尹、吕望之爲輔佐，猶可應備名世，如傅説之中出於殷高宗也。然而世謂之無有，此乃天不欲使我行道也。故重言之，知天意之審也。言「則亦」者，非實無有也，則亦當使爲無有也。「乎爾」者，歎而不怨之辭也。

疏「孟子曰」至「無有乎爾」。正義曰：此章言天地剖判，開元更始，三皇以來，人倫攸敘，弘析道德，莫貴聖人。聖人不出，名世承間，雖有斯限，蓋有遇不遇焉。是以仲尼至「獲麟」而止筆，孟子亦「有乎爾」終於篇章者也。「孟子曰：由堯舜至於湯」至「由湯至於文王」，又至「由文王至於孔子」，又至「由孔子而至于今」，止「無有乎爾」者，此孟子欲歸道於己，故歷言其世代也。言自堯舜二帝至於商湯，其年數有五百餘載矣，如禹、皋陶爲堯、舜之臣，則親見而知堯舜聖人之大道而佐行之也，如湯王之去堯舜之世，則相去有數百歲之遠，則但聞其二帝所行之道，遵而行之者也。又自商湯逮至文王周時，又有五百餘歲，如伊尹、萊朱，二者俱爲湯之賢臣，則親見而知湯所行之道而輔佐之者也，如文王之去湯世，則相去有數百歲之遠，則但聞其湯所行之道而遵之者也。以自文王之世至於孔子之時，又有五百餘載，如太公望、散宜生，二者爲文王之臣，則親見而知文王所行之道而輔佐之者也，如孔子之去文王世，則相去亦有數百歲之遠，則但聞其文王之道而遵之者也。故自孔子以來逮至于今，但百有餘歲，以其去孔子之世如此之未遠，自鄒國至于魯國，其地相去如此之甚近，然而猶可應備名世，如傅説之中出於高宗也。然而世之以謂無有此名世而出於間者，乃天不欲使我行道也，故曰「然而無有乎爾，則亦無有乎爾」矣，此所以欲歸於己而歷舉世代而言之也。注「伊尹」至于「等德也」。正義曰：《史記》云「伊尹名摯，號爲阿衡也，爲湯之相。萊朱，亦湯賢臣，一曰仲虺」是也。《春秋傳》曰：仲虺居薛，爲湯左相」者，蓋魯定公元年左丘明之文也。杜預云：「仲虺，奚仲之後也。」注「太公望」、「散宜生」。正義曰：太公望，於前詳言之矣。散宜生，案《論語》云：「武王曰：『予有亂臣十人。』」馬融云：「十人而散宜生在焉。散，姓；宜生，名也。」注「至今者」至「而無有也」。　正義曰：云「魯擊柝聞於邾」者，案魯哀公七年公伐邾之文也，亦於敍言之詳矣。云「傅説出殷高宗」者，亦言於前篇矣。然而仲尼作《春秋》，必至獲麟而止筆，而孟子亦必止於「無有乎爾」而終其篇者，蓋亦見孟子擬孔子而作者也。故哀公十四年春「西狩獲麟」，杜氏云：「麟，仁獸也，聖王之嘉瑞。時無明王出，而遇獲仲尼，傷周道之不興，感嘉瑞之無應，故《春秋》脩中興之教，絶筆於『獲麟』之一句，所感而作，固所以爲終也。」《孟子》之書終於是言者，蓋亦憫聖道不明于世，歷三皇已來，推以世代，雖有歲限，然亦有遇不遇焉，故述仲尼之意而作此七篇，遂以「無有乎爾」終於篇章之末，蓋亦深歎而不怨之云爾。

孟子注疏解經卷第十四下

孟子章句

〔東漢〕劉熙 撰
劉豐 校點

目録

校點説明

劉熙撰《孟子章句》原七卷，是漢人注釋《孟子》著作之一。漢人注釋《孟子》，有程曾、高誘、鄭玄、趙岐與劉熙。除趙岐的注本外，程、高、鄭等人的注本皆已亡佚。劉熙《孟子章句》現存輯本一卷。

劉熙《後漢書》無傳，只有《三國志》等史籍中略有記載。民國學者葉德輝撰有《劉熙事迹考》一篇，綜合各種史料，對劉熙的生平與著述作了基本的考證。

劉熙字成國，青州北海人。東漢中平中，徵爲博士，後來又任安南太守。據《三國志》，劉熙也爲當世名儒，程秉、薛綜、許慈等皆師事之。其卒當在三國時吴赤烏年間。

據《隋書·經籍志》記載，劉熙的著述主要有：《釋名》八卷，《謚法》三卷，以及《孟子》七卷。唐代，劉熙《孟子注》與趙岐的注本並存，因此《文選注》、《史記集解》、《漢書注》、《一切經音義》等唐代的著作還往往稱引。五代以後，劉注遂亡。清代學者對劉熙的注本多有輯佚，主要的輯本有：周廣業《孟子四考》本、王謨《漢魏遺書鈔》本、宋翔鳳《問經堂叢書》本、馬國翰《玉函山房輯佚書》本、黄奭《漢學堂經解》本、王仁俊《玉函山房輯佚書續編》本以及民國葉德輝《觀古堂所著書》本。比較而言，葉德輝的輯本爲優，且對劉熙的生平事迹著述作了考證，並附有《劉熙事迹考》一篇。

本次校點劉熙《孟子章句》，以《叢書集成續編》影印葉德輝《郎園先生全書》本爲底本，並核對引文，作了校勘。

校點者　劉　豐

孟子劉熙注敘

漢人注《孟子》者，曰程曾，《後漢書·儒林傳》。曰高誘，《吕氏春秋注》高誘序。曰鄭玄，《隋書·經籍志》。曰趙岐，曰劉熙。諸家注皆佚亡，惟趙注獨存，即今學官本也。鄭注出于依託，其或存或亡不足論。程、高二家亡于唐以前，故《隋志》不箸録。唐時趙、劉之書並存，故《文選注》《史記集解》《漢書注》《一切經音義》往往稱引。自五季之亂而劉注亡矣。近人輯録之本有三：一、周廣業《孟子四攷》本，一、馬國翰《玉函山房》本，一、宋翔鳳《浮溪精舍》本。三本大致相同，惟《意林》所引均失采録。攷《意林》標題有「蜀郡趙臺卿作章句章句曰指事」十三字，世遂以爲趙注，未之深辨。今世所行《意林》出于《永樂大典》，原缺弟六卷。別有《道藏》本，其缺相同。知二書實源一祖，難以依據。

今按：《意林》所載《孟子注》實爲劉本而非趙本，凡有八驗。《意林》題蜀郡云云者，乃道家中習讀《論》《孟》之書惟知汁《孟子》者有一臺卿，隨手標題，不曾審核之語。不知《意林》采書通例，不云注者地名，何獨于臺卿爲之標舉？驗一。《後漢書·趙岐傳》云：趙岐，京兆長陵人。延禧初，避唐玹之禍，逃匿四方，江、淮、海、岱，靡所不至。變姓名，賣餅北海市中。安邱孫嵩藏之複壁中，因赦乃出。是《傳》所載岐蹤迹所至，在徐、揚、青、兖之閒，蜀郡遠隸益州，臺卿烏由而至？驗二。趙岐注《孟子》稱章句，又有章指，其自作《題辭》及篇敘均無指事之名。宣公《音義》「題辭」引張鎰云：「即序也。趙生尚異，不謂之序而謂之『題辭』也。」夫「題辭」已云「尚異」，安有名目紛歧又稱指事之理？驗三。「白羽之白」一節，趙、劉之注本同。以《選注》所引熙注核之，實與《意林》相合。驗四。劉本多以訓詁代經，如「王如隱其無罪」及「今恩足以及禽獸」一節，與《意林》所引「非但無益」及「齊人有一妻一妾」一節例同。驗五。唐人子鈔存于今者，此外有魏徵《羣書治要》，中引《孟子》與今趙本同。馬總亦唐人，不應所見趙本如此之異。驗六。唐時趙、劉注外，又有綦毋邃一家，各書亦閒徵引。至《意林》，則本庾仲容《子鈔》刪撮而成。庾，梁人，綦毋邃亦梁人，箸述同時，甄別可信。驗七。趙岐祇注《內篇》，劉則《內》《外》兼注。宋熙時子注《孟子外書》四篇，引舊注有劉熙、程曾、高誘、綦毋邃四家，是四家注《外書》之證。熙時子或云即劉貢父託名，其書本揚子雲、韓文公、李習之之注而成。揚子雲及韓、李皆唐末人僞託，然其所存漢注則確無可疑，熙時子注蓋從此録出也。《意林》一書兼采《內》《外》，如所載「敬老愛幼，推心于民，天下可運掌中也」，此《外書》弟三篇文。若爲趙注本，安得更及《外書》？驗八。《意林》載《孟注》僅有三事，今輯録而詳證之，以饜好古者之志焉。周本有「牛山」一條，馬本不録。攷「牛山」注見《續漢書·郡國志》。劉昭，梁人，所引非劉即趙，與趙不合，可知爲劉。且「潁川郡」注引《孟子注》「嵩高之北」，未稱何人，而《史記集解》引稱劉熙注。以兹類推，則劉昭所據與《集解》同矣。馬本有「貪夫廉」一條，以無他證出之。至原本《玉篇》所引十餘條、慧琳《一切經音義》所引九條，三本均未載入，則以二書晚出，爲三家所不及見，非搜討之陋耳。劉熙，《後漢書》無傳，其事迹惟略見《三國志》韋曜、程秉、薛綜、許慈等傳，知爲當時大儒。予故輯其佚注，并爲《事蹟攷》一篇，所以表章漢儒注經之功，而補陳、范二史之闕，斯亦讀《孟子》者所急欲共覩者與！光緒辛卯夏六月，長沙葉德輝序于郋園。

劉熙事蹟考

《後漢書》無劉熙傳，陳壽《吴志·程秉傳》云：「程秉字德樞，汝南南頓人也。逮事鄭玄，後避亂交州，與劉熙攷論大義，遂博通五經，士燮命爲長史。權聞其名儒，以禮徵秉，既到，拜太子太傅。」又《薛綜傳》云：「薛綜字敬文，沛郡竹邑人也。少依族人避地交州，從劉熙學。士燮既附孫權，召綜爲五官中郎，除合浦、交趾太守。」又《蜀志·許慈傳》云：「許慈字仁篤，南陽人也。師事劉熙，善鄭氏學。治《易》、《尚書》、三禮、《毛詩》、《論語》。建安中，與許靖等俱自交州入蜀。」又《吴志·韋曜傳》云：「又見劉熙所作《釋名》，信多佳者。然物類衆多，難得詳究，故時有得失，而爵位之事又有非是。愚以官爵，今之所急，不宜乖誤。囚自忘至微，❶作《官職訓》及《辨釋名》各一卷。」據陳壽云云，是熙爲當世名儒，故爲人所推重如此。《後漢書》不爲之列傳，是蔚宗之失也。《隋書·經籍志》云：「《釋名》八卷，劉熙撰。」又「《大戴禮記》十三卷」注云：「梁有《謚法》三卷，後漢安南太守劉熙注，亡。」宋李石《續博物志》（書中稱宋太祖曰今上，知是宋人，舊題晉者誤。）云「漢博士劉熙」。陳振孫《直齋書録解題》「釋名」下云「漢徵士北海劉熙成國撰」，馬端臨《文獻通攷》同。今按各家題皆非無本。司馬彪《續漢書·百官志》云「每郡置太守一人」，而《郡國志》

❶「囚」，原作「因」，據《三國志》（宋刻本）改。

無安南郡。或據「漢陽郡」注引《秦州記》云「中平五年分置南安郡」，謂《隋志》「安南」爲「南安」之倒文。然余考《晉書・循吏傳》云「魯芝當魏時行安南太守」，是漢末實有安南郡，而劉昭注轉爲倒誤矣。其居交州，蓋晚年罷官講學于此。《書録》稱北海人，必宋本《釋名》有此題款，直齋據而入《録》，語非肊造。《郡國志》北海郡屬青州部，劉之初本北海人，《世説》注載晉伏滔與習鑿齒論青州人士有才德者，東漢終于禰衡、劉熙，可證其云「徵士」，或孫權既拜程秉爲太傳，除薛綜爲太守，因并及熙，而熙高尚不仕與？抑或以熙曾徵博士而云然與？攷漢自孝武時置五經博士，始有博士之官，終漢之世此官未廢。袁宏《後漢紀・靈帝紀》中平五年詔曰，「處士荀爽、陳紀、鄭玄、韓融、李楷，❶耽道樂古，❷志行高潔，清貧隱約，爲衆所歸，其以爽等各補博士」。《後漢書・申屠蟠傳》亦云，中平五年蟠與爽、玄及潁川韓融、陳紀等十四人並博士徵。又《襄楷傳》云，中平年與荀爽、鄭玄俱以博士徵。綜二書所云十四人，惟荀爽、鄭玄、申屠蟠、襄楷、韓融、陳紀、襄楷七人姓名可攷，❸其餘七人皆不傳。以《吴志・程秉傳》「逮事鄭玄」之語推之，則熙輩行與鄭玄相接，十四人中熙必居其一。熙爲安南太守在中平以後，其徵爲博士應在中平五年分南安郡之歲，先徵博士而後遷爲太守也。《三輔黄圖》注亦云「漢博士劉熹」，熹即熙

❶「玄」，原作「元」，避清帝玄燁諱，今回改。下同，不再出校。

❷「耽」，原作「耿」，據《後漢紀》（《四部叢刊》影明嘉靖刊本）改。

❸「襄楷」，不當重，據上文，其一當作「李楷」。

字，古本通用。《書》「庶績咸熙」，《漢膠東令王君斷碑》作「庶績咸熹」，《文選・歸去來辭》注引李登《聲類》云：「熹亦熙字也。」謚法，有功安人曰熹，《漢書・和熹鄧皇后紀》注引。故熹字成國，與名相應。然則熙雖無傳，以各書所引聯比之，則劉熙字成國，青州北海人。中平中徵爲博士，尋除安南太守。後避寇交州，故程秉、薛綜、許慈俱從之遊，其卒當在吴赤烏年。伏滔論青州才士先禰衡而後劉熙，衡卒于建安中，見本傳，熙卒應在其後也。所箸《孟子》七卷，《隋志》。《謚法》三卷，《隋志》。《釋名》八卷。《隋志》。《後漢書・劉珍傳》云「珍纂《釋名》三十篇」。此蔚宗聞之不審，當以《韋昭傳》爲據。如此，則熙之爵里姓字，一皆可稽，而表章鄒邑之功亦可千古不朽矣。光緒十七年辛卯夏六月，德輝書于郎園之元尚齋。

孟子章句

德輝按：《文選》張景陽《雜詩》注引《孟子章句》「仲子」云云下有「劉熙曰」，則劉亦名章句也。

漢劉熙注　長沙葉德輝撰集

王曰叟。

叟，長老之稱，依皓首之言。《史記·魏世家》裴駰集解。

霈然下雨。

雨貌。《華嚴經音義》一。　慧琳《一切經音義》二十一引同。

王如隱其無罪。唐卷子本《玉篇·阜部》引文。

隱，度也。唐本《玉篇·阜部》。　《文選》崔子玉《座右銘》注。　又蔡伯喈《郭有道碑》注。

「今恩足以及禽獸而不能加於百姓者何？非力不能，是不爲也。」王曰：「不能、不爲，二者謂何也？」孟子曰：「夫挾泰山以超北海，王能乎？」王曰：「不能。」「爲長者折枝，王能乎？」曰：「不能也。」孟子曰：「夫挾泰山以超北海，是實不能，不可彊也。爲長者折枝，甚易，而王不爲，非不能也。老吾老以及人之老，幼吾幼以及人之幼，天下可運於掌。何爲不能加於百姓乎？」《後漢書·張皓王龔傳》唐章懷太子注引文，并引劉熙注，是章懷所据爲劉本矣。但古人引書多有删節，姑存之以俟考。

折枝，若今之按摩也。《後漢書·張皓王龔傳》注。

齊宣王見孟子於雪宮。

雪宮，離宮之名也。《文選》謝惠連《雪賦》注。

一遊一豫，爲諸侯度。

春行曰遊，秋行曰豫。馬國翰曰：「《文選·東京賦》薛綜注『秋行曰豫』，孔廣森《經學卮言》云：『是漢人舊說猶以遊豫分春秋也。』倪思寬《讀書記》：『春爲發生，生氣可觀，故曰遊。秋爲收成，成功可喜，故曰豫。秋行曰豫，則春行曰遊可知。』案薛綜從劉熙學，此述劉義也。」周廣業《孟子四考》据馮惟納《詩紀》、張之象《古詩類苑》引此注作「春遊曰遊，秋遊曰豫」。德輝按：馮、張，明人，不能見劉熙本，或從他書傳引，未可知也。

鄒與魯鬨。

鬨，構也，構兵以鬭也。孫奭《音義》。

嬖人有臧倉者。

嬖，卑也。慧琳《一切經音義》八十四引作「漢書注」，蓋「孟子注」也。此與「願受一廛」注誤同。

渴者易爲飲。

若久塗炭，則易政如渴不擇飲也。馬總《意林》。

自反而縮。

縮，止也。唐卷子本《玉篇·系部》。

行有不慊於心。

慊，快足也。慧琳《一切經音義》一百。

子夏、子游、子張，皆有聖人之一體。冉伯牛、閔子、顔淵，則具體而微。《文選》李蕭遠《運命論》。

體者，四支股脚也。具體者，皆微者也，皆具聖人之體，微小耳。體以喻德也。同上。

域民不以山谿之險。

域，居處也。慧琳《一切經音義》一。

孟子去齊，宿於畫。明南監本《史記·田單列傳》裴駰集解「畫邑」下引劉熙當屬此注，然則劉本作「宿于畫」矣。

齊西南近邑，畫音獲。同上。周廣業曰：「舊說音切起于孫炎。炎系康成門人，康成注經，未嘗有此例也。今觀畫音及後『摟，力頭切』皆出于劉。以上文『畫，齊西南近邑』『摟，牽也』趙、劉並同，裴駰、李賢不引趙而引劉者，正兼取其音切也。劉、孫雖同時人，而劉較前於孫，則謂音切始劉可也。」

是何濡滯也。

濡，亦沈滯意也。慧琳《一切經音義》四十三。

周人百畝而徹。

家耕百畝，徹取十畝以爲賦也。《孝經·庶人章》正義。

使民盻盻然。

盻盻猶亹亹，動作不安也。唐卷子本《玉篇·兮部》。

願受一廛而爲氓。

遠郊之盼稱氓。慧琳《一切經音義》九十五。又九十七。八十四引作「漢書注」，誤也。劉未注《漢書》。

瀹濟、漯而注諸海。

瀹，通利之言也。唐卷子本《玉篇·水部》。慧琳《一切經音義》九十五引「言」作「器」。

蓋歸反虆梩而掩之。

虆，盛土籠也。《詩·大雅·緜》篇鄭箋「盛之以虆」，陸德明《經典釋文》「虆」下引劉熙云。

趙簡子使王良與嬖奚乘，終日不獲一禽，反曰：「天下賤工也。」王良請復之，一朝而獲十，反曰：「良工也。」簡子曰：「吾使汝掌乘。」王良曰：「不可。吾爲範我馳驅，終日不獲焉。爲之詭遇，一朝而獲十。」《文選·東都賦》注引文。

嬖，以色事人也。慧琳《一切經音義》百引劉熙《謚法》。按此文不類謚法，蓋《孟子注》也。

橫而射之曰詭遇。《文選·東都賦》注。又《東京賦》注。

景春曰。

景春，孟子時人，爲縱橫之術者。《文選》枚乘《七發》注。

脅肩諂笑。

脅肩，竦體也。《文選》揚子雲《解嘲》注。

觀其色赧赧然。

其色赧赧然也。慧琳《一切經音義》八十四引《孟子》與今本異，蓋劉本也。

病于夏畦。

今俗以二十五畝爲小畦，以五十畝爲大畦也。《文選》潘安仁《在懷縣作》注。 又顔延年《和謝監靈運》詩注。 慧琳《一切經音義》七十二引同。

沛澤多而禽獸至。

沛，水草相半。《後漢書·崔駰傳》注。

知我者其惟《春秋》乎，罪我者其惟《春秋》乎。

知者，行堯舜之道者也；罪者，在王公之位見貶絶者也。《史記·孔子世家》裴駰集解。

陳仲子豈不誠廉士哉！居於陵，三日不食，耳無聞，目無見也。井上有李實，螬食者過半矣。匍匐往，將而食之，三咽然後耳有聞，目有見也。《文選》張景陽《雜詩》注引文。

陳仲子，齊一介士也。螬，蟲也。李實有蟲食之過半，言仲子目無見也。槽者，齊俗言如酒槽也。《文選》張景陽《雜詩》注。 「槽者」一句見《文選》劉伯倫《酒德頌》注。 馬國翰曰：「《淮南子·氾論訓》『槽矛無擊』高誘注：『槽，讀如「領如蠐螬」之「螬」。』」 周廣業本「槽者」一條坿後，不知所繫三條之一，而注云「槽，疑螬之訛」。 德輝按：槽、螬通借字，周説非也。

仲子織屨，妻辟纑以易之。《文選》張景陽《雜詩》注引文。

仲子自織屨，妻紡纑以易食也。緝續其麻曰辟，練絲曰纑也。《文選》張景陽《雜詩》注。 唐卷子本《玉篇·糸部》引《孟子》劉熙注云：「辟績陳縷以爲纑繩也。」

烏用是鶃鶃者爲哉。

鶃，謂鵝鳴聲也。慧琳《一切經音義》九十七。

徒善不足以爲政。

徒，獨也。同上，二十二。

滄浪之水清兮。

滄浪，水色也。《文選》陸士衡《塘上行》注。

其良人出，必厭酒肉。《文選·古詩十九首》注引文。又王景玄《雜詩》注。

婦人稱夫曰良人。《文選》潘安仁《寡婦賦》注。顔延年《秋胡詩》注。《古詩十九首》注。王景玄《雜詩》注引作「劉渠」，「渠」即「熙」字之訛。

捐階。

階，梯也。唐卷子本《玉篇·阜部》。

使浚井，出。

舜以權謀自免，亦大聖有神人之助也。《史記·五帝本紀》裴駰集解。

天下殆哉，岌岌乎！

語者之聲岌岌然也。唐卷子本《玉篇·山部》。

舜讓避丹朱於南河之南。《史記·五帝本紀》引文。《文選》陸士衡《答賈謐詩》注引同。

南河，九河之最在南者。《史記·五帝本紀》裴駰集解。德輝按：《孟子正義》載裴駰引劉熙作「南河之南，九河之最南者」，義較長。當是宋本《史記集解》如此，今本有脱文而詞意遂不完足矣。

夫然後之中國踐天子位焉。

天子之位不可曠年，於是遂反格於文祖而當帝位。帝王所都爲中，故曰中國。《史記·五帝本紀》集解。

舜薦禹於天，十有七年。

若然，則舜格于文祖，三年之後，攝禹使得祭祀與？《史記·夏本紀》集解。

禹避舜之子於陽城。

陽城，今潁川陽城是也。《史記·夏本紀》集解。德輝按：王應麟《通鑑地理通釋》引劉熙云：「潁川陽城，今屬河南。」考劉注宋時已亡，此當是從他書録出，如《正義》「南河」下引裴駰之例。

益避禹之子於箕山之陰。

崇高之北。《史記·夏本紀》集解。周廣業曰：「《續漢書·郡國志》潁川郡陽城有『嵩高山』，補注引

《孟子注》『嵩高之北』，字作『嵩』。《史記正義》亦引作『嵩』。韋昭《國語注》云：『嵩』，古通用『崇』字。案：《後漢書・靈帝紀》熹平五年『復崇高山爲嵩高山』，注引《前漢書》武帝祠中嶽，故嵩高爲崇高。然則熙注《孟子》時，尚名崇高也。」

囂囂然曰。

囂囂，氣宛自得之貌也。唐卷子本《玉篇・吅部》。

白羽之白也，猶白雪之白也歟！白雪之白也，猶白玉之白也歟！《文選》謝惠連《雪賦》注引文。

孟子以爲白羽之白性輕，白雪之性消，白玉之性堅，雖俱白，其性不同。問告子，告子以爲三白之性同。同上。 德輝按：馬總《意林》引《孟子》並注云：「白羽白性輕，白雪白性消，白玉白性貞。雖俱白，性不同也。」 周廣業曰：「白玉『性堅』，當作『性貞』，謝惠連《雪賦》『白羽雖白，質以輕兮；白玉雖白，空守貞兮』。」

以紂爲兄之子。

因殷紂惡如是，就以爲謚也。唐卷子本《玉篇・糸部》。

冬日則飲湯，夏日則飲水。

欲問寒暑者中心也。《意林》。

今夫麰麥。

麰，麥之有兩鋒者。慧琳《一切經音義》三十四。

又八十七引作：「麰，麥有兩縫者也。」

牛山之木嘗美矣。

南小山曰牛山。《續漢・郡國志》「齊國臨菑城」下引《孟子注》如此，未知爲趙爲劉。周廣業《孟子四攷》云：「知是劉者，以前『崇高之北』與裴正同也。趙注則云齊之東南山，閻百詩以爲岐在複壁中注，方向少錯，是也。」

一寸之木，可使高於岑嶁。唐卷子本《玉篇・山部》引文。

岑嶁，小山鋭頂者也。同上。

軫兄之臂。唐卷子本《玉篇・車部》引文。

軫，戾也。同上。

而摟其處子。

摟，牽也，力頭切。《文選》稽叔夜《琴賦》注。馬國翰曰：「按毛氏汲古閣《文選》本訛作『劉向孟子注』，宋本六臣注作劉熙，兹据訂正。」

是不可磯也。

磯，切也。唐卷子本《玉篇·石部》。

魯欲使樂正子爲政，孟子喜而不寐。公孫丑曰：「奚喜？」曰：「其爲人也好善。」《文選》王仲寶《褚淵碑》注引文。

樂正，姓也。子，通稱也。名剋。同上。周廣業曰：「案：樂正子已見《離婁上》，據《選注》引在《褚淵碑》文『孟軻致欣于樂正』下，因之。」

苟爲不善，則人將曰：訑訑，予既已知之矣。唐卷子本《玉篇·言部》引文。

訑訑，自得貌也。同上。

其所以異於深山之野人者幾希。

當此之時，舜與野人相去豈遠哉！《文選》任彦昇《齊竟陵文宣王行狀》注。

墨子兼愛，摩頂致於踵利天下，爲之。《文選》江文通《上建平書注》引文。又任彦昇《彈曹景宗文》注引同。

致，至也。同上。馬國翰曰：「江文通《上建平書》注引《孟子》『墨子兼愛，摩頂致於踵利天下，爲之』，劉熙曰：『致，至也。』任彦昇《彈曹景宗文》注引《孟子》『墨子兼愛，摩頂致于踵利天下，爲之』，趙岐曰：『致，至也。』据此，則趙、劉所有之本、注並同矣。」周廣業曰：「此據成化、汲古二本，六臣本作放，無於字。」德輝按：「《文選》任彦昇文注『趙岐曰』三字當是淺人所更，今趙岐本固無此三字也。」

不以三公易其价。慧琳《一切經音義》引「介」作「价」，據改。

价，操也。《文選》顔延年《始安郡還都與張湘州登巴陵城樓作》注仍作「介」。❶ 慧琳《一切經音義》四十七。

---

❶ 「州」，原作「舟」，據《文選》（清胡克家刻本）改。

猶棄敝蹝也。馬國翰曰：「翟灝《四書考異》：『《文選・北山移文》注引劉熙《孟子注》曰：「屣，草履。」似劉本蹝字作屣。《廣韻》「屣」字下引《孟子》「舜去天下，如脱敝屣」。』」　慧琳《一切經音義》八十引《孟子》云「視棄天下如棄弊躧」。　又九十一引同。

食而不愛，豕交之。愛而不敬，獸畜之。《文選》東廣微《補亡詩》注引《孟子》「弗」作「不」，無二「也」字。　慧琳《一切經音義》六十四引同。　慧琳引《孟子注》，有劉熙無趙岐，則知《文選》所據亦劉本。

愛而不敬，若人畜禽獸，但愛而不敬也。同上。

古人之關禦暴，今人之關爲暴。《意林》。

今人之關，出入征税。《意林》。　德輝按：趙注云「今之爲關，反以征税出入之人」，與此義同。　惟此引經注多「人」字爲異，故定爲劉本也。　劉雖略後于趙，詞意因襲，注家之常。　至《意林》所引經文，或與今本迴異，疑馬氏删潤成文，難以依據，故不録焉。

誒而不知。

誒，何也，爲言何爲不知。唐卷子本《玉篇・言部》引《孟子注》有此句，今本無之。　未知所見爲何本，姑存以坿于後云。

孟子曰：「欒正子春，生孝也；茅亶，死孝也。」此條見《孟子外書・孝經弟三》，因有劉熙注，録之。

茅亶，鄒大夫。喪母，哀毁而死。　熙時子《外書》注。

附無攷一條

劉熙云：人所瞻戴也。慧琳《一切經音義》二十。

癸巳孟子説（存目，見《張栻全集》）

〔南宋〕張栻　撰

孟子字義疏證

〔清〕戴震 撰
高海波 校點

目録

校點説明

戴震，字東原，安徽休寧人，生於清雍正元年（一七二四），卒於乾隆四十二年（一七七七），年五十四，是清代著名的漢學家與思想家。戴震一生坎坷，年二十九補休寧縣學生。四十歲始獲鄉薦，後會試屢不第。乾隆三十八年，四庫館開，以舉人特召充纂修官。乾隆四十年，會試又不第，「奉命與乙未貢士一體殿試，賜同進士出身，授翰林院庶吉士」。在館五年，「用心過勞」，兼爲庸醫所誤，四十二年丁酉，卒於京師寓所。（段玉裁《戴東原先生年譜》，中華書局校點本《戴震文集》）

戴震的著述，據梁啓超《戴東原著述纂校書目》及胡樸安《戴先生所著書考》，其平生著作及纂校之書近五十種。內容涉及天文、曆法、算學、地理、聲韻、訓詁、哲學等多個領域。不過，戴震最重視的著作還是《孟子字義疏證》，他説：「僕生平論述最大者爲《孟子字義疏證》一書，此正人心之要。」（《與段茂堂等第十一札》，黄山書社本《戴震全書》）

理學自北宋周、張、二程造端，至南宋朱子集其大成。朱子學説在當時被貶爲僞學，在宋理宗時獲得平反，逐漸爲官方接受。朱子集其畢生精力所著的《四書章句集註》也在元仁宗皇慶二年（一三一三）被確定爲科舉考試的標準教材。與朱子同時的陸象山，以發明本心爲宗旨，在當時被朱子目爲禪學，後遂不顯。然進入明代，作爲官學的程朱理學日趨教條化，有識之士厭薄之，遂有王陽明出而大暢心學，與象山爲近，後人稱陸、王。然王學雖大盛於明代，迨及晚明，流弊又叢生，顧炎武將其流禍比之魏晉清談。進入清代，學術由虛轉實，反理學思潮開始興起。清初之潘平格至有「朱子道，陸子禪」之説（李塨《恕谷後集・萬季野小傳》,《叢書集成初編》本),顏元亦以宋明理學爲譏。戴震亦爲此潮流的中堅人物。在《疏證》中,戴震批評程朱視理爲「如有物焉,得於天而具於心」,而主張理爲事物之條理,「理者,察之而幾微必區以別之名也」。在理欲關係上,戴震堅持理欲統一,反對宋儒將天理人欲對立起來的「存天理,滅人欲」之説,認爲「理欲之辨,適成忍而殘殺之具」,高呼:「人死於法,猶有憐之者,死於理,其誰憐之!」(《孟子字義疏證》卷上)其他在道器、天命氣質、性情才等關係上,戴震皆一一置辯,認爲程、朱、陸、王乃雜入釋老之説,與孔、孟本旨差之毫釐,謬以千里。凡此,皆具有近代因素,有些學者甚至視戴震爲中國啓蒙主義之先驅。

戴震在《與是仲明論學書》中云:「經之至者,道也,所以明道者其詞也,所以成詞者字也。由字以通其詞,由詞以通其道,必有漸。」(中華書局校點本《戴震文集》)闡明了自己與宋明儒不同的治學方法。《孟子字義疏證》即是戴震運用這一方法對《孟子》一書中重要哲學概念重作闡述的著作。本書分上、中、下三卷。卷上《理》十五條;卷中《天道》四條,《性》九條;卷下《才》三條,《道》四條,《仁義禮智》兩條,《誠》兩條,《權》四條(按:微波榭本《孟子字義疏證》目録作「權五條」,但正文實際只有四條)。前有自序,後附《答彭進士書》。

關於此書的成書年代,據錢穆先生《中國近三百年學術史》考證,應爲乾隆丙申(一七七六)。段玉裁《答程易田丈書》取《疏證》與《緒言》互證,以《疏證》爲乾隆丙申、丁酉間所作。乾隆五十七年,段玉裁刊刻《戴東原集》,收入《孟子字義疏證序》,下有「丙申」二字,因此《疏證》應該作於乾隆丙申。《疏證》一書,版本頗多。乾隆四十二年至四十四年,曲阜孔繼涵刊刻《戴氏遺書》,首次收入此書。《戴氏遺書》又收入《微波榭叢書》,故而此本常稱微波榭本。道光二十三年(一八四三)錢熙祚輯,錢培讓、錢培傑續輯的《指海叢書》亦收録此書(簡稱指海本)。後光緒十三年至二十五年(一八八七—一八九九),番禺梁鼎芬於肇慶端溪書院刊刻《端溪叢書》,也收入《疏證》(簡稱「端溪本」)。光緒三十一年上海國學保存會編輯《國粹叢書》、民國十三年胡適編輯《戴氏三種》、民國二十五年安徽叢書編印處編輯《戴東原先生全集》,均收入此書。諸本皆從微波榭本而來,只有個别文字的差異。經比對,時間上較早刊刻的指海本與端溪本較有校勘價值。另外,胡適在編輯《戴氏三種》時,對《疏證》進行了文字上的校勘,也有參考價值(北京樸社出版,簡稱「樸社本」)。本次校點以《續修四庫全書》影印上海辭書出版社圖書館藏清乾隆孔氏刻《微波榭叢書》本爲底本,以指海本、端溪本對校,以樸社本參校,並參考了一九八二年中華書局何文光整理本。

整理過程中的疏誤不當之處,還望讀者指正。

校點者　高海波

序

余少讀《論語》，端木氏之言曰：「夫子之文章可得而聞也，夫子之言性與天道不可得而聞也。」❶讀《易》乃知言性與天道在是。周道衰，堯、舜、禹、湯、文、武、周公致治之法，煥乎有文章者，棄爲陳迹。孔子既不得位，不能垂諸制度禮樂，是以爲之正本溯源，使人於千百世治亂之故，制度禮樂因革之宜，如持權衡以御輕重，如規矩準繩之於方圜平直，言似高遠而不得不言。自孔子言之，寔言前聖所未言，微孔子，孰從而聞之？故曰「不可得而聞」。

是後私智穿鑿者亦警於亂世，或以其道全身而遠禍，或以其道能誘人心，有治無亂。而謬在大本，舉一廢百。意非不善，其言祇足以賊道，孟子於是不能已於與辯。當是時，群共稱孟子好辯矣。《孟子》之書有曰「我知言」，曰「遊於聖人之門者難爲言」。蓋言之謬，非終於言也，將轉移人心。心受其蔽，必害於事，害於政。彼目之曰小人之害天下後世也，顯而共見；目之曰賢智君子之害天下後世也，相率趨之以爲美言，其入人心深，禍斯民也大，而終莫之或寤，辯惡可已哉？孟子辯楊、墨，後人習聞楊、墨、老、莊、佛之言，且以其言汩亂孟子之言，是又後乎孟子者之不可已也。苟吾不能知之亦已矣，吾知之

❶「可」，原奪，據指海本、樸社本及下引補。

而不言，是不忠也，是對古聖人賢人而自負其學，對天下後世之仁人而自遠於仁也。吾用是懼，述《孟子字義疏證》三卷。韓退之氏曰：「道於楊、墨、老、莊、佛之學而欲之聖人之道，猶航斷港絶潢以望至於海也。故求觀聖人之道，必自孟子始。」嗚呼！不可易矣。休寧戴震。

孟子字義疏證卷上

理

理者，察之而幾微必區以別之名也，是故謂之分理。在物之質曰肌理，曰腠理，曰文理。亦曰文縷。理、縷，語之轉耳。得其分則有條而不紊，謂之條理。孟子稱孔子之謂集大成，曰：「始條理者，智之事也；終條理者，聖之事也。」聖智至孔子而極其盛，不過舉條理以言之而已矣。《易》曰：「易簡而天下之理得。」自乾坤言，故不曰仁智而曰易簡。以易知，知一於仁愛平恕也；以簡能，能一於行所無事也。「易則易知，易知則有親，有親則可久，可久則賢人之德」，若是者，仁也；「簡則易從，易從則有功，有功則可大，可大則賢人之業」，若是者，智也。天下事情條分縷晰，以仁且智當之，豈或爽失幾微哉？《中庸》曰：「文理密察，足以有別也。」《樂記》曰：「樂者，通倫理者也。」鄭康成注云：「理，分也。」許叔重《説文解字序》曰：「知分理之可相别異也。」古人所謂理，未有如後儒之所謂理者矣。

問：古人之言天理，何謂也？

曰：理也者，情之不爽失也，未有情不得而理得者也。凡有所施于人，反躬而静思之：人以此施于我，能受之乎？凡有所責于人，反躬而静思之：人以此責于我，能盡之乎？以我絜之人，則理明。天理云者，言乎自然之分理也。自然之分理，以我之情絜人之情，而無不得其平是也。《樂記》曰：「人生而靜，天之性也；感于物而動，性之欲也。物至知知，然後好惡形焉。好惡無節于内，知誘于外，不能反躬，天理滅矣。」滅者，滅没不見也。又曰：「夫物之感人無窮，而人之好惡無節，則是物至而人化物也。人化物也者，滅天理而窮人欲者也。于是有悖逆詐僞之心，有淫泆作亂之事。是故强者脅弱，衆者暴寡，知者詐愚，勇者苦怯，疾病不養，老幼孤獨不得其所，此大亂之道也。」誠以弱、寡、愚、怯與夫疾病、老幼孤獨，反躬而思其情，人豈異于我？蓋方其静也，未感于物，其血氣心知湛然無有失，揚雄《方言》曰：「湛，安也。」郭璞注云：「湛然，安貌。」故曰天之性。及其感而動，則欲出于性，一人之欲，天下人之同欲也，❶故曰性之欲。好惡既形，遂己之好惡，忘人之好惡，往往賊人以逞欲。反躬者，以人之逞其欲，思身受之之情也。情得其平，是爲好惡之節，是爲依乎天理。《莊子》：庖丁爲文惠君解牛，自言：「依乎天理，批大郤，導大窾，因其固然，技經肯綮之未嘗，而况大軱乎？」天理，即其所謂「彼節者有間，而刀刃者無厚，以無厚入有間」，適如其天然之分理也。古人所謂天理，未有如後儒之所謂天理者矣。

問：以情絜情而無爽失，于行事誠得其理矣。情與理之名何以異？

曰：在己與人皆謂之情，無過情無不及情之謂理。《詩》曰：「天生烝民，有物有則；民之秉彝，好是懿德。」孔子曰：「作此詩者，其知道乎！」孟子申之曰：「故有物必有則，民之秉彝也，故好是懿德。」以秉持爲經常曰則，以各如其區分曰理，以寔

❶「之」，原重文，據指海本、端溪本删。

之于言行曰懿德。物者，事也，語其事不出乎日用飲食而已矣。舍是而言理，非古賢聖所謂理也。

問：孟子云：「心之所同然者，謂理也，義也。聖人先得我心之所同然耳。」是理又以心言，何也？

曰：心之所同然始謂之理，謂之義，則未至于同然，存乎其人之意見，非理也，非義也。凡一人以爲然，天下萬世皆曰是不可易也，此之謂同然。舉理，以見心能區分；舉義，以見心能裁斷。分之各有其不易之則名曰理，如斯而宜名曰義。是故明理者，明其區分也；精義者，精其裁斷也。不明，往往界于疑似而生惑；不精，往往雜于偏私而害道。求理義而智不足者也，故不可謂之理義。自非聖人，鮮能無蔽，有蔽之深，有蔽之淺者。人莫患乎蔽而自智，任其意見，執之爲理義。吾懼求理義者以意見當之，孰知民受其禍之所終極也哉！

問：宋以來儒書之言，以理爲「如有物焉，得于天而具于心」。《朱子語録》云：「理無心則無著處。」又云：「凡物有心而其中必虛，人心亦然。止這些虛處，便包藏許多道理，推廣得來，蓋天蓋地，莫不由此。此所以爲人心之好歟？理在人心是謂之性。心是神明之舍，爲一身之主宰；性便是許多道理，得之天而具於心者。」今釋《孟子》，乃曰「一人以爲然，天下萬世皆曰是不可易也，此之謂同然」，是心之明能於事情不爽失，使無過情無不及情之謂理，非如有物焉具於心矣。又以未至於同然，存乎其人之意見，不可謂之理義。在孟子言「聖人先得我心之同然」，固未嘗輕以許人，是聖人始能得理。然人莫不有家，進而國事，進而天下，豈待聖智而後行事歟？

曰：六經、孔、孟之言，以及傳記群籍，理字不多見。今雖至愚之人，悖戾恣睢，其處斷一事，責詰一人，莫不輒曰理者，自宋以來始相習成俗，則以理爲如有物焉，得于天而具于心，因以心之意見當之也。于是負其氣，挾其勢位，加以口給者，理伸；力弱氣慴，口不能道辭者，理屈。嗚呼！其孰謂以此制事，以此制人之非理哉？即其人廉潔自持，心無私慝，而至于處斷一事，責詰一人，憑在己之意見，是其所是而非其所非，方自信嚴氣正性，嫉惡如讎，而不知事情之難得，是非之易失于偏，往往人受其禍，己且終身不寤，或事後乃明，悔已無及。嗚呼，其孰謂以此制事，以此治人之非理哉！天下智者少而愚者多。以其心知明于衆人，則共推之爲智，其去聖人甚遠也。以衆人與其所共推爲智者較其得理，則衆人之蔽必多；以衆所共推爲智者與聖人較其得理，則聖人然後無蔽。凡事至而心應之，其斷于心，輒曰理如是，古賢聖未嘗以爲理也。不惟古賢聖未嘗以爲理，昔之人異于今人之一啓口而曰理，其亦不以爲理也。昔人知在己之意見不可以理名，而今人輕言之。夫以理爲如有物焉，得于天而具于心，未有不以意見當之者也。今使人任其意見則謬，使人自求其情則得。子貢問曰：「有一言而可以終身行之者乎？」子曰：「其恕乎！己所不欲，勿施于人。」《大學》言治國平天下，不過曰「所惡于上，毋以使下；所惡于下，毋以事上」，以位之卑尊言也；「所惡於前，毋以先後；所惡於後，毋以從前」，以長于我與我長言也；「所惡於右，毋以交於左；所惡於左，毋以交於右」，以等於我言也。曰「所不欲」，曰「所惡」，不過人之常情，不言理而理盡于此。惟以情絜情，故其於事也，非心出一意見以處之。苟舍情求理，其所謂理，無非意見也。未有任其意見而不禍斯民者。

問：以意見爲理，自宋以來莫敢致斥者，謂理在人心故也。今曰理在事情，於心之所同然，洵無可疑矣。孟子舉以見人性之善，其說可得聞歟？

曰：孟子言：「口之於味也，有同耆焉；耳之於聲也，有同聽焉；目之於色也，有同美焉。至於心，獨無所同然乎？」明理義之悦心，猶味之悦口，聲之悦耳，色之悦目之爲性。味也、聲也、色也在物，而接於我之血氣；理義在事，而接於我之心知。血氣心知有自具之能：口能辨味，耳能辨聲，目能辨色，心能辨夫理義。味與聲色在物不在我，接于我之血氣，能辨之而悦之，其悦者，必其尤美者也；理義在事情之條分縷析，接于我之心知，能辨之而悦之，其悦者，必其至是者也。子産言：「人生始化曰魄，既生魄，陽曰魂。」曾子言：「陽之精氣曰神，陰之精氣曰靈。神靈者，品物之本也。」蓋耳之能聽，目之能視，鼻之能臭，口之知味，魄之爲也，所謂靈也，陰主受者也；心之精爽，有思輒通，魂之爲也，所謂神也，陽主施者也。主施者斷，主受者聽，故孟子曰：「耳目之官不思，心之官則思。」是思者，心之能也。精爽有蔽隔而不能通之時，及其無蔽隔無弗通，乃以神明稱之。凡血氣之屬皆有精爽，其心之精爽鉅細不同：如火光之照物，光小者其照也近，所照者不謬也，所不照斯疑謬承之，❶不謬之謂得理；其光大者其照也遠，得理多而失理少。且不特遠近也，光之及又有明闇，故于物有察有不察。察者盡其寔，不察斯疑謬承之，疑謬之謂失理。失理者，限于質之昧，所謂愚也。惟學可以增益其不足而進于智，益之不已，至乎其極，如日月有明，容光必照，則聖人矣。此《中庸》「雖愚必明」，《孟子》「擴而充之」之謂聖人。神明之盛也，其于事靡不得理，斯仁義禮智全矣。故理義非他，所照所察者之不謬也。何以不謬，心之神明也。人之異于禽獸者，雖同有精爽，而人能進于神明也。理義豈別若一物，求之所照所察之外，而人之精爽，能進于神明，豈求諸氣稟之外哉？

問：後儒以人之有嗜欲，出於氣稟，而理者，別于氣稟者也。今謂心之精爽，學以擴充之，進于神明，則于事靡不得理，是求理于氣稟之外者非矣。孟子專舉理義以明性善，何也？

曰：古人言性但以氣稟言，未嘗明言理義爲性，蓋不待言而可知也。至孟子時，異説紛起，以理義爲聖人治天下具，設此一法以强之從，害道之言，皆由外理義而生。人徒知耳之于聲，目之于色，鼻之于臭，口之于味之爲性，而不知心之于理義亦猶耳目鼻口之于聲色臭味也，故曰「至于心，獨無所同然乎」。蓋就其所知以證明其所不知，舉聲色臭味之欲歸之耳目鼻口，舉理義之好歸之心，皆内也，非外也。比而合之以解天下之惑，俾曉然無疑于理義之爲性，害道之言庶幾可以息矣。

❶「斯」，原作「所」，據端溪本改。

孟子明人心之通于理義，與耳目鼻口之通于聲色臭味，咸根諸性，非由後起。後儒見孟子言性則曰理義，則曰仁義禮智，不得其說，遂于氣禀之外增一理義之性歸之孟子矣。

問：聲色臭味之欲，亦宜根于心，今專以理義之好爲根于心，于「好是懿德」固然矣，抑聲色臭味之欲，徒根于耳目鼻口歟？心，君乎百體者也，百體之能，皆心之能也。豈耳悦聲，目悦色，鼻悦臭，口悦味，非心悦之乎？

曰：否。心能使耳目鼻口，不能代耳目鼻口之能，彼其能者各自具也，故不能相爲。人物受形于天地，故恒與之相通。盈天地之間有聲也，有色也，有臭也，有味也，舉聲色臭味則盈天地間者無或遺矣。外内相通，其開竅也，是爲耳目鼻口。五行有生尅，生則相得，尅則相逆，血氣之得其養、失其養繫焉。資于外足以養其内，此皆陰陽五行之所爲。外之盈天地之間，内之備于吾身，外内相得無間而養道備。「民之質矣，日用飲食」，自古及今以爲道之經也。血氣各資以養，而開竅于耳目鼻口以通之，既于是通，故各成其能而分職司之。孔子曰：「少之時，血氣未定，戒之在色；及其長也，血氣方剛，戒之在鬭；及其老也，血氣既衰，戒之在得。」血氣之所爲不一，舉凡身之嗜欲根于氣血明矣，非根于心也。孟子曰「理義之悦我心，猶芻豢之悦我口」，非喻言也。凡人行一事，有當于理義，其心氣必暢然自得；悖于理義，心氣必沮喪自失。以此見心之于理義，一同乎血氣之于嗜欲，皆性使然耳。耳目鼻口之官，臣道也；心之官，君道也。臣效其能而君正其可否。理義非他，可否之而當，是謂理義。然又非心出一意以可否之也。若心出一意以可否之，何異强制之乎？是故就事物言，非事物之外别有理義也。「有物必有則」，以其則正其物，如是而已矣。就人心言，非别有理以予之而具于心也。心之神明，於事物咸足以知其不易之則。譬有光皆能照，而中理者乃其光盛，其照不謬也。

問：學者多識前言往行，可以增益己之所不足。宋儒謂理得于天而藏于心，殆因問學之得于古賢聖而藏于心，比類以爲説歟？

曰：人之血氣心知本乎陰陽五行者，性也。如血氣資飲食以養，其化也，即爲我之血氣，非復所飲食之物矣。心知之資于問學，其自得之也亦然。以血氣言，昔者弱而今者强，是血氣之得其養也。以心知言，昔者狹小而今也廣大，昔者闇昧而今也明察，是心知之得其養也。故曰「雖愚必明」。人之血氣心知，其天定者往往不齊，得養不得養，遂至于大異。苟知問學猶飲食，則貴其化，不貴其不化。記問之學，入而不化者也。自得之，則居之安，資之深，取之左右逢其源，我之心知極而至乎聖人之神明矣。神明者，猶然心也，非心自心而所得者藏于中之謂也。心自心而所得者藏于中，以之言學，尚爲物而不化之學，况以之言性乎？

問：宋以來之言理也，其説爲「不出于理則出于欲，不出于欲則出于理」，故辨乎理欲之界，以爲君子小人于此焉分。今以情之不爽失爲理，是理者，存乎欲者也。然則無欲亦非歟？

曰：孟子言「養心莫善于寡欲」，明乎欲不可無也，寡之而已。人之生也，莫病於無以遂其生。欲遂其生，亦遂人之生，仁也；欲遂其生，至于戕人之生而不顧者，不仁也。不仁實始於欲遂其生之心，使其無此欲，必無不仁矣。然使其無此欲，則於天下之人生道窮促，亦將漠然視之。己不必遂其生而遂人之生，無是情也。然則謂不出于正則出于邪，不出于邪則出于正，可也。謂不出于理則出于欲，不出于欲則出于理，不可也。欲其物，理其則也。不出于邪而出于正，猶往往有意見之偏，未能得理。而宋以來之言理欲也，徒以爲正邪之辨而已矣。不出于邪而出于正，則謂以理應事矣。理與事分爲二而與意見合爲一，是以害事。夫事至而應者，心也。心有所蔽，則于事情未之能得，又安能得理乎？自老氏貴于抱一，貴于無欲，莊周書則曰：「聖人之靜也，非曰靜也，善故靜也。萬物無足以撓心者，故靜也。水靜猶明，而况精神？聖人之心靜乎！夫虛靜恬淡寂寞無爲者，天地之平而道德之至。」周子《通書》曰：「『聖可學乎？』曰：『可。』『有要乎？』曰：『有。』『請問焉。』曰：『一爲要。一者，無欲也。無欲則靜虛動直，靜虛則明，明則通；動直則公，公則溥。明通公溥，庶矣哉！』」此即老、莊、釋氏之説。朱子亦屢言「人欲所蔽」，皆以爲無欲則無蔽，非《中庸》「雖愚必明」之道也。有生而愚者，雖無欲亦愚也。凡出于欲，無非以生以養之事，欲之失爲私，不爲蔽。自以爲得理，而所執之實謬，乃蔽而不明。天下古今之人，其大患私與蔽二端而已。私生于欲之失，蔽生于知之失。欲生于血氣，知生于心。因私而咎欲，因欲而咎血氣；因蔽而咎知，因知而咎心。❶老氏所以言「常使民無知無欲」，彼自外其形骸，貴其真宰。後之釋氏，其論説似異而實同。宋儒出入於老、釋，程叔子撰《明道先生行狀》云：「自十五六時，聞周茂叔論道，遂厭科舉之業，慨然有求道之志。泛濫于諸家，出入于老、釋者幾十年。返求諸六經，然後得之。」吕與叔撰《横渠先生行狀》云：「范文正公勸讀《中庸》，先生讀其書，雖愛之，猶以爲未足。又訪諸釋、老之書，累年，盡究其説，知無所得，返而求之六經。」《朱子語類》廖德明録癸巳所聞：「先生言：二三年前見得此事尚鶻突，爲他佛説得相似，近年來方看得分曉。」考朱子慕禪學在十五六時，年二十四見李愿中，教以看聖賢言語，而其後復入于釋氏。至癸巳，年四十四矣。故雜乎老、釋之言以爲言。《詩》曰：「民之質矣，日用飲食。」《記》曰：「飲食男女，人之大欲存焉。」聖人治天下，體民之情，遂民之欲，而王道備。人知老、莊、釋氏異于聖人，聞其無欲之説，猶未之信也。於宋儒，則信以爲同於聖人。理欲之分，人人能言之。故今之治人者，視古賢聖體民之情，遂民之欲，多出於鄙細隱曲，不措諸意，不足爲怪。而及其責以理也，不難舉曠世之高節，著于義而罪之。尊者以理責卑，長者以理責幼，貴者以理責賤，雖失，謂之順；卑者、幼者、賤者以理争之，雖得，謂之逆。於是下之人，不能以天下之同情，天下所同欲，達之於上。上以理責其下，而在下之罪，人人不勝指數。人死於法，猶有憐之者，死於理，其誰憐之？嗚呼，雜乎老、釋之言以爲言，其禍甚於申、韓如是也。六經、孔、孟之書，豈嘗以理爲如有物焉，外乎人之性之發爲情

❶「心」，原奪，據指海本、樸社本補。

欲者，而强制之也哉？ 孟子告齊、梁之君曰「與民同樂」，曰「省刑罰，薄税斂」，曰「必使仰足以事父母，俯足以畜妻子」，曰「居者有積倉，行者有裹囊」，曰「内無怨女，外無曠夫」，仁政如是，王道如是而已矣。

問：《樂記》言滅天理而窮人欲，其言有似於以理欲爲邪正之别，何也？

曰：性，譬則水也；欲，譬則水之流也。節而不過則爲依乎天理，爲相生養之道，譬則水由地中行也。窮人欲而至於有悖逆詐僞之心，有淫泆作亂之事，譬則洪水横流，泛濫于中國也。聖人教之反躬，以己之加于人，設人如是加於己，而思躬受之之情，譬則禹之行水，行其所無事，非惡泛濫而塞其流也。惡泛濫而塞其流，其立説之工者且直絶其源，是遏欲無欲之喻也。「口之於味也，目之於色也，耳之於聲也，鼻之於臭也，四肢之於安佚也」，此後儒視爲人欲之私者，而孟子曰「性也」，繼之曰「有命焉」。命者，限制之名，如命之東則不得而西，言性之欲之不可無節也。節而不過，則依乎天理，非以天理爲正，人欲爲邪也。天理者，節其欲而不窮人欲也。是故欲不可窮，非不可有，有而節之，使無過情、無不及情，可謂之非天理乎？

問：《中庸》言「君子戒慎乎其所不覩，恐懼乎其所不聞」，言「君子必慎其獨」，後儒因有存理遏欲之説。今曰「欲譬則水之流」，則流固不可塞。誠使水由地中行，斯無往不得其自然之分理。存此意以遏其泛濫，於義未爲不可通。然《中庸》之言不徒治之於泛濫也，其意可得聞歟？

曰：所謂戒慎恐懼者，以敬肆言也。

凡對人者，接于目而覩，則戒慎其儀容；接于耳而聞，則恐懼有愆謬。君子雖未對人亦如是，蓋敬而不敢少肆也。篇末云「君子不動而敬，不言而信」是也。所謂慎獨者，以邪正言也。凡有所行，端皆起于志意，如見之端起于隱，顯之端起于微。其志意既動，人不見也，篇末云「君子内省不疚，無惡于志。君子之所不可及者，其唯人之所不見乎」是也。蓋方未應事則敬肆分，事至而動則邪正分。敬者恒自檢柙，肆則反是。正者不牽于私，邪則反是。必敬必正，而意見或偏，猶未能語于得理。雖智足以得理，而不敬則多疏失，不正則盡虛僞。三者，一虞于疏，一嚴于僞，一患于偏，各有所取也。

問：自宋以來謂「理得于天而具于心」，既以爲人所同得，故于智愚之不齊歸諸氣禀，而敬肆邪正概以寔其理欲之說。老氏之「抱一」、「無欲」，釋氏之「常惺惺」，彼所指者曰「真宰」，曰「真空」，莊子云：「若有真宰而特不得其眹。」釋氏書云：❶「即此識情便是真空妙智。」又云：「真空則能攝衆有而應變。」又云：「湛然常寂，應用無方，用而常空，空而常用。用而不有，即是真空，空而不無，即成妙有。」而易以理字便爲聖學。既以理爲得於天，故又創理氣之說，譬之二物渾淪。《朱子語録》云：「理與氣決是二物，但在物上看，則二物渾淪不可分開，各在一處，然不害二物之各爲一物也。」於理極其形容，指之曰「浄潔空闊」。問「先有理後有氣」之說。朱子曰：「不消如此說。而今知他合下先是有理，後有氣邪？後有理，先有氣邪？皆不可得而推究。然以意度之，則疑此氣是依傍道理行，及此氣之聚，則理亦在焉。蓋氣則能凝結造作，理卻無情意，無制度，❷無造作。止此氣凝聚處，理便

❶ 「書」，指海本作「則」。

❷ 「制」，明成化九年陳煒刻本《朱子語類》作「計」。

在其中。且如天地間人物草木禽獸，其生也莫不有種，定不會無種了白地生出一個物事，這個都是氣。若理則止是個净潔空闊底世界，無形迹，他卻不會造作，氣則能醖釀凝聚生物也。」不過就老、莊、釋氏所謂「真宰」、「真空」者轉之以言夫理，就老、莊、釋氏之言轉而爲六經、孔、孟之言。今何以剖别之，使截然不相淆惑歟？

曰：天地、人物、事爲，不聞無可言之理者也，《詩》曰「有物有則」是也。物者，指其實體、實事之名；則者，稱其純粹中正之名。實體、實事罔非自然，而歸於必然，天地、人物、事爲之理得矣。夫天地之大，人物之蕃，事爲之委曲條分，苟得其理矣，如直者之中懸，平者之中水，圓者之中規，方者之中矩，然後推諸天下萬世而準。《易》稱：「先天而天弗違，後天而奉天時。天且弗違，而况於人乎，况于鬼神乎！」《中庸》稱：「考諸三王而不謬，建諸天地而不悖，質諸鬼神而無疑，百世以俟聖人而不惑。」夫如是，是爲得理，是爲心之所同然。孟子曰：「規矩，方圓之至也；聖人，人倫之至也。」語天地而精言其理，猶語聖人而言乎其可法耳。尊是理而謂天地陰陽不足以當之，必非天地陰陽之理則可。天地陰陽之理，猶聖人之聖也。尊其聖而謂聖人不足以當之，可乎哉？聖人亦人也，以盡乎人之理，群共推爲聖智。盡乎人之理非他，人倫日用盡乎其必然而已矣。推而極于不可易之爲必然，乃語其至，非原其本。後儒從而過求，徒以語其至者之意言思議，視如有物，謂與氣渾淪而成。聞之者習焉不察，莫知其異于六經、孔、孟之言也。舉凡天地、人物、事爲求其必然不可易，理至明顯也。從而尊大之，不徒曰天地、人物、事爲之理，而轉其語曰理無不在，視之如有物焉，將使學者皓首茫然，求其物不得。非六經、孔、孟之言難知也，傳注相承，童而習之，不復致思也。

問：宋儒以理爲「如有物焉，得于天而具于心」，人之生也，由氣之凝結生聚，而理則湊泊附著之，朱子云：「人之所以生，理與氣合而已。天理固浩浩不窮，然非是氣則有是理而無所湊泊，故必二氣交感，凝結生聚，然後是理有所附著。」以此爲完全自足，程子云：「聖賢論天德，蓋自家元是天然完全自足之物，若無所污壞，即當直而行之；若少有污壞，即敬以治之，使復如舊。」如是則無待於學。然見於古賢聖之論學與老、莊、釋氏之廢學，截然殊致，因謂理爲形氣所污壞，故學焉以復其初。朱子於《論語》首章、於《大學》「在明明德」皆以「復其初」爲言。「復其初」之云，見莊周書。《莊子·繕性》篇云：「繕性於俗學以求復其初，滑欲于俗知以求致其明，❶謂之蔽蒙之民。」又云：「文滅質，博溺心，然後民始惑亂，無以返其性情而復其初。」蓋其所謂理，即如釋氏所謂「本來面目」，而其所謂存理，亦即如釋氏所謂「常惺惺」。釋氏書云：「不思善，不思惡，時認本來面目。」上蔡謝氏曰：「敬是常惺惺法。」王文成解《大學》「格物」「致知」，主扞禦外物之說，其言曰：「本來面目，即吾聖門所謂良知，隨物而格，是致知之功。」豈宋以來儒者其說盡援儒以入釋歟？

曰：老、莊、釋氏以其所謂「真宰」「真空」者爲完全自足，然不能謂天下之人有善而無惡，有智而無愚也，因舉善與智而毀訾之。老氏云：「絶學無憂。唯之與阿，相去幾何？善之與惡，相去何若？」又云：「以智治國，國之賊；不以智治國，國之福。」又云：「古之善爲道者，非以明民，

❶「知」，《莊子·繕性》篇作「思」。

將以愚之。」彼蓋以無欲而靜則超乎善惡之上，智乃不如愚，故直云「絶學」，又生「絶聖棄智，絶仁棄義」，此一説也。荀子以禮義生于聖心，常人學然後能明於禮義。若順其自然，則生爭奪。弗學而能，乃屬之性。學而後能，不得屬之性。故謂性惡。而其於孟子言性善也，辯之曰：「性善則去聖王，息禮義矣；性惡則興聖王，貴禮義矣。」此又一説也。荀子習聞當時雜乎老、莊、告子之説者，廢學毁禮義，而不達孟子性善之旨，以禮義爲聖人教天下制其性，使不至爭奪，而不知禮義之所由名。老、莊、告子及後之釋氏乃言如荀子所謂「去聖王，息禮義」耳。程子、朱子謂氣禀之外，天與之以理，非生知安行之聖人，未有不污壞其受於天之理者也。學而後此理漸明，復其初之所受。是天下之人，雖有所受于天之理，而皆不殊於無有，此又一説也。今富者遺其子粟千鍾，貧者無升斗之遺。貧者之子取之宫中無有，因日以其力致升斗之粟。富者之子亦必如彼之日以其力致之，而曰所致者，即其宫中者也。説必不可通，故詳於論敬而略於論學。如程子云「敬以治之，使復如舊」，而不及學。朱子於《中庸》「致中和」猶以爲戒懼慎獨。陸子静、王文成諸人，推本老、莊、釋氏之所謂「真宰」「真空」者，以爲即全乎聖智仁義，即全乎理，陸子静云：「收拾精神，自作主宰。萬物皆備於我，何有欠闕？當惻隱時，自然惻隱；當羞惡時，自然羞惡；當寬裕温柔時，自然寬裕温柔；當發强剛毅時，自然發强剛毅。」王文成云：「聖人致知之功，至誠無息。其良知之體，皦如明鏡，妍媸之來，隨物現形，而明鏡曾無所留染，所謂『情順萬事而無情也』。『無所住以生其心』，佛氏曾有是言，未爲非也。明鏡之應，妍者妍，媸者媸，一照而皆真，即是『生其心』處。妍者妍，媸者媸，一過而不留，即『無所住』處。」此又一說也。程子朱子就老、莊、釋氏所指者，轉其說以言夫理，非援儒而入釋，誤以釋氏之言雜入於儒耳。陸子静、王文成諸人就老、莊、釋氏所指者，即以理實之，是乃援儒以入於釋者也。試以人之形體與人之德性比而論之：形體始乎幼小，終乎長大；德性始乎蒙昧，終乎聖智。其形體之長大也，資於飲食之養乃長日加益，非復其初。德性資於學問，進而聖智，非復其初明矣。人物以類區分，而人所稟受，其氣清明，異於禽獸之不可開通。然人與人較，其材質等差凡幾。古賢聖知人之材質有等差，是以重問學，貴擴充。老、莊、釋氏謂有生皆同，故主於去情欲以勿害之，不必問學以擴充之。在老、莊、釋氏既守己自足矣，因毁訾仁義以伸其說。荀子謂常人之性，學然後知禮義，其說亦足以伸。陸子静、王文成諸人同於老、莊、釋氏而改其毁訾仁義者，以爲自然全乎仁義，巧於伸其說者也。程子、朱子尊理而以爲天與我，猶荀子尊禮義以爲聖人與我也。謂理爲形氣所污壞，是聖人而下形氣皆大不美，即荀子性惡之說也。而其所謂理，别爲湊泊附著之一物，猶老、莊、釋氏所謂「真宰」「真空」之湊泊附著於形體也。理既完全自足，難于言學以明理，故不得不分理氣爲二本而咎形氣。蓋其說雜糅傅合而成，令學者眩惑其中，雖六經、孔、孟之言具在，咸習非勝是，不復求通。嗚呼，吾何敢默而息乎！

問：程伯子之出入於老、釋者幾十年，返求諸六經，然後得之，見叔子所撰《行狀》。而朱子年四十内外，猶馳心空妙，其後有《答汪尚書書》言：「熹於釋氏之說，蓋嘗師其人，尊其道，求之亦切至矣，然未能有得。其後以先生君子之教，校乎前後緩急之序，於是暫置其說而從事於吾學。其始蓋未嘗一日不往來于心也，以爲俟卒究吾說而後求之，未爲甚晚。而一二年來，心獨有所自安，雖未能即有諸己，然欲復求之外學以遂其初心，不可得矣。」程、朱雖從事釋氏甚久，然終能覺其非矣，而又未合於六經、孔、孟，則其學何學歟？

曰：程子、朱子其出入于老、釋，皆以求道也。使見其道爲是，雖人以爲非而不顧。其初非背六經、孔、孟而信彼也。於此不得其解，而見彼之捐棄物欲，返觀内照，近於切己體察，爲之亦能使思慮漸清，因而冀得之爲衡事物之本。然極其致，所謂「明心見性」、「還其神之本體」者，即本體得矣。以爲如此便足，無欠闕矣。實動輒差謬，在老、莊、釋氏固不論差謬與否，而程子、朱子求道之心，久之知其不可恃以衡鑒事物，故終謂其非也。夫人之異于物者，人能明于必然，百物之生各遂其自然也。老氏言「致虛極，守静篤」，言「道法自然」，釋氏亦不出此，皆起于自私，使其神離形體而長存。老氏言「長生久視」，以死爲返其真。所謂長生者，形化而神長存也。釋氏言「不生不滅」。所謂「不生」者，不受形而生也；「不滅」者，即其神長存也。其所謂性，所謂道，專主所謂神者爲言。邵子云：「道與一，神之强名也。」又云：「神無方而性有質。」又云：「性者，道之形體；心者，性之郛郭。」又云：「人之神，即天地之神。」合其言觀之，得于老、莊最深。所謂道者，指天地之神，無方也；所謂性者，指人之神，有質也，故曰「道之形體」。邵子又云：「神統于心，氣統于腎，形統于首，形氣交而神主乎其中，三才之道也。」此顯指神宅於心，故曰「心者，性之郛郭」。邵子又云：「氣則養性，性則乘氣，故氣存則性存，性動則氣動也。」此顯指神乘乎氣而資氣以養。王文成云：「夫良知一也，以其妙用而言謂之神，以其流行而言謂之氣。」立説亦同。又即導養家所云「神之炯炯而不昧者爲性，氣之絪緼而不息者爲命」。朱子於其指神爲道、指神爲性者，皆轉以言夫理。張子云：「由太虛有天之名，由氣化有道之名，合虛與氣有性之名，合性知覺有心之名。」其所謂虛，六經、孔、孟無是言也。張子又云：「神者，太虛妙應之目。」又云：「天之不測謂神，神而有常謂天。」又云：「神，天德；化，天道。」是其曰虛、曰天，不離乎所謂神者。彼老、莊、釋氏之自貴其神，亦以爲妙應，爲冲虛，爲足乎天德矣。如云：「性周法界，净智圓妙，體自空寂。」張子又云：「氣有陰陽，推行有漸爲化，合一不測爲神。」斯言也，蓋得之矣。試驗諸人物，耳目百體會歸于心，心者，合一不測之神也。天地間百物生生，無非推本陰陽。《易》曰：「精氣爲物。」曾子曰：「陽之精氣曰神，陰之精氣曰靈，神靈者，品物之本也。」因其神靈，故不徒曰氣而稱之曰精氣。老、莊、釋氏之謬，乃於此岐而分之。內其神而外形體，徒以形體爲傳舍，以舉凡血氣之欲、君臣之義、父子昆弟夫婦之親，悉起于有形體以後，而神至虛靜，無欲無爲。在老、莊、釋氏徒見于自然，故以神爲已足。程子、朱子見于六經、孔、孟之言理義歸于必然不可易，非老、莊、釋氏所能及，因尊之以當其所謂神者爲生陽生陰之本，而別于陰陽；爲人物之性，而别于氣質。反指孔、孟所謂道者非道，所謂性者非性。獨張子之説，可以分别録之，如言「由氣化有道之名」，言「化，天道」，言「推行有漸爲化，合一不測爲神」，此數語者，聖人復起，無以易也。張子見於必然之爲理，故不徒曰神而曰「神而有常」。誠如是言，不以理爲别如一物，於六經、孔、孟近矣。就天地言之：化，其生生也；神，其主宰也。不可岐而分也。故言化則賅神，言神亦賅化。由化以知神，由化與神以知德。德也者，天地之中正也。就人言之：有血氣，則有心知；有心知，雖自聖人而下，明昧各殊，皆可學以牖其昧而進于明。天之生物也，使之一本，而以性專屬之神，則視形體爲假合，以性專屬之理，則苟非生知之聖人，不得不咎其氣質，皆二本故也。老、莊、釋氏尊其神爲超乎陰陽氣化，此尊理爲超乎陰陽氣化。朱子《答吕子約書》曰：「陰陽也，君臣父子也，皆事物也，人之所行也，形而下者也，萬象紛羅者也。是數者，各有當然之理，即所謂道也，當行之路也，形而上者也，冲漠無朕者也。」然則《易》曰「立天之道，曰陰與陽」，《中庸》曰「君臣也，父子也，夫婦也，昆弟也，朋友之交也，五者，天下之達道也」，皆僅及事物而即謂之道，豈聖賢之立言，不若朱子言之辨析歟？聖人順其血氣之欲，則爲相生養之道，於是視人猶己則忠，以己推之則恕，憂樂於人則仁，出於正不出於邪則義，恭敬不侮慢則禮，無差謬之失則智。曰忠恕，曰仁義禮智，豈有他哉？常人之欲，縱之至於邪僻，至于争奪作亂。聖人之欲，無非懿德。欲同也，善不善之殊致若此。欲者，血氣之自然;其「好是懿德」也,心知之自然,此孟子所以言性善。心知之自然,未有不悦理義者,未能盡得理合義耳。由血氣之自然而審察之以知其必然,是之謂理義。自然之與必然,非二事也。就其自然,明之盡而無幾微之失焉,是其必然也。如是而後無憾,如是而後安,是乃自然之極則。若任其自然而流于失,轉喪其自然,而非自然也。故歸于必然,適完其自然。夫人之生也,血氣心知而已矣。老、莊、釋氏見常人任其血氣之自然之不可,而静以養其心知之自然。於心知之自然謂之性,血氣之自然謂之欲,説雖巧變,要不過分血氣、心知爲二本。荀子見常人之心知,而以禮義爲聖心,見常人任其血氣、心知之自然之不可,而進以禮義之必然。于血氣、心知之自然謂之性,于禮義之必然謂之教,合血氣、心知爲一本矣,而不得禮義之本。程子、朱子見常人任其血氣、心知之自然之不可,而進以理之必然。於血氣、心知之自然謂之氣質,于理之必然爲之性,亦合血氣、心知爲一本矣,而更增一本。分血氣、心知爲二本者,程子斥之曰「異端本心」,而其增一本也,則曰「吾儒本天」。如其説,是心之爲心,人也,非天也;性之爲性,天也,非人也。以天别於人,實以性爲别於人也。人之爲人,性之爲性,判若彼此,自程子、朱子始。告子言:「以人性爲仁義,猶以杞柳爲桮棬。」孟子必辨之,爲其戕賊一物而爲之也。况判若彼此,豈有不戕賊者哉!蓋程子、朱子之學,借階于老、莊、釋氏,故僅以「理」之一字易其所謂「真宰」「真空」者,而餘無所易。其學非出于荀子,而偶與荀子合。故彼以爲惡者,此亦咎之；彼以爲出於聖人者，此以爲出於天。出於天與出於聖人，豈有異乎？天下惟一本，無所外。有血氣則有心知，有心知則學以進於神明，一本然也。有血氣、心知，則發乎血氣、心知之自然者，明之盡，使無幾微之失，斯無往非仁義，一本然也。苟岐而二之，未有不外其一者。六經、孔、孟而下，有荀子矣，有老、莊、釋氏矣，然六經、孔、孟之道猶在也。自宋儒雜荀子及老、莊、釋氏以入六經、孔、孟之書，學者莫知其非，而六經、孔、孟之道亡矣。

孟子字義疏證卷上終

孟子字義疏證卷中

天　道

道，猶行也，氣化流行，生生不息，是故謂之道。《易》曰：「一陰一陽之謂道。」《鴻範》：「五行：一曰水，二曰火，三曰木，四曰金，五曰土。」行亦道之通稱。《詩·載馳》：「女子善懷，亦各有行。」毛傳云：「行，道也。」《竹竿》：「女子有行，遠兄弟父母。」鄭箋云：「行，道也。」舉陰陽則賅五行，陰陽各具五行也；舉五行即賅陰陽，五行各有陰陽也。《大戴禮記》曰：「分於道謂之命，形於一謂之性。」言分於陰陽、五行以有人物，而人物各限於所分以成其性。陰陽、五行，道之實體也；血氣、心知，性之實體也。有實體，故可分；惟分也，故不齊。古人言性惟本於天道如是。

問：《易》曰：「形而上者謂之道，形而下者謂之器。」程子云：「惟此語截得上下最分明，元來止此是道，要在人默而識之。」後儒言道，多得之此。朱子云：「陰陽，氣也，形而下者也。所以一陰一陽者，理也，形而上者也。道即理之謂也。」朱子此言，以道之稱惟理足以當之。今但曰「氣化流行，生生不息」，乃程、朱所目爲形而下者，其說據《易》之言以爲言，是以學者信之。然則《易》之解可得聞歟？

曰：氣化之于品物，則形而上下之分也。形乃品物之謂，非氣化之謂。《易》又有之：「立天之道，曰陰與陽。」直舉陰陽，不聞辯别所以陰陽而始可當道之稱，豈聖人立言皆辭不備哉？一陰一陽，流行不已，夫是之爲道而已。古人言辭，「之謂」、「謂之」有異。凡曰「之謂」，以上所稱解下，如《中庸》「天命之謂性，率性之謂道，脩道之謂教」，此爲性、道、教言之。若曰性也者天命之謂也，道也者率性之謂也，教也者脩道之謂也。《易》「一陰一陽之謂道」，則爲天道言之，若曰道也者一陰一陽之謂也。凡曰「謂之」者，以下所稱之名辨上之實，如《中庸》「自誠明謂之性；自明誠謂之教」，此非爲性教言之，以性教區别「自誠明」「自明誠」二者耳。《易》「形而上者謂之道，形而下者謂之器」，本非爲道器言之，以道器區别其形而上、形而下耳。形謂已成形質，形而上猶曰形以前，形而下猶曰形以後。如言千載而上，千載而下。《詩》「下武維周」，鄭箋云：「下，猶後也。」陰陽之未成形質，是謂形而上者也，非形而下明矣。器言乎一成而不變，道言乎體物而不可遺。不徒陰陽非形而下，如五行水火木金土，有質可見，固形而下也，器也。其五行之氣，人物咸禀受于此，則形而上者也。《易》言「一陰一陽」，《洪範》言「初一曰五行」，舉陰陽，舉五行，即賅鬼神。《中庸》言鬼神之「體物而不可遺」，即物之不離陰陽、五行以成形質也。由人物遡而上之，至是止矣。六經、孔、孟之書，不聞理氣之辨，而後儒創言之，遂以陰陽屬形而下，實失道之名義也。

問：後儒論陰陽，必推本太極，云：「無極而太極。太極動而生陽，動極而静；静而生陰，静極復動。一動一静，互爲其根。分陰分陽，兩儀立焉。」朱子釋之云：「太極生陰陽，理生氣也。陰陽既生，則太極在其中，理復在氣之内也。」又云：「太極，形而上之道也；陰陽，形而下之器也。」今既辨明形乃品物，非氣化，然則「太極」「兩儀」後儒據以論道者，亦必傅合失之矣。自宋以來，學者惑之已久，將何以解其惑歟？

曰：後世儒者紛紛言太極，言兩儀，非孔子贊《易》太極、兩儀之本指也。孔子曰：「《易》有太極，是生兩儀。兩儀生四象，四象生八卦。」曰「儀」，曰「象」，曰「卦」，皆據作《易》言之耳，非氣化之陰陽得兩儀、四象之名。《易》備于六十四，自八卦重之，故八卦者，《易》之小成，有天、地、山、澤、雷、風、水、火之義焉。其未成卦，畫一奇以儀陽，一偶以儀陰，故稱兩儀。奇而遇奇，陽已長也，以象太陽；奇而遇偶，陰始生也，以象少陰。偶而遇偶，陰已長也，以象太陰；偶而遇奇，陽始生也，以象少陽。伏羲氏覩于氣化流行，而以奇偶儀之象之。孔子贊《易》，蓋言《易》之爲書，起于卦畫，非漫然也。實有見于天道一陰一陽爲物之終始會歸，乃畫奇偶兩者從而儀之，故曰「《易》有太極，是生兩儀」。既有兩儀，而四象，而八卦，以次生矣。孔子以太極指氣化之陰陽，承上文「明于天之道」言之，即所云「一陰一陽之謂道」，以兩儀、四象、八卦指《易》畫。後世儒者以兩儀爲陰陽，而求太極于陰陽之所由生，豈孔子之言乎？

問：宋儒之言形而上下，言道器，言太極、兩儀，今據孔子贊《易》本文疏通證明之，洵於文義未協。其見於理氣之辨也，求之六經中無其文，故借太極、兩儀、形而上下之語以飾其説，以取信學者歟？

曰：舍聖人立言之本指而以己説爲聖人所言，是誣聖。借其語以飾吾之説以求取信，是欺學者也。誣聖欺學者，程、朱之賢不爲也。蓋其學借階于老、莊、釋氏，是故失之。凡習于先入之言，往往受其蔽而不自覺。在老、莊、釋氏就一身分言之，有形體，有神識，而以神識爲本。推而上之，以神爲有天地之本，老氏云：「有物混成，先天地生。」又云：「道之爲物，惟恍惟忽。忽兮恍兮，其中有象；恍兮忽兮，其中有物。」釋氏書：問：「如何是佛？」曰：「見性爲佛。」「如何是性？」曰：「作用爲性。」「如何是作用？」曰：「在目曰見，在耳曰聞，在鼻臭香，在口談論，在手執捉，在足運奔。偏見俱該法界，收攝在一微塵，識者知是佛性，不識喚作精魂。」遂求諸無形無迹者爲實有，而視有形有迹爲幻。在宋儒以形氣神識同爲己之私，而理得于天。推而上之，于理氣截之分明，以理當其無形無迹之實有，而視有形有迹爲粗。益就彼之言而轉之，朱子辨釋氏云：「儒者以理爲不生不滅，釋氏以神識爲不生不滅。」因視氣曰「空氣」，陳安卿云：「二氣流行，萬古生生不息，不成只是空氣，必有主宰之者，理是也。」視心曰「性之郛郭」。邵子云：「心者，性之郛郭。」是彼別形神爲二本，而宅于空氣、宅于郛郭者，爲天地之神與人之神。此別理氣爲二本，朱子云：「天地之間，有理有氣。理也者，形而上之道也，生物之本也；氣也者，形而下之器也，生物之具也。是以人物之生，必禀此理然後有性，必禀此氣然後有形。」而宅於空氣、宅於郛郭者爲天地之理與人之理。由考之六經、孔、孟，茫然不得所謂性與天道者，及從事老、莊、釋氏有年，覺彼之所指，獨遺夫理義而不言，是以觸於形而上下之云，太極、兩儀之稱，頓然有悟，遂創爲理氣之辨，不復能詳審文義。其以理爲氣之主宰，如彼以神爲氣之主宰也；以理能生氣，如彼以神能生氣也。老氏云：「一生二，二生三，三生萬物。萬物負陰而抱陽，冲氣以爲和。」以理壞於形氣，無人欲之蔽則復其初，如彼以神受形而生，不以物欲累之則復其初也。皆改其所指神識者以指理，徒援彼例此，而實非得之於此。學者轉相傳述，適所以誣聖亂經。善夫韓退之氏曰：「學者必慎所道，道於楊、墨、老、莊、佛之學而欲之聖人之道，猶航斷港絶潢以望至於海也。」此宋儒之謂也。

性

性者，分於陰陽五行以爲血氣、心知、品物，區以別焉。舉凡既生以後所有之事，所具之能，所全之德，咸以是爲其本，故《易》曰：「成之者，性也。」氣化生人生物以後，各以類滋生久矣，然類之區別，千古如是也，循其故而已矣。在氣化曰陰陽，曰五行，而陰陽五行之成化也，雜糅萬變。是以及其流形，不特品物不同，雖一類之中，又復不同。凡分形氣於父母，即爲分於陰陽五行，人物以類滋生，皆氣化之自然。《中庸》曰：「天命之謂性。」以生而限於天，故曰天命。《大戴禮記》曰：「分於道謂之命，形於一謂之性。」分於道者，分於陰陽五行也。一言乎分，則其限之於始，有偏全、厚薄、清濁、昏明之不齊，各隨所分而形於一，各成其性也。然性雖不同，大致以類爲之區別，故《論語》曰「性相近也」，此就人與人相近言之也。孟子曰「凡同類者，舉相似也，何獨至於人而疑之！

聖人與我同類者」，言同類之相似，則異類之不相似明矣。故詰告子「生之謂性」曰，「然則犬之性猶牛之性，牛之性猶人之性與」，明乎其必不可混同言之也。天道，陰陽五行而已矣。人物之性，咸分於道，成其各殊者而已矣。

問：《論語》言「性相近」，孟子言「性善」，自程子、朱子始別之，以爲截然各言一性，朱子於《論語》引程子云：「此言氣質之性，非言性之本也。若言其本，則性即是理，理無不善，孟子之言性善是也，何相近之有哉！」反取告子「生之謂性」之說爲合於孔子，程子云：「性，一也，何以言相近？此止是言氣質之性，如俗言性急、性緩之類。性安有緩急？此言性者，生之謂性也。」又云：「凡言性處，須看立意如何。且如言人性善，性之本也；生之謂性，論其所稟也。孔子言性相近，若論其本，豈可言相近？止論其所稟也。告子所云固是，爲孟子問他，他說便不是也。」創立名目曰「氣質之性」，而以理當孟子所謂善者，爲生物之本，程子云：「孟子言性，當隨文看。不以告子『生之謂性』爲不然者，此亦性也，被命受生之後，謂之性耳，故不同。繼之曰『犬之性猶牛之性，牛之性猶人之性與』，然不害爲一。若乃孟子之言善者，乃極本窮源之性。」人與禽獸得之也同，程子所謂「不害爲一」，朱子於《中庸》「天命之謂性」釋之曰：「命，猶令也。性，即理也。天以陰陽五行化生萬物，氣以成形而理亦賦焉，猶命令也。於是人物之生，因各得其所賦之理以爲健順五常之德，所謂性也。」而致疑於孟子。朱子云：「孟子言『人所以異於禽獸者幾希』，不知人何故與禽獸異？又言『犬之性猶牛之性，牛之性猶人之性與』，不知人何故與牛犬異？此兩處似欠中間一轉語，須著說是『形氣不同，故性亦少異』始得。恐孟子見得人性同處自是分曉直截，却於這些子未甚察。」是謂性即理，於《孟子》且不可通矣，其不能通於《易》、《論語》固宜。孟子聞告子言「生之謂性」，則致詰之；程、朱之說不幾助告子而議孟子歟？

曰：程子、朱子其初所講求者，老、莊、釋氏也。老、莊、釋氏自貴其神而外形體，顯背聖人，毁訾仁義。告子未嘗有神與形之别，故言「食色性也」，而亦尚其自然，故言「性無善無不善」。雖未嘗毁訾仁義，而以桮棬喻義，則是災杞柳始爲桮棬，其指歸與老、莊、釋氏不異也。凡血氣之屬，皆知懷生畏死，因而趨利避害，雖明暗不同，不出乎懷生畏死者同也。人之異於禽獸不在是。禽獸知母而不知父，限於知覺也。然愛其生之者及愛其所生，與雌雄牝牡之相愛，同類之不相噬，習處之不相齧，進乎懷生畏死矣。一私於身，一及於身之所親，皆仁之屬也。私於身者，仁其身也；及於身之所親者，仁其所親也。心知之發乎自然有如是。人之異於禽獸亦不在是。告子以自然爲性使之然，以義爲非自然，轉制其自然，使之强而相從，故言「仁，内也，非外也；義，外也，非内也」，立説之指歸，保其生而已矣。陸子静云：「惡能害心，善亦能害心。」此言實老、莊、告子、釋氏之宗指，貴其自然以保其生。誠見窮人欲而流於惡者適足害生，即慕仁義爲善，勞於問學，殫思竭慮，亦於生耗損，於此見定而心不動。其「生之謂性」之説如是也，豈得合於孔子哉！《易》、《論語》、《孟子》之書，其言性也，咸就其分於陰陽五行以成性爲言。成，則人與百物偏全、厚薄、清濁、昏明限於所分者各殊，徒曰生而已矣，適同人於犬牛而不察其殊。朱子釋《孟子》有曰：「告子不知性之爲理而以所爲氣者當之，蓋徒知知覺運動之蠢然者人與物同，而不知仁義禮智之粹然者人與物異也。」如其説，孟子但舉人物詰之可矣，又分何牛之性犬之性乎？犬與牛之異，非有仁義禮智之粹然者，不得謂孟子以仁義禮智詰告子明矣。在告子既以知覺運動爲性，使知覺運動之蠢然者人與物同，告子何不可直應之曰「然」？斯以見知覺運動之不可概人物而目爲蠢然同也。凡有生，即不隔於天地之氣化。陰陽五行之運而不已，天地之氣化也，人物之生生本乎是，由其分而有之不齊，是以成性各殊。知覺運動者，統乎生之全言之也，由其成性各殊，是以本之以生，見乎知覺運動也亦殊。氣之自然潛運，飛潛動植皆同，此生生之機肖乎天地者也，而其本受之氣與所資以養者之氣則不同。所資以養者之氣雖由外而入，大致以本受之氣召之。五行有生克，遇其克之者則傷，甚則死，此可知性之各殊矣。本受之氣及所資以養者之氣必相得而不相逆，斯外内爲一，其分於天地之氣化以生，本相得不相逆也。氣運而形不動者，卉木是也。凡有血氣者，皆形能動者也。由其成性各殊，故形質各殊，則其形質之動而爲百體之用者，利用不利用亦殊。知覺云者，如寐而寤曰覺，心之所通曰知，百體皆能覺，而心之知覺爲大。凡相忘於習則不覺，見異焉乃覺。魚相忘於水，其非生於水者不能相忘於水也，則覺不覺亦有殊致矣。聞蟲鳥以爲候，聞鷄鳴以爲辰，彼之感而覺，覺而聲應之，又覺之殊致有然矣，無非性使然也。若夫鳥之反哺，雎鳩之有别，蜂蟻之知君臣，豺之祭獸，獺之祭魚，合於人之所謂仁義者矣，而各由性成。人則能擴充其知，至於神明，仁義禮智無不全也。仁義禮智非他，心之明之所止也，知之極其量也。知覺運動者，人物之生；知覺運動之所以異者，人物之殊其性。孟子曰：「心之所同然者，謂理也，義也。聖人先得我心之所同然耳。」於義外之説必致其辨，言理義之爲性，非言性之爲理。性者，血氣心知本乎陰陽五行，人物莫不區以別焉是也。而理義者，人之心知有思輒通，能不惑乎所行也。孟子道性善，言必稱堯、舜，非謂盡人生而堯、舜也。自堯、舜而下，其等差凡幾，則其氣稟固不齊，豈得謂非性有不同？然人之心知，於人倫日用，隨在而知惻隱，知羞惡，知恭敬辭讓，知是非，端緒可舉，此之謂性善。於其知惻隱，則擴而充之，仁無不盡；於其知羞惡，則擴而充之，義無不盡；於其知恭敬辭讓，則擴而充之，禮無不盡；於其知是非，則擴而充之，智無不盡。仁義禮智，懿德之目也。孟子言「今人乍見孺子將入井，皆有怵惕惻隱之心」，然則所謂惻隱、所謂仁者，非心知之外別如有物焉藏於心也。己知懷生而畏死，故怵惕於孺子之危，惻隱於孺子之死，使無懷生畏死之心，又焉有怵惕惻隱之心？推之羞惡、辭讓、是非亦然。使飲食男女與夫感於物而動者脱然無之以歸於静、歸於一，又焉有羞惡，有辭讓，有是非？此可以明仁義禮智非他，不過懷生畏死、飲食男女與夫感於物而動者之皆不可脱然無之以歸於静、歸於一，而恃人之心知異於禽獸，能不惑乎所行，即爲懿德耳。古賢聖所謂仁義禮智，不求於所謂欲之外，不離乎血氣心知，而後儒以爲別如有物湊泊附著以爲性，由雜乎老、莊、釋氏之言，終昧於六經、孔、孟之言故也。孟子言「人無有不善」，以人之心知異於禽獸，能不惑乎所行之爲善。且其所謂善也，初非無等差之善，即孔子所云「相近」。孟子所謂「苟得其養，無物不長；苟失其養，無物不消」，所謂「求則得之，舍則失之。或相倍蓰而無算者，不能盡其才者也」，即孔子所云習至於相遠。不能盡其才，言不擴充其心知而長惡遂非也。彼悖乎禮義者，亦自知其失也，是人無有不善。以長惡遂非，故性雖善，不乏小人，孟子所謂「梏之反覆，違禽獸不遠」，即孔子所云「下愚之不移」。後儒未審其文義，遂彼此扞格。孟子曰「如使口之於味也，其性與人殊，若犬馬之與我不同類也，則天下何耆皆從易牙之於味也」，又言「動心忍性」，是孟子矢口言之，無非血氣心知之性。孟子言性，曷嘗自岐爲二哉！二之者，宋儒也。

問：凡血氣之屬，皆有精爽，而人之精爽，可進於神明。《論語》稱「上智與下愚不移」，此不待習而相遠者，雖習不足以移之，豈下愚之精爽與物等歟？

曰：生而下愚，其人難與言理義，由自絶於學，是以不移。然苟畏威懷惠，一旦觸於所畏所懷之人，啓其心而憬然覺寤，往往有之。苟悔而從善，則非下愚矣。加之以學，則日進於智矣。以不移定爲下愚，又往往在知善而不爲、知不善而爲之者，故曰「不移」，不曰「不可移」。雖古今不乏下愚，而其精爽幾與物等者，亦究異於物，無不可移也。

問：孟子之時，因告子諸人紛紛各立異說，故直以性善斷之。孔子但言相近，意在於警人慎習，非因論性而發，故不必直斷曰善歟？

曰：然。古賢聖之言至易知也，如古今之常語，凡指斥下愚者，矢口言之，每曰「此無人性」，稍舉其善端，則曰「此猶有人性」。以人性爲善稱，是不言性者，其言皆協於孟子，而言性者轉失之。無人性即所謂「人見其禽獸也」，有人性即「相近也」，善也。《論語》言相近，正見人無有不善，若不善與善相反，其遠已縣絶，何近之有！分别性與習，然後有不善，而不可以不善歸性。凡得養失養及陷溺梏亡，咸屬於習。至下愚之不移，則生而蔽錮，其明善也難，而流爲惡也易。究之，性能開通，非不可移，視禽獸之不能開通，亦異也。

問：孟子言性，舉仁義禮智四端，與孔子之舉智愚有異乎？

曰：人之相去，遠近明昧，其大較也，學則就其昧焉者牖之明而已矣。人雖有智有愚，大致相近，而智愚之甚遠者蓋鮮。智愚者，遠近等差殊科而非相反。善惡則相反之名，非遠近之名。知人之成性，其不齊在智愚，亦可知任其愚而不學不思乃流爲惡。愚非惡也，人無有不善明矣。舉智而不及仁、不及禮義者，智於天地、人物、事爲咸足以知其不易之則，仁有不至，禮義有不盡，可謂不易之則哉？發明孔子之道者，孟子也，無異也。

問：孟子言性善，門弟子如公都子已列三説，茫然不知性善之是而三説之非。荀子在孟子後，直以爲性惡而伸其崇禮義之説。荀子既知崇禮義，與老子言「禮者，忠信之薄而亂之首」及告子外義所見懸殊。又聞孟子性善之辨，於孟子言「聖人先得我心之所同然」，亦必聞之矣，而猶與之異，何也？

曰：荀子非不知人之可以爲聖人也，其言性惡也，曰「塗之人可以爲禹」。「塗之人者，皆内可以知父子之義，外可以知君臣之正，其可以知之質，可以能之具，在塗之人其可以爲禹明矣。」「使塗之人伏術爲學，專心一志，思索熟察，加日懸久，積善而不息，則通於神明，參於天地矣。故聖人者，人之所積而致也。」「聖可積而致，然而皆不可積，何也？」「可以而不可使也。」「塗之人可以爲禹則然，塗之人能爲禹未必然也。雖不能禹，無害可以爲禹。」此於性善之説，不惟不相悖，而且若相發明，終斷之曰：「足可以偏行天下，然而未嘗有能偏行天下者也，能不能之與可不可，其不可同遠矣。」蓋荀子之見，歸重於學，而不知性之全體。其言出于尊聖人，出於重學崇禮義。首之以《勸學篇》，有曰：「誦數以貫之，思索以通之，爲其人以處之，除其害者以持養之。」又曰：「積善成德，神明自得，聖心循焉。」荀子之善言學如是。且所謂通於神明，參於天地者，又知禮義之極致，聖人與天地合其德在是，聖人復起，豈能易其言哉！而于禮義與性，卒視若閡隔不可通。以聖人異于常人，以禮義出于聖人之心，常人學然後能明禮義。若順其性之自然則生爭奪，以禮義爲制其性、去爭奪者也。因性惡而加矯揉之功，使進于善，故貴禮義。苟順其自然而無爭奪，安用禮義爲哉？又以禮義雖人皆可以知、可以能，聖人雖人之可積而致，然必由于學。弗學而能，乃屬之性。學而後能，弗學雖可以而不能，不得屬之性。此荀子立説之所以異于孟子也。

問：荀子于禮義與性，視若閡隔而不

可通，其蔽安在？ 今何以決彼之非而信孟子之是？

曰：荀子知禮義爲聖人之教，而不知禮義亦出於性；知禮義爲明於其必然，而不知必然乃自然之極則，適以完其自然也。就《孟子》之書觀之，明理義之爲性，舉仁義禮智以言性者，以爲亦出於性之自然，人皆弗學而能，學以擴而充之耳。荀子之重學也，無于內而取於外；孟子之重學也，有於內而資於外。夫資於飲食能爲身之營衛血氣者，所資以養者之氣與其身本受之氣，原於天地非二也。故所資雖在外，能化爲血氣以益其內，未有內無本受之氣與外相得而徒資焉者也。問學之於德性亦然。有己之德性，而問學以通乎古賢聖之德性，是資於古賢聖所言德性，埤益己之德性也。冶金若水，而不聞以金益水、以水益金，豈可云己本無善、己無天德而積善成德，如罍之受水哉！以是斷之，荀子之所謂性，孟子非不謂之性，然而荀子舉其小而遺其大也，孟子明其大而非舍其小也。

問：告子言「生之謂性」，言「性無善無不善」，言「食色，性也」，「仁內」「義外」，朱子以爲同於釋氏。朱子云：「生指人物之所以知覺運動者而言，與近世佛氏所謂作用是性者略相似。」又云：「告子以人之知覺運動者爲性，故言人之甘食悦色者即其性。」其「杞柳」「湍水」之喻，又以爲同於荀、揚。朱子於「杞柳」之喻云：「如荀子性惡之說。」於「湍水」之喻云：「近於揚子善惡混之說。」然則荀、揚亦與釋氏同歟？

曰：否。荀、揚所謂性者，古今同謂之性，即後儒稱爲氣質之性者也，但不當遺理義而以爲惡耳。在孟子時，則公都子引

「或曰『性可以爲善，可以爲不善』」，「或曰『有性善，有性不善』」，言不同而所指之性同。荀子見於聖人生而神明者，不可概之人人，其下皆學而後善，順其自然則流于惡，故以惡加之。論似偏，與「有性不善」合。然謂禮義爲聖心，是聖人之性獨善，實兼公都子兩引「或曰」之説。揚子見于長善則爲善人，長惡則爲惡人，故曰「人之性也，善惡混」，又曰「學則正，否則邪」，與荀子論斷似參差而匪異。韓子言性之品有上中下三。上焉者，善焉而已矣；中焉者，可導而上下也；下焉者，惡焉而已矣。此即公都子兩引「或曰」之説會通爲一。朱子云：「氣質之性固有美惡之不同矣，然以其初而言，皆不甚相遠也。但習於善則善，習於惡則惡，於是始相遠耳。人之氣質，相近之中又有美惡一定而非習之所能移也。」直會通公都子兩引「或曰」之説解《論語》矣。程子云：「有自幼而善，有自幼而惡，是氣稟有然也。善固性也，然惡亦不可不謂之性也。」《朱子語類》：「問：『惡是氣稟，如何？』云：『亦不可不謂之性。』曰：『既是氣稟惡，便牽引得那性不好。蓋性止是搭附在氣稟上，既是氣稟不好，便和那性壞了。』又云：『如水爲泥沙所混，不成不喚做水。』」此與「有性善，有性不善」合，而於性「可以爲善，可以爲不善」亦未嘗不兼。特彼仍其性之名，此別之曰氣稟耳。程子又云：「人生而靜以上不容説，纔説性時，便已不是性也。」朱子釋之云：「人生而靜以上，是人物未生時，止可謂之理，未可名爲性，所謂『在天曰命』也。纔説性時，便是人生以後，此理已墮在形氣中，不全是性之本體矣，所謂『在人曰性』也。」據《樂記》「人生而靜」與「感於物而動」對言之，謂方其未感，非謂人物未生也。《中庸》「天命之謂性」，謂氣禀之不齊，各限於生，初非以理爲在天在人異其名也。况如其說，是孟子乃追溯人物未生、未可名性之時而曰性善。若就名性之時，已是人生以後，已墮在形氣中，安得斷之曰善？由是言之，將天下古今惟上聖之性不失其性之本體，自上聖而下，語人之性，皆失其性之本體。人之爲人，舍氣禀、氣質，將以何者謂之人哉？是孟子言「人無有不善者」，程子、朱子言「人無有不惡」，其視理儼如有物，以善歸理，雖顯遵孟子性善之云，究之孟子就人言之者，程、朱乃離人而空論夫理，故謂孟子「論性不論氣，不備」。若不視理如有物，而其見於氣質不善，卒難通於孟子之直斷曰善。宋儒立説似同於孟子而實異，似異於荀子而實同也。孟子不曰「性無有不善」，而曰「人無有不善」。性者，飛潛動植之通名；性善者，論人之性也。如飛潛動植，舉凡品物之性，皆就其氣類別之。人物分於陰陽五行以成性，舍氣類更無性之名。醫家用藥，在精辨其氣類之殊。不別其性，則能殺人。使曰此氣類之殊者已不是性，良醫信之乎？試觀之桃與杏，取其核而種之，萌芽甲坼，根幹枝葉，爲華爲實，形色臭味，桃非杏也，杏非桃也，無一不可區別，由性之不同，是以然也。其性存乎核中之白，即俗呼桃仁、杏仁者。形色臭味無一或闕也。凡植禾稼卉木，畜鳥獸蟲魚，皆務知其性。知其性者，知其氣類之殊，乃能使之碩大蕃滋也。何獨至於人而指夫分於陰陽五行以成性者曰「此已不是性也」，豈其然哉！自古及今，統人與百物之性以爲言，氣類各殊是也。專言乎血氣之倫，不獨氣類各殊，而知覺亦殊。人以有禮義，異於禽獸，實人之知覺大遠乎物則然，此孟子所謂性善。而荀子視禮義爲常人心知所不及，故別而歸之聖人。程子、朱子見於生知安行者罕覯，謂氣質不得概之曰善。荀、揚之見固如是也。特以如此則悖於孟子，故截氣質爲一性，言「君子不謂之性」，截理義爲一性，別而歸之天，以附合孟子。其歸之天不歸之聖人者，以理爲人與我，是理者，我之本無也。以理爲天與我，庶幾湊泊附著，可融爲一。是借天爲説，聞者不復疑於本無，遂信天與之得爲本有耳。彼荀子見學之不可以已，非本無，何待於學？而程子、朱子亦見學之不可以已，其本有者，何以又待於學？故謂「爲氣質所污壞」，以便於言本有者之轉而如本無也。於是性之名移而加之理，而氣化生人生物，適以病性。性譬水之清，因地而污濁，程子云：「有流而至海終無所污，此何煩人力之爲也。有流而未遠固已漸濁，有出而甚遠方有所濁，有濁之多者，有濁之少者，清濁雖不同，然不可以濁者不爲水也。如此，則人不可以不加澄治之功。故用力敏勇則疾清，用力緩怠則遲清。及其清也，則卻止是元初水也，亦不是將清來換卻濁，亦不是取出濁來置在一隅也。水之清，則性善之謂也。」不過從老、莊、釋氏所謂「真宰」「真空」者之受形以後昏昧於欲而改變其説。特彼以「真宰」「真空」爲我，形體爲非我，此仍以氣質爲我，難言性爲非我。則惟歸之天與我而後可謂之我有，亦惟歸之天與我而後可爲完全自足之物，斷之爲善。惟使之截然別於我，而後雖天與我完全自足，可以咎我之壞之而待學以復之。以水之清喻性，以受污而濁喻性墮於形氣中污壞，以澄之而清喻學。水靜則能清，老、莊、釋氏之主於無欲，主於静寂是也。因改變其說爲主敬，爲存理，依然釋氏教人認本來面目，教人常惺惺之法。若夫古賢聖之由博學、審問、慎思、明辨、篤行以擴而充之者，豈徒澄清已哉！程子、朱子於老、莊、釋氏，既入其室，操其矛矣，然改變其言以爲六經、孔、孟如是，按諸荀子差近之，而非六經、孔、孟也。

問：孟子曰：「口之於味也，目之於色也，耳之於聲也，鼻之於臭也，四肢之於安佚也，性也，有命焉，君子不謂性也；仁之於父子也，義之於君臣也，禮之於賓主也，智之於賢者也，聖人之於天道也，命也，有性焉，君子不謂命也。」宋儒以氣質之性非性，其說本此。張子云：「形而後有氣質之性，善反之，則天地之性存焉。故氣質之性，君子有弗性者焉。」程子云：「論性不論氣，不備；論氣不論性，不明。」在程、朱，以理當孟子之所謂善者而譏其未備。朱子云：「孟子說性善，是論性不論氣。荀、揚而下是論氣不論性。孟子終是未備，所以不能杜絶荀、揚之口。然不備，但少欠耳；不明，則大害矣。」然於聲色、臭味、安佚之爲性，不能謂其非指氣質，則以爲據世之人云爾。朱子云：「世之人以前五者爲性，以後五者爲命。」於「性相近」之言，不能謂其非指氣質，是世之人同於孔子而孟子别爲異說也。朱子答門人云：「氣質之說，起於張、程。韓退之《原性》中說三品，但不曾分明說是氣質之性耳。孟子謂性善，但說得本原處，下面不曾說得氣質之性，所以亦費分疏。諸子說性惡與善惡混。使張、程之說早出，則許多說話，自不用紛争。」是又以荀、揚、韓同於孔子。至告子亦屢援「性相近」以證其「生之謂性」之說，將使告子分明説是氣質之性，孟子不得而辯之矣。孔子亦未云氣質之性，豈猶夫告子，猶夫荀、揚之論氣不論性不明歟？ 程子深訾荀、揚不識性，程子云：「荀子極偏駁，止一句性惡，大本已失。 揚子雖少過，然亦不識性，便説甚道。」以自伸其謂性即理之異於荀、揚。 獨「性相近」一言見《論語》，程子雖曰「理無不善，何相近之有」，而不敢以與荀、揚同譏。 苟非孔子之言，將譏其人不識性矣。 今以孟子與孔子同，程、朱與荀、揚同。 孔、孟皆指氣禀、氣質，而人之氣禀、氣質異於禽獸，心能開通，行之不失，即謂之理義。 程、朱以理爲如有物焉，實雜乎老、莊、釋氏之言。然則程、朱之學，殆出老、釋而入荀、揚，其所謂性，非孔、孟之所謂性，其所謂氣質之性，乃荀、揚之所謂性歟？

曰：然。 人之血氣心知，原於天地之化者也。 有血氣則所資以養其血氣者，聲、色、臭、味是也。 有心知，則知有父子、有昆弟、有夫婦而不止于一家之親也。 於是又知有君臣、有朋友，五者之倫相親相治，則隨感而應爲喜怒哀樂。 合聲色臭味之欲，喜怒哀樂之情，而人道備。 欲根於血氣，故曰性也，而有所限而不可踰，則命之謂也。 仁義禮智之懿，不能盡人如一者，限於生初，所謂命也，而皆可以擴而充之，則人之性也。 「謂」猶云藉口于性耳。君子不藉口于性以逞其欲，不藉口于命之限之而不盡其材。 後儒未詳審文義，失孟子立言之指。 「不謂性」非不謂之性，「不謂命」非不謂之命。 由此言之，孟子之所謂性，即口之于味、目之於色、耳之於聲、鼻之於臭、四肢於安佚之爲性。 所謂人無有不善，即能知其限而不踰之爲善，即血氣心知能底于無失之爲善。所謂仁義禮智，即以名其血氣心知所謂原於天地之化者之能協于天地之德也。此荀、揚之所未達，而老、莊、告子、釋氏昧焉而妄爲穿鑿者也。

孟子字義疏證卷中終

孟子字義疏證卷下

才

才者，人與百物各如其性以爲形質，而知能遂區以别焉，孟子所謂「天之降才」是也。氣化生人生物，據其限於所分而言謂之命，據其爲人物之本始而言謂之性，據其體質而言謂之才。由成性各殊，故才質亦殊。才質者，性之所呈也，舍才質安覩所謂性哉！以人物譬之器，才則其器之質也。分於陰陽五行而成性各殊，則才質因之而殊。猶金錫之在冶，冶金以爲器，則其器金也，冶錫以爲器，則其器錫也。品物之不同如是矣。從而察之，金錫之精良與否，其器之爲質一如乎所冶之金錫，一類之中，又復不同如是矣。爲金爲錫，及其金錫之精良與否，性之喻也。其分於五金之中，而器之所以爲器即於是乎限，命之喻也。就器而别之，孰金孰錫，孰精良與孰否，才之喻也。故才之美惡，於性無所增，亦無所損。夫金錫之爲器，一成而不變者也。人又進乎是，自聖人而下，其等差凡幾。或疑人之才非盡精良矣，而不然也，猶金之五品而黄金爲貴，雖其不美者莫與之比貴也，况乎人皆可以爲賢爲聖也！後儒以不善歸氣禀，孟子所謂性，所謂才，皆言乎氣禀而已矣。其禀受之全，則性也；其體質之全，則才也。禀受之全，無可據以爲言，如桃杏之性全於核中之白，形色臭味無一弗具，而無可見。

及萌芽甲拆，根榦枝葉，桃與杏各殊。由是爲華爲實，形色臭味無不區以別者，雖性則然，皆據才見之耳。成是性斯爲是才，別而言之曰命、曰性、曰才，合而言之是謂天性，故孟子曰：「形色，天性也，惟聖人然後可以踐形。」人物成性不同，故形色各殊。人之形，官器利用大遠乎物，然而於人之道不能無失，是不踐此形也。猶言之而行不逮，是不踐此言也。踐形之與盡性、盡其才，其義一也。

問：孟子答公都子曰：「乃若其情，則可以爲善矣，乃所謂善也。若夫爲不善，非才之罪也。」朱子云：「情者，性之動也。」又云：「惻隱、羞惡、辭讓、是非，情也；仁、義、禮、智，性也。心，統性情者也，因其情之發而性之本然可得而見。」夫公都子問性列三説之與孟子言性善異者，乃舍性而論情，偏舉善之端爲證。彼荀子之言性惡也，曰：「今人之性，生而有好利焉，順是故争奪生而辭讓亡焉；生而有疾惡焉，順是故殘賊生而忠信亡焉；生而有耳目之欲，有好聲色焉，順是故淫亂生而禮義文理亡焉。然則從人之性，順人之情，必出於争奪，合於犯分亂理而歸於暴。故必將有師法之化，禮義之導，然後出於辭讓，合於文理而歸於治。用此觀之，然則人之性惡明矣。」是荀子證性惡所舉者，亦情也，安見孟子之得而荀子之失歟？

曰：人生而後有欲，有情，有知，三者，血氣心知之自然也。給於欲者，聲色臭味也，而因有愛畏；發乎情者，喜怒哀樂也，而因有慘舒；辨於知者，美醜是非也，而因有好惡。聲色臭味之欲，資以養其生；喜怒哀樂之情，感而接於物；美醜是非之知，極而通於天地鬼神。聲色臭味之愛畏以分，五行生克爲之也；喜怒哀樂之慘舒以分，時遇順逆爲之也；美醜是非之好惡以分，志慮從違爲之也。是皆成性然也。有是身，故有聲色臭味之欲。有是身，而君臣、父子、夫婦、昆弟、朋友之倫具，故有喜怒哀樂之情。惟有欲有情而又有知，然後欲得遂也，情得達也。天下之事使欲之得遂，情之得達，斯已矣。惟人之知，小之能盡美醜之極致，大之能盡是非之極致。然後遂己之欲者，廣之能遂人之欲；達己之情者，廣之能達人之情。道德之盛，使人之欲無不遂，人之情無不達，斯已矣。欲之失爲私，私則貪邪隨之矣；情之失爲偏，偏則乖戾隨之矣；知之失爲蔽，蔽則差謬隨之矣。不私，則其欲皆仁也，皆禮義也；不偏，則其情必和易而平恕也；不蔽，則其知乃所謂聰明聖智也。孟子舉惻隱、羞惡、辭讓、是非之心謂之心，不謂之情。首云「乃若其情」，非性情之情也。孟子不又云乎：「人見其禽獸也，而以爲未嘗有才焉，是豈人之情也哉！」情，猶素也，實也。孟子於性，本以爲善，而此云「則可以爲善矣」，可之爲言，因性有等差，而斷其善則未見不可也。下云「乃所謂善也」，對上「今曰性善」之文。繼之云「若夫爲不善，非才之罪也」，爲，猶成也，卒之成爲不善者，陷溺其心，放其良心至於梏亡之盡，違禽獸不遠者也。言才則性見，言性則才見，才於性無所增損故也。人之性善，故才亦美，其往往不美，未有非陷溺其心使然，故曰「非天之降才爾殊」。才可以始美而終於不美，由才失其才也，不可謂性始善而終於不善。性以本始言，才以體質言也。體質戕壞，究非體質之罪，又安可咎其本始哉！倘如宋儒言「性即理」，言「人生以後，此理已墮在形氣之中」，不全是性之本體矣。以孟子言性於陷溺梏亡之後，人見其不善，猶曰「非才之罪」者，宋儒於「天之降才」即罪才也。

問：天下古今之人，其才各有所近。大致近於純者，慈惠忠信，謹原和平，❶見善則從而耻不善。近於清者，明達廣大，不惑於疑似，不滯於習聞，其取善去不善亦易。此或不能相兼，皆才之美者也。才雖美，猶往往不能無偏私。周子言性云：「剛善爲義，爲直，爲斷，爲嚴毅，爲幹固；惡爲猛，爲隘，爲强梁。柔善爲慈，爲順，爲巽；惡爲懦弱，爲無斷，爲邪佞。」而以「聖人然後協於中」，此亦就才見之而明舉其惡。程子云：「性無不善，而有不善者，才也。性即理，理則自堯、舜至於塗人，一也。才禀於氣，氣有清濁，禀其清者爲賢，禀其濁者爲愚。」此以不善歸才，而分性與才爲二本。朱子謂其密於孟子，朱子云：「程子此説『才』字，與孟子本文小異。蓋孟子專指其發於性者言之，故以爲才無不善。程子專指其禀於氣者言之，則人之才固有昏明强弱之不同矣。二説雖殊，各有所當，然以事理考之，程子爲密。」猶之譏孟子「論性不論氣，不備」，皆足證宋儒雖尊孟子，而實相與齟齬。然如周子所謂惡者，豈非才之罪歟！

曰：此偏私之害，不可以罪才，尤不可以言性。孟子道性善，成是性斯爲是才，性善則才亦美，然非無偏私之爲善爲美也。人之初生，不食則死；人之幼稚，不學則愚。食以養其生，充之使長；學以養其

❶「原」，端溪本作「厚」。

良，充之至於賢人聖人。其故一也。才雖美，譬之良玉，成器而寶之，氣澤日親，久能發其光，可寶加乎其前矣。剥之蝕之，委棄不惜，久且傷壞無色，可寶減乎其前矣。又譬之人物之生，皆不病也，其後百病交侵，若生而善病者。或感於外而病，或受損於内身之陰陽五氣勝負而病，指其病則皆發乎其體，而曰天與以多病之體，不可也。如周子所稱猛、隘、强梁、懦弱、無斷、邪佞，是摘其才之病也。才雖美，失其養則然。孟子豈未言其故哉！因於失養，不可以是言人之才也。夫言才猶不可，况以是言性乎！

道

人道，人倫日用身之所行皆是也。在天地，則氣化流行，生生不息，是謂道。在人物，則凡生生所有事，亦如氣化之不可已，是謂道。《易》曰：「一陰一陽之謂道。繼之者，善也；成之者，性也。」言由天道以有人物也。《大戴禮記》曰：「分於道謂之命，形於一謂之性。」言人物分於天道，是以不齊也。《中庸》曰：「天命之謂性，率性之謂道。」言日用事爲皆由性起，無非本於天道然也。《中庸》又曰：「君臣也，父子也，夫婦也，昆弟也，朋友之交也，五者，天下之達道也。」言身之所行，舉凡日用事爲，其大經不出乎五者也。孟子稱「契爲司徒，教以人倫，父子有親，君臣有義，夫婦有别，長幼有序，朋友有信」，此即《中庸》所言「脩道之謂教」也。曰性，曰道，指其實體實事之名。曰仁，曰禮，曰義，稱其純粹中正之名。人道本於性，而性原於天道。天地之氣化，流行不已，生生不息。然而生於陸者，入水而死。生於水者，離水而死。生於南者，習於温而不耐寒。生於北者，習於寒而不耐温。此資之以爲養者，彼受之以害生。「天地之大德曰生」，物之不以生而以殺者，豈天地之失德哉！故語道於天地，舉其實體實事而道自見，「一陰一陽之謂道」，「立天之道曰陰與陽，立地之道曰柔與剛」是也。人之心知有明闇，當其明則不失，當其闇則有差謬之失，故語道於人，人倫日用，咸道之實事，「率性之謂道」，「脩身以道」，「天下之達道五」是也。此所謂道不可不脩者也，「脩道以仁」及「聖人脩之以爲教」是也。其純粹中正，則所謂「立人之道曰仁與義」，所謂中節之爲達道是也。中節之爲達道，純粹中正，推之天下而準也。君臣、父子、夫婦、昆弟、朋友之交，五者爲達道，但舉實事而已。智仁勇以行之，而後純粹中正。然而即謂之達道者，達諸天下而不可廢也。《易》言天道，而下及人物，不徒曰「成之者性」，而先曰「繼之者善」，繼謂人物於天地，其善固繼承不隔者也。善者，稱其純粹中正之名，性者，指其實體實事之名。一事之善，則一事合於天，成性雖殊而其善也則一。善，其必然也。性，其自然也。歸於必然，適完其自然，此之謂自然之極致，天地人物之道於是乎盡。在天道不分言，而在人物分言之始明。《易》又曰：「仁者見之謂之仁，智者見之謂之智，百姓日用而不知，故君子之道鮮矣。」言限於成性而後不能盡斯道者，衆也。

問：宋儒於命、於性、於道皆以理當之，故云「道者，日用事物當行之理」。既爲當行之理，則於脩道不可通，故云「脩，品節之也」。而於「脩身以道，脩道以仁」兩「脩」字不得有異，但云「能仁其身」而不置解。於「達道五」，舉孟子所稱「教以人倫」者實之，其失《中庸》之本指甚明。《中庸》又言「道也者，不可須臾離也」，朱子以此爲存理之説，「不使離於須臾之頃」。王文成云：「養德養身止是一事，果能戒慎不覩，恐懼不聞，而專志於是，則神住，氣住，精住，而仙家所謂長生久視之説，亦在其中矣。」又云：「佛氏之『常惺惺』，亦是常存他本來面目耳。」程子、朱子皆求之於釋氏有年，如王文成之言，乃其初所從事，後轉其説，以「常存本來面目」者爲「常存天理」，故於「常惺惺」之云無所改，反以「戒慎恐懼」四字爲失之重。朱子云：「心既常惺惺，而以規矩繩檢之，此内外相養之道也。」又云：「著『戒慎恐懼』四字，已是壓得重了，要之止略綽提撕，令自省覺便是。」然則《中庸》言「道不可離」者，其解可得聞歟？

曰：出於身者，無非道也，故曰「不可須臾離，可離非道」。「可」如「體物而不可遺」之「可」。凡有所接於目而覩，人亦知戒慎其儀容也。有所接於耳而聞，人亦知恐懼夫愆失也。無接於目、接於耳之時，或惰慢矣。惰慢之身，即不得謂之非失道。道者，居處、飲食、言動，自身而周於身之所親，無不該焉也，故曰「脩身以道」。道之責諸身，往往易致差謬，故又曰「脩道以仁」。此由脩身而推言脩道之方，故舉仁義禮以爲之準則。下言達道而歸責行之之人，故舉智仁勇以見其能行「脩道以仁」。因及義，因又及禮，而不言智，非遺智也，明乎禮義即智也。「智仁勇三者，天下之達德」，而不言義禮，非遺義、遺禮也，智所以知義，所以知禮也。仁義禮者，道於是乎盡也。智仁勇者，所以能盡道也。故仁義禮無等差，而智仁勇存乎其人，有「生知安行」、「學知利行」、「困知勉行」之殊。古賢聖之所謂道，人倫日用而已矣，於是而求其無失，則仁義禮之名因之而生，非仁義禮有加於道也。於人倫日用行之無失，如是之謂仁，如是之謂義，如是之謂禮而已矣。宋儒合仁義禮而統謂之理，視之「如有物焉，得於天而具於心」，因以此爲「形而上」，爲「沖漠無朕」，以人倫日用爲「形而下」，爲「萬象紛羅」。蓋由老、莊、釋氏之舍人倫日用而別有所貴道，❶遂轉之以言夫理。在天地，則以陰陽不得謂之道。在人物，則以氣禀不得謂之性，以人倫日用之事不得謂之道。六經、孔、孟之言，無與之合者也。

問：《中庸》曰：「道之不行也，我知之矣，智者過之，愚者不及也。道之不明也，我知之矣，賢者過之，不肖者不及也。」朱子於智者云「知之過，以道爲不足行」，於賢者云「行之過，以道爲不足知」。既謂之道矣，以爲不足行，不足知，必無其人。彼智者之所知，賢者之所行，又何指乎？《中庸》以道之不行屬智愚，不屬賢不肖，以道之不明，屬賢不肖，不屬智愚，其意安在？

曰：智者，自負其不惑也，往往行之多謬。愚者之心惑闇，宜乎動輒愆失。賢者自信其出於正不出於邪，往往執而鮮通。不肖者陷溺其心，雖覩夫事之宜而長惡遂非，與不知等。然智愚賢不肖，豈能越人

❶「貴」，疑當作「謂」。

倫日用之外者哉！故曰：「人莫不飲食也，鮮能知味也。」飲食，喻人倫日用，知味，喻行之無失。使舍人倫日用以爲道，是求知味於飲食之外矣。就人倫日用舉凡出於身者求其不易之則，斯仁至義盡而合於天。人倫日用，其物也，曰仁，曰義，曰禮，其則也。專以人倫日用舉凡出於身者謂之道，故曰「脩身以道，脩道以仁」，分物與則言之也。中節之爲達道，中庸之爲道，合物與則言也。

問：顔淵喟然歎曰：「仰之彌高，鑽之彌堅，瞻之在前，忽然在後。」公孫丑曰：「道則高矣美矣，宜若登天然，似不可及也。何不使彼爲可幾及而日孳孳也？」今謂人倫日用舉凡出於身者謂之道，但就此求之，得其不易之則可矣，何以茫然無據又若是歟？

曰：孟子言「夫道若大路然，豈難知哉」，謂人人由之。如爲君而行君之事，爲臣而行臣之事，爲父、爲子而行父之事，行子之事，皆所謂道也。君不止於仁，則君道失，臣不止於敬，則臣道失，父不止於慈，則父道失，子不止於孝，則子道失。然則盡君道、臣道、父道、子道非智仁勇不能也。質言之，曰「達道」，曰「達德」。精言之，則全乎智仁勇者，其盡君道、臣道、父道、子道，舉其事而亦不過謂之道。故《中庸》曰：「大哉聖人之道！洋洋乎發育萬物，峻極於天，優優大哉！禮儀三百，威儀三千，待其人而後行。」極言乎道之大如是，豈出人倫日用之外哉！以至道歸之至德之人，豈下學所易窺測哉！今以學於聖人者，視聖人之語言行事，猶學奕於奕秋者，莫能測奕秋之巧也，莫能遽幾及之也。顔子之言又曰：「夫子循循然善誘人，博我以文，約我以禮。」《中庸》詳舉其目，曰博學、審問、慎思、明辨、篤行，而終之曰：「果能此道矣，雖愚必明，雖柔必强。」蓋循此道以至乎聖人之道，實循此道以日增其智，日增其仁，日增其勇也，將使智仁勇齊乎聖人。其日增也，有難有易，譬之學一技一能，其始日異而月不同，久之，人不見其進矣，又久之，己亦覺不復能進矣。人雖以國工許之，而自知未至也。顔子所以言「欲罷不能，既竭吾才，如有所立，卓爾，雖欲從之，末由也已」，此顔子之所至也。

仁義禮智

仁者，生生之德也。「民之質矣，日用飲食」，無非人道所以生生者。一人遂其生，推之而與天下共遂其生，仁也。言仁可以賅義，使親愛長養不協於正大之情，則義有未盡，亦即爲仁有未至。言仁可以賅禮，使無親疏上下之辨，則禮失而仁亦未爲得。且言義可以賅禮，言禮可以賅義。先王之以禮教，無非正大之情。君子之精義也，斷乎親疏上下，不爽幾微。而舉義舉禮可以賅仁，又無疑也。舉仁義禮可以賅智，智者，知此者也。《易》曰：「立人之道，曰仁與義。」而《中庸》曰：「仁者，人也，親親爲大。義者，宜也，尊賢爲大。親親之殺，尊賢之等，禮所生也。」益之以禮，所以爲仁至義盡也。語德之盛者，全乎智仁而已矣，而《中庸》曰：「智仁勇三者，天下之達德也。」益之以勇，蓋德之所以成也。就人倫日用，究其精微之極致曰仁、曰義、曰禮，合三者以斷天下之事，如權衡之於輕重，於仁無憾，於禮義不愆，而道盡矣。若夫德性之存乎其人則曰智、曰仁、曰勇，三者，才質之美也，因才質而進之以學，皆可至於聖人。自人道遡之天道，自人之德性遡之天德，則氣化流行，生生不息，仁也。由其生生有自然之條理，觀於條理之秩然有序，可以知禮矣。觀於條理之截然不可亂，可以知義矣。在天爲氣化之生生，在人爲其生生之心，是乃仁之爲德也。在天爲氣化推行之條理，在人爲其心知之通乎條理而不紊，是乃智之爲德也。惟條理，是以生生，條理苟失，則生生之道絶。凡仁義對文及智仁對文，皆兼生生條理而言之者也。

問：《論語》言「主忠信」，言「禮，與其奢也，寧儉。喪，與其易也，寧戚」，子夏聞「繪事後素」而曰「禮後乎」。朱子云「禮以忠信爲質」，引《記》稱「忠信之人，可以學禮」證之，老氏直言「禮者，忠信之薄，而亂之首」，指歸幾於相似。然《論語》又曰：「十室之邑，必有忠信如丘者焉，不如丘之好學也。」曰：「克己復禮爲仁。」《中庸》於禮，以「知天」言之。孟子曰：「動容周旋中禮，盛德之至也。」重學重禮如是，忠信又不足言，何也？

曰：禮者，天地之條理也，言乎條理之極，非知天不足以盡之。即儀文度數，亦聖人見於天地之條理，定之以爲天下萬世法。禮之設，所以治天下之情，或裁其過，或勉其不及，俾知天地之中而已矣。至於人情之漓，猶飾於貌，非因飾貌而情漓也，其人情漸漓而徒以飾貌爲禮也。非惡其飾貌，惡其情漓耳。禮以治其儉陋，使化於文；喪以治其哀戚，使遠於直情而徑行。情漓者馳騖於奢與易，不若儉戚之於禮雖不足，猶近乎制禮所起也，故以答林放問禮之本。「忠信之人，可以學禮」，言質美者進之於禮，無飾貌情漓之弊，忠信乃其人之質美，猶曰「苟非其人，道不虛行」也。至若老氏，因俗失而欲併禮去之，意在還淳反樸，究之不能必天下盡歸淳樸，其生而淳樸者，直情徑行，流於惡薄者，肆行無忌，是同人於禽獸，率天下而亂者也。君子行禮，其爲忠信之人固不待言，而不知禮則事事爽其條理，不足以爲君子。林放問禮之本，子夏言「禮後」，皆重禮而非輕禮也。《詩》言「素以爲絢」，素以喻其人之嫻於儀容。上云「巧笑倩」、「美目盼」者，其美乃益彰，是之謂「絢」。喻意深遠，故子夏疑之。「繪事後素」者，鄭康成云：「凡繪畫，先布衆色，然後以素分布其間以成文。」何平叔《景福殿賦》所謂「班間布白，疏密有章」，蓋古人畫繪定法。其注《考工記》「凡畫繢之事後素功」云：「素，白采也。後布之，爲其易漬污也。」是素功後施，始五采成章爛然，貌既美而又嫻於儀容，乃爲誠美，「素以爲絢」之喻昭然矣。子夏觸於此言，不特於《詩》無疑，而更知凡美質皆宜進之以禮，斯君子所貴。若謂子夏後禮而先忠信，則見於禮亦如老氏之僅僅指飾貌情漓者所爲，與林放以飾貌情漓爲俗失者意指懸殊，孔子安得許之？忠信由於質美，聖賢論行，固以忠信爲重，然如其質而見之行事，苟學不足，則失在知，而行因之謬，雖其心無弗忠弗信，而害道多矣。行之差謬，不能知之，徒自期於心無愧者，其人忠信而不好學，往往出於此，此可以見學與禮之重矣。

誠

誠，實也。據《中庸》言之，所實者，智仁勇也，實之者，仁也，義也，禮也。由血氣心知而語於智仁勇，非血氣心知之外別有智、有仁、有勇以予之也。就人倫日用而語於仁，語於禮義，舍人倫日用無所謂仁，所謂義，所謂禮也。血氣心知者，分於陰陽五行而成性者也，故曰「天命之謂性」。人倫日用，皆血氣心知所有事，故曰「率性之謂道」。全乎智仁勇者，其於人倫日用，行之而天下覩其仁，覩其禮義，善無以加焉，自誠明者也。學以講明人倫日用，務求盡夫仁，盡夫禮義，則其智仁勇所至，將日增益以於聖人之德之盛，自明誠者也。質言之曰人倫日用，精言之曰仁、曰義、曰禮，所謂「明善」，明此者也，所謂「誠身」，誠此者也。質言之曰血氣心知，精言之曰智、曰仁、曰勇，所謂「致曲」，致此者也，所謂「有誠」，有此者也。言乎其盡道，莫大於仁，而兼及義，兼及禮；言乎其能盡道，莫大於智，而兼及仁，兼及勇。是故善之端不可勝數，舉仁義禮三者而善備矣；德性之美不可勝數，舉智仁勇三者而德備矣。曰善、曰德，盡其實之謂誠。

問：《中庸》言：「或生而知之；或學而知之，或困而知之；或安而行之，或利而行之，或勉强而行之。」朱子云：「所知所行，謂達道也。」今據上文云「君臣也，父子也」之屬，但舉其事即稱之曰「達道」，以智仁勇行之，而後爲君盡君道，爲臣盡臣道，然則所謂知之行之，宜承智仁勇之能盡道而言。《中庸》既云「所以行之者三」，又云「所以行之者一也」，程子、朱子以「誠」當其所謂「一」。下云「凡爲天下國家有九經，所以行之者一也」，朱子亦謂「不誠則皆爲虛文」。在《中庸》前後皆言誠矣，此何以不言所以行之者誠也？

曰：智也者，言乎其不蔽也；仁也者，言乎其不私也；勇也者，言乎其自强也。非不蔽不私加以自强，不可語於智仁勇。既以智仁勇行之，即誠也。使智仁勇不得爲誠，則是不智不仁不勇，又安得曰智仁勇！下云「齊明盛服，非禮不動，所以脩身。去讒遠色，賤貨而貴德，所以勸賢」，既若此，亦即誠也。使「齊明盛服，非禮不動」爲虛文，則是未嘗「齊明盛服，非禮不動」也；「去讒遠色，賤貨而貴德」爲虛文，則是未嘗「去讒」，未嘗「遠色」，未嘗「賤貨貴德也」。又安得言之！其皆曰「所以行之者一也」，言人之才質不齊，而行達道之必以智仁勇，脩身之必以「齊明盛服，非禮不動」，勸賢之必以「去讒遠色，賤貨而貴德」，則無不同也。孟子答公孫丑曰「大匠不爲拙工改廢繩墨，羿不爲拙射變其彀率」，言不因巧拙而有二法也。告滕世子曰「夫道一而已矣」，言不因人之聖智不若堯、舜、文王而有二道也。蓋才質不齊，有生知安行，有學知利行，且有困知及勉强行。其生知安行者，足乎智，足乎仁，足乎勇者也；其學知利行者，知仁勇之少遜焉者也；困知勉强行者，智仁勇不足者也。《中庸》又曰「及其知之一也」，「及其成功一也」，則智仁勇可自少而加多，以至乎其極，道責於身，舍是三者，無以行之矣。

權

權，所以别輕重也。凡此重彼輕，千古不易者，常也。常則顯然共見其千古不易之重輕。而重者於是乎輕，輕者於是乎重，變也。變則非智之盡能辨察事情而準，不足以知之。《論語》曰：「可與共學，未可與適道；可與適道，未可與立；可與立，未可與權。」蓋同一所學之事，試問何爲而學，其志有去道甚遠者矣，求禄利聲名者是也，故「未可與適道」。道責於身，不使差謬，而觀其守道，能不見奪者寡矣，故「未可與立」。雖守道卓然，知常而不知變，由精義未深，所以增益其心知之明使全乎聖智者未之盡也，故「未可與權」。孟子之闢楊、墨也，曰：「楊、墨之道不息，孔子之道不著，是邪説誣民，充塞仁義也。仁義充塞，則率獸食人，人將相食。」今人讀其書，孰知所謂「率獸食人，人將相食」者安在哉！孟子又曰：「楊子取爲我，拔一毛而利天下不爲也。墨子兼愛，摩頂放踵利天下爲之。子莫執中，執中爲近之，執中無權，猶執一也。所惡執一者，爲其賊道也，舉一而廢百也。」今人讀其書，孰知「無權」之故，「舉一而廢百」之爲害至鉅哉！孟子道性善，於告子言「以人性爲仁義」，則曰「率天下之人而禍仁義」，今人讀其書，又孰知性之不可不明，「戕賊人以爲仁義」之禍何如哉！老聃、莊周「無欲」之説及後之釋氏所謂「空寂」，能脱然不以形體之養與有形之生死累其心，而獨私其所謂長生久視，所謂不生不滅者，於人物一視而同用其慈，蓋合楊、墨之説以爲説。

由其自私，雖拔一毛可以利天下不爲。由其外形體，溥慈愛，雖摩頂放踵以利天下爲之。宋儒程子、朱子易老、莊、釋氏之所私者而貴理，易彼之外形體者而咎氣質，其所謂理，依然「如有物焉宅於心」。於是辨乎理欲之分，謂「不出於理則出於欲，不出於欲則出於理」，雖視人之饑寒號呼，男女哀怨，以至垂死冀生，無非人欲，空指一絶情欲之感者爲天理之本然，存之於心。及其應事，幸而偶中，非曲體事情，求如此以安之也。不幸而事情未明，執其意見，方自信天理非人欲，而小之一人受其禍，大之天下國家受其禍，徒以不出於欲，遂莫之或寤也。凡以爲「理宅於心」，「不出於欲則出於理」者，未有不以意見爲理而禍天下者也。人之患，有私有蔽。私出於情欲，蔽出於心知。無私，仁也；不蔽，智也。非絶情欲以爲仁，去心知以爲智也。是故聖賢之道，無私而非無欲。老、莊、釋氏，無欲而非無私。彼以無欲成其自私者也，此以無私通天下之情，遂天下之欲者也。凡異説皆主於無欲，不求無蔽，重行，不先重知。人見其篤行也，無欲也，故莫不尊信之。聖賢之學，由博學、審問、慎思、明辨而後篤行，則行者，行其人倫日用之不蔽者也，非如彼之舍人倫日用，以無欲爲能篤行也。人倫日用，聖人以通天下之情，遂天下之欲，權之而分理不爽，是謂理。宋儒乃曰「人欲所蔽」，故不出於欲，則自信無蔽。古今不乏嚴氣正性、疾惡如讎之人，是其所是，非其所非，執顯然共見之重輕，實不知有時權之而重者於是乎輕，輕者於是乎重，其是非輕重一誤，天下受其禍而不可救。豈人欲蔽之也哉？自信之理，非理也。然則孟子言「執中無權」，至後儒又增一「執理無權」者矣。

問：宋儒亦知就事物求理也，特因先入於釋氏，轉其所指爲神識者以指理，故視理「如有物焉」，不徒曰「事物之理」，而曰「理散在事物」。事物之理，必就事物剖析至微而後理得。理散在事物，於是冥心求理，謂「一本萬殊」，謂「放之則彌六合，卷之則退藏於密」，實從釋氏所云「偏見俱該法界，收攝在一微塵」者比類得之。既冥心求理，以爲得其體之一矣，故自信無欲則謂之理，雖意見之偏，亦曰「出於理不出於欲」。徒以理爲「如有物焉」，則不以爲一理而不可。而事必有理，隨事不同，故又言「心具衆理，應萬事」。心具之而出之，非意見固無可以當此者耳。况衆理畢具於心，則一事之來，心出一理應之，易一事焉，又必易一理應之，至百千萬億，莫知紀極。心既畢具，宜可指數。其爲一，爲不勝指數，必又有說，故云「理一分殊」。然則《論語》兩言以一貫之，朱子於語曾子者釋之云：「聖人之心，渾然一理，而泛應曲當，用各不同。曾子於其用處，蓋已隨事精察而力行之，但未知其體之一耳。」此解亦必失之。二章之本義可得聞歟？

曰：「一以貫之」，非言以一貫之也。道有下學上達之殊致，學有識其迹與精於道之異趨。「吾道一以貫之」，言上達之道即下學之道也。「予一以貫之」，不曰「予學」，蒙上省文，言精於道則心之所通，不假於紛然識其迹也。《中庸》曰：「忠恕違道不遠。」❶孟子曰：「强恕而行，求仁莫近

❶「忠」，原作「中」，據指海本、《禮記·中庸》改。

焉。」蓋人能出於己者必忠，施於人者以恕，行事如此，雖有差失，亦少矣。凡未至乎聖人，未可語於仁，未能無憾於禮義，如其才質所及，心知所明，謂之忠恕可也。聖人仁且智，其見之行事，無非仁，無非禮義，忠恕不足以名之。然而非有他也，忠恕至斯而極也。故曾子曰：「夫子之道，忠恕而已矣。」「而已矣」者，不足之辭，亦無更端之辭。下學而上達，然後能言此。《論語》曰：「多聞闕疑，慎言其餘；多見闕殆，慎行其餘。」又曰：「多聞，擇其善者而從之。多見而識之，知之次也。」又曰：「我非生而知之者，好古敏以求之者也。」是不廢多學而識矣。然聞見不可不廣，而務在能明於心。一事豁然，使無餘蘊，更一事而亦如是，久之，心知之明，進於聖智，雖未學之事，豈足以窮其智哉！《易》曰：「精義入神，以致用也。」又曰：「智周乎萬物而道濟天下，故不過。」孟子曰：「君子深造之以道，欲其自得之也。自得之，則居之安。居之安，則資之深。資之深，則取之左右逢其源。」凡此，皆精於道之謂也。心精於道，全乎聖智，自無弗貫通，非多學而識所能盡。苟徒識其迹，將日逐於多，適見不足。《易》又曰：「天下同歸而殊塗，一致而百慮，天下何思何慮！」「同歸」，如歸於仁至義盡是也。「殊塗」，如事情之各區以別是也。「一致」，如心知之明盡乎聖智是也。「百慮」，如因物而通其則是也。孟子曰：「博學而詳説之，將以反説約也。」「約」謂得其至當。又曰：「守約而施博者，善道也。君子之守，脩其身而天下平。」「約」謂脩其身。六經、孔、孟之書，語行之約，務在脩身而已，語知之約，致其心之明而已，未有空指一而使人知之求之者。致其心之明，自能權度事情，無幾微差失，又焉用知一求一哉！

問：《論語》言「克己復禮爲仁」，朱子釋之云：「己，謂身之私欲。禮者，天理之節文。」又云：「心之全德，莫非天理，而亦不能不壞於人欲。」蓋與其所謂「人生以後此理墮在形氣中」者互相發明。老、莊、釋氏，無欲而非無私。聖賢之道，無私而非無欲。謂之「私欲」，則聖賢固無之。然如子路之賢，不可謂其不能勝私欲矣，豈顔子猶壞於私欲邪？況下文之言「爲仁由己」，何以知「克己」之「己」不與下同？此章之外，亦絶不聞「私欲」而稱之曰「己」者。朱子又云：「爲仁由己，而非他人所能與。」在「語之而不惰者」，豈容加此贅文以策勵之！其失解審矣。然則此章之解，可得聞歟？

曰：克己復禮之爲仁，以「己」對「天下」言也。禮者，至當不易之則，故曰「動容周旋中禮，盛德之至也」。凡意見少偏，德性未純，皆己與天下阻隔之端。能克己以還其至當不易之則，斯不隔於天下，故曰「一日克己復禮，天下歸仁焉」。然又非取決於天下乃斷之爲仁也，斷之爲仁，實取決於己，不取決於人，故曰「爲仁由己，而由人乎哉」。自非聖人，未易語於意見不偏，德性純粹。至意見不偏，德性純粹，動皆中禮矣。就一身舉之，有視，有聽，有言，有動，四者勿使爽失於禮，與「動容周旋中禮」，分「安」「勉」而已。聖人之言，無非使人求其至當以見之行。求其至當，即先務於知也。凡去私不求去蔽，重行不先重知，非聖學也。孟子曰：「執中無權，猶執一也。」權，所以別輕重。謂心之明，至於辨察事情而準，故曰權。學至是，一以貫之矣，意見之偏除矣。

問：孟子闢楊、墨，韓退之闢老、釋，今子於宋以來儒書之言，多辭而闢之，何也？

曰：言之深入人心者，其禍於人也大而莫之能覺也。苟莫之能覺也，吾不知民受其禍之所終極。彼楊、墨者，當孟子之時，以爲聖人賢人者也。老、釋者，世以爲聖人所不及者也。論其人，彼各行所知，卓乎同於躬行君子，是以天下尊而信之。而孟子、韓子不能已於與辨，爲其言入人心深，禍於人大也，豈尋常一名一物之訛舛比哉！ 孟子答公孫丑問「知言」曰：「詖辭知其所蔽，淫辭知其所陷，邪辭知其所離，遁辭知其所窮。生於其心，害於其政。發於其政，害於其事。聖人復起，必從吾言矣。」答公都子問「外人皆稱夫子好辯」曰：「邪說者不得作。作於其心，害於其事。作於其事，害於其政。聖人復起，不易吾言矣。」孟子兩言「聖人復起」，誠見夫詖辭邪說之深入人心，必害於事，害於政，天下被其禍而莫之能覺也。使不然，則楊、墨、告子其人，彼各行所知，固卓乎同於躬行君子，天下尊而信之，孟子胡以惡之哉！ 楊朱哭衢途，彼且悲求諸外者岐而又岐；墨翟之歎染絲，彼且悲人之受染，失其本性。老、釋之學，則皆貴於抱一，貴於無欲。宋以來儒者，蓋以理之說。其辨乎理欲，猶之執中無權。舉凡饑寒愁怨、飲食男女、常情隱曲之感，則名之曰人欲，故終其身見欲之難制。其所謂存理，空有理之名，究不過絶情欲之感耳。何以能絶？曰「主一無適」，此即老氏之抱一、無欲，故周子以一爲學聖之要，且明之曰「一者，無欲也」。天下必無舍生養之道而得存者，凡事爲皆有於欲，無欲則無爲矣。有欲而後有爲，有爲而歸於至當不可易之謂理。無欲無爲，又焉有理？老、莊、釋氏主於無欲無爲，故不言理，聖人務在有欲有爲之咸得理。是故君子亦無私而已矣，不貴無欲。君子使欲出於正，不出於邪，不必無饑寒愁怨、飲食男女、常情隱曲之感。於是讒説誣辭，反得刻議君子而罪之，此理欲之辨使君子無完行者，爲禍如是也。以無欲然後君子，而小人之爲小人也，依然行其貪邪。獨執此以爲君子者，謂「不出於理則出於欲，不出於欲則出於理」，其言理也，「如有物焉，得於天而具於心」，於是未有不以意見爲理之君子。且自信不出於欲，則曰「心無愧怍」。夫古人所謂不愧不怍者，豈此之謂乎！不寤意見多偏之不可以理名，而持之必堅，意見所非，則謂其人自絶於理，此理欲之辨，適成忍而殘殺之具，爲禍又如是也。夫堯、舜之憂四海困窮，文王之視民如傷，何一非爲民謀其人欲之事。惟順而導之，使歸於善。今既截然分理欲爲二，治己以不出於欲爲理，治人亦必以不出於欲爲理，舉凡民之饑寒愁怨、飲食男女、常情隱曲之感，咸視爲人欲之甚輕者矣。輕其所輕，乃吾重天理也，公義也，言雖美，而用之治人，則禍其人。至於下以欺僞應乎上，則曰人之不善。胡弗思聖人體民之情，遂民之欲，不待告以天理公義，而人易免於罪戾者之有道也。孟子於「民之放辟邪侈無不爲，以陷於罪」，猶曰「是罔民也」，又曰：「救死而恐不贍，奚暇治禮義！」古之言理也，就人之情欲求之，使之無疵之爲理。今之言理也，離人之情欲求之，使之忍而不顧之爲理。此理欲之辨，適以窮天下之人，盡轉移爲欺僞之人，爲禍何可勝言也哉！其所謂欲，乃帝王之所盡心於民；其所謂理，非古聖賢之所謂理。蓋雜乎老、釋之言以爲言，是以弊必至此也。然宋以來儒者，皆力破老、釋，不自知雜襲其言，而一一傅合於經，遂曰六經、孔、孟之言，其惑人也易而破之也難，數百年於兹矣。人心所知皆彼之言，不復知其異於六經、孔、孟之言矣。世又以躬行實踐之儒，信焉不疑。夫楊、墨、老、釋，皆躬行實踐，勸善懲惡，救人心，贊治化，天下尊而信之，帝王因尊而信之者也。孟子、韓子闢之於前，聞孟子、韓子之説，人始知其與聖人異，而究不知其所以異。至宋以來儒書之言，人咸曰：「是與聖人同也。辯之，是欲立異也。」此如嬰兒中路失其父母，他人子之而爲其父母，既長，不復能知他人之非其父母，雖告以親父母而決爲非也，而怒其告者，故曰破之也難。嗚呼，使非害於事、害於政以禍人，方將敬其爲人，而又何惡也！惡之者，爲人心懼也。

答彭進士書 附

允初先生足下：

日前承示《二林居制義》，文境高絶。然在作者，不以爲文而已，以爲道也。大暢心宗，參活程、朱之説以傅合六經、孔、孟，使閎肆無涯涘。孟子曰：「資之深則取之左右逢其源。」凡自得之學盡然。求孔、孟之道，不至是不可謂之有得。求楊、墨、老、莊、佛之道，不至是亦不可謂之有得。

宋以前，孔、孟自孔、孟，老、釋自老、釋，談老、釋者高妙其言，不依附孔、孟。宋以來，孔、孟之書盡失其解，儒者雜襲老、釋之言以解之。於是有讀儒書而流入老、釋者，有好老、釋而溺其中，既而觸於儒書，樂其道之得助，因凭藉儒書以談老、釋者。同己則共證心宗，對異己則寄託其説於六經、孔、孟，曰：「吾所得者，聖人之微言奥義。」而交錯旁午，屢變益工，渾然無罅漏。

孔子曰：「道不同，不相爲謀。」言徒紛然辭費，不能奪其道之成者也。足下之道成矣，欲見僕所爲《原善》。僕聞足下之爲人，心敬之，願得交者十餘年於今。雖《原善》所指，加以《孟子字義疏證》，反覆辯論，咸與足下之道截然殊致，叩之則不敢不出。今賜書有引爲同，有別爲異，在僕乃謂盡異，無豪髮之同。

昔程子、張子、朱子，其始也，亦如足下今所從事。程叔子撰《明道先生行狀》曰：「自十五六時，聞周茂叔論道，慨然有求道之志。泛濫於諸家，出入於老、釋者幾十年，返求諸六經而後得之。」呂與叔撰《橫渠先生行狀》曰：「范文正公勸讀《中庸》。先生讀其書，雖愛之，猶以爲未足，又訪諸釋、老之書。累年，盡究其説，知無所得，返而求之六經。」知無所得者，陋之，非不知之也。朱子慕禪學在十五六時。年二十四，見李愿中，愿中教以看聖賢言語。而其後十餘年，有《答何叔京》二書。其一曰：「向來妄論持敬之説，亦不自記其云何，但因其良心發見之微，猛省提撕，使心不昧，即是做工夫底本領。本領既立，自然下學而上達矣。若不察良心發見處，即渺渺茫茫，恐無下手處也。所諭多識前言往行，熹向來所見，亦是如此。近因返求，未得箇安穩處，卻始知此未免支離。曷若默會諸心，以立其本，而其言之得失，自不能逃吾之鑒邪！」其一曰：「今年不謂饑歉至此！夏初，所至洶洶，遂爲縣中委以賑糶之役。百方區處，僅得無事。博觀之弊，此理甚明，何疑之有！若使道可以多聞博觀而得，則世之知道者爲不少矣。熹近日因事方少有省發處，如『鳶飛』『魚躍』，明道以爲與『必有事焉而勿正之』意同者，今乃曉然無疑。日用之間，觀此流行之體，初無間斷處，有下工夫處。此與守書册、泥言語，全無交涉。幸於日間察之，知此則知仁矣。」二書全背愿中，復歸釋氏，反用聖賢言語指其所得於釋氏者。至乾道癸巳，朱子年四十四，門人廖德明録癸巳所聞云：「先生言：二三年前，見得此事尚鶻突，爲他佛説得相似，近年來方看得分曉。」是後朱子有《答汪尚書書》云：「熹於釋氏之説，蓋嘗師其人，尊其道，求之亦切至矣，然未能有得。其後以先生君子之教，校乎前後緩急之序，於是暫置其説而從事於吾學。其始蓋未嘗一日不往來於心也，以爲俟卒究吾説而後求之，未爲甚晚。而一二年來，心獨有所自安，雖未能即有諸己，然欲復求之外學以遂其初心，不可得矣。」

程、朱雖皆先入於釋氏，而卒能覺寤其非。程子曰：「吾儒本天，異端本心。」朱子曰：「吾儒以理爲不生不滅，釋氏以神識爲不生不滅。」僕於《孟子字義疏證》辯其視理也，與老、釋之視心、視神識雖指歸各異，而僅僅就彼之言轉之，猶失孔、孟之所謂理，所謂義。朱子稱「爲他佛説得相似」者，彼之心宗，不特指歸與此異也，亦絶不可言似。程、朱先從事於彼，熟知彼之指歸。既而求之此，見此之指歸與彼異矣，而不得其本，因推而本之天。夫人物何者非本之天乎？豈得謂心必與天隔乎？彼可起而争者也。苟聞乎此，雖愚必明，雖柔必强。擴而充之，何一非務盡其心以能盡道？苟自以爲是而不可與入堯、舜之道，雖言理，言知，言學，皆似而非，適以亂德。

在程、朱先入於彼，徒就彼之説轉而之此，是以又可轉而之彼，合天與心爲一，合理與神識爲一。而我之言，彼皆得援而借之，爲彼樹之助。以此解經，而六經、孔、孟之書，彼皆得因程、朱之解，援而借之，爲彼所依附。譬猶子孫未覩其祖父之貌者，誤圖他人之貌爲其貌而事之，所事固己之祖父也，貌則非矣。實得而貌不得，亦何傷？然他人則持其祖父之貌以冒吾宗，而實誘吾族以化爲彼族。此僕所由不得已而有《疏證》之作也。破圖貌之誤，以正吾宗而保吾族，痛吾宗之久墜，吾族之久散爲他族，敢少假借哉！

宋儒僅改其指神識者以指理，而餘無所改。其解孔、孟之言，體狀復與彼相似。如《大學章句》於「在明明德」，《中庸章句》於「不顯維德」，尤渾合幾不可分。足下遂援「上天之載，無聲無臭」，爲心宗之大源；於宋儒之雜用老氏尚「無欲」，及莊周書言「復其初」者，而申之曰：「無欲，誠也。湯武反之，復其初之謂也。」僕愛《大戴禮記》曰「分於道，謂之命」一語。❶道，即陰陽氣化，故可言分。惟分也，故成性不同。而《易》稱「一陰一陽之謂道」，《中庸》稱「天命之謂性」，孟子辨别犬之性、牛之性、人之性之不同，豁然通貫。而足下舉「維天之命，於穆不已」，以爲不得而分。此非語言之能空論也，宜還而體會六經、孔、孟之書本文云何。《詩》曰「予懷明德」，對「不大聲以色」而言。《大學》之「明明德」，以「明德」對「民」而言。皆德行行事，人咸仰見，如日月之懸象著明，故稱之曰「明德」。倘一事差失，則有一事之掩虧。其由近而遠，積盛所被，顯明不已，故曰「明明德」，曰「明明德於天下」。《詩》之「不顯」、「不承」即《書》之「丕顯」、「丕承」，古字「丕」通用「不」，大也。《中庸》言「聲名洋溢乎中國」，其言「闇然」也，與「日章」並言，何必不欲大顯，而以幽深玄遠爲至！夫晝日當空，何嘗有聲臭以令人知？而疇不知之，不可引「上天之載無聲臭」以言其至乎。「上天之載」二語，在《詩》承「駿

❶「一語」，原竄入下行「故成性不同」下，今據《四部叢刊初編》影印經韻樓本《戴東原集》移改。

命不易」言，鄭箋云：「天之道難知也，耳不聞聲音，鼻不聞香臭。儀法文王之事，則天下咸信而順之。」在《中庸》承「化民之德」言，不假聲臭以與民接也。談老、釋者，有取於「虛靈不昧」、「人欲所蔽」、「本體之明」、「幽深玄遠」、「至德淵微」、「不顯之妙」等語與其心宗相似，不惟《大學》、《中庸》本文差以千里，即朱子所云，雖失《大學》、《中庸》之解，而其指歸究殊。

又《詩》、《書》中凡言天命，皆以「王者受命於天」爲言。天之命王者不已，由王者仁天下不已。《中庸》引「維天之命，於穆不已，於乎不顯，文王之德之純」，其取義也，主於不已，以見至誠無息之配天地。「於穆」者，美天之命有德深遠也。譬君之於賢臣，一再錫命，惓惓不已，美君之能任賢者，豈不可歎其深遠。引之者豈不可曰：「此君之所以爲君也。」凡命之爲言，如命之東則不得而西，皆有數以限之，非受命者所得踰。試以君命言之，有小賢而居上位，有大賢而居下位，各受君命以居其位，此命數之得稱曰君命也。君告誡之，使恭其事，而夙夜兢惕，務盡職焉，此教命之得稱曰君命也。命數之命，限於受命之初，而尊卑遂定。教命之命，其所得爲視其所能，可以造乎其極。然盡職而已，則同屬命之限之。命之盡職，不敢不盡職，如命之東，不敢不赴東。論氣數，論理義，命皆爲限制之名。

譬天地於大樹，有華、有實、有葉之不同，而華、實、葉皆分於樹。形之鉅細，色臭之濃淡，味之厚薄，又華與華不同，實與實不同，葉與葉不同。一言乎分，則各限於所分。取水於川，盈罍、盈瓶、盈缶，凝而成冰，其大如罍、如瓶、如缶，或不盈而各如其淺深。水雖取諸一川，隨時與地味殊而清濁亦異，由分於川，則各限於所分。人之得於天也，雖亦限於所分，而人人能全乎天德。以一身譬之，有心，有耳目鼻口手足鬚眉毛髮，惟心統其全，其餘各有一德焉，故《記》曰：「人者，天地之心也。」瞽者，心不能代目而視，聾者，心不能代耳而聽，是心亦限於所分也。飲食之化爲營衛，爲肌髓，形可并而一也。形可益形，氣可益氣，精氣附益，神明自倍。散之還天地，萃之成人物。與天地通者生，與天地隔者死。以植物言，葉受風日雨露以通天氣，根接土壤肥沃以通地氣。以動物言，呼吸通天氣，飲食通地氣。人物於天地，猶然合如一體也。體有貴賤，有小大，無非限於所分也。

心者，氣通而神。耳目鼻口者，氣融而靈。曾子曰：「陽之精氣曰神，陰之精氣曰靈，神靈者，品物之本也。」《易》曰：「精氣爲物，游魂爲變，是故知鬼神之情狀。」「精氣爲物」者，氣之精而凝，品物流行之常也。「游魂爲變」者，魂之游而存，其形敝而精氣未遽散也，變則不可窮詰矣。老、莊、釋氏見於游魂爲變之一端，而昧其大常，見於精氣之集，而判爲二本。莊周書曰「一受其成形，不亡以待盡」，釋氏「人死爲鬼，鬼復爲人」之說同此。周又曰：「其形化，其心與之然，可不謂大哀乎！」老氏之「長生久視」，釋氏之「不生不滅」，無非自私，無非哀其滅而已矣，故以無欲成其私。孟子曰：「廣土衆民，君子欲之。」又曰：「欲貴者，人之同心也。」又曰：「魚，我所欲也；熊掌，亦我所欲也。」「生，亦我所欲也；義，亦我所欲也。」在老、釋皆無之，而獨私其遊魂，而哀其滅以豫爲之圖。

在宋儒惑於老、釋無欲之説，謂「義亦我所欲」爲道心，爲天理，餘皆爲人心，爲人欲。欲者，有生則願遂其生而備其休嘉者也。情者，有親疏、長幼、卑尊，感而發於自然者也。理者，盡夫情欲之微而區以別焉，使順而達，各如其分寸豪釐之謂也。欲不患其不及，而患其過。過者，狃於私而忘乎人，其心溺，其行慝，故孟子曰「養心莫善於寡欲」。情之當也，患其不及而亦勿使之過。未當也，不惟患其過而務自省以救其失。欲不流於私則仁，不溺而爲慝則義，情發而中節則和，如是之謂天理。情欲未動，湛然無失，是謂天性。非天性自天性，情欲自情欲，天理自天理也。

足下援程子云：「聖人之常，情順萬事而無情。故君子之學，莫若廓然而大公，物來而順應。」謂無欲在是。請援王文成之言證足下所宗主，其言曰：「良知之體，皦如明鏡，妍媸之來，隨物見形，而明鏡曾無留染，所謂『情順萬事而無情』也。『無所住以生其心』，佛氏曾有是言。明鏡之應，妍者妍，媸者媸，一照而皆真，即是『生其心』處。妍者妍，媸者媸，一過而不留，即是『無所住』處。」程子説聖人，陽明説佛氏，故足下援程子不援陽明，而宗旨則陽明尤親切。陽明嘗倒亂《朱子年譜》，謂朱、陸先異後同。陸、王，主老、釋者也。程、朱，闢老、釋者也。今足下主老、釋、陸、王而合孔、孟、程、朱與之爲一，無論孔、孟不可誣，程、朱亦不可誣。抑又變老、釋之貌爲孔、孟、程、朱之貌，恐老、釋亦以爲誣己而不願。

老氏曰：「唯之與阿，相去幾何；善之與惡，相去何若？」告子曰：「性無善無不善也。」「義，外也，非內也。」釋者曰：「不思善，不思惡，時認本來面目。」陸子靜曰：「惡能害心，善亦能害心。」王文成曰：「無善無惡心之體。」凡此，皆不貴善也。何爲不貴善？貴其所私而哀其滅，雖逐於善亦害之也。今足下言之，則語益加密，曰：「形有生滅。神無方也，妙萬物也，不可言生滅。」又曰：「無來去，無內外。」引程子「天人本無二，不必言合」證明全體，因名之曰「無聲無臭之本」。謂之爲「天命之不已」，而以「至誠無息」加之；謂之爲「天道之日新」，而以「止於至善」加之。請援王文成之言證足下所宗主，其言曰：「夫良知一也，以其妙用而言，謂之神，以其流行而言，謂之氣。」又曰：「本來面目，即吾聖門所謂良知。隨物而格，是致知之功。佛氏之『常惺惺』，亦是常存他『本來面目』耳，體段功夫，大略相似。」陽明主扞禦外物爲格物，隨物而格，所謂遏人欲也。「常惺惺」，朱子以是言存天理，以是解《中庸》「戒慎恐懼」，實失《中庸》之指。陽明得而借《中庸》之言以寄託「本來面目」之說，曰「養德養身，止是一事。果能『戒慎不覩，恐懼不聞』而專志於是，則神住，氣住，精住，而仙家所謂長生久視之説，亦在其中矣。」莊子所謂「復其初」，釋氏所謂「本來面目」，陽明所謂「良知之體」，不過守己自足。既自足，必自大，其去《中庸》「擇善固執」，「博學、審問、慎思、明辨、篤行」，何啻千萬里！

孟子曰：「反身而誠，樂莫大焉。」曰：「反身不誠，不悅於親矣。」《中庸》、孟子皆曰：「不明乎善，不誠乎身矣。」今舍明善而以無欲爲誠，謬也。證心宗者，未嘗不可以認「本來面目」爲「明乎善」，此求伸其説，何所不可！老子、告子視善爲不屑爲，猶能識善字。後之宗之者，并善字假爲己有，實并善字不識。此事在今日，不惟彼所謂道德非吾所謂道德，舉凡性與天道，聖智、仁義、誠明以及曰善，曰命，曰理，曰知，曰行，無非假其名而易其實。「反身不誠」，言事親之道未盡也。「反身而誠」，言備責於身者，無不盡道也。孟子曰：「堯、舜，性之也。湯、武，身之也。五霸，假之也。久假而不歸，惡知其非有也！」性之，由仁義行也。身之，仁義實於身也。假之，假仁義之名以號召天下者，久則徒知以仁義責人，而忘己之非有。又曰：「堯、舜，性者也。湯、武，反之也。」下言「動容周旋中禮者，盛德之至也」，申明性者如是。言「哭死而哀，非爲生者也。經德不回，非以干祿也。言語必信，非以正行也。君子行法以俟命而已矣」，皆申明「反之」，謂無所爲而爲，乃反而實之身。若論「復其初」，何用言「非爲生者」，「非以干祿」，「非以正行」，而且終之曰「俟命」！其爲反身甚明，各覈本文，悉難假借。

足下所主者，老、莊、佛、陸、王之道，而所稱引，盡六經、孔、孟、程、朱之言。誠愛其實乎？則其實遠於此。如誤以老、莊、佛、陸、王之實爲其實，則彼之言，親切著明，而此費遷就傅合，何不示以親切著明者也！誠借其名乎？則田王孫之門，猶有梁丘賀在。況足下閲朱子《答何叔京》二書，必默然之，及程、朱闢老、釋，必不然之，而至於借助，則引程、朱爲同乎己。然則所取者，程、朱初惑於釋氏時之言也。所借以助己者，或其前之言，或其後之似者也。所愛者，釋氏之實也。愛其實而棄其名，借其名而陰易其實，皆於誠有虧。足下所云「學問之道，莫切於審善惡之幾，嚴誠僞之辨」，請從此始。倘亦如程、朱之用心，期於求是，不襍以私，則今日同乎程、朱之初，異日所見，或知程、朱之指歸與老、釋、陸、王異。

然僕之私心期望於足下，猶不在此。程、朱以理爲「如有物焉，得於天而具於心」，啓天下後世人人凭在己之意見而執之曰理，以禍斯民。更淆以無欲之說，於得理益遠，於執其意見益堅，而禍斯民益烈。豈理禍斯民哉？不自知爲意見也。離人情而求諸心之所具，安得不以心之意見當之！則依然本心者之所爲。拘牽之儒，不自知名異而實不異，猶貿貿爭彼此於名而輒蹈其實。敏悟之士，覺彼此之實無異，雖指之曰「沖漠無朕」，究不得其彷佛，不若轉而從彼之確有其物，因即取此以賅之於彼。嗚呼！誤圖他人之貌者，未有不化爲他人之實者也。誠虛心體察六經、孔、孟之言，至確然有進，不惟其實與老、釋絶遠，即貌亦絶遠，不能假託，其能假託者，後儒失之者也。是私心所期於足下之求之耳。

日間因公私紛然，於來書未得從容具論。大本苟得，自然條分理解。意言難盡，涉及一二，草草不次。南旋定於何日？十餘年願交之忱，得見又不獲暢鄙懷。伏惟自愛。震頓首。

孟子字義疏證卷下終

鳴謝

《儒藏》精華編惠蒙善助，共襄斯文；謹列如左，用伸謝忱。

本煥法師　壹佰萬元

智海企業集團董事長　馮建新先生　壹佰萬元

NE·TIGER時裝有限公司董事長　張志峰先生　壹佰萬元

張貞書女士　壹佰萬元

付　剛先生　伍拾萬元

北京三智文化書院　高　斌先生　拾萬元

華府置業董事長　鄂俊宇先生　拾萬元

愛沃客（北京）廣告傳媒有限公司　趙思佳女士　拾萬元

湖南禧文化藝術傳播管理有限公司執行董事　黄　凰女士　拾萬元

北京華房美泰建築裝飾工程有限公司董事長　葉騰飛先生　伍萬元

中韻鑄寶（北京）文化有限公司董事長　王櫟硯先生　伍萬元

寧述勇先生　伍萬元

虞　斌先生　壹萬元

北京大學《儒藏》編纂與研究中心

本册审稿人　方　芳　陳　新
本册責任編委　李峻岫

圖書在版編目(CIP)數據

儒藏.精華編.一〇七/北京大學《儒藏》編纂與研究中心編.—北京：北京大學出版社，2016.10

ISBN 978-7-301-11825-2

Ⅰ.①儒… Ⅱ.①北… Ⅲ.①儒家 Ⅳ.①B222

中國版本圖書館CIP數據核字（2016）第230943號

書　　名	儒藏（精華編一〇七） RUZANG
著作責任者	北京大學《儒藏》編纂與研究中心　編
責任編輯	魏奕元
標準書號	ISBN 978-7-301-11825-2
出版發行	北京大學出版社
地　　址	北京市海淀區成府路205號　100871
網　　址	http://www.pup.cn　　新浪微博：@北京大學出版社
電子信箱	dianjiwenhua@163.com
電　　話	郵購部62752015　發行部62750672　編輯部62756449
印 刷 者	北京中科印刷有限公司
經 銷 者	新華書店
	787毫米×1092毫米　16開本　34印張　467千字
	2016年10月第1版　2016年10月第1次印刷
定　　價	1200.00元

ISBN 978-7-301-11825-2
定價:1200.00元